南山大学学術叢書 *Nanzan University Monograph Series*

アメリカ外交と革命

Revolution and American Foreign Policy

上村直樹 [著]

KAMIMURA Naoki

米国の自由主義と
ボリビアの革命的ナショナリズムの挑戦、
1943年～1964年

*Bolivia's Revolutionary Challenge to
Liberal America, 1943-1964*

有信堂

はじめに

　本書は、アメリカ外交と革命との関係を考察している[1]。特に注目するのは、アメリカ外交において自由主義が持つ意味である。次の序論で詳しく述べるように、筆者の自由主義の理解は、アメリカ政治研究の古典ルイス・ハーツの『アメリカ自由主義の伝統』（1955 年）に基づいている[2]。この「トランプの時代」に何を今さらハーツか自由主義かと思われる読者も研究者の中には多いかもしれない。しかし、敢えてこんな時にこそアメリカ外交の伝統や基本を振り返ることも必要であろう。トランプ（Donald J. Trump）大統領は一見するとすべてにおいて極端だが、一方でアメリカの対外政策の伝統を確実に継いでいる面もあろう。一種の孤立主義的伝統である単独主義と「アメリカ第一主義」である。そして、トランプ外交は 1920 年代の共和党政権の外交にも擬せられる[3]。

　しかし、アメリカには一方でそれとは全く異なる外交的伝統もある。それが自由主義とそれに基づく積極的な対外的関与である。これは、アメリカ外交の

---

　1) 「アメリカ」という言葉は、米州関係の文脈では、アメリカ合衆国のみでなく、米州（南北アメリカ）の他の国々、特にラテンアメリカ諸国も指す場合があり、少なくともラテンアメリカ諸国は、アメリカ合衆国による「アメリカ」の独占に反発してきた。そこで、本書では、アメリカ合衆国を指す場合にはできる限り「米国」という言葉を使うこととする。ただし、「アメリカ外交」等それ自体が一つの独自の意味を持っていたり、「米国」への置き換えによって言葉のニュアンスが大きく変わってしまう場合には、「アメリカ」をそのまま使うこととする（無論引用文で使われている場合も）。

　2) Louis Hartz, *The Liberal Tradition in America: An Interpretation of American Political Thought Since the Revolution* (New York: Harcourt Brace, 1955).

　3) 中西輝政「『理念』を捨てた米国：多極化の世界は無秩序化へ」『Wedge』29-1（2017 年 1 月）、pp. 10-13。しかし、1920 年代の共和党政府指導者は必ずしも「孤立主義的」ではなかった。有賀貞『ヒストリカル・ガイド　アメリカ』（山川出版社、2004 年）、pp. 124-25。なお本書では、日本語の著書、論文で副題を示す場合、上記中西論文と同様に、通常邦文で用いられているハイフン（「―XX―」）ではなく、以下、簡略化のため欧文と同様のコロン（「：」）を用いることとする。

いわゆる国際主義に連なるものだが、本書ではこうした国際主義と孤立主義の伝統自体やそれらをめぐる論争等については触れない[4]。本書が焦点を当てるのは、米国の自由主義の伝統が対外的にどのように立ち現れたのかという点であり、20世紀のアメリカ外交はまさに自由主義の伝統の下に一種の「リベラル・プロジェクト」を追求してきたという理解に本書は基づいている[5]。この大きな仮説自体は、本書では到底究明し切れないが、その一つの重要な事例として南米の小国ボリビアにおける革命への対応という極めて特異なテーマを取り上げる。従来、米国と第三世界、特にラテンアメリカとの関係は、アメリカ外交全体の中で必ずしも中心的な関心事ではなく、日本においてもあまり注目されてこなかった分野である。本書は、こうした特殊な事例の分析を通じてアメリカ外交の全体的な特徴の一端を明らかにすることを目的としている。

　本書の出発点は、1991年に米国の大学に提出した博士論文である[6]。同論文は、上記のテーマに関して、米国の自由主義に対するボリビアの革命的ナショナリズムによる本格的挑戦が開始された1943年から、そうしたナショナリズムと米国が一定の「和解」に達し、さらに革命政権に対して経済的支援を開始した直後の1954年までを扱っていた。当初博士論文は完成後、米国で出版する予定であった。しかし、米国での出版事情もあって迅速な出版は難しく、また博士論文は米国とボリビアの革命的ナショナリズムとの関係をめぐるストーリーを完結させていないという点も気になっていた。ボリビア革命政権への1953年の援助開始は、確かに米国とボリビアの革命的ナショナリズムとの関係における一つの重要な節目であるが、やはりこの20年以上にわたる長いドラマ（英語では「saga（長編冒険伝説)」とでも言えようか）の中間の踊り場のような部分であり、1964年のボリビア革命政権崩壊までを1冊にまとめたいとい

---

4) 孤立主義と国際主義に関しては、以下を参照。有賀『ヒストリカル・ガイド』、pp. 117-30；上村直樹「第5章　対外意識と外交政策」畠山圭一・加藤普章編『世界政治叢書1　アメリカ・カナダ』（ミネルヴァ書房、2008年）、pp. 101-124。

5) 「リベラル・プロジェクト」については、本書序論の第4節で詳述するが、この概念自体については以下を参照。ロバート・マクマン「安全保障か自由か？：朝鮮戦争がアメリカ的世界秩序に与えた影響」菅英輝編著『冷戦史の再検討：変容する秩序と冷戦の終戦』（法政大学出版局、2010年）、pp. 39-61。

6) Naoki Kamimura, "The United States and the Bolivian Revolutionaries, 1943-1954: From Hostility to Accommodation to Assistance," Ph.D. dissertation, University of California, Los Angeles, 1991.

う思いもあった。しかし、その後、基本的には筆者の力量のなさ故であるが、その他の事情もあって出版が延び延びになり、ようやく今回出版にこぎ着けた次第である。

　本書が単にボリビア革命の開始から終焉までの期間を詳細にまとめ上げたというだけでなく、博士論文以来の長いインターバルの間の研究や勉強が少しでも本書の内容に深みや広がりを与えてくれていることを願っている。また本書における分析が近年のトランプ政権やトランプ外交をめぐる喧騒への一種の清涼剤となり、アメリカ外交のより中長期的な方向性やその実像についての理解を深めることにささやかながら貢献するものとなれば本望である。本書の中でこうしたことが少しでも達成できているのか、判断は読者に任せたい。

v

アメリカ外交と革命／目　次

はじめに　i
凡例　x
地図　xiii

序　論　米国の自由主義と第三世界の革命 ——————————— 3

1. 革命・ナショナリズム・イデオロギー　6
2. 分析枠組みⅠ：リアリズムとリビジョニズム　10
3. 分析枠組みⅡ：ポストリビジョニズム　16
4. ナショナリズムとしての米国の自由主義　20
5. 「リベラル・プロジェクト」　23
6. 米国の自由主義の諸相　26

第1章　1952 年ボリビア革命の歴史的背景
——革命的ナショナリズムの起源 ——————————— 37

1. 歴史的背景：「ボリビアのパラドックス」　38
2. ボリビア革命の起源：世界恐慌とチャコ戦争　45
3. トロ＝ブッシュ軍事社会主義政権による改革　46
4. アメリカ石油資産国有化：善隣外交への挑戦　50
5. MNR 革命勢力の台頭　54
6. 1941 年 7 月の「ナチ蜂起事件」　59
7. 1942 年カタビ虐殺事件と寡頭支配体制の動揺　64

第2章　1943 年ビジャロエル＝MNR 革命と米国の対応
（1943 年～1952 年）————————————————— 67

1. ビジャロエル＝MNR 革命の性格　68
2. ビジャロエル政権に対する不承認政策（1943 年～1944 年）　71
3. 米国の不承認政策の評価　81
4. 1944 年グアテマラ革命とボリビア革命勢力　86
5. ビジャロエル政権の承認とその後　87

6.「セクセーニオ」と寡頭支配体制の「復活」　96

7. MNR の 1949 年蜂起の失敗と 1951 年大統領選挙の勝利　98

8. MNR の国民的革命政党への変貌　101

9. 1951 年選挙後の軍事政権成立と米国との「錫戦争」　104

第3章　トルーマン政権の「リベラル・プロジェクト」と
1952 年ボリビア革命 ———————————— 109

1. トルーマン政権のラテンアメリカ政策と「リベラル・プロジェクト」　110

2. ボリビア革命の開始　119

3. ボリビア革命指導部の改革構想と対米宥和外交　123

4. トルーマン政権の初期の対応　127

5. 外交的承認　131

6. 錫購入協定交渉と錫鉱山国有化問題　133

7. 錫国有化後の米・ボリビア関係　136

第4章　アイゼンハワー政権のラテンアメリカ援助政策と
ボリビア革命（1953 年 1 月～4 月）———————— 141

1. アイゼンハワー政権の対外援助政策とラテンアメリカ　142

2. 53 年 3 月の RFC 決定と鉱山国有化補償問題　150

3. 国有化鉱山と国際調停をめぐる問題　153

4. 農地改革とボリビア経済の悪化　157

5. 国務省による緊急援助提案　164

第5章　ミルトン・アイゼンハワーの南米視察旅行
（1953 年 6 月～7 月）———————————— 175

1. 対ボリビア緊急援助国務省提案への他省庁からの反対　176

2. ミルトンの南米視察旅行（1953 年 6 月 23 日～7 月 29 日）の起源　179

3. 政権首脳によるボリビア緊急援助計画の検討　183

4. ミルトン使節団とパス政権首脳との協議　190

5. ボリビア緊急援助計画の具体化　197

6. ダレス国務長官の本格的関与　202

7. ミルトンの役割とその評価　205

第6章 対ボリビア緊急援助決定から長期的援助へ

（1953年9月〜1955年12月） —————— 211

1. 緊急援助をめぐる国務省と対外援助庁の主導権争い　211
2. 輸出入銀行融資をめぐる米・ボリビア間の攻防　218
3. 1953年10月のアイゼンハワー大統領によるボリビア緊急援助
   の発表　222
4. ボリビア革命とグアテマラ革命への対応の比較　228
5. 1953年10月以後の援助問題の検討　233
6. ミルトンの南米視察報告書と対ボリビア長期援助の検討　238
7. 1954年3月の対ボリビア追加援助決定とその後　243

第7章 アイゼンハワー政権による経済安定化政策と
ボリビア軍再建・軍事援助への道（1956年〜1960年）—— 251

1. 1956年選挙とボリビアの国内政治状況　252
2. 経済安定化政策の起源　256
3. 経済安定化会議をめぐる交渉と国連の「介入」　258
4. 経済安定化政策への準備　261
5. 安定化政策導入をめぐるボリビア国内の反応　265
6. 労働側の反発　267
7. 安定化政策の結果　269
8. 国内治安対策への傾斜と軍部再建への道　272
9. 対ラテンアメリカ援助政策の積極化と例外としてのボリビア　275

第8章 ケネディ政権とボリビア革命（1961年〜63年）Ⅰ
——「進歩のための同盟」のモデルとしてのボリビア ———— 283

1. アイゼンハワー政権からケネディ政権へ：研究史からの概観　286
2. ソ連の外交攻勢とキューバ革命の衝撃　290
3. ケネディ政権と近代化論・「進歩のための同盟」　292
4. ケネディ政権とボリビア革命　297
5. 第二次パス政権の成立：国内情勢とパスの非同盟・東側外交　300
6. シュレジンガー報告（1961年3月）　305
7. ソープ経済使節団（1961年3月）　312

viii

第9章　ケネディ政権とボリビア革命（1961年〜63年）Ⅱ
──政治状況の不安定化と治安対策援助への傾斜 ──────── 317

1. トライアンギュラー計画　317
2. トライアンギュラー計画とアメリカの軍事援助　322
3. ケネディ政権のボリビア支援の本格化　324
4. 経済援助の展開とボリビア経済への影響　327
5. ケネディ政権とキューバ・ボリビア関係　331
6. ボリビア政情の不安定化とケネディ政権　340
7. パス米国訪問とケネディ暗殺　345
8. 治安対策援助の強化と「リベラル・プロジェクト」の変質　348

第10章　ジョンソン政権と1964年のボリビア革命政権の崩壊
────────────────────────────── 353

1. ケネディ政権からジョンソン政権へ：「進歩のための同盟」をめぐる論争　354
2. ジョンソン外交をめぐる研究史　356
3. ジョンソン外交とラテンアメリカ　360
4. 「マン・ドクトリン」　363
5. ジョンソン新政権とボリビア援助政策　370
6. 米人人質事件（1963年12月）　372
7. 1964年大統領選挙に向けた動きとボリビア情勢の混迷　374
8. バリエントス暗殺未遂事件と1964年5月の大統領選挙　379
9. パス政権末期の情勢への米国の対応　385
10. 1964年11月のパス政権崩壊への動きとジョンソン政権　389
11. パス政権の崩壊と「陰謀説」　397
12. バリエントス軍事政権の成立と「ボリビア革命の復興」　400
13. チェ・ゲバラによるラテンアメリカ革命の挫折とボリビア革命　404

結　論 ───────────────────────────── 409

資料一覧　425
おわりに　445

文献初出一覧　454
索引　457

凡　例

Ⅰ. 資料表示

(1)　米国国立公文書館（U.S. National Archives and Records Administration, National Archives Ⅱ, College Park, MD）

国務省文書（Central Files, Records of the Department of State：RG59）

　(a)　1963 年以前（1910 年〜）：Central Decimal Files

　　文書管理が国別・テーマ別に数字が割り当てられて行われていたため、NA724.00/11-1455 のように文書の出典を表示する。

　(b)　1963 年以降（〜1973 年）：Subject-Numeric Files

　　文書管理が数字ではなく文字によってテーマ・国の順で分類して行われるようになったため、Bolivia 1964 Rebellion Coups, Folder: Pol 23-9, Box 1924, Central Foreign Policy Files, 1964-66, NA のように文書の出典を表示する。

(2)　ボリビア外務省資料館（Archivo Central del Ministerio de Relaciones Exteriores y Culto, La Paz, Bolivia）

ボリビア外務省文書：MRECB（Embajada de Bolivia en Washington, Ministerio de Relaciones Exteriores y Culto, Bolivia）

Nota No.89, #116, enero-junio 1953, MRECB のように文書の出典を表示する。

(3)　それ以外の公文書館や資料分類の標記・略号

AW：Ann Whitman File, DDEL

CREST：CIA Records Search Tool

DDEL：Dwight D. Eisenhower Library

FDRL：Franklin D. Roosevelt Library

HSTL：Harry S. Truman Library

JFKL：John F. Kennedy Library

JMCP：John M. Cabot Papers-Tufts University Microfilm

LBJL：Lyndon B. Johnson Library

NSF：National Security Files

(4)　引用資料に頻繁に用いられる略号

Am：American

Bol：Bolivia

Desp：Despatch

DS：Department of State

Emb：Embassy

LP：La Paz

凡　例　xi

MC：Memorandum of Conversation
Memo：Memorandum
NA：National Archives
SS：Secretary of State
Tel：Telegram
TelCon：Telephone Conversation

Ⅱ．文献表示

　　本書では、日本語の著書、論文で副題を示す場合、上記中西論文と同様に、通常用いられているハイフン（「―XX―」）ではなく、簡略化のため欧文と同様のコロン（「：」）を用いることとする。

Ⅲ．略語一覧

AFL（American Federation of Labor）：アメリカ労働総同盟
CCC（Commodity Credit Corporation）：商品信用公社
CIO（Congress of Industrial Organizations）：産業別組合会議
COB（Central Obrera Boliviana）：ボリビア労働本部
COMIBOL（Corporación Minero de Bolivia）：ボリビア鉱山公社
CSTB（Confederación Sindical de Trabajadores de Bolivia）：ボリビア労働組合連盟
CTAL（Confederación de los Trabajadores de América Latina）：ラテンアメリカ労働連盟
DFL（Development Loan Fund）：開発借款基金
ECLA（U.N. Economic Commission for Latin America）：国連ラテンアメリカ経済委員会
FMS（Foreign Military Sales）：対外武器販売
FOA（Foreign Operations Administration）：対外活動庁
FSB（Falange Socialista Boliviana）：ボリビア社会主義ファランヘ党
FSTMB（Federación Sindical de Trabajadores Mineros de Bolivia）：ボリビア鉱山労働組合連合
ICA（International Cooperation Agency）：国際協力庁
IDB（Inter-American Development Bank）：米州開発銀行
LAB：ロイド・アエロ・ボリビアーノ航空
MNR（Movimiento Nacionalista Revolucionario）：ボリビア革命運動
MSA（Mutual Security Act）：相互安全保障法
MSA（Mutual Security Administration）：相互安全保障庁
NIE（National Intelligence Estimate）：国家情報評価
NPA（National Production Authority）：全国生産庁
NSC（National Security Council）：国家安全保障会議
OAS（Organization of American States）：米州機構
OCB（Operation Coordinating Board）：活動調整委員会
ODM（Office of Defense Mobilization）：国防動員局
ORIT（Organización Regional Interamericana de Trabajadores）：米州地域労働機構
PCB（Partido Comunista Boliviano）：ボリビア共産党

PIR（Partido Izquierda Revolucionario）：左派革命党

PL216：緊急飢餓対策法

POR（Partido Obrero Revolucionario）：革命労働党

PRA（Partido Revoucionario Autentico）：真正革命党

PRIN（Partido Revolucionario de la Izquierda Nacional）：国民左派革命党

PURS（Partido de la Unión Republicana Socialista）：社会共和主義統一党

RADEPA（*Razón de Patria*）：「祖国の良心）」

RFC（Reconstruction Finance Corporation）：復興金融公社

SOA（U.S. Army School of the Americas）：米州陸軍軍事学校

TCTS（Texas City Tin Smelter）：テキサスシティ錫精錬所

UFCO（United Fruit Company）：ユナイテッド・フルーツ・カンパニー

UNTAA（U.N. Technical Assistance Administration）国連技術援助局

USAID（U.S. Agency for International Development）：米国国際開発庁

USOM（U.S. Operations Missions）：米国援助事務所

YPFB（Yacimientos Petrolíferos Fiscales Bolivianos）：ボリビア石油開発公社

地図1　ボリビア

地図2 南アメリカ

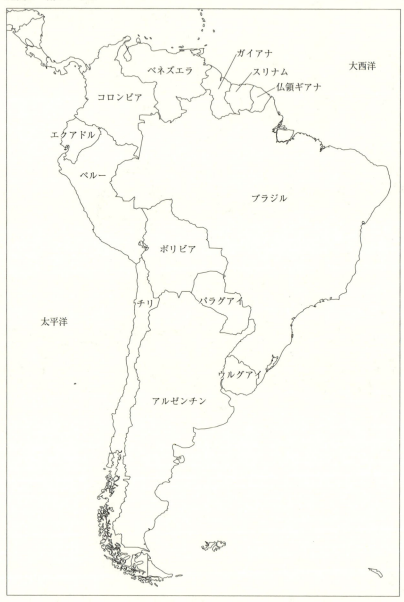

アメリカ外交と革命

米国の自由主義とボリビアの革命的ナショナリズムの挑戦、1943 年～1964 年

1963年10月22日のホワイトハウス歓迎式典でのケネディ大統領とパス大統領。（写真提供：Robert Knudsen. White House Photographs. John F. Kennedy Presidential Library and Museum.）

序　論　米国の自由主義と第三世界の革命

　米国のアイゼンハワー（Dwight D. Eisenhower）政権は、1953 年 10 月にボリビアに対する緊急経済援助を決定した。同国では、1952 年 4 月に成立した民族主義的な革命政権の下で 19 世紀初頭の独立以来、低開発に悩む社会の根本的な改革が開始され、それに伴う政治的混乱と深刻な経済危機に陥っていた。米国は、その後、当初の緊急援助を恒常的な援助に変え、ボリビア革命政権が 1964 年に軍事クーデタによって倒壊するまでの 10 年余りにわたって大規模な支援を続ける[1]。急激な社会改革を目指す開発途上地域（以下「第三世界」）の革命政権に対する米国によるこうした積極的梃子入れは、アメリカ外交史上他に殆ど例がない。1910 年のメキシコ革命に始まる米国と第三世界の革命的ナショナリズムとの困難な関係は、第二次世界大戦後、米ソ冷戦の影響により一層錯綜したものとなる。冷戦期、米国歴代政権は、ベトナム革命、グアテマラ革命、キューバ革命、ニカラグワ革命に至る多くの第三世界の諸革命に対して、革命政権をソ連及び国際共産主義運動の強い影響下にあると見なし、直接的な軍事介入のほか外交的・経済的圧力や CIA による政権転覆工作等を試みたのであった[2]。

　本書は、こうした第三世界の革命政権や革命運動との困難な関係の歴史の中

---

1)　1953 年から 1964 年までのボリビア革命政権に対する米国による経済・軍事援助の総額は、3 億 8,000 万ドル前後に上り、その大半は贈与であった。コール・ブレイシアーによれば、当時人口 400 万に満たなかったボリビアは、地域におけるブラジル等の大国に次ぐ経済援助を受け取っており、1 人当たりではラテンアメリカ最大であるとともに、世界的に見てもイスラエルに次いで 2 位の金額であった。ブレイシアーは同期間の対ボリビア援助総額を 3 億 8,000 万ドル余り、トマス・フィールドは 3 億 6,800 万ドルと推計している。Cole Blasier, *The Hovering Giant: U. S. Responses to Revolutionary Change in Latin America* (Pittsburgh: University of Pittsburgh, 1976), p. 104; Thomas Field, *From Development to Dictatorship: Bolivia and the Alliance for Progress in the Kennedy Era* (Ithaca: Cornell University Press, 2014), p. 198.

で、幾つかの重要な点でその特異性が際立つボリビア革命に対する米国の対応
に関して、その背景と意味を明らかにすることを第一の目的とする[3]。ボリビ
アの場合、米国の第三世界の革命との関係で様々な特異性が見出せるが、その
中でも特に次の2点が顕著である。一つは、ボリビア革命初期の段階において、
米国が極めて民族主義的な革命政権に対して援助を開始したという既に指摘し
た事実そのものである。もう一つは、ボリビア革命の最終局面において、国内
の政治的混迷が深まる中で、ボリビア国軍が1964年にクーデタによる政権掌
握を目指した際に、同時期のブラジルをはじめとする他の南米諸国での軍事ク
ーデタに対する支援や奨励とは対照的に、ジョンソン（Lyndon B. Johnson）政権
はボリビア軍のクーデタの動きを抑制し、革命政権を最後まで擁護しようとし
たことである。ボリビア革命の最初と最後に米政府がなぜこうした通常と違う

---

2) 第三世界の革命に対する米国の政策に関する本格的な比較研究は、殆どないのが現状である。
その中で、ラテンアメリカの革命に限ってはいるが、ブレイシアーの研究が最も包括的なもの
であり、一般的なパターンを見出そうとする試みとして貴重である。本研究に重要な示唆を与
えるものとして、ブレイシアーの研究については次節で詳しく検討する。Blasier, *The Hover-
ing Giant.* ほかにも以下を参照。Richard J. Barnet, *Intervention and Revolution: America's
Confrontation with Insurgent Movements Around the World,* revised ed. (New York: New
American Library, 1980). 革命運動・政権への対応を含む第三世界全体に対する米国の政策に
関しては、以下を参照。Robert A. Packenham, *Liberal America and the Third World: Politi-
cal Development Ideas in Foreign Aid and Social Sciences* (Princeton: Princeton University
Press, 1973); Stephen D. Krasner, *Defending the National Interest: Raw Materials Invest-
ments and U. S. Foreign Policy* (Princeton: Princeton University Press, 1978); Paul E.
Sigmund, *Multinationals in Latin America: The Politics of Nationalization* (Madison: Univer-
sity of Wisconsin Press, 1980); Richard Feinberg, *The Intemperate Zone: The Third World
Challenge to U. S. Foreign Policy* (New York: W. W. Norton, 1983); Gabriel Kolko, *Confront-
ing the Third World: United States Foreign Policy, 1945-1980* (New York: Pantheon, 1988);
Thomas P. Thornton, *The Third World: Challenge to U. S. Policy* (Washington, D. C.: SAIS
Foreign Policy Institute, 1989); Michael Latham, *Modernization as Ideology: American Social
Science and "Nation Building" in the Kennedy Era* (Chapel Hill: University of North Carolina
Press, 2000); Kimber C. Pearce, *Rostow, Kennedy, and the Rhetoric of Foreign Aid* (East
Lansing, MI: Michigan State University Press, 2001); Michael Latham, *The Right Kind of
Revolution: Modernization, Development and U. S. Foreign Policy from the Cold War to the
Present* (Ithaca: Cornell University Press, 2011).

3) ボリビア革命に関する研究としては、以下を参照。Robert J. Alexander, *The Bolivian National
Revolution* (New Brunswick, NJ: Rutgers University Press, 1958); James M. Malloy, *Bolivia:
The Uncompleted Revolution* (Pittsburgh: University of Pittsburgh Press, 1970); Manuel
Frontaura Argandoña, *La Revolución Boliviana* (La Paz: Editorial "Los Amigos del Libro",
1974); James Dunkerley, *Rebellion in the Veins: Political Struggle in Bolivia, 1952-1982*
(London: Verso, 1984).

行動をとったのか、その理由や要因について詳しくは本文中で明らかにするが、この点に関しては米側の反共主義とボリビア側の革命的ナショナリズムと革命運動の性格が大きく関係している。こうしたボリビアの事例の持つ特異性の解明が本書の第一の目的である。

　本書のもう一つの目的は、ボリビアという特殊な事例の分析を通して、アメリカ外交が持つ普遍的な特質を明らかにすることである。そのために本書での分析は、米国の自由主義と反共主義、そして革命とナショナリズムをめぐる諸問題を軸に展開される[4]。この点に関して、本書は特に米国の自由主義に注目する[5]。そして、自由主義が対外政策においては米国の一種独特のナショナリズムとして表れ、特に自らの自由主義的イデオロギーや自由主義的な政治経済体制と大きく異なる途上国の現実に直面したときにその特質や米国の政策への影響が明らかになると考える。この点については、本序論の後半部分でさらに検討するが、ボリビア革命の場合、米国が他にあまり例を見ないほど深く長期にわたって「介入」したため、革命政権が目指した包括的な民族主義的改革と米国が望ましいと考えた政策や政治経済体制との対比で、米国の対外政策が持

---

4)　ここでボリビアを含む冷戦期の第三世界の革命への米国の対応を考えるうえで重要な「共産主義」について触れておく。冷戦期を通じて、恐らくはその前後にも「共産主義」という言葉は非常に曖昧で多様な意味で使用され、しばしばプロパガンダ上極めて有効で政敵に対する最も効果的な非難の言葉の一つとして、相手が実際に信奉し、主張する政治的観念やイデオロギーとは殆ど無関係に使用されることが多かった。これは米国に限らず、冷戦期にラテンアメリカのエリートや体制側が反政府勢力を非難する言葉としても効果的に用いられていた。詳しくは、Richard Immerman, *The CIA in Guatemala: The Foreign Policy of Intervention* (Austin: University of Texas Press, 1982), pp. 81, 82, 101-03. 米国における「反共主義」に関して詳しくは、M. J. Heale, *American Anticommunism: Combating the Enemy Within, 1830-1970* (Baltimore: The Johns Hopkins University Press, 1990); Joel Kovel, *Red Hunting in the Promised Land: Anticommunism and the Making of America* (London: Cassell, 1994) を参照。以下、本書では、マルクス・レーニン主義に基づく政治運動やソ連の影響下にある各国の共産党や運動そのものより左派全般に対する脅威認識等が強調されている場合は、カギ括弧に入れて「共産主義」と表記する。

5)　米国の対外政策を論じるうえで自由主義と並んで重視される「民主主義」に関しては、本書では分析の中心に位置付けていないが、その理由の一つとしてボリビアの事例においては、「民主主義」という概念そのものが、米国の政策において自由主義や反共主義ほどには大きな意味を持たなかったことがある。より原理的な理由については本序論後半の自由主義に関する部分を参照。ボリビアの事例における「自由主義」と「民主主義」について詳しくは、上村直樹「アメリカ外交における自由主義と民主主義：ボリビア革命（1952-64年）に対する援助政策をめぐって」大津留智恵子・大芝亮編『アメリカが語る民主主義：その普遍性、特異性、相互浸透性』（ミネルヴァ書房、2000年）、pp. 101-26 を参照。

つ普遍的な特質がより純粋な形で浮き彫りになると考えられる[6]。こうした米国の対外的「介入」の目的とその際の自由主義の意味という点についても、序論後半部分で詳しく検討する[7]。まず以下、最初に「革命」等の本書の主要概念の意味について確認したあと、本書の第一の目的であるボリビアの事例の特異性の解明という点と関連させながら、第三世界の中でも特にラテンアメリカを中心に本書の分析枠組みについて検討していく。

1. 革命・ナショナリズム・イデオロギー

　まず本書の分析の中心的概念の一つである「革命」について簡単に検討する。そもそも「革命」は、極めて多義的かつ論争的な概念であるが、本研究は革命に関する理論的研究ではないので、革命そのものの厳密な定義を試みるのではなく、「革命的変化」に関するブレイシアーの簡便かつ機能的な定義と「革命

---

6)　ボリビア革命に対する米国の政策に関して、主要な先行研究として以下のものがある。Laurence Whitehead, *The United States and Bolivia: A Case of Neo-Colonialism* (London: Haslemere Group, 1969); James W. Wilkie, *The Bolivian Revolution and U. S. Aid since 1952: Financial Background and Context of Political Decisions* (Los Angeles: UCLA Latin American Center, 1969); Blasier, *The Hovering Giant*, pp. 46-54, 128-45; Carlos Navia Ribera, *Los Estados Unidos y la Revolución Nacional: entre el pragmatismo y el sometimiento* (Cochabamba: Centro de Información y Documentación para el Desarrollo Regional, 1984); Bryce Wood, *The Dismantling of the Good Neighbor Policy* (Austin: University of Texas Press, 1985), pp. 145-52; Kamimura, "The United States and the Bolivian Revolutionaries, 1943-1954" (1991); James Siekmeier, *Aid, Nationalism and Inter-American Relations, Guatemala, Bolivia and the United States 1945-1961* (Lewiston, NY: Edwin Mellen Press, 1999); Kenneth Lehman, *Bolivia and the United States: A Limited Partnership* (Athens, GA: University of Georgia Press, 1999); James Siekmeier, *The Bolivian Revolution and the United States, 1952 to the Present* (University Park, PA: Penn State University Press, 2011); Glenn Dorn, *The Truman Administration and Bolivia: Making the World Safe for Liberal Constitutional Oligarchy* (University Park, PA: Penn State University Press, 2011); Kevin Young, "Purging the Forces of Darkness: The United States, Monetary Stabilization, and the Containment of the Bolivian Revolution," *Diplomatic History*, 37-3 (2013), pp. 509-537; Thomas C. Field, Jr., *From Development to Dictatorship: Bolivia and the Alliance for Progress in the Kennedy Era* (Ithaca: Cornell University Press, 2014).

7)　「介入 (intervention)」については、本序論の後半部分で詳しく検討するが、ここでは「1国が他国の政治的方向性を決めようとする国家主導の一体的なあらゆる試み」とするオッド・ウェスタッドの簡潔かつ当を得た広範な定義を参照。Odd Arne Westad, *The Global Cold War: Third World Interventions and the Making of Our Times* (Cambridge: Cambridge University Press, 2007), p. 3.

的状況」に関するジェームズ・マロイの以下の説明を参照することとする。ブレイシアーによれば、「革命的変化」とは、「極めて急速で包括的かつ根本的な社会変化の形態で、通常暴力を伴い、過去との突然で激しい断絶をもたらす」現象とされる。またボリビア革命の事例に即して、革命の一般理論への接近を試みたマロイは、革命が成立する条件として、その前段階としての「革命的状況」の重要性に注目する。マロイによれば、「革命的状況」は、特定の社会における「多方面の機能不全」、必要な変化や改革を「受け入れようとしない」ないし「実行できないエリート」の存在、そして主要な社会的変動や戦争等の「促進要素」という三つの主要な要素の結合によって、「社会の重要な構成要素が現存する社会的枠組みでは自らの願望や要求を満たすことができない」と結論付けたときに生じるとされるが、それが実際の「革命」に至るか否かは、個別の事例をめぐる具体的要因によって異なるとしている。当然、これらの定義から本書が対象とする革命は、ラテンアメリカを含む第三世界で頻繁に見られる単なる軍事クーデタ等による政権交代ではなく、社会の根本的な変革を伴う「社会革命」が対象となる[8]。

　また本研究においては、ボリビアを含む第三世界の革命における「革命的ナショナリズム」の重要性が強調される。即ち、植民地や被支配地域ないし独立後の途上国にとっても、法的・政治的支配からの解放としての「独立」や旧宗主国や大国への政治的・経済的依存からの脱却という「自立」の問題が極めて重要である。これはすぐれてナショナリズムの問題であるが、その有力な手段の一つとして「革命」による社会の根本的変革があり、そうした自立への動きは、ボリビアを含めてこうした国や地域でしばしば「革命的ナショナリズム」という形をとって、第二次世界大戦後では、米国を筆頭とする大国への様々な挑戦となって表れる。この革命的ナショナリズムについては、「社会経済構造や政治権力構造における重要な変化を含むイデオロギー的・感情的要素の複

---

8)　Blasier, *The Hovering Giant*, p. 4; Malloy, *Bolivia*, pp. 5-7. 革命に関する理論的研究としては、以下を参照。Crane Brighton, *The Anatomy of Revolution*, revised and expanded ed. (New York: Vintage Book, 1956); Hannah Arendt, *On Revolution* (New York: Viking Press, 1963); Chalmers Johnson, *Revolutionary Change* (Boston: Little, Brown and Company, 1966); Carl J. Friedrich, *Revolution* (New York: Atherton Press, 1966); 中野実『革命』(東京大学出版会、1989 年)。特に「社会革命」に関しては、Theda Skocpol, *Social Revolutions in the Modern World* (Cambridge: Cambridge University Press, 1994) を参照。

合」からなり、「経済と社会に対する国家的支配の主張」を伴う「国民的再生の運動」とのロバート・スミスの定義を参照する。こうした革命的ナショナリズムの結果生じる「革命的変化」は、チャルマーズ・ジョンソンによれば「市民的社会関係への暴力の侵入をもたらす特別な社会的変化」とされている[9]。

　ラテンアメリカの革命に関する比較研究については次節で詳しく検討するが、それ以外の第三世界の革命について若干触れておくと、戦後の第三世界の主要な革命の一つとしてベトナム革命がある。無論同革命は、ボリビア革命と比較して植民地支配等の歴史的背景や地政学的文脈、世界的影響等において著しい違いがあり、周知のように民族独立運動であるとともにマルクス・レーニン主義に基づいて植民地社会の変革を目指す共産主義革命そのものであった。第三世界の根本的変革を目指す動きとしてボリビア革命とは対極に位置するものであり、その点ではむしろ本書第7章以下ボリビア革命との関連で度々言及されるキューバ革命に近いとも言えよう。ベトナム革命は、マイケル・リチャーズによれば、「第二次世界大戦後の民族解放運動の最も典型的な事例の一つ」であり、「成功に至った数少ない共産主義主導の運動」であった[10]。その一方で、

---

9)　Robert Freeman Smith, *The United States and Revolutionary Nationalism in Mexico, 1916-1932* (Chicago: University of Chicago Press, 1972), p. x; Johnson, *Revolutionary Change*, p. 1.

10)　Michael D. Richards, *Revolutions in World History* (New York: Routledge, 2004), p. 55. ベトナム革命について詳しくは、以下を参照。*Ibid.*, pp. 55-71; Jeff Goodwin, *No Other Way Out: States and Revolutionary Movements, 1945-1991* (Cambridge: Cambridge University Press, 2001), pp. 106-33; James DeFronzo, *Revolutions and Revolutionary Movements* (Boulder: Westview Press, 1991), pp. 103-51. 米国の政策に関しては、ベトナム戦争を中心に膨大な文献があるが、「ベトナム革命」そのものへの対応として書かれたものは殆どない。例外として、冷戦の本格化に至る前の「ベトナム戦争」前史も含めて米国のベトナム介入を分析したものとして、以下を参照。George McT. Kahin, *Intervention: How America Became Involved in Vietnam* (New York: Alfred A. Knopf, 1986); Lloyd Garder, *Approaching Vietnam: From World War II Through Dienbienphu* (New York: W. W. Norton, 1988). 第三世界の革命に関する比較研究としては、以下を参照。DeFronzo, *Revolutions and Revolutionary Movements*; Goodwin, *No Other Way Out*; Richards, *Revolutions in World History*; Jack A. Goldstone, *Revolutions: A Very Short Introduction* (New York: Oxford University Press, 2014). ラテンアメリカの革命に対する米国の政策の比較研究に関しては、ブレイシアーの議論を基に次節で詳しく論じるが、以下も参照。Timothy P. Wickham-Crowley, *Guerrillas & Revolution in Latin America: Comparative Study of Insurgents and Regimes since 1956* (Princeton: Princeton University Press, 1992). なお1949年の中国革命に関しては、ソ連とともに米国との冷戦そのものを形作った巨大な歴史的事象として本研究の視野を大きく超えており、ここでは取り上げない。

同革命は、米ソ冷戦の文脈の中で革命的ナショナリズムと共産主義の問題が複雑に絡み合った問題状況に置かれ、米国に対してボリビア革命と同様の基本的問題群を共有した面もあったと言えよう。また冷戦期の主要な第三世界革命の中には、ボリビア革命やベトナム革命のような革命的ナショナリズムと共産主義とは異なる問題群によって米国と困難な関係を抱えるに至ったものも存在し、その主要な事例の一つとして 1979 年のイラン・イスラム革命がある。これは、周知のようにソ連共産主義の脅威とは全く異なるイスラム原理主義からの脅威として、冷戦後にも続く米国にとっての主要な脅威となる。革命の背景には、本書が主な研究対象とする途上国の低開発と経済的自立の問題そのものではなく、宗教と文化に深く関わる問題群が根底にあるが、やはり広い意味でのナショナリズムの問題とも関わるという点で、革命と「自立」という本研究が対象とするボリビア革命の抱えた問題群ともつながるものがあろう[11]。

　こうした第三世界の革命と密接に関連するナショナリズムに関しても、様々な理解や定義が存在するが、本研究では、国際社会における主要な政治的単位である「国家（state）」（ないし「主権国家」）と「ネイション（民族・国民：nation）」を一致させようとする政治思想や運動というアーネスト・ゲルナーの簡便な定義を出発点とする[12]。本書では米国に関してもナショナリズムの概念を適用するが、その点については、本序論の第 4 節でより詳しく論じることとする。なお以下において、自らの国を持つ、ないし持とうとする一定規模の人間集団で言語、文化、伝統等を歴史的に共有して同族意識を持つ人々、即ち「民族」の自立や独立を強調する場合、ないし形容詞的に用いる場合には、日本語の慣例に従って「民族主義」ないし「民族主義的」の言葉を用いることとする。

　最後にイデオロギーについては、本書においては、観念形態ないしは政治や

---

11)　イラン革命について詳しくは、DeFronzo, *Revolutions and Revolutionary Movements*, pp. 229-71; Richards, *Revolutions in World History*, pp. 73-86. リチャーズによれば、歴史上多くの革命で宗教は、「主要な要因の一つ」であったが、イラン革命の場合は、他の事例と異なって宗教が「最も重要な要因」であり、「決定的な問題」として「革命を方向づけた」とされる。*Ibid.*, p. 229.

12)　Ernest Gellner, *Nations and Nationalism* (Ithaca, NY: Cornell University Press, 1983). 塩川伸明『民族とネイション：ナショナリズムという難問』（岩波書店、2008 年）；大澤真幸「アーネスト・ゲルナー『ネーションとナショナリズム』」大澤真幸編『ナショナリズム論の名著50』（平凡社、2002 年）pp. 261-74 も参照。

社会生活の様式を決定し、人間の行動を律する根本となる考え方や思想体系といった一般に用いられる意味や歴史的・社会的に制約された偏った観念形態といった意味合いではなく、むしろ人間が現実を理解して行動するための指針という、歴史研究に大きな影響を与えてきた著名な文化人類学者クリフォード・ギアツによる以下の定義を参照する[13]。ギアツによれば、イデオロギーは、「理解不能な社会的状況に対して意味を与え、そのように解釈することによって特定の状況において意思をもって行動することを可能」にする「文化的システム」、ないし「不確実な社会的現実の地図であり、共同意識を作り出すための鋳型」とされる。ちなみにここでの「文化」とは、再びギアツの極めて幅広い定義によれば、「人間が作り出す意味の網の目」であり、「人間は自ら紡ぎ出した蜘蛛の巣状の意味の網の目にぶら下がる動物」だとされる。この意味で、イデオロギーと文化は、本書においては、互いに密接に関係した意味で使用される。アメリカ外交におけるイデオロギーの意味に関しては、マイケル・ハントは、「広義の常識的で機能的な定義」が望ましいとして、「複雑な現実の特定の断面を容易に理解しうるものに変え、そうした現実と対処するのに適した方法を示すような相互に関連する信念や想定のひとまとまり」と規定していわばギアツと類似した一種の文化的な理解を示している。こうしたイデオロギー及び文化の理解は、以下の分析枠組みに関する議論の中で改めて検討することとする[14]。次に本研究の分析枠組みの検討に移るが、その際にまずは「リアリズム（現実主義）」の分析枠組みを用いたブレイシアーによるラテンアメリカの革命に対する米国の政策の比較研究について見てみよう。

2. 分析枠組み I：リアリズムとリビジョニズム

米国とラテンアメリカの革命的ナショナリズムとの関係に関しては、大きく

---

13) こうした一般的な意味合いについては、例えば阿部斉他編『現代政治学小辞典〈新版〉』（有斐閣、1999年）、pp. 21-22 を参照。

14) Clifford Greets, "Ideology as a Cultural System," in David Apter, ed., *Ideology and Discontent* (New York: Free Press, 1964), p. 64; Clifford Geertz, *The Interpretation of Cultures* (New York: Basic Books, 1973), p. 5; Michael Hunt, *Ideology and U. S. Foreign Policy* (New Haven: Yale University Press, 1987), p. xi.

分けて三つの分析枠組みが考えられよう。従来の研究で特に支配的だったのが
以下の二つの枠組みである。一つは国際関係における国家の役割や国家間の権
力闘争に注目し、米国の戦略的・安全保障上の利害や動機を重視するもので、
国際関係論の文脈で言えば「リアリズム（現実主義）」のアプローチである[15]。
もう一つは、米国の経済的利害や動機、さらにはそうした利害を維持するため
の「新植民地主義」的な支配・被支配の関係に注目するアプローチ、アメリカ
外交史の文脈で言えば「リビジョニズム（修正主義)」の分析手法である[16]。三
つ目の枠組みとしては、米国と第三世界のナショナリズムとの関係において、
米国の「自由主義の伝統」や文化的・イデオロギー的要素を重視する近年注目
されているアプローチがあり、ハーツの『アメリカ自由主義の伝統』（1955 年）
の系譜に連なるものである[17]。本書ではこれを「ポストリビジョニズム（ポス
ト修正主義)」の分析枠組みと名付けておく[18]。この三つの分析枠組みは、高坂
正堯がかつて『国際政治』（1966 年）の中で国際政治を見る基本的な視点として、
国家を「力の体系」、「利益の体系」、「価値の体系」の複合物と捉える枠組みを
示していることに相当するものであり、本書のリアリズム、リビジョニズム、

---

15) ボリビアの事例に関する主要なリアリスト的研究としては、Blasier, *The Hovering Giant*;
Wood, *The Making* がある。

16) ボリビアの事例に関する主要なリビジョニスト的研究としては、Whitehead, *The United
States and Bolivia*; Navia Ribera, *Los Estados Unidos y la Revolución Nacional*; Dorn, *The
Truman Administration and Bolivia*; Lehman, *Bolivia*; Young, "Purging the Forces of Dark-
ness"; Field, *Development to Dictatorship* を参照。革命ボリビアの米国への著しい依存関係の
ため、ボリビアの事例に関してはリビジョニスト的研究が圧倒的に多く、ローレンス・ホワイ
トヘッドからケネス・リーマンへと続くボリビア革命期の両国関係の 2 人の代表的研究者もリ
ビジョニストであり、本書も両者の研究から多くの示唆を受けている。ケネディ（John F.
Kennedy）期からジョンソン期に関しては、フィールドのリビジョニスト的研究が重要であり、
これについては第 8 章で詳しく論じる。リアリズムとリビジョニズムという二つの主要な研究
アプローチについて、アメリカ外交研究史に簡潔に位置付けたものとして以下を参照。Michael
J. Hogan and Thomas G. Patterson, "Introduction," in Hogan and Patterson, eds., *Explaining
the History of American Foreign Relations* (Cambridge: Cambridge University Press, 1991),
pp. 1-7. 国際関係論におけるリアリズムに関する教科書的説明については、Joseph S. Nye and
David A. Welch, *Understanding Global Conflict and Cooperation: An Introduction to Theory
and History*, 9th ed. (New York: Prentice Hall, 2012), pp. 41-81; 中西寛・石田淳・田所昌幸
『国際政治学』（有斐閣、2013 年）、pp. 12-41 を参照。

17) Hartz, *The Liberal Tradition*. ハーツの影響を受けた代表的研究として以下を参照。
Packenham, *Liberal America*; Latham, *Modernization as Ideology*; Pearce, *Rostow, Kennedy*;
Latham, *The Right Kind of Revolution*.

ポストリビジョニズムの三つがそれぞれ「力」、「利益」、「価値」を分析の基本
単位として国家の行動にアプローチしていると言えよう[19]。なお本書において、
3番目の「価値」については、「理念の共和国」である米国の場合、「理念」と
いう言葉がより適切と考えられ、「価値」に代えて「理念」を用いることとす
る[20]。この3番目のイデオロギーや文化に焦点を当てたアプローチの詳しい説
明とそうした枠組みをボリビアの事例に適用した場合についての詳細な検討は、
本序論第3節以降において本書の第二の目的に関する説明の中で詳しく行うと
して、まずは米国とラテンアメリカの革命との関係に関して、説明の汎用性が
高いと思われるブレイシアーによるリアリスト的立場からの説明を検討し、次
にリビジョニズムの枠組みについて考察する。

　ブレイシアーの比較研究によれば、1910年のメキシコ革命に始まるラテン
アメリカの大規模な社会革命に対して、米国は、第一に革命政権が、政治的・

---

18)　アメリカ外交史研究、特に冷戦史研究における本来の「ポストリビジョニズム」は、冷戦の
　　起源論争において、冷戦開始の責任をソ連の「侵略的行動」に帰して米政府の行動を防衛的な
　　対応として正当化する「正統派（orthodox）」の立場とそれを批判して米国の経済的な支配を
　　含む「膨張主義」こそが冷戦の主要因であるとする「修正主義派（revisionist）」に対して、両
　　者の解釈の「総合」を目指すものとして、冷戦開始とその激化の責任が米ソ双方にあるとする
　　立場一般を指すが、その中でも特に米ソの置かれた地政学的状況や両者の利害から対立の回避
　　は困難であったとするジョン・ギャディスの研究を指す場合が多い。John L. Gaddis, *The
　　United States and the Origins of the Cold War, 1941-1947* (New York: Columbia University
　　Press, 1972); John L. Gaddis, *Strategies of Containment: A Critical Appraisal of Postwar
　　American National Security Policy* (New York: Oxford University Press, 1982). 冷戦史研究
　　におけるポストリビジョニズムについて詳しくは、John L. Gaddis, "The Emerging Post-
　　revisionist Synthesis on the Origins of the Cold War," *Diplomatic History*, 7 (Summer 1983),
　　pp. 171-90; Hogan and Patterson, "Introduction," pp. 5-6 を参照。ボリビアの事例をめぐるリ
　　アリズムとリビジョニズムの関係は、実はアメリカ外交全体とは逆になっている。本事例に関
　　して最初に登場した本格的研究はホワイトヘッドのリビジョニズムであり、必ずしも両国関係
　　に関する支配的な解釈を「修正（revise）」したわけではなく、当初からリビジョニズムがいわ
　　ば「本流」となり、その後にブレイシアーのリアリスト的研究が現れるという逆転現象が見ら
　　れる。これは、両国関係の「新植民地主義」的性格の強さから避け難い展開であっただろう。敢
　　えてホワイトヘッドが修正を目指した「正統派」の解釈があるとすれば、両国関係自体を扱っ
　　ているものではないが、1952年ボリビア革命自体に関するロバート・アレクサンダーの優れ
　　たパイオニア的な研究であろう。アレクサンダーは、一つの章で両国関係について論じている
　　が、1952年以降、「双方の多大な努力によって、以前の敵意が純粋な友情に変貌した」点を強
　　調している。Alexander, *The Bolivian National Revolution*, pp. 255-56.
19)　高坂正堯『国際政治：恐怖と希望』（中央公論社、1966年）、pp. 19-20。
20)　「理念の共和国」としての米国に関しては、本間長世『理念の共和国：アメリカ思想の潮流』
　　（中央公論社、1976年）を参照。

戦略的に米州外の大国（第二次世界大戦前は特にナチス・ドイツ、大戦後はソ連）と結んで米国に敵対する可能性を恐れ、第二に革命政権の大規模な改革によって、米国資本が国有化等の深刻な経済的影響を受けることを懸念した。ラテンアメリカ全体、特に中米からカリブ海にかけて重大な経済的・戦略的利害を持つ米国は、これらの問題をめぐって革命政権との間に深刻な経済的・外交的紛争を経験した。ブレイシアーによれば、米歴代政権は、そうした紛争を基本的に政治的・外交的手段や経済的圧力等の非軍事的手段によって解決することを目指したが、革命政権との和解が困難で紛争の長期化が米州外の大国の干渉を招くと判断した場合には、秘密工作や直接の武力介入によって革命政権の排除や転覆を図ったとされる。ブレイシアーは、こうした敵対的な対応の事例として1954 年のグアテマラ、1961 年のキューバ、そして 1964 年のドミニカ共和国をあげており、逆に米国が和解に成功し、武力介入に至らなかった例として 1910年の開始以来 1940 年に至るまで様々な改革の試みがなされ、米国との紛争が続いたメキシコ革命とまさに本書が対象とする 1952 年のボリビア革命があげられている[21]。

　ブレイシアーの 1976 年の研究は、既に 40 年以上前のものではあるが、米国がラテンアメリカの革命政権や革命運動に対してなぜどのように対応するかという点に関して、戦略的・安全保障上の要因と経済的要因の巧みな組み合わせによって、基本的には依然として極めて説得力のある説明を提供している。「域外の大国」の介入への対応という形で米国の勢力圏としての米州に限定されてはいるが、第二次世界大戦後、特に冷戦期においては、グローバルな超大国である米国にとって、世界中でソ連と勢力圏をめぐって競い合ったことからすれば、ラテンアメリカ以外の途上地域全体に対しても同様の分析枠組みの適用は可能であろう。しかし、一方で、ブレイシアーのリアリスト的アプローチは、「武力行使」という点を過度に強調する嫌いがあり、米国による他国への「介入」が経済やその他の手段によっても行われ、それが「アメリカ的介入」の極めて重要な特徴である点が見逃されやすいといえる。

　ボリビア革命がまさにそうした典型的な事例であり、ボリビアの場合、ブレ

---

21)　Blasier, *The Hovering Giant*, pp. 4, 9-11, 211-19.

イシアーのリアリスト的枠組みは、本文中で詳しく検討するように、両国が最初に「和解」と「協力」の関係の樹立に成功した点に関する説明には効果的といえるが、その後の「協力」関係の展開を必ずしも十分には説明できない[22]。即ち、当初、米国は反共主義的な政治的・安全保障上の理由から経済援助を開始し、革命ボリビアとの間で「和解」と「協力」の関係の樹立に成功するが、その後の両者の「協力」関係においては米国による革命政権の内政・外交に対する厳しい締め付けと革命の方向性に対する強力な方向付けという側面が分かち難くあり、リアリズムの枠組みではその点の十分な説明が難しい。こうした側面は、ラテンアメリカや他の第三世界諸国に対して政治的・経済的手段等を通じた米国による「支配」を強調するリビジョニズムの分析枠組みが示唆的であろう。まさに第二次大戦後の米国の「介入」は単なる「軍事介入」だけでなく、ボリビアのように「平和的・協力的」な関係も両者の非対称的な力関係に基づいて、相手国の政策だけでなく、政治経済体制等も変えようとする米国側の明確な意思がある点でやはり「介入」と呼ぶべきであろう。リビジョニスト的立場からの米国・ボリビア関係研究の元祖ともいうべきホワイトヘッドは、ボリビアの事例に即してこの点に関して興味深い指摘を行っている。ホワイトヘッドによれば、米国による「介入」として重要なものは、軍事クーデタ支援というような直接的で「悪意に満ちた陰謀」だけでなく、むしろこのボリビアの場合のように、「クーデタに先立つ3～4年にわたって政治的な性格を強めてきたアメリカの圧力—明瞭に意識していたか否かは別として、クーデタのための条件を作り出すのを助けた圧力」といった形の間接的、中長期的かつ構造的な「介入」であるとされる[23]。

ただし、リビジョニズムの枠組みの弱点としては、米国にとって重要な直接的経済的利害関係の薄いボリビアに対して、そもそも米国がなぜ緊急経済援助によって「介入」し、さらにその後も 1964 年に至るまで大規模な経済援助と

---

22) 「和解」と「協力」にカギ括弧を付けているのは、本文中で具体的に明らかにするように、米国の自由主義とボリビアの革命的ナショナリズムとの 1940 年代の対立関係から一定の協調関係への変化は、あくまで暫定的なものであり、本質的な対立点は残り続けたという本書の基本的認識を示すものである。また米国の援助に基づく両国間の一種の協力関係についても、次に論じるようにボリビアの著しい対米依存という基本的な制約の中での不均等かつ不安定な基盤の上に立つものであるとの考えからである。

23) Whitehead, *The United States and Bolivia*, p. 25.

軍事的支援によって「介入」を続けたのか、という点が必ずしも十分に説明できない憾みがある[24]。ボリビアの場合、本文中で詳しく検討するように、当初の緊急経済援助決定は、革命ボリビアの極度の混乱と不安定化により労働運動を中心に「過激な」左派勢力さらには共産主義勢力が南米大陸の中心部で影響力拡大や政権掌握に至るという事態を避けるという強い政治的・戦略的懸念がアイゼンハワー政権を動かしたという面が強い（リアリスト的説明）。そして、その後、米国の大規模な援助によってボリビアの政治状況が一定の安定を見せ始めると、1950年代半ばには当初の「共産主義」への強い懸念と安全保障上の危機感は後退する。しかし、アイゼンハワー政権は大規模な経済援助を継続し、それと引き換えに極度のインフレに苛まれるボリビアに対して厳しい経済安定化政策を受け入れさせ、ボリビアの深刻な経済問題の元凶と見なした国家主導型の民族主義的経済政策と経済体制の変更を強く迫るようになる。重要な経済的利害関係（リビジョニズム）がなく、安全保障上の強い懸念（リアリズム）が後退する中で、米国による革命ボリビアに対するこうした積極的な「介入」の継続は、どう説明されるであろうか。この説明のためには1950年代半ば以降のこうした両国の「協力」関係がまず第一にどのように展開し、第二に米国はこうした革命ボリビアに対する「平和的介入」を通じていかなる目的を実現しようとしたのか、こうした点の解明が必要であり、そのためにはリアリズムとリビジョニズムのアプローチを補完する枠組みが求められる。この米国と第三世界、特にその革命との関係に関する研究における第三のアプローチとして、本書では既に触れたポストリビジョニズムの分析枠組みが有効と考える[25]。

---

24) 確かにボリビアは、本文中でも説明するように、米国にとって第二次世界大戦以来、錫その他の重要な戦略的資源の西半球における貴重な供給国であり、1953年のアイゼンハワー政権による対ボリビア緊急経済援助の決定の背景には、大統領自身のこの点での考慮が働いた点は否定できない。ただし、これも本文中で詳しく検討するように、ボリビアの最も重要な資源である錫に限って言えば、1952年の革命勃発までには米国は、大量の錫の戦略備蓄を抱えるようになっており、むしろ米国による錫備蓄の購入停止とさらには備蓄の売却がボリビア経済に大きな影響を与え、両国間の支援をめぐる議論の中で重要な問題となっていく。

3. 分析枠組み II：ポストリビジョニズム

　上記の最初の点、即ち米・ボリビア両国の「協力」関係の展開に関しては、近年の冷戦史研究において米ソやその他の大国の動きだけでなく、むしろ大国間の闘争の舞台となった第三世界自体に注目する研究が数多く現れている。2007年のオッド・アーン・ウェスタッドの画期的著作を嚆矢とするこれらの研究は、第三世界諸国が大国の草刈り場として米ソ両超大国に支配された単なる受動的な存在というよりは、むしろ米ソ及びその他の大国間の闘争への重要な参加者ないし主体として、大国との間の相互作用や大国への影響を通じて冷戦そのものの性格やその展開を形作る重要な役割を果たした点を強調している[26]。ボリビアはこの点で一つの典型的な事例である。本文中で詳細に検討するように、超大国米国と革命ボリビアとの「和解」と「協力」のプロセスは、両者の

---

25) 以下のポストリビジョニズムの説明からは、国際関係における規範やアイデンティティ等の観念的・主観的な側面を重視するコンストラクティビズムの分析枠組みとの関連性や親和性が当然指摘できよう。ただし、本稿は、リアリズム・リビジョニズムというアメリカ外交史の文脈からの研究であり、国際関係論の理論研究ではないため、コンストラクティビズムという用語は用いず、以下、ポストリビジョニズムという言葉によって分析を行い、両者の類似点や相違点等については詳細に立ち入らない。国際関係論におけるコンストラクティビズムに関しては、とりあえず以下を参照。Alexander Wendt, *Social Theory of International Politics* (Cambridge University Press, 1999); Peter J. Katzenstein, ed., *The Culture of National Security: Norms and Identity in World Politics* (New York: Columbia University Press, new ver., 1996). 邦語文献としては、以下を参照。石田淳「コンストラクティヴィズムの存在論とその分析射程」『国際政治』124（2000年5月）、pp.11-26；大屋根聡「コンストラクティヴィズムの視座と分析」『国際政治』143（Nov 2005年11月）、pp.124-140；大屋根聡編『コンストラクティヴィズムの国際関係論』（有斐閣、2013年）。コンストラクティビズムそのものに関しては、上野千鶴子『構築主義とは何か』（勁草書房、2001年）を参照。

26) Westad, *The Global Cold War*. 他の重要な研究として以下も参照。Robert J. McMahon, *The Cold War in the Third World* (Oxford: Oxford University Press, 2013); Mark P. Bradly, "Decolonization, the Global South, and the Cold War," in Melvyn P. Leffler and Odd Arne Westad, eds., *The Cambridge History of the Cold War*, Vol. I: *Origins* (Cambridge: Cambridge University Press, 2010), pp.464-85; Michael Latham, "The Cold War in the Third World, 1963-1975," in Melvyn P. Leffler and Odd Arne Westad, eds., *The Cambridge History of the Cold War*, Vol. II: *Crises and Détente* (Cambridge: Cambridge University Press, 2010), pp.258-80. またラテンアメリカに関しては、Hal Brands, *Latin America's Cold War* (Cambridge, MA: Harvard University Press, 2010) を参照。「冷戦」の定義に関しては、ウェスタッドによる「およそ1945年から1991年の間の米国とソ連間の対立が国際関係を規定した時期」という極めて簡便な定義を参照。Westad, *The Global Cold War*, p.3.

様々な相互作用を通じて展開していく。確かにボリビアの事例は、リーマンが
リビジョニスト的立場から指摘するように、両者の関係は大きな力の差と一方
的依存関係を伴う「パトロン・クライアント関係」ではあったものの、革命指
導者らが「ボリビアの従属的立場を使って強力なパトロンである米国との間で
非対称ながら相互的な紐帯」を作り出しえた関係でもあった[27]。即ち米国が革
命政権に対して外交面や国内政策面で重大な制約を課した一方で、ボリビア革
命指導者側は、米国の開かれた政治システムを巧みに利用しながら米国に対し
て援助継続の必要性を訴え、その中で最大限の自立性の確保を目指したのであ
る。本書はボリビア側が持っていたこうした「弱者」の側の「裁量の余地」の
大きさに注目し、大国の一方的「支配」に留まらない、両者の複雑な関係を浮
き彫りにすべく本文での分析を進める。

　さらにこうした近年の冷戦と第三世界に関する研究は、米国によるボリビア
に対する「平和的介入」の目的という上記の二つ目の点に関しても示唆的であ
る。その中でもウェスタッドは、新たな視点から冷戦のイデオロギー的側面に
関する重要な指摘を行っている。即ち、冷戦のイデオロギー的対立は、単に自
由主義と共産主義の争いという従来から言い尽くされてきた面だけでなく、む
しろ「近代化と開発に向けての正しい道」について世界の途上地域に住む人々
の「共感と支持（hearts and minds）」の獲得をめぐる闘争という新たな側面に注
目している。ウェスタッドは、二つの全く異なった「近代化プロジェクト」と
しての米ソ両国のイデオロギー対立が冷戦の根底にあったと規定し、冷戦自体
が近代社会実現のための「発展モデル」をめぐる争いであった点を強調する。
そして、米国に関しては、自由主義を中心とする「アメリカ的イデオロギー」
が冷戦期の介入主義において果たした役割を重視する。ウェスタッドによれば、
「アメリカによる第三世界への介入の歴史は、この［アメリカ的］イデオロギー
が歴史的にいかに発達し、米国の外交エリートの政策をどのように形作ってき
たかという歴史」にほかならないのである[28]。

　こうしたイデオロギー的要因、さらに文化的要因は、既に触れたハーツの自

27）　Lehman, *Bolivia*, pp. xii–xiii, 86–90, 225.
28）　Westad, *The Global Cold War*, pp. 4–5, 9; McMahon, *The Cold War in the Third World*,
　　pp. 2–5.

由主義論に基づいて、ロバート・パッケンハムが先鞭をつけた冷戦期の米国の第三世界に対する開発政策に関する最近の一連のすぐれた研究の基本的な分析の枠組みとなっている。それらの研究は、米国の援助政策が経済的利害や戦略的考慮だけでなく、自由主義・民主主義・開発・近代化・安定・米国の使命といった米国特有の歴史的・文化的に特徴付けられた諸概念やイデオロギーによって形作られ、また制約を受けてきたことを明らかにしている[29]。こうした第三世界諸国側の自立性を強調するとともに、米国等の大国側の政策におけるイデオロギー的・文化的要素に注目するアプローチは、リアリズムとリビジョニズムの枠組みを補完するものであるといえ、米国の第三世界諸国、特にその革命的ナショナリズムへの対応を研究するうえでも極めて有益と考えられる。ボリビアの事例は、米国の文化的・イデオロギー的要素が大きな役割を果たしたという点で、こうしたポストリビジョニスト的分析手法の有効性を示す一つの典型的な事例として本書では分析を行っていく[30]。

　こうしたポストリビジョニズムの枠組みの有効性を示すものとして、冷戦期の反共主義イデオロギーのアメリカ外交への影響に関するリチャード・イマーマンの研究がある。イマーマンによれば、当時の政策決定者や国民一般の認識

---

29)　Packenham, *Liberal America*, pp. 3-22; Latham, *Modernization*; Pearce, *Rostow, Kennedy*; Latham, *The Right Kind of Revolution*.

30)　こうしたポストリビジョニズムの枠組みをボリビア側に適用した場合、本研究では米国の場合ほど確定的なことは言い難いが、試論的に述べるとすれば、一つには本文中で詳しく分析するように、ボリビア革命の中心的指導者らは、米側、特にケネディ政権において強く推進される「近代化」と「開発」という観念を米側とかなりの程度にまで共有し、さらには「取りつかれていた」とさえいえるかもしれない。その意味で、ウェスタッドの「近代化プロジェクト」は冷戦期において米ソ両超大国のみでなく、途上国の指導者の間でも一定程度共有されていたことが推測される。こうしたイデオロギー面や文化的要素がボリビアに与えたもう一つの影響としては、本書の取り扱う期間を通じて常に水面下にあり、折に触れて表面化するボリビア民衆の側の反米感情が考えられよう。この二つについては、本文中でも必要に応じて触れていく。前者についてはとりあえず、Charles H. Westen, Jr., "An Ideology of Modernization: The Case of the Bolivian MNR," *Journal of Inter-American Studies*, 10-1 (January 1968), pp. 85-101 を参照。後者の「反米主義」については、Alan McPherson, ed., *Anti-Americanism in Latin America and the Caribbean* (New York: Berghahn Books, 2006) の諸論文を参照。またアメリカニゼーションとの関連で、油井大三郎「『外的アメリカニゼーション』と反米主義」油井大三郎・遠藤泰生編『浸透するアメリカ、拒まれるアメリカ：世界史の中のアメリカニゼーション』（東京大学出版会、2003年）pp. 196-208 を参照。ボリビアと同様に広く深い対米依存を続けた戦後日本の大衆意識の中の「反米」と「親米」を論じた以下も、両者の興味深い比較の材料を提供するであろう。吉見俊哉『親米と反米：戦後日本の政治的無意識』（岩波書店、2007年）。

枠組みにおいて、リアリズムとリビジョニズムがそれぞれ強調する戦略的利害と経済的利害を明確に区別することは、実際には困難であった。即ち第二次世界大戦後、米国の超大国化と米ソ冷戦によるグローバルな勢力争いのため、戦略資源の確保という観点から、米国資本の保全がそのまま戦略的利益の確保につながるという性格が強かったのである。さらに冷戦による米ソ間のイデオロギー対立の激化によって、米国とラテンアメリカの革命政権との関係が一層錯綜したものとなり、経済的挑戦と戦略的挑戦の区別といったすっきりとした図式の成立も難しくなる。イマーマンが、グアテマラ革命の場合に即して述べているように、あらゆる反米活動の背後にソ連共産主義の陰謀を認め、マッカーシズムの嵐を生み出した戦後の強力な「冷戦精神（Cold War ethos）」（本書の枠組みからすれば「冷戦イデオロギー」）によって、トルーマン（Harry S. Truman）政権期からアイゼンハワー政権期を通じて、大規模な国有化等の経済的ナショナリズムの「過激な」表現は、その他の反米主義的政策と並んで、共産主義勢力による革命政権への浸透または支配の有力な証拠と見なされたのである。言い換えれば、米国にとって共産主義と民族主義の革命の分別が困難となり、米国の政治・経済の指導者の間で、革命政権にとってその経済的自立と発展のための中心的手段である、産業、資源、農地等の大規模な国有化が、ソ連共産主義の米州への進出という戦略的脅威と容易に結び付けられるという、危険な状況が出来上がったのである[31]。こうした冷戦イデオロギーがボリビアやグアテマラの革命政権に対する米国の対応にどう影響し、この二つの危険な結び付きを避けることが二つの革命の命運をどのように分けることにつながったか、という点に関する詳細な分析は本文中に譲る。次にポストリビジョニズムの枠組みも用いた本書の分析においてその中心的概念となる米国の自由主義に焦点を当てながら、ボリビア革命という特殊な事例の分析がアメリカ外交の普遍的な特徴を考えることにいかにつながるのかについて検討してみよう。

---

31) Immerman, *The CIA in Guatemala*, pp. 81-82.

4. ナショナリズムとしての米国の自由主義

　最初に触れた本書の第二の目的であるボリビアの事例からアメリカ外交の普遍的特徴を明らかにするという点については、米国の自由主義が焦点となる。本書の基本的な理解は、冒頭でも触れたように自由主義が米国にとって独特のナショナリズムを形成し、その自由主義自体が米国に特有のイデオロギー的特徴を有しており、そうした自由主義イデオロギーとそれに基づく米国の政治経済体制の特質は対外関係、特に自らと異質な共産主義や途上国のナショナリズムに直面した際に顕在化しやすいというものであった。こうした理解はハーツの自由主義論が基礎になっているが、それ自体の説明の前に米国のナショナリズムについて少し検討しておく必要があろう。本序論第 1 節で触れた「ネイション」と「国家」の同一化の思想と運動というナショナリズムの概念を米国に適用した場合、通常の歴史的・文化的な「ネイション」を越えた形でのナショナル・アイデンティティを考える必要がある。有賀貞は、独立期の指導者らが「アメリカのすぐれた独自性」と考えた「自由な市民の共和国」という政治的な理念を基に「理念の国のナショナリズム」として「アメリカ・ナショナリズム」が形成されたと述べているが、この点に関して、塩川伸明は、米国は「超エスニックなネイション」として国家形成を行ったと説明している。同様の点はマーティン・リプセットも指摘している。リプセットによれば、他の国々が「共通の歴史」から自らのアイデンティティを築き上げているのに対して、米国は世界で唯一「信念（creed）に基づいて建国された国」であり、「アメリカ的信念（American Creed）」は、「18 世紀、19 世紀的な意味での自由主義」からなるとされる[32]。

---

32)　有賀貞『アメリカ革命』（東京大学出版会、1988 年）、pp. 22-26；塩川『民族とネイション』、pp. 65-68; Seymour Matin Lipset, *American Exceptionalism: A Double-Edged Sword* (New York: W. W. Norton, 1996), p. 31. 既に触れたように、「理念の共和国」としての米国に関しては、本間『理念の共和国』を参照。また中山俊宏は、米国は「進歩」を「体制イデオロギーとして内面化」しているとして、「保守運動を通してみたアメリカ」の分析を通じて「アメリカン・イデオロギー」への接近を試みている。自由主義の分析を通じて米国のナショナリズムの解明を試みる本書の問題意識と通底するところがあるといえよう。中山俊宏『アメリカン・イデオロギー：保守主義運動と政治的分断』（勁草書房、2013 年）、pp. i-ii。

こうした米国におけるナショナリズム形成の特異性については、「アメリカン・ナショナリズム」の発達の独特な歴史的展開に即して小林清一が詳細な説明を行っている。小林は、米国が西欧とは「かなり異なった条件とプロセス」によって、「普遍的なネイション」としてのナショナル・アイデンティティとナショナリズムを形成した点に注目している。小林によれば、そもそも米国は、国家形成にあたって「継承し、合理化することによって、ネイションを支えるはずのステイト（国家装置）がなかっただけでなく、領土は確定しておらず、共通の神話もなく、共有すべき歴史もなく、人々にアイデンティティと帰属を保障する共通の文化もなかった」とされる。そして、「ネイションの形成は、『アメリカとは何か』を絶えず自問し、その解答を集合的に模索しながら」進められ、「制度と装置のみでなく、それらを意味づけていく価値と文化も同時に創りだ」す必要があったのである[33]。このように「ネイション」に先行して「ステイト」が創出された国民が持つナショナリズムを考えるにあたっては、「[アメリカ人] 一般の国民生活を根本的に規定し、結果としてアメリカの国民社会全体を方向づけてきた特異な価値観やものの見方—ややおおげさにいうならば『世界観』」という古矢旬の「アメリカニズム」の規定は、ナショナリズムの定義として参考になろう[34]。まさに米国のナショナリズムは、こうした普遍的な価値に根差す「特異な価値観やものの見方」という形で米国社会と対外関係を方向付けてきたのである。その普遍的な信念の中核に何があるのか、話をハーツに戻してさらに検討しよう。

ハーツは、西欧とは異なる米国における「絶対的な自由主義」の伝統の重要性とその歴史的な影響を指摘しているが、その国内的意味だけでなく、対外関係についても深い洞察を示している。そして、「20 世紀になってアメリカが急に世界政治の中心に投げ出され、共産主義革命に対する闘争における最強の指導国家として登場」したことが自国の自由主義の伝統と社会にどのような影響を与え、どのような方向に向かわせようとしているのかに強い問題意識を持っ

---

33) 小林清一『アメリカン・ナショナリズムの系譜：統合の見果てぬ夢』（昭和堂、2007 年）、pp. 6-9。米国を含む欧米 5 カ国のナショナリズムの比較研究である以下も参照。Liah Greenfeld, *Nationalism: Five Roads to Modernity* (Cambridge, MA: Harvard University Press, 1992).

34) 古矢旬『アメリカニズム：「普遍国家」のナショナリズム』（東京大学出版会、2002 年）、pp. ii-iii。

て自らの自由主義論を展開している[35]。先に触れたパッケンハムの研究もこの
ハーツによるアメリカ自由主義の研究が基本的な出発点になっている。パッケ
ンハムは、「アメリカ例外主義」的な特異な自由主義の伝統を持つ米国（liberal
America）が「反自由主義的（illiberal）」な世界と深く関わったときにどのよう
な対応をするかという問題関心から、第二次世界大戦後の途上国の開発や経済
発展の問題に関して、政治指導者や一般国民だけでなく、学者や研究者もこう
した独特な自由主義の影響の下にいかに理論構築やその実践に取り組んできた
かという点の解明を目指し、既に触れたその後の研究を触発している[36]。この
意味でハーツの研究は、意外にも米国の第三世界政策研究における文化的・イ
デオロギー的アプローチの一つの始祖ともいえよう。

　ハーツ自身はこうした米国独特の自由主義を直接ナショナリズムとは規定し
ていないが、著作の中で「国民を抱擁し、全体一致の決定を導き出す心理的総
体としての、自然的自由主義」が語られ、こうした自由主義は、「非合理的自由
主義」ないし「アメリカニズム」として米国民の意識を規定してきた基本的な
認識枠組みとされている[37]。これは、既に触れた古矢の「アメリカニズム」と
ナショナリズムの定義とも符合するものであり、米国自体の政治・経済・社会
体制だけでなく、対外関係も大きく規定してきたものである[38]。このハーツら
の主張は、ジョン・フォーセックが「アメリカのナショナリスト的グローバリ
ズム（American nationalist globalism）」と呼ぶ戦後米国の「普遍主義的なナショ
ナリズム」という枠組みに相通じるものがあろう。必ずしも自由主義のみに焦
点が当てられているわけではないが、フォーセックによれば、米国は、常に自
らのナショナリズムの基盤としていた「自由、平等、法の下における正義とい

35）　Hartz, *Liberal Tradition*, pp. 3-5, 284-87. 以下、ハーツの著作の日本語による引用は、以下
　　の邦訳による。ルイス・ハーツ（有賀貞訳）『アメリカ自由主義の伝統』（講談社、1994 年）、
　　p. 377。
36）　Packenham, *Liberal America*, pp. xv-xxii. 米国の自由主義と第三世界のナショナリズム、そ
　　して米国の「介入」の問題に関しては、パッケンハム以外には以下も参照。Feinberg, *The In-
　　temperate Zone*; Krasner, *Structural Conflict*; Kolko, *Confronting the Third World*; Thornton,
　　The Third World. 「アメリカ例外主義」については、Lipset, *American Exceptionalism*, pp.
　　17-23 を参照。
37）　Hartz, *Liberal Tradition*, pp. 12-15, 29-31（ハーツ『アメリカ自由主義の伝統』、pp. 28-33、
　　50-55）.
38）　古矢『アメリカニズム』、p. ii-iii。

った自ら体現すると主張する普遍的価値」を、第二次世界大戦後は世界中で実現を目指すようになったとされるのである[39]。こうした米国のナショナリズムは、その創成期には既に触れた「普遍的なネイション」として、王政と封建制に特徴付けられた「異質」なヨーロッパとの対比で自らの自由と共和政に基づくアイデンティティを形成したのと同様に、20世紀、特に冷戦期においては、ソ連という「異質」で強力な敵対者との対比でその自由主義としての特質が強化され、場合によってはマッカーシズムのような歪んだ形を取ったのである[40]。

5. 「リベラル・プロジェクト」

こうした米国のナショナリズムとしての自由主義が対外関係における主要な目的として推進されたものとして、ロバート・マクマンが冷戦初期のトルーマン政権の対外政策に即して論じた「リベラル・プロジェクト」がある。マクマンによれば、第二次世界大戦後の米国の政治・経済エリートは、米国の利益が「自由貿易、通貨の高い兌換性、経済的相互依存、国際法の尊重、自決原則の公正かつ適正な適用を特徴とする世界」において最もよく実現できるという確信から、ウィルソン（Woodrow Wilson）以来の「アメリカ主導のリベラルな世界秩序」の実現に邁進したのであった。彼らはこうした秩序を脅かすものとして、グローバルな「ソ連のパワーと共産主義イデオロギー」の脅威とともに、「混乱と革命と戦争」が「平和、繁栄、安定」に及ぼす脅威を克服しようとしたのであった[41]。後者は本書が焦点を当てている新興独立国やラテンアメリカを含む途上地域一般における不安定や革命的ナショナリズムからの脅威にまさに当てはまろう。この点を本研究の趣旨に即して敷衍すれば、トルーマン政権は、自らの「リベラル・プロジェクト」に基づいて「リベラル」な世界秩序と米国

---

39) John Fousek, *To Lead the Free World: American Nationalism and the Cultural Roots of the Cold War* (Chapel Hill, NC: The University of North Carolina Press, 2000), p. 7.

40) 米国のアイデンティティ形成にとって原初的な「アメリカ対ヨーロッパ」という対比については、斎藤眞「対比としての自己像」斎藤『アメリカ革命史研究：自由と統合』（東京大学出版会、1992年）、pp. 291-311；佐伯彰一「アメリカ対ヨーロッパ：文化意識の構造」佐伯彰一編『アメリカとヨーロッパ：離脱と回帰〈講座アメリカの文化5〉』（南雲堂、1970年）、pp. 1-61；有賀貞「独立革命とアメリカ精神」同書、pp. 63-95を参照。

41) マクマン「安全保障か自由か？」、pp. 41-43。

の安全保障に対するソ連の脅威に対抗するとともに、第三世界において共産主義とナショナリズムの脅威への対応を目指したといえよう。しかし、再びマクマンによれば、こうした冷戦下の国際関係の中で、戦後の米国は、「自由と安全」との深刻なジレンマも抱えることになる。米国は、「グローバルな覇権を目指」し、自国とは「対極にある、新たな狂信的な信念によって突き動かされた」ソ連との冷戦という厳しい対立の中で、自らを「安全保障国家化」、言い換えれば「個人及び市民の自由を制限する兵営国家」へと変質させ、ウィルソン主義的なリベラルな世界秩序とは「まったく異なる世界秩序」、即ち「軍事力に根差した秩序」の構築へと向かわせる強力な圧力にさらされることになったのであると。そして、1950年の朝鮮戦争がこうした「安全保障国家化」に決定的役割を果たしたと結論付けられる[42]。

　マクマンの説明における「安全保障国家化」の程度やタイミングの当否はともかくとして、冷戦の深刻化とともに米国の対外政策の恒常的な軍事化が著しく進行したことは確かである。それでは「リベラル・プロジェクト」自体は、「変質」して失われてしまったのか。マクマンはその点を明確に述べていないが、マクマンの「リベラル・プロジェクト」は、本書の分析に極めて有益な枠組みを提供していると考えられる。ただし、若干の修正が必要であろう。一つは上記の「リベラル・プロジェクト」の「変質」とトルーマン政権期以降への継続の問題に関するものである。マクマンは、朝鮮戦争を特に重要な契機として、本来の「リベラル・プロジェクト」は変質し軍事化した点を強調しているが、むしろ軍事化と並行して継続したというのがより実態に近いのではないか。即ち「リベラル・プロジェクト」は、「変質」しながらも「リベラル」な対外政策志向と「軍事化」とが共存しつつ、同時並行的に展開したと考えられるのである。ただし、両者はたまたま併存していたわけではなく、アメリカ外交の場合、相互に不可欠なものとして一体的に展開したことに注意が必要である[43]。ボリビアの事例に関する本書の以下の分析は、まさにこの点を明らかにするであろう。この意味で「リベラル・プロジェクト」に基づく分析枠組みは、本研究が分析対象とするトルーマン政権期以降についても適用が可能であると考える。

---

42) *Ibid.*, pp. 39–42, 58–59.

序　論　米国の自由主義と第三世界の革命　　25

　マクマンの枠組みに対するもう一つの修正点は、自由主義の中身に関する問題である。本書の基本的理解は、米国の自由主義は、対外的に適用された場合、いわゆる「リベラル」な要素だけでなく、「経済的自由主義」という極めて保守的な側面も持っていたという点である。その意味で米国の戦後対外政策における「リベラル・プロジェクト」自体もこうした二面性を持っていたと考えられ、この点は自由主義に関する次の議論の中でより詳細に検討する。この二面性に関して、一つだけ例をあげておくと、マクマンも触れている「国際法の尊重」がある。例えば国際紛争を武力ではなく法に基づいて解決するという姿勢は、確かに「リベラル」と言えようが、この原則を途上国のナショナリズムに当てはめると必ずしもそうは言えない。即ち途上国が経済的自立を目指して外国資産を国有化した場合、この原則によって、本文中でも検討するように、「国際法に則った補償原則」に従って巨額の補償が求められることになる。これは途上国による合法的な国有化を事実上不可能にするものであり、その意味で極めて「保守的」な「経済的自由主義」の主張ともなりえよう。米国の自由主義は、対外的にはこうした「リベラル」と「保守的」という二つの対照的な側面を持つと言え、本文中でも明らかにするように、これはボリビアの事例においても同様である。本研究では、こうした二つの修正を加えたうえで、マクマンの「リベラル・プロジェクト」の枠組みを用いることとする。

　ボリビアの事例に関する詳細な分析は本文中で行うが、こうした「リベラル・プロジェクト」の枠組みがボリビアの事例にどのように当てはまると想定できるか、ここで簡単に確認しておこう。即ちトルーマン政権以降の米国歴代政権は、ボリビアにおける「革命」が「混乱」や共産主義の支配を南米大陸の中心部にもたらすことのないよう、革命政権を経済的に支援しつつその革命の性格を米国自身のイメージに沿って自らの利益と理念に即したより「リベラル」な形に作り変えようと「介入」を続けたと仮定することができよう。本書

---

43)　菅英輝は、自らの論文集に寄稿されたマクマン論文に関して、「朝鮮戦争によって、ウィルソン主義的リベラリズムが変質を迫られ、安全保障国家体制の担い手である『軍産複合体』［マクマン自身はこの言葉を使っていない］の影響力が高まることになった経緯を詳述している」として、「冷戦下のアメリカが追求した秩序は、リベラルな秩序そのものではなく、『非リベラルな』秩序を包摂するものであった」と整理している。菅英輝「変容する秩序と冷戦の終焉」菅英輝編著『冷戦史の再検討：変容する秩序と冷戦の終焉』（法政大学出版局、2010 年）、pp. 6-7。

は、ボリビアの革命的変化に関わった米国の歴代政権の政策の分析を通じてその点の解明を目指す。その過程で、マクマンの言う「リベラル・プロジェクト」自体の変質とパラレルな動きも垣間見ることができよう。即ちトルーマン政権からアイゼンハワー政権、そしてケネディ政権、ジョンソン政権へとボリビアの政情の不安定化と「共産主義の脅威」が続く中で、米国による革命政権支援の「軍事化」が「リベラル」な経済援助政策とともに同時進行していく。この点に関して、皮肉なことに米国の自由主義的なイメージに沿ってボリビア革命の「変革」を目指す援助政策がより軍事への傾斜を強めるのは、「リベラル」の代名詞ともいえるケネディ政権下であり、「国家安全保障」の重視は、次のジョンソン政権においてさらに明らかになる。こうした点は、特にケネディ政権とジョンソン政権に関する第8章〜第10章部分で詳しく検討し、具体的に明らかにしていく。

6. 米国の自由主義の諸相

次にこうした「リベラル・プロジェクト」の中核ともいうべき米国の自由主義自体の内容について検討してみよう。ただし、現在の「リベラリズム・自由主義」をめぐる思想的・哲学的な状況は、川崎修が「そのすさまじい多義性」について語っているように、複雑かつ「混沌とした多義性」に満ちたものであり、ここで十分論じることは困難なので、以下、本書の狙いに即した限定的な説明に留める[44]。まずこの自由主義自体に関して、ハーツは明確な定義を示していないが、その基本的な意味として「旧世界の封建的および宗教的抑圧」に対する「反対」という「もっとも広い意味」の定義を示唆している[45]。そもそも自由主義は、周知のように、近代の市民革命期以降、国家に対する個人の政治的・宗教的自由の擁護や国家の介入に反対して経済競争の自由を求めるものとして発達したものである。そうした17、18世紀の欧米における市民革命期

---

44) 川崎修「リベラリズムの多義性」『思想』No.965（2004年9月）、pp. 2-5。あわせて同誌同号の特集「リベラリズムの再定義」に所収された多様なアプローチからなる各論文を参照。同誌、pp. 2-231。

45) Hartz, *Liberal Tradition*, p. 3; ハーツ『アメリカ自由主義の伝統』、p. 18。

の本来の自由主義の内容として、トニー・スミスは、「個人の自由と財産権の擁護、慣習ではなく理性への訴えかけ、法の支配と被治者の同意の下の政府」といった内容を指摘している[46]。しかし、こうした自由主義の積極的意味合いが極限まで剥ぎ取られ、「最小限の政府」を意味するようになったレッセフェール型の「19世紀の自由主義」は、アメリカにおける「保守主義（conservatism）」として再定義されることになる。セオドア・ローウィは、これを「旧自由主義（old liberalism）」と規定し、ニューディール型の「新しい自由主義（new liberalism）」と対置する。後者の自由主義は、「政府が社会変化を意識的に起こさせるための手段を提供するということを前提としている」と規定され、1930年代以降、社会の変革を積極的に推進する「積極政府」ないし「福祉国家」の登場に理論的根拠を与え、その後の社会政策のレベルにおける福祉政策の充実やアファーマティブ・アクション等を国家に求める動きにつながっている[47]。

　こうした「大きな政府」を求める人々やそうした考え方や政策を指す「リベラル（liberal）」という言葉に見られるように、20世紀、特に1930年代以降の米国の自由主義は、進歩主義的なまさに「リベラル」な自由主義とより「保守的」な19世紀的ないしそれ以前の古典的な自由主義（ローウィの「旧自由主義」）の二つの大きな流れがある（後者は、さらに現在の言葉では「新自由主義（neoliberalism）」）[48]。これは、現在のいわゆる「青い州（blue states）」と「赤い州（red

---

46)　Tony Smith, *America's Mission: The United States and the Worldwide Struggle for Democracy in the Twentieth Century* (Princeton: Princeton University Press, 1994), p. 1. 米国の自由主義、さらには自由主義そのものの思想的・理論的考察に関して、詳しくは以下を参照。Theodore Lowi, *The End of Liberalism: The Second Republic of the United States* (New York: W. W. Norton, 1969); 佐々木毅『アメリカの保守とリベラル』（講談社、1993年）；佐々木毅「20世紀の自由主義思想」佐々木毅編『自由と自由主義：その政治思想的諸相』（東京大学出版会、1995年）、pp. 327-70；安藤次男『アメリカ自由主義とニューディール：1940年代におけるリベラル派の分裂と再編』（法律文化社、1990年）；砂田一郎『現代アメリカの政治変動：リベラル政治のらせん状発展』（勁草書房、1994年）。

47)　この19世紀型の自由主義を米国における「保守主義」とする定式化に関して、ローウィは、クリントン・ロシターのアメリカ保守主義の研究を参照している。Lowi, *The End of Liberalism*, pp. 42-43. ローウィが引用しているロシターの著作は、Clinton Rossiter, *Conservatism in America* (New York: Knopf, 1955). 米国におけるこうした政府による社会経済過程への介入の是非や自由競争をめぐる新旧の自由主義のせめぎあいに関しては、Sidney Fine, *Laissez Faire and the General-Welfare State* (Ann Arbor, MI: The University of Michigan Press, 1964); Alan Dawely, *Struggles for Justice: Social Responsibility and the Liberal State* (Cambridge, MA: Harvard University Press, 1991) を参照。

states)」への分極化、民主・共和両党支持者間の対立へとつながっている[49]。しかし、こうした自由主義の意味に関して本書の議論にとって重要なのは、米国における「リベラル」な自由主義と「保守的」な自由主義のせめぎあいは、ハーツが強調するように、王党派や封建主義、ファシズム等の極右の有力な伝統と共産主義や無政府主義等の極左の強力な存在を欠く、基本的には「中道」の「自由民主主義（liberal democracy）」の枠内でのいわば「コップの中の争い」とも言え、極めてアメリカ的な自由主義の特色を表している点である[50]。このことは、やはりハーツが強調するように、世界的な文脈の中に位置付けてみれば一目瞭然であろう。20世紀、特に第二次世界大戦後に「アメリカが大きな広い世界の真ん中に投げ出された」タイミングそのものが、「皮肉なこと」にま

48）「リベラル」という言葉には、ニューディール以来の「進歩的な改革主義」という意味合いとともに、異質なものへの「寛容さ」、「偏見のなさ（少なさ）」というニュアンスも強くあり、現在の米国においては、社会的にゲイや同性婚への「寛容さ」に典型的に見られ、保守派から批判されるゆえんである。またこうした異質なものへの「寛容さ」は、政治的には例えばニューディール期において、本来米国の自由主義と相容れないものと見なされてきた社会主義に加え、共産主義に対しても一定程度の許容性が見られたことにもつながるものであろう。こうしたニューディーラーたちは、第二次世界大戦後の占領下の日本において、占領軍総司令部民生局を拠点にそうしたイデオロギー的柔軟性を示し、日本の社会党をヨーロッパの社会民主主義政党に相当するものと見なして、いわゆる「逆コース」まではその「育成」に熱心であった。細谷千博編『日米関係通史』（東京大学出版会、1995年）、pp. 170-71.「新自由主義（neoliberalism）」については、土佐弘之「論点3 新自由主義：新自由主義的グローバル化は暴力をもたらしているか」日本平和学会編『平和をめぐる14の論点：平和研究が問い続けること』（法律文化社、2018年）、pp. 39-57 を参照。

49）佐々木毅も「小さな政府」を基本とする伝統的な自由主義をアメリカにおける「保守主義」と規定し、後者のニューディール以降の「大きな政府」を推進する新たな自由主義を「リベラリズム」として、ヨーロッパ大陸の政治的伝統でいえば「社会民主主義」に近いと整理している。佐々木『アメリカの保守とリベラル』、p. 11-15。ハーツも、ジョン・ロックの自由主義政治思想にルーツを持つ米国特有の自由主義の二つの流れとして、「保守的自由主義者」であるアレクザンダー・ハミルトン以来の「ホイッグ」と「民主主義的自由主義者」であるアンドリュー・ジャクソン以来の「デモクラット」という二つの政治的潮流について語っている。有賀貞「解説」ハーツ『アメリカ自由主義の伝統』、p. 411。

50）中山俊宏は、エリック・フォーナーを引いて、「アメリカにおいては、保守派もリベラル派も『自由の物語』（フォーナー）に参入しているという意味においては、大きな物語を共有」しており、「その物語に、何物にも拘束されないという意味での自由を至上の価値として掲げて参入しているのが保守派であり、自由を実現するためには平等こそを何よりも重視しなければならないとして参入しているのがリベラル派」であると興味深い説明を行っている。中山俊宏「アメリカ流『保守』と『リベラル』の対立軸」渡辺靖編『現代アメリカ』（有斐閣、2010年）、p. 28。ここで参照されているのは、フォーナーの以下の著作であろう。Eric Foner, *The Story of American Freedom* (New York: W. W. Norton, 1999).

さしく「戦争が革命となりイデオロギーの武器によって戦われるようになったとき」であり、自由民主主義にとって「危機」の時代であった[51]。米国は、ドイツの帝国期の軍国主義とナチス期のファシズム、冷戦期のソ連共産主義、そして冷戦後のイスラム原理主義といった強力な敵対者・競争相手との闘争に加えて、第三世界の様々な形のナショナリズムの挑戦に直面しながら、自らのナショナリズムたる独特の自由主義イデオロギーの理念と自由主義的な政治経済体制の利益に適った世界秩序の構築をまさに「リベラル・プロジェクト」として追求し続けるのである。

　議論がやや拡散してしまったが、話を元に戻して自由主義の対外的な側面について、本書の問題関心により即してもう少し説明を続けよう。まずは「民主主義」との関連で米国の対外関係における自由主義について考えてみよう。フォーセックは、既に触れたように第二次世界大戦後の米国の「普遍的ナショナリズム」の要素として常に自らのナショナリズムの基盤としてきた「自由、平等、法の下における正義」といった近代西欧で発達した普遍的価値をあげていたが、これらはまさに注5で言及した「民主主義」を構成する中心的要素でもある。「民主主義」は、世界大国となった20世紀の米国の対外関係においては、「自由主義」と並んで重要な意味を持ち、政策の目標として強調されることも多かった[52]。しかし、ここでは混同を避けるため若干の説明が必要であろう。確かに「民主主義」は、対外政策においてその推進が謳われ、「自由（freedom）」と同様に極めて重要な政治的シンボルである。しかし、「自由主義」は、本書においては政策の目標として唱えられる政治的シンボルとしてではなく、むしろ個人や国家の政治的・経済的行動を規定する観念的枠組み、即ちイデオロギーとして「民主主義」よりは上位の概念として捉えられている[53]。そして、米国が対外的に唱える「民主主義」は、米国内で実践されてきた「自由民主主義」がまさにその中身であり、広義の近代の自由主義から派生し、それに包摂されるものと捉えられる。その意味で、米国にとっての「自由主義」は、政治的には「自由民主主義」がその中核にある。そして、経済的（さらに社会的）には政府の役割を最小化し、減税、規制緩和や民営化、自由貿易等を推進する「保守

---

51)　Hartz, *Liberal Tradition*, pp. 284, 286; ハーツ『アメリカ自由主義の伝統』、pp. 377、380。

的」な「経済的自由主義」ないしは「市場経済主義」がある一方で、もう一方にはより「リベラル」な自由主義が存在していて、政府の積極的な役割を推進し、政府による社会・経済規制の強化や累進課税による所得再配分、そして公営企業等による経済過程への介入等を支持するなど、二つの理念的な立場がある。そして、両者は、第二次世界大戦後の米国の対外経済政策全般、特に途上国への援助政策において、次に見るように必ずしも相互に排他的な形ではなく、多大な影響を与えてきたのである。

こうした米国の自由主義が対外的に投影されたものとしては、スミスが詳述する海外における民主主義的政治体制や自由主義的諸価値や諸制度の実現を目指す「リベラル」な自由主義が研究者の注目を集めてきた一方で、シドニー・

---

52) Fousek, *To Lead the Free World*, p. 7. トニー・スミスは、20世紀のアメリカ外交を民主主義推進の視点から包括的に説明し、「1898年以来、海外での民主政府の創出を推し進めようとの大統領による繰り返しの要請ほどアメリ外交の歴史の中で目立つテーマはなかった」と指摘しているが、確かに「民主主義」は米国の政治指導者によって常に繰り返される重要テーマであった。Smith, *America's Mission*, p. xiii. ただし、「民主主義」は、冷戦期までのアメリカ外交において、外交の大義名分ないし他の重要な目標の正当化のために多用されてきたが、実際にはウィルソン政権やケネディ政権、そしてカーター（Jimmy Carter）政権といった特定の政権を除いて、中心的目標として「民主主義」そのものが推進されることは少なかったと言えよう。特に冷戦期は、対ソ戦略や反共主義という政治的・戦略的狙いからしばしば「民主主義」が語られていた。スミスもまさに「安全保障を向上させるため」の民主主義推進を跡付けているのである。*Ibid.*, p. 4. 冷戦後は、いわゆる「民主主義平和論（democratic peace）」の影響もあって、クリントン（Bill Clinton）政権の「拡大と関与」戦略に見られるように、米政府が旧ソ連・東欧諸国を中心に民主主義と市場経済の定着が安全保障上重要との観点から民主化を強力に推進するといった現象が見られる。また人権や民主的政体の確立が国際的規範として米国も含めて対外政策における基本的な目標として国際社会全体で強く推進されるようになっている。「民主主義平和論」については、Bruce M. Russet, *Grasping the Democratic Peace: Principles for a Post-Cold war World* (Princeton: Princeton University Press, 1993) を参照。米国も含めた冷戦後の世界的な民主化推進に関しては、Thomas Carothers, *Aiding Democracy Abroad: The Learning Curve* (Washington, DC: The Carnegie Endowment for World Peace, 1999) を参照。ラテンアメリカ全体に関しては、Abraham F. Lowenthal, *Exporting Democracy: The United States and Latin America, Case Studies* (Baltimore: The Johns Hopkins University Press, 1991) を参照。

53) 「自由主義」と「民主主義」を政治思想や運動として、「自由」を求めるものと「平等」を求めるものとして並立的に捉えれば、吉原欽一が指摘するように、両者は「ヨーロッパでは元来相反するイデオロギー」であった。しかし、ハーツが指摘する「封建制度を経験しなかったアメリカ」は、アレクシス・トクビルの言う「生まれながらにして平等」な社会であったため、「リベラリズム」と「デモクラシー」が「対立することなく共存することができた」とされるのである。吉原欽一「ブッシュ政権とその政策形成について：政策形成過程における『レーガン主義』の影響」久保文明編『G・W・ブッシュ政権とアメリカの保守勢力：共和党の分析』（日本国際問題研究所、2003年）、p. 37.

序　論　米国の自由主義と第三世界の革命　　31

ファインやアラン・ドーリーが指摘するような政府の経済過程への介入に反対し、自由競争や自由貿易に重点を置いたいわばレッセフェール型の「保守的」な自由主義も対外政策に大きな影響を与えてきた。後者は、現在の「新自由主義」ないし「市場経済（至上）主義」にもつながるものであり、本研究の主要な対象の一つである対外援助政策において特に重要な役割を果たしてきた[54]。こうしたいわば保守的な「経済的自由主義」は、パッケンハムやスティーブン・クラズナーが指摘するように、第二次世界大戦後、開発途上国の経済的ナショナリズムに基づく各種の保護主義的政策や制度などに対して、経済の開放と自由化を求める政策となって表れている[55]。パッケンハムの議論は対外援助政策に焦点を当てているが、彼の自由主義的概念の重要性に関する指摘は、米国の戦後の対外関係全般に関しても有益であろう。こうした経済的自由主義の重視は、本文中で検討するように、アイゼンハワー政権の初期に見られた「援助ではなく貿易（trade not aid）」政策がまさにこれに該当し、ボリビアに関しても当初からこうした側面が反共主義とともに常にあったが、特に 1956 年以降の経済安定化政策に典型的かつ全面的に表れることになる。しかし、こうした点は、「保守的」とされるアイゼンハワー政権だけでなく、「リベラル」とされるケネディ政権においても基本的に本質的な違いはない。本書の分析が明らかにするように、ケネディ政権は、「進歩のための同盟」の下でそれまでの様々なタブーを破って政府資金の大規模な投入による開発援助を推進する一方で、ボリビア革命政権に対して、「経済的自由主義」に基づいて同国の主要産業である鉱山業における経済効率・市場メカニズム重視の「改革」を厳しく迫り、ボリビア国内の政治的対立の深刻化を招くことになるのである。

　アメリカ外交の普遍的な特質という本書の 2 番目の論点との関連で言えば、まさに米政府のボリビアへの援助政策には反共主義と並んで一貫してこうした経済的自由主義の重視があり、米国は革命政治における左派勢力の拡大阻止を求めるのと並行して、ボリビアが革命的ナショナリズムの下で推進する国家主導型の開発戦略や経済システムに対して、経済援助を梃子に自由化や規制緩和を求め、米国にとってより望ましいものに変えようとした。このことは、ボリ

---

54)　Fine, *Laissez Faire*, pp. 9-13; Dawely, *Struggles for Justice*, pp. 1-2.
55)　Krasner, *Defending the National Interest*, pp. 3-13; Packenham, *Liberal America*, pp. 3-8.

ビア革命政権に対して左派のコントロールと政権からの排除を強く求め続けた
こととあわせて、長期的に革命政権の幅広い支持基盤を掘り崩すことに貢献す
る。さらに米国政府は、治安対策の強化から軍の再建を強く後押しし、最後に
は「革命の継承」を唱える軍事クーデタによる政権奪取を準備することにもな
る。

　こうした国家主導型経済を推進し、左派労働運動や共産主義勢力との政治的
共生を図ろうとする「過激な」ナショナリズムへの米国の反発は、他の第三世
界革命への対応と共通するものであり、「和解」と「協力」の関係の実現に成功
したはずのボリビアの場合ですら、最終的には革命的ナショナリズムとの長期
的共存ができなかったことを示唆するものである。米国と革命ボリビアとの関
係の根底には、この米国の自由主義とボリビアの革命的ナショナリズムとの対
立ないし緊張関係が常にあったというのが本書の主題の一つである。1930 年
代以降、世界恐慌、世界大戦、冷戦へと国際環境が激しく変化する中で、ボリ
ビアで革命的ナショナリズムがどのように芽生え、いかなる形で展開し、一方、
超大国としての新たな道を歩み始めた米国が自らの独特の自由主義とどのよう
に折り合いを付けながらそうしたナショナリズムに対応したのか、こうした点
を明らかにするために、以下、フランクリン・ローズヴェルト（Franklin D.
Roosevelt）政権からジョンソン政権に至るまでの米国の各政権の政策とボリビ
ア側との相互の対応を分析する形で両国関係の歴史的展開を考察していく。

　資料としては、米国側のフランクリン・ローズヴェルト政権からジョンソン
政権に至る各政権の大領領資料館と米国立文書館（NARA）に所蔵されている
ホワイトハウス、国務省、国防省、米援助機関、中央情報局、米議会等の一次
資料を中心に、米側の新聞・雑誌等のメディア資料、関係者からの聞き取り調
査、当事者の回顧録、オーラルヒストリー・インタビュー、そして、ボリビア
側については、ボリビア外務省資料館所蔵の外交資料および新聞、発言集、聞
き取り調査等の一次資料と英語、スペイン語及び日本語の二次資料を中心に
1940 年代から 1960 年代にわたる両国関係の展開を歴史的に跡付けていく。

　以下、まず第 1 章ではボリビア革命運動の起源を説明し、1929 年からの世界
恐慌による経済社会への深刻な打撃と 1932 年以降のパラグアイとのチャコ戦

序　論　米国の自由主義と第三世界の革命　　33

争での「敗北」という二つの衝撃の下にボリビアが「革命的状況」に突入し、その後1952年ボリビア革命の主体となるパス（Victor Paz Estenssoro）らの民族主義指導者に率いられた革命政党「ボリビア国民革命運動（Movimiento Nacionalista Revolucionario: MNR）」成立の背景を明らかにする[56]。さらにそうした状況の下で成立した「軍事社会主義」政権の下で、世界恐慌期におけるラテンアメリカでの革命的ナショナリズムの高揚の頂点の一つとしてボリビアとメキシコで相次いで断行され、米国の善隣外交にとって大きな挑戦となった石油産業国有化をめぐるローズヴェルト政権の対応についても触れる。

　第2章ではボリビアでの様々な革命運動が本格化する中で、ビジャロエル（Gualberto Villarroel）大佐率いる改革派軍部のクーデタによって第二次世界大戦中の1943年に成立し、MNRもその一翼を担ったビジャロエル政権（第一次MNR革命政権）に対して、ローズヴェルト政権の対応について分析する。ローズヴェルト政権は、MNRがナチス・ドイツとも関係のあるファシズム政党と見なし、自由と民主主義擁護のための世界的な反ファシズムの闘いの一環として極めて敵対的な対応に終始したが、このことはMNR革命指導者らに対米関係の重要性を強く認識させ、1952年以降の対米政策の主要因の一つになった点を明らかにする。

　第3章では第二次世界大戦後の米国が「リベラル・プロジェクト」の下で自由主義的な国際秩序の構築を目指す中でソ連との冷戦が激化し、第三世界のナショナリズムの問題が共産主義の問題とも複雑に絡み合う状況が生じる中で1952年にMNRによって開始されたボリビア革命に対するトルーマン政権の対応を検討する。ボリビア革命が本格的な社会革命の性格を強める中で、革命の「過激化」を避け、対米「和解」を目指すMNR革命指導者らの内政外交戦略とそのジレンマについて考察するとともに、トルーマン政権側の対応について詳細に検討して両者の「和解」への過程を分析する。

　第4章から第6章では、アイゼンハワー政権によるボリビア革命政権に対す

---

56)　Malloy, *Bolivia*, pp. 3-8. マロイは、革命の条件に関するチャルマーズ・ジョンソンの理論を批判的に検討しながら、この「革命的状況」という概念を用い、いかなる条件下でこうした状況が実際の革命に至るか、という理論的な関心に基づいて自らのボリビア革命論を展開している。

る1953年の緊急援助決定が中長期的な支援へと変質し、両者の「協力」関係を確かなものとしていく1955年までについて、アイゼンハワー政権内の政策決定のプロセスとボリビア側との相互作用の過程に即して詳細に分析する。アイゼンハワー政権は、親米姿勢を強めるMNR革命政権が、革命後の経済危機の中で「共産化」することを防ぐためにその強烈な反共主義から経済援助を開始した。まず第4章でアイゼンハワー政権の冷戦政策とラテンアメリカを中心とする対外援助政策について概観した後、政権成立当初のボリビア革命への対応について検討し、第5章ではそうした政権内での官僚組織間のせめぎ合いの中で緊急援助決定に向けて大統領の弟ミルトン・アイゼンハワー（Milton Eisenhower）が果たした重要な役割について検討し、第6章では、当初、緊急援助として始まった対ボリビア経済援助が中長期的なものとなっていく過程を分析する。第7章では、1955年以降、当初の共産主義への強い懸念が後退し、経済援助の目に見える成果が乏しい中で、ボリビア政策に米国の経済的自由主義の要素が色濃く表れてくる過程について分析する。アイゼンハワー政権は、援助を梃子にボリビア革命政権に対して経済安定化政策の導入によってボリビアの国家主導型経済の自由化・開放化を強く求め、ボリビア政治・経済・社会への「介入」を深めていく一方で、政治的には「過激な」労働運動に対する反共主義的取り締まりの徹底を求め、その一環として革命によって大幅に縮小改組されていた軍の治安維持機関として再建を開始する。

　第8章では、キューバ革命と対ソ接近の衝撃によって、ケネディ政権による「進歩のための同盟」政策が開始され、ボリビア革命が同政策で目指された改革主義のモデルの一つと見なされ、前政権末期に減少し始めた対ボリビア援助が、開発援助を中心に大幅強化される点を検討する。第9章では、「リベラル」とされるケネディ政権の下で、開発援助の目玉として「余剰人員」の大幅削減などの厳格な「鉱山改革」を条件とする国際共同融資であるトライアンギュラー計画が導入され、鉱山労働者の強力な反発を招くと、その対策として治安対策の強化と軍への梃子入れが強められ、アメリカの経済・軍事援助政策が革命政権の不安定化につながっていく過程を分析する。

　最後の第10章では、ジョンソン政権下におけるボリビア革命の最終局面について検討する。ジョンソン政権は、いわゆる「マン・ドクトリン」によって

米政府の反軍事政権の姿勢が後退する中で、ボリビアに関しては、軍部のクーデタによる政権奪取の動きを牽制し、革命政権擁護を続けるが、その崩壊後は、「革命の継承」を唱え、親米的政策を推進するバリエントス（René Barrientos Ortuño）軍事政権への経済・軍事援助を再開し、関係強化を図っていく。そして、チェ・ゲバラ（Ernest Che Guevara）が南米革命の拠点としようとしたボリビアでの 1967 年の蜂起失敗についてもボリビア革命との関係で簡単に触れる。最後に結論として、ボリビア革命への対応を通じて、アメリカの自由主義と第三世界の革命的ナショナリズムとの関係について検討し、この一見極めて特殊と見える事例がアメリカの対外関係全般に関して示唆するところについて考察し、本書のまとめとする。

第1章　1952年ボリビア革命の歴史的背景
──革命的ナショナリズムの起源

　1952年ボリビア革命は、1930年代半ば以後のボリビアにおけるダイナミックな政治変動の結果として起こった。1929年からの世界恐慌による経済的衝撃と1932年〜35年のパラグアイとのチャコ戦争での「敗北」は、大土地所有者と錫鉱山所有者とからなる寡頭支配体制に基づくボリビアの伝統的な政治経済システムを根底から掘り崩し、1930年代半ば以降、ボリビアは長期にわたる革命的状況へと突入していった[1]。この期間を通じて、ボリビアでは、若い知識人や労働指導者、そして改革派の若手将校らによる伝統的秩序への挑戦と、寡頭支配体制側からの反撃が繰り返された。チャコ戦争後のボリビアの混沌とした政治状況の中で、同国の旧来の政治・経済・社会秩序の根本的な変革を求める国民の強い願望から様々な改革政党や革命政党が生まれたのである。

　米国がボリビアの革命的状況に巻き込まれる直接の契機となったのは、1936年にボリビア軍の改革派若手将校らがクーデタによって政権を掌握し、翌37年に米国のスタンダード石油の現地子会社を国有化したことによってであった。ボリビアの改革・革命勢力によるこの最初の挑戦以後、米国は、ボリビアの革命的ナショナリズムへの対応を迫られるが、こうしたボリビア側の動きの中心となるのが、1941年に白人中間層出身の若手知識人やジャーナリストらによって結成された革命政党MNRであった。このボリビアの革命的状況への米国側の対応は、世界恐慌から世界大戦、そして冷戦へと続く国際情勢の激しい変動に常に大きく左右されることになる。

　こうした革命的状況の進展の中で、MNRは民族主義、反帝国主義、反寡頭

---

1)　革命の前段階たる「革命的状況」ついては、本書序章の議論及びマロイを参照。Malloy, *Bolivia*, pp. 5-7.

38

支配を最も鮮明に掲げており、米国政府は MNR を過激な反米主義政党と見なすようになる。そして、第二次世界大戦におけるファシズム陣営との戦いが続く中で、1943 年に MNR が若手将校らと新たな改革政権の樹立に成功すると、それがファシズムの影響下にあるものとして強く反発する。こうした米国の反応は、1952 年に MNR が再び政権に就いた際とは極めて対照的なものであった。二つの MNR 革命に対する米国のこうした著しく異なる対応の意味、ひいては 1952 年以降の米国とボリビア革命勢力との「和解」と「協力」の意味を十分に理解するためには、1952 年革命前の 20 年余りの間に米国とボリビアとの間に展開したダイナミズムを理解する必要がある。本章では、このプロセスに関して、ボリビア革命をもたらした諸要因を概観し、ボリビアの革命的ナショナリズムの展開に対して米国がどのように反応したかについて、1943 年までの時期について歴史的な検討を行う。

1. 歴史的背景：「ボリビアのパラドックス」

ボリビアは、南米大陸の中央に位置し、西部の標高 6,000 メートル以上のアンデスの山々を有する寒冷な高原地帯から東部のアマゾン川流域の熱帯地域に至る多様な気候と自然環境に彩られ、豊富な天然資源と大多数の国民の極度の貧困によって特徴付けられてきた。同国は、フランス、イタリア、旧西ドイツを合わせた面積より広い国土を持つが、1952 年当時人口はわずか 300 万人ほどであった[2]。アンデス山脈に連なるボリビアの西部高地地帯（アルティプラーノ）は、錫、金、亜鉛、アンチモニー、タングステン、鉛、銅といった鉱物資源の世界有数の産地であり、特に錫は西半球で唯一の産地として戦時においては米国にとって重要な供給源であった。乾燥して土地のやせたアルティプラーノにおいては、ジャガイモを中心に各種穀物が大航海時代以前から栽培され、インカ文明を含む一連の土着の文明を支えてきた。ボリビア中央部は「バージ

---

2) アレクザンダーによれば、1950 年のボリビア国勢調査では、人口は 270 万 4,000 人とされるが、実際は 350 万人ほどと推計している。Alexander, *Bolivian National Revolution*, p. 4. 2015 年現在の人口は、ボリビア国家統計局のデータによれば、1,121 万 6,000 人である（日本の外務省ホームページより）。http://www.mofa.go.jp/mofaj/area/bolivia/data.html：2019 年 1 月 10 日アクセス。

ェ（渓谷地帯）」と呼ばれる農業地帯であり、アマゾン川につながる東部の低地帯「オリエンテ」とともに豊かな土壌に覆われ、穀物に加えて米、とうもろこし、砂糖、茶、柑橘類、ココア等の栽培にも適していた。またオリエンテでは、豊富な石油と天然ガスが発見されてきた。こうした農業資源と鉱物資源の潜在的及び実際の豊かさにもかかわらず、1952年革命時においてボリビアはラテンアメリカで最も貧しい国の一つであった[3]。「黄金の王座に座る乞食」とボリビア人が自らを自嘲的に呼ぶ一方、1951年の国連報告は、これをボリビアの「パラドックス（逆説）」と呼び、「ボリビアはその領域の中に文化の普及と進歩と繁栄に恵まれた国民生活を実現するための経済的基盤に必要なすべての資源を持っているが、それは実現されていない」と述べている[4]。ボリビアはまた独立後もクーデタ等による政権交代が繰り返され、ラテンアメリカで最も政治的に不安定な国の一つという特徴も持っていた。革命前のボリビアは、植民地時代から続く政治経済構造に起因する低開発に苦しむ典型的な国家であった。

　ボリビアのパラドックスを生み出してきた要因の一つが、地理的・人種的・社会的に大きな違いや分裂を抱える国家と国民を統合することの難しさであった。そもそもラテンアメリカ諸国の多くは、19世紀初頭の独立以降、その多くは国民意識や国民的統合を著しく「欠いた国家」であり、「国民的統合の弱さに根差す地域内の対立や、指導者間の権力闘争」等によって国民の統合と発展の点で多くの難問を抱えてきたのである[5]。ボリビアは、こうした問題を集約的に表していた国でもあった。コーネリアス・ゾンダグによれば、上述したボリビアの三つの主要地域は、地形や人口、気候の点で大きく異なり、地勢的には三つの国と見なすことができるとされる。1952年革命の時点でボリビアの人口の5割以上が、海抜3,300メートルから4,200メートルに位置し、同国の面積の16％しかないラパス市とその周辺からなるアルティプラーノに住んで

---

3)　Richard B. Thorn, "The Economic Transformation," in James M. Malloy and Richard B. Thorn, eds., *Beyond the Revolution: Bolivian Since 1952* (Pittsburgh: University of Pittsburgh Press, 1971), p. 158.

4)　Alexander, *Bolivian National Revolution*, p. 3; Thorn, "The Economic Transformation," pp. 157-58.

5)　加茂雄三「序章　ラテンアメリカ：周辺地域の『近代化』の形成」歴史学研究会編『南北アメリカの500年　第2巻：近代化の分かれ道』（青木書店、1993年）、pp. 23-24。

いた。オリエンテは、サンタクルス市を中心都市とし、北はアマゾンの熱帯雨林から南はチャコの乾燥地帯に至る広大な低地帯で、ボリビアの面積の70%を占める一方で、人口は15%を占めるのみであった。一方、バージェは、地理的にも気候的にもこの二つの地域の中間といえ、海抜1,500メートルから3,600メートルからなり、適度の雨量に恵まれていた。コチャバンバ市がこのボリビアの伝統的穀倉地帯の中心都市であった。ボリビアの厳しい地勢と植民地時代から続く鉱山開発によって形作られたいびつな発展パターンのために、三つの地域は、交通網の未発達も手伝って、1952年革命以前には一つの国家として統合された状態には程遠かった。鉱山地帯は、幾つかの鉄道路線によって隣国チリの港と結ばれていたが、その他の地域は、舗装された道路も含めて近代的な交通システムを全く欠いていた。三つの地域間の交通通信が極端に困難であったため、地域的な意識が強く発達し、国民意識の発達を妨げた。また民族的・人種的相違の大きさも統合を妨げる要因であった。1952年革命まで、ボリビアは白人、チョロ（メスティーソ、ないし白人とインディオとの混血）、インディオという明確なカースト的区別からなる社会であった。先住民のアイマラ族やケチュア族を中心とするインディオは、人口の過半数を占めていたが、大半は農奴的地位に留まり、アルティプラーノとバージェの大規模農地に縛り付けられていた。また白人とチョロの間やそれぞれの内部にも大きな階級的違いが存在した[6]。

　国民統合の問題は、寡頭支配の歴史によってさらに悪化させられていた。大土地所有者と大規模鉱山所有者からなる寡頭支配層によるボリビア支配は、上ペルーと呼ばれていた植民地時代にさかのぼる。スペイン植民地時代には銀鉱山が独立後ボリビアとなる地域の政治・経済の中心であった[7]。銀鉱山業は、

---

6)　Thorn, "The Economic Transformation," p. 158. ゾンダグによれば、1952年革命当時、ボリビア人口の50%が「純粋なインディオ」で、35%がチョロ、15%が白人ないし「ほぼ白人」であった。Cornelius Zondag, *The Bolivian Economy, 1952-1965: The Revolution and Its Aftermath* (New York: Praeger, 1966), p. 16.

7)　ボリビア（上ペルー）は、ポトシ銀山のために植民初期において、スペイン帝国にとって最も重要な銀の供給源であった。銀経済の繁栄によって、ポトシは、当時ラテンアメリカで最も重要な都市の一つとなり、世界的に見ても人口12万人の主要都市の一つであり、1573年にはロンドンと人口では肩を並べていた。Augusto Guzmán, *Historia de Bolivia*, sexta edición (Cochabamba-La Paz: Los Amigos del Libro, 1981), pp. 51-52.

第1章　1952年ボリビア革命の歴史的背景　　41

時代による変動はあるものの独立後も 20 世紀初期に至るまで、ボリビアにおける最も重要な産業であったが、20 世紀に入ると錫鉱山業にその地位を奪われた。錫は単にボリビアの主要な輸出品となっただけでなく、第二次世界大戦の勃発とともに対米関係の中心的イシューとなる。

　ボリビアの錫産業は、貧しい途上国としては極めて異例ながら、欧米先進国の大資本ではなく、ボリビア由来の「民族資本」によって支配されていた。3 大錫資本ないし「錫貴族 (Barones del Estaño)」と呼ばれたパティーニョ (Patiño)、ホッホチルド (Hochschild)、アラマヨ（Aramayo）の 3 大家族はボリビア国内に起源を持つ一族であった[8]。彼らは、銀から錫への転換が進み、世界大戦をはさんで世界経済の大変動が続く 20 世紀初めから 1920 年代にかけて、ボリビアの厳しい採掘環境の中でイギリス及びチリの資本が支配する鉱山企業等を買い取っていった。そして、3 大資本は、ボリビア国内で経済的ナショナリズムの兆しが見え始める 1920 年代にいわば保険として米国とヨーロッパで企業登記を行って「国際化」し、米国での株式公開によって米国人株主の獲得に努めたが、登記先の国ならびにボリビア革命指導部によって基本的にはボリビア企業と見なされていた[9]。錫貴族のこうした「民族性」は、1952 年 10 月の 3 大錫資本を基本的対象とした鉱山国有化の際に米国の対応に影響を与えることになる。ボリビア革命と同時代のグアテマラ革命政権による 1952 年 6 月の農地改革法が米国の巨大食品資本であるユナイテッド・フルーツが所有する広大な農地を国有化の対象として米国との深刻な経済紛争を招くのとは異なって、経済権益をめぐるボリビア革命政権と米国との紛争は限定的なものに留まり、両者の「和解」にとって有利な条件の一つとなる[10]。

　1952 年の MNR による革命は、「ロスカ (Rosca)」とも呼ばれたこの 3 大錫資

---

8)　「ホッホチルド (Hochschild)」の日本語の発音表記は、遅野井茂雄「ボリビア革命：早熟な未完の革命と遺産、労組と軍」眞鍋周三編著『ボリビアを知るための 73 章〈第 2 版〉』（明石書店、2013 年）pp. 121 による。

9)　ボリビアの錫産業と 3 大錫資本について詳しくは、Dunkerley, *Rebellion*, pp. 8-10; William L. Baldwin, *The World Tin Market: Political Pricing and Economic Competition* (Durham, NC: Duke University Press, 1983), pp. 155-57 を参照。

10)　ボリビアでの 1952 年の国有化の際に、国有化の対象となった 3 大錫資本は、同国の錫生産の 85％を占めており、国有化から除外された中小の鉱山の中には、米国企業グレース社所有のものもあった。Malloy, *Bolivia*, p. 175; Thorn, "The Economic Transformation," p. 169.

本と大土地所有者を中心とする寡頭支配層に向けられていたのである。そうした支配層のもう一方の柱である大土地所有者は、植民地時代からの大規模農地である「ラティフンディア」の所有者として、ボリビア社会と経済に大きな力を振るってきた。少数のラティフンディスタは、多数の先住民のインディオ農民を支配下に置いて、大都市以外の地域の政治と経済を支配した。彼らは、インディオをポンゴ（農奴）として自らの所有地に隷属させて、1952年革命に至るまで数百年間にわたって半封建的な社会構造を温存させた。この制度の下では、インディオには政治的権利は全くなく、国政において無に等しい存在であった。

　マロイによれば、革命前のボリビアは、ラパスを中心に錫生産に依存し、擬似近代的な「全国的システム」（鉱山業の中心であるオルーロや農業の中心であるコチャバンバも含む）と、ラティフンディアに依存し、半封建的で非都市部に広がる「地域的システム」という二つの政治・経済・社会のシステムからなっていた。1952年革命は、まずこの錫に基づく「全国的システム」に対して向けられたが、革命の勢いは次第に周辺の「地域的システム」にも及んでインディオ農民を巻き込むことになり、これによって当初軍の一部と結んだMNRの武力蜂起による政権奪取という性格が強かった革命は、本格的な社会革命としての性格を持つに至り、ボリビアの半封建的社会を永久に変えてしまうのである[11]。

　寡頭支配エリートは、インディオ等の国民に対しては支配層として一体となって対峙する一方で、支配層内部には様々な政治的対立があった。その支配は、19世紀の典型的レッセフェール型憲法である1880年憲法に基づいており、選挙権は教育と財産のある成人男子、即ち白人男子に概ね限定され、国家の経済への介入は厳しく制限されていた。政治参加を許された少数の上流階層と中間層の間で、自由党、共和党、その他の諸政党が政府の支配と富の分配をめぐって厳しい政治的対立を繰り広げた。こうした伝統的諸政党は、独立後のボリビアに君臨してきた軍事的カウディーリョによる支配に終止符を打って打ち立てられた立憲主義の伝統を誇っていた[12]。この寡頭支配体制の下で、利益配分を

11）　James Malloy, *Bolivia's MNR: A Study of A National Popular Movement in Latin America* (Buffalo, NY: State University of New York at Buffalo, 1971), p. 5.

12）　*Ibid.*, pp. 189, 252-53. 独立後のラテンアメリカ諸国の多くにおいて、19世紀前半は国内に割拠した軍事的指導者である「カウディーリョ」の時代であり、ボリビアもその例に漏れなかった。国本伊代『概説ラテンアメリカ史〈改訂新版〉』（新評論、2001年）、pp. 141-44。

第1章　1952年ボリビア革命の歴史的背景　43

争う政治的言説は、自由や民主主義といった抽象的原理をめぐって交わされ、政治参加の特権を持つ階層の周りに広がる貧困や悲惨な社会的現実を全く無視するものであった。農村地帯で人口の大半が農奴として大規模農地に縛り付けられていただけでなく、ボリビアの輸出経済を支えた鉱山においてもインディオを中心とする労働者の状況は非人間的なものであった。また都市部においても次第に労働者と貧困層が増加し始め、貧困、飢え、疾病、文盲等の典型的な低開発の悪弊が遍在していた。1952年の時点で、300万人の人口のうち、選挙権を持つ者は15万人と推定され、寡頭支配を担う伝統的諸政党は特権層の利益のみを代弁し、ボリビア社会が抱える新旧の様々な深刻な課題に何ら解答を示さない自由主義的イデオロギーを信奉し、政治闘争に明け暮れていたのである[13]。

　MNR革命指導部は、大土地所有者と大規模錫鉱山所有者らによる寡頭支配が、ボリビアにおける諸悪の根源と見なし、ロスカの支配の打破を目指した。歴代の寡頭政権は、ボリビアの天然資源の効果的利用や国民福祉の実現という点で、ボリビア経済の運営に失敗し、ボリビア社会に低開発と政治的不安定をもたらしていた[14]。MNR革命指導部が1952年革命で目指したのは、寡頭支配層によるこうした抑圧的で非効率な統治システムを破壊し、ボリビアの政治的・経済的・社会的統合を進め、ボリビアの天然資源と人的資源の最大限の活用を図り、近代的発展を遂げた国家を実現することであった。1952年のボリビア革命は、普通選挙（1952年7月21日）、大規模鉱山国有化（1952年10月31日）、軍の再編・縮小（1953年7月24日）、農地改革（1953年8月2日）という四つの改革を中心としていた[15]。このうち、MNR指導部にとって当初最も重要な目標は、「錫に基づく全国的システム」の改革であり、そのための大規模鉱山の国有化、即ち3大錫資本の資産国有化であった。

---

13)　Jerry W. Knudson, *Bolivia: Press and Revolution, 1932-1964* (Lanham, MD: University Press of America, 1986), pp. 2-3.

14)　こうした寡頭政権による経済開発をめぐる失政の中で例外ともいえるのが、コチャバンバ＝サンタクルス・ハイウェイであり、その建設は、1940年代初めに寡頭政権の一つペニャランダ（Enrique Peñaranda）政権によって米国の支援の下で開始された。同ハイウェイは、米国務省のボーハン（Merwin Bohan）率いる経済使節団の報告書に基づき、米輸出入銀行の融資によって建設が続けられ、1954年に完成した。Alexander, *Bolivian National Revolution*, p. 10; Thorn, "The Economic Transformation," p. 165.

鉱山国有化は対米関係にも大きな影響を与えるが、それは、第3章で詳述するように、米国人によるボリビア鉱山への少額の投資への影響というよりは、他のラテンアメリカ諸国でのより大規模な米国投資への影響を懸念した点が大きかった。米政府は、ボリビアの経済的ナショナリズムがどのようなものか、ひいてはボリビア革命の性格自体がいかなるものかを見る試金石として鉱山国有化を捉えることになる。MNR 指導部は、1952 年革命時においては、対米政策も経済発展の実現という観点から展開することになり、革命勃発後、ボリビア経済が危機的状況に陥る中で、革命政権を維持し、国内の諸改革を推進するために、米国に対して協調的政策をとるのである。この過程を通じて、MNR 革命政権は資金面だけでなく、経済開発と多角化の計画や戦略についても対米依存を強めることになる。実際に彼らは、自らの開発戦略の主要なヒントを1942 年の米国務省のボーハンが作成した経済使節団報告書から得ており、錫輸出への過度の依存の克服とオリエンテの急速な開発がその柱となる。オリエンテは、歴代の寡頭政権によって殆ど開発面で手付かずであり、農業と油田等の開発で大きな可能性をもっていた[16]。次にそうしたボリビア革命の起源について世界恐慌とチャコ戦争を中心に検討する。

---

15) 普通選挙令は、人口の多数を占めるインディオに投票権を与え、それまで政治過程から疎外されてきた多数派を急速に国民社会に統合するのを助けた。これは、MNR 革命にとって、恐らく長期的には最も重要な成果であったといえよう。Alexander, *The Bolivian National Revolution*, pp. 141-57. 近年では、1952 年の MNR 革命による改革の成果として、1955 年の教育改革法の重要性も指摘されている。教育改革は、それまで国民教育から疎外されてきた農村地帯のインディオ大衆を中心に教育の機会を大幅に拡大し、スペイン語の読み書きを教えることによって、国民統合の重要な基盤を形成した。Manuel E. Contreras, "A Comparative Perspective of Education Reforms in Bolivia: 1950-2000," in Merilee S. Grindle and Pilar Domingo, eds., *Proclaiming Revolution: Bolivia in Comparative Perspective* (Cambridge, MA: Harvard University Press, 2003), pp. 259-67. 一方で、MNR 革命政権及びその後の政府による「国民統合」のための教育改革は、インディオとしてのアイデンティティを奪うものであり、また学校でのスペイン語教育の強制はインディオの生徒たちの脱落を招いたとの批判もなされている。*Ibid.*, pp. 260-261; Carlos Toranzo Roca, "Let the Mestizos Stand Up and Be Counted," in John Crabtree and Laurence Whitehead, eds., *Unresolved Tensions: Bolivia Past and Present* (Pittsburgh: University of Pittsburgh Press, 2008), pp. 43-48.

16) Thorn, "The Economic Transformation," pp. 157-8, 164-66.

2. ボリビア革命の起源：世界恐慌とチャコ戦争

ボリビアは、1920年代に錫輸出による好景気に恵まれ、借款や投資を通じて多くの外国資本が流入した。しかし、1929年に始まる世界恐慌は、ボリビアの輸出依存型の開放経済を直撃し、錫価格の暴落と輸出量の大幅な減少という二重の打撃を与える[17]。中央政府の赤字は統制不能になり、他のラテンアメリカ諸国と同様に、ボリビアは対外債務の返済を停止した。そして、極度の経済的困難の中で労働者や学生による政治運動が本格的に開始される。これに対して、1931年には寡頭支配勢力の「挙国一致」の支持の下に共和党のサラマンカ (Daniel Salamanca) が大統領に就任し、経済的苦境からの脱却によって、寡頭支配体制下の政治的自由と自由貿易の伝統を守ろうとするのである。新大統領は、経済恐慌と政治的不安定に直面しただけでなく、パラグアイとの国境地帯である広大なチャコをめぐる領土紛争も抱えていた。サラマンカは、チャコ紛争を利用して国民の関心を国内問題から対外戦争に向けようと試み、1932年に勝利を確信して弱小と思われた隣国との戦争に突入した。しかし、チャコ戦争は、両国にとって予想以上に長く凄惨なものとなり、20世紀ラテンアメリカにおける最大の戦争の一つとなった。特にボリビアにとっては、1936年の戦争終結によってチャコの紛争地域の大半を失うという結果をもたらした。チャコ戦争は、19世紀後半のチリ、ペルーとの「太平洋戦争」において太平洋岸の領土と海への出口を失って以来の惨めな軍事的敗北となり、多くの死者と社会的困難と混乱をもたらし、戦後のボリビア政治に多大な影響を与えるのである[18]。

　終戦後、戦場で実際に指揮をとった若手将校や兵士として駆り出された若者らは、政府・軍幹部による戦争指導の杜撰さや無益な戦争をもたらした指導力

---

17)　ボリビアの錫生産は、1929年の4万7,000トンから1933年には1万5,000トンに急落した。Herbert S. Klein, *Historia general de Bolivia*, segunda edición, translated into Spanish by Joseph M Barnadas (La Paz: Editorial "Juventud", 1987), p. 358.

18)　チャコ戦争について詳しくは、Roberto Querejazu Calvo, *Masamaclay: historia, politica, diplomatica y militar de la Guerra del Chaco*, 4a edición (Cochabamba-La Paz: Los Amigos del Libro, 1981) を参照。米国による国際調停の試みについては、Bryce Wood, *The United States and Latin American Wars, 1932-1942* (New York: Columbia University Press, 1966), pp. 19-166 を参照。

そのものを厳しく批判した。このいわゆる「チャコ世代」に属する知識人たち
は、まず戦争の悲惨さと政治・軍事指導部の腐敗と無能を生々しく描くリアリ
ズムの小説を生み出したが、彼らは文学的表現に留まらず、新たに急進的な政
治運動へと向かった。彼らの運動は、ボリビアの歴史上初めて、伝統的な政
治・経済・社会秩序の本質とその正当性を厳しく問い始めたのである[19]。1952
年ボリビア革命は、まさにチャコの戦場で産声を上げたのであった。MNR 指
導部の殆どすべてがチャコ戦争に従軍し、無意味な戦争での経験を通して自ら
の政治意識を深めていった。このことは、既成秩序に反対して誕生した他の諸
政党や若手将校らにも当てはまり、1936 年以降、MNR と他の新たな政治勢力
は、対立と協力を繰り返しながら重要な政治的役割を果たしていく。チャコ戦
争は、右派であれ左派であれ、ボリビアにおけるあらゆる改革や革命のエネル
ギーを解き放つ契機となり、知識人、労働者、若手将校らによる既存の政治・
経済・社会秩序に対する絶え間ない挑戦と寡頭支配層による暴力的な反撃をも
たらし、1952 年革命を準備するのである。マロイによれば、ボリビアはチャコ
戦争後、まさに革命的状況に突入したのであり、この混沌とした政治状況の中
から、革命運動の求心力となる勢力として MNR が台頭するのである[20]。

3. トロ = ブッシュ軍事社会主義政権による改革

　チャコ戦争後、伝統的秩序への最初の挑戦は、若手将校らによって行われた。
戦後の政治的・経済的混乱が続き、労働者によるストライキが頻発する中で、
トロ（José David Toro）大佐とブッシュ（Germán Busch）大佐によって率いられ
た軍の若手将校が 1936 年 5 月 17 日にクーデタに成功した。これによって、長
年続いた寡頭支配体制の諸政党によって担われてきた文民支配に終止符が打た
れ、最初はトロ（1936 年～37 年）、次にはブッシュ（1937 年～39 年）によって率
いられた改革派軍事政権による短い支配が続くのである[21]。トロとブッシュを

---

19) Herbert S. Klein, *Bolivia: The Evolution of a Multi-Ethnic Society* (New York: Oxford University Press, 1982), pp. 194-96.

20) Malloy, *Bolivia*, p. 8. ボリビア人口の過半を占めるインディオ農民の本格的な政治的「覚醒」と政治勢力としての台頭は、1952 年革命の勃発以降となる。

政権の座につけた若手将校らは、チャコ戦争によって人々が強く意識するように
なったボリビア社会の抱える社会的・政治的問題と社会正義の問題に重大な
関心を抱いていた。こうした若手将校らの意向を反映して、トロは政権に就く
と、「軍事社会主義」の理念による統治を宣言した。このスローガンの曖昧さ
にかかわらず、従来のレッセフェール的自由主義の否定は明確であり、経済と
社会に対する国家による積極的介入と改革主義が掲げられたのである。二つの
軍事社会主義政権は、労働省の創設に始まり、一連の社会・経済立法を成立さ
せたが、労働立法の分野には特に力を入れ、最も重要なのはブッシュ政権の末
期に成立した1939年労働法であった。これは、「ブッシュ労働法」とも呼ばれ、
団結権やストライキ権といった労働者の基本的権利をボリビア史上初めて保障
した最初の近代的労働立法であった。しかし、こうした具体的成果以上に重要
なのは、軍事社会主義政権が、伝統的なレッセフェール的「自由主義」国家の
正統性に初めて本格的に異議を唱えたことであり、1930年代の恐慌の中で世
界的に主流を占めるようになる「積極国家」のボリビアにおける重要な先例を
作った点である[22]。積極的・改革主義的国家という観念は、ボリビアの様々な
改革者らに根付くようになる。将来のMNR指導者らも例外ではなく、社会経
済問題の解決を市場の働きや市民の自発的組織に任せるのではなく、国家が主
導する改革によって行うという考えが、彼らの1943年と1952年二つの革命的
改革の試みの基礎となる[23]。

　こうした積極国家の観念に基づいて、トロとブッシュは、輸出収入への規制
を通じて、強力な鉱山資本に対して国家の権限を及ぼそうとした。彼らは、3
大錫資本による外貨収入の独占に挑戦するため、すべての外貨収益を自由市場
価格を下回る価格で中央銀行に売却することを義務付けた。これは、事実上、

---

21)　寡頭支配体制下の文民統括への挑戦は、1934年11月のサラマンカ政権に対する軍事クーデ
　　タによって既に始まっていた。Klein, *Historia general de Bolivia*, pp. 238-39.

22)　ボリビアおよびラテンアメリカにおける「積極国家」の概念は、19世紀以来のレッセフェー
　　ル的自由主義を否定する形で、1910年メキシコ革命と1917年憲法の影響を受けて戦間期に広
　　まったものであり、国民の教育・福利・労働等に関する国家の責任と積極的役割を強調し、社
　　会全体の利益のために個人の財産権の制限を正当化し、産業や地下資源の国有化等の国民経済
　　への国家による積極的介入を求めるものであった。詳しくは、Herbert Klein, *A Concise History
　　of Bolivia* (New York: Cambridge Unversity Press, 2003), pp. 191-92 を参照。

23)　Westen, "Ideology of Modernization," pp. 85-101.

3大錫資本によって生み出され、コントロールされていた鉱山業による巨額の収益に対する間接的課税の仕組みであった。この時まで、鉱山所有者らは、経済的自由の御旗の下に、課税による鉱山業への国家の介入に強く反対してきた。それまでの寡頭政権は、この最も重要な国家財政の収入源に敢えて課税しようとしなかったのである[24]。この後、改革派政権だけでなく、寡頭政権も含むボリビア政府と3大錫資本との間で、国家による鉱山業収入への課税をめぐって絶えず対立が続くことになるが、この論争の最終的決着を図ったのが、MNR革命政権による1952年の大規模鉱山国有化であった。イデオロギー的には、トロとブッシュの軍事社会主義政権は、左右双方の集団主義的（collectivist）・国家主導主義的（statist）イデオロギーの影響を強く受けていた。左派からの影響は主に新設された労働省を通じたものであった。トロが急進派労働指導者をその長に任命したため、マルクス主義や無政府主義の労働指導者のグループが政府に一定の影響力を及ぼすようになる[25]。

　一方、軍事社会主義政権を支えた将校や文民の多くは熱烈な民族主義者であり、ファシズムや国家社会主義（ナチズム）等のヨーロッパの新たなコーポラティスト的思想の影響下にあった[26]。ボリビアにおいては、歴史的に自由主義は寡頭支配と先進諸国の「帝国主義」支配と同一視されてきたため、こうした新たな共同主義的・コーポラティスト的イデオロギーは、ボリビア寡頭支配層の伝統的自由主義のイデオロギーに対する強力で効果的な批判となっていたのである。実際、ファシズム等のコーポラティスト的イデオロギーは、マルクス主義や他の左翼政治思想やイデオロギーと並んで、1930年代と1940年代初頭のラテンアメリカにおいて幅広い支持を得ていた。この意味で、ボリビアの若い改革者たちの中に、1930年代においていまだその新鮮な魅力を失っていなかったファシズムや国家社会主義のイデオロギーを自らの改革主義の基盤とする

---

24)　Klein, *Historia general de Bolivia*, p. 255.

25)　*Ibid.*, p. 247.

26)　コーポラティズムについては、「議会制度に立脚した多元主義的政治制度とは異なり、政府と労働組合や経営者団体などの各利益団体の頂点組織の間で重要な政治的決定が行われる制度」とする松下洋の定義を参照。大貫良夫他監修『ラテン・アメリカを知る事典』（平凡社、1987年）、p. 170。階層化され、統合された利益集団と政府との公式・非公式の相互的な意思決定プロセスに重点を置いたコーポラティズム、ネオコーポラティズムに関しては、阿部斉『アメリカ現代政治〈第2版〉』（東京大学出版会、1992年）、pp. 133-34 を参照。

第1章　1952年ボリビア革命の歴史的背景　**49**

者があったとしても不思議はなかったのである[27]。

　こうした思想的な混沌状態から生み出された政治グループの一つが、モンテネグロ（Carlos Montenegro）やセスペデス（Augusto Céspedes）といった民族主義的イデオローグによって設立された「社会党（Partido Socialista）」であった。社会党は、1936年5月の軍事クーデタの直後に結成されており、軍事社会主義政権の文民側の礎となった。後にMNRの設立にも参加することになるモンテネグロとセスペデスは、日刊紙の『ラ・カジェ（*La Calle*)』を創刊するが、これは、ジェリー・ナトソンによれば、ラテンアメリカにおいて「強力な経済的特権階層に対して長い困難な戦い」を挑んだ点で比類ないものであった[28]。社会党と『ラ・カジェ』の重要性は、前者が1941年に設立されたMNRの組織的基礎となり、後者がMNRの準機関紙的役割を担うことである。さらに米政府が設立当初からMNRに対して強い敵意と疑念を抱く理由の一つが、モンテネグロとセスペデスの「ファシスト的傾向」と『ラ・カジェ』の親独的・反ユダヤ的論調であった。

　こうした軍事社会主義政権による改革の試みは、1939年9月のブッシュの突然の死とともに終わりを告げた[29]。寡頭支配体制を支えてきた政治家や大土地・大規模鉱山所有者らは、直ちに政治支配権を取り戻し、自由党のペニャランダが寡頭支配層全体の利益を代表するものとして1940年3月の選挙で大統領に選出された。ボリビアの伝統的支配層にとっては、ブッシュの死によって、世界恐慌とチャコ戦争によってもたらされた旧秩序への深刻な挑戦の時代がようやく終わりを告げたかに思われた。しかし、ボリビアの革命的状況はその後もさらに深化を続け、ペニャランダ政権は、より組織化され、発言力を強めた民族主義政党及び左派政党からの反対に直面する。その中心となったのが1941年に結成されたMNRであった。こうした状況の中で、ボリビア野党諸政党にとって民族主義的・反帝国主義的批判の最大のターゲットとなるのが米国

---

27)　Knudson, *Bolivia*, pp. 130-31.

28)　*Ibid.*, p. 39.

29)　ブッシュの死は謎めいたものであったが、多くの研究者が自殺と結論付けている。彼は元々精神的不安定を抱えていたうえ、伝統的政党や改革政党双方による様々な政治的策謀の中で、その政治的未熟さを露呈したのである。MNRは、ブッシュはロスカへの「英雄的」反対によって暗殺されたという神話を作り出し、ボリビア革命史における殉教者の1人に祭り上げた。Klein, *Bolivia*, p. 209.

であった。ボリビアの改革勢力による米国への挑戦は、既に 1937 年に軍事社会主義政権による米国石油資産の国有化という形で表面化していた。石油国有化問題は、寡頭支配層が政権に復帰した後も両国間の困難な問題であり続ける。以下、ボリビアの革命的ナショナリズムからのこの最初の挑戦に対して、米国がどのように対応したかについて検討するが、この挑戦は、フランクリン・ローズヴェルト政権の善隣外交の展開にとって重要な意味を持った。

4. アメリカ石油資産国有化：善隣外交への挑戦

1937 年のボリビア政府によるスタンダード石油資産国有化は、その後のメキシコによるより大規模な動きとともに、戦間期にラテンアメリカで顕著に見られるようになった国家による経済への介入を目指す新たな動きの一つの頂点に位置付けられるものであった[30]。ラテンアメリカの経済的ナショナリズムの動きは、1910 年のメキシコ革命とメキシコの 1917 年憲法によって最初の重要な一歩を踏み出していた。しかし、メキシコの場合を除くと、米国にとっては、1930 年代まではラテンアメリカ諸国で問題となっていたのは、特に中米やカリブ海諸国で顕著に見られたように、独裁者や寡頭支配政権の恣意的な経済政策や政治的混乱のために、米国の経済面や安全保障上の利害が侵されることであった。こうした状況に対して、米政府は、20 世紀初頭から米市民の生命・財産を守るという目的に加えて、パナマ運河やカリブ海のシーレーンを守るという戦略的目的のため中米・カリブ海諸国に頻繁に介入を行い始めた。セオドア・ローズヴェルト（Theodore Roosevelt）以来の米国歴代政権は、ラテンアメリカ諸国の経済的困難に乗じて、ヨーロッパの大国が西半球の問題に介入することを警戒したのであった。これに対して、メキシコ革命は、西半球における米国のヘゲモニーに対するラテンアメリカによる最初の組織的挑戦として全く異なる意味を持っていた。1917 年憲法は積極国家を唱えて、開発途上国の経済主権と経済的自立に最初の政治的表現を与えたのであり、第二次世界大戦後の

---

30) メキシコ石油国有化をめぐる米国とメキシコの外交関係に関しては、Lorenzo Meyer, *Mexico and the United States in the Oil Controversy, 1917-1942*, translated by Muriel Vasconcellos (Austin, TX: University of Texas Press, 1977).

脱植民地化の大きなうねりの中で国際関係の主要な課題の一つとなる南北問題を先取りし、途上国の経済的ナショナリズムの先駆けとなったのである。同憲法は、天然資源に対する国家の主権を宣言し、労働立法、農地改革、主要産業の国有化という手段を通じて、社会・経済プロセスへの国家の積極的介入を認めた。1930年代に世界恐慌による影響が深刻さを増すと、メキシコのカルデナス（Lázaro Cárdenas）を含め、ブラジルのヴァルガス（Getúlio Vargas）などラテンアメリカ全体で相次いで「ポピュリスト」政権が成立し、経済的ナショナリズムは米国とラテンアメリカ諸国との間で大きな摩擦の原因となる[31]。米国は、世界大で戦後途上国との間で対立が先鋭化する南北問題を1930年代の米州関係において先駆的に経験していたのである。

　フランクリン・ローズヴェルト政権は、こうしたラテンアメリカの経済的ナショナリズムの新たな高まりに対して組織的対応を試みた米国の最初の政権であり、その手段が善隣外交であった。しかし、世界恐慌下の米国にとって、外国資本の国有化、国営企業や国家独占企業の設立、国内経済や貿易の国家管理の強化といった形で現れたラテンアメリカのナショナリズムに効果的に対応するのは困難であった。善隣外交は、当初は1920年代末以来のラテンアメリカによる政治的ナショナリズムの高まりに対して、介入主義からの「撤退」という形で対応を試みた。ラテンアメリカ諸国は、米国の干渉政策に対する抗議を強め、1928年のハバナ米州会議はあたかも反米会議の様相を呈していた。こうした政治的コストだけでなく、世界恐慌によって干渉主義の経済的コストも過大なものとなる中で、まずはフーバー（Herbert C. Hoover）政権の下でニカラグアからの海兵隊の撤退開始など、干渉主義の清算が本格的に開始された。ローズヴェルト政権は、こうした不干渉主義を継承・発展させて、善隣外交として結実させた[32]。ローズヴェルトは、1933年モンテビデオ米州会議、1936年ブエ

---

31)　Peter Smith, *Talons of the Eagle: Dynamics of U. S.-Latin American Relations* (New York: Oxford University Press, 1996), pp. 77-82; 畑恵子「カルデナスとPRI体制の構築」歴史学研究会編『南北アメリカの500年　第4巻：危機と改革』（青木書店、1993年）、pp. 215-40；増田義郎編『ラテン・アメリカ史II：南アメリカ』（山川出版社、2000年）pp. 327-54、349-53、371-81；国本伊代『概説ラテンアメリカ史〈改訂新版〉』（新評論、2001年）pp. 207-11、219-20。

32)　ローズヴェルト政権の善隣外交に先立つフーバー政権によるラテンアメリカとの関係改善の試みに関しては、Alexander DeConde, *Hebert Hoover's Latin-American Policy* (Stanford: Stanford University Press, 1951) を参照。

ノスアイレス米州特別会議等を通じて、ラテンアメリカに対する軍事干渉の放棄と内政問題への政治的不干渉を確立し、ラテンアメリカ諸国との関係の劇的な改善に成功したのである。しかし、不干渉主義は、ラテンアメリカとの関係で米国にとって自らの利益を守るための重要な手段の放棄も意味した。さらに不干渉政策の確立によって、ラテンアメリカ諸国が、米国の干渉を恐れることなく、外国資本も含めた国内経済問題に対する民族主義的政策を追求することも促す結果となり、米政府にとっては、自国の経済権益の保護という点で深刻なジレンマと困難な外交的問題をもたらすことになった[33]。

1937年のボリビアによる石油国有化は、ラテンアメリカのこうした経済的ナショナリズムの高まりを反映したものであり、善隣外交に対する最初の本格的挑戦であった[34]。1937年の国有化後、トロ大統領は、アルゼンチンでの石油独占体設立の前例を踏まえて、直ちに「ボリビア石油開発公社（Yacimientos Petrolíferos Fiscales Bolivianos: YPFB）」を設立し、石油資源の民族主義的コントロールに乗り出した[35]。トロ政権は、国有化資産に対する補償を行う意思を示さなかったため、スタンダード石油だけでなく、米政府も態度を硬化させた。特に翌年さらに大規模なメキシコによる石油産業国有化が起こると、米政府は、ボリビアの事例を孤立した無計画な国有化と見なすことができなくなる。米政府は、今やラテンアメリカに広がる膨大な米国投資が次々と国有化されるという危険に備える必要が生じた。これは、単に膨大な経済的損失を伴うだけでな

---

33) Bryce Wood, *The Making of the Good Neighbor Policy* (New York: Columbia University Press, 1960)、特に13章を参照。善隣外交に関しては、同書とともに、新川健三郎「"善隣外交"政策の再検討：" 新植民地主義" の一原型」『教養学科紀要』（東京大学）5（1973年）；上村直樹「善隣外交の形成と展開：史学史的考察」『広島平和科学』19（1996年）pp. 53-72を参照。

34) トロ大統領による米石油資産国有化は、国内政治的考慮からなされており、自らの行動が持つ歴史的な意味への自覚は殆どなかったといえる。国有化はボリビア国内で強い支持を得た。ボリビアでは、スタンダード石油は、チャコにおける石油利権をめぐってパラグアイとの無益な戦争を起こさせた張本人とされ、ボリビアに対する戦時協力も不十分で、悲劇的な敗戦をもたらしたとして、ボリビア国民にとって最適の悪役であった。Augusto Céspedes, *El presidente colgado* (*historia boliviana*), quinta edición, (La Paz: Librería Editorial "Juventud", 1987), p. 107; Klein, *Bolivia*, pp. 203-04; Wood, *The Making of the Good Neighbor Policy*, pp. 168-70.

35) アルゼンチンでは、1922年にラテンアメリカで最初の石油開発公社（Yacimiento Petrolíferos Fiscales Argentinos: YPFA）が設立された。桑村温章『中南米の石油資源：20世紀のエル・ドラード』（時事通信社、1980年）pp. 144-5。

第1章　1952年ボリビア革命の歴史的背景　53

く、ヨーロッパとアジアが次の世界戦争に突き進んでいくときに、米国は、西半球における重要な戦略的資源への支配を失うことをも意味していた。こうしたラテンアメリアの経済的ナショナリズムの挑戦と米国の安全保障にとっての深刻な意味合いを受けて、ローズヴェルト政権は、二つの石油国有化問題解決の過程において、善隣外交を単なる不干渉政策から西半球における米国の国益を積極的に擁護し、推進するためのダイナミックな政策へと変えていく。

　米政府は、ボリビアとメキシコの両者の石油国有化問題において、両国政府と国際石油資本との間の論争に積極的に介入し、当初、前者に対して強力な外交的・経済的圧力をかけることを通じて後者の利益の擁護に努めた。米政府の最初の対応は、ボリビア国有化とメキシコ国有化の対象となったスタンダード石油その他の国際石油資本の意向に沿って、両国における石油国有化の決定自体を覆して原状回復を図ろうとするものであった。しかし、原状回復がボリビア、メキシコ両国で国内政治的に不可能であることが明らかになると、両国に対して過大ともいえる補償を求め、他の途上国が国有化という「愚かな道」を選択するのを防ぐための抑止力としようとした。実際、この二つの国有化論争を通じて、国務省は、「迅速・適切・効果的（prompt, adequate, and effective）」補償という国有化の際の補償原則を確立していく。即ち、補償は、国有化の直後に（迅速）、国有化資産の公正な市場価格（適切）に対して、ハードカレンシー（効果的）によって行われなければならないというものであった[36]。序論でも触れたように、この原則は、米国の経済的自由主義が第三世界に適用された場合、極めて「保守的」な側面を持つことを典型的に示している事例とも言えよう。また後述するように、この補償原則は、1952年にMNR政権が大規模鉱山を国有化した際にも適用され、米国とMNR政権との間の外交問題となる。いずれにせよ、こうした条件は、米国が「合法的」と見なす方法で途上国が外国資産国有化を行うことを事実上不可能にしており、国有化を未然に防止するための条件とも言えた。米政府は、こうした条件に合わない国有化に対しては、「不法」な「接収（expropriation）」として各種の圧力をかけ、そうした「前例」を防ごうとしたのである。ボリビアとメキシコの石油国有化の場合も、両国が米国

---

36)　Sigmund, *Multinationals in Latin America*, pp. 7-13.

54

の圧力に屈しない中で紛争は長期化し、その解決は、1939 年 9 月の第二次世界
大戦勃発後、米国が安全保障上の考慮を最優先するようになり、善隣外交によ
る米州諸国との連帯強化が喫緊の課題となる中でようやく可能になるのである。

5. MNR 革命勢力の台頭

　米国は、1939 年の寡頭政権の復帰を歓迎したが、復帰によってボリビアにお
ける民族主義と改革主義の挑戦が終わることはなかった。1940 年 3 月の大統
領選挙では、寡頭支配勢力は、統一候補であるペニャランダ将軍を選出させた
が、議会選挙では多数派の確保に失敗した。新議会は、左派や民族主義派の議
員によってコントロールされ、政府批判が続けられることになる。ペニャラン
ダ政権は、軍事社会主義政権下で導入された諸改革を覆し、労働運動や他の社
会運動を厳しく弾圧したが、ペニャランダ自身の政治的信条や寡頭支配勢力の
「自由主義」的政治スタイルの伝統、そして自由と人権を抑圧するファシズム
と軍国主義に対抗して自由を戦争目的に掲げる連合国の一員として、政治的発
言に関しては比較的自由が許された。このため、ハーバート・クラインによれ
ば、1940 年代の議会はボリビア史上最も自由かつ急進的なものとなり、MNR
や他の野党が政府の諸政策を批判し、大戦において親米姿勢を強める政府への
反対キャンペーンを展開する場となった[37]。

　ペニャランダ期のこうした厳しい政治対立と論争を通じて、民族主義派及び
左派の政党や新たな諸政党が勢力を拡大し、野党は革命的志向を強めることと
なる。左派の中心は二つの共産主義政党、トロツキスト派の「革命労働党
(Partido Obrero Revolucionario: POR)」とスターリン派の「左派革命党 (Partido
Izquierda Revolucionario: PIR)」であった。前者は 1934 年に結成され、教条主義
的な党として長らく小政党に留まっていたが、1940 年代初頭にロラ (Guillermo
Lora) の強力な指導力によって活性化し、急進化していた鉱山労働者を中心に
勢力を拡大した。POR は、鉱山労働者の支持をめぐって、1940 年代を通じて他
政党との競争と協力を繰り広げることになる。PIR は、1940 年にアルセ (José

---

37)　Klein, *Bolivia*, p. 214.

Antonio Arce）によってマルクス = レーニン主義政党として結成された。PIR は、1940 年代初頭に都市労働者を中心に急速に勢力を拡大し、左派の中心的政党となる[38]。ボリビアの二つの共産主義政党の重要な特徴の一つは、PIR も含めて、ソ連主導の国際共産主義運動の指導とは一線を画した強い独立志向であり、1952 年革命に対する米国のユニークな対応をもたらす一つの背景となる。

　一方、1941 年の MNR の結成は、PIR に代表される「極左」勢力の台頭と寡頭支配勢力の復活に対する民族主義的改革主義勢力による一つの対応と考えられる。MNR 結成の中心となったのは、1952 年ボリビア革命政権で初代及び 3 代・4 代の大統領を務めることになるパス、2 代大統領シレス（Hernán Silez Zuazo）、初代外務大臣ゲバラ（Walter Guevara Arze）、セスペデス、モンテネグロ、クアドロス = キローガ（José Quadros Quiroga）らの民族主義および反帝国主義を掲げた白人中間層出身の知識人・ジャーナリストらであった[39]。MNR は、1940 年議会選挙で初当選したパスやシレスらの民族主義的改革を目指す議員が新議会において次第に一つのグループとして活動するようになる中で、『ラ・カジェ』紙を拠点に在野で寡頭政府批判を続けていたセスペデス、モンテネグロらのジャーナリストらととともに、民族主義的革命政党として結成された。彼らは、自らの出身母体である中間層を支持基盤として次第に国民的支持を広げていった。皆チャコ戦争の従軍経験を持ち、戦争での体験と戦後の混乱の中から自らの政治意識を深めていったのである[40]。MNR は、ペニャランダ政権と米国に対する厳しい批判によって、ボリビアのナショナリズムの象徴

---

38)　*Ibid.*, pp. 195-96, 338-43, 351-52.

39)　1952 年革命後に初代駐米大使として米国との「和解」と「協力」に向けたプロセスにおいて重要な役割を果たすことになるアンドラーデ（Victor Andrade Uzquiano）は、MNR の主要指導者の中で稀有なインディオの血を引く非白人であり、結党以来のメンバーではなく、次章で触れるように 1943 年のビジャロエル政権成立に際して MNR と若手将校らの間を取り持った縁で MNR に合流する。アンドラーデについて詳しくは、以下を参照。Victor Andrade, *My Missions for Revolutionary Bolivia* (Pittsburgh: University of Pittsburgh Press, 1976); James Siekmeier, "Trailblazer Diplomat: Victor Andrade Uzquiano's Efforts to Influence U. S. Policy Towards Bolivia, 1944-1962," *Diplomatic History*, 28-3 (June 2004), pp. 385-406.

40)　Herbert S. Klein, *Parties and Political Change in Bolivia, 1880-1952* (Cambridge: Cambridge University Press, 1969), pp. 334-37.　MNR の他の創設メンバーには以下がいた：Armando Arce, Rigoberto Armaza Lopera, Alberto Mendoza Lopez, Hermán Monroy Block, Claudio del Castillo, Raul Molina Gutierrez, Fernando Iturralde Chinel, Arturo Pacheco, Rodolfo Costas, and Rafael Otazo.

的存在となっていく。彼らは、自らの民族主義的・国家主導的・反ロスカ的・反帝国主義的言辞の中に、しばしばマルクス主義的言説を用いる一方、『ラ・カジェ』の記事や論説において、モンテネグロ、セスペデスらは、反ユダヤ主義や親ナチ的言辞も多用したため、MNR 自体が親ナチのファシスト政党であるとの認識が広く持たれるようになる[41]。

一方、MNR の右には、スペインのファランヘ党に模して 1937 年に設立された右翼政党「ボリビア社会主義ファランヘ党 (Falange Socialista Boliviana: FSB)」があり、強烈なコーポラティズムと超国家主義的傾向、そして暴力的な直接行動への志向によって特徴付けられていた。FSB は、主要な政治勢力となることはなかったが、中間層の若者の一部には根強い支持を維持した。1952 年革命後は、FSB が右派で唯一の重要な政治勢力となり、左派勢力以外で MNR 政権に取って代わりうる唯一の文民勢力であったが、その極右の立場は米国にとっては大きな問題であった[42]。

1940 年代初頭には、野党陣営にとって政府批判を通じて勢力拡大が期待できる幾つかの重要な国民的イシューがあり、それらの殆どが米国と関係するものであった。国内改革問題に関しては、野党諸勢力間にはロスカ批判を中心に大きな立場の違いはなく、議会内外においてほぼ一致してロスカの傀儡としてペニャランダ政権批判を展開した。しかし、外交問題に関しては野党勢力はしばしば分裂し、MNR が最も民族主義的で極端な立場に立つのを常とした。ここでは、米国と MNR 革命勢力との初期の関係を見るうえで特に重要な三つのイシューについて検討する。一つは、ユダヤ人移民の問題であり、この問題での MNR の初期の対応が、反ユダヤ主義政党のレッテルを定着させる契機となった。そもそも西半球には、1930 年代末からナチス・ドイツの迫害を逃れた多数のユダヤ人移民（難民）が殺到するようになり、ボリビアは、ブッシュ政権下の 1938 年以降、主に農業労働者としてこれらユダヤ人移民の積極的受け入れを開始した[43]。しかし、ユダヤ人移民は、すぐ都市に集住するようになり、MNR の重要な支持基盤であった中小のボリビア商人らの競争相手となった。これに対して、MNR や他の野党諸政党は、ユダヤ移民のさらなる受け入れ反

---

41) Herbert S. Klein, *Bolivia*, pp. 195-96, 338-43, 351-52.
42) *Ibid*.

第1章　1952年ボリビア革命の歴史的背景　57

対を唱え始める。1940年にはユダヤ人移民をめぐる政府の汚職事件等も発生し、野党にとってユダヤ人移民問題は格好の政府攻撃の材料となった。MNR指導者らは、議会や『ラ・カジェ』において強力な反ユダヤ移民キャンペーンを展開したため、MNRがドイツのナチス運動の影響下ないしコントロール下にあるのではないか、とのイメージが出来上がったのである。こうした批判を前に、ペニャランダ政権は、ユダヤ移民に対する開放政策を修正する一方で、MNRがナショナリズムの仮面の下で敵対的国家であるドイツに内通しているとの批判を展開した[44]。

　こうしたMNRの初期の反ユダヤ主義は、ユダヤ人に対するイデオロギー面や人種上の反感に起因していたのではなく、ボリビア社会にユダヤ人移民がもたらした社会経済的影響に反対したものであった。これは、クラインによれば、ユダヤ人移民を「ボリビアの深刻な社会・経済問題の生贄の羊」としようとするMNR指導者らの意識的な政治戦略に基づいていた。パスは、議会において「MNRがユダヤ人の大波を止めようとしているのは、彼らがユダヤ人だからではない。我々が反対しているのは、彼らが非生産的な移民だからである。彼らは、金貸しや密輸業者になり、要するに人民の活力を失わせるものとなるからである」と述べた。パスは、後になって、こうした初期の戦術が不要かつ逆効果であったと振り返っているが、まさにこの反ユダヤ主義こそ、成立したばかりのMNRに対する弾圧の口実をペニャランダ政権に与えたのであった[45]。

　もう一つの重要な国政問題は、ボリビア産錫の対米輸出問題であった。1940年半ば以降、日本軍が仏印進出を開始し、東南アジア全体の支配を目指す構え

---

43)　特に1938年3月のドイツのオーストリア併合から同年11月の「水晶の夜」事件にかけてナチス支配への恐怖が高まる中で、全世界でユダヤ人難民を受け入れた数少ない国の一つがボリビアであり、ナチスが支配する中部ヨーロッパから大量の難民が殺到した。そうした避難民の子として1939年にラパスで生まれ、ボリビアへのユダヤ人の流入問題に取り組んだ歴史学者レオ・スピッツァーによれば、ボリビア政府による正式な統計は1940年半ばまで取られなかったため、ヒトラー政権成立の1933年からヨーロッパからの難民が急減する1940年までのボリビアへのユダヤ人難民・移民の推定総数は、7,000人から6万人と大きな幅があるが、1940年の統計に基づいて2万人と推定している。これらのユダヤ人の多くは、「農業労働者」としてのビザを取得し、農村地帯への居住が求められたが、ヨーロッパの都市部の住人であった彼らの多くは、都市部に残ってボリビアに定住した。Leo Spitzer, *Hotel Bolivia: The Culture of Memory in a Refuge from Nazism* (New York: Hill and Wang, 1998), p. ix, 203.

44)　Knudson, *Bolivia*, pp. 104-07, 131-32.

を見せ始めると、ボリビアは、米国にとって突如重要な戦略資源である錫の唯一の安定的な供給源となった。米国との良好な関係を重視するペニャランダ政権は、1オンスあたり52セントという比較的安価な価格での対米売却を認めていたが、これは、MNRを中心とする野党から十分な見返りなしに自国の貴重な資源を売り渡す売国行為として厳しい批判の対象となった[46]。議会を中心としたボリビア国内での厳しい批判もあって、両国政府は、米州諸国による対枢軸参戦を決議した1942年1月のリオデジャネイロ米州外相会議後まで、長期の錫購入契約を結べずにいたのである。

第三の重要な国政問題は石油国有化問題であった。この問題は、1941年12月の米国参戦前後に急速に米州諸国間協力が進む中で、米国とボリビアとの完全な協力関係の樹立を遅らせる大きな原因となっていた。ペニャランダ政権は、1937年のスタンダード石油資産国有化以来悪化していた米国との早期関係改善に積極的であったが、石油国有化問題の高度に政治的性格のため米国に対して妥協的態度をとることは困難であった。左右両派を含むボリビア世論の大半が、スタンダード石油への補償に反対していた。一方、米国は、補償問題で「満足のいく」解決がなくては、ボリビアに対するいかなる借款も援助もないとの姿勢を続けていた。1940年を通じて、ボリビア政府は、ヨーロッパとアジアの2方面から直接の脅威を受け始めた米国が、他のラテンアメリカ諸国に対して次々と大規模な援助を開始するのを傍観するほかなかったのである[47]。

実際、ローズヴェルト政権は、善隣外交を世界戦争の脅威に備えるものへと急速に転換させていたが、より深刻なメキシコ石油国有化問題と並んで、ボリビアとの石油国有化論争は、米州諸国間の新たな協力関係の樹立にとって最も重要な障害の一つとなっていた。1940年末になると、米国の指導者の間で自らの戦争に備える必要が強く意識されるようになり、ボリビアとメキシコの石油国有化問題をめぐる行き詰まりにも変化の兆しが現れた。1940年半ば以降の

---

45) *Ibid.*, p. 114; Klein, *Parties*, p. 337. パスの議会演説は、1944年9月21日に行われた。詳しくは、Victor Paz Estenssoro, *Discursos parlamentarios* (La Paz: Editorial Canata, 1955), pp. 221-23 を参照。

46) Navia Ribera, *Los Estados Unidos y la Revolución Nacional*, pp. 36-37; Blasier, *The Hovering Giant*, p. 46.

47) Wood, *The Making*, pp. 184-91; Klein, *Parties*, pp. 335-36.

ドイツ軍と日本軍によるヨーロッパとアジアでの新たな攻勢を受けて、石油国有化に対する補償問題は、米国の安全保障に対する枢軸諸国の直接の脅威の増大と比して、その重要性が背景に退いていった。米州諸国の連帯と協力の強化が、今や米外交にとって最大かつ最も切迫した課題の一つとなった。米国にとって、ラテンアメリカの政治的支持や連帯とともに、その戦略資源の確保が至上命令となり、ボリビアの錫もそうした最も重要な資源の一つと見なされた[48]。ただし、ボリビア政府が米国との全面的な友好関係に入るためには、石油国有化問題に関する米国との妥協に異を唱える国内の反対勢力、特に MNR に対して何らかの対応をとる必要があった。1941 年 7 月に起こったいわゆる「ナチ蜂起事件」がボリビアの寡頭支配勢力と米国にとって、そうした機会をもたらしたのである。

6. 1941 年 7 月の「ナチ蜂起事件」

「ナチ蜂起事件」は、ボリビアのベルリン駐在武官ベルモンテ（Elias Belmonte）少佐からラパスの駐在ドイツ公使ヴェントラー（Ernst Wendler）に送られたとされる書簡が 1941 年 7 月 18 日に公表されたことから始まった[49]。書簡では、7 月半ばにナチスと同様の蜂起によって、ボリビア陸軍の親独派将校が親米姿勢を強めるペニャランダ政権を転覆する計画が示され、「完全な資本主義的傾向を持つ弱小政権から我が国を解放する時が近付いている」と述べられていた。書簡は政府の外交政策を厳しく批判し、米国との鉱産物購入協定の大幅変更を提唱するとともに、ペニャランダ政権によって国有化されたロイド・アエロ・

---

48) ボリビアからの錫の安定供給に危機感を抱いた米政府は、1940 年 6 月には長年反対してきたボリビア錫鉱石専用の精錬所建設に突然興味を示すようになる。これに対して、当時の駐米ボリビア大使グアチャージャ（Luis Fernando Guachalla）によれば、ボリビアでの錫生産の 50％を支配するパティーニョは、イギリスにある自社の精錬所に錫を送り続ける意向であり、さらにドイツ勝利の場合に備え、密かに対独売却の交渉も行っていたという。Memorandum of Conversation（以下 MC）by Roy Veatch, June 26, 1940, U. S. Department of State（以下 DS）, *Foreign Relations of the United States*（以下 *FRUS*）, *1941*, V（Washington, DC: Government Printing Office, 1963）, pp. 524-26.

49) 「ナチ蜂起事件」について、詳しくは以下を参照。Cole Blasier, "The United States, Germany, and the Bolivian Revolutionaries, 1941-1946," *Hispanic American Historical Review*, 52-1（February 1972）, pp. 26-54.

ボリビアーノ航空（LAB）をドイツ資本の下に返還することを約束していた[50]。ドイツの影響は、同国から多数の移民を受け入れてきた他のラテンアメリカ諸国と同様に、1930年代を通じてボリビア社会の隅々まで及んでおり、特にボリビア経済・軍・教育の分野で強かった[51]。政治の分野では、野党勢力による批判は、外国勢力としては主にイギリスの錫権益と米国の石油権益に向けられ、こうした「米英帝国主義」の「手先」としてロスカと寡頭政権も痛烈に批判されたのであった。一方、ナチス統治下のドイツは、ボリビア左翼からの反帝国主義批判を免れただけでなく、FSBやMNR等の民族主義勢力からは、欧米の民主主義諸国の「弱さ」や「腐敗」に対する「健全な」対抗勢力として、さらには共産主義に対する防壁として、高く評価されていたのである。こうした親独感情は、1940年代初頭以降の西欧民主主義国に対するドイツ軍の目覚しい軍事的勝利を受けて、特にボリビア軍将校の間では一種の畏敬の念にまでなっていた[52]。

米国は、こうしたボリビアと南米全体に広く見られたナチス・ドイツの強い影響力に対抗するため1930年代末には組織的キャンペーンを開始した[53]。ローズヴェルト政権は、ボリビアに関しては、特に半国営の航空会社LABがドイツ人によって管理運営されていたことを懸念し、1941年初めからボリビア政府に対してドイツ人経営陣を退陣させてドイツ色を一掃し、米国の航空会社にその運営を任せるよう強い圧力をかけた[54]。ペニャランダ政権によるLABの国有化は、こうした米国の要求に従って行われ、政府はドイツとの航空会社運営契約も破棄してドイツの影響力を一掃した。上述の「ナチ蜂起」書簡は、

---

50) *Ibid.*, pp. 31-32; Klein, *Parties*, p. 347.
51) 教育分野では、ドイツ移民は、1930年代初期にラパスに初等・中等教育のためのドイツ人学校を設置し、ドイツ政府の援助で運営された。ドイツ人学校は、1907年にメソジスト教会によって設立されたラパスのアメリカン・スクールと、ボリビア人エリート子弟の教育をめぐり一種の競合関係にあった。Andrade, *My Missions*, pp. 19-20; Marian Derby and James E. Ellis, *Latin American Land in Focus* (New York: Board of Missions of the Methodist Church, 1961), pp. 131-33.
52) Knudson, *Bolivia*, pp. 130-31; Blasier, "The United States, Germany," p. 27.
53) ドイツや他の枢軸諸国の経済的進出については、Lloyd Gardner, *Economic Aspects of New Deal Diplomacy* (Madison: University of Wisconsin Press, 1964), pp. 109-32 を参照。
54) 米政府は、1940年末には、ボリビアからイタリア軍事使節の追放キャンペーンも開始し、1941年9月にはボリビア政府との間で、米軍事使節派遣のための協定に調印した。*FRUS, 1941*, VI, pp. 412-22.

この国有化に言及してドイツ人による LAB の経営復活を提案していたのである[55]。

ペニャランダ政権は、蜂起計画を鎮圧するためとして直ちに行動を起こし、ヴェントラー公使に国外退去を求める一方、「反逆罪」を理由にベルモンテ少佐を軍から追放した。ペニャランダは、さらに非常事態を宣言して反対派の一斉逮捕に踏み切り、『ラ・カジェ』を含む三つの MNR 系新聞を閉鎖した。反政府陰謀に加わったとして逮捕された文民・軍人の中には、ゲバラ、モンテネグロ、セスペデスといった MNR 指導者もいた。議員特権によって逮捕を免れたパスやシレスらの MNR 議員らは、政府の行動が憲法違反であるとして議会で厳しく糾弾したが、「ナチ蜂起事件」をめぐる議会審議において野党の立場は必ずしも一致したものではなかった[56]。スターリン主義の PIR が MNR の立場を支持する一方で、マロフ（Tristan Marof）によって率いられたトロツキスト派の POR は、議会審議を利用してライバルの追い落としを図り、MNR がボリビアにおけるナチスの隠れ蓑になっていると非難し、ペニャランダ政権が議会での信任投票を勝ち取るのに協力した[57]。

そもそも MNR は、この陰謀事件の主要な加担者とされていたわけではなかったが、ボリビア寡頭政権は、「ナチ蜂起」書簡の公表によって生じた政治的混乱を利用して、政府の最も強烈な批判者である MNR をナチ・ファシストと呼んでその抑圧を図ったのである。実際に、MNR 指導者らは、ボリビアからドイツの影響力を抹殺しようとするイギリスと恐らくは米国による国際的な策謀に巻き込まれたとも言えよう。米国とドイツの関係文書を詳細に検討したブレイシアーが明らかにしているように、「ナチ蜂起事件」そのものがイギリスの諜報機関による捏造の可能性が高い。イギリスは、米州において強力な反独キャンペーンを推進し、ボリビアだけでなく、他の多くのラテンアメリカ諸国においてもドイツの影響力の排除に成功している。ブレイシアーは、「ナチ蜂起」書簡の捏造に関する米情報機関の関与については資料から確認できなかったものの、米政府は、書簡の公表がボリビア政治に与える影響をよく理解し、

---

55) *Ibid.*, pp. 403-11.
56) *Ibid.*, pp. 347-48; Blasier, "The United States, Germany," pp. 31-32.
57) Klein, *Parties and Political Change*, pp. 347-49.

その後の政治的展開を十分に利用したとしている[58]。この事件によって、MNR
にとっては、ナチ・ファシストというレッテルが定着し、米政府は、MNR が
強烈な反米主義と危険な親ファシズムの傾向を持つ政党と見なすようになった。

　ペニャランダ政権は MNR を完全には沈黙させることはできなかったが、最
も痛烈な反対党を少なくとも守勢に回らせることには成功した。事件後、両国
政府は、協力関係の強化を迅速に進めた。米政府は、「ナチ蜂起」事件の 10 日
後の 1941 年 8 月 1 日には、ボリビアに経済・資源開発計画を提案した。ブレ
イシアーによれば、米国による援助は、「米州におけるドイツの影響力を抑え
ようとする米国の政策を強く支持する政策を公式に推進した」国に報いるとい
う意味が強かったのである[59]。その直後、両国は、従来のイタリア軍使節に代
わる米軍使節のボリビア派遣に合意したほか、真珠湾攻撃直前には、レンドリ
ース協定にも調印した。1941 年 12 月の米参戦後は、両国の軍事・経済協力は、
米州連帯の枠組みの中で着実に進展した。米国は軍事使節だけでなく、ボリビ
ア側の求めに応じて複数の経済使節を派遣しているが、その中で特に重要なの
が 1941 年 12 月 17 日から半年に及ぶ調査を続けた国務省のボーハン使節団で
ある。既に指摘したように、1942 年 8 月 15 日に両国政府に提出された報告書
は、その後の両国の経済協力の最も重要な基本的文書となり、MNR も自らの
経済開発戦略の一部として取り入れるのである[60]。

　こうした米州連帯の推進と米・ボリビア両国の協力関係の強化という枠組み
の中で、ボリビア石油国有化問題も 1942 年 1 月のリオデジャネイロ外相会議
の際の両国間の協議によってようやく解決を見た。国務省は、1941 年末までに
は、石油国有化問題の解決いかんにかかわらず、ボリビアへの援助開始を決定
しており、スタンダード石油側もボリビア側の補償交渉における立場の強化を
認めざるをえなかった。そして、資産の評価額が低すぎるとしてこれまで強く
反対していたボリビア側が主張する金額での現金払いによる補償への同意を余
儀なくされた。1942 年 1 月 28 日の最終合意では、ボリビア政府は、スタンダ

---

58)　Blasier, "The United States, Germany," pp. 34-40.
59)　*Ibid.* ペニャランダ政権は、「ナチ蜂起事件」直後の 1941 年 8 月にパンアメリカン・グレー
　　ス航空と新たな契約を結び、国有化後の LAB 運営を委託した。
60)　*Ibid.*, pp. 32-33.

ード石油に対して国有化資産の補償として 150 万ドルの支払いに同意した[61]。
この解決は、国務省側が主張してきた現金払いは含んでいたが、必ずしも国務
省側の補償原則を貫いたものではなかった。石油国有化問題の最終合意は、両
国間のより包括的な戦時協力に関する合意の一環であり、その中にはボリビア
の経済開発のための米国による 2,500 万ドルもの借款も含まれていた。国務省
としては、「現金による迅速な補償」が行われたという点で、形のうえでは補
償原則が守られたと主張することが可能であったが、補償費用は実質的には米
国の援助によって支払われることになり、米国の戦争努力へのボリビア側の協
力に応える形で、米国政府がボリビアによる国有化補償の肩代わりをしたとい
うのが実態であった[62]。ボリビアとの合意は、より深刻なメキシコ石油国有化
問題の解決の先例となり、後者も 1942 年 4 月に同様な形で最終合意を見た[63]。
　ボリビア政府は、米国との協力関係の確立後、直ちに枢軸諸国との外交関係
の断絶を発表するとともに、1 オンス 52 セントという比較的低い価格で対米
錫売却協定を締結し、米国と連合国側への錫の安定的供給源となったのであ
る[64]。米国は、ボリビアの革命的ナショナリズムによる最初の挑戦をようやく
克服したが、こうした「和解」は第二次世界大戦への参戦という国家的危機の
下で、石油国有化問題を従来の法律的・経済的観点、即ち本書序論での分析枠
組みに即して言えば、「自由主義的」観点からではなく、政治的・戦略的観点
から早急に解決する必要があったために可能となったのである。両国は、第二

61）　Wood, *The Making*, pp. 195-202; Klein, *Parties*, pp. 345-46.
62）　スタンダード石油は、ボリビアの事例が他のラテンアメリカ諸国における国有化の先例とな
　　らないよう、補償協定は、資産の強制売却ないし接収資産に対する補償を含むものではなく、
　　単なる「商取引」による「売却」だと主張した。Wood, *The Making*, pp. 197-98.
63）　メキシコとの合意について詳しくは、*ibid.*, pp. 247-59 を参照。メキシコとの合意は、同国で
　　の政権交代によっても促進された。石油国有化を断行したカルデナス大統領は、1936 年の就任
　　以来、意欲的な改革政策によってメキシコ革命を再活性化させていたが、自らの後継者として
　　は比較的保守的なアビラ＝カマチョ（Manuel Avila Camacho）を選んだ。アビラ＝カマチョ
　　新大統領は、国内政策を中道右派路線へと舵を切るとともに、対外政策においては明確な親米
　　路線をとり、石油国有化問題の最終的解決も米国側の立場に歩み寄る形となった。*Ibid.*; Meyer,
　　Mexico and the United States, pp. 217-228 も参照。
64）　MNR 指導者らは、第二次世界大戦中の 1 オンス 52 セントという「廉価」での錫の供給を米国
　　に対する「援助」と考えていた。彼らは、1952 年革命時には、米国は革命政権への援助によっ
　　てこの「借り」を返すべきだという感情が強かった。フェルナンド・バプティスタによれば、こ
　　の「援助」は、1941～45 年に 6 億 7,032 万ドルに上ったとされる。Fernando Baptista Gumucio,
　　Estrategia del estaño（La Paz: Editorial "Los Amigos del Libro," 1966）, pp. 144-49.

次世界大戦期にはこうして米州連帯の枠組みの中で協力的関係を強めていく。

スタンダード石油国有化問題の解決は、ペニャランダ政権にとっては外交的勝利ともいえたが、ボリビア国内ではむしろ民族主義的大義への裏切りとして厳しく批判された。そうした批判の先頭に立ったのは、ナチ蜂起事件の痛手から程なく回復した MNR であった。MNR は機関紙の刊行を再開し、スタンダード石油問題の決着と米国への錫売却を厳しく批判した。一方、米国は、連合国側に協力的なペニャランダ政権に対して、MNR が執拗に批判を繰り広げることに強い懸念を持つようになる。米国側は、MNR 指導部が『ラ・カジェ』等において反ユダヤ主義的・親独的記事や発言を繰り返すことにも懸念を抱いた。既に指摘したように、対米錫協定への MNR の反対は、親ナチ的傾向のためというより、国の貴重な資源を「安売り」することへの反発に由来し、また MNR 指導者の反ユダヤ的言辞も、ナチスへの共感というより、彼らの民族主義的な政治戦略に基づいていたのであった。石油国有化問題の決着への反対も必ずしも反米主義からではなく、チャコ戦争以来のスタンダード石油の行動への反発に起因していた。しかし、これらすべては、米国側にとっては、民主主義とファシズムとの世界的闘争の最中に、MNR の親枢軸・反米・反連合国の立場を如実に物語るものとして強く焼き付けられた。MNR 革命指導者らに対する米国側の抜き難い不信感と敵意が植え付けられたのである。MNR 指導者らによる彼らの初期の革命的ナショナリズムの噴出と親米的寡頭政権に対する容赦ない批判は、その後 11 年間にわたって、米国が MNR を敵視し、寡頭政権とともにその抑圧に当たる原因となり、MNR に高い政治的代償を払わせることになるのである。

7. 1942 年カタビ虐殺事件と寡頭支配体制の動揺

米国とペニャランダ政権が良好な関係を継続する一方、ボリビア国内での革命的動きは留まることはなかった。特に重要だったのが労働運動の急速な発展であり、特に鉱山労働者の運動の過激化は対米戦争協力への大きな障害となるものであった。既に 1940 年に鉱山労働者らは最初の全国大会を開き、鉱山労働者の全国組織の結成を図ろうとしたが、寡頭支配層は急進的な労働運動の台

頭を抑えようとした。既に触れたように、ペニャランダ政権は、政治的自由には理解を示し、反対政党の政治活動には比較的寛容であったが、社会・経済問題に関しては極めて保守的で、労働運動には厳しい弾圧で臨み、政権の最初の政策の一つがブッシュ労働法の停止であった。労働運動が左翼政党との提携を強化する中で、政府は1941年末には全面的な対米戦争協力を実現するために、厳格なストライキ禁止立法を成立させ、ストライキ労働者を厳しく罰した[65]。

　しかし、鉱山労働者らは、弾圧にもかかわらず非人間的な労働条件の改善を求めて小規模のストライキを繰り返した。議会の左派多数派、特にPIRは鉱山労働者を強く支持し、政府の反労働政策の一部緩和に成功するが、1942年12月にカタビ鉱山を中心に各地の鉱山で続いていた一連の労働争議が、ストライキ労働者と政府軍との間で大規模な流血の惨事となった。カタビでは、12月21日に非武装の労働者による平和的なデモに対して政府軍が発砲し、ライフル銃や機関銃による無差別の攻撃によって鉱山労働者の妻や子供を含む、数百人が殺される大惨事となり、これは「カタビ虐殺事件」として歴史に名を刻むことになった[66]。ボリビア史において農民や労働者の虐殺事件は珍しいことではなかったが、カタビ虐殺事件は、ボリビア労働運動の発展における重要な節目に起こった。クラインの言葉を借りれば、虐殺事件は直ちに「革命前史における最も重要な事件」となり、ペニャランダ政権の信頼を致命的に傷つけたのであった。カタビ虐殺事件は、「左翼と労働運動にとって強力な結節点となり、両者を強力な前衛として結び付ける決定的な事件」となったのである[67]。

　政府側は直ちに事件の責任を転嫁すべく、PIRがカタビでの「破壊活動」を扇動したとして同党機関紙を発行停止にし、指導者を逮捕した。一方、MNRは、この危機を契機として議会における労働者の権利の擁護者と見られるようになる。パスの巧みな指導の下に鉱山労働者を擁護して議会で強い政府批判を展開し、鉱山所有者や米国にも批判の矛先を向けた。米国は、カタビ虐殺事件をめぐる論争を通じて、ボリビア寡頭支配層の共犯者の役割を与えられ、事件の当事者ともいえる立場に立たされたのである。ボリビア国内では、米国が鉱山労

65）　Klein, *Bolivia*, p. 214; Klein, *Parties and Political Change*, p. 355.
66）　*Ibid.*, p. 355-56.
67）　Klein, *Bolivia*, p. 217.

働者の搾取や暴力による抑圧を支持し、むしろ奨励したと野党が批判する一方、米国内では、パンアメリカン・ユニオンの労働問題担当者ギャラーサ (Ernest Galarza) がワシントンでこの問題に関して声を上げ、ウェルズ (Sumner Welles) 国務次官が虐殺を教唆したと公然と非難した。事件が米マスコミの注目を浴び、遠いアンデスでの労働者虐殺事件が、民主主義の大義のためにともに戦っているはずの両国にとって不名誉な問題となるに至り、米国は、1943年2月にマグルーダー (Calvert Magruder) 判事率いる労働問題の調査団をボリビアに派遣し、虐殺の原因と鉱山での労働者の状況について調査を行った。調査団の主な目的は、戦略資源の生産確保のための労働条件に関する調査であったが、ロラによれば、ボリビアの鉱山労働者の過酷な労働環境ならびに生活状況をはしなくも明らかにするという「極めて重要な」結果をもたらしたのであった[68]。

　カタビ論争は、チャコ戦争後から続くボリビア政治の伝統的な構図の崩壊をさらに促すこととなった。議会におけるカタビ虐殺をめぐる対立が先鋭化する中で、トロ＝ブッシュ政権期以来の穏健社会主義者らのグループは完全に消滅し、コンコルダンシアと呼ばれた寡頭支配諸政党の連合にも深刻な亀裂が入り、左派勢力が著しい台頭を見せたのである。ペニャランダ政権は、自由党と共和党の最も反動的勢力のみによって支持されるという状態となり、1943年末までには、同政権は政治的主導権を全く失い、新たな改革政権登場への期待が高まったのである。この時までには政党として十分組織化され、権力を握る準備もできていたMNRは、最初の革命を試みる。MNRは、1943年12月20日にビジャロエル少佐に率いられた若手将校らとともにクーデタによる権力奪取に成功し、米国に対するボリビアの革命的ナショナリズムの挑戦の第2幕を開いたのである。

---

68)　Andrade, *My Missions for Revolutionary Bolivia*, p. 12; Guillermo Lora, *A History of the Bolivian Labour Movement* (New York: Cambridge University Press, 1977), pp. 224-25.

第2章　1943年ビジャロエル＝MNR革命と米国の対応（1943年～1952年）

　MNRとビジャロエルら若手将校によるクーデタは、トロ＝ブッシュ両政権下で行われた軍事社会主義の実験の延長線上にあり、彼らは1943年12月に政権に就くと、鉱山業や労働者、インディオの権利等に関してさらに徹底的な改革を目指した。一方、ビジャロエル＝MNR政権は、ボリビア政治における「政軍指導層の初めての完全な刷新」も目指し、寡頭支配体制とそれを支えた伝統的諸政党に対して容赦ない闘いを挑むとともに、左右の反対勢力に対しても広範な弾圧を行った[1]。このMNRの最初の革命の試みに対して米国は強く反対し、新政権が枢軸側とペロン（Juan Domingo Perón）支配下のアルゼンチンの指揮下にあると非難を続けた。米国は、民主主義とファシズムとの闘いたる世界戦争の最中に、親連合国の立場を鮮明にする親米政権が親ファシズム勢力によって倒されたとして強く反発した。ハル（Cordell Hull）国務長官以下の国務省は、ビジャロエル＝MNR政権に対する米州規模の反対キャンペーンを展開し、不承認政策によって新政府に強い外交的圧力をかけたのである。ビジャロエル政権は、国内的要因だけでなく、こうした米国による外交的圧力もあって、改革プログラムの多くが実現できず、1946年には政権は崩壊するのである。

　こうした米国の政策は、MNRの急進的なナショナリズムに対するナチズムとファシズムの影響を懸念し、その影響力を過大視した面が強かったが、MNRはこの最初の革命の失敗の経験から米国との関係で貴重な教訓を学ぶことにもなる。MNRは、1946年から1952年の間のいわゆる「セクセーニオ（Sexenio：6年間）」に「ナチ・ファシズム」の残滓を払拭する。そして、従来の中間層の

---

1)　Andrade, *My Missions*, p. 16.

インテリやナショナリストからなる狭い支持基盤に代わって、ボリビアにおける殆どすべての改革・革命勢力を含む広範な大衆的基盤に基づく革命政党へと大きな変貌を遂げるのである。MNR は、こうした変化や教訓とともに 1952 年 4 月に二度目の革命の試みに乗り出すが、その際には、ボリビア社会の変革に向けたより包括的な改革プログラムと米外交に対する深い理解を身に付けていた。これは、1952 年革命がボリビアにおけるそれ以前の改革や革命の試みとは違ったより永続的な変化と結果をもたらすのに貢献するのである。以下、こうした 1952 年革命に対する米国の対応の意味を理解するため、1943 年のビジャロエル = MNR 政権による最初の革命の試みとそれに対する米国の対応について検討する。

1. ビジャロエル = MNR 革命の性格

1930 年代末の軍事社会主義政権は、多様な政治勢力によって担われ、軍の最高指導部や伝統的政治家、さらに大規模鉱山所有者らともしばしば妥協を行った。それに対して、ビジャロエル新政権は、MNR 党員と「祖国の良心 (*Razón de Patria*：RADEPA)」と呼ばれた軍内部の秘密結社に忠誠を誓った将校らだけからなっていた。RADEPA は、チャコ戦争中の 1934 年にパラグアイの捕虜収容所の中でボリビア軍の若手将校らによって結成され、政府と軍から「反民族主義者」と「堕落した」指導者を排除し、「神聖なる祖国の利益」のために働くことを誓ったのである。ただし、トロとブッシュの軍事社会主義政権の間は、RADEPA のメンバーは政治の表舞台には出ることはなく、ブッシュ政権の閣僚となり、その後の「ナチ蜂起事件」で首謀者とされたベルモンテ少佐は例外的であった。ブッシュの死による軍事社会主義政権の崩壊後、RADEPA は、軍の中で最も重要なイデオロギー集団となり、ペニャランダ政権下、政府と軍の指導部で保守派による反動支配が強まる中で、若手将校らの不満と改革的機運の中心となった[2]。

RADEPA は、1943 年に政治不安が広がる中で、ビジャロエル少佐の強力なリーダーシップの下で政治への積極的関与を開始し、ペニャランダ政権に対して、公然と軍指導部の刷新と政策の変更を求めるようになる。同時に RADEPA

は、1943 年夏からは MNR や他の野党政党との接触も開始した。RADEPA は、左翼の最大政党である PIR とは合意に至らなかったが、MNR は RADEPA 側の政治的提携の申し出を進んで受け入れ、若手将校らとの陰謀を開始したのである。MNR が容易に権力を獲得するために RADEPA の軍事力を必要とする一方、RADEPA も MNR の参加によって文民側の協力と正統性を期待したのである。RADEPA 内部には文民の参加を歓迎しない勢力もいたが、ビジャロエルや他の親 MNR 派の意見が最終的には多数を占めた。そして、1943 年 12 月に入ってペニャランダ政権が、不穏な動きを強める若手将校らに対する弾圧に乗り出そうとすると、PADEPA = MNR 連合は直ちに先手を打って、政権奪取に成功するのである[3]。

　クーデタの時点で、RADEPA もその指導者ビジャロエルもボリビア政治の表舞台では全く無名の存在であった。ビジャロエル自身、チャコ戦争に従軍はしたものの、ブッシュと違って戦争の英雄ではなく、1943 年 12 月に突如大統領となるまで全く無名の中堅将校であった。彼は、トロのような人心操作で知られた人物でも、ブッシュのような強烈な個性の持ち主でもなかったが、RADEPA を担う血気盛んな若手将校らをうまくまとめる力に秀でていた[4]。RADEPA は、当時ボリビアでも依然として多くの支持者があったファシズムや国家社会主義等のヨーロッパのイデオロギーの強い影響下にあった。チャコ戦争後のボリビアで結成された他の多くの秘密軍事結社と同様、RADEPA のメンバーは、自らが政治権力を握り、祖国の純化に努める一種の神秘的義務があると考えていた。彼らは強いエリート意識と権威主義的傾向を持ち、ナショナリズムと「国家主導主義 (statism)」の強い信奉者でもあった。新政権は根本的な改革の実現を唱えたが、RADEPA には権力掌握の時点でそうした改革への具体的青写真はなく、「祖国の利益」の実現という抽象的目標以外は、経済に対する国家コントロールといった曖昧なスローガンを唱えるだけであった。

---

2) Eliodoro Murillo Cárdenas y Gustavo Larrea Bedregal, *Razón de Patria, Villarroel y nacionalismo revolucionario* (La Paz: Editorial e Imprenta Metodista, 1988), pp. 53-54; Klein, *Parties*, pp. 247, 367.

3) *Ibid.*, pp. 367-68; Malloy, *Bolivia*, pp. 120-21. アンドラーデは、回顧録の中で 1943 年 8 月にビジャロエルとパスの会合を設けることによって、RADEPA と MNR の接近の初期段階で大きな役割を果たしたと証言している。Andrade, *My Missions*, pp. 14-16.

4) Frontaura, *La Revolución Boliviana*, p. 111; Malloy, *Bolivia*, p. 121.

さらに政治的には、RADEPA の綱領は、「諸政党をコントロールし、国家への奉仕へと方向付け、国際主義的傾向を持つ者や無政府主義を広める者を除去する」といった方針を掲げていた。ここには、ヨーロッパのファシズムやナチズムの影響が明らかで、RADEPA の若手将校らが政治目的実現のために暴力的手段を多用する背景ともなった[5]。

1943 年 12 月のクーデタの時点で、RADEPA のパートナーである MNR も詳細な改革プログラムを持っていたわけではなかった。既に触れたように、MNR の主要メンバーらは、1930 年代後半の軍事社会主義政権時代の穏健な改革主義者から修羅場をくぐった政治家として成長していた。そして、従来の野心に燃える個人の緩やかな集りから、強い絆で結ばれた革命家集団へと変貌を遂げており、ボリビア社会の根本的改革実現の理想に燃えていた[6]。しかし、革命プログラムの詳細には依然として曖昧な部分が多かった。MNR は、彼らが「鉱山 = 封建寡頭制」と呼ぶ伝統的支配秩序への反対と外国による経済支配の打破を除けば、ボリビア社会の根本的改革を実現するための具体的方策について明確なプログラムはなかった。MNR は、カタビ虐殺事件以後、スターリン派共産党 PIR やトロツキスト派共産党 POR に対抗して鉱山労働者の間に支持を広げていったが、社会主義革命を目指していたわけではなく、党内には強力な右派勢力も存在し、社会主義ではなく、むしろヨーロッパのコーポラティズムに近い国家主義的変革を求めていた[7]。

このように具体的改革プログラムを欠いていた RADEPA = MNR 政権は、権力掌握直後には大胆な改革を実施する態勢になく、代わって軍事社会主義政権下で行われた限定的な改革プログラムを踏襲しようとした。さらに新政権の首脳は、ファシズムを信奉する RADEPA の将校らが多数を占め、反 MNR 派将校は新政権での MNR の影響力を極力抑えようとした。クラインによれば、ビジャロエル政権は、「無骨な将校が無意味な暴力に訴える一方、MNR は大きな可能性を秘めながらも当初は改革プログラムの実現に臆病、という不思議な組み合わせ」からなっていた。またビジャロエル政権で最初の官房長官という要

---

5) Klein, *Parties*, pp. 370-71.
6) Malloy, *Bolivia*, pp. 120-21.
7) Klein, *Parties*, p. 371.

職を務めたセスペデスによれば、MNR の革命的熱情は、政権首脳部の軍人ら
によって押さえ付けられていた。新政府の目標についてのビジャロエルによる
最初の公式声明は曖昧で混乱したものであり、新政権が改革を目指すと断言す
る一方で、「我々は金持ちの敵なのではなく、貧しいものの味方なのである」
といったものであった[8]。ビジャロエル政権の改革プログラムは、米国の厳し
い外交的圧力のために MNR の閣僚が早期に追放されることによってさらに中
途半端なものとなるが、以下、そうした米国の対応について検討する。

2. ビジャロエル政権に対する不承認政策（1943 年～1944 年）

　米国は、親米・親連合国側の姿勢を明確にしていたペニャランダ政権を倒し
た RADEPA = MNR 新政権に対して不承認政策によって外交的圧力を加え、
他のラテンアメリカ諸国に対しても同様の政策を強く促した[9]。しかし、ラパ
ス駐在のボール（Pierre Boal）米国大使は、当初クーデタに関する事前の情報を
全く得ておらず、国務省は、殆ど無名のビジャロエルを首班とする政権が成立
したことに驚愕した[10]。新政権に対する米国の反発は、ビジャロエル以下の若
手将校による違法な政権奪取に対してではなく、従来の強烈な反米主義からナ
チ・ファシズムの手先と見なした MNR の政権参加に対して向けられた。米国
の最初の公式の反応は、1943 年 12 月 22 日のハル国務長官の記者会見での発
言であり、ハルはクーデタにおいて枢軸側の影響、特にその西半球での協力者
と見なしたアルゼンチンの影響を強く疑っていることを示唆した。記者団の質
問に対して、ハルは以下のように答えた。

　　この度の事態や同様の事態において、西半球の安全保障と連合側の戦争努

---

8)　*Ibid.*, p. 372-3; Malloy, *Bolivia*, pp. 121-22. 新政権では、MNR からパスが財務大臣の職に就
　く一方、セスペデスは官房長官、モンテネグロは農務大臣に就任した。さらに RADEPA の将
　校が四つの大臣職に就き、アンドラーデが率いた RADEPA を支持する文民組織マリスカル・
　サンタクルスから 2 名、さらに独立派の社会主義者タマーヨ（José Tamayo）が外相に就任し
　た。Augusto Céspedes, *El presidente colgado*, quinta edición（La Paz: Librería Editorial
　"Juventud", 1987), pp. 158-60.

9)　米国の不承認政策に関しては、Cole Blasier, "The United States, Germany," pp. 26-54 を参照。

10)　Céspedes, *El presidente colgado*, p. 155.

力への影響がまず考慮されるべきである。その際、連合国側に友好的でない外部勢力の参加の有無が考慮されるべきである。現在、西半球は枢軸側の悪質な転覆工作による攻撃を受けており、これに西半球内の勢力が手を貸していることを忘れてはならない[11]。

　ボール大使は、12月29日にクーデタ後のボリビア情勢に関する最初の詳細な公電を送り、ボリビア新政権の早期承認を戒めた。ボールによれば、ペニャランダ政権は、「様々な問題点にもかかわらず、ボリビアだけでなく、南米全体でも数少ない選挙（この言葉がどれほど相対的なものであるせよ［原文のまま］）によって成立した政権」であり、新軍事政権の早期承認は、「権力に就く際の民主的手続の放棄を促すこと」になりかねず、「真剣に検討すべき問題」とされた。しかし、ボールが最も懸念したのは、「正統政府」の転覆の事実そのものではなく、そうした転覆が、「枢軸側とアルゼンチンの影響下」にあり、過去の党員の活動が「連合国側や米国への支持で一貫してきたとはとても言えない」政党によってなされたことであった[12]。さらにボールは、ボリビア政府収入の54〜60％を占める米国による同国産鉱物の購入停止等の「強固な要因による抑制」がなければ、現在の政府（Junta）や同様の政治的影響力の下にある後継政権は、「国際的態度を急速に変更」する恐れがある、と警告した。ボールは、明らかにボリビアが米国や連合国側の利害に反して、公然と親枢軸、親アルゼンチン路

---

11)　Hull to the Diplomatic Representatives in the American Republics, December 22, 1943, *FRUS, 1943*, V, p. 536. 当時在ラパス米大使館でボールに次ぐ地位にあり、ボールが1944年1月に帰国後は、代理大使の地位にあったウッドワード（Robert Woodward）によれば、ハルは、クーデタが戦争の真っ最中に起ったことに特に怒りを覚えていたようであった。ウッドワードが、MNRは反米的でもナチ＝ファシスト政党でもないと繰り返し訴えたにもかかわらず、ハルには聞き入れられなかった。1989年10月10日のワシントン特別区でのウッドワードとのインタビュー。

12)　Telegram（以下 Tel）2094 from Boal to Hull, December 29, 1943, *FRUS, 1943*, V, pp. 539-43. 当時、MNRはクーデタのための資金をボリビア在住のドイツ人及び日本人から得ていたとの噂が絶えなかった。アルゼンチンが南米に反米ブロックを形成するため、クーデタに対して道義的ならびに物理的支援を行ったとも広く信じられていた。*Ibid.*, pp. 539-40; Blasier, "United States, Germany," pp. 40-41. 第二次世界大戦中の米国とアルゼンチンとの対立に関しては、以下を参照。Wood, *Dismantling*, chapters 2 though 7; Randall B. Woods, *The Roosevelt Foreign-Policy Establishment and the "Good Neighbor": The United States and Argentina, 1941-1945*（Lawrence, KS: Regents Press, 1979）.

第2章　1943年ビジャロエル＝MNR 革命と米国の対応　**73**

線をとる可能性について警告していたのである。承認問題はボリビアでは「圧
倒的な重要性を持つ問題」と考えられているとして、ボールは、現政権の構成
や政策に必要な変化をもたらす最良の手段として、不承認政策を提言した。ボ
ールによれば、「米州諸国の大多数」によって維持されれば、不承認政策の道
義的効果も「非常に大きい」と述べ、他のラテンアメリカ諸国への働きかけを
促した。最後にボールは、経済的手段についても触れ、新政権首脳は、「錫購入
代金の支払停止や購入そのものの停止等による資金の滞りによる経済的混乱の
可能性」も恐れていると付け加えた[13]。ここには米国がボリビアにおける革命
的変化に伴う国際的懸念や対応策としての錫購入を用いた圧力等その後も様々
な形で両国の関係に見られる幾つかの要素が集約的に述べられていた。

　ハル国務長官は、ボール大使の進言に従って 1944 年 1 月 5 日にモンテビデ
オに本部を置く「米州共和国政治防衛のための緊急諮問委員会（Emergency
Advisory Committee for Political Defense of the American Republics）」においてラテ
ンアメリカ諸国の協力を確保し、ボリビア新政権に対する一方的な外交的承認
を控えるよう求める決議の採択に成功する[14]。さらに 1 月 10 日には、ハルは、
ボリビア新政権に関する詳細な秘密覚書をボリビアとアルゼンチンを除くすべ
ての米州政府に送付し、新政権の親枢軸的傾向や政策について説明し、特に新
政権を担う文民側の中心である MNR についてそうした傾向が強い点を強調し
た。同覚書によれば、MNR は、「米州の利害に敵対的な要素」を含む「綱領や
プログラム」を持つ「親ファシスト政党」であり、同党のプログラムは「民主
主義を誹謗し、反ユダヤ的であり、『指導者原理』と国家万能を称賛し、ナチ
ス・ドイツによる米州の安全保障への脅威を無視」するものであった。さらに
パス、セスペデス、モンテネグロらの新政権に入閣した MNR 指導者らは、「ド
イツとアルゼンチンのナチスのグループとつながり」があり、「親ナチ勢力か
らの資金」を得ていた。またビジャロエル大統領を含む若手将校らも「ナチス
の影響下」にあり、1941 年以来ナチスとの協力が「実証されてきた悪名高い」
ベルモンテ少佐とも「親密な関係」があるとされた[15]。

---

13)　Boal to Hull, December 29, 1943, *FRUS, 1943*, V, p. 541.
14)　Hull to the Diplomatic Representatives in the American Republics, January 5, 1944, *FRUS, 1944*, V, pp. 429-30.

ワシントンと在ラパス米大使館との初期の交信から分かるのは、国務省は、ボリビア新政権との関係において、MNR の政権参加を最も問題視していたことである。驚くべきことにボール大使は、1943 年 12 月 29 日の新政権に関する最初の本格的分析の中でビジャロエルについては全く言及しておらず、「若手将校」について若干言及しただけで、その分析の殆どを MNR の関与に費やしている。上記のハル国務長官の秘密覚書においても分析の焦点は MNR であり、将校らは MNR の計画したクーデタに協力したにすぎないという調子で書かれていた。ハルの覚書において唯一ビジャロエルについて言及したのも、ボリビア軍内でナチスの影響の中心にあるとされたベルモンテとの関連においてであった。この初期の段階においては、国務省は、RADEPA の存在自体を知らなかった可能性が強く、RADEPA のボリビア政府と軍に対する影響力については、無論理解していなかったはずである[16]。

こうしたボリビア臨時政府の軍民メンバーに関する情報の不足と MNR に対するナチの手先とする固定観念によって、米政府首脳は、1943 年 12 月のクーデタの背後にあるボリビアの革命的ナショナリズムの実体についての深刻な誤解から出発したのであった。この意味で、MNR の最初の革命の試みに対する米政府の対応は、ビジャロエル政権期を通じて二重に歪んだものとなる。即ち、後の政治的展開によって明らかになるように、RADEPA の多くのメンバーにこそファシズム思想への支持と容赦ない暴力による政治的弾圧というファシスト的手法に訴える傾向が顕著であったにもかかわらず、国務省はこの点を理解していなかった一方、MNR がボリビア政治において最も受け入れ難い政治勢力であるとの認識を持ち続けるのである。ビジャロエル政権承認の前提として米政府が出した諸条件のうち、MNR 閣僚の追放が最も重要なものとして国務省は固執する。米政府は、パス、セスペデス、モンテネグロの閣外追放を実現するため、ビジャロエル政権に対して、外交的不承認だけでなく、他の様々な外交的圧力や経済的圧力を加え続けた[17]。こうした MNR に焦点を絞った敵視

---

15) Hull to Certain Diplomatic Representatives in the American Republics, January 10, 1944, *FRUS, 1944*, VII, pp. 430-32.

16) セスペデスによれば、RADEPA の存在は、当初、米政府だけでなくボリビア国内でも関係者以外には殆ど知られていなかった。Céspedes, *El presidente colgado*, p. 184.

第2章　1943年ビジャロエル＝MNR革命と米国の対応　75

政策は、ローズヴェルト政権の関係者の間に同党の反米・親ファシスト的性格についていかに強固な認識が出来上がっていたかを物語るものであった。既に触れたように、こうした認識は、スタンダード石油資産国有化やユダヤ移民の問題、そして対米錫輸出問題等のボリビア議会での討議を通じてペニャランダ期に形成されたものであった。国務省は、1952年4月直後の時期までこうした見解を基本的に持ち続ける。ブレイシアーによれば、この最も重要な要因は、スタンダード石油国有化問題の決着へのMNRの強い反対であり、このことがビジャロエル政権に対する不承認政策などの「高い代価」をMNRに払わせることになったとされる[18]。

　一方、ビジャロエル政権側は、改革プログラムの実現だけでなく、政権として存続するためにも米国の支持は不可欠であるとして、政権成立当初から対枢軸戦において米国と積極的に協力する旨表明していた。仮に新政権が枢軸側に立とうとしても、1944年初頭までには大戦での米国の優位と連合国側の最終的勝利は疑いなく、国際状況はそうした政策を許さないものであり、新政権の若手将校もMNRもこの明白な事実を十分認識していた[19]。ビジャロエル政権は、既に政権掌握直後の1943年12月23日、ボール大使に対して米国との協力を続けたい旨表明し、アンドラーデ労働大臣から「全体主義諸国」との戦争において、「連合国側、特に米国との効果的な協力を行う」とする新政権首脳による全員一致の決議文を手交した。決議は、キニーネ等のマラリア用薬剤の提供、ドイツ人及び日本人の財産没収、新規錫協定の締結を「協力」に当たっての重点施策として提起した。最後の錫契約に関しては前政権より高価格での締結を求めていたが、その点を除くと、ビジャロエル＝MNR政権は米側の求めていた一連の政策の実行を約束しており、民族主義的な立場を浮き立たせな

---

17)　国務省は、1943年12月28日の新規ビザの発行制限に始まり、レンドリース物資の船積みの停止、米政府主催の文化活動の停止、新規技術援助の凍結等の外交的・経済的圧力をかけ始めた。Tel 1479, Hull to Boal, December 28, 1943, *FRUS, 1943*, V, pp. 538-39; MC by Philip Bonsal, January 5, 1944, *FR, 1944*, VII, pp. 428-29; Memorandum（以下 Memo）from Bonsal to Thomson, January 6, 1944, *ibid.*, p. 429; Winant to Hull, January 25, 1944, *ibid.*, p. 441. 1月末にはボール大使が召還され、ウッドワードが代理大使の任に当たった。*FRUS, 1944*, VII, p. 440.

18)　Blasier, *The Hovering Giant*, pp. 48-49, 53.

19)　Klein, *Parties*, p. 372.

いよう努めていたことが窺える[20]。

ラパスのボール大使に接触する一方で、ビジャロエル政権は、ワシントンに直接働きかけるためにサンチェス＝デロサダ（Enrique Sánchez de Lozada）の秘密特使としてのワシントンへの派遣を決めた。しかし、この派遣はすぐに効果がないことが判明するだけでなく、政権に混乱をもたらすことにもなる。これはボリビア革命勢力の外交面での未熟さを示すものであり、1952年革命後の対米関係での巧みな対応とは極めて対照的であった。サンチェス＝デロサダは長年米国に住み、米政府に関する知識だけでなく、影響力も持つものと考えられたが、米国の官民に根強いビジャロエル政権への不信によって承認問題で何らの進展も得られなかった。国務省は、1944年1月24日にはアルゼンチンを除く他の18のラテンアメリカ諸国とともに、「ラパスの現在の臨時革命政権（Junta）を承認しないことを決定した」と正式に発表した[21]。さらにアンドラーデによれば、サンチェス＝デロサダは、早期承認確保に失敗しただけでなく、「革命勢力の緊密な協力関係の中でトロイの木馬」の役割を果たしたと批判される[22]。米国の承認を得ようと躍起となったサンチェス＝デロサダは、閣僚の中から「ナチ勢力」を放逐し、代わりにPIRの政権参加を実現するために画策し始めた。実際、PIR指導者のアルセは入閣へと動き出し、ビジャロエル政権に対して、明らかにモンテネグロとセスペデスと分かるように、「連合国への敵意で知られる要素」を排除するための強力な反ファシスト・キャンペーンを開始するよう強く働きかけた。こうしたワシントンでの動きに対して、MNR内には強い反発があった。セスペデスは、サンチェス＝デロサダはそもそもこうしたナチ・ファシストという「ばかげた」中傷に反論するためのスポークスマンとして選ばれたはずであった、と回想している。サンチェス＝デロサダは44年1月末には特使の任を解かれ、代わってイトゥラルデ（Fernando Itturalde）外務次官がその任についた[23]。

しかし、イトゥラルデもハル以下の国務省の頑なな態度を変えることができ

---

20) Tel 2000 from Boal to Hull, December 23, 1943, *FRUS, 1943*, V, p. 537.
21) Hull to the Diplomatic Representatives in the American republics, January 24, 1944, *ibid.*, pp. 440-41.
22) Andrade, *My Missions*, p. 18.
23) Céspedes, *El president colgado*, pp. 163, 167-68.

ず、承認問題に何らの進展ももたらすことはできなかった。どうすれば早期承認を得られるのか思いあぐねたイトゥラルデは、1944年1月28日にダガン（Lawrence Duggan）米州局長にその点を率直に尋ねた[24]。善隣外交の最も熟達した実践者の1人であったダガンは、まず「米政府としては、ボリビア政府に対して何をなすべきかなどと言うのは、名誉なことでも正しいことでもない」と断ったうえで、イトゥラルデに対して、現在の臨時革命政権は「全く受け入れられない要素」を含んでおり、彼らは「枢軸諸国との関係から、閣僚であり続ければ米政府の承認はありえない」人物である。「臨時革命政権の中でどの要素が望ましくないのかは、ボリビアが最もよく知っているはずであり、自らの状況をどう正すかはボリビア次第であり、米国がボリビアにどうこうするように言う問題ではない」と付け加えた[25]。ダガンの曖昧な態度に業を煮やしたイトゥラルデは、さらに「具体的な示唆」を求めたが、ダガンは、米国は「ボリビアの現地政治に首を突っ込むというような危険で不名誉な立場」に立つわけにはいかないとして、「既に触れたように望ましくない要素」が存在し、「ボリビアは解決策を知っているはずだ」と繰り返した[26]。ダガンの発言は、皮肉なことに、米国による厳格な不干渉主義の強調にもかかわらず、まさにダガン自身が期待したように、直ちにボリビア国内政治の展開に大きな影響を与えた。

　ダガンの曖昧だがその意味するところは明確な「示唆」からヒントを得たビジャロエル政権は、2月初めに米国の不信感を取り除くための措置をとった。ビジャロエル政権は、パス財務相と独立派のタマーヨ外務相の強い反対を押し切って、MNRの中で最もファシズムに傾倒していると見なされていたセスペデスとモンテネグロを閣僚から解任し、彼らに代わってMNR内で非ファシスト派と見なされていたオタソ（Rafael Otazo）とゲバラを閣僚に任命した[27]。しかし、米国の反応は冷ややかであった。ステティニアス（Edward Stettinius）国務長官代理は、直後にラテンアメリカの複数の米大使館に送った公電で、ボリビアにおける最近の閣僚の交代は、「臨時政権の性格を大幅に変えるもの」で

24）　ダガンについては、以下を参照。山澄亨「『善隣外交』の理念と実践：ローレンス・デューガン」山澄亨『アメリカ外交と戦間期の国務省官僚』（芦書房、2008年）pp. 63-97。

25）　MC by James Wright, January 28, 1944, *FRUS, 1944*, VII, pp. 445-46.

26）　*Ibid.*

27）　Klein, *Parties and Political Change*, pp. 372-73.

はなく、国務省としては「強い印象を受けていない」と断定した[28]。米国による外交承認が是非とも欲しいビジャロエル政権は、自らの「民主的性格」を米国に印象付けるため、3月末には議会選挙を7月2日に行う旨発表したが、国務省の反応は再び芳しいものではなかった。国務省は、選挙前に予想される閣僚の変更が、「承認に関して米州共和諸国がさらに意見交換する機会となろう」と評したのみであった[29]。

しかし、この直後にビジャロエル政権からMNR閣僚がすべて退陣することによって、米国の不承認政策は大きく転換する。米州諸国による不承認政策の継続は、ボリビア国内で様々な反政府密議をもたらしており、こうした反政府クーデタ計画が「米政府の認めるところ」と見なされるようになる中で、ビジャロエル政権を支える若手将校らは、政権の存続に深刻な危機感を抱き始め、MNR閣僚のために米政府の承認が得られないことに強い苛立ちを示していた[30]。しかし、一方で、RADEPAの若手将校らは、ビジャロエル政権のイデオロギー的支柱として、また市民の組織的支持を維持するためにもMNRへの依存を強めるようになっており、MNR抜きの政権運営は困難であった。クラインによれば、MNR全閣僚の退陣は「ジェスチャーにすぎなかった」とされる。RADEPAとMNRの実質的提携は、ビジャロエル政権が1946年に崩壊するまで続くが、MNRが政府の前面から姿を消したことは、ビジャロエル政権に対する米国の認識を大きく変えた[31]。国務省は承認問題の早期解決の姿勢を示し、

---

28) Stettinius to Certain Diplomatic Representatives in the American Republics, February 17, 1944, *FRUS, 1944*, VII, p. 451. 一方、タマーヨ外相は、チリからの外交的承認を目指し、同国に米国が警戒するアルゼンチンを加えた「南米ブロック」の結成を試みたため更迭され、連合国側にとってより受け入れやすいと見なされていたバルディビエソ（Enrique Bldivieso）が新たに外相に任命された。Céspedes, *El presidente colgado*, p. 178; Andrade, *My Missions*, pp. 23-24.

29) Hull to Certain Diplomatic Representatives in the American Republics, March 25, 1944, *FRUS, 1944*, VII, p. 452.

30) Tel 954 Woodward to Hull, April 27, 1944, *FRUS, 1944*, VII, pp. 453-54. MNR閣僚の退陣は、議会選挙への出馬資格を得るために行政府を去るという体裁の下で行われた。Andrade, *My Missions*, p. 28.

31) Klein, *Parties*, p. 373. ただし、ブレイシアーが強調するように、その後、1945年初めのMNRの政権復帰までの改革の低迷を考えれば、これは「ジェスチャー」に留まったとは必ずしも言えないであろう。Blasier, "The United States, Germany," p. 53; Blasier, *The Hovering Giant*, pp. 49-50.

第 2 章　1943 年ビジャロエル = MNR 革命と米国の対応　**79**

その第一歩として、「ボリビアの現状の評価と政権に就く勢力の態度と意図について追加的情報収集」のために、ウォレン（Avra Warren）大使率いる非公式な使節団を派遣した[32]。

ウォレン一行は、1944 年 5 月 6 日にラパスに到着し、ビジャロエル大統領、バルディビエソ新外相、その他の政権首脳と会談した。ボリビア側は、承認に向けての貴重な機会を最大限に利用し、「連合国側の戦争努力への積極的支持の姿勢と米国や他の米州諸国との連帯のさらなる証拠を示すため」、ウォレンに対して、ボリビア在住のドイツや日本等の枢軸国民の抑留と国外追放を提案した。この提案に対して、ハル国務長官は、5 月 18 日にラテンアメリカ諸国に対して、ボリビア臨時政府が「最も危険な枢軸側外国人」の国外追放を提案し、米国に助力を求めてきたとして、米政府は、「当然のことながら喜んで手助けをし、必要な交通手段を提供する」と通知した[33]。ウォレンは、対米協力に積極的なビジャロエル政権の姿勢に強く印象付けられ、閣僚が交代したビジャロエル政権に関する好意的な報告書を提出した。ウォレンは、現政権が「行動によって連合国側の大義への共感を示す」一方で、「国内状況も十分に掌握している」ため、「我が国が承認というリスクを冒すに十分たる」状況にあるとして、直ちに承認することを提言した[34]。ビジャロエル政権は、ウォレン一

---

32)　Hull to the Diplomatic Representatives in the American Republics except Argentina and Bolivia, May 6, 1944, *FRUS, 1944*, VII, p. 455. アンドラーデ労働相は、1944 年 4 月にフィラデルフィアでの国際労働機関（ILO）の会議に出席するために米国を訪問した。彼は、その際に米政府やマスコミの関係者と会って、ビジャロエル政権承認に向けて米政府や世論への働きかけを行っている。Andrade, *My Missions*, pp. 24-28. アンドラーデは、パーキンス（Francis Perkins）労働長官が「承認へと流れを大きく変えるのに重要な役割を果たした」とブレイシアーに語っている。ことの真偽はともかく、アンドラーデはこの後も米国の関係者との関係を深め、1952 年革命の際のワシントンでの大使としての活躍につながるのである。Blasier, "The United States, Germany," p. 43.

33)　Tel 1017 from Woodward to Hull, May 8, 1944, *FRUS, 1944*, VII, p. 457; Tel 1020 from Woodward to Hull, May 9, 1944, *ibid*., pp. 457-58; From Hull to the Diplomatic Representatives in the American Republics Except Argentina and Bolivia, May 18, 1944, *ibid*., p. 460. 米情報機関によって「危険な枢軸側工作員」と認定された枢軸国民はボリビアには 83 人おり（ドイツ人が 54 名、日本人が 29 名）、彼らは直ちに逮捕され、裁判もなく米国の収容所に送られた。Blasier, "The United States, Germany," pp. 43-44. この中には、ビジャロエルの息子の家庭教師もおり、大統領の妻は見逃すよう懇願したが、聞き入れられなかった。1989 年 12 月 15 日のワシントン特別区でのタブレー・ベネットとのインタビュー。

34)　Memo by Stettinius to Hull, May 23, 1944, *FRUS, 1944*, VII, p. 461.

行の出発後も承認をさらに確実にすべく、親連合国・反枢軸の姿勢を示し続けた。44年6月1日には、バルディビエソ外相がウッドワード代理大使に対して、政府の選挙計画に「深刻な誤算」がなければ、7月に予定される議会選挙でMNRが獲得できるのは、最大でも137議席中18との予測を内密に伝えた。さらにバルディビエソは、政府はMNRの候補者に対抗する「独立派」候補を立てる予定で、最大限18という数字は、それぞれの選挙区での状況を注意深く考慮した結果に基づいていると付け加えた[35]。

MNRをいわば身代わりにして米国の非難をかわすというビジャロエル政権の戦術は、成功を収めた。ハル国務長官は、1944年6月2日にブラジル駐在米国大使に対して、ウォレン報告に基づいて、MNRが参加しない現在のビジャロエル政権は、当初のものとは全く異なったものとなっており、MNRが参加していた当初の臨時革命政権は、「便宜的な協力関係」であり、「MNRの親ナチの前歴のために他の米州諸国からの承認が不可能と分かると、直ちに関係は解消された」と書き送っている。米政府による承認は6月23日に行われ、これに他のラテンアメリカ諸国も追随した[36]。

この一連の承認問題の皮肉な結末は、7月初めの議会選挙でMNRが大勝したことであった。7月5日の選挙直後、在ラパス米大使館の新任のマクローリン（Edward McLaughlin）代理大使の報告では、MNRの勝利は、「政府がMNRに対抗して多くの独立候補を立てられなかった」ことを示しており、「現時点では、MNRに不利になるよう政府が選挙を操作しなかったのは、自信過剰のためであったか、それともむしろMNRの勝利を黙認したためなのか明らかではないが、後者も十分ありうる」と論評していた[37]。興味深いことに、マクローリンは、MNRの勝利を必ずしも否定的には捉えていなかった。不承認騒動を通じて国務省によって広く喧伝されたMNR観にもかかわらず、マクローリンは、選挙の勝利によって「人気の高さ」を示したMNRは新政権への参加が予想されるが、そうした選挙の洗礼を受けた新政権は、「強力で自信に満ちたものとなり、ペニャランダ政権やこれまでのビジャロエル政権よりずっと一体

---

35) Tel 1165 from Woodward to Hull, June 2, 1944, *ibid.*, p. 462.

36) Tel 1695 from Hull to Caffery, June 2, 1944, *ibid.*, p. 463.

37) Tel 1327 from McLaughlin to Hull, July 5, 1944, *ibid.*, p. 471.

性があり、まとまりのあるものとなろう」と一定の期待さえにじませている[38]。さらにマクローリンは、MNR 自体が米国との協力に積極的であるとも認識しており、「よく知られた反米主義者」が MNR の政策を左右する可能性も完全には否定しなかったが、米国は、「もし軍の一部が選挙を操作し、自らの候補をあらゆる選挙区に立てていた」ならば、「余りに多様で対立しあう派閥」や「素養もない日和見主義の政治家グループ」からなる政権ができていたかもしれず、それよりは「MNR による強力な支持と人民の意志に支えられた政権」のほうが、「[対米]協力を得られる可能性が高い」と、国務省に書き送ったのである[39]。しかし、こうした見解は、ワシントンでは広く共有されることはなかった。1944 年 7 月に MNR が再びビジャロエル政権に参加した際、米国は再び圧力を加えることはなかったが、国務省は、MNR が急進的・反米的・非民主的勢力であるという認識を 1952 年まで根本的に変えることはなかった。

3. 米国の不承認政策の評価

ビジャロエル政権承認問題をめぐる米国の政策は、いくつかの点でいびつなものであった。まず第一に米国の MNR 理解は当初から歪んでいた。MNR へのナチス影響に関する国務省の認識は誇張されており、MNR がナチスのボリビアにおける手先という非難に至っては、ボリビア寡頭支配勢力の非難の受け売りであって、明確な証拠を欠いたものであった[40]。確かに MNR の多くの有力な指導者、特に『ラ・カジェ』に関係したセスペデス、モンテネグロ、クアドロス゠キローガらが反ユダヤ主義的意見を表明していたのは事実であり、当時、反ユダヤ主義と親ナチとは密接な関係があると考えられていた。またナチス・ドイツが資金や武器の提供によってボリビア政治に影響を与えようとしていたこと、そしてボリビアのジャーナリズム全般においてナチスの影響が広く見られたことも知られていた。特に『ラ・カジェ』は、国際問題に関してはドイツの情報源に大きく依存し、恐らく財政的にも同国からの資金に依存してい

---

38) McLaughlin to Hull, July 5, 1944, *ibid.*, pp. 471-72.
39) *Ibid.*
40) Blasier, "The United States, Germany," pp. 47-51.

たと考えられている[41]。

しかし、既に指摘したように、MNR の反ユダヤ主義は、ナチスのイデオロギーへの共感というより、むしろユダヤ人移民の大規模な流入がボリビア社会に与える社会的・経済的影響を懸念してのことであり、同党の政治的な計算に基づくものであった。MNR に対するドイツの援助と影響に関して、ブレイシアーは、「ヨーロッパの紛争からのラパスの心理的・地理的距離や MNR 革命家らの必要性からすれば、支援を断るのは困難であったろう」と述べ、「MNR と機関紙『ラ・カジェ』がナチス・ドイツから資金援助を受けていた可能性は強い」が、決定的に重要なのは、「援助の有無ではなく、米国やボリビア寡頭支配層が主張したように、同党がナチスによってコントロールされ、南米におけるその手先として活動していたか否かである」としている。実際、ナチスの影響力に関して、米大使館もビジャロエル政権承認直前に、「MNR とナチス党との直接の関係を確認できる決定的証拠は『ナチ蜂起事件』の際にすらなかった」として、「同党が完全にボリビア起源のもの以外であるというのは疑わしい」とワシントンに報告していた[42]。1944 年 1 月のハル国務長官の覚書と並んで、MNR に対するナチスの影響に関して米国が最も詳細に断罪したものとしては、1946 年 2 月のいわゆる『アルゼンチン青書』がある。その中で、国務省は、パスを含めた MNR 指導者らとナチス自体や親ナチス派アルゼンチン指導者らとの関係が続いていることを非難した。しかし、同青書で示された「証拠」の殆どはドイツ大使館を「頻繁に訪れている」とか、特定の個人への「訪問」といった類いのものであった。ブレイシアーが結論付けているように、青書は単なる「類推による断罪」を行っており、「確かな裏付けがない以上、1943 年のビジャロエル・クーデタは、MNR・ナチスの共謀によるものとの青書の主張は許容されるべきではない」といえよう[43]。

また MNR 指導者らの反米的・親独的発言に関しても、ナチス・ドイツへの

---

41) ナトソンによれば、『ラ・カジェ』の反ユダヤ主義的コラムは、クアドロス＝キローガが書いていたが、反ユダヤ主義的表現は、『エル・ディアリオ』といった主流派の新聞や『エル・ウニベルサル』といった独立派の新聞も含め当時のボリビアで広範に見られたという。Knudson, *Bolivia*, pp. 104, 118, 130.

42) Blasier, "The United States, Germany," p. 49.

43) *Ibid.*, pp. 47-48.

第 2 章　1943 年ビジャロエル = MNR 革命と米国の対応　83

共感というより、米英の「帝国主義」による搾取の歴史に対する彼らの認識を示すものであった。既に触れたように、1930 年代から 40 年代初頭にかけて、国家社会主義やファシズムは、南米の多くの政治指導者や知識人にとって、破綻した伝統的自由主義に代わる体制原理としての魅力を持っていた。さらに MNR の政治経済思想の核となる考えは、外国イデオロギーへの追従ではなく、自国の資源の開発に基づく独立と自立であった。『ニューヨーク・ヘラルド・トリビュン』紙が 1944 年に「ボリビア政府のナンバーワンのナチス主義者」と呼んだセスペデスでさえ、1943 年に連合側と枢軸側との死闘が世界中で繰り広げられる中で、両者を非難せずにはおられなかった。セスペデスは、ボリビアの政治指導者らが「一方は『民主主義』の名で、他方は『新秩序』の名で、開発途上地域の原材料と人民の奴隷化のために戦っている外国の帝国主義のスローガン」をオウム返しに唱え、「自国の必要性に気付かず、自らの問題点を指摘することを拒否」していると批判した[44]。自国の自立と発展を目指す第三世界の民族主義的革命指導者にとって、西洋の民主主義国の掲げる自由主義と枢軸側のナチ・ファシズムは、ともに数世紀にわたってボリビアの天然資源と人的資源を支配してきた植民地主義や帝国主義による支配の新たな形態にすぎなかったのである。

　連合側と枢軸側の闘争に対するこうした醒めた見方もあり、1930 年代から 40 年代の過酷な国際政治における大国の動きに関する MNR の言説には機会主義的要素が強くあった。実際、『ラ・カジェ』が「帝国主義的」な米英を非難し、「新興ドイツ」の擁護を続けたのは、1943 年のスターリングラードの戦いでのドイツ敗北までであった。こうした党指導部の態度は無論非難すべきものではなく、彼らは貧しい小国の革命指導者として、生存のための必死の戦いを続けていたのである。しかし、米国が安全保障上の危機に直面し、裏庭である米州での異論を許さないとの強い意志の前に、こうした戦術は MNR の足を大きくすくったのである。

　ビジャロエル政権に対する米国の不承認政策に関する第二の問題点は、米政府は、連合国側に対する MNR の積極的協力姿勢を全く理解していなかった点

---

44)　*La Calle*, June 15, 1943. Knudson, *Bolivia*, p. 120 からの引用。

である。既に触れたように、MNR も RADEPA も革命政権が存続するために米国による早期承認が不可欠であることをよく理解し、米国の戦争努力への全面的協力を繰り返し訴えた。そして、ビジャロエル政権は、米国の強力な圧力に直面すると、政権の非ファシスト的性格と反独・親米の姿勢を示すために様々な手段をとった。しかし、MNR がナチ・ファシスト集団との認識は米国側に抜け難く染み付いており、国務省は、政府からの MNR 追放のみが親米と親連合国側の証しと強調し続けた。これに関連して、米側の第三の誤りが指摘できる。既に検討したように、ナチス・ドイツやファシスト・イタリアのイデオロギーやその軍事的勝利への楽観的な期待や歓迎は、MNR ではなく、むしろ RADEPA の若手将校の中に広範に見られたのであった。次節で触れるように、ナチスやファシストの行動を真似て MNR が行ったとされるビジャロエル期の政治的暴力の多くは、実際には、RADEPA の将校らによって行われていた。この点を米側は十分理解していなかったのである。

　米国とボリビアの革命的ナショナリズムのこの最初の本格的な出会いは、当時の国際情勢の展開と深く関わっていた。ボリビアの民族主義と革命的機運の高まり、そしてそれらを象徴するスタンダード石油資産国有化の解決を第二次世界大戦の開始が促した一方、連合側と枢軸側との世界的闘争がビジャロエル＝ MNR 政権による革命的挑戦に対する米国の対応を大きく左右した。両陣営の世界的対立は、MNR による最初の革命的変革の試みが米国の敵であるナチ・ファシズム勢力によって操られたものであるとの深刻な誤解を招く要因となった。こうした国際政治の変転は、次章で検討するように、連合国側の最終的勝利とその後の米ソ冷戦によって、今度は左派労働運動への依存を深める MNR に対する共産主義への懸念として現れることになる。いずれにせよ MNR の政府参加への米国の執拗な反対は、錫貴族を中心とする寡頭支配勢力の立場を強め、1946 年のビジャロエル政権崩壊とともに MNR の最初の革命的試みを打ち砕くのを助けたのである。ブレイシアーによれば、MNR は、「ビジャロエル政権における文民勢力の柱であり、内閣において改革を推し進め、過剰な暴力を押し留めようとする勢力」だった。そして、ビジャロエル政権は、当初 MNR が排除されたため、「一貫した社会・経済政策」の実施が妨げられ、それによって期待できる「大衆的支持」を生み出すことができなかったのである。米国

第 2 章　1943 年ビジャロエル = MNR 革命と米国の対応　85

の不承認政策は、「不必要で代償の大きい無意味な政策であり、アメリカの政策に長期的な誤解とゆがみをもたらした」とブレイシアーは結論付けている[45]。

　米政府資料には、承認問題解決後も MNR に対する政策見直しを本格的に行おうとした形跡は、1952 年に至るまで見出せない。一方、マクローリンからの 1944 年 7 月 7 日の公電が示唆するように、国務省内、特に在ラパス大使館員の中には、MNR がボリビア人の広範な民族主義的感情を反映したものであり、ナチ・ファシズムのイデオロギーや親独感情によるものではないと考えていた者もいた。マクローリンの代理大使としての前任者ウッドワードも、MNR の反ユダヤ主義的言動はナチス・ドイツのイデオロギーへの共感からではなく、ユダヤ人移民がもたらす社会的・経済的結果に対する懸念から出ていたことを、ハル国務長官や他の国務省高官に対して繰り返し訴えていたと証言している[46]。こうした少数意見は MNR に対する米政府の立場を変えることはなかった。しかし、次章で見るように、1952 年の革命開始後、MNR に対する国務省内の見方が急速な変化を遂げることに鑑みれば、こうした見方が省内に底流として残り、その変化に貢献した可能性もありえよう。一方、ボリビア革命指導部にとっては、米国の不承認政策は苦い記憶として残ったが、彼らに極めて貴重な教訓を与えることにもなった。それは、ボリビア寡頭支配勢力との闘争において米国が果たす役割の決定的重要性であり、革命成功のためには、米国による革命の受容ないしは寡頭支配層との対決において米国を敵に回さないことが絶対条件という教訓であった。MNR は、従来その強烈なナショナリズムを外国支配の象徴たる米国に向けてきたが、革命成功のためには対ロスカ闘争での米国の支持ないし中立の確保が不可欠として、対米協調路線の重要性が MNR 最高指導者の間で強く認識されるに至るのである。この教訓は、1952 年に彼らが 2 度目の革命を試みる際に、パス、シレス、ゲバラらの中道派の中心的指導者だけでなく、左派の指導者であるレチン（Juan Lechin）にさえ共有されることになり、トルーマン政権、そして次のアイゼンハワー政権に対して実践され、米国の緊急援助決定に大きく貢献することになるのである。

---

　45)　Blasier, "The United States, Germany," p. 53; Blasier, *The Hovering Giant*, pp. 49-50.
　46)　1989 年 10 月 10 日ワシントン特別区でのウッドワードとのインタビュー。

4. 1944年グアテマラ革命とボリビア革命勢力

　ビジャロエル政権に対する米国の外交的承認をめぐる問題に関しては、同時期のグアテマラ革命との間に興味深い対比が見られる。グアテマラでは、ボリビアの後を追う形で1944年10月に長期にわたるウビコ（Jorge Úbico）の独裁政権が倒された。米国は、軍部のクーデタによって成立したグアテマラ新政権の承認をめぐって他の米州諸国との協議を開始する。米政府が、グアテマラ承認問題でボリビア政府に協議を持ちかけると、新たに外相に就任していたアンドラーデは、「国内的［要因による］政権交代」に関する外交的協議への参加は、ボリビア政府にとって「論理的一貫性もなく、道義面からもできない」として参加を断った。アンドラーデには、明らかに自国が受けた不承認の生々しい記憶が念頭にあった。彼は以下のように述べている。

　　ラテンアメリカの革命において外部からの影響の決定的証拠がなければ、かかる革命は、純粋に国内的起源を持つと想定すべきであり、その場合に協議を行うことは、当該米州共和国に対する不当な干渉と見なすべきであり……米州共和国の国内に起源を持つ革命に関して、そのイデオロギーや統治の目的を他の米州共和国が詮索することは不適切であり、正当ではない……[47]

　アンドラーデは、「政権の変更が起こっている国の国民のほうが、他の米州共和国より、こうした問題を判断し、政権の承認を判断するのによい立場にある」と結論付けた[48]。こうしたコメントは、「純粋に国内的な起源を持つ」自らの革命政権に対して米国が行った不干渉原則への「違反」に対する抗議の意味が見え隠れしていた。実際、ローズヴェルト政権の善隣外交の下で確立された不干渉政策は、米州外の勢力の関与がなければ、米国や他のいかなる国も米州諸国の内政問題に干渉できないという原則からなっていたのである[49]。ただし、

---

47)　McLaughlin to DS, October 27, 1944, *FRUS, 1944*, VII, pp. 146-47.
48)　*Ibid.*

ボリビアの革命指導者らは、感情的な反発に任せて、米国の政策に直接反対するといった無謀な政策をとることはなかった。アンドラーデ外相は、米州諸国間の協議に参加はしないものの、グアテマラに関して合意された政策に反する政策をとる意思はない旨伝えている。またアンドラーデは、ウビコ独裁政権下のグアテマラは、ボリビア臨時革命政権の実は最も辛らつな批判者であったが、ボリビアは、「この仕打ちに寛大さで」応え、意趣返しをすると思われたくもないとも述べ、協議への不参加を説明した[50]。

二つのラテンアメリカの革命間のこうした皮肉な関係は、両革命への米国の「介入」をめぐって 1952 年と 54 年に再び表面化することになる。ボリビア革命指導者らは、1952 年には米国による外交的不承認や米州諸国による協議という事態を避けることになるが、この要因の一つは、彼らが最初の革命の失敗から学んで米国との二国間関係に最大限の注意を払ったことがあった。一方、1954 年には、グアテマラ革命政権への共産主義者の浸透に米国が強い懸念を抱いたことによって、米州諸国間の協議問題が再び焦点となる。この時は、共産主義への米国の強い懸念と米国の経済支援への依存が強まる中で、ボリビア革命政権は 1944 年のように中立的な立場を保つ余裕はなく、後に触れるように、ゲバラ外相は、米州会議の場でグアテマラを標的とした反共決議に賛成票を投ずるという苦渋の選択を余儀なくされる。次に米国の外交的承認後のビジャロエル政権の政策を概観するが、MNR は、米国の政策の影響や政権自体の限界によって改革目標を殆ど達成することができないのである。

5. ビジャロエル政権の承認とその後

ビジャロエル政権は、米国による承認によって対外関係の正常化を実現したものの、最初の 1 年間は MNR の政権への不参加もあって、改革プログラムの多くを実行できなかった。1944 年 3 月末のすべての MNR 閣僚の閣外追放から翌年初めに MNR 閣僚が復帰するまでの間、軍人を主体とするビジャロエル政権は、社会経済改革に対する基本的無関心を露呈した。さらに政権の担い手で

---

49) Wood, *The Making*, pp. 136-38.
50) McLaughlin to DS, October 27, 1944.

ある若手軍人らは、国民的支持への不安や寡頭支配層による反革命への恐れから、暴力による支配に傾斜した[51]。政府による最初の重大な政治的暴力事件は1944年4月に起きている。軍事政権は、反対派が政権転覆をたくらんでいるとして、共和党を中心に主要な政治家を逮捕し、獄中で殴打を繰り返した。政府によるこうした露骨な暴力の行使は、それまではボリビアにおいても稀であった。さらに政府は、錫貴族の1人であるホッホチルド（Mauricio Hochschild）を逮捕した。彼は釈放後には誘拐され、家族が高額の身代金を払って解放されたとされるが、この誘拐劇は政府の治安警察が行ったことが確実視されている[52]。

政府による暴力の深刻な事例で、国際的注目を集めたのは、1944年7月に起こったPIR指導者アルセに対する暗殺未遂事件である。7月2日の議会選挙はMNRの勝利に終わったが、PIRもアルセを含む多くの当選者を出した。ビジャロエル政権首脳は、共産主義者であるアルセの議員資格獲得を阻止すべく様々な試みを行ったが、それらがことごとく失敗すると、警察当局に対してアルセの殺害を命じた。アルセは、大戦中の米英ソの「大同盟」の下で既に国際的に著名な人物となっており、米国や他の連合国においては、ビジャロエル政権下のボリビアで「明確に民主的で連合国を支持する勢力」の1人と見られていた。この事件は、国際社会だけでなく、ボリビア国民にも大きなショックを与えた。ボリビアの慢性的政情不安と政治的暴力事件の多発にもかかわらず、20世紀において政府が暗殺を政治的武器として使ったことはなかったためである[53]。ビジャロエル政権を当初から擁護してきたアンドラーデによれば、旧寡頭支配層が「噂や中傷、脅迫」の活動を激化させ、状況が緊迫化する中で、「若くよい志を持ちながら政治的に未熟な」将校たちがそうした脅威に対して「過剰に反応した」のであった。米国の不承認政策によって醸し出された「孤立感」も重なって、特に治安担当の将校らが、クーデタの試みや反政府運動全

---

51) Klein, *Parties*, p. 374. 1943年2月、MNRがまだ政府に留まっていた時、恣意的な解雇や強制的な配置換えに関する労働指導者の権利と保護に関する政令を発したが、これは、「革命的変化とまではいえないものの、MNRの改革への真剣さを一般民衆の多くに確信させた」とされる。MNRが政権を離れた1944年4月から12月までの間も、政府は、民衆の生活改善のための幾つかの社会立法を成立させた。*Ibid.*

52) *Ibid.*; Andrade, *My Missions*, p. 22; Alberto Ostria Gutiérrez, *The Tragedy of Bolivia: A People Crucified* (New York: Devin-Adair, 1958), pp. 31-39.

53) Klein, *Parties*, p. 374.

般の抑圧や「処罰」のために、政府首脳とは独自の行動をとるに至ったというのである。アンドラーデによれば、これは「悲劇的な反応」であり、「ビジャロエルの先駆的な政権にとって明かに終わりの始まり」を意味していたのであった[54]。

　1944年8月に召集された新議会は、ファシズムと政府の暴力に関するMNRとPIRとの論争の場となった。政府からのMNR追放と将校らによる暴力の多用にもかかわらず、RADEPAとMNRの相互依存関係は継続しており、クラインによれば、MNRは、「政府によるすべての行為に対する従順な弁護者」となり、PIRとの対立を必然化させた。MNRとPIRは、議会外でも労働運動をめぐって直接対決するようになり、マロイの言葉を借りれば、MNRとPIRは、ビジャロエル期を通して「熾烈なしばしば流血を伴った闘争」を続け、宿敵となるのである[55]。MNRが政府の力を借りて組織を拡大した一方、PIRは、ビジャロエル政権打倒のため、寡頭支配を支えた伝統的諸政党と「奇妙な同盟」関係を築くに至る。一方のMNRは労働運動に対しても働きかけを強め、その最大の成果として1944年6月にMNRの呼びかけの下に鉱山労働者の初めての全国大会招集に成功したのである。PIRの影響下にある全国的労働組織「ボリビア労働組合連盟（Confederación Sindical de Trabajadores de Bolivia: CSTB）」は、MNRに対するファシズム批判を続けたが、鉱山労働者らは、鉱山労働者の初の全国的組織「ボリビア鉱山労働組合連合（Federación Sindical de Trabajadores Mineros de Bolivia: FSTMB）」を結成し、初代の代表としてレチンを選出した。FSTMBは、レチンの強力なリーダーシップの下で、ボリビアで最も強力で戦闘的な労働組合として君臨することになる。レチン自らもMNRに加入し、FSTMBでの指導的役割を承認されると、労働運動を基盤として党内で自らの立場を拡大していく。レチンは、当初から自分もFSTMBも党の単なる手先ではないことを強調していた[56]。この急進的労働運動との提携関係は、ボリビアの革命的ナショナリズムとMNR自体のその後の発展に大きな影響を与え、1952年革命後の米国の政策にも多大な影響を及ぼすのである。

54）　Andrade, *My Missions*, pp. 17, 22, 45-46.
55）　Klein, *Parties*, pp. 374-75; Malloy, *Bolivia*, p. 125.
56）　*Ibid*.; Klein, *Parties*, pp. 373-76.

そうした中、1944 年 11 月にビジャロエル政権期の最も悪名高い政府による
暴力事件が発生した。同年 11 月 19 日に最初の大規模な政府転覆計画がオルー
ロで発覚すると、現地の軍指導部によるクーデタの試みは直ちに鎮圧されたが、
政府の対応は前例のない厳しいものであった。クーデタへの軍の参加者や野党
政治家の大規模な逮捕は、従来の政府の対応と変わるものではなかったが、そ
の後の展開はかつてないものであった。翌日、治安担当者らは、政府高官の明
白な指示の下に 2 人の現職議員や 2 人の元閣僚を含む保守派政治家を牢から連
れ出して郊外で処刑し、死体を放置したのである[57]。直後にこの処刑事件と収
攬中の保守政治家らに対する厳しい拷問の実態が明らかになると、ボリビアだ
けでなく周辺諸国にも衝撃が走った。旧寡頭支配層だけでなく、中産階層や左
派も野党政治家や反政府派将校に対する政府によるテロに強い反発を見せ、マ
スコミも政府による拷問や暴力事件への反対キャンペーンを開始した。事件は、
国民の間に政府に対する強い反感を生み出し、ビジャロエル政権は国民の支持
を急速に失っていくのである[58]。

　米国の反応は、著しく否定的なものであった。ラパス駐在の米国の新大使サ
ーンストン（Walter Thurnston）は、他の米州諸国大使らとともに裁判なしの処
刑が続くことに対して強く抗議した。外相から転じて着任したばかりのアンド
ラーデ新駐米大使によれば、ワシントンの雰囲気は、「形容し難いほど」ビジ
ャロエル政権への反感に満ちたものであった。「ホッホチルドの誘拐、共産党
の手先ホセ・アントニオ・アルセへの殺害未遂、11 月 20 日の襲撃事件……は、
新政権に対する暗黒伝説を作り出した」のである。アメリカ人の中には、ボリ
ビア政府を「殺人を犯し、財産を没収し、［錫］会社の生産設備の解体を目指す
冒険主義者の集団」と見なす者や、「戦争努力の妨害のためアルゼンチンの指
示を受けている」と考える者もあったとされる[59]。ここでアンドラーデが語っ
ている米国の状況は、承認問題解決後のことであり、ビジャロエル政権に対す
る米国側の懸念の強さや根強さを示していた[60]。

57）　*Ibid.*

58）　*Ibid.*, pp. 376–77; Ostría Gutiérrez, *The Tragedy of Bolivia*, pp. 40–57. アンドラーデによれ
ば、治安機構を握る将校らは、「非常に思い上がり、内閣への政治的責任を無視して行動する
ようになった。彼らは、対外的考慮やボリビアの対外関係への依存について無知だった」ので
ある。Andrade, *My Missions*, p. 46.

第2章　1943年ビジャロエル＝MNR革命と米国の対応　91

　ビジャロエル政権は、11月20日の殺害事件への広範な国民的非難に直面すると、MNRを再び政府に参加させることによって、国民的支持基盤の再構築を目指さざるをえなかった。政権への参加を強く望んでいたMNRはこの申し出に直ちに応じ、1945年1月にパスと他の2名のMNR指導者が閣僚として政権に復帰した[61]。再び政権に復帰したMNRは、若手将校らの全面的な協力を得られず、必ずしもその改革プログラムの多くを実現することにはならなかったが、ビジャロエル政権自体はMNRの参加によって再び活性化し、改革政権としての体裁も取り戻した。既に触れたように、ビジャロエル政権は、MNRが政権内にあった当初、労働関係を中心に幾つかの社会改革プログラムを導入したが、MNRの閣外追放後は、議会でのMNRの支持を得て、限定的ながらそうした改革の実現を目指していた。しかし、ビジャロエル政権による改革の最大の成果は、MNR復帰後に実現した1945年半ばのインディオ農民に関する立法であった。ビジャロエル政権は、富裕層と中間層からの批判が強まり、労働運動からも都市部のPIR支配下の組合の多くから批判が激化する中で、民主的支持基盤を少しでも確保するため、国民の過半数を占めながら従来政治的には全く無視されてきたインディオ農民層に注目したのである。

　ビジャロエル政権は、まず1945年5月10日にボリビア史上初めてのインディオの全国会議を主催した。そこでは全国各地から招集されたインディオ指導者を前に政府指導者がケチュア語やアイマラ語で、インディオに対する数世紀

59）　Stettinius to Certain Diplomatic Representatives in the American Republics, December 12, 1944, *FRUS, 1944*, VII, pp. 472-73; Andrade, *My Missions*, pp. 57-58. アンドラーデは、11月20日の殺害事件が弁護しようのないものであることを認めているが、事件が「政敵によって恣意的に歪められ」て伝えられ、国際社会がそうした情報を受け入れていることに憤慨を隠せなかった。彼は、ビジャロエル政権と寡頭支配勢力による歴代政権との間で二重基準が使われているとして、「革命政権は公式の表面的な民主的手続きの厳格な基準から少しでも逸脱することが許されない」一方で、「独裁者は強国の市民の利害や利権に手を触れない」限り、「自らの野望のため何百人もの農民や労働者を犠牲にしても」問題とならないと嘆いている。*Ibid.*, pp. 46-47, 57-58.

60）　11月20日の殺害事件へのMNRの関与については、依然として論争が続いている。オストゥリア・グティエレスやアルセらの寡頭支配層とPIRの擁護者は、MNRの直接の関与を非難する一方、MNRの支持者は党の関与を否定し、殺害の責任をRADEPAのみに帰している。Klein, *Parties*, p. 377.

61）　パスは再び財務相として入閣し、スアソ＝クエカ（Julio Zuazo Cueca）とモンロイ＝ブロック（Germán Monroy Block）は、それぞれ農業相と労働相に就任した。*Ibid.*; Malloy, *Bolivia*, p. 122.

にわたる搾取を終わらせる必要性やインディオを市民としてボリビアの政治社会に統合する必要性について語るという前例のない光景が現出したのであった[62]。ビジャロエル政権は、5月15日の全国会議の終了時にインディオの地位に関する二つの重要な政令を公布した。一つは、古くから大所領に属するインディオ農民に重い負担を強いてきた「ポンゲアヘ (pongueage)」と呼ばれる無報酬の労働を廃止するものであり、もう一つは農業に賃金労働の原則を導入するというものであった[63]。この二つの政令は完全には実施されず、またインディオ農民を政府指導下の全国的農民組合連合に組織化するという試みも失敗に終わるが、この一連の政策の重要性は、インディオ全国会議が開催され、インディオに関する重要な政令が発布されたこと自体にある。インディオ会議は、自らの諸言語を話すインディオ多数派とスペイン語を話す国民社会との関係というボリビアにとって最も根本的な問題の一つに関して、初めて全国的な場で国民の注意を喚起したのである。無論、1回の会議ではインディオの地位を実際に改善し、その底流にある封建的農業の諸問題を解決するには程遠かったが、それ以上にこうした限界は、MNRやボリビアの他の改革グループの中で、インディオ問題に対する改革構想が非常に限られたものであったことも反映していた。

　第一にこの問題に関して最も重要な要素である農地改革の問題が全く触れられていなかった。マロイによれば、「会議は、農村部での財産関係を問題にするのではなく、労働関係に問題を限定した」のであった。農業問題は、基本的には「停滞した封建的労働関係を克服して、近代的な契約労働を導入する必要性という観点」から労働問題として扱われたのである[64]。またボリビア社会でのインディオの地位に関しても、彼らは白人主流派からは依然として劣性人種と見られていた。マロイによれば、彼らは、「支配的文化が持つ価値観にそって文明化されるべき遅れた人種」と見なされ、この問題は、基本的には「教育の問題」と捉えられていたのである。実際、1945年に制定された新憲法では、

---

62)　同会議に関して、日本語の文献としては以下を参照。大島正裕「ボリビアにおける先住民農民の統合過程：ビリャロエル政権（1943-46年）と先住民全国会議を中心に」『イベロアメリカ研究』45（2001年）、pp. 95-112。

63)　Malloy, *Bolivia*, p. 123; Klein, *Parties*, p. 379.

64)　Malloy, *Bolivia*, pp. 122-24.

第2章　1943年ビジャロエル＝MNR革命と米国の対応　　**93**

労働者の権利については1938年の「ブッシュ憲法」の進歩的条項が復活して
いたが、市民権に関してはスペイン語の読み書き能力に基づくものと限定的に
定義されていた[65]。第3章以降で詳しく検討するように、MNRの中心的指導
者らは、1952年4月の革命開始の時点でも、インディオの地位と農地改革の問
題に関してこうした限定的理解を持ち続けるのである。1952年以降、消極的な
MNR政府にインディオ・農業問題の全面的な見直しを迫り、1953年の本格的
農地改革へと突き動かすのは、革命的状況の中で政治的に目覚め、農地占拠等
の直接行動へと突き進んだインディオ大衆の強力な政治的圧力のためであった。

　またビジャロエル政権による改革には、インフレ沈静化を目指した緊縮財政
と保守的な金融政策による制約もあった。革命政権としては奇異にも思えるそ
うしたオーソドックスな財政政策を政権成立当初から強力に指導したのは、パ
ス財務相であった。そもそもビジャロエル政権は、世界恐慌の開始とチャコ戦
争の「敗北」によって14年間にわたって蓄積されてきた社会的緊張を緩和す
るための積極的財政政策を求める強い圧力の下にあった。ジェームズ・ウィル
キーによれば、RADEPA＝MNR政権は、パスの優れた財政的手腕の下で、財
政全体は削減する一方で、財政支出の重点を「経済的」支出から「社会的」支
出へと大幅にシフトすることによって、社会問題とインフレ問題の双方の解決
を図ろうとしたのである[66]。ビジャロエル政権は、インフレの沈静化に成功す
るとともに、MNRの復権後の1945年4月以降には経済分野での改革プログラ
ムも慎重に進めた[67]。しかし、クラインによれば、パスの財政政策は、「戦時の

---

65)　PORと他の急進左翼グループの中には、インディオの完全な解放と農地改革を1930年代か
　　ら主張するものがあった。*Ibid.*, pp. 122-23.

66)　Wilkie, *The Bolivian Revolution*, p. xiv, 3; Malloy, *Bolivia*, p. 122.　ウィルキーによれば、ペ
　　ニャランダ政権期、「社会的」支出（教育、労働対策、公衆衛生、住宅、社会保障、農民対策
　　等）は、総予算の19.7％を占めていた一方で、「経済的」支出（中央政府の予算のうち、公共事
　　業や農地開発等を含む経済的活動のためのもの）は、20.8％を占めていた。ビジャロエル政権
　　期には、前者は24.8％に増加する一方、後者の予算に占める割合は17.5％に低下した。James
　　Wilkie, "Public Expenditure Since 1952," in Malloy and Thorn, eds., *Beyond the Revolution*,
　　p. 219.

67)　ボリビアは、1935年以来、強いインフレ圧力の下にあった。しかし、トロ＝ブッシュ政権期
　　に年50％を超えたインフレは、ペニャランダ期には23％へと低下し、パスの手腕の下でビジ
　　ャロエル政権期には7％へと沈静化した。Klein, *Parties*, p. 347.　ビジャロエル政権による経済
　　改革の中には、企業に対して外貨収入の60％の政府への売却を義務付ける政令や錫産業への
　　課税を増やすものがあり、錫貴族の反発を招いていた。*Ibid.*, pp. 377-78; Malloy, *Bolivia*, p. 122.

繁栄による政府収入の増加」からすれば、極度に慎重すぎるものであった。価格コントロールと金融安定化政策は、「MNR の中間階層支持者らの強い支持を受けた」ものの、パスの取った「極度にオーソドックスな」財政・金融政策は、「革命期の大きな可能性を実現するために政府が強く必要としていた基本的改革プログラムや公共事業の実現を妨げてしまった」とされるのである[68]。さらに重要なことに、社会的支出へのシフトは、ペニャランダ期に米国の援助で開始された経済開発プログラムを犠牲にして行われた。MNR 革命指導部は、パスによって導入された社会的支出への傾斜を 1952 年後も基本的に継続することになる。これは、1952 年革命の主要な目標の一つが経済発展であったことからすれば、皮肉な展開ともいえる[69]。

　ビジャロエル政権は、こうしたインディオ農民や鉱山労働者等のボリビア社会の底辺に位置し、政治的に周辺化されてきた人々の状況を改善しようと努めたが、右の旧寡頭支配層の保守派政治家と左のスターリン主義政党 PIR を中心とした政敵に対する過酷な弾圧によって、その命運は尽きることになる。1944 年 11 月の殺害事件以後、反政府陰謀が繰り返される中で、RADEPA は統治母体としての一体性を急速に失い始め、軍は分裂傾向を強め、国民の抗議行動への効果的対応が困難となっていく。一方、MNR も反政府抗議行動に対する党員らの暴力的な対応によって、PIR だけでなく、CSTB 傘下の都市部の労働組合や学生等との対立を深めていった。MNR 内の強硬派は、教員による度重なるストライキへの強権的な対応とともに、大学や教授陣に対する攻撃も企てるようになる[70]。

---

68)　Klein, *Parties*, pp. 377-78.

69)　ウィルキーによれば、こうした財政政策は、1952 年にパスが権力の座に着くのを後押しするとともに、1964 年には権力の座から追われることに貢献することになる。実際、1952 年以降は、米国の援助が MNR の社会革命を実質的に支える役割を果たすことになるので、革命政権への国民の支持確保のためにより高いレベルでの社会的支出の継続が可能となる。Wilkie, *The Bolivian Revolution*, p. 3; Wilkie, "Public Expenditure," pp. 218-19, 226. しかし、こうした社会的支出による政権への支持確保という政策は、米国の援助に支えられたという点を除いても矛盾に満ちたものであった。即ち、社会的支出は短期的には政治的支持の創出には貢献するものの、長期的には自立的経済発展によって、革命による改革の成果が経済的に支えられる仕組みが必要であった。後者に関する成果の乏しさが、極めて民族主義的な革命政権が米国の援助に頼り続けざるをえないという矛盾を持続させることになる。

70)　Klein, *Bolivia*, pp. 219-20; Klein, *Parties*, pp. 381-82.

第2章　1943年ビジャロエル＝MNR革命と米国の対応　95

　ビジャロエル政権に対する国民的反感は、1945年末には広範な反ファシズム民主連合の形成に至る。1945年12月にまず寡頭支配諸政党とPIRが反ファシズム民主戦線を結成し、翌年初めには、CSTBと大学生の全国連合もこれに参加した。民心は既に残忍なファシスト政権と見なすビジャロエル政権から完全に離れていた。そうした中で、1946年6月から7月にかけて続いた教員ストライキと大学生による反政府行動の高まりを背景に、反政府陣営は、7月半ばには大衆的な抗議行動を民衆反乱へと変えることに成功した。ビジャロエル＝MNR政権は、7月21日には首都ラパスでの自然発生的な民衆反乱によって倒れ、群集に捕らえられたビジャロエルは、大統領宮殿の照明灯で縛り首にされ、命を落としたのであった[71]。こうした事態の展開に対して、ラパスに着任したばかりのフラック（Joseph Flack）新大使は、興奮を隠し切れずに以下のようにワシントンに報告した。

　　ボリビアでまさに民衆革命と呼ぶべきものが起こった。現在見られるあらゆる兆候から、これはボリビア史において最初の民主的な政府の樹立となるかもしれない。米国との関係も直ちに改善されることが予想される[72]。

　しかし、フラックの楽観論はやや勇み足であった。確かにこれは、軍のいかなる関与もない自然発生的な民衆反乱であったことは明らかだった。しかし、反ビジャロエル政府勢力の民主的性格は長続きせず、新政府は、PIRの同意の下に直ちに寡頭支配層にコントロールされていった。実際、その後の展開は、1952年までのセクセーニオの期間を通じて、MNRの驚異的な復活をもたらすことになる。また民衆蜂起後の米・ボリビア関係もフラックが予想したほど順調なものではなかった。両国は、第二次世界大戦後の国際錫価格の急落の中で、「錫戦争」とも呼ばれるボリビア錫の買入価格をめぐる論争によって著しくギクシャクしたものとなる。

　一方、ビジャロエル政権での若手将校らとの共同統治で苦渋をなめたMNRは、セクセーニオの期間を通じて改めて労働運動、特に鉱山労働組合との提携

71）　*Ibid.*, p. 373; Céspedes, *El presidente colgado*, pp. 289-99.
72）　Tel 686 from Flack to Byrnes, July 22, 1946, *FRUS, 1946*, XI, p. 359.

強化に向かった。FSTMB は、ロラらのトロツキストの指導下、ボリビアの社会経済と政治構造の根本的変革を求める急進的改革プログラムを主唱していた。クラインによれば、抽象的な反帝国主義スローガンを掲げた MNR のナショナリズムを、具体的でダイナミックな改革プログラムへと変えるのは、党内の急進労働組合勢力による強力な支持と一貫した要求であった。MNR から軍関係者やファシズム支持者らが次々と去る中で、党内で少数派であった労働勢力は、次第に影響力を強め、重要性を増していくのである。このことは、米国にとっては、1952 年革命勃発後、ナチ・ファシズムに代わって、MNR に対する「共産主義」の影響を懸念する要因となっていく[73]。以下、セクセーニオの期間におけるボリビアの革命的状況の進展と MNR の革命的ナショナリズムの成熟の過程について検討する。

6. 「セクセーニオ」と寡頭支配体制の「復活」

ビジャロエル政権崩壊直後、反ファシスト戦線の文民指導者らは、自由党、共和党、PIR の代表を中心とする臨時政権を樹立した。新政権は MNR を非合法化して同党を徹底的に弾圧するとともに、RADEPA の主要メンバーを軍から追放して解体し、あわせて軍部内から改革派を一掃した。パス、シレス、ゲバラを含め MNR の主要メンバーの多くは、アルゼンチンを中心に海外に逃れ、それ以外の多くの MNR 指導者は国内に潜伏した。寡頭支配層は再び政府と軍を完全に掌握したが、一旦、共通の敵を失うと、伝統的諸政党は、再び激しい内部対立を繰り返すことになる[74]。1947 年 1 月 3 日に行われた大統領選挙では、自由党と共和党の古くからの政治的対立が顕在化し、激しい選挙戦の結果、自由党と PIR の連合候補を破って、共和党の諸派を統合した「社会共和主義統一党（PURS）」の大統領候補、エルソーグ（Enrique Herzog）が当選し、大統領に就任した。伝統的諸政党の政治家らは、1930 年代末に軍事社会主義政権が登場する以前の、2 大政党が選挙で激しく競い合う自由主義政治を復活させたが、この限られた特権的サークルの外側では、従来とは異なり、それまで政治的に

---

73) Klein, *Parties*, p. 376.
74) *Ibid.*, pp. 382-83.

疎外されてきた多くの国民が高度に政治化していた。寡頭支配層は、インディオ農民も含め、そうした大衆を政治プロセスに統合していく意欲と手段に欠け、政治状況は不安定化を強めていった。マロイによれば、ボリビアはセクセーニオの間に「革命的状況の決定的な成熟」を迎えたのであり、急進化する労働運動と急速に復活するMNRに導かれた反政府勢力は、政治的決着をつける手段として暴力に訴えるようになり、政府と反政府勢力との暴力の応酬がエスカレートしていくのである[75]。

　エルソーグ新大統領は、こうした厳しい政治的対立と経済危機に苦闘する国の統治に当たった。経済的には、世界恐慌とチャコ戦争後のボリビアを苦しめたインフレと失業と物不足の三重苦が、第二次世界大戦終了とともに一層の激しさでボリビアを襲った。大戦後、錫価格が急落しただけでなく、錫の需要も大きく減少し、政府財政を支えた錫収入は大幅に減少した。エルソーグ政権は財政難に陥ったが、高まる社会的圧力を和らげるために社会的支出は削減できず、対外的借り入れと紙幣の増刷に頼った。インフレは再びペースを速め、悪化を続ける。戦時中の輸出ブームによって蓄えられたわずかな外貨準備は急速に消えていった。企業は、戦時ブームの中で膨らんだ労働力の縮小で生産コスト削減を図り、大量の失業者を生み出した[76]。エルソーグ政権は政治的にも一貫した政策がとれなかった。政府は、様々な階層の要求に応えようと、改革のジェスチャーと中途半端な弾圧の間で揺れ続け、結局、寡頭支配層も含め、すべての階層の支持を失ったのである。PURS政権は、自由党勢力と異なって改革への抵抗感は少なく、支配階級が変化に適応できれば、革命は不要になると考えて統治に臨んだ。政府は、ビジャロエル政権時の労働改革プログラムの多くを維持し、労働者の支持獲得のためPIRに政権参加を求めた[77]。PIRはこの申し出を受け入れて労働相のポストを得たほか、鉱山地区で地域的統治機構にも参加した。しかし、寡頭支配政権との協力関係は、PIRにとって致命的な政

---

75)　Malloy, *Bolivia*, pp. 127-29.

76)　*Ibid.*, pp. 131, 154-55. 中央政府の予算に占める社会的支出の割合は、ビジャロエル政権期の24.8％からエルソーグ政権期には28.7％へと増加した。Wilkie, "Public Expenditure Since 1952," p. 219. Wilkie, *The Bolivian Revolution*, p. 55 も参照。

77)　政府は、ポンゲアヘを廃止したビジャロエル政権の農業改革令に関しては、地主層からの強い圧力を受けて撤回した。これは、既に組織化が進み、政治的影響力を増していた労働運動といまだその途上にあった農民運動との違いを反映していたと言えよう。

治的打撃を与えることになる[78]。

　エルソーグ政権は、労働運動が急進化し、寡頭支配層内の支持層からの突き上げを受ける中で改革的ポーズは困難となると、MNR が労働者を扇動していると非難して、弾圧を強めていった。一方、スターリン派の PIR は、政府の支持の下に、MNR やトロツキスト派の POR の影響下にある FSTMB 等の「正統性を欠く」労働組合に対する圧迫を強めた。しかし、PIR は、鉱山労組に影響力を浸透できなかっただけでなく、PIR 選出の労働相が、地方で反政府行動を続ける鉱山労働者に対して警備当局による発砲を命じ、都市部でも労働者の反政府行動に対する弾圧を認めるという困難で皮肉な立場に立たされた。このように寡頭支配層によって PIR が労働運動の懐柔と弾圧に利用される中で、政府の労働者への弾圧は続き、両者の関係は、まもなく恒常的な戦闘状態へとなっていった。この過程で、PIR に対する労働者の支持は急速に失われ、かつて左翼政党として最も勢力を誇った同党の名声は 1949 年までには地に落ちてしまうのである。1950 年に PIR は分裂し、新たに結成されたボリビア共産党（Partido Comunista de Bolivia: PCB）が、小さいながらボリビアにおけるソ連の国際共産主義運動の指導下にあるスターリニスト政党として勢力を次第に拡大していくのである[79]。

7.　MNR の 1949 年蜂起の失敗と 1951 年大統領選挙の勝利

　ボリビアの政治・経済・社会的混乱が深まる中でエルソーグ大統領は辞任し、1949 年 5 月 7 日に副大統領のウリオラゴイティア（Mamerto Urriolagoitia）が政権を引き継いだ。しかし、その 3 カ月後の 8 月 26 日には MNR 主導の下に全国規模の反政府蜂起が起こり、反政府勢力の殆どが反乱に加わった。国内は内乱状態に陥り、戦闘は数週間続いた。反乱には武装した鉱山労働者らが全面的に参加し、反乱軍は殆どすべての州都を占拠したが、ラパスでは政府側に事前に情報が漏れたこともあり、政府軍は反乱の鎮圧に成功した。このラパス占拠の失敗もあって、反乱軍は、政府への忠誠を守った軍によって 9 月末までには

---

78)　Malloy, *Bolivia*, pp. 129-31.
79)　*Ibid.*, pp. 130-32, 149.

各地で次々と鎮圧されていった。しかし、この 1949 年蜂起は、政府への国民的反対の強さと、反乱を指導した MNR の復活を大きく印象付けたのであった。MNR は、ビジャロエル期の厳しい政治的弾圧への民衆的反発とファシスト政党のレッテルのため、1946 年 7 月には政治的命脈が絶たれたかに見えたが、ブエノスアイレスに残ったパスらの少数の最高指導者を除いて、多くの MNR 指導者らは帰国して政治活動を再開し、国内に残った中堅指導者らとともに公の場での政府批判だけでなく、盛んに反政府陰謀をめぐらしていたのである。MNR のこうした劇的復活には以下の理由があった[80]。

　まずボリビアにおける経済危機と政治的不安定の継続が、MNR による反政府大衆動員や反政府陰謀を容易にした。また MNR は PURS 政権の失政によっても助けられた。エルソーグ政権は、改革者としてのポーズと反対派の弾圧の間で揺れ続けただけでなく、労働者のあらゆる不穏な動きや労働者の抗議行動を MNR の陰謀に結び付けるという戦術上の誤りを犯し、MNR が労働者の味方であるとの印象を作り出すのに貢献したのである[81]。また MNR の強烈なナショナリズムも党にとっての貴重な財産となった。MNR はエリート主義的、陰謀主義的、暴力主義的、さらには親ファシスト的な様々な形のナショナリズムを内に抱えてきたが、民族主義と改革主義の基本を見失うことはなかった。党の最高指導者の多くは、ボリビアの独立と発展という根本的目的達成のために必要とあれば、労働者からの不可欠な支持を確保するために、自らの民族主義と改革主義をマルクス主義的思想や方法に適応させることもできたのである。

　しかし、MNR の復活にとって特に重要だったのは、セクセーニオの間に党の性格が重要な変化を遂げたことであった。これには党指導部が民族主義的改革実現のために戦略を大転換させたことが重要な意味を持っていた。MNR 指導部は、若手将校との共謀による改革実現という試みが惨憺たる失敗に終わったことによって、革命成功のためには十分な大衆的基盤を確保し、ボリビアの政治・社会の権力構造のより根本的な変革のためのプログラムを持つ必要性を痛感したのである。MNR の民族主義的改革者らは、軍事社会主義政権とビジャロエル政権の双方において、改革を志向する強力な軍事的指導者とともに政

---

80)　*Ibid.,* pp. 128, 133.
81)　*Ibid.,* pp. 131-32.

権の中枢に入ったが、軍事指導者の失脚とともに二度とも政権を追われたのであった。またパスや他の党指導者らは、ボリビアの鉱山と土地を支配するロスカの権力の徹底的破壊なしには、寡頭支配層はそうした権力を使って再び革命政権を倒し、改革プログラムを無効にしてしまうことも痛感したのである。これは、改革の実現のためには米国との対立を避けることの絶対的重要性という教訓とともに、MNR 指導部が学んだもう一つの教訓であった。MNR は、セクセーニオの間、労働運動の支持を積極的に求め、その獲得に成功する。マロイによれば、こうしたプロセスを通じて、MNR は、上からの改革を目指した少数のエリート集団から下からの革命を目指すエリート主導の大衆運動へと徐々に変わっていったのである[82]。次節で詳説するように、米国務省は、この時期の MNR の重要な変化について殆ど注目せず、ビジャロエル期の反米・親ナチスのファシズム政党という見方をそのまま持ち続けるのである。

　MNR のこうした変貌の一つの頂点が 1951 年 5 月 14 日の大統領選挙であった。MNR 候補パスは、PCB と POR との選挙協力によって、政府候補の 3 万 9,940 票に対して 5 万 4,049 票を獲得して完勝したのである[83]。興味深いことに選挙戦中、政府側は MNR に対して従来のナチ・ファシストというレッテルに加え、共産主義の非難も行ったが、同党に対する非難は次第に後者が中心となっていく。実際、MNR の選挙綱領には、鉱山国有化、農地改革、普通選挙が含まれていたが、これは、FSTMB がトロツキストの POR の影響下に 1946 年に発表した改革プランである『プラカヨ綱領』を受け継いだものであった[84]。MNR は初めてこれらの革命的改革の実現を公式に約束し、この三つの公約は

---

82) *Ibid.*, pp. 136-37.

83) 同年の選挙では、寡頭支配層は、MNR と共産主義諸政党との提携による脅威を前にしながら、統一候補の擁立に失敗した。PURS の候補が 3 万 9,940 票を獲得したのに対して、極右政党 FSB の候補が 1 万 3,000 票、「錫貴族」の 1 人アラマヨの押した候補が 6,500 票、自由党の候補が 6,400 票であった。さらに PIR の候補であったアルセは、5,100 票を獲得した。*Ibid.*, pp. 152-53; Klein, *Parties*, pp. 399-400.

84) Malloy, *Bolivia*, pp. 146-47, 149. プラカヨ綱領について詳しくは、Klein, *Parties*, pp. 384-85 を参照。同綱領の「マルクス＝レーニン主義的性格」を批判して、MNR 指導者ゲバラは、直後に『アヨパヤ・マニフェスト』を発表し、ボリビアにおいては、プロレタリア革命ではなく、民族主義的革命が必要だと力説した。Walter Guevara Arze, *Bases para replantear la Revolución Nacional con el Manifesto de Ayopaya* (La Paz: Librería Editorial "Juventud", 1988), pp. 5-6, 217-35.

MNR 革命政権による改革の中心となるのである。ただし、パスらの MNR 中心的指導者がこの三つの改革すべてに同程度のコミットしていたわけではないことは、1952 年 4 月の革命政権成立後明らかになる[85]。1952 年革命以降、米政府にとって MNR の内部の権力構造と指導者の立場が大きな関心となり、こうした点の理解が米国の政策を方向付けることになるので、以下、この時期の MNR の党としての性格やその支持基盤の変化のプロセスについて、マロイの議論を参照しながらやや詳しく分析しておこう。

8. MNR の国民的革命政党への変貌

MNR の大衆的基盤の拡大と党の「左傾化」は、1940 年代末以降、急進的労働者が次々と MNR に加入したことによる面が大きかった。PIR が寡頭支配層による労働運動への過酷な弾圧に手を貸したことによって急速に勢力を失うと、ボリビアの労働運動には重要な政治的真空が生じた。POR は、鉱山労働者を中心に一部の労働運動に重要な影響力を持っていたが、PIR の残した空白を埋めるには小さく、地域的にも偏り過ぎていた。実際、POR は、労働運動への接近を進める MNR が自らの政治的影響力を拡大するのに好都合の器となっているとして、PCB とともに「エントリスモ (*entrismo*：浸透)」と呼ばれる戦略を意識的にとった[86]。MNR 指導部が大衆的基盤拡大のため、積極的に労働活動家を自らの内に取り込む一方、労働指導者らは MNR に入党し、内部から党の急進化を図ろうとしたのである。MNR が労働運動にとって「国民規模の政治的器」となる一方、党は勢力を拡大する急進労働運動に大きく依存するようになったのである。この左翼のエントリスモは、MNR にとって勢力の飛躍的拡大をもたらす一方で、基本的には民族主義的革命を目指していた党の指導部にとって大きなジレンマももたらすことになる[87]。

この時までには、MNR は当初から党の中核をなしていた右派、新たに加入

---

85) 1951 年の選挙には「バンドワゴン効果」も顕著で、左右の多くの反政府指導者が MNR に入党した。Malloy, *Bolivia's MNR*, pp. 24-25.

86) *Ibid.,* pp. 145-46, 161-61.

87) Malloy, *Ibid.,* pp. 146, 161-62; Malloy, *Bolivia's MNR*, p. 25.

した左派、そして「プラグマティック」な中間派（マロイの言葉では「中道実務派（pragmatic center）」）の三つの勢力の連合としての性格が強くなってきた。右派は、党の中堅指導者の多くを占め、都市の中間層や職人、小地主らからなっていた。彼らは変革の必要性は認めていたが、その改革イメージは、マロイによれば、「[1930年代に見られたコーポラティズムのような] 右翼の改革を目指すもの」であり、「明確な目標やプログラムを欠く」ものであった[88]。一方、左派・労働勢力はレチンとFSTMBを中核とし、PORの影響下にあった労働者と学生指導者らからなっていた[89]。中道実務派は、党の創設時からの中心的指導者らからなり、パス、シレス、ゲバラ、セスペデス等、この時期には殆どが国外亡命していた。マロイによれば、この中間派指導者らは、ボリビアの政治経済の深刻な諸問題の解決にあたって、「国民的開発主義（national-developmentalist）」アプローチをとっており、この「民族主義的価値によって再構成されたマルクス主義の知的枠組み」を基礎とするイデオロギーに基づき、発展したボリビア国民国家の創造を目指した。これらのプラグマティスト指導者らは、党外に組織的基盤を持たなかったが、各指導者の強烈な個性とカリスマによって、党を強力に指導するとともに、党内の右派と左派のバランサーとしての役割も果たしたのである[90]。1952年以降、米国務省は、MNR党内のこうした勢力間の微妙なバランスとパスらの中道実務派指導者の政治的立ち位置とジレンマを次第に理解するようになる。

　それに先立つ1940年代末には、MNRに労働左派が大量に入党し、右派と中間派の党指導者らは、レチンの指導的な役割とその支持勢力を無視することが

---

88)　Malloy, *Bolivia*, pp. 158–59.

89)　セクセーニオの初期には、レチンとFSTMBは、多くの指導者が亡命か潜伏していたMNRとの接触が困難となり、FSTMBに加盟する多くの個別鉱山労組に強い影響力を持つPORとの提携を強化した。FSTMBがプラカヨ綱領を1946年に採択したのは、まさにこのPORとの提携の結果ともいえ、PORの強力な指導者ロラの影響が強かった。この過程でレチン指導下のMNR内の左派労働勢力は、マルクス主義の理論とスローガンを吸収していった。*Ibid.,* pp. 160–61.

90)　*Ibid.,* pp. 162–63. 本書の以下の分析では、パス、シレス、ゲバラ等のMNRの中心的指導者を「中道実務派（pragmatic center）」と規定するマロイの用語法に基本的に準拠するが、民族主義的・反帝国主義的自立と発展を目指すという点以外では、イデオロギー的に極めて柔軟なこれら指導者に対しては、これに加えて、文脈によっては「プラグマティック（プラグマティスト）」といった形容や「中間派」ないし「中核的」指導者といった表現も用いる。*Ibid.,* p. 217.

第2章　1943年ビジャロエル=MNR革命と米国の対応　103

困難になる[91]。このプロセスにおいて、プラグマティックな中心的指導者らは、基本的にこうした現実を受け入れ、渋る党内右派に対しても左派への適応を求めたのである。ただし、中心的指導者らは、下からの革命を求める左派の攻勢に単に屈したのではなく、マロイによれば、彼らは、「ブルジョワ知識人エリート」としての出自を失うことなく、「自らのイメージに従ったボリビアを作り出すために、社会勢力にたがをはめ、左派を取り込んでその攻勢を弱め、国民的開発主義の枠組みにはめ込もうと試み続けた」のである[92]。しかし、これは長期的には困難なことであり、1950年代末までにはMNR政府と党内の中間派と左派との提携関係は次第に崩壊し、1964年のMNR革命自体の崩壊を準備することにもなる。しかし、短期的には、MNRのプラグマティスト指導者らは、1952年4月以降の下からの革命的ナショナリズムの噴出を一定程度コントロールすることに成功する。1952年から54年にかけての米国による革命ボリビアとの「和解」と経済援助に関する一連の決断は、まさにこうした試みが一定の成功を収めたことを示していた。

　しかし、米国への説得は簡単なプロセスではなかった。MNRにおける労働左派の影響力の増大は、党のプラグマティスト指導部にとって国内での勢力拡大をもたらす一方で、米国との関係で大きなジレンマをもたらす。次章で詳しく検討するように、米政府当局者は、1952年4月以降、MNRがファシスト的であるという時代遅れの見方を急速に改めるが、代わって党内の「共産主義」勢力の影響力に大きな懸念を持つことになる。彼らはレチン指導下の労働左派が政権奪取を狙う危険な「共産主義」勢力として警戒した。もし中道派指導者らが、懐疑的な米政府側に対して、MNR新政権は政府内外において左派をコントロールする意思と能力を持つと確信させることができれば、強力な左派の存在を利用して、米国の共産主義への懸念につけこみ、政権への支援等を取り付けることも可能であった。しかし、こうした説得に失敗すれば、MNR政権は親共産主義ないし共産勢力の影響下にあると見なされ、グアテマラのアルベンス（Jacobo Arbenz Guzmán）政権と同様の運命をたどることにもなる。ボリビアの場合には前者のコースをたどることになるが、なぜどのようにしてこうし

91）　*Ibid.*, pp. 160-61.
92）　*Ibid.*, pp. 158-59, 162-63.

た「和解」と「協力」のコースに向かうことが可能であったのか。次章以下で詳しく検討するが、その前に、以下、ボリビア寡頭支配層が軍事政権樹立によって革命的状況の進展を押し止めようとした最後の試みを検討する。軍事政権は、錫の売却をめぐって米国と深刻な対立を続け、これが皮肉にも寡頭支配をさらに弱め、革命の到来を助けるのである。

9. 1951 年選挙後の軍事政権成立と米国との「錫戦争」

1951 年 5 月の大統領選挙での敗北後、寡頭支配層は、立憲的手続きに従っていては MNR 政権が成立する恐れがあるとして、国軍に対して政権委譲を申し出た[93]。この時までに改革勢力を完全に放逐していた軍はこの申し出を受け入れ、バジビアン（Hugo Ballivián）将軍の下に軍部の臨時政府を打ち立て、その行為がクーデタではなく、共産主義とファシズム双方の脅威から自由と民主主義を守るための政権掌握と宣言したのである。軍事政権は、秩序の回復、効率的行政、経済問題の解決を唱えて、全国に非常事態を布告し、ストライキを禁止するとともに、MNR その他の左派政治指導者や労働指導者を拘束した。しかし、ボリビアの政治・経済・社会構造に関わる深刻な諸問題解決のための根本的プログラムなしには、軍の公約の実現は不可能であり、軍事政権は、当初から困難に直面する[94]。さらにバジビアン政権は、ボリビアにとって最も重要な国である米国との間に錫の価格をめぐって深刻な対立を抱え、1952 年 4 月の革命勃発まで錫の長期購入契約をめぐる米国との交渉が、政権の最大の政治問題としてその足を引っ張り続けるのである。

米国とボリビアは、1950 年 12 月 31 日にそれまでの錫長期購入契約が失効してから新契約を結ぶことができずにいた。両国は価格面で折り合わず、ボリビア側が 1 ポンドあたり 1 ドル 50 セントを要求したのに対して、米国側は 1 ドル 3 セントを主張して対立していた[95]。交渉決裂後、錫購入交渉の米側当事

---

93) パスは得票数では他を圧倒したが、投票総数の過半数は確保できず、そうした場合には、憲法の規定により上位 3 名の候補者から議会が大統領を選出することとなっていた。*Ibid.,* pp. 152–54.

94) *Ibid.,* pp. 154–55.

第2章　1943年ビジャロエル＝MNR革命と米国の対応　105

者であり、戦略物資備蓄の任にあった復興金融公社（RFC）は、1951年3月末にボリビアからの錫購入をすべて停止した。ボリビア側は、対抗措置として錫輸出の完全停止で応えたが、錫問題は既に国民感情を強く刺激する問題となっており、米国との安易な妥協は政府にとって政治的自殺行為といえ、敢えて錫収入減による経済的困難を覚悟で、米国に対する挑戦的な態度をとったのである[96]。

　錫価格をめぐる両国の立場の大きな違いの背景の一つとして、第二次世界大戦後の国際錫価格の激しい変動があった。大戦後の世界で原材料の国際価格をコントロールする米英両国は、大戦中から続いていた錫価格の統制解除を1949年に決定すると、国際価格は統制価格の1ドル3セントから下落を開始し、1950年6月始めまでには戦後の最安値である76セントに達した。しかし、同月に朝鮮戦争が勃発すると、錫価格は再び急騰し、51年2月半ばには史上最高値である1ドル97セントにまで達していた。1950年末から続く価格交渉におけるボリビア側の強気の姿勢は、こうした情勢を反映したものであった。しかし、米側は既に大量の錫備蓄を抱えていたこともあり、こうした異常高値を受け入れる意向は全くなかった。議会でこの問題を管轄する上院財政委員会戦時準備小委員会委員長で後の大統領ジョンソン上院議員は、価格の高騰は国際錫カルテルが人為的に作り出したものだとして、米政府の積極的行動によって国際価格を引き下げるよう勧告した。ボリビアでの大統領選挙の翌日の1951年5月7日には、RFCの新長官にシミントン（Stuart Symington）が就任し、ジョンソン委員会報告に基づいて、国際錫価格の低下を目指して、RFCの保有する錫備蓄売却を開始した。市場は直ちに反応して国際錫価格は急落し始め、1951年6月までには1ドル6セントの底値を打ってほぼ安定した[97]。

　しかし、ボリビア側は、自らの死活的な外貨獲得手段に対する「あからさま

---

95)　Thomas G. Bohlin, "United States-Latin American Relations and the Cold War: 1949-1953," Ph.D. dissertation, University of Notre Dame, 1985, p. 284. 国務省内部の試算によると、1ポンドにつき1セントの価格上昇で、米国の負担は年間125万ドル増え、そのうちの40万ドルがボリビア政府の収入になる計算であった。米・ボリビア間の価格差47セントは、米政府にとっては年間5,875万ドルの負担増、ボリビア政府にとっては1,880万ドルの増収を意味した。Memo by Thorp and Miller to Acheson, April 2, 1952, FRUS, 1952-54, IV, p. 487.

96)　Bohlin, "United States-Latin American Relations," p. 284; Dunkerley, Rebellion, p. 12.

97)　Bohlin, "United States-Latin American Relations," pp. 280-84.

な帝国主義的攻撃」に対して激しく反応した。軍事政権にとっては、錫問題は「もはや金銭の問題ではなく、名誉の問題」となり、さらに「北方の巨人」と貧しいボリビアとの「錫戦争」は、ラテンアメリカ全体でも重大な関心事となったのである[98]。実際、ラテンアメリカ諸国は、第二次世界大戦後、ボリビアと同様に資源の価格問題に極めて神経質になっており、同時期のチリの銅価格をめぐる米国との交渉と並んで、ボリビアの錫交渉も米国の資源政策の行方を占う試金石となっていた[99]。そうした中で、バジビアン臨時大統領は国政へのコントロールを失い始め、軍や政府の掌握にも困難をきたし、ボリビアの国内情勢は不透明になる。政府内の対立が表面化しただけでなく、軍事政権首脳の中にも MNR 等の反対勢力と内通するものも出始めたのである[100]。

こうしたボリビア国内情勢やラテンアメリカ諸国の反応を前にして、1951年末までには、国務省は、ボリビアとの錫をめぐる論争の政治的影響を強く懸念するようになる。しかし、米側は、議会等国内からの強い圧力もあり、価格面での大幅な譲歩は不可能であった。国務省は、価格面では 1 ポンド 1 ドル 18セントから 20 セントまでの譲歩が限界と考えていたが、1952 年始めまでには技術援助と経済援助の増額によって錫問題の早期解決を図ろうとしていた。1952 年 4 月 9 日に MNR による武装蜂起が起こったのはまさにこうした時であった。当初、国務省にとっては、MNR による軍事政権転覆は、両国間で最も困難な問題と化していた錫契約問題を一層複雑化させるものであった。さらに MNR 新政権による錫鉱山国有化の可能性もあり、従来の延長線上では錫問題解決を殆ど不可能にするものであった。まさに MNR 革命政権の成立によって、錫問題は根本的にその性格を変え、全く異なったアプローチが必要となるのである。今や米国にとって対ボリビア関係で重要なのは、錫の購入価格ではなく、新たに成立した MNR 政権の性格とその国内外の政策であった。国務省は、冷戦による国際的対立が深刻化する中で、米国の国益にとってボリビアにどのような政権と政治・経済・社会秩序が望ましいのかという根本的問題に直

---

98) Memo by Thorp and Miller to Acheson, April 2, 1952, *FRUS, 1952–54*, IV, pp. 487–88.

99) For the Chilean case, see Bohlin, "United States-Latin American Relations," pp. 254–80.

100) Malloy, *Bolivia.*, p. 156. 1952 年 4 月の MNR の蜂起は、次に見るようにまさにこうした軍事政権側の内通者との協力によって開始される。

面したのである。錫問題は、MNR 革命政権が鉱山国有化問題でどのような対応をとるかという、新政権の政策を計る重要な目安になるとともに、錫長期購入契約自体が米国が革命政権に対して影響力を行使するための強力な梃子の役割を果たすものにもなる。しかし、ボリビアの革命的変革の奔流の中で、錫契約はむしろ梃子としての限界を明らかにする。そして米国は、錫に代わるより直接的な影響力の手段として経済援助へと重点を移していく。以下、そうした経済援助問題が焦点となる前提として、困難な関係を続けてきた MNR 主導の革命ボリビアと米国の「和解」がトルーマン政権下でどのように実現するかを検討する。

第**3**章　トルーマン政権の「リベラル・プロジェクト」と 1952 年ボリビア革命

　第二次世界大戦の終結とともに、米国はグローバルな利害とコミットメント持つ超大国として戦後世界に登場し、自らの利益と理念を体現した自由主義に基づくアメリカ的国際秩序の実現に邁進する。そうした自由主義的国際秩序の構築を目指した米国の「リベラル・プロジェクト」は、もう一つの超大国ソ連の共産主義と第三世界のナショナリズムからの二重の挑戦にさらされる。この両者の挑戦は、米ソ冷戦の文脈の中でしばしば絡み合い、ラテンアメリカにおいても分かち難く結び付くことも多かったが、他の途上地域とは重要な違いもあった。まずナショナリズムに関しては、その多くが欧米の植民地であったアジア・アフリカでは当然ながら政治的独立や自立が当初重視され、経済的自立や発展が焦点となるのは 1960 年代以降であった。それに対して、ラテンアメリカでは 20 世紀初頭以来の米国の干渉主義に対する政治的反対と並行する形で、1910 年のメキシコ革命以来、資源や農地の国有化等の経済的ナショナリズムが早くから台頭し、他の途上地域の先例ともなる形で米国への挑戦を続けてきた。一方、米国の「裏庭」たるラテンアメリカへのソ連の進出が焦眉の課題となるのは、基本的には 1959 年のキューバ革命以降であり、冷戦の本格的訪れは東アジアやインドシナ、中東等に比べて遅かった。しかし、より広範かつ曖昧な「共産主義」の問題は、ラテンアメリカの革命的ナショナリズムと結び付き、グアテマラの事例に見られるように米国にとって冷戦初期から問題化していた。

　ボリビア革命の場合も、1952 年の MNR 政権成立とその後の革命プログラムの実施は、グローバルな冷戦の文脈の中で、米国の「リベラル・プロジェクト」に対する「過激な」ナショナリズムの挑戦と「共産主義」の問題が密接に

関連した形で立ち現れた。トルーマン政権は、MNR 政権の交代を期待してビジャロエル政権と同様な不承認による圧力という選択肢もあったが、今回は、一層過激な「共産主義」政権にとって代わられる恐れがあった。さらに問題を複雑にしたのが、ボリビア革命政権へのペロン政権の影響と MNR 自体のファシスト的傾向への根強い疑念であった。そうした中で、トルーマン政権は、「過激」な労働運動を率いたレチンら左派勢力の革命政権への影響に重大な懸念を抱くようになり、以下、検討するように、経済的ナショナリズムの問題以上に「共産主義」の脅威を強く懸念し、パス大統領の指導する MNR 革命政権との「和解」への道を選択するのである。そして、アイゼンハワー、ケネディ、ジョンソン政権へと一貫して続く、ボリビア革命への援助を通じた積極的「介入」によって革命の「穏健化」と「自由主義化」を目指すという政策への道を開く。本章では、以下、まずはトルーマン政権下で本格化する戦後アメリカ外交のグローバルな拡大とソ連との冷戦開始が米国のラテンアメリカ政策にどのような影響を与えたか考察し、次いでボリビア革命に対するトルーマン政権の対応を検討していく。

1. トルーマン政権のラテンアメリカ政策と 「リベラル・プロジェクト」

　米国は、かつて 1930 年代から 1941 年の参戦まで見られた「西半球孤立主義」ともいうべき外交方針から戦後のグローバリズムへと対外関係への関わり方を大きく転換する[1]。そうした米国は、新たに米ソ冷戦というグローバルな対立に直面する。米国のラテンアメリカ政策は、この米国の超大国化と冷戦という二つの現実に大きく規定され、米州関係も重大な影響を受けることになる。トルーマンは、1945 年 4 月のローズヴェルト大統領の突然の死によって戦争の終結と大戦後の秩序作りを引き継ぐ。そして、ソ連との冷戦の対立が次第に本格化する中で、1947 年のトルーマン・ドクトリンとマーシャル・プランによって対ソ封じ込め戦略を始動させ、ヨーロッパから中東、東アジアへと関与を深めながら試行錯誤を経て第二次世界大戦後の米国のグローバルな対外政策の基礎を築いていく。米政府首脳は、当初、戦後復興と対ソ封じ込めの前線基

第3章　トルーマン政権の「リベラル・プロジェクト」と1952年ボリビア革命　　III

地確保のためにヨーロッパ問題に専念し、その後冷戦が東アジア・中東へと拡大するにつれてソ連圏の周辺に広がる新興諸国に対しても大規模な経済・軍事援助を展開していく。エジプト、インド等の戦略的に重要な国々の民族主義的政権は、こうした米国の冷戦政策を巧みに利用し、米ソを天秤にかけて双方からの援助の獲得さえ期待できたのである。ただし、冷戦は、第三世界の民族主義的政権にとっては諸刃の剣でもあり、ソ連からの自立性や共産主義からの脅威を示すことで米国からの支援が可能になる一方で、米国から「過激な」民族主義を標榜し、「共産主義的」ないし共産主義の影響下にあると見なされた場合には、イランのモサデク政権やグアテマラのアルベンス政権のように米国の敵対的な政策に直面することになる[2]。

　しかし、この冷戦をめぐる世界大の壮大な戦略ゲームや駆け引きの中で、ラ

1）　初代大統領ワシントンの1796年告別演説によって定式化された米国の孤立主義は、1823年のモンロー宣言によって新たに独立したラテンアメリカ諸国を包む形で拡大されたとも言え、それ以降の孤立主義は理念的には南北アメリカ大陸を包含するものとして、筆者は、これを「米州大陸孤立主義」という用語を用いて説明してきた。上村直樹「対外意識と外交政策」畠山圭一・加藤普章編『世界政治叢書1：アメリカ・カナダ』（ミネルヴァ書房、2008年）、p. 109。しかし、2018年度の日本国際政治学会での中島啓雄大阪大学教授の「西半球」概念に焦点を当てた報告に触発され、この大陸大の孤立主義は、むしろ「西半球孤立主義」と規定するのが相応しいと考えるに至った。「西半球（Western Hemisphere）」は日本では地理以外ではあまりなじみのない用語ではあるが、アメリカ外交史の文脈では対外関係を考える上で極めて重要であり、アメリカ人にとっては、昔から自らのアイデンティティや安全保障を考える上で基本的な枠組みの一つとなってきた。その意味で、南北アメリカ大陸が実体的には孤立主義の及ぶ範囲であるが、意識としては「西半球」が孤立主義の外延を構成してきたと言えよう。実質的には両者は、同様な意味で使用できるが、孤立主義の意識や政策が問題となる場合「西半球」の用語がより適切と考え、ここでは「西半球孤立主義」の用語を用いることとする。ここで言及した中島報告は、「『西半球』概念と米州機構：モンロー・ドクトリンとの関連において」日本国際政治学会2018年度研究大会アメリカ政治外交・ラテンアメリカ合同分科会「米州機構体制の70周年」2018年11月4日、於大宮ソニックシティ。「西半球」概念に関しては、Arthur P. Whitaker, *The Western Hemisphere Idea: Its Rise and Decline*（Ithca, NY: Cornell University Press, 1954）を参照。ワシントンの告別演説については、必ずしも孤立主義的側面を強調しているわけではないが、古典的な研究として、Felix Gilbert, *To the Farewell Address: Ideas of Early American Foreign Policy*（Princeton, NJ: Princeton University Press, 1961）を参照。モンロー・ドクトリンに関しては以下を参照。Dexter Perkins, *The Monroe Doctrine, 1823-1826*（Cambridge, MA: Harvard University Press, 1927; Perkins, *The Monroe Doctrine, 1826-1867*（Baltimore: The Johns Hopkins Press, 1933); Gaddis Smith, *The Last Years of the Monroe Doctrine, 1945-1993*（New York: Hill and Wang, 1994）。日本語文献については、中島啓雄『モンロー・ドクトリンとアメリカ外交の基盤』（ミネルヴァ書房、2002年）を参照。

2）　McMahon, *The Cold War in the Third World*, pp. 1-10.

テンアメリカは、当初、基本的に緊急性の低い地域と見なされ、1950年代末までこうした恩恵に殆ど浴することはなかった。米国の超大国化と冷戦の激化の過程で米国の伝統的な勢力圏であり、大戦前の米国外交の主要な対象地域の一つであったラテンアメリカは、戦後まさしく米国にとって「裏庭」の地位に転落するのである。一方、冷戦の主戦場から遠く離れたラテンアメリカ諸国自体は、グローバルなソ連の脅威を米国ほど強く認識することはなく、米州における地域的な観点から国際問題にアプローチし、1930年代のローズヴェルト政権の「善隣外交」から大戦中へと続く米国からの高い関心と経済・軍事援助、そして密接な協力関係の継続を期待していた[3]。

　そもそも第二次世界大戦後の米国とラテンアメリカ諸国との間には、対外政策の優先順位に大きな違いがあった。米国が冷戦戦略を最重要視し、ラテンアメリカ側に対して対ソ封じ込めへの政治的・外交的協力と各国内の左派・共産主義勢力の取り締まりと国内治安の安定を求めたのに対して、ラテンアメリカ諸国にとって戦後の最大の目標は経済発展であった。その多くは、世界恐慌期から第二次大戦期にかけての米国との経済協力の進展、そして大戦中の連合国への輸出ブームもあって経済は活況を呈し、一部の先進的な諸国では産業化も進み始めており、大戦中の経済援助の継続と拡大によって産業化や経済成長の促進を望んだのである。またラテンアメリカ諸国は戦後不況への懸念もあり、

---

3)　Irwin F. Gellman, *Good Neighbor Diplomacy: United States Policies in Latin America, 1933-1945* (Baltimore: Johns Hopkins University Press, 1979). 善隣外交は、米国が世界恐慌の下「西半球孤立主義」へと向かい、米州における勢力圏強化に外交の重点が置かれるという時代的状況の中で、ラテンアメリカ諸国との協力関係を積極的に推進する政権が存在したというユニークな条件に負うところが大きかった。大戦中から戦後にかけて、米国の超大国化だけでなく、善隣外交を牽引した「トロイカ」であるウェルズ国務次官は1943年に、ハル国務長官は1944年にそれぞれ政権を去り、ローズヴェルト大統領は1945年に急死している。戦後も引き続き米国による高い関心を期待するラテンアメリカ側に対する米側の不満は、以下のミラー（Edward Miller）米州担当国務次官補の1950年11月の覚書に垣間見られる。ミラーは、善隣外交は「1930年代には我が国の事実上唯一の外交プログラムであった」が、「この事実とともに、実際に米政府高官がラテンアメリカに対して高い関心を払ったために、ラテンアメリカ政府関係者の間には自国の重要性に関する過剰な意識ができてしまっている」と不満を綴っている。Memo from Miller to Halle (Regional Planning Advisor in ARA), November 7, 1950, *FRUS, 1950*, II, pp. 625-28. 米国・ラテンアメリカ間の安全保障におけるグローバリズムとリージョナリズムの対立に関しては、J. Tillapaugh, "Closed Hemisphere and Open World?: The Dispute Over Regional Security at the U. N. Conference, 1945," *Diplomatic History* 2-1 (Winter 1978), pp. 25-42 を参照。

米国に対して自国資源や農産物の買い取りの際の価格保証や戦時中の購入協定の更新を求めた。既に見たように、1952 年の革命直前までボリビア軍事政権と米国の間で深刻な紛争となっていたのも、戦中から続くこうした購入協定の一つである錫協定の更新問題であった。戦後の米国とラテンアメリカ諸国との間で特に問題となったのが資源や農産物に関する新たな国際商品協定の締結問題であり、米側はトルーマン政権期からアイゼンハワー政権末期に至るまで商品協定に強く反対し続けるのである[4]。

　こうしたラテンアメリカ側の一連の要求は米国には二重に受け入れ難いものであった。一つには、既に触れたように米国にとって戦後ラテンアメリカの重要性が著しく低下したことがある。しかし、それ以上に問題であったのは、これらの諸国の多くが為替管理、保護関税、政府主導による産業政策等の世界恐慌期から続く民族主義的・「国家主導型（statist）」経済政策を維持していたことであった。米国も、実際には戦時中までニューディール政策や第二次世界大戦による「国家」の役割の著しい増大を経験していたが、米国の政財界の指導者らは、南北アメリカにおけるこうした政策は、16 年にも及ぶ世界恐慌と世界大戦という異常事態の下での極めて例外的なものと見なし、戦後の「平常への復帰」を目指したのである。戦後世界に自由主義のリーダーとして新たに登場した米国にとっては、ラテンアメリカが続けていた民族主義的政策は到底容認できないものであった。米国は、第二次世界大戦を通じて枢軸諸国の強大な軍事力と全体主義的・軍国主義的政治体制を打倒して超大国として台頭しただけでなく、それら諸国の国家主導型経済からの深刻な挑戦にも打ち勝って自らの自由民主主義的な政治体制とともに、自由主義的・資本主義的経済（ないし「市場経済」）体制の優位性をも確認したのである。この二重の対外的勝利は、米国自身がとりわけ深刻な経済恐慌と長期不況の中で、自らの自由主義的政治経済体制の将来について強い不安さえ広がる中で、ニューディールと世界大戦を通じて国内的難局を克服するのと並行して実現したのであった。

---

4)　戦後の米国とラテンアメリカとの経済協力をめぐる対立に関しては、Stephen G. Rabe, "The Elusive Conference: United States Economic Relations with Latin America, 1945-1953," *Diplomatic History* 2-3 (Summer 1978); Bohlin, "United States-Latin American Relations," pp. 20-22 を参照。

米国の指導者らが戦後世界で経済的自由主義を強調した背景には、1930年
代の経済的ナショナリズムの蔓延が第二次世界大戦の主要な原因の一つと考え
たことがあった。彼らは、恐慌と世界大戦の再現を防ぐためウィルソン主義的
信念に基づいて戦後世界を自らの自由主義的イメージに沿って再創造しようと
した[5]。そして、1930年代の世界の混乱の背景ともなった自らの第一次世界大
戦後の「孤立主義」的外交という過ちを繰り返さないためにも、戦後の自由主
義的国際経済体制の維持に強くコミットしたのである。第二次世界大戦におけ
る米国の自由主義の二重三重の「勝利」は、対外的には国際通貨基金（IMF）や
世界銀行、「関税と貿易に関する一般協定（GATT）」等からなるブレトンウッ
ズ体制によって制度化され、自由貿易や対外投資・為替管理の自由化という米
国が推進する経済的自由主義の原則として戦後の国際経済関係を規定すること
になるのである[6]。まさに大戦後の米国は、序論で触れたマクマンの「リベラ
ル・プロジェクト」の実現に乗り出したのであった。戦後の米国のエリートら
は、アメリカの政治経済が必要とするウィルソン以来の「リベラル」な国際シ
ステムの確立を目指す一方、こうした秩序に反するものとして「混乱と革命と

---

5) ウィルソン主義に関しては、多くの優れた研究があるが、本書の議論に関連したものとして
以下を参照。N. Gordon Levin, Jr., *Woodrow Wilson and World Politics: America's Response
to War and Revolution* (New York: Oxford University Press, 1968); 進藤栄一『現代アメリ
カ外交序説：ウッドロー・ウィルソンと国際秩序』（創文社、1974年）；Smith, *America's
Mission*; Frank Ninkovich, *The Wilsonian Century: U. S. Foreign Policy since 1900*
(Chicago: University of Chicago Press, 1999); 西崎「歴史的文脈」、pp. 3-31。こうした米国の
戦後外交全体を「リベラルな国際政治・経済秩序の構築をめざすもの」として概観した以下も
参照。佐々木卓也編『戦後アメリカ外交史〈第3版〉』（有斐閣、2017年）。
6) こうした米国の自由主義の大戦後の国際政治・安全保障面での表れとして、それまでの大国
主導の勢力均衡に代わって集団安全保障を基本的原理として米国主導で設立された国際連合が
指摘できよう。しかし、国連は、総会が自由主義的な普遍主義の原則に基づく一方で、5大国
が主導し、勢力均衡の原理が基礎となる安全保障理事会がその集団安全保障の任に当たるとい
う点で原理的に大きな矛盾を抱え、伝統的な現実主義と自由主義との折衷という形になってい
る。この点に関連して、米国の戦後国際秩序構想と対外政策において、ウィルソン主義を具現
化させたのは、国連ではなくむしろトルーマン・ドクトリンと北大西洋条約機構（NATO）で
あると、西崎文子が興味深い分析を行っている。西崎文子「歴史的文脈：ウィルソン外交の伝
統」五十嵐武士編『アメリカ外交と21世紀の世界：冷戦史の背景と地域的多様性をふまえて』
（昭和堂、2006年）、pp. 17-19。米国と国連に関して詳しくは、西崎文子『アメリカ冷戦政策と
国連1945-1950』（東京大学出版会、1992年）；最上敏樹『国連とアメリカ』（岩波書店、2005
年）；Margaret P. Karns and Karen A. Mingst, eds., *The United States and Multilateral
Institutions: Patterns of Changing Instrumentality and Influence* (London: Routledge, 1992)
を参照。

第3章　トルーマン政権の「リベラル・プロジェクト」と1952年ボリビア革命　115

戦争」を克服しようとしたのである[7]。

　無論マクマンが強調するように、1940年代末からの冷戦の激化、それへの対応としてのNSC68、そして特に朝鮮戦争の勃発によってアメリカ外交の軍事化・「安全保障国家」化が進行するが、序論でも指摘したように「リベラル・プロジェクト」は、この軍事化の進行と並行的ないし相互依存的に「自由世界」において推進されたのであり、むしろ「リベラル・プロジェクト」をソ連や共産主義の脅威から隔離ないし庇護するために軍事化と封じ込めが進行したという側面があったとも言えよう。即ち米国は、世界恐慌期以来世界中に根強く残る保護貿易主義や経済的ナショナリズムそして、英連邦の特恵関税システム維持を目指す英国に加え、東欧の排他的勢力圏化を目指すソ連の強力な挑戦に直面しながら、自らの自由主義的経済原則に基づき、可能な限り世界経済の開放と自由化の実現を目指したのである[8]。実際、米ソ冷戦には、大戦後超大国となった米ソ両国の地政学的対立という軍事的・戦略的側面、そして米国の自由民主主義とソ連側の「人民民主主義」型共産主義との対立という政治的側面に加えて、米国の自由主義的な開放的経済システムとソ連の国家主導型の閉鎖的経済システムとの対立という重要な経済的側面があった。特に第三世界に対しては、ウェスタッドらが強調するように、経済開発と社会発展の二つの強力な対極的「近代化」モデル間のせめぎ合いという重要な側面もあったのである[9]。戦後のラテンアメリカをはじめとする途上国の経済的ナショナリズムは、国家主導型の経済発展を目指すものとしてソ連モデルとの親和性を持ち、封じ

---

7)　マクマン「安全保障か自由か？」、pp. 41-43、58-59。
8)　戦後の経済秩序構築に向けた米英のつばぜり合いについては、Richard Gardner, *Sterling-Dollar Diplomacy: The Origins and Prospects of Our International Economic Order*, rev. ed. (New York: McGraw-Hill, 1969) を参照。米ソ冷戦に関しては膨大な文献があり、個別の研究をここで紹介できないが、冷戦に関する近年の研究動向については、とりあえず以下を参照。佐々木卓也「歴史的背景：冷戦外交の展開」五十嵐武士編『アメリカ外交と21世紀の世界』、pp. 32-71；Odd Arne Westad, "The Cold War and the International History of the Twenties Century," in Melvyn P. Leffler and Odd Arne Westad, eds., *The Cambridge History of the Cold War*, Vol. I: *Origins* (New York: Cambridge University Press, 2010), pp. 1-19; Curt Cardwell, "The Cold War," in Frank Constigliola and Michael J. Hogan, eds., *America in the World: The Historiography of American Foreign Relations since 1941* (New York: Cambridge University Press, 2014), 105-130.
9)　Westad, *The Global Cold War*, pp. 3-7; McMahon, *The Cold War in the Third World*, pp. 1-3.

込めラインを越えたソ連圏の外側、即ち「自由世界」における自らの自由主義に対する両者の挑戦として、米国は強い懸念を抱いたのである。

こうした米国のラテンアメリカ及び第三世界全体での経済的自由主義への挑戦に対する米国の初期の対応は、トルーマン政権によるポイントフォア援助計画に典型的に表れている。米国による途上国に対する最初の包括的援助計画である同プログラムは、ラテンアメリカ及び第三世界への大規模な公的資金による開発援助というよりは、技術援助に重点を置いて、途上地域の経済発展のための経済効率のよい援助計画として構想されたものであった。パッケンハムによれば、トルーマン政権首脳や当時の米国の政財界のエリートは、新興独立諸国を中心とする発展途上国の経済発展の問題に対する貿易・投資の自由化を基礎とした「自由主義」的な解決策に極めて楽観的な見通しを持っていた。彼らの多くは、教育、医療、行政、農業、鉱業、産業等の分野における技術顧問の世界的派遣と米国企業投資の増大によって、第三世界の国々において経済発展が促進され、民主主義と国際理解が拡大するとともに米国のイメージが向上し、世界平和にも貢献すると驚くほど単純に信じていたのである[10]。しかし、ポイントフォア計画はこのような過大な期待に当然届かず、トルーマン政権以降の歴代政権は、ラテンアメリカ及び第三世界全体における開発問題の困難さを繰り返し痛感させられることとなる[11]。実際にこうした米国による経済援助政策の限界を象徴的に示すのがボリビアの事例である。ボリビアでは、以下、検討していくように、革命政治下の国家主導型経済発展と民族主義の論理に対して、米国は、反共主義とともに経済的自由主義の実現を一貫して求めていく。そし

---

10) 技術援助プログラムは、無論冷戦的考慮から無縁ではなかった。そのための莫大な経費に対する連邦議会や世論の支持を得るためには、他の経済・軍事援助プログラムとともに、ソ連との世界的闘争の中で「友好を勝ち取るため」という戦略的目的が人道的見地とあわせて強調された。こうした対外援助に対する冷戦的正当化は、次章で詳しく検討するように、第三世界でのソ連の勢力拡大に極めて強い懸念を抱く一方、財政支出に関しては極端に神経質であったアイゼンハワー政権下で一層強調されることになる。Packenham, *Liberal America*, pp. 49-58; Thomas G. Patterson, "Foreign Aid Under Wraps: The Point Four Program," *Wisconsin Magazine of History*, 56-2 (Winter 1972-73), pp. 119-26.

11) パッケンハムは、技術援助計画に関して、米政府当局者が「達成可能な目標を現実的な形で評価できなかった」ことを批判し、経済成長目標の達成や、さらには経済成長がいかに民主化や反共主義の達成というさらに大胆な政治的目標の達成につながるか、といった点に関して極めて曖昧に考えていた点に批判的である。Packenham, *Liberal America*, pp. 43-49; Paterson, "Foreign Aid Under Wraps," pp. 119-26.

て、対ボリビア援助政策において、革命政権による援助資金や国内予算の政治的配分における腐敗と非効率を批判し、自らの自由主義的論理の貫徹を目指していく。これは革命政権の支持基盤に大きな亀裂をもたらし、貧困にあえぐ途上国における経済発展支援の政治的困難さを改めて浮き彫りにすることになる。

　こうした米国の自由主義的アプローチに対して、ラテンアメリカ側は、経済的ナショナリズムに基づく国家主導型の経済発展の道を目指し、米国に対して公的資金による大規模な援助を求め続ける。しかし、米側は、トルーマン政権期からアイゼンハワー政権期の大半を通じて自助努力と技術援助の効用とともに、戦後の自由主義的経済体制下の自由貿易と企業投資の重要性を訴え、ラテンアメリカ諸国に対して経済的ナショナリズムを放棄し、米国企業の活動にとって好ましい環境を整えるよう求め続けた。経済的自由主義の強調は、アイゼンハワー政権でさらに強く主張されるようになるが、この点に関してはトルーマン政権も基本的には同様であった。そして、既に指摘したように、1950年代末までラテンアメリカは、基本的には米国のグローバルな冷戦政策の中で「裏庭」の地位に留まる。米国は、1947年の米州相互援助条約（リオ条約）と1948年の米州機構の創設によって、西半球を米国の確実な勢力圏として確保すると、ヨーロッパやアジアとは異なって大規模な「戦略的」援助による維持は不要として、「ラテンアメリカにもマーシャル・プランを」という南の隣人からの繰り返しの訴えに耳を貸さなかったのである[12]。

　しかし、こうした「確実な」勢力圏であるはずの戦後のラテンアメリカにおいても、米国の唱道する自由主義に対する左右の「過激主義」からの挑戦はトルーマン政権にとって大きな懸念の種であった。一つはアルゼンチンのペロン政権による「右から」の脅威であり、もう一つはグアテマラのアルベンス政権による「左から」の脅威であった。両者は、自由主義そのものへの挑戦に加えて西半球における米国の影響力と覇権に対する挑戦として、米ソ冷戦において自由主義の御旗の下に米州連帯の強化を図ろうとする米国の戦略にとって重大な障害と見なされた。トルーマン政権は、大戦中からのローズヴェルト政権によるペロンの権力掌握阻止とペロン政権成立後のアルゼンチン孤立化政策を継続していた。しかし、ナチス・ドイツとの結び付きが警戒されていたペロンは、戦後に冷戦という新たな文脈の中で米国にとって戦略的脅威は大きく減じてい

た[13]。一方、グアテマラに関しては、ナショナリズムと「共産主義」の脅威が結合したものとして、米国にとってはより深刻な脅威であった。1944年の改革派将校によるクーデタ以降、アレバロ（Juan José Arévalo Bermej）大統領の下でのグアテマラ革命政権の「過激なナショナリズム」への懸念は次第に高まりを見せる。さらに1951年にアルベンス政権が成立して改革のペースを速め、労働運動を中心に共産主義勢力への依存を深めると、トルーマン政権末期まではグアテマラの脅威は米州におけるナショナリズムによる地域的な挑戦に留まらず、グローバルなソ連共産主義の脅威と一体化して見られるようになり、アイゼンハワー政権による政権転覆工作へとつながっていく[14]。

米州におけるこうした左右の「過激主義」の挑戦に対する米国の対応は、ボリビア革命にとって特に大きな意味合いがあった。次に見るように、トルーマン政権は、当初、ボリビアでのMNRによる政権奪取におけるペロンの影響を強く懸念していた。しかし、その後は、一転してグアテマラ革命と同様に革命

---

12) Rabe, "The Elusive Conference," p. 286. 以下も参照。Stephen Rabe, *Eisenhower and Latin America: The Foreign Policy of Anticommunism* (Chapel Hill: The University of North Carolina Press, 1988), p. 18. トルーマン民主党政権がより「リベラル」であり、アイゼンハワー共和党政権がより保守的であるとの一般的理解にもかかわらず、援助政策を含む対外経済政策に関して、少なくともアイゼンハワー政権後期に至るまでは両者の間には必ずしも基本的な違いはなく、両者とも途上地域の経済発展と援助に関する政策の基本は、自由貿易と企業投資、そして自助であり、冷戦的考慮が圧倒的重要性を持っていた。むしろ対外援助政策に関する大きな違いと変化は、アイゼンハワー政権後期に訪れ、本書のアイゼンハワー政権のボリビア政策に関する部分で詳述するように、ラテンアメリカ政策に即して言えば、1950年代末からアイゼンハワー政権は、公的資金による開発援助を積極的に進めるようになり、ケネディ民主党政権の「進歩のための同盟」に直接つながる政策革新を行う。その意味で、トルーマン政権とアイゼンハワー政権の前半は、カウフマンの言う「援助ではなく貿易（trade but not aid）」であり、アイゼンハワー政権末期からケネディ政権にかけては「援助も貿易も（trade and aid）」へと変化し、現在に続く政府開発援助の基礎が築かれた時代ともいえよう。Patterson, "Foreign Aid Under Wraps," pp. 119-26; Burton I. Kaufman, *Trade and Aid: Eisenhower's Foreign Economic Policy, 1953-1961* (Baltimore: The Johns Hopkins University Press, 1982), pp. 6-7; Stephen Rabe, *The Most Dangerous Area in the World: John F. Kennedy Confronts Communist Revolution in Latin America* (Chapel Hill: University of North Carolina Press, 1999), pp. 10-13. ボリビアの場合は、後で詳しく検討するように、こうした米国の援助政策をめぐる大きな変化の流れの中で例外的な事例として、1953年時点から国の規模からすれば極めて大規模な経済援助が継続することになる。

13) Wood, *The Dismantling*、特に第2〜6章を参照。トルーマン政権期の米・アルゼンチン関係に関しては、以下を参照。Joseph S. Tulchin, *Argentina and the United States: A Conflicted Relationship* (Boston: Twayne Publishers, 1990), pp. 99-110.

政権に対する「共産主義」勢力の影響力拡大を懸念するようになる。一方のボ
リビア革命の指導者らは、グアテマラ革命に対する米国の政策を注意深く見守
っており、かつて自らのビジャロエル政権での経験に加えて、冷戦という新た
な状況下で米国の共産主義への懸念にどう対処すべきか、グアテマラ革命を他
山の石として対米外交に活かしていくのである。以下、米国の戦後外交の文脈
の中でトルーマン政権がボリビア革命政権に対してどのような対応をとったか
分析を進めることとする。まずはボリビア革命の始まりを見てみよう。

2. ボリビア革命の開始

　ボリビア革命は、経済の悪化や米国との錫交渉の行き詰まりから国民の支持
を急速に失いつつあったバジビアン将軍の臨時軍事政権に対する国民の一斉蜂
起として始まったわけではなかった。また革命政党 MNR による軍事政権に対
する全面的な武装闘争として開始されたわけでもなかった。1952 年 4 月 9 日
の革命蜂起は、軍の一部と結んだ MNR による政権奪取の試みとして、これま
でも MNR が革命政党として度々試みてきた軍部の一部を巻き込んでのクーデ
タとして始まったのである。今回のパートナーはセレメ（Antonio Seleme）将軍
であり、内相として 2,000 余名の隊員からなる強力な国家警察（カラビネーロ
ス：carabineros）を配下に置いていた人物であった。実際、MNR は、セレメ将
軍だけでなく、ボリビア軍最高司令官であり、バジビアン大統領との不仲が噂

---

14)　Immerman, *The CIA in Guatemala*, pp. 82-105. ボリビア革命とグアテマラ革命に対する米
　　国の対応を比較したものとしては、以下を参照。Wood, *The Dismantling*, pp. 150-152; 上村直
　　樹「米国の冷戦外交とラテンアメリカの革命：ボリビア革命とグァテマラ革命の比較」『アメ
　　リカ研究』26（1992 年）、pp. 89-107；Kenneth Lehman, "Revolutions and Attributions: Making
　　Sense of Eisenhower Administration Policies in Bolivia and Guatemala," *Diplomatic History*,
　　21-2 (Spring 1997), pp. 185-213. ウッドによれば、「ボリビアの指導者らは、まず最初に［鉱
　　山国有化の］補償問題に取り組んでから次に共産主義の問題に取り組」み、「政府からすべて
　　の共産主義者を排除した」のに対して、「グアテマラの指導者らは、そのような柔軟性を見せず、
　　隣人としての義務への［ボリビアと同様の］理解を見せず、破壊を避けるためには政府から共
　　産主義者を追い出さなければならないという事実への認識も欠いて」いた。さらに東側への政
　　府指導者らの度重なる訪問やチェコスロバキアからの武器購入が「米州へのソ連の浸透の証
　　拠」と見なされ、「こうした諸要素の組み合わせは、朝鮮戦争を経て、ジョゼフ・マッカーシー
　　上院議員によって作り出された［赤狩りの］空気の中で、アイゼンハワー政権にとっては容認
　　し難いものであった」とされている。Wood, *The Dismantling*, pp. 151-52.

されていたトレス（Umberto Torres Ortiz）将軍を含む政権内の複数の軍事指導者らに秘密裏にクーデタを持ち掛け、政権奪取後の待遇も含めて交渉を続けていたのである。そうした陰謀のうわさが飛び交う中で、MNRとトレスとの交渉は決裂する。一方、バジビアンは、8日に軍事政権の基盤強化のため突如内閣改造を行い、セレメも含めた数人の軍人閣僚を更迭する。セレメは、既に全国でクーデタの準備を整えていたMNRに対して直ちに配下の国家警察を引き連れて協力を申し出て、両者のクーデタが9日未明にラパスを中心に開始されたのであった。セレメは、MNRが反乱を企んでいると内相として繰り返し批判してきたが、MNRからはクーデタ成功後の選挙で正式な大統領を選出するまで臨時大統領への就任を約束されていた。国家警察とMNR民兵は朝までにラパス中心部を支配下に置き、国営ラジオを通じて革命の勝利を宣言する[15]。

　しかし、幾つかの誤算によって、このクーデタ計画の前途には直ちに暗雲が立ち込める。一つは、ラパス市内の武器庫にMNR側が期待していた大量の武器がなかったことであり、もう一つはトレス将軍の予想外の行動であった。トレスは、MNRが首都制圧後に想定していた交渉による取引に応ぜず、ラパスを見下ろすエルアルト空港にある空軍基地に陣取って首都周辺に点在する8,000余名からなる八つの連隊を直ちに招集し、周到に準備されていた緊急計画に従ってラパスを包囲する態勢を取った。さらに市内に残る部隊に対しては反乱軍への攻撃開始を命じ、セレメ及びMNRに対して降伏を勧告したのである。国家警察と武装した工場労働者らが市中心部への軍の進行を食い止めていたものの、想定と全く違う展開にセレメ将軍は、このままでは武器弾薬等が不足する中で軍との絶望的かつ全面的な対決になるとして、9日夜には早くも権力奪取を断念する。そして、国営放送で反乱の指導権を文民指導者に委ねると宣言し、市内のチリ大使館に亡命したのであった[16]。

　このように当初、MNRによる蜂起は、ラテンアメリカに典型的な一部の軍民指導者によるクーデタとして始まったが、この後まったく違った展開を見せ始め、真の革命としての性格を露わにしていく。軍人指導者らの脱落後もMNR

---

15) *New York Times*, April 10, 1952; Dunkerley, *Rebellion*, pp. 1-4, 38-39; Lehman, *Bolivia*, pp. 91-92; Malloy, *Bolivia*, pp. 156-58.

16) *New York Times*, April 11, 1952; Dunkerley, *Rebellion*, pp. 1-4, 38-39.

の文民指導者や反乱に呼応して武器を取った多くの労働者や市民は、セレメが恐れた軍との全面的な対決に打ち勝ち、革命による変革の巨大なうねりを作り出すのである。マロイによれば、当初のクーデタ計画の内容は、「上から」の改革を目指して反政府陰謀をめぐらす反エリート知識人と政治家の集団というMNR の古い体質が抜き難く残っていたこと示すものであり、ビジャロエル政権時の容易な政権奪取を再び狙ったものであった。マロイは、この背景の一つとして MNR 中堅幹部の多くが属する党内右派からの圧力があり、労働左派の役割を最小限に留めようとする意向を強く反映したものとしている[17]。しかし、軍指導者の離脱後、セクセーニオの間に進んだ労働左派の党への大量加入や一般大衆の間に築き上げられた強い支持を背景として、MNR 革命は文民の力によって息を吹き返して軍との対決に勝利する。そして、革命は根本的な社会変革の方向へと向かい始めるが、MNR の中道実務派指導者らは、革命の巨大なうねりに乗りながらそれを自らのイメージに従って方向付けようと苦闘を続けるのである。話を革命蜂起に戻そう。

　4 月 10 日夜、軍の主力部隊が巨大な盆地に位置するラパスに周囲から攻撃を開始すると、徴兵制の下で従軍経験のある者も多い MNR 党員や工場労働者らは、急ごしらえの小規模な部隊を編成し、市街地の制圧に取りかかった軍の主力部隊に対して地の利を活かした効果的なゲリラ戦を展開する。さらに反乱軍は、大半が貧しいインディオ農民出身の一般兵士に対して、同胞に銃口を向けるのをやめるよう住民らとともに訴えかけ、実際に多くの兵士たちが将校らの制止を振り切って反乱軍の側に加わるのである。そして、政府軍側がラパスの制圧に手間取っている間に、ラパスと鉱山地帯の間に位置する主要都市オルーロから武器弾薬を輸送する列車がライフル銃とダイナマイトで武装した鉱山労働者の一団によって捕獲される。さらに鉱山労働者らはエルアルト空港の司令部に対しても繰り返し側面攻撃を加えるなど反乱軍の攻勢が強まる。またオルーロ自体でも数百名の死傷者を伴う正規軍との激戦の末、鉱山労働者らの反乱勢力が勝利する。一方、コチャバンバでは MNR 最高指導者の一人ゲバラの下で軍と地方政府に対する無血勝利が勝ち取られ、その他の主要都市でも

---

17)　Malloy, *Bolivia*, pp. 156–158.

MNR 民兵が労働者や国家警察の力を借りながら軍と地方政府の制圧に成功する。全国各地で軍が反乱軍に敗北するか降伏する中で、トレス総司令官は 11 日昼には戦闘継続を断念し、MNR 代表と正式な降伏文書に署名して直ちにチリへと亡命したのである[18]。

この文書に署名した MNR 側代表が、党最高指導者パスのアルゼンチン亡命中にこの反乱を国内で指揮した MNR ナンバーツーのシレスであった[19]。錫貴族を中心とする寡頭支配体制と軍事政権への一貫した反対と前年の大統領選挙でのパスの勝利を背景に、MNR 革命の勝利は国民からの圧倒的支持で迎えられ、シレスは直ちに臨時大統領への就任を宣言し、パスに帰国を要請する。シレスは臨時政府を発足させ、閣僚の多くを MNR 党指導部で固めるとともに、最後まで戦った国家警察の指導者の 1 人である軍人を内相に充てるとともに、レチン FSTMB 書記長を鉱山相として入閣させるなど、革命成功の論功行賞も踏まえた人事を行った。レチンの入閣はあったものの、シレス臨時内閣は、全体としてはバランスの取れた「慎重な」人選に基づくものと見なされた。シレスは、就任後の最初の演説で、ボリビアは貧しく「混乱と破産の状態」にあり、「我々の闘いの現実を直視し、奇跡を期待してはならず」、「破壊」を避け、「真摯な努力と犠牲」によって「ボリビア経済をボリビア人のためのもの」に変え、「新たなボリビアの建設」を訴えたのである[20]。

4 月 15 日にはパスが帰国し、国民の熱狂的な歓迎で迎えられた[21]。歓迎のプラカードには「お帰りなさい、貧しい者たちの父よ」、「MNR は国民そのものだ」といったもののほかに、「鉱山国有化」や「農地改革」を掲げたものもあ

---

18) *Ibid.*; Carter Goodrich, "Bolivia in Time of Revolution," Malloy and Thorn, eds., *Beyond the Revolution*, pp. 3-6.

19) シレスについて詳しくは、Luis Antezana Ergueta, *Hernán Siles Zuazo: El estratega y la contrarevolución* (La Paz: Editorial LUZ, 1979) を参照。

20) 引用はダンカレー及びニューヨーク・タイムズ紙による。Dunkerley, *Rebellion*, p. 41; *New York Times*, April 12, 1952.

21) パスについては以下を参照。José Antonio Llosa M., *Víctor Paz Estenssoro: Adalid de la Revolución Nacional* (La Paz: Publicidad "Nueva Bolivia", 1960); Tristán Marof, *Breve Biografía de Víctor Paz Estenssoro* (La Paz: Librería y Editorial "Juvendtud", 1965); Augusto Guzmán, *Paz Estenssoro* (La Paz: Editorial Los Amigos del Libro, 1986); Guillermo Bedregal Gutiérrez, *Víctor Paz: Su presencia en la historia revolucionario de Bolivia* (La Paz: Los Amigos del Libro, 1987); Guillermo Bedregal, *Víctor Paz Estenssoro, el politico: una emblanza crítica* (México: Fondo Cultura Económica, 1999).

り、MNR を政権の座に押し上げた人々がパスに何を求めているかを示していた。しかし、パスは一貫して国民に過大な期待を戒め、着実な前進を訴えた。帰国後の最初の演説で、パスは、まず「腹いっぱいのパンを」と呼びかけた後、かつてのビジャロエルによる革命は「ロスカ」と共産主義者の同盟によって破壊されたが、「報復や暴力」を避けるよう求め、「必要な資源が入手できれば政府は国民全体の生活を向上できる」として、まずは鉱山の国有化の慎重な検討が必要だと、国民に対して革命の熱狂に流されないよう求めたのである。翌日の就任演説でもパスは、自らの政権は「反資本主義的ではない」として、「責任をもって国民多数の進歩を確実なもの」とし、ボリビアの豊かな資源を活かすためには「資本［資金］が必要」であると訴えている。多くの血を流した革命の勝利後の演説としては思いのほか保守的なメッセージを発しているが、パスはこうしたプログラムをまさに着実に実行していく[22]。またパスのメッセージは、ボリビア国民だけでなく米政府と米国民を強く意識したものであり、米政府はこの「穏健な」メッセージの意味を確実に読み取っていくのである。

3. ボリビア革命指導部の改革構想と対米宥和外交

　こうしてボリビア革命は、革命政権成立の段階から改革実行の段階へと移っていく。パス指導下の MNR 政権は、革命開始後 1 年半の間に普通選挙（1952年 7 月）、錫を中心とする大規模鉱山の国有化（1952 年 10 月）、軍部の徹底的縮小と改革（1953 年 7 月）、農地改革（1953 年 8 月）の 4 大改革を中心に、3 大錫資本と大土地所有者らからなる寡頭支配勢力の政治的・経済的・軍事的基盤の破壊と民族主義的発展を目指した[23]。普通選挙と農地改革は、インディオ農民の農奴的地位の解消によって彼らを MNR の忠実な支持者とするとともに、ボリビアの寡頭支配勢力「ロスカ」の一翼を担う大土地所有者からの権力の奪取を目指した。鉱山国有化は、ロスカのもう一つの柱であるパティーニョ、アラマヨ、ホッホチルドの 3 家族が支配する巨大錫資本の権力の打倒を目指した。こ

22）引用はダンカレーによる。Dunkerley, *Rebellion*, p. 42.
23）4 大改革については、本書第 1 章第 1 節及び Alexander, *The Bolivian National Revolution*, pp. 57-120, 141-57 も参照。

の3大錫資本は、1952年年革命時にボリビアの錫生産の85％、外貨収入の95％、国家収入の50％を支配していた[24]。

米国との関係で特に問題となるのが鉱山国有化であり、ボリビア革命をめぐる経済的ナショナリズムと共産主義の問題が集約的に現れる。この際注目すべきは、パス大統領、シレス副大統領、ゲバラ外相らMNR指導者のイデオロギー的立場と改革の構想である。前章で指摘したように、彼らはいわば民族主義的開発主義者であり、資本主義的・民族主義的開発モデルに立脚し、錫を中心とする天然資源国有化を梃子にボリビア経済の発展と社会の近代化を目指していた[25]。これらMNR最高指導者は、「ブルジョワ知識人エリート」として「ボリビアを自らのイメージによって作り変える」べく、寡頭支配勢力打倒のため急進的労働運動と提携する一方、常に「左翼を取り込み、その動きを抑え、民族主義的開発主義の枠組みに引き込もうとしていた」のであった[26]。彼らは、マロイの言葉を借りれば、「[本格的社会革命に対しては] 腰の引けた革命家（reluctant revolutionaries）」であり、当初、革命の対象を首都ラパスを中心とする「錫システム」に限定して、鉱山国有化を中心とした改革を構想していた。しかし、革命が想定していた軍事クーデタによる政権掌握ではなく、根本的な社会の変革へと動き出す中で、旧来の政治経済システムの破壊の勢いは人口の大半を占める農村地帯にも及び、本格的な農地改革の実施も余儀なくされていくのである[27]。

こうしたMNR指導部にとって、改革と経済発展の実現のための鍵の一つが対米関係であった。彼らは第一次革命の経験から対米宥和を最優先し、まずは米国の共産主義に関する懸念の除去に努め、その上で経済的ナショナリズムの問題に対応しようとした。ゲバラ外相によれば、革命政権は米国に対してまず以下の2点の説得に努めた[28]。

(1) MNR政権は、現実主義的政治家の集まりであり、共産主義者は含まれ

---

24) Thorn, "The Economic Transformation," p. 169.
25) Weston, "An Ideology of Modernization," pp. 85-101.
26) Malloy, *Bolivia*, pp. 162-63.
27) *Ibid.*

第3章　トルーマン政権の「リベラル・プロジェクト」と1952年ボリビア革命　125

ておらず、ボリビアにおける共産主義勢力拡大阻止の最善の手段である。
(2)　経済状態の極端な悪化により、外部からの援助がなくては、ボリビア
　　経済の発展は望めず、そのため MNR 政権も持ちこたえることができな
　　い[29]。

　ボリビア革命政権の対米外交は、主にパス大統領、ゲバラ外相、アンドラー
デ駐米大使の3人の MNR 指導者を中心に行われた[30]。米国の政策が MNR 革
命の死命を制することを強く意識するパス大統領が対米外交の全体的方向性を
決め、革命政権が反共的であり、親米的であることの説得に全力を注いだ。パ
スは日常の外交に関しては、ゲバラ外相にボリビアの国益の擁護を任せた。ゲ
バラはほぼ毎日パスと会って外交戦略について協議し、重要案件についてしば
しば閣議の承認に先んじてパスの了承を得ることができた[31]。一方、アンドラ
ーデ大使は、ビジャロエル政権時に外相や駐米大使を歴任して以来、ワシント
ンの政府や議会関係者、さらに労働組合関係者との間に培った幅広い人脈をフ
ルに活用して対米外交にあたった。実際にアンドラーデの駐米大使としての最

---

28)　1952年5月5日の国務省の覚書は、ゲバラ外相に関する興味深い分析を行っている。最新の
　　情報をまとめた同覚書によれば、ゲバラは、「マッカーシー上院議員なら『赤』と呼ぶだろうが、
　　『ネーション』誌や『ニューリパブリック』誌であればもろ手を挙げて歓迎するような独立心
　　のあるリベラル左派」と評している。そして、エルソーグ前大統領が、ゲバラは「1943年には
　　共産党のスパイであることを自ら認め、最近では農民向けの『赤』のパンフレット執筆に励ん
　　でいる」と述べていることに対して、これは事実ではなく、ゲバラは「穏健派」であると結論
　　付けている。Memo by William P. Hudson: "New Material on the Bolivian Situation," Central
　　Decimal Files 724.00/5-552, Records of the Department of State, RG59, U.S. National
　　Archives（以下 NA724.00/5-552 の形式で記す）.
29)　1990年1月23日のラパスでのゲバラとのインタビュー。
30)　パス政権の正式な発足に伴って副大統領に就任したシレスは、ボリビア革命政権のスポーク
　　スマンとしてもしばしば重要な役割を果たした。例えば以下を参照。MC by Acheson: "Call of
　　the Vice President of Bolivia," October 7, 1952, Acheson Papers, Box 67a, Harry S. Truman
　　Library（以下 HSTL）; MC by Siles and Hudson: "The MNR Party," October 8, 1952, NA
　　724.00/10-852; MC by Siles and Hudson: "MNR Election Plans; "Constitutionality" of Present
　　Regime," October 8, 1952, NA724.00/10-852.
31)　当時のボリビア外務省では、在米ボリビア大使館との間で年間数百通、1日当たり数通の外
　　交電報のやり取りがあったのみであり、ゲバラはその多くを自ら読んで口述筆記で返信するこ
　　とができた。これによって、ゲバラは、ワシントンとラパス間の情報の流れをかなりの程度コ
　　ントロールし、外務大臣であった革命後の最初の4年間の対米外交で中心的な役割を担うこと
　　ができたと証言している。1990年1月23日のラパスでのゲバラとのインタビュー。

初の重要な仕事の一つは、米国におけるボリビア革命擁護のための対米広報と
ロビー活動の会社捜しであった。ボリビア革命政権は、慎重な検討を続けた結
果、ワシントンのコンサルタント企業サルベージ・リー・アンド・チェースに
決定し、政府・議会・世論への働きかけとともに、ロスカによる米国でのボリ
ビア革命政権に対する批判キャンペーンに対抗しようとした[32]。

　一方のロスカ側は、ニューヨークの広告会社ネイサンソン・ブラザーズと
200万ドル余りで契約して反MNRキャンペーンを託すとともに、ワシントン
でのロビイングにはタイディングス（Millard Tydings）元民主党上院議員を雇い、
度々国務省の担当者に対してMNR革命政権に関する問題提起を行った[33]。革
命政権側とロスカ側は、ともにボリビア革命にとっての米国の重要性を十分認
識し、米政府と米国世論を味方に付けるための広報とプロパガンダをめぐる両
者の熾烈な戦いがワシントンを中心に繰り広げられるのである。しかし、革命
直後のMNR政権にとっては米国の援助は期待すべくもなく、当面最大の課題
は、米国の根強いMNRへの不信感の解消による外交的承認の確保であり、次
にはボリビア革命の成否を経済的に握る対米錫協定の締結であった。そのため
MNR革命指導者は、トルーマン政権に対して、革命の民主的性格と政権の対
米協調姿勢を訴え続ける[34]。

---

32)　1990年1月23日のラパスでのゲバラとのインタビュー；Andrade a Guevara, 22 de agosto,
　　1952, "Abogado y Relaciones Públicas," Nota No. 332, #114, Embajada de Bolivia en Washing-
　　ton, Ministerio de Relaciones Exteriores y Culto, Bolivia（以下MRECB）; Andrade a Guevara:
　　"Firma Relaniones Públicas," 1 de abril, 1953, Nota No. 89, #116, *ibid.*; Andrade, *My Missions*,
　　pp. 136-41, 157-62.　アンドラーデの対米認識に関しては、Siekmeier, *The Bolivian Revolution*,
　　pp. 55-72 も参照。南米の貧しい小国であるボリビアが戦後間もない1952年の時点で、こうし
　　たワシントンでのロビー・広報活動の重要性を強く認識して、実際に本格的なキャンペーンを
　　展開した事実は注目に値しよう。戦後の日本が米国の重要な貿易パートナー及び同盟国として、
　　ワシントンで本格的なロビー・広報活動を開始するが1970年代であることと比べてもはるか
　　に早かったといえる。Pat Choate, *Agents of Influence: How Japan Manipulates America's
　　Political and Economic System*（New York: Knopf, 1990）, pp. 64-76.　これはやはりパスやア
　　ンドラーデ等のボリビア革命の指導者、特にワシントンに精通していたアンドラーデ大使の影
　　響が大きいといえよう。

33)　Andrade, *My Mission*, pp. 134-38, 157-62; Tel 86 from Acheson to US Embassy（以下Emb）
　　in La Paz（以下LP）, September 25, 1952, *FRUS, 1952-54*, IV, p. 507.

34)　4月9日の反乱開始直後、シレスは、MNR蜂起が「完全に民主的なもので、国際共産主義
　　とは全く関係がない」旨強調し、パスも亡命先のブエノスアイレスの自宅にニューヨーク・タ
　　イムズ紙記者を招き、NNRが「錫鉱山労働者、農民大衆、中産階級、大学生からなる国民政党
　　である」旨強調した。*New York Times*, April 10, 1952.

4. トルーマン政権の初期の対応

　トルーマン政権にとって、MNR による政権奪取自体は必ずしも予想外の事態ではなかった。しかし、クーデタではなく民衆の大規模蜂起と軍との全面的対決を制しての革命政権の成立は想定外であり、当初静観の構えをとって新政府の性格を見極めようとした。注目されるのは、革命政権成立直後からの国務省を中心とした米政府関係者らの対 MNR 認識の急速な変化である。国務省は 1952 年初めからバジビアン臨時軍事政権に対するボリビア国内での支持の急速な低下を強く懸念していた。ボリビア担当官ハドソン（William Hudson）は、新任の駐ボリビア大使スパークス（Edward Sparks）宛の 1952 年 2 月 28 日の覚書の中で、現在の軍事政権に代わって政権を担当する可能性があるのは MNR のみだが、あらゆる点で MNR 政権より望ましいとして、バジビアン政権への支持の重要性を力説する。覚書は、もし大統領選挙が直ちに行われれば、1951 年と同様に MNR が再び勝利するのは確実だが、これはボリビアの有権者の多数が MNR を支持しているためではなく、反 MNR 勢力が「ひどい分裂状態にある」ためであり、軍事政権は、「選挙を多数の意思に関する真のテストとするために、分裂した『民主的』諸政党が十分な力を蓄えて統一する」ことを「真摯に期待して」選挙の実施を遅らせていると強調した。ハドソンによれば、MNR は民主的でも親米的でもなく、極度に民族主義的で企業活動に批判的で、米国が必要とする戦略資源の生産に協力的でないだけでなく、東側に資源を売らないという軍事政権の反共政策を覆す恐れがあり、何よりも共産党の支持を受け入れており、政権に就いた場合、共産主義勢力の支配下に陥る恐れがあると強く警告している。こうした MNR 観はハドソン個人の見解ではなく、米政府内で広く共有された見方であり、1951 年 12 月の国務省の政策文書においても MNR が「右派」政党で、ボリビアにおける立憲的秩序にとって大きな脅威となっていると指摘している[35]。

　しかし、こうした歪んだ MNR 認識は、革命直後からハドソン自身も含め、

35）　Memo from Hudson to Sparks, "Your Call on the President," February 28, 1952, NA724.00/2-2852; DS, "Policy Statement: Bolivia," December 19, 1951, NA611.24/12-1951.

国務省南米部長アトウッド（Rollin Atwood）、米州担当国務次官補ミラーらの間で急速に変化していく。彼らは、当初、新政権の統治能力や保守系新聞への弾圧に懸念を抱いていたが、特に懸念したのは革命政権に対するペロニズムの影響であった[36]。実際、4月9日の反乱は、亡命先のブエノスアイレスからパスの指示に基づいて開始されており、ブエノスアイレスのペロニスト紙『ラプレンサ』が、ボリビア新政権の誕生を「反米英帝国主義陣営強化」として歓迎したほか、ペロン自身も反乱成功後直ちに、新政権に対する大規模な空輸による緊急医療援助を行っている[37]。しかし、こうしたペロニズムに対する米政府の懸念も4月以降急速に薄れていく。国務省は、革命勃発直後から在ボリビア米大使館からの詳細な情報や米国在住ボリビア人らとの接触等を通じて、ダイナミックに変貌してきたMNRの実像に初めて迫る。即ち、MNRが必ずしもファシズムとペロニズムの影響を受けた「過激な」反米主義的超国家主義者の集団ではなく、実は左右にまたがる国民の広範な支持と参加の上に成り立っており、新政権は、パスに代表される実務派民族主義指導者が、左右の微妙なバランスを保つことによって維持されていることが明らかとなる[38]。

　今や米政府は、正規軍の解体とレチン指導下の労働者民兵による革命政権防衛と治安維持という現実を前に、ボリビア革命の「共産化」の可能性と「過激な」経済的ナショナリズムの台頭を憂慮し始める。実際、パスは帰国後の自らの政権発足に際して、シレスの臨時内閣から閣僚の多くを引き続くものの、レチン鉱業相に加えてブトゥロン（Germán Butrón）労働相とチャベス（Nuflo Chávez）農業相という新たな2名の労働者大臣を内閣に加え、さらに労働者との「共同政府（cogobierno）」の成立を宣言した。この3名の労働閣僚はMNR党員でもあり、それぞれ強力な組合指導者として政府の意向を組合側に説得する役割も担うことになるが、MNR政権に対する労働側の要求を突きつける強力

36）　Tel from Acheson to US Emb in LP, April 14, 1952, NA 724.00/4-1252; MC by Miller: "The Situation in Bolivia," April 25, 1952, NA 724.00/2-2552.

37）　*New York Times*, April 12, 13, 16, 1952; "Summary of Daily Telegrams," April 23, 1952, Box 23, Naval Aide Files（以下 NAF）, HSTL.

38）　Despatch（以下 Desp）from LP to DS, April 14, 1952, NA724.00/4-1452; MC by Miller, April 25, 1952; MC by Mann: "Situation in Bolivia," April 24, 1952, NA 724.00/4-2452.　第2章でも触れたようにMNRの急速な拡大は、PORやPCB等の左派勢力による「エントリスモ」戦略によっても進行していた。

第3章　トルーマン政権の「リベラル・プロジェクト」と1952年ボリビア革命　129

な窓口ができたのは確かであった。さらに労働側は、4月17日には国内の労働団体を糾合し、ボリビア史上初の全国的労働組合連合「ボリビア労働本部（Central Obrera Boliviana: COB）」を設立して共同政府に強力な圧力を加え始める[39]。ダンカレーによって「世界で最も急進的な労働組合連合の一つ」と評されたCOBは、ボリビア革命政治の中心的舞台として、パスらMNR指導部、レチンら党内労働左派、党外のトロッキー派ならびにスターリン派共産主義者らの間で、革命の方向性をめぐる最も重要な闘争の場となる[40]。一方、対米関係との関連でCOBに関して特徴的な点の一つは、その政治的自立性の強さであった。ダンカレーも強調するように、COBは、特定の左翼政党に従属することを一貫して拒否し、対外的にもソ連主導のラテンアメリカのラテンアメリカ労働連盟（CTAL）に加盟労組が加わることも許さなかった。こうした自立性の強調はボリビア左翼に特徴的であり、グアテマラの組合連合がCTALに加盟していたのとは対照的で、国務省もその点を認識していた[41]。

　MNR指導部と党内左派及びPOR・PIR等共産党勢力との対立は、1952年5月2日のCOB機関誌『レベリオン』の論説をめぐる一連の論争に端的に現れている。POR系指導者が主導権を握る同誌は、鉱山と鉄道の即時無補償国有化という「過激な」経済的ナショナリズムの要求に加え、「生産の労働者管理、給与の全面的引き上げ、『ヤンキー使節』の追放、貿易・国内商業の国家管理、農業革命」を求め、さらに朝鮮、インドシナ、エジプト、モロッコの「独立戦士」や「真の民主主義のため戦う衛星諸国」との連帯を宣言し、ボリビア反動勢力が「米軍事使節と米大使館監督下の一群のFBIスパイと協力してあらゆ

---

39)　COBに関しては、Malloy, *Bolivia*, pp. 185-87を参照。遅野井茂雄は、COBを「中央労働本部」と訳している。遅野井茂雄「ボリビア革命：早熟な未完の革命と遺産、労組と軍」真鍋『ボリビアを知るための73章』、p. 126。

40)　Dunkerley, *Rebellion*, pp. 43-46. 特にレチンは、米政府からはボリビア労働運動左派の総帥として常に強い警戒の的であり続けるが、実際には左派の「現実主義者」としてパスらのMNR中核的指導者らとの交渉と妥協を繰り返しながら自らの権力基盤である鉱山労働者を中心に労働者の利益の増進に努め、対米外交の一翼も担っていくことになる。一方、米政府当局者は、こうしたレチンの「過激主義」への懸念の一方で、上記の「現実主義」に関しては「機会主義的（opportunist）」としばしば言及することになる。レチンについて詳しくは、Lupe Cajias, *Historia de una leyenda: Vida y palabra de Juan Lechín Oquendo, líder de los mineros bolivianos*, segunda edición（La Paz: Ediciones Gráficas "EG," 1989）を参照。

41)　Tel 458 from Maleady to the Secretary of State（以下SS）, May 13, 1952, NA724.00/5-1252.

る犯罪行為を行なってきた」と断罪した。こうした論調は、4月9日以来ボリビア労働運動で大勢を占めていたが、「共同政府」のパートナー COB の機関誌で表明されただけに、共産主義と経済的ナショナリズムの問題について、トルーマン政権の信頼確保に全力を傾けていたパス政権首脳にとって容認しうるものではなかった。シレス副大統領は、翌日政府を代表して強力に反論する。シレスは、MNR が「マルクス主義イデオロギーを公式に受け入れたことはない」としたうえで、パス政権はボリビアでの「反共の最後の砦」であり、「モスクワ、ブエノスアイレス、ワシントンからの国際的独立と民族的自立」を目指しており、『レベリオン』の「共産主義的」見解は反 MNR 派のものであり、今後「極左勢力」を政府の「厳しい監督下に置く」と公約している。またゲバラ外相は、この件に関してマレーディー（Thomas Maleady）米代理大使と会見し、『レベリオン』の「共産主義的傾向」は、レチンの「不注意」のためであり、政府は労働運動指導部からトロツキスト派の排除に努め、以後、党の方針に「完全に従った」編集長の下でのみ発行される旨約束した[42]。

　こうした革命政府の非共産主義的性格を米政府に印象付けるためのキャンペーンは、パスが率先して行っており、他の革命指導者に対し、共産主義勢力と一線を画し反米的言動を避けることが強く求められた。MNR の中核的指導者たちは、米政府にとって「過激な」経済的ナショナリズムと並んで、反米主義が共産主義進出の有力な指標となっていたことをよく理解していたのである。この典型的な例が、5月初めの式典での MNR 指導者の演説である。左派指導者レチンは、農地改革と鉱山・鉄道国有化の必要性を訴えた後で、国有化は「共産主義的」手段ではなく「民族的自己防衛の姿勢」であると強調する。また、別の MNR 指導者は「外国帝国主義の影響」を非難するが、それは米国ではなく、国際共産主義と PIR を指していた。マレーディーは、密かにこれら演説原稿のオリジナルを入手したが、両者の上記引用部分は、実は同じ筆跡で書き加えられたものであり、そこにはさらに同じ筆跡で「対米非難の禁止」、「我々は赤ではない」という書き込みもあった。マレーディーは、前後の状況からこれらの書き込みは、パスが行ったものと推測し、国務省に報告している。ことの

42）　*New York Times*, May 3, 4, 1952; Maleady to SS, May 13, 1952.

真偽はともかく、在ラパス米大使館は、共産主義の問題に関するパスの指導力を強く認識し始めていたのである[43]。

　MNR 指導部は、経済的ナショナリズムの問題に関しても党内左派及び POR・PCB 系の COB 左派に対し攻勢に転ずる。パス政権は、成立当初から錫鉱山国有化を革命政権の当面の最大の課題としており、その必要性については政権内外で幅広い合意があったが、問題はその方法であった。左派の唱える即時無補償国有化といういわば「社会主義的・共産主義的」国有化に対し、パスら MNR 最高指導者は、国有化問題に触れる度に、ボリビアの経済的発展に外国資本の導入が不可欠として、「国際的義務履行」の必要性と投資への「正当な利潤」の尊重を強調した[44]。国有化への補償、特に米国の要求する補償原則に則った「公正な」補償のいかんが、革命政治の焦点の一つとなるのである。『レベリオン』事件に見られるように、即時無補償国有化要求は COB を中心に高まる一方であり、パスは、「過激な」経済的ナショナリズムのうねりに流されないよう、1952 年 5 月 14 日にシレスを議長とした鉱山国有化に関する審議会設立を宣言し、問題の引き延ばしを図った。これは、革命政府承認前の段階で急進派主導の国有化によりトルーマン政権を刺激することを避けるとともに、武力蜂起後攻勢を強めていた急進派から革命の主導権を取り戻そうとするものでもあった。国有化問題の一次的棚上げにより、MNR 指導部はそうした主導権の回復に成功するのである[45]。

5. 外交的承認

　こうした MNR 指導部による精力的なキャンペーンは、国務省担当者の対 MNR 認識を大きく変え、従来の不信感の除去に貢献する。ボリビア担当官ハドソンは、既に 4 月 30 日の時点で、パスら「穏健派」指導者によるレチンら左

---

43) Desp 775 from Maleady to SS: "Speeches on First Anniversary of MNR Election Victory," May 7, 1952, NA724.00/5-752. また、MNR は、メーデーでは赤旗等を禁止し、赤い腕章をつけた者が行列から次々と引きずり出された旨報告されている。Desp 779 from Cobb to SS: "Observations on the MNR Government After One Month," May 9, 1952, NA724.00/5-952. 1989 年 2 月 27 日ワシントンでのコブとのインタビュー。

44) *New York Times*, April 15, 16, 20, 1952; *El Diario* (La Paz), April 17, 1952.

45) Dunkerley, *Rebellion in the Veins*, p. 43.

派へのコントロールの努力を評価し始め、承認の遅れが革命政府内で「急進派」台頭を招くことへの懸念を表明している。こうした状況分析は国務省内で広く受け入れられ、5月初めにはミラー国務次官補も、パスら「穏健派」の指導力に自信を深め、かつてのビジャロエル政権への不承認政策とは対照的に、「急進派」指導者の閣外追放をパス政権承認の条件としないことを決めている[46]。またトルーマン政権が協議を続けていたボリビア隣接諸国も5月に入り、ブラジルを中心にパス政権承認への積極的姿勢を表明する。ボリビア旧支配層の多くが亡命し、現地の政治指導者とも関係の深いペルー、チリ両国は、パス政権の「共産主義的傾向」に懸念を表明し続けたが、承認の遅れは、ボリビア革命政府をペロン陣営に追いやるとのブラジルの議論が、米政府のパス政権評価とともに、米州内の世論を早期承認へと向かわせた[47]。こうした展開を受け、アチソン（Dean Acheson）国務長官は、5月22日の大統領への覚書で、パスがレチンら「極左勢力」を抑えうる唯一の政治家であるとして、パス政権承認を提言する。アチソンによれば、国務省はレチンらの錫産業の即時無補償国有化要求には「重大な」懸念を持つが、承認を条件に国有化阻止はできず、承認の遅れはむしろ政府内の「過激派」の立場を強め、革命政府をアルゼンチン陣営に追いやるとして、米州諸国、及び英仏との早期共同承認を提起する。トルーマンも公電等からこうした提言を予想していたとして、5日後に承認のゴーサインを出す。国務省は、ラテンアメリカ諸国及び英仏と協議のうえ、6月2日に共同承認に踏み切る[48]。

　ここに米国と革命ボリビアは、1930年代末から続いた対立と不信から和解と協力への道を模索し始める。しかし、外交的承認自体は両者の和解の第一歩にすぎず、永続的な協力関係の確立からは程遠いものであった。トルーマン政権にとっては、ボリビアの寡頭支配体制が崩壊し、軍部も無力化する中で、パ

---

46) Memo from Hudson to Miller, April 30, 1952, NA724.00/4-3052; Tel 312 from Miller to US Emb in LP, NA724.00/4-2752.

47) "Summary of Telegrams," May 15, 1952, Daily Briefs, March-April 1952, Box 23, NAF, HSTL. 当然ブラジルは、域内のライバル大国であるアルゼンチンのボリビアへの影響力拡大を望んでいなかった。

48) Memo for the President from Acheson: "Diplomatic relations with Bolivia," May 22, 1952, NA 611.24/5-2752; MC with the President by Acheson: "Bolivian recognition," May 22, 1952, Box 67, Acheson Papers, HSTL.

ス指導下の MNR がボリビア政局安定化を図り、革命の「過激化」と共産化を防ぐ可能性を持ち、米国にとって許容できる唯一の政治勢力だと考えられたのである。承認後も米国は、パス政権に対して、共産主義と経済的ナショナリズムの問題で「穏健派」支配の確立と対米協調の証しを求め続ける。一方、ボリビア革命指導部にとって外交的承認は、MNR 革命の正統性が初めて国際的に認知されたことを意味し、政権復帰を狙う旧支配層との国内外の闘争で革命政府の立場を決定的に強めた[49]。承認後両国関係の焦点は、錫購入協定と錫鉱山国有化の問題に移るが、トルーマン政権は、両者のリンケージによって後者の阻止、ないし骨抜きを図ろうとする。

6. 錫購入協定交渉と錫鉱山国有化問題

米・ボリビア間の錫協定交渉は、7 月末のアンドラーデ大使のワシントン着任後直ちに開始される。革命直前まで続いた軍事政権との交渉で最大の対立点は価格問題であった。軍事政権側が重要資源を「安く」売り渡すことで売国奴と非難され、政権崩壊につながることを恐れる一方、米国側の交渉窓口である復興金融公社（RFC）は、議会から新規購入価格引き下げ等を強く迫られるなど、双方とも厳しい国内事情を抱えていた。しかし、両国間の「錫戦争」へのラテンアメリカ諸国の批判が高まり、経済悪化によりボリビアの政情不安が進む中で、国務省は 1952 年初めに買入れ価格引き上げと経済援助増額によって問題の政治的決着を図ろうとしていた[50]。しかし、1952 年 4 月の革命勃発は、錫協定問題とボリビアの革命的ナショナリズムへの対応という困難な問題とを不可分に結び付ける。

1952 年 7 月に始まった錫協定をめぐる協議の中でアンドラーデは、革命政権にとって重要なのはもはや価格でなく 1 年以上の中・長期協定の締結である

---

49) 米国の承認は、旧支配層にとって大きな痛手であり、エルツォーク政権の外相アルベルト・グティエレスは、米国は「ナチ・ファシスト」と「共産主義者」の集合体である MNR 政府に「無思慮にも」手を貸したと非難した。Ostria Gutierrez, *The Tragedy of Bolivia*, p. 198.

50) 当初ボリビア側は 1 ポンド 1 ドル 50 セント、RFC 側は 1 ドル 12 セントを主張して対立した。Memo from Thorp and Miller to SS, April 2, 1952, *FRUS, 1952-1954*, VI, pp. 485-89; *New York Times*, April 16, 1952.

旨強調するが、国務省側は、錫産業国有化が予定されている中で、国有化に伴う所有権の紛糾といった「純粋に経済的」問題のため、RFC はスポット市場での購入はともかく、長期協定は結べないと応じた[51]。こうした米側の主張にもかかわらず、国務省が錫協定を重要な政治的問題と捉えていたのは明らかで、協定締結は外交的承認以上にボリビア革命政府への積極的テコ入れと見なされ、そのためには、国有化問題の「公正な」解決によって、パス政府が「穏健」かつ「責任ある」政権であることを具体的に示すことが必要とされたのである。アチソン国務長官は、在ラパス大使館への訓電でこうした点を強調するが、これを受けてスパークス大使はパス大統領と面会し、錫産業の国有化は主権国家ボリビアが決めることであるが、米国は、国際法の補償原則に則った国有化のいかんに重大な関心を持ち、もし「公正な」国有化が無理なら国有化自体の中止が望ましい旨強調した。これに対してパスは、錫国有化は国内政治的に不可避で、米国のいう「公正な」補償実現のためには、錫購入協定締結が先決であると反論した。実際ボリビアは、錫の国際価格急落や革命後の国内経済混乱によって経済危機の様相を呈し始めており、国務省の主張する「即時・適切・効果的」補償を行える余地は全くなかった[52]。しかし、パスは、一方で国有化問題審議会を通じてレチンら左派の懐柔に努め、米国の重視する補償原則を盛り込む努力も続けた[53]。

こうした努力の結果が 1952 年 10 月 31 日の鉱山国有化令であり、MNR 政府・党内での左右両派の妥協の産物であった。MNR 指導部は、米国の国有化資産補償の 3 原則には程遠いものの、鉱山所有者への補償条項を確保する一方、国有化鉱山運営に関しては左派に重要な譲歩を行う。即ち国有化令は、左派が強く求めた労働者の自主管理は認めなかったが、国有化鉱山経営のため設立し

---

51) MC by Miller: "Bolivian Tin," July 31, 1952, *FRUS, 1952–54*, IV, pp. 496–98; MC by Atwood: "Tin Talks," August 18, 1952, *ibid.*, pp. 498–501.

52) 国務省の求める「即時（prompt）・適切（adequate）・効果的（effective）」補償とは、「完全な市場価格に対する国際的に兌換可能な通貨［ハードカレンシー］での即時［国有化時］ないし殆ど即時の支払い」というものであり、米国資産国有化の際の補償原則として一貫して主張されてきた。詳しくは、Paul E. Sigmund, *Multinationals in Latin America: The Politics of Nationalization*（Madison: University of Wisconsin Press, 1980), pp. 7–13 を参照。

53) Tel 70 from Acheson to US Emb in La Paz, Sept. 8, 1952, *FRUS, 1952–54*, IV, p. 502; Tel 80 from Acheson to US Emb in LP, September 19, 1952, *ibid.*, pp. 503–04; Tel 97 from Sparks to DS, September 24, 1952, *ibid.*, pp. 505–06.

第3章　トルーマン政権の「リベラル・プロジェクト」と1952年ボリビア革命　**135**

た「ボリビア鉱山公社（Corporación Minero de Bolivia: COMIBOL）」への労働者代表の参加を認め、労働者の「福祉」に関する事項への拒否権を与えたのである。これは、労働者に錫鉱山運営の事実上の決定権を与えたに等しく、ボリビア労働運動の重要な勝利ともいえた。しかし、ダンカレーによれば、これは MNR 指導部による左派懐柔の巧みさを示すものでもあり、国有化問題審議会は MNR 指導者間の「裏取引」の場となり、パスらはレチンの支持基盤である FSTMB にのみこうした特別待遇を与え、POR・PIR 系の COB 左派指導者との離間を図ったのである[54]。

　対米関係にとっては、補償条項の存在だけでなく、国有化の基本的性格も重要であった。MNR 左派及び PIR・POR 系労働組合が目指したのが鉱山業全体の国有化であり、それを梃子とした社会全体にわたる資本主義的生産関係・財産関係の清算という、社会主義的目標の実現だった。それに対し、MNR 右派ならびにパスら中核的指導者は、国有化を通じ従来ボリビア国内に殆ど再投資されなかった鉱山業の利益の国家管理とそれを梃子とした経済発展を重視していた。国有化令は、国有化によるロスカ権力の打破という一点に左右の妥協点を見出し、国有化の対象を3大資本に限定して米国資本 W・R・グレース社を含む中小資本を除外した。結局、鉱山国有化は「民族主義的・資本主義的色彩が濃厚」であり、私有財産制の否定でも外国資本を狙い打ちにしたものでもなく、「錫貴族」だけを狙った「特殊な孤立した例」だったのである[55]。また、国有化鉱山への米国の投資が限られていたことも MNR 政府に有利に働いた。同時期のグアテマラのように国有化が直ちに米国資本の強力な反対を惹起することもなかったのである。しかし、冷戦の最盛期において、ボリビア鉱山国有化の「資本主義的・非共産主義的」性格は米国内で直ちに理解されず、大規模な国有化というだけで容易に共産主義と結び付けられる恐れがあった。実際に米国のビジネス指導者やマスコミからはそうした懸念が表明され、とりわけロスカは米国内で反 MNR 政府キャンペーンを続け、鉱山国有化は共産主義的な産

---

54)　Dunkerley, *Rebellion in the Veins*, pp. 56-57; Malloy, *Bolivia*, p. 175. パスは、鉱山労働者の経営参加の見返りに将来性のある石油産業等にフリーハンドを得て経済発展に役立てようとしたが、第7章以下で詳しく検討するように、錫鉱山は労働者の聖域となり、その赤字は国家財政への負担となって経済発展の足を引っ張る。Thorn, "The Economic Transformation," p. 160.

55)　*Ibid.*, pp. 160, 169; Malloy, *Bolivia*, pp. 175-76.

業の全面的国有化の第一歩と非難した[56]。

7. 錫国有化後の米・ボリビア関係

　国務省は、ロスカによる米国内でのキャンペーンには懐疑的であったが、MNR政府の実現した補償条項には大いに不満があり、さらにパス政権にそうした限定的補償さえ可能か疑問とした。第一に3大錫資本への広汎な国民的反感から、MNR政府が、ロスカへの補償という政治的リスクを敢えて冒すかどうか疑問があり、第二に革命後の混乱と経済悪化のため革命政府の補償能力自体に疑義が持たれたのである。特に錫長期協定締結は「公正な」補償の実現後とする米国の政策によって、ボリビア経済の悪化は加速され、錫輸出収益の一部を国有化資産への補償に回すとの、パス政権の補償構想自体が成り立たない情勢にあった。米国は「公正な」補償が先とし、ボリビアは錫協定なしに補償は不可能として、両国関係は経済的ナショナリズムの問題をめぐり袋小路に陥るのである。

　しかし、パス政権は、共産主義の問題に関しては、MNR左派指導者への統制強化とCOB指導部からの共産党系指導者の排除等を推し進めた。また外交政策に関しても、国連や米州機構の場で明確な対米協調姿勢を打ち出して米国の冷戦政策を支持する。これは、同時期のグアテマラや後のキューバの革命政権による「自主外交」や革命の「輸出」が米国の不信と反感をあおり、関係悪化を招いたのと対照的であった。1952年ボリビア革命は、第一次革命がその革命的ナショナリズムのエネルギーを強烈な反米英帝国主義として外に向けたのと異なり、ロスカの打倒と国内改革の実現といういわば「内向き」の目標に集中したのであり、指導部の強力な統制もあって反米主義さえも当初影を潜めた。

　国務省は、こうしたパス政権による信頼醸成策と1952年秋からのボリビア経済の一層の悪化を背景として、行き詰まった補償問題と錫長期協定問題の早期解決のための積極的措置を検討し始める[57]。こうした動きの中心となったのは、トルーマン民主党政権からアイゼンハワー共和党政権への移行が近付く中

---

56) *Daily News* (Washington), Nov. 11, 1952.

で、ミラー次官補に代わったマン（Thomas Mann）ラテンアメリカ担当国務次官補代理、アトウッド、ハドソン、そして、スパークスらのキャリア外交官であった。彼らは、錫協定問題は「純粋に経済問題」との従来の公式の立場を修正し、錫協定と国有化補償の両問題の一括解決を目指す[58]。そうした努力は12月17日のマンの覚書に結実するが、そこでは補償問題を両国代表に第三者を交えた調停委員会に委ね、同委員会での審議開始と同時に錫協定交渉の開始が提案されていた[59]。

これは国際調停を軸とするいわば2段階解決方式であり、米側にとって有利にできた巧みな提案といえる。即ち第1段階としてボリビア側が強く求める協定交渉開始を米側が求める補償問題への具体的取り組み（調停委員会での事実上の補償検討作業開始）と同時に始めるが、次の段階としては補償に関する調停の進展をにらみながら協定交渉が進められることになる。米側からすれば両者を結び付けたことによって錫協定交渉を補償調停作業への圧力として利用することができ、もし後者の満足な合意がなければ前者の錫協定もないという形でボリビア側に補償開始に向けての強い圧力がかかる仕組みであった。そうした「安全弁」はあるものの、基本的にはこの提案は、経済的ナショナリズムをめぐるボリビア革命政権との懸案の解決に向けた重要なイニシアチブであり、MNR政権との和解と協力に向けた米側の積極姿勢を示すものであった。

同提案は12月22日にアンドラーデ大使に示されるが、大使の「完全な同意」もあって、国務省内では、錫国有化をめぐるボリビアとの諸懸案解決が間近との楽観的な見通しが語られ始める[60]。国務省は、これによって「公正な」

57）　国務省は、当時同時に進められていたグアテマラ革命政府との補償交渉で関係改善への積極的姿勢を何ら見せなかった。イマーマンによれば、国務省首脳は、既にグアテマラ革命政権が共産主義的ないし共産主義勢力の影響下にあるとして、国有化農地への補償等の諸懸案の交渉による解決に見切りをつけていた。Immerman, *The CIA in Guatemala*, pp. 109-22. 1952年末のボリビア経済の悪化は、Desp 430 from US Emb in LP to DS: "Bolivian Highlights, December 1952," December 22, 1952, NA724.00/12-2252 に詳しい。

58）　国務省は、すべての国有化資産への補償を強調する従来の姿勢も同時に修正するが、これには、米政府の補償要求を比較的少額の米国投資に絞ることで、国有化に起因する両国間の補償問題解決を容易にしようとの政治的配慮も働いていた。MC by Acheson: "Call of the Vice President of Bolivia," October 7, 1952, Acheson Papers, Box 67a, HSTL.

59）　Memo by Mann to Bruce: "Agreement to Negotiate Compensation Arrangement and Tin Purchasing Contract with Bolivia," December 17, 1952, NA824.2544/12-1752.

補償実現という目標自体を放棄してはいなかったが、ボリビア経済の急速な悪化を前に、補償問題に象徴される経済的ナショナリズムの問題以上に、政情不安や「共産化」といった政治的考慮をより緊急性の高いものとして重視し始めたのである。マンは、12月17日の覚書の中で、錫輸出停止によるボリビア経済崩壊は、「極端な反米的傾向を持つ勢力」による権力奪取につながる危険があると警告している。しかし、国務省は、パス政権の性格と政策に満足していたわけではなく、「現状では、現政権がより穏健な政権に取って代わられる可能性は全くない」との判断からやむをえず、革命政権との和解のプロセスを続けたというのが実態であり、最も害の少ない現実的選択肢としてパス政権に対し、限られた形での梃子入れを考慮し始めたといえよう[61]。

　こうしてトルーマン政権末期までには、外交的承認に加えボリビア側が緊急に必要としていた錫協定締結の見通しも出るなど、米国と革命ボリビアとは着実に和解の方向に向かっていた。この背景には、MNR革命本来の性格とパスを中心とした指導部の対米宥和の姿勢があった。パス政権が内外の共産主義の問題と経済的ナショナリズムの問題に関し、そうした姿勢を裏付ける政策遂行の明確な意思と一定の能力を備えていたことが、米側の信頼感醸成に大きく貢献した。これによりトルーマン政権のMNR指導部に対する柔軟な姿勢が可能となり、両国間の和解プロセスが進行したのである[62]。ただし、両国間には圧倒的な力の不均衡があり、このプロセスは、脆弱な立場にあったボリビア革命政権側が様々な形で一方的な対米譲歩を重ねることによって初めて可能となったものであり、その意味でかぎ括弧付きの「和解」ともいうべきものであった。しかし、ボリビア側は単なる受け身の立場にあるだけではなかった。ボリビア革命指導者らは、共産主義や経済的ナショナリズムの問題が、米国との関係で革命にとって持つ危険性を熟知するとともに、一旦自らが「責任ある」反共親

---

60)　Desp 160 from SS to US Emb in LP, December 23, 1952, *FRUS, 1952-54*, IV, pp. 516-18; Mann to McDonald (RFC administrator), January 15, 1953, *ibid.*, p. 522.

61)　Memo by Mann to Bruce, Dec. 17, 1952, NA824.2544/12-1752.

62)　ボリビア革命をめぐる米国の政策に関して、他のラテンアメリカの諸革命と比較して有利であった諸条件について、より詳しい議論は、Kamimura, "The United States and the Bolivian Revolutionaries," pp. 255-64 を参照。

米政権として米側に認められれば、共産主義等に対する米側の懸念を革命の成功と革命政権の存続のために利用しうることもよく承知していたのである。

この後両者は、こうした相互「和解」プロセスの結果、アイゼンハワー政権下で1953年9月には錫協定締結と対ボリビア緊急経済援助決定が同時になされ、さらに54年には長期的援助が決定されるなど、MNR政権が米国のいわば「責任あるパートナー」の地位を確立していく。ただし、そこに至るまでにはボリビア革命政権にとってさらに多くのハードルが待ち受けており、国内の革命政治と対米外交での難しい舵取りが求められ続ける。しかし、重要なことは、国務省内に、パス政権が革命ボリビアで米国の利益に沿った「責任ある」政策を実行しうる唯一の現実的選択肢である、とのコンセンサスがトルーマン政権末期までに形成されたことである。ボリビア政策は、本来米国内の有力企業の関与やマスコミ等の関心も限られ、議会の関わりも比較的少なかったこともあって、実務レベルの官僚の政策への影響力が大きかった。そして、国務省内が限定的ながらパス政権支持で固まりつつあったことは、ボリビア側にとって重要であった。アイゼンハワー政権成立後、ボリビア政策が援助問題も含めて政府内で次第に広く取り上げられ、政策決定のレベルも上昇するにつれて、国務省のキャリア外交官らは、ラテンアメリカ担当の新国務次官補を始めとする政権内の政治任命のリーダーたちを味方に加え、他の関係省庁との政府内政治においても、パス政権の擁護者としての立場をとるようになる。国務省は、こうした過程で予想される世論や議会、そして政府内での批判に応えるためにも、パス政権に対して共産主義と経済的ナショナリズムに関し「過激な」反米左派勢力を抑え、「国際的義務」履行や経済の自由化の推進等「穏健」で「責任ある」政策の推進を執拗に求めていく。まさに米側が「リベラル・プロジェクト」を放棄することはなかったのである。一方、ボリビア側はそうした米国の強い圧力の中で、米国の政策を革命政権にとって可能な限り有利な方向へ導き、米側から最大限の援助を引き出すべく、共産主義・過激主義の脅威を掲げて「弱者の恫喝」ともいうべき巧みな外交を展開していく。次章では、そうしたアイゼンハワー政権の政策とボリビア側の対応を検討する。

第4章 アイゼンハワー政権のラテンアメリカ 援助政策とボリビア革命(1953年1月～4月)

　1953年1月に成立したアイゼンハワー政権は、同年10月にボリビア革命政権に対する緊急経済援助を決定し、対ボリビア援助を開始する。アイゼンハワーは、1955年までには当初の緊急援助を革命政権に対する半ば恒常的な支援政策へと変質させ、その後の歴代政権によって1964年の軍事クーデタによるMNR政権倒壊まで続く大規模な経済援助の基礎を築くのである。このアイゼンハワー政権による革命政権への援助は、既に見てきたように20世紀の米国とラテンアメリカ、さらには第三世界との関係の中で異例であるだけでなく、援助決定が強烈な反共主義を掲げ、同時期のイランやグアテマラの民族主義的政権に対する介入政策で知られるアイゼンハワー政権によって行われた点でも例外的である。同政権は第三世界の革命運動や革命政権をしばしばソ連主導の国際共産主義運動の手先と見なし、外交的・経済的圧力やCIAによる政権転覆工作等を試みている。

　こうしたアイゼンハワー政権の援助決定の背景には、前章で検討したトルーマン政権下で進行したボリビア革命勢力と米国との「和解」と、その前提としてのパス以下のボリビア革命政権の中道実務派指導部による対米信頼醸成のための各種政策があった。そこで本章では、こうした特異性を持つアイゼンハワー政権のボリビア革命への対応の意味を明らかにするため、以下、まずは同政権のラテンアメリカ政策及び援助政策の中にボリビア政策を位置付ける。そして、政権成立直後の1953年1月から5月までの時期について、対ボリビア援助を推進した国務省に焦点を合わせてアイゼンハワー政権の援助決定の初期のプロセスを歴史的に検証し、あわせて米国と革命ボリビアとの援助政策をめぐる相互的なプロセスの解明を目指す。

1. アイゼンハワー政権の対外援助政策とラテンアメリカ

1954 年のグアテマラ革命への介入や 1959 年のキューバ革命への対応に見られるように、アイゼンハワー政権は、米国の裏庭たる西半球での共産主義の勢力拡大の危険に対しては、直接の軍事介入等ではなく、CIA による政権転覆工作等の手段で対応した[1]。こうした事例を除くと、アイゼンハワー政権は、欧州、中東や東アジアに比べてラテンアメリカでは共産主義の直接の脅威は少ないとして、通常は「放置政策」をとった[2]。実際、アイゼンハワー政権首脳が最も懸念していたのは、ラテンアメリカに対するソ連の直接介入や現地政府の共産化よりはむしろ、ソ連主導下の共産主義勢力と現地の「過激な」ナショナリストらの提携であった。アイゼンハワーによれば、

> ナショナリズムは勢力を広げており、世界共産主義は、自由世界で反対運動を生み出すためナショナリズムを利用している。モスクワは、誤った考えを持つ多くの人々に、民族主義的な野望を実現し、維持するために共産主義が頼りになると信じ込ませている。実際に起こっていることは、共産主義者は、世界革命とクレムリンによる世界支配という目的の実現のために、現存する諸関係の破壊によって生じる混乱や貿易、安全保障、諸協定の停止による困難や不安を利用しようとしているのである[3]。

---

1) 米国のグアテマラ革命に対する政策関しては、多くの著作があるが定評あるものとして、Immerman, *The CIA in Guatemala* を、キューバ革命に関してはさらに膨大な研究があるが、とりあえず Welch, *Response to Revolution* を参照。

2) アイゼンハワー政権の冷戦外交に関しては英文を中心に膨大な文献があるが、とりあえず邦語文献としては、アイゼンハワー外交全体に関しては、佐々木卓也『アイゼンハワー政権の封じ込め政策：ソ連の脅威、ミサイル・ギャップ論争と東西交流』（有斐閣、2008 年）、欧州に関しては、倉科一希『アイゼンハワー政権と西ドイツ：同盟政策としての東西軍備管理交渉』（ミネルヴァ書房、2008 年）、中東に関しては、泉淳『アイゼンハワー政権の中東政策』（国際書院、2001 年）、小野沢透『幻の同盟：冷戦初期アメリカの中東政策（上）・（下）』（名古屋大学出版会、2016 年）、東アジアに関しては、李鐘元『東アジア冷戦と韓米日関係』（東京大学出版会、1996 年）、東南アジアに関しては松岡完『ダレス外交とインドシナ』（同文舘、1988 年）を参照。対外経済政策に関しては、石井修『「政治経済戦争」としての米国対外経済政策』『国際政治』70（1982 年 5 月）、pp. 100-19 を参照。ラテンアメリカに関しては、Rabe, *Eisenhower* が最も包括的である。

第4章　アイゼンハワー政権のラテンアメリカ援助政策とボリビア革命　**143**

　第三世界のナショナリズムと共産主義との関係に関するこうしたアイゼンハワーの懸念は、ラテンアメリカに関する政権の最初の政策ガイドラインであるNSC（国家安全保障会議）144/1（1953年3月18日付）に具体化する。NSC144/1では、ラテンアメリカの殆どの政権が経済発展の実現と生活水準の向上を求める一般大衆から強烈な圧力を受けているとして、ラテンアメリカにおける「過激な民族主義政権への傾斜」が指摘されている。NSC144/1は、こうしたナショナリズムの伸張が、ラテンアメリカにおける「歴史的な反米感情」のため、共産主義者によって利用されることを警告し、新政権のラテンアメリカ政策の主要目標を、ラテンアメリカのナショナリズムと共産主義との結び付きを防ぐために米州諸国間の連帯を確保し、ソ連との世界的闘争にラテンアメリカ諸国を動員することであるとした。この目的のためにアイゼンハワー政権は広報キャンペーンを利用した。これはトルーマン政権の8年間に無視され続けたという、ラテンアメリカ側の強い不満をなだめることに重点が置かれた[4]。NSC144/1に対する1953年7月23日付の最初の実施状況報告では、新政権の最初の6カ月間に政権首脳のラテンアメリカへの高い関心を示す具体例として、パンアメリカン・デー（4月14日）を記念する米州機構（OAS）理事会での大統領の演説等を列挙し、その成果を誇っている[5]。しかし、スティーブン・レイブも指摘するように、こうした政策はもっぱら安上がりのジェスチャーといえ、ラテンアメリカ側が最も関心を寄せる貿易や援助等の実質的な問題に関する譲歩の姿勢は殆どなかった[6]。

　ラテンアメリカ側が、経済発展と国民生活向上のため途上国に有利な貿易体制や援助政策を求めたのに対して、アイゼンハワー政権の対外経済政策の基本は、バートン・カウフマンが言うように「援助ではなく貿易（trade not aid）」で

---

3)　Robert H. Ferrell, ed., *Eisenhower Diaries* (New York: W. W. Norton, 1981), p. 223.

4)　NSC 144/1: "United States Objectives and Courses of Action with Respect to Latin America," March 18, 1953, in *FRUS, 1952–54*, IV, pp. 6-7. 同時期のCIAの報告書は、ラテンアメリカでのナショナリズムの高揚が、米州での戦略物資の確保や軍事協力を困難にする危険性を指摘している。Rabe, *Eisenhower and Latin America*, p. 31.

5)　Memo from Under Secretary of State Smith to the Executive Secretary of the NSC, Lay: "First Progress Report on NSC 144/1, United States Objectives and Courses of Action with Respect to Latin America," July 23, 1953, *FRUS, 1952–54*, IV, pp. 12-14.

6)　Rabe, *Eisenhower and Latin America*, pp. 31-33.

あった。これは、前章で検討したトルーマン政権の「リベラル・プロジェクト」の継続と言えるが、前政権以上に保守的な経済的自由主義に基づく途上地域へ「経済協力」のアプローチであった。その背景には大統領の信任の篤いハンフリー（George Humphrey）財務長官ら政権内の財政保守主義者の存在があった。彼らの強力な指導の下に、民主党政権下で続いた赤字財政からの脱却と財政均衡が目指される中で、対外援助政策に関しても公的資金による援助ではなく、貿易と企業投資に基づく経済発展が説かれ、政権発足とともに各種援助プログラムが次々と縮小・廃止されていった。ハンフリー財務長官が自らの使命としていたのは、ニューディール以来の長期にわたる民主党政権下で肥大化した連邦政府と政府権限の縮小であり、対外経済政策および援助政策の執行にも効率性やビジネスの手法の導入と「無駄な」経費の削減が求められた。途上国の経済発展において貿易と企業投資が中心的役割を果たすべきだとする見解は、トルーマン期からアイゼンハワー期を通じて政府内で支配的であったが、アイゼンハワー政権第1期に特に顕著であった[7]。実際、新政権が対外経済・援助政策面で行った最初の主要な決定は、トルーマンが提案した1954年度相互安全保障法（Mutual Security Act：MSA）予算を76億ドルから55億ドルに削減することであり、防衛と直接関係ない援助予算が特に大きく削られた。国務省は、対外援助プログラムの確保に躍起となったが、米州担当の新国務次官補キャボット（John Cabot）によれば、「対外援助全般の将来」が「暗かった」のであり、元来優先順位の低いラテンアメリカに対する援助の確保は特に困難であった[8]。

こうしたアイゼンハワー政権の財政保守主義は、単に政権首脳の見解を反映していただけでなく、1952年選挙で議会多数党となった与党共和党の議会指導部からの強い圧力の結果でもあった。ノーランド（William Knowland）上院議

---

7)　Burton Kaufmann, "The United States Response to the Soviet Economic Offensive of the 1950s," *Diplomatic History*, 2-2 (1978), pp. 153-65; Kaufman, *Trade and Aid*, pp. 14-15; Thomas Zoumaras, "Eisenhower's Foreign Economic Policy: The Case of Latin America," in Richard A. Melanson and David Mayers, eds., *Reevaluating Eisenhower: American Foreign Policy in the Fifties* (Urbana: University of Illinois Press, 1987), pp. 156-57.

8)　Stephen E. Ambrose, *Eisenhower*, Vol. II: *The President* (New York: Simon and Schuster, 1984), p. 118; Zoumaras, "Eisenhower's Foreign Economic Policy," p. 157.　MC by Cabot, Hudson, Guevara, and Andrade: "United States-Bolivian Relations in General," November 4, 1953, NA 611.24/11-453.　アイゼンハワー政権の同時期の韓国に対する援助に関しては、李鐘元『東アジア冷戦』、pp. 214-223 を参照。

第4章　アイゼンハワー政権のラテンアメリカ援助政策とボリビア革命　**145**

員らの保守派は、相互安全保障プログラムそのものの廃止さえ望んでおり、54
年度 MSA 予算の削減についても、アイゼンハワー政権が当初 60 億ドルへの
削減提案したのに対し、ノーランドらの強い削減圧力によって、55 億ドルで妥
協を図ったという経緯があった。MSA 新予算に関して「軍事関係品目の直接
的な供給が圧倒的割合を占める」とアイゼンハワーが保証したにもかかわらず、
議会共和党保守派の疑念は完全には晴れず、対外援助全体、特に開発目的の経
済援助という「疑わしい」プログラムには強い警戒心を持ち続けた[9]。

　また新政権の財政保守主義は、単に小さな政府の哲学と議会の圧力による産
物だけではなく、当時「大いなる均衡」と呼ばれた軍事と経済とのバランスに
関する信念に基づくものでもあった。アイゼンハワーとダレス（John Foster
Dulles）国務長官、ハンフリーを含む政権指導者らは、軍事力と経済力には密接
で不可分の関係があるという点で一致し、米国は軍事費その他の際限ない財政
支出によって破産の恐れさえあると考えていた。彼らは、政府支出の削減と財
政均衡が健全な経済を確保するための最善の手段であり、長期的に強力な国防
力につながると信じていた。アイゼンハワー外交は、ジョン・ギャディスの言
うように、「可能な限り最低のコストで共産主義の最大限の抑止を実現」する
という戦略に基づいていたのである[10]。

　アイゼンハワー政権による公的援助ではなく貿易と投資の強調は、他の第二
次世界大戦後の米歴代政権と同様に、「自由主義」に対する強い信念に基づい

---

9)　Ambrose, *Eisenhower*, pp. 118-19. アイゼンハワーの 1952 年大統領選への立候補の理由の
　　一つに、孤立主義的言動で知られる共和党保守派指導者タフト（Robert Taft）上院議員の大統
　　領選への出馬を防ぐためという点があった。しかし、タフトは、アイゼンハワー政権成立後、
　　上院院内総務として政権と協力する姿勢に転じ、「税や歳出といった基本的問題に関して、ア
　　イゼンハワーの提案を受け入れるよう多くの共和党保守派を説得」し、「MSA 予算の多くの維
　　持」に貢献したのであった。1953 年 7 月末のタフトの死去は政権にとって大きな痛手であり、
　　その後は、強硬派の新院内総務ノーランドに依存して、議会共和党保守派とやりとりせざるを
　　えなくなった。*Ibid.*

10)　Charles C. Alexander, *Holding the Line: The Eisenhower Era, 1952-1961*（Bloomington,
　　IN: Indiana University Press, 1975）, pp. 28-29; John L. Gaddis, *Strategies of Containment: A
　　Critical Appraisal of Postwar American National Security Policy*（New York: Oxford
　　University Press, 1982）, p. 164. 政府は、MSA 予算削減について、「米国も含めた自由主義諸
　　国の経済を混乱させることのないペースで、相互安全保障を『長期的なもの』とする目的で行
　　われた」と説明した。U. S. Congress, Senate, Committee on Foreign Relations 1977 *Executive
　　Sessions of the Senate Foreign Relations Committee*, Vol. V, 83rd Congress, 1st sess, 1953
　　（Washington: Government Printing Office, 1977）, p. 407.

ており、その点では第二次世界大戦後の他の米歴代政権と同様に自由主義的国際秩序の維持と拡大を目指す「リベラル・プロジェクト」の一環であった。その背景には、伝統的自由主義の立場から個人の財産権を絶対視し、経済の自由化による企業投資や貿易増大、技術の向上等が経済成長を促進し、さらに民主化や政治的安定につながるとするアメリカに伝統的な考え方があった。カウフマンによれば、大統領は、他の政権首脳とともに、関税障壁、輸入割当てやその他の貿易と為替への制限を除去して通商の自由を確保することによってのみ世界経済の成長と繁栄が可能になり、国際貿易が世界平和のための手段として効果的に利用できると確信していた。政権首脳は、貿易自由化と米国資本の自由な流れが、世界の経済発展に貢献し、米国の短期的・長期的利益だけでなく、海外の同盟国や友好国の利害にもかない、世界の福祉にも通じると信じていた。パッケンハムによれば、まさにこうした考えが第二次世界大戦後の米国の対外援助政策の基底にあった[11]。これは米国の「自由主義イデオロギー」そのものであり、序論で検討した「ナショナリズムとしての自由主義」そのものといえよう。そして、これが第三世界に向けられたとき、国家主導の経済発展を目指す途上国のナショナリズムとの根本的な対立は不可避ともいえた。

アイゼンハワー政権は、健全財政、安全保障、自由主義に関するこうした考えに基づいて対外援助政策を遂行したが、「共産化」の危険の少ない地域と見なされたラテンアメリカは、戦略的により重要で「共産化」の危険が強いとされた中東や東アジアとは大きな違いがあった。後者に対しては、政治的・戦略的考慮から軍事援助だけでなく経済援助にも多額の政府資金を投入するなど重点的な援助が行われ、反共主義的外交目的達成のために対外援助政策を積極的に利用した。しかし、前者には経済的観点から「援助ではなく貿易」の方針がより純粋に推進される傾向にあり、政府資金ではなく民間資金の活用が唱えられ、ラテンアメリカ側に対して援助ではなく輸出や投資の拡大とそのための環境整備が求められた。一方のラテンアメリカ側は、「ラテンアメリカにもマーシャルプランを」のスローガンの下に、1940年代末より一貫して米国側に大規模な開発援助プログラムの開始を求めており、アイゼンハワー政権が冷戦的考

---

11) Packenham, *Liberal America*, pp. 3-8, 18-22, 43-49; Kaufman, *Trade and Aid*, pp. 29-32, 37. Kolko, *Confronting the Third World*; Krasner, *Structural Conflict* も参照。

第4章　アイゼンハワー政権のラテンアメリカ援助政策とボリビア革命　**147**

慮を最優先することにも反発した[12]。

　この点に関して象徴的な出来事が政権初期に起きている。アイゼンワーは、自らの弟で信頼する非公式アドバイザーでもあったミルトン・アイゼンハワー（Milton Eisenhower：以下、ミルトン）を 1953 年 6 月～ 7 月に南米の視察に派遣する。ミルトンは、経済発展を求めるラテンアメリカ側に強い共感を示し、視察旅行後の報告書においてそうした思いを政策提言としてまとめた。報告書では、財政保守派への配慮もあって経済発展の基盤として貿易と企業投資の重要性を強調する一方で、ラテンアメリカ諸国を対象とした米国政府による戦略資源の備蓄積み増しと米国輸出入銀行による開発ローンの拡大という二つの政策を提言している。しかし、この両者ともハンフリーを中心とする政権内の保守派の強力な反対に直面した。前者については、1953 年 7 月の朝鮮戦争の休戦前後から国際商品価格が急落し、天然資源の輸出に依存するボリビアを含むラテンアメリカ諸国の多くに深刻な打撃を与えていた。ミルトンが戦略備蓄の積み増しを提言したのは、ラテンアメリカ側が強く求める国際商品協定は、資源価格を固定化して市場の変動から切り離すもので、保守派の強い反発が予想されたためであった。しかし、朝鮮戦争休戦によって戦略備蓄積み増しの必要性自体が薄れ、何より追加的な財政支出が財政赤字を悪化させるとの理由で閣議等での反対を乗り越えることはできなかった。ハンフリーらは、戦略備蓄に名を借りた政府による「経済援助」に強く反発したのであった[13]。

　ミルトンのもう一つの政策提言である輸出入銀行の開発援助借款をめぐっては、国務省と財政保守派との間で政策論争が政権発足以来繰り広げられていた。アイゼンハワー共和党政権は、既に触れたラテンアメリカ重視キャンペーンとは裏腹に、援助問題に関してラテンアメリカで不評であったトルーマン民主党政権の政策からも後退していた[14]。ラテンアメリカ側が開発援助の大幅拡大を求める中で、トルーマン政権期はポイントフォアによる小額の技術援助が中心

---

　12)　Rabe, *Eisenhower*, p. 3.

　13)　Zoumaras, "Foreign Economic Policy," pp. 163-66; Milton Eisenhower, *The Wine Is Bitter: The United States and Latin America* (Garden City, NY: Doubleday, 1963), pp. 199-201.

　14)　トルーマン政権の援助政策に関するラテンアメリカ側の批判に関しては、Dozer, *Are We Good Neighbors?*, pp. 226-73; Roger F. Trask, "The Impact of the Cold War on United States-Latin American Relations, 1945-1949," *Diplomatic History* 1-3 (Summer 1977), pp. 271-84 を参照。

であり、ラテンアメリカという広大な地域の開発問題に関して、基本的に輸出入銀行に任せるという政策が一般化していた。輸出入銀行は、1940年代末以降、米国の経済援助全体の中での役割を減少させていたが、開発借款における比重はむしろ増しており、ラテンアメリカにとっては重要な援助機関であり続けていた[15]。しかし、ハンフリー財務長官は、政権発足直後に大統領の同意を得て、輸出入銀行が開発借款を行う際の新たな制限を設け、国務省による外交目的のための開発借款利用の制限に成功していた。この後、この問題をめぐって政府内の様々な省庁や機関を巻き込んだ長期にわたる論争が続くが、対立の中心は財務省と国務省であった[16]。この論争には政府内の縄張り争いという性格があるが、アイゼンハワー政権内部での財政保守主義者や私的セクターを重視する勢力の強さを改めて示すものでもあった。国務省は、こうした論争で政治外交上の考慮や安全保障上の理由を強調したが、説得はしばしば難航した。特に共産主義の直接の脅威は低いと見なされたラテンアメリカに対して開発借款の正当化は困難であり、既に触れたキャボット国務次官補の慨嘆にもつながった。

アイゼンハワー自身の対外援助政策に関する基本的考えは、1954年12月のミルトン宛て書簡に簡潔に表現されている。ミルトンは、ラテンアメリカに対する自らの援助拡大計画が、政権内の財政保守主義者によって妨げられているという不満を持っていた。これに対して、大統領は、まずラテンアメリカと世界の他の地域とが抱える問題の違いを強調した。アイゼンハワー大統領によれば、「ビルマ、タイ、インドシナその他の国々は、［共産主義からの］攻撃に直接さらされている」が、「南米はそうではない」のであった。アイゼンハワーは、「米州においては、借款が贈与より望ましいと信じている。贈り物ではパートナーシップは育たない。借款は意図的にそうするようにできていると思う……南米の場合、我々は、相互協力に特徴付けられ、永続する健全な関係を打ち立てたいと思っている。共産主義の脅威の増減にかかわらず、そうなのだ」と強調した。一方のアジアでは、「危機に対応し、しっかりした友好的政権を樹立し、

---

15) NSC 5407, February 17, 1954, *FRUS, 1952-54*, IV, p. 213; Memo from Waugh to Dulles, October 28, 1954, *ibid.*, IV, p. 255.

16) 輸出入銀行をめぐる論争とラテンアメリカに対する政権当初の経済政策については、以下を参照。*FRUS, 1952-54*, IV, pp. 197-257; Kaufman, *Trade and Aid*, pp. 29-32; Rabe, *Eisenhower*, pp. 64-70; Zoumaras, "Foreign Economic Policy," pp. 163-66.

死活的なインドシナ地域とその周辺の島嶼部や隣接する地域が、共産主義の手に落ちないようにすることが、我々にとっての主要な関心事」なのであった。大統領は、アジア諸国への優遇は、共産主義の進出に関する戦略的考慮に基づいていることを強調し、もし「共産主義の脅威」がアジアで減ずることになれば、米国は、友好的態度は失わないが、「アジア諸国を経済的軍事的に援助するという義務から大きく解放される」ことになろうと締めくくっている[17]。

　この書簡に明らかなように、アイゼンハワーは、共産主義の差し迫った脅威に対抗する場合にのみ大規模な経済・軍事援助が不可欠と考え、政権内の財政保守主義者と同様に、そうした条件のないラテンアメリカには同様の援助の必要性を見出さなかった。しかし、逆にいえば、共産主義の「差し迫った脅威」という条件がラテンアメリカに存在することになれば、大規模援助も含めた積極的行動が可能となるのである。ボリビア革命政権への援助は、まさにこうした事例であり、南米大陸の中央に「共産主義政権」が誕生することを防ぐために、ラテンアメリカに対しては当時異例といえる大規模な経済援助で対応することになる。さらに対ボリビア援助は、緊急援助の方法も借款ではなく贈与が主体であり、政権のラテンアメリカ援助の基本的考えと手法に反していた。無論ボリビアに対しても、長期的には市場機能を通じた経済の自立的発展が期待されたが、贈与を中心とする緊急援助は、まず短期的にボリビア経済の崩壊を食い止め、「共産化」の危険を回避するためのまさに緊急手段だったのであり、アイゼンハワー政権の強い反共主義がそれを可能にしたといえる。ちなみにこうした無償援助に関しては、政権初期に政策指針が確立し、贈与は「危機的で外交関係の観点から望ましい時に」行われるとされた[18]。無償援助は、通常、中東や東アジア・東南アジア等の国際的な危険地帯（hot spots）に対して行われ、ラテンアメリカに対しては政治的・戦略的な重要性が特に高い場合にのみ行った。ボリビアに対しては無償援助が中心となるが、このことは、1953年9月以降のアイゼンハワーによる一連の対ボリビア援助決定の持つ高度に政治的性格

---

17) Dwight D. Eisenhower to Milton Eisenhower, December 1, 1954, Milton Eisenhower 1954(1), Name Series, Box 12, Ann Whitman File（以下 AW）, Dwight D. Eisenhower Library（以下 DDEL）.

18) Second Progress Report on NSC 144/1, Nov 20, 1953, *FRUS, 1952-54*, IV, p. 34.

を物語るといえよう。1954年に容共的と見なしたグアテマラのアルベンス政権を転覆させた後、親米的なカスティージョ＝アルマス（Carlos Castillo Armas）新政権に対しても、大規模な経済援助によって積極的梃子入れを図っている。

　こうした政策は、1950年代末のキューバでのカストロ（Fidel Castro）政権成立前後になると、反米主義の高まりや共産主義の差し迫った脅威に対抗するため、従来の経済援助政策自体が大幅に転換され始め、ケネディ政権の「進歩のための同盟」を準備するのである。このようにアイゼンハワー政権の対外援助政策・ラテンアメリカ政策の中で特異な形で大規模な援助が認められたのがボリビアであった。国務省は、対ボリビア援助に関して中東や東アジアと同様の反共主義的観点からの戦略的論理を展開し、政府内の財政保守主義者の説得に最終的には成功するのである。以下、そうしたボリビアの事例に対するアイゼンハワー新政権の対応について検討する。

2. 53年3月のRFC決定と鉱山国有化補償問題

　アイゼンハワー政権は、革命に伴うボリビアの政治的・経済的混乱の中で、MNR政権が崩壊の危機にあるとして、1953年9月に緊急経済援助を決定し、ボリビア革命への関与を開始するが、新政権によるボリビアに対する最初の重要な決定は、実はボリビアへの経済的支援の打ち切りであった。前章の最後でも触れたように、ボリビア政府と米政府との錫購入協定更新をめぐる交渉は難航していたが、トルーマン政権末期の12月には、国際調停を軸に国有化の補償問題と錫協定問題の解決を目指すいわば2段階方式案が国務省によって進められようとしていた。そうした中で、アイゼンハワー新政権発足に伴って、戦略備蓄を担当するRFCが1953年3月にボリビアからの錫購入に関する購入協定交渉の打ち切りを表明したのであった。マクドナルド（Harry McDonald）RFC総裁は、3月9日に国務省に対して、「錫の現在の在庫状況や現在の契約に鑑み」、RFCは、ボリビアとの錫購入協定締結交渉に今や関心はなく、スポット市場でもボリビア錫の追加的購入を義務付けられるものでもないと通告した。この決定は、米国との錫購入協定の成立に革命政権の命運をかけていたボリビア側指導者だけでなく、在ラパスのスパークス米大使にとっても、突然の

第 4 章　アイゼンハワー政権のラテンアメリカ援助政策とボリビア革命　　151

「爆弾メッセージ」として大きなショックを与えた[19]。

　このメッセージを伝える 3 月 12 日のスパークス宛て公電の中で、ダレス国務長官は、1952 年の鉱山国有化の補償問題をめぐる交渉とボリビア産錫の購入協定締結に関する「相互に満足できる解決」を前にして、こうした事態となったことに対してボリビア政府に「遺憾の意」を伝えるよう述べ、この決定が、備蓄目的及び商業目的の錫購入に関する RFC の権限についての純粋に「経済的・法律的」考慮に基づいてなされた点を強調した。翌 3 月 13 日には、キャボット国務次官補もワシントンでアンドラーデ大使に対し、RFC 決定は「政治的なものではない」と同様の説明を行っている[20]。実際、1 月の新政権成立以来、米国内における錫の供給状況に関する見直しが進められており、2 月初めには全国生産庁（NPA）が予想される官民の需要に見合う十分な錫の供給が確保されているとの発表を行っていた。ダレスによれば、RFC は、これ以上の錫購入協定を締結すれば、議会によって与えられた権限を越えてしまい、RFC が購入協定に関する態度を変えるのは時間の問題だったと述べたが、こうした RFC の立場は、財務省とハンフリー財務長官の強い支持を得ていた[21]。

　ただし、国務省首脳による政策的意図の繰り返しの否定は、かえってそうした意図の存在を疑わせるものであった。実際、国務省による RFC 決定の承認は、資料的裏付けは困難だが、国務省自体の外交政策上の考慮、即ち、国有化と補償に関する政策的立場も反映していた可能性が強い。国務省は、既に新政権発足直前の 1 月 9 日には、アンドラーデ大使に対して、補償と錫購入協定に関する合意の遅れは、現在の備蓄状況に鑑みれば、「重大な危険」をもたらすとして、暗に補償問題への前向きの取り組みを促していた[22]。さらに上述の 3 月 12 日の公電の中で、ダレスは、スパークスに対して、RFC の決定は補償問題解決の遅れに対する報復との非難の余地を与えぬため「全力を尽くす」よう指示する一方で、新たな購入協定交渉の見通しは「極端に暗い」と述べている。

---

19)　McDonald to Mann, March 9, 1953, *ibid.*, p. 522; Tel 274 from Sparks to DS, March 13, 1953, *ibid.*, pp. 524-25.

20)　Tel 223 from Dulles to Sparks, March 12, 1953, *ibid.*, pp. 522-23; MC by Cabot, Hudson, and Andrade, March 13, 1953, *ibid.*, p. 525.

21)　Tel 233 from Dulles to Sparks, March 12, 1953, *ibid.*, pp. 522-23.

22)　Tel 173 from Acheson to Sparks, January 9, 1953, *ibid.*, p. 520.

その理由としては、協定推進のためにはボリビア側に補償問題で「明確な行動」が必要であるとされており、これは、RFC が決定通告の際にあげた理由には含まれないものであった。さらにダレスは、補償問題の解決だけではもはや不十分との立場も示唆し、鉱山業の「健全な操業」を確保するための「建設的な努力」の証しがパス政権側に求められるとも指摘している[23]。

　これは米国側の全く新たな要求であり、錫購入協定問題との関連も薄いものであった。RFC による購入は市場価格に基づき、買い上げ価格はボリビア錫鉱山の効率的操業とは無関係に市場によって決まるはずだったからである。実際、1952 年 12 月以来、ボリビア側との新たな 2 段階方式による補償問題と錫協定問題の同時並行的な解決によるパス政権への梃子入れに向け動き出した国務省にとって、財政均衡や自由主義的な経済原理（本研究では「経済的自由主義」）への強い信念に支えられたアイゼンハワー新政権首脳に対して、国有化鉱山への「正当な」補償に関する MNR 政権側の積極性を示す必要があった。さらに高コストのボリビア産錫の購入によってボリビア革命政権を中長期的に支援するのであれば、財政問題に敏感な経済諸官庁を説得するためにも国有化後の錫鉱山の効率的運営とコスト削減の最大限の努力がなされていることを示す必要もあった。この意味では、国務省は、RFC 決定を自ら推進したのではないとしても、財政保守主義者らによる財政支出削減の試みを利用して、「錫貴族」との補償協定締結を頑かたくなまでに避けてきたボリビア革命政府に対する圧力として利用した可能性が高い。

　こうした解釈を裏付けるものとして、1953 年 5 月 7 日のスパークス大使からの本省向け電文がある。その中で、スパークスは、国有化に関して鉱山会社と直接補償問題を解決しようとするボリビア側の新たな意欲の表れや実際にとられた対策について報告している。スパークスは、補償問題解決を求める米側の繰り返しの要請や錫購入協定に関する協議を行わないことで、「ボリビア側の大幅な政策変更につながる圧力を生み出した」と述べた[24]。スパークスは、

---

23)　Tel 233 from Dulles to Sparks, March 12, 1953, *ibid.*, pp. 522-23. キャボットも 3 月 13 日の
　　アンドラーデとの協議で、錫の備蓄量は増え続けており、ボリビア政府が速やかに「障害の除
　　去」に努めことが望ましく、解決の遅れによって RFC は協定締結に一層消極的になり、問題
　　の解決が一層困難になると述べているが、ここでの「障害」とは国有化補償問題である。MC
　　by Cabot, Hudson, and Andrade, March 13, 1953, *ibid.*, p. 525.

第4章 アイゼンハワー政権のラテンアメリカ援助政策とボリビア革命 153

52年11月に協議のためワシントンに戻った際に、前述の2段階解決方式に関する国務省の新提案作成に貢献していた。しかし、スパークスを含め、国務省側は、53年3月9日のRFC決定を待たずして「錫貴族」への補償に対するボリビア側の著しい消極性をすぐに痛感する。1月9日に補償協定の遅れの「重大な危険」についてアンドラーデに警告した際にも、アンドラーデが会社側との速やかな交渉が「望ましい」と政府に早急に告げる旨返答したが、国務省側は、会談後、アンドラーデが「熱心に」そうするとは疑わしいとコメントしている。実際、補償問題と購入協定問題の2段階の解決という12月合意の中核であった調停問題に関してボリビア側はすぐに立場を変え、「直ちに調停による解決」に代わる代案として提案したのは、売上の5％を補償用に留保するという条項を含む協定をまず締結し、その一方で会社側と補償交渉を行うというもので、これは従来のボリビア政府の主張と基本的に変わらなかった[25]。こうしたボリビア側の消極的態度は、単に「錫貴族」との交渉への消極性だけでなく、国際調停そのものにも原因があった。52年12月の調停提案を含む2段階解決案にアンドラーデ大使が積極的姿勢を示したのは、本国政府との緊密な協議のうえではなく、自らの裁量に基づいて行った可能性が強い。ボリビア政府が12月合意に関して本格的に検討すると調停部分に強い異論が出され、これが53年1月9日のアンドラーデの消極的対応につながる。国務省側は、ボリビア政府内でのこうした動きを察知してアンドラーデの反応も予想していた[26]。

3. 国有化鉱山と国際調停をめぐる問題

事実、国際調停は米国と第三世界の革命政権との間で常に困難な問題であった[27]。それは、途上国側が最も重視する国際原則の一つである主権の問題に直接関わるからである。米国政府は、米国資産の国有化が問題化した場合、まず

---

24) Tel 300 from Sparks to Dulles, May 7, 1953, *ibid.*, p. 527-28.
25) Tel 173 from Acheson to Sparks, January 9, 1953, *ibid.*, p. 520.
26) *Ibid.*
27) 以下のラテンアメリカ及び他の第三世界における国有化に関する議論は、主に次の著作に基づく。Krasner, *Defending the National Interest*; Sigmund, *Multinationals in Latin America*; Blasier, *The Hovering Giant*.

は当事者間の交渉、即ち資産が国有化された米国企業等と国有化した政府との直接交渉での解決を求め、直接介入しないのが常であった。この段階では、米国政府は表に出ず、米国民の主張を側面から非公式に支援するために様々な外交的・経済的手段を用いる。こうした間接的関与の程度は、国有化された資産の量や質、国有化で影響を受けた米国民や企業の影響力、国有化した政府の性格や米国との関係、国際情勢等によって大きく異なっていた。当事者間の交渉は長期化することが多く、経済的利害が大きい場合、米国政府は、国有化論争に直接介入し、国有化した政権に対して公開の場で抗議の外交通牒の手交や経済的圧力をかけることになる。相手国が少数の一次産品輸出に依存している途上国の場合、米国は当該国にとって経済的に重要な場合が多く、米国による経済援助の差し止めや輸入割当てやその他の特別待遇の廃止は、第三世界の革命政権や民族主義政権に対して米国が持つ強力な武器の一つである。しかし、経済制裁は、アメリカの経済的「侵略」に対する民族主義的反発を高揚させて、しばしば全く効果がないか、むしろ逆効果の場合も多い。一方、調停に関しても、国有化に伴う経済的・外交的論争が悪化して長期化した場合、第三世界の政府が主権を「放棄」することへの強い政治的反発により、効果的な解決をもたらすのは難しい場合が多い。1938年から42年にかけてのメキシコ石油国有化に伴う米墨間の深刻な論争において、ハル国務長官による1940年4月の国際調停提案は、国務省側が調停による解決を望んだ結果ではなく、むしろ外交交渉による解決の断念を意味していた[28]。

　こうした国際調停をめぐる一連の問題は、序論で触れた「国際法の尊重」という「リベラル・プロジェクト」の主要な要素が、途上国との関係で実際どのように機能するかを如実に示していたといえよう。また一方で、この問題は、ケナンがアメリカ外交の法律家的アプローチと批判したナイーブな法律至上主義の事例というより、むしろ、問題の外交的解決の失敗から予想される当事者、世論や議会の批判に対して、国務省側があらゆる外交的手段を尽くして、米国の利益の擁護に努めたとの姿勢を示すためのいわばアリバイ作りでもあったのである[29]。

---

28) メキシコ石油国有化問題に関しては、Meyer, *Mexico and the United States*; Wood, *The Making* を参照。

第4章 アイゼンハワー政権のラテンアメリカ援助政策とボリビア革命　155

国際調停をめぐるこのような問題状況からすれば、アンドラーデ大使が1952
年12月に米側の調停提案を速やかに受け入れたこと自体異例ともいえ、アン
ドラーデは、いかにもその後立場の変更を余儀なくされた。調停に関するボリ
ビア側の立場は、1953年4月9日のボリビア外務省報告に明らかである。同報
告によれば、パス政権は、補償問題を調停に付すことに「原則的に」同意した
が、鉱山国有化によって米国の株主に生じたすべての問題を国際調停に任せる
のは不可能であるとして、いかなる具体的争点を調停に付すかについて事前に
明確にしておくことが「不可欠」と見なしていた。もしそうしなければ、1952
年10月31日の国有化令がその根拠とする「ボリビア法の有効性」自体を、間
接的にであれ調停官の判断に委ねてしまうことになり、これは「主権を事実上
放棄することになる」としていた[30]。報告書は調停のもつ様々な具体的問題点
もあげている。例えば3名からなる調停機関の3番目のメンバー選出の難しさ
があった。即ち両国代表以外の3番目の調停者は、米国側とボリビア側が厳し
く対立する点について、両者のどちらかの側について結果を左右する立場にあ
った。ボリビア政府は、「こうした問題に関する長期にわたる苦難に満ちた経
験」からすれば、「調停官に誰を選出するかに関して非常に慎重になる」必要
があるとして、報告書は、困難な調停による解決に代わって、以下の方式を提
案した。即ち、米国人株主への補償条項を含む対米錫購入協定を「直ちに締
結」し、ボリビア政府は、国有化鉱山の中で最大かつ唯一米国人株主を含むパ
ティーニョ資産の「善意の」米国人株主に対する補償支払いのための基金を設
けるため、RFCに売却された錫等の売上総額の3％を別途蓄えておくという
ものであった[31]。

　ボリビア側提案は、米・ボリビア政府間の直接協定で米国人株主への補償額
を確定する重要性を強調していた。これはボリビア側にとって特に重要な点で
あった。国務省側が「正当な」補償のない「接収的（confiscatory）」国有化の

---

29) George Kennan, *American Diplomacy, 1900-1950* (Chicago: The University of Chicago Press, 1951).

30) 報告書の抜粋は、Desp 644 from Sparks to DS, April 11, 1953, NA 724.00/4-1153 を参照。

31) ボリビア側の定義によれば、「善意の米国人株主」とは、1952年4月9日以前にパティーニョ株を取得した者であり、それ以後、革命政権は、鉱山国有化を「明確に断固として」表明したとされる。*Ibid.*

「前例」ができることを憂慮していたのと同様、ボリビア側も、少数の米国人株主に対する補償の「前例」が、より多くの他国の株主への補償方式に与える影響について懸念していた。ボリビア政府は、1952年10月31日の国有化時点の株価を基準として一定の減額を図ることを提案していた。ボリビア側よれば、この提案は、会社側に対して過去の税未払い等に対する請求分を実質的に含めておらず、米国人株主にとって「大いに有利なもの」とされた。この報告書は、明らかに米政府に向けられたものであり、米側に対してボリビアの錫問題を「商業的」見地から捉え続けることを警告した。

　　錫は、国有化の有無にかかわらず、ボリビアだけでなく米国にとっても、経済的問題であるとともに政治的問題である。鉱物資源が全国民の唯一の生活手段となった場合、純粋に商業的にこの問題を取り扱うことはできない。RFCは、残念ながらこうした根本的状況を考慮に入れていない。しかし、国務省は狭量な基準がもたらす貧困と混乱によって脅かされる姉妹共和国の運命に無関心でないことを願うのみである[32]。

　報告書は、ボリビアの錫問題が米州レベルで持つ意味についても注意を促した。即ち錫をめぐる交渉の最終結果は、「我が国とアメリカ合衆国とのあらゆる関係の試金石」であるだけでなく、同様の問題を抱える他のラテンアメリカ諸国にとっても前例としての意味を持ち、「合衆国政府が、リオグランデ川以南のすべての国々といかなる関係を持とうとするのか、という点に関するこの最初の実際の証拠を無視しようとは誰も望まないであろう」と結論付けた[33]。無論、国務省は、ボリビア問題が持つ「政治的」側面に無関心ではなく、他のラテンアメリカ諸国に対する影響にも重大な関心を持っていた。上記の問いかけに対する米国側の答えは、まさにボリビアに対する緊急経済援助の形で与えられることになる。しかし、アイゼンハワー政権による対ボリビア援助構想の検討に入る前に、4大改革最後の農地改革とボリビアの政治経済情勢の悪化、そして、米政府の反応について検討する。

---

32) *Ibid.*
33) *Ibid.*

4. 農地改革とボリビア経済の悪化

　ボリビア国内では、1952年末以来、経済の急速な悪化と政治情勢の不安定化が続いていた。特に深刻であったのが錫の国際価格の急落による外貨収入の急減と革命後のインフレの悪化、農村部への革命波及による政治的混乱と農業生産の落ち込み、そして食糧輸入の急増であった。錫の国際価格は、朝鮮戦争中の1951年初めに1オンス当たり1ドル97セントというそれまでの最高値を記録した後、最大の輸入国である米国による錫備蓄の大規模な売却によって低下を続け、前節で検討した1953年3月のRFCによるボリビア産錫の購入中止発表時には91セントまで低下し、ボリビアの外貨収入を圧迫していた。また物価も革命後の物不足の深刻化から上昇を続け、1953年には年間33%、翌年には124%と悪化を続けた。こうした経済的混乱に対処するため、革命政権は、国連やIMFの助言に基づいて通貨ボリビアーノの切り下げ、家賃の凍結、主要な食料品価格の固定等の措置によってインフレの鎮静化を目指したが、目立った効果は見られなかった[34]。

　また政治的不安定も続く中で反米主義の高まりも見られ、それが「共産主義勢力」によって利用される懸念も米側にあった。しかし、実際に起こったのは左派による権力奪取の動きではなく、1953年1月の右派によるクーデタ未遂事件であり、MNR内の右派勢力と革命政権の改革によって軍を追われた元将校らが首謀者であった。彼らは、革命政権を支える労働組織や労働者民兵の影響力増大を強く懸念し、国民革命が「共産主義的方向」に向かっているとしてMNR政権への不満を強めていた。このクーデタ未遂は、準備不足もあって、労働者民兵が革命防衛に出動する前に政府のカラビネーロス（国家警察）によって鎮圧された。ラパスのアメリカ大使館は、右派の不穏な動きによってMNR政権が左傾化することを警戒したが、ダンカレーによれば、この事件は

34）　錫は、1953年の時点でボリビアの外貨収入の64%を占め、ボリビア政府の試算によれば、国際価格の1セントの下落当たり外貨収入が70万ドルずつ減少した。Bohlin, "United States-Latin American Relations," pp. 280-84; Thorn, "The Economic Transformation," p. 172; Wilkie, *The Bolivian Revolution*, p. 4.

むしろパス大統領の国民的人気を高め、中道派指導者であるパスの党内左派への影響力を強め、MNR 政権の基盤を固めるのに貢献したとされる[35]。

政治的混乱が特に深刻であったのが農村部であった。地方の状況は、1952 年夏以降、それまで沈黙を保っていたインディオ農民（campesinos）が革命によってもたらされた可能性に気付き始め、当初の単発的な抗議行動が既存の農村秩序に対する全般的な反対運動の様相を呈し始め、1953 年初めまでには農村地帯は革命政府による統制が困難な状況になっていた。インディオ農民は、組織的に労務関係の記録を破壊し、現場監督や農地所有者を殺害・追放し、実力行使によって農地を占拠した。地方では、インディオ農民と「白人」地主との間の「内戦」の恐れさえ生じ、革命政府を揺さぶった。リチャード・パッチによれば、1952 年革命の「最も顕著で予想外」の結果は、「インディオ農民が国政の場に重要な勢力として急速に組織化されて出現したこと」であった。MNR 左派や COB には農民組合結成を推進する動きも散発的に見られたが、52 年末からのインディオ農民自身による組織化の速度と規模は、政府指導者の予想をはるかに超えるものであった。農民指導者らは伝統的村落組織を利用して農民の組織化を推進し、MNR 革命がもたらした可能性をフルに実現すべく独自の動きを見せ始め、政府に強力な圧力を加え続けるのである[36]。

ここに至って MNR 政権は、それまで鉱山国有化問題に比べて慎重であった農地改革に本格的に取り組むことを余儀なくされる。革命政治の中心的課題となった農地改革を推進し、農民勢力を革命政権に取り込むことによって革命の主導権を維持する必要性に迫られたのである[37]。その結果が 1953 年 8 月 2 日の農地改革令であり、パス大統領は、バージェの農業地帯の中心地ウクレーニ

35）　Dunkerley, *Rebellion*, pp. 63-64; Desp 503 from the American（以下 Am）Emb in LP to DS: "Bolivian Highlights, January 1953," January 26, 1953, NA724.00/1-2653.

36）　Klein, *Parties*, p. 234; Richard W. Patch, "Bolivia: U. S. Assistance in a Revolutionary Setting," in Richard N. Adams, et al., *Social Change in Latin America Today: Its Implications for United States Policy*（New York: Council on Foreign Relations, 1961）, p. 119.

37）　本稿では、ウィルキーの用法に習い、「農地改革（agrarian reform）」と「土地改革（land reform）」を区別して用いる。即ち、後者が単に土地の再配分、特にその所有権の再配分を主とするのに対して、「農地改革」は、「土地改革」に加えて、農民への教育の拡大、信用の供与、灌漑施設の整備等の様々な「農業改革」を含む総合的な農民対策である。James W. Wilkie, *Measuring Land Reform: Supplement to The Statistical Abstract of Latin America*（Los Angeles: UCLA Latin American Center, 1974）, p. iv.

第4章　アイゼンハワー政権のラテンアメリカ援助政策とボリビア革命　**159**

ャにおいて 10 万人のインディオ農民を前に農地改革令の公布を高らかに宣言
した。農地改革は、MNR 革命政権が成立以来の 16 カ月間に実施した様々な改
革の総仕上げともいえ、ボリビアの政治的・経済的発展に大きな影響を与えた。
農地改革は、普通選挙の実現と並んで、人口の多数を占めるインディオを国民
社会に組み込み、国民統合とボリビア「国民国家」の創設を促すものであった。
そして、「白人」大土地所有者による何世紀にもわたる搾取の末に、インディ
オ農民に対する社会的・経済的公正を実現するための基礎となり、革命の最大
の成果ともなるのである[38]。さらに言えば、農地改革の成果は、第 10 章で触れ
るゲバラによる 1967 年のボリビア遠征失敗とも深く関わるのである。

　MNR 革命政権による農地改革は、米国との関係でいくつかの重要な特徴を
持っていた。それらは同時期のグアテマラ革命との比較で米国との協力関係を
模索するボリビア革命指導部にとって有利に働いたと考えられる。一つはボリ
ビアの農地改革の性格である。パスを中心とする MNR 中道派指導部はそもそ
も農地改革自体に慎重であった。彼らはインディオ農民を市民として国民社会
に統合し、非効率なラティフンディア（大土地所有地）を漸次小作農民に分配し
て生産の効率化を目指すという形で農地改革をいわば「資本主義的」な枠組み
で理解していた。彼らの主要な関心事は、地方での土地の所有関係や財産関係
全般の根本的改革ではなく、秩序の維持と農業生産の確保であった。MNR 政
府首脳は、鉱山国有化とは異なって革命前に農地改革の詳細な計画は持ってお
らず、特に党内右派は、大規模な農地改革は私有財産制度に対する重大な挑戦
となる恐れがあるとして消極的であった。一方、MNR 左派も 1952 年 10 月ま
では鉱山国有化問題に没頭しており、時折「農村革命」を叫ぶほかは、具体的
な農地改革案を持っていなかった。MNR 革命政権全体として農地改革への関
心は必ずしも高いとはいえず、既に述べた 1952 年秋以降のインディオ農民自
身による自然発生的な広範にわたる実力行使を前に迅速な行動を余儀なくされ

---

38)　Alexander, *The Bolivian National Revolution*, p. 56. 革命政権は、インディオ農民省を新た
　　に設けただけでなく、1952 年 7 月 21 日には政令によって、投票要件から識字能力を外して大
　　多数のインディオ農民に初めて投票権を与え、普通選挙を実現していた。この政令によって、
　　有権者数は、20 万人から 100 万人へと一挙に増加した。政府は、さらにビジャロエル期に公布
　　されたまま死文化されていた政令を復活させ、大規模領地に属するインディオへ個人的な奉仕
　　を強制する「ポンゲアヘ」も廃止した。Malloy, *Bolivia*, p. 188.

たのであった[39]。

実際の農地改革令は MNR 左右両派の妥協の産物であり、その主要な目的は、実際に耕している者に農地を分配し、農地を奪われていたインディオ共同体にそれを返還し、農業におけるすべての無報酬の個人的奉仕を廃止し、さらに農民の国内移住を促進することであった[40]。右派は効率的な農業生産が可能な農地の規模を保つことを主張し、左派は農業生産への影響にかかわらず、可能な限り多くのインディオ農民に最大限の農地を分配することを強調した。パッチによれば、全体としては右派の主張が優位を占めた。パスに次ぐ MNR 中道派のもう 1 人の実力者であるシレス副大統領が、自ら議長を務める農地改革員会による審議の際に公の場で繰り返し強調したように、小規模・中規模農地は接収から除外され、その規模に関する定義も地域によって異なっていた[41]。農地改革令は、生産維持の観点から、大規模な資本投資や近代的技術によって効率的に耕作されている大規模農地も接収から除外した。こうした「農業ビジネス」の多くは東部オリエンテ、特にサンタクルス周辺の広大な低地帯に存在していた。また農地改革令は、鉱山国有化令と同様に 25 年償還の証券による土地所有者への補償条項も含むものでもあり、国務省が強調する「責任ある秩序だった」形を取り、米議会や世論に対しても「共産主義的」ではないという説明が一応可能なものであった。ただし、実際にはインディオ人口が大多数を占める地域では、殆どすべての農地が占拠され、補償の支払いもすぐに止められ、農地改革令の補償条項は実質的に無効となる場合が多かった[42]。しかし、パス

---

39) Dunkerley, *Rebellion*, pp. 65-66; Patch, "Bolivia," p. 119.

40) Zondag, *The Bolivian Economy*, p. 145. ボリビアの農地改革についての詳しい分析は、Wilkie, *Measuring Land Reform*, pp. 27-59 を参照。ラテンアメリカの農地改革に関するボリビアを含めた比較研究については、*ibid.*, pp. 1-26; Royal Institute of International Affairs, *Agrarian Reform in Latin America* (Oxford: Oxford University Press, 1962) を参照。ボリビアの農地改革には、ドゥワイト・ヒースが多くの研究を行っているが、特に Dwight B. Heath, "Commercial Agriculture and Land Reform in the Bolivian Oriente," *Inter-Amerian Economic Affairs*, 13-2 (Autumn 1959), pp. 35-46; "Land Reform in Bolivia," *Inter-Amerian Economic Affairs*, 12-4 (Spring 1959), pp. 3-27; Dwight Heath, Charles J. Erasmus, and Hans C. Buechler, *Land Reform and Social Revolution in Bolivia* (New York: Praeger, 1969) を参照。

41) Patch, "Bolivia," pp. 126-27. シレスの声明については、Desp 747 from Rowell to DS: "Vice President Siles Zuazo Explains Bolivian Policy Objectives," May 25, 1953, NA724.00/5-2553 を参照。

42) Klein, *Parties*, pp. 234-35; Patch, "Bolivia," pp. 125-28.

第4章　アイゼンハワー政権のラテンアメリカ援助政策とボリビア革命　161

大統領は、一貫して農地改革は「社会主義的な観点」ではなく、「自由主義的な観点」に立脚したものである点を強調していた。

　農地改革令は、多くの国で既に克服されながら、ラテンアメリカの経済的に遅れた国々では、依然として続く封建的体制を拒絶するものである。農地の分割は、自由主義的な農地改革の古典的な特徴である……社会主義的な改革は、個人によって耕される小規模な農地への分割ではなく、農地の国有化を意味している[43]。

　ワシントン駐在のアンドラーデ大使も本国での農地改革の動きが米国に与える影響を注視していた。3大錫資本が展開したボリビア国内外での大規模な反政府キャンペーンによって、米国内でボリビアの農地改革が「共産主義的」と捉えられる恐れが多分にあった。特に当時中華人民共和国での農地改革が米国のマスコミ等に盛んに取り上げられていたこともあり、ボリビアの現状を知らない世論や議会がボリビア革命批判キャンペーンに乗せられ、「共産主義的」農地改革とのレッテルが張られてしまう危険があり、あらゆる機会を通じて改革の説明と革命政府の擁護に努めたのである[44]。

　ボリビア革命政権と反政府勢力とのプロパガンダ戦において、国務省は、ボリビア政府の農地改革と自らのボリビア政策を慎重に擁護する立場に立ったが、パス政権が実際にどのような形で農地改革を実行していくかも注意深く見守った。国務省にとって、鉱山国有化の場合と同様、農地改革令において財産権の尊重や接収農地に対する補償条項を含めることができる否かは、パス政権が、農地の無補償の全面国有化を主張するMNR党内外の左派勢力を有効にコントロールできるか否かの一つの試金石であった。国務省当局者は、政府やMNR内外での左派の影響力を注視し、農地改革でもボリビア革命政権の「穏健な」性格を裏付ける「証し」を求め続ける。ラパスの大使館からの報告では、農地改革令策定をめぐる首都ラパスでの左右両派の主導権争いにおいてMNR政府が左

---

43)　Victor Paz Estenssoro, *Discursos parlamentarios* (La Paz: Editorial Canata, 1955), pp. 310-11.

44)　Andrade, *My Mission*, pp. 131-32.

派のコントロールに成功しつつあると自信を深める一方で、地方の農民運動を
めぐっては「共産主義勢力」が主導権を握る恐れがあると懸念を示している[45]。

　米政府は、ボリビアの農地改革に対するグアテマラの影響も懸念した。MNR
革命政権は、農地改革実施にあたって大先輩であるメキシコの例を参考にして
同国から専門家を招いたが、1952年6月にアルベンス大統領の下で大規模な
農地改革に乗り出していたグアテマラの事例にも大きな関心を抱いていた。ボ
リビア政府は、1953年1月にグアテマラ副大統領エストラーダ（Julio Estrada de
la Hoz）を公式に招いたが、エストラーダは自国の農地改革についてボリビア
各地で講演を行った。米大使館はエストラーダの動静について詳細に報告して
いる。大使館の報告によれば、エストラーダの狙いは農地改革への助言だけで
なく、革命の戦術について MNR「過激派」を「洗脳すること」にあった。エ
ストラーダは、到着後直ちにラテンアメリカの二つの革命間の「イデオロギー
的連帯」を唱え、「『帝国主義』と『植民地主義』との闘争においてともに戦う
味方がいる」ことをボリビア国民に印象付けようとした[46]。その後、両国政府
は、グアテマラの農地問題専門家のボリビア派遣で合意するが、米国の反対で
ボリビア政府は計画の断念を余儀なくされ、エストラーダの唱えた両国の提携
は実現しなかった。

　一方、米政府は、既にトルーマン政権末期までにアルベンス政権の「容共政
策」と米国資本への圧迫を公然と非難するに至っており、アイゼンハワー政権
も成立後直ちにグアテマラの「共産化」を確信して秘密工作の準備を始めてい
た。両国の主要な対立点の一つがまさに農地改革であった。アルベンスの1952
年の農地改革令とその後の米資本ユナイティッド・フルーツ社所有農地の大規
模な国有化が両国間に厳しい外交的対立を招いていたのである[47]。一方ボリビ
アの場合、米国資本による農地への投資は殆どなく、農地改革が両国間で深刻
な国有化論争をもたらすことはなく、ボリビア革命政権にとってもう一つの有

---

45)　Desp 76 from Rowell to DS: "Bolivian Political Highlights, July 1953," July 30, 1953,
　　NA724.00/7-3053. ここでは「左派」勢力全般を「共産主義勢力」としていることは明らかだ
　　が、その中には共産主義政党であるトロツキスト派 POR やスターリン派共産党 PCB も含まれ
　　ていたと考えられる。

46)　Rowell to DS: "Vice President of Guatemala Espouses Views on National Revolution and
　　Land Reform during Visit to Bolivia," February 2, 1953, NA 724.00/2-253.

47)　Immerman, *The CIA in Guatemala*, pp. 133-38; 上村「米国の冷戦外交」pp. 95-98、101-104。

第4章　アイゼンハワー政権のラテンアメリカ援助政策とボリビア革命　　163

利な点となっていた。しかし、パス指導下のボリビア革命指導部が農地改革の対米関係への影響を最小限にしようと万全を期したことも重要であった。彼らは、かつての改革政権である1930年代のブッシュ政権や1940年代のビジャロエル政権が「ロスカ」によって転覆された悪夢の再現を恐れていたが、彼らが特に懸念したのがロスカと米政府との「同盟」であった。パスらMNR中道派指導者は、農地改革をめぐる論議とその実施の過程において、「共産主義」と経済的ナショナリズムという二つの重要問題に関する米側の懸念の解消に細心の注意を払いながら、農地改革の「自由主義的」・「資本主義的」性格を強調し、危険な「共産主義」の問題からの分離を図ったのである。

　ただし、農地改革のこうした点の強調は、米国の対応への懸念に基づくだけではなく、生産面への考慮と左派の政治的台頭を抑えるというパスらの国内政治経済上の現実的要請にも根差していた。しかし、農業生産面での期待は大きく裏切られる。効率化と生産増大という狙いにもかかわらず、農地改革は、以前の不在地主による広大な未利用地や非効率な耕作に代わるより効率的農業をもたらすものではなかった。農地改革とその前後の農村の混乱の結果、商業的農業は停滞し、西部高地アルティプラーノと食糧生産の伝統的中心地バージェのコチャバンバ渓谷では自給自足的農業が拡大した。元来食糧の輸入に頼ってきたボリビアが、1952年末からさらに極端な食糧不足に陥った背景の一つにまさにこうしたことがあった[48]。このため、ボリビアは、当座の食料の必要を満たすためにも、また大規模な食料輸入による国際収支の赤字を補うためにも、外部からの援助を緊急に必要とした[49]。1953年春に国務省がパス政権に緊急援

---

48)　一つの理由は、多くの農民が「ミニフンディオ」と呼ばれる狭い土地を与えられ、家族用の食料生産がやっとであったこと、別の理由としては、農地改革令の執行を任された農地改革全国委員会が改革の専門家を養成する資金を欠き、農地の分配は非効率で技術的観点を無視して行われ、政治的思惑や腐敗が付きまとっていたことがあげられる。David G. Green, "Revolution and the Rationalization of Reform in Bolivia," *Inter-American Economic Affairs* 19-3 (Winter 1965), p. 8, 14; Patch, "Bolivia," p. 128.

49)　ソーンによれば、1952年から54年にかけて、農業生産は13%減少し、その後も回復が遅れ、革命前の51年の生産水準を超えたのは58年であった。Thorn, "The Economic Transformation," pp. 176, 370-71. ウィルキーによれば、食料輸入は、52年には2,800万ドルに達し、ボリビアの総輸入額の30%を占めた。James W. Wilkie, "Bolivian Foreign Trade: Historical Problems and MNR Revolutionary Policy, 1952-1964," in W. Wilkie, ed., *Statistics and National Policy* (Los Angeles: UCLA Latin American Center, 1974), p. 74.

助を行う可能性について真剣に検討し始めた背景には、こうした食料をめぐる状況とボリビア経済の全般的悪化があったのである。

5. 国務省による緊急援助提案

このようにボリビア経済が悪化を続け、1953年3月末以降、外貨準備が遠からず底を突くのが確実な情勢となる中で、国務省は、4月末にはパス政権に対する緊急経済援助の本格的検討を開始する。軍部と寡頭支配層が退場したボリビアで唯一国内秩序維持が可能と見られたパス指導下のMNR政府が崩壊の危機に直面し始めたとして、アイゼンハワー政権にとってボリビア「共産化」の危険が強く懸念されるようになる。

ボリビアへの緊急経済援助が国務省内で本格的に検討され始めたことを示す最初の兆候は、ボリビア担当官ハドソンと労働問題担当官フィッシュバーン（John Fishburn）が、産業別組合会議（CIO）のジャクソン（Gardner Jackson）とアメリカ労働総同盟（AFL）のギャラーサ（Ernest Galarza）と行った53年4月23日の会談である。2人の労働指導者は、1952年ボリビア革命の1周年記念式典に招かれて帰国した直後であり、現地ではボリビア政府及び労働関係者と精力的に会合を持っていた。ジャクソンとギャラーサは、ボリビアでMNR政権の「腐敗ぶりと非効率」を目にしたが、ボリビアの経済発展に対するMNRの主要指導者の献身ぶりと誠意に「大いに感銘を受けた」と述べ、米国による「大規模な経済援助」の供与によって、ボリビアが現在の錫市場の低迷を切り抜け、経済多角化を実現できるよう支援することを期待すると述べた。そして、具体的には経済発展のため「錫価格への補助金」に言及した。これに対して、ハドソンは、米国は余剰の錫を抱えており、また他のラテンアメリカ諸国が銅等に対しても同様の扱いを求める懸念もあり、錫価格への補助金は「著しく困難」だが、ボリビアの危機的状況は「十分に承知」していると応じた。しかし、具体的方策はまだ検討中であり、対外援助全体が減少しているときに、ボリビアに特別措置をとることを政府内で正当化するのも「極めて困難」であり、米政府の対応はボリビア側がとる態度や政策が「重要な影響」を及ぼすと述べた。そして彼は、「個人的な考え」と断りながら、対ボリビア援助は錫価格への補

第4章　アイゼンハワー政権のラテンアメリカ援助政策とボリビア革命　**165**

助金ではなく、「同国が通常輸入する食糧の2〜3年分を贈与として与え、ボリビア政府がその輸入量に相当する資金を用意し、現実的な経済開発計画のために用いる」のが望ましいと述べた[50]。

　ハドソンは個人的な考えと強調したが、この件については既に同僚や上司と

---

50)　MC by Hudson, Fishburn, Jackson, and Galarza: "Views of American Labor Representatives Regarding Bolivia," April 23, 1953, NA 824.00/4-2353.　米国の労働界もボリビア革命政権との関係や援助問題に積極的に関与した。そうした動きの重要な契機となるのが、上記の1953年4月のジャクソンとギャラーサによる革命1周年記念式典への参加後に両者がAFLとCIOにそれぞれ提出した報告書（Ernest Galarza and Gardner Jackson, "The Present Situation in Bolivia: Report by Ernesto Galarza and Gardner Jackson," May 1, 1953）である。報告書については、以下の公電への添付を参照。Wiley to Cabot, May 4, 1953, NA 824.00/5-453.　報告書は、パスの率いるMNR政権が「共産主義的」でも「ペロン主義的」でもなく、ボリビアだけでなくラテンアメリカ中の労働者大衆の「希望の象徴」であり、「何十年にもわたって続いた最もはなはだしい搾取を克服して実現を目指す建設的な社会目標を持つナショナリズムの象徴」でもあると強調する。そして、米政府が錫購入契約拒否によってロスカによる革命の破壊に手を貸すのか、と疑問を投げかけ、米国の労働運動とともにMNR政権の擁護に努めるべきだと促すのである。この後、AFLとCIOは組織としてMNR主導のボリビア労働運動への支援強化に動く。両組織、特にAFLは、ラテンアメリカにおける「共産主義的」でない「民主的」な労働運動の拡大を重要な国際的目標の一つとしていた。AFLのミーニー（George Meany）会長は、1953年3月の国務省との協議において、キャボット国務次官補に対して「共産主義者」が親ソの拡大を目指しているのに対抗して、米国への「友好と支持」の拡大のため、AFLが米政府と積極的に協力する意向を表明している。Rabe, *Eisenhower and Latin America*, p. 409.　実際、ラテンアメリカでは、AFLは、共産党主導のCTALに対抗して、反共労働連合「米州地域労働機構（ORIT）」の育成に努めていたのである。詳しくは以下を参照。Ronald Radosh, *American Labor and United States Foreign Policy* (New York: Random House, 1969); Henry W. Berger, "Union Diplomacy: America's Labor Foreign Policy in Latin America, 1932-55," (Ph.D. diss, Wisconsin, 1966); Hobart A. Spalding, Jr., "Solidarity Forever?: Latin American Unions and the International Labor Network," *Latin American Research Review*, 24-2 (1989), pp. 253-65.　ジャクソンとギャラーサも、上記4月23日のハドソンらとの協議で、AFLとCIOは、ボリビアの労働者の「再教育」によって「産業の発展における諸問題への適切な理解」とともに、「米国と米国が推進する政策に対する正しい認識」を持つことを促し、「共産主義者やトロツキー主義者の指導や思想を掘り崩す」ことを目指す旨表明しているのである。MC by Hudson, Fishburn, Jackson, and Galarza: "Views of American Labor Representatives Regarding Bolivia," April 23, 1953.　またジャクソンとギャラーサの報告書は、当時ラテンアメリカへの関心が通常極めて低かった連邦議会でもちょっとしたセンセーションをもたらした。報告書は議会関係者にも広範に配布され、上院外交委員会でも共和党のワイリー（Alexander Wiley）外交委員長や民主党のフルブライト（J. William Fulbright）委員らは、報告書が描くボリビアの状況の真偽についてキャボットに問い合わせている。Wiley to Cabot, May 4, 1953, NA 824.00/5-453; Fulbright to Cabot, May 13, 1953, NA 824.00/5-1353.　1953年当時の議会の状況については、Alexander, *Holding the Line*, pp. 42-46を参照。ボリビア問題に対する米労働運動と議会の関与について詳しくは、Kamimura, "The United States and the Bolivian Revolutionaries, 1943-1954," pp. 399-413を参照。

かなり話し合っていたはずである。というのも、これは同年夏以降にアイゼン
ハワー政権が実施する緊急援助計画の基本的骨子と殆ど同じだからである。ま
たハドソンら国務省関係者は、前年夏に米国と革命ボリビアの間で錫長期協定
の調印に留まらない「経済協力のためのより広範な計画」の可能性について担
当者間で話題となって以来、そうした検討を続けていた可能性が高い。外交文
書にこうした考えが最初に現れるのは、間近に迫る鉱山国有化と錫長期協定問
題に関して、1952年9月8日に当時のミラー国務次官補がラパスのスパーク
ス大使に宛てた電文であり、ミラーは、鉱山国有化をめぐるボリビアの状況は
「ひどく混乱している」ため、「そうした援助を交渉の梃子としてこの段階でに
おわせる」ことに躊躇していた[51]。国務省の文書の中には、その後のボリビア
援助構想の発展を跡付ける資料は見出せないが、国務省がこの4月23日のハ
ドソンの最初の言及の後、殆ど1カ月以内という短期間の間にかなり複雑な援
助パッケージをまとめ上げていることから、国務省の関係者の間で対ボリビア
援助に関して、具体的な検討も進められていた可能性が強い。

　こうした検討の結果が1953年4月30日付のハドソンによる対ボリビア緊急
援助に関する長文の覚書である。この覚書はその包括的な内容と説得力ある論
理展開でその後の対ボリビア援助の基本的枠組みを示しており、革命ボリビア
への援助政策の形成において初期の重要な文書といえ、以下やや詳しく検討す
る[52]。ハドソンは、米州局南米部長アトウッド宛ての覚書の中で、まずボリビ
アに対して贈与を中心とする緊急経済援助という「異例の対応」を提案し、そ
の理由としてまずは対ラテンアメリカ関係全般への影響を強調する。即ちボリ

---

51)　Tel 70 from the Secretary of State to the US Embassy in Bolivia, September 8, 1952, *FRUS,
1952-54, IV, pp. 502-03.

52)　同時期に、国務省内で他の何人かがボリビアへの緊急援助提案を行っている。在ラパス米大
使館のローウェル（Edward Rowell）は単なる錫長期契約ではなく経済援助が必要だとして、
「米国はボリビア政策を明確化すべきである。この困難な時期に援助によって対応するのであ
れば、ボリビアからラテンアメリカへと次々と火の手が上がるのを防げるように資金その他の
援助でイニシアチブを取るべきである」と述べていた。Desp 699, LP to DS: "Anti-U.S. Cam-
paign Stepped Up in Labor Circles," April 30, 1953, NA 611.24/4-3053. また省内の金属鉱物
課長としてボリビアとの錫交渉に関わってきたブランブル（Harlan Bramble）は、5月初めに
ボリビアに対するハドソンと同様な経済援助を提案している。MC by Mann, Atwood, Hudson,
Bramble et al.: "Plan for Early Assistance to Bolivia," NA 824.00/5-1353.

第4章　アイゼンハワー政権のラテンアメリカ援助政策とボリビア革命　167

ビア国民は、過去の失政のため、自国のみでは解決できない経済的混乱と困難
に直面しており、現政権が崩壊した場合、錫購入をめぐる「『アメリカ帝国主
義』の圧力の結果だと広く信じられる」ことになり、「プロパガンダをめぐる
危険な状況」を招くと警告した。次にハドソンは、MNR 政権に代わる政権が
「共産主義政権」である「明確な可能性」があると述べる。「共産主義政権」は
外部の援助なしには長続きしない可能性が強いが、そうした政権の存在とその
成立と崩壊に伴う無政府状態は、「米国の名声と西半球の連帯にとって厳しい
打撃」となり、ボリビア自体も「回復に長期間を要する傷」を負うことになる
と述べた[53]。

　さらにハドソンは、現在のパス政権が「ボリビアの根本的な経済問題に成功
裏に取り組むための意思、能力、民衆の支持をほぼ兼ね備えた唯一の勢力」で
あり、他のいかなる選択肢より好ましいと力説する。同様の議論は、1952 年 6
月のパス政権の外交的承認以来、国務省がボリビア革命政権支持に関して繰り
返し行われてきたが、当初、統治能力はあっても望ましくない MNR 政権か、
それとも完全な無政府状態か、共産主義勢力による権力掌握か、という否定的
な選択肢のうちの一つと考えられていたものが、今やパス政権に対して積極的
に評価すべき面を見出していた。米国による援助提案は、MNR 政権の維持だ
けではなく、「政権の持つプラスのエネルギーを建設的なチャネルに導く」た
めとされたのである。こうしたパス政権への積極的評価は、ボリビア援助を推
進するための次の理由と密接に結び付いており、米国と革命ボリビアとのユニ
ークな共存・協力関係実現へのハドソンの期待を表していた。ハドソンは、現
時点での MNR は依然として「柔軟な部分」を持っており、「独裁政権」支持が
批判される米国にとって、「国民の支持に基づく政権との協力」の機会を提供
していると述べ、対ボリビア援助は「大衆の心の中に米国をラテンアメリカの
進歩的で代議制に基づく政権と結び付ける」ものであり、ボリビアや他のラテ
ンアメリカ諸国に善隣外交が依然現実のものであると「劇的に示す」ことにな
ると結論付けた[54]。

---

53)　Memo from Hudson to Atwood: "Suggested Approach to the Bolivian problem," April 30,
　　1953, NA 824.00/4-3053.
54)　*Ibid.*

この最後の点は、国務省内のハドソンの上司や政権の他の指導者にとっても説得的だったはずである。というのも彼らは、「共産主義」への米国の反対は独裁者や反動勢力支援の口実にすぎない、というイメージがラテンアメリカや他の第三世界の進歩主義者の間で定着していることに懸念を強めていた。この問題は、1950年代半ば以降、ソ連、さらには中国が第三世界の新興独立諸国の支持を得るため大規模な援助攻勢に出るに至ってより深刻な問題となる。ソ連と他の東側諸国は、自らが歴史の進歩の側に立つ者としてプロパガンダ攻勢を強め、途上地域での民族解放闘争への積極的支援政策を行い始めていた[55]。こうした状況に対して、アイゼンハワー政権はプロパガンダ面での対応も迫られていた。実際、政権成立直後、ダレス国務長官は、キャボット国務次官補に対して、米国との経済協力がもたらす効果を示す「見本」となる国をあげるよう求めたが、キャボットは、ラテンアメリカには「民主的で、腐敗もなく、米国の投資に積極的な国」はなく、そうした国でなければ、「見本政策」は物笑いの種となる恐れがあると答えていた。米国はその後も「見本」となるような国を求め続ける[56]。この意味でボリビア援助計画は、米国の第三世界政策の「進歩的」側面を示すための「見本（showcase）」とする先駆的試みだったともいえよう。

ハドソンの覚書は、援助計画の具体的内容についても詳述しているが、その骨子は、市場価格での3年間の錫購入契約と3年間毎年1,500万ドルの無償援

55）「情報諮問委員会（Intelligence Advisory Board）」の作成した1955年12月6日の「国家情報評価（National Intelligence Estimate: NIE）」によれば、ラテンアメリカでの「共産主義勢力」の戦略は「民族解放戦線」構想に基づき、「変革を積極的に推進する労働者、ホワイトカラー、作家、芸術家、教師、青年組織等の社会勢力に集中的に働きかける」ものであり、「新しい世代に偏見を植え付け、インテリ層の社会主義的・民族主義的傾向を助長し、自らの活動を愛国的な色彩で彩り、非共産主義的国民の間にある社会不安やヤンキー嫌いを利用して米国とラテンアメリカの協力を最も効果的に阻害するようナショナリズムを方向付ける」ことを目指していた。National Intelligence Estimate, NIE 80/90-55: "Conditions and Trends in Latin America," December 6, 1955, *FRUS, 1955-57*, V, p. 26.

56）54年4月にキャボットに代わってラテンアメリカ担当国務次官補に就任したホランド（Henry F. Holland）は、キャボットほど「見本」の水準にこだわらず、50年代半ば以降、米国資本の積極的導入政策によって経済成長を推進したベネズエラをラテンアメリカ政策のモデルとして推奨したが、同国はその時点では独裁者ペレス＝ヒメネス（Marcos Pérez Jiménez）の統治下にあり、これはかえって、アイゼンハワー政権の政策が投資の促進と反共主義のみに関心があるという一般的なイメージを強めることになる。Rabe, *Eisenhower*, p. 94.

助であった。その狙いはボリビアの経済的崩壊を防ぐだけでなく、経済多角化による経済発展を促すことにあり、援助期間の３年間に錫輸出への過度の依存からの脱却と経済多角化の基礎を築き、その後の持続的な経済発展につなげるシナリオであった。国際錫市場からの米国の撤退が予想される中で、３年間の錫契約によってそのための「準備期間」をボリビアに与える一方、市場価格に基づく錫契約の締結によってボリビアが「失う」と考えられた外貨収入に相当する年間1,000万ドルに「大規模な経済援助計画」のための年間500万ドルを加えた1,500万ドルを援助するというものであった。ハドソンによれば、贈与による援助の「最も効果的な形態」は、ボリビアが輸入する小麦や米等の主要な農産物を３年にわたって無償供与し、政府がそれを「合理的で現実的」な価格で消費者に売却して現地通貨ボリビアーノ資金を集め、その資金を経済開発に充てるものだった。ボリビアーノ資金による開発プランとしてハドソンは、協同組合の設立や内地移民等の農業改革プロジェクト、道路・空港建設、住宅建設等を具体的にあげている。そもそも借款の返済が期待できないボリビアに対しては、米国の贈与によって可能になる「外貨貯蓄の十分な額」を経済開発に振り向けることが重要であった。さらにハドソンは、贈与による開発援助に加えて、農業、公衆衛生、教育分野でのポイントフォア援助の「大幅増額」を求め、「健全で収益性のあるプロジェクト」に対する輸出入銀行融資の可能性にも言及した。ハドソンは、覚書の最後にこうした緊急措置に加えて、当面の危機を克服した後に中長期的にはボリビアの自立的経済発展を支えるため外国からの投資と企業活動の促進が重要だとして、ボリビアがとるべき具体的措置を列挙しているが、これらは経済的自由主義に基づくものであり、その中には国有化鉱山の民営化等、ボリビア革命の拠って立つ基盤と根本的に対立し、その経済的ナショナリズムと衝突せざるをえないものもあった[57]。

　ハドソンの覚書を踏まえて、国務省は、５月に入るとボリビア援助計画の策定に本格的に乗り出した。しかし、ハドソンの上司らは、彼の提案の核心であるボリビアに対する大規模援助、特にラテンアメリカへの贈与という異例の方

---

57)　Memo from Hudson to Atwood, April 30, 1953.

式に大きな懸念を示した。彼らはボリビアへの緊急援助の必要性は認めていた
が、錫購入契約が最も経済的に効果的で政治的にも問題の少ない方法だと考え
ており、特に国務省の幹部は、多額の対外援助計画に対する議会や他省庁、特
にハンフリーの財務省や RFC から予想される反対を懸念していた。1953 年 5
月 13 日に開かれたボリビア援助問題に関する最初の省内協議では、ハドソン
提案とブランブル（Harlan P. Bramble）金属鉱山課長の提案を中心に緊急援助計
画が検討された。両提案は、錫の購入を超えた積極的援助によってボリビア問
題の根本的解決を図ろうとする点で共通しており、両者は、米国は「十分な金
額をボリビアに使う覚悟を決めるか、あるいは対症療法的に際限なく金をつぎ
込む［援助そのもの］のをやめるか」の選択を迫るものであった。しかし、ハド
ソンの上司であるアトウッド南米部長は、「それほど過激な立場」にはためら
いを見せ、「現在利用できるもの」の中でどの程度援助を「ひねり出せるか」検
討することを提案した。他の出席者からも大規模な無償援助は、「議会に対し
てとても正当化できない」として反対が相次ぎ、マン国務次官補代理も「少額
なら議会の承認が得られるかもしれない」としながらもハドソン提案に強い支
持は示さず、議論が延々と続いた後、アトウッドがキャボット次官補に呼び出
された。キャボットは、スミス（Walter Bedell Smith）国務次官のスタッフミー
ティングの席上で経済担当国務次官補から「［市場価格に上乗せした］1 オンス当
り 1 ドル 21.5 セントでの錫契約が恐らく最良の選択肢だ」との提案があった
旨アトウッドに伝えた。アトウッドが会議の席に戻ってスミス次官の意向を伝
えると、錫問題に直接携わってきたブランブルは、確かに錫契約のみが「支持
を得られるもの」だが、市場価格は既に 1 ドルを大きく下回っているとして、
市場価格での 3 年間の錫購入契約を再度提案した。議論がさらに続き、以下の
3 本の骨子からなる援助案が出席者の間で合意された。

(1) 市場価格での 3 年間の錫購入契約
(2) 金融安定化のため IMF から 1,250 万ドル引き出しを求めるボリビア
　　の要請の支持
(3) 緊急食糧生産のため 60 万ドルのポイントフォア計画予算に新たに
　　200 万ドルを追加[58]

第4章 アイゼンハワー政権のラテンアメリカ援助政策とボリビア革命 **171**

　さらに「早期の食糧増産のための低地帯の農業地域への移住促進」のために輸出入銀行に対して、500万ドルから1,000万ドルの追加融資を要請する可能性も付け加えられた。この援助提案に対してブランブルは、「新たな短期的応急措置」として「恐らく秋にはIMFからの資金は消え、赤字は残り、基本的問題の解決には進展がないだろう」と批判したが、これが「支持を得られる唯一の提案」と認めざるをえなかった。結局、南米部が上記の合意に沿って週末までにスミス次官に正式な援助計画案を提出することが決められた[59]。

　国務省は、この省内会議の結論に基づき、直ちに省としての正式提案を策定するが、内容としては上述の3項目に加え、輸出入銀行による融資を正式に4番目の項目として加え、その額も食糧生産に必要な農業機械等輸入のためとして1,000万ドルと決められた。マン次官補代理は、5月15日のスパークス大使への公電で援助計画の内容を伝え、ボリビア政府に対しては、他省庁による承認は「困難が予想される」ので、「米政府として何らコミット」したわけではなく、単なる国務省の「暫定的」提案として通知するよう求めた。さらにマンは、もしボリビアが「補償問題に満足な解決策を示さない」場合、「異例ともいえる規模の協力」に対して議会や世論から批判が出ると懸念を示している[60]。マンがこのように議会や世論の批判を強調していたことは、国有化鉱山の補償問題が、国務省全体としても、従来の「接収」の「前例」を避けるというより、国務省の対応への国内の批判を避けるという点により重点が置かれるようにな

58）　MC by Mann, Atwood, Hudson, Ross, Bramble: "Plan for Early Assistance for Bolivia," May 13, 1953, NA 824.00/5-1353.

59）　*Ibid.* この時期のボリビア援助に関する国務省内の政策決定の特徴は、1953年1月の就任以来外遊が多く多忙を極めていたダレスに代わって、スミス次官が国務長官代理として国務省の最終案の多くを事実上決定する立場にあったことである。特に国務省のボリビア援助計画策定に重要な時期である5月には、ダレスは中東や東南アジア歴訪のため国務省を殆ど留守にしており、スミス次官が実質的に当初の対ボリビア援助計画の最終決裁を行っていた。スミスは、政権内の他の財政保守主義者と同様な考えの持ち主で、ボリビア援助に関しても、ボリビア問題を熟知したハドソンやブランブル等の省内の実務レベルの官僚が提出した大胆な援助提案に対して、アトウッドやマン等の中堅レベルの官僚らとともに慎重論に立った。ダレス長官は、1953年夏に政府のトップレベルでの検討が本格化する中で、ボリビア援助問題に本格的に関与するようになるが、それまでは、ミルトンを通じてボリビア問題を聞かされていた大統領自身よりも関与の程度は低かった。その頃までには、ボリビア援助問題にはキャボット国務次官補も積極推進論者になっており、ミルトンとキャボットがいわば尻をたたく形でダレスによる強力な介入が実現し、当初の実務レベルの大胆な提案が復活することになる。

60）　Tel 244 from Mann to Sparks, May 15, 1953, NA 824.00/1-1553.

ったことを示していた。国務省の援助案は、キャボット次官補が、5月18日に上述の内容をまとめた覚書をスミス長官代理に送付して承認されたことで最終的に確定し、同覚書のコピーが関係各省庁に直ちに送付された。

しかし、このボリビア援助計画は、6月初めに省庁間の協議にかけられると、財務省等すべての経済官庁からの強力な反対に直面することになる。国務省は、すぐに政府内協議の戦略を変更し、反対する経済官庁の管轄外の手段による援助の実現や、官僚機構を迂回した政権のトップレベルへの「裏口」からの直接の訴えかけに頼るようになる。この点でミルトン・アイゼンハワーは、ボリビア援助計画のよき理解者となり、国務省にとっては重要な「同盟者」となる。しかし、そのためには、ミルトンが大統領の指示の下に南米視察旅行に赴き、7月にボリビアでパスらと直接会談し、現地の状況をつぶさに知る必要があった。彼は、国務省とともに革命ボリビアへの経済援助の緊急性を強く訴えることになる。

1930年代半ばから革命的状況を呈し始め、米国との軋轢と対立を繰り返してきたボリビアであったが、両国は、1952年国民革命後、特にアイゼンハワー政権の成立とともに「和解」の最終段階に入った。革命ボリビアとの関係で米国が特に問題としたのは、共産主義等の外部勢力の影響力拡大の阻止という政治的・戦略的考慮と経済的ナショナリズムの高まりの抑制という経済的・イデオロギー的考慮であった。国務省は、鉱山国有化に対する「満足な」補償という考えを放棄することはなかったが、1953年春にはMNR政権の存続がより直接的で重要な関心事となり、国務省関係者の間で「共産主義」の問題が経済的ナショナリズムの問題を凌駕し始める。パス政権に対する緊急経済援助に関する5月半ばの国務省提案は、そうした政治的考慮からなされており、ラテンアメリカ諸国でのボリビア問題への関心の高まりやボリビア国内での反米主義の高まり、それが「共産主義」勢力拡大に利用されること、そして何よりもパス政権の崩壊を強く懸念してのことであった。言い換えれば、ボリビアが「もう一つのグアテマラ」になることを防ぐためであった。実際、国務省の実務レベルでの包括的なボリビア援助計画の検討開始は、ボリビア政府と鉱山会社側の補償交渉で進展が見られる前の4月末であり、経済的ナショナリズムの問題で

第4章　アイゼンハワー政権のラテンアメリカ援助政策とボリビア革命　　173

の進展前であった。

　こうした国務省側の対応を引き出すうえで、「共産主義」問題へのボリビア
革命指導者側の積極的対応は特に重要であった。しかし、経済的ナショナリズ
ムの問題に関しても、MNR 指導部が国有化鉱山への補償等をめぐって米側の
自由主義的経済政策・原則等を部分的にであれ受け入れる姿勢を見せ、そのた
めの努力も行ったことは重要であり、国務省担当者の間でパスら MNR 中道派
指導者への信頼と期待は次第に高まっていたのである。その後、ボリビア担当
官ハドソンによる 1953 年 4 月のボリビア緊急援助提案は、アイゼンハワー政
権による同年 9 月の緊急援助決定にその多くが組み込まれる。ただし、緊急援
助としてはパス政権の維持という「政治的」・戦略的考慮が優先されたものの、
ハドソン提案に見られる中長期的な目標としての規制緩和や私企業化等の「自
由主義」的経済原則や方法は、その後の 10 年余りにわたる援助の中でボリビ
アに対して求められ続け、実際に試みられることになり、米国と革命ボリビア
との緊張と潜在的な対立を予感させるものであった。しかし、まずはボリビア
に対する緊急援助の決定が先決であり、次章では、大統領の実弟であり、ボリ
ビア援助決定に大きな役割を果たすミルトン・アイゼンハワーに焦点を当てて
国務省の援助計画をめぐる米政府内での様々な議論や対立について検討する。

第5章　ミルトン・アイゼンハワーの南米視察旅行

（1953年6月〜7月）

　1953年5月に米国務省はボリビアに対する緊急経済援助計画を策定する。以下、本章では、ドワイト・アイゼンハワー大統領の実弟であり、大統領の最も信頼する私的アドバイザーとしてラテンアメリカ問題を中心に活躍したミルトンが果たした役割に焦点を当ててボリビア援助決定プロセスについて検討する。ミルトンは、大統領の名代として行った1953年6月〜7月の南米視察旅行を通じて、ラテンアメリカへの関心と関与を深め、政権内のラテンアメリカ問題スポークスマンとしてその後も視察旅行を行うなど、大統領への助言を続ける。このミルトンの役割に関して、従来の研究では、ボリビア援助問題に関する最初の包括的検討を行ったブレイシアーに代表されるように、ミルトンは南米視察を通じて国務省の既定の政策に対して「権威と影響力のある確認」を与えたとされる[1]。しかし、本研究は、米政府内の政策決定プロセスの詳細な検討を通じて、ミルトンの役割が単なる既定路線の「確認」に留まらず、大統領による1953年9月末の援助決定において従来考えられていた以上の重要性があったことを明らかにする。ミルトンは、政権首脳への直接のアクセスを通じて国務省にとって不可欠の「同盟者」となる。そして、ハンフリー財務長官に代表される政権内の財政保守派や経済諸官庁の反対によって、一旦は失速しかけた国務省の対ボリビア緊急援助計画に勢いを取り戻させただけでなく、ミルトン自身の考えも反映してより包括的な形で実現させるうえで重要な役割を果たしたのである。本章は、さらに対ボリビア援助政策決定プロセスの検討を

---

[1]　Blasier, *The Hovering Giant*, p. 134. ボリビア革命に対する米国の政策の代表的研究であるリーマンとシークマイヤーの研究もミルトンの役割に関しては、包括的な検討を行っていない。Lehman, *Bolivia*; Siekmeier, *The Bolivian Revolution* を参照。

通じてアイゼンハワー政権内でのミルトンの役割とその限界についても考察する。以下、まず国務省の対ボリビア援助提案に対する他省庁の反応について検討する。

1. 対ボリビア緊急援助国務省提案への他省庁からの反対

国務省は、1953年5月18日までにボリビア革命政権に対する4項目からなる緊急経済援助計画を国務省案として決定していた。マン国務次官補代理は、それに先んじて5月15日のラパス駐在のスパークス大使への公電で援助計画の概要を伝えたが、同計画に対する他省庁からの承認は困難が予想されると述べていたが、他省庁の反応は予想以上に厳しいものであった。ボリビア援助問題に関する最初の省庁間協議は6月3日に開かれ、国務省に加えて財務省、輸出入銀行、復興金融公社（RFC）、IMF米国代表部から次官補レベルの代表が参加した。国務省からは、キャボット、ワウ（Samuel Waugh）経済問題担当次官補、アトゥッド南米部長、コルベット（Jack Corbett）金融開発政策課長、ブランブル金属課長、そしてボリビア担当官ハドソンが参加した。この会議の議事録はかなり長いものだが、国務省案に対する反対の強さと他の経済関係省庁との見解の違いを明らかにするため、以下、やや詳しく検討したい。

まず会議の冒頭で、キャボットは、国務省の援助計画がボリビアの現在の経済危機への対応と長期的な経済多角化の促進という二つの目標を「注意深く関連付けた」ものであり、後者の経済多角化が「ボリビアの基本的問題を長期的に解決するための唯一の方法」であると強調した[2]。これに対して、オバビー（Andrew Overby）財務次官補とIMF米国代表を務めるサザード（Frank Southerd）財務長官特別補佐官がそれぞれ反論した。彼らは、ボリビアの状況は確かに

---

2) キャボットが1953年2月27日の国務次官補就任後、いつボリビア問題に本格的に関与するようになったかは明らかでない。しかし、5月18日にスミス次官宛ての覚書が書かれ、この省庁間会議に参加する頃までには、問題を熟知するようになっていたはずである。特にミルトンに随伴して同年6月〜7月に南米訪問をしてからは、彼は個人的にもボリビア援助問題に深く関与するようになり、議会や世論に対するスポークスマンの役割を果たした。1989年11月7日メリーランド州ベセスダでのパット・ホルトとの聞き取り調査。ホルトは、1950年から77年まで上院外交委員会スタッフであり、最初はラテンアメリカ問題専門家、最後は委員会首席スタッフとしてアメリカ外交の重要局面に議会の立場から関与した。

第5章　ミルトン・アイゼンハワーの南米視察旅行　**177**

「殆ど救いようもなく悪い」が、はたして「切迫した危機」といえるのか疑問を
呈した。まずオバビーは、錫価格の下落にもかかわらず、ボリビアの外貨収入
は必ずしも減少しておらず、援助提案は「緊急事態への対応というより、生活
水準の維持が目的ではないか」と問い、米国は、朝鮮戦争時の資源価格高騰か
らの「価格下落による外貨の『損失』を、あらゆる国に対して補塡する準備が
あるのか」と、他国への影響を問題にした。これに対して、キャボットは、現
時点でのボリビアの外貨収入の増加は事実だが、これまでの政権の「愚かな政
策」によって農業生産が一貫して減少しており、「ごく近い将来に実際に食糧
不足が起ること」が危惧され、現在のパス政権は、「こうした近年の傾向を反
転させるための勇気ある施策」を行っており、成功には米国の援助が必要であ
ると強調した。続いてサザードは、ボリビアの IMF からの引き出し要請に関
して、そもそもボリビアに「外貨危機」が存在するのか疑問を投げかけ、IMF
の調べでは、ボリビア政府はまもなくイギリスのウィリアムズ・ハーベイ錫精
錬会社と RFC から多額の入金がある予定で、外貨準備はまもなく 1,600 万ド
ル前後になる予想だと述べた[3]。さらにサザードは、「切迫した食糧危機」とい
う点に関しても、ボリビアが小麦の輸入のため金準備の一部を使っており、第
3四半期までは供給が確保されていると疑問を呈した。これに対して、アトウ
ッドは、確かにボリビアはまだ破産状態ではないが、錫価格の下落と錫生産の
減少による影響が本格化する数カ月後には問題化すると述べ、援助計画を擁護
した[4]。オバビーが、飢饉のような緊急事態が実際に起こるまで待つべきでは
ないかと述べると、アトウッドは、国務省提案はまさにそうした事態を未然に

---

3)　ウィリアムズ・ハーベイ精錬所はイギリスにあり、低純度のボリビア産錫を精錬できる世界
で3カ所しかない精錬所の一つだったが、パティーニョ資本が支配していた。Baldwin, *The
World Tin Market*, p. 156.

4)　アトウッドは、1951 年 11 月から国務省米州局南米部長としてボリビア担当官ハドソンの直
属の上司だったが、めまぐるしく変わるボリビア情勢を十分把握していたわけではなく、1953
年1月にハドソンにボリビア問題の背景と最新情勢についての包括的メモの作成を指示した。
Memo from Hudson to Atwood: "Bolivia," January 17, 1953, NA 724.00/1-1453. アトウッド
の上司でもあったウッドワード元国務次官補代理によれば、アトウッドはボリビアに対して緊
急援助策定を皮切りにその後の恒常的援助へと向かうプロセスにおいて直接の担当責任者とし
て重要な役割を果たした。1989 年 10 月 10 日、ワシントン特別区でのウッドワードとの聞き取
り調査。アトウッドは、1955 年 10 月まで南米部長を務めたあと、対外活動庁（FOA）の改組
により新設された国際協力庁（ICA）のラテンアメリカ部長として、引続きボリビア援助問題
に関与し続けた。

防ぐのが目的で、外貨危機に備え、食糧生産計画に直ちに着手することが不可欠というのが国務省の立場だと強調した[5]。

サザードは、次にボリビアが IMF 資金引き出しの対象とする金融安定化計画について疑問を呈した。イギリスや他の IMF 理事国も、この計画が「効果や実現の見込みの薄いもの」であり、新しい為替レートがはたして維持され、一層の賃上げへの歯止めがかかり、財政収支の均衡が実現し、政府の経済調整計画が実施に移されるのか大いに疑問だとして、金による担保なしに引き出しを行いたいとするボリビアの要請に IMF は強い懸念を持つと述べた[6]。オバビーは、サザードと IMF の立場を支持し、もしボリビアに担保なしの引き出しを認めれば、他国の同様の要請を断ることができず、IMF の 32 億ドルの基金はすぐ枯渇してしまう。ボリビアの要請を認めることは、「返済の見込みのない借款を認めることと同じで、IMF のあらゆる原則を掘り崩すことになる」と述べた。国務省が補償原則にこだわり、ボリビアの「接収的国有化」の黙認が他の第三世界諸国の資源国有化に与える影響を強く懸念していたのと同様、財務省と IMF は米国主導で実現した戦後の自由貿易体制を支える国際金融の諸原則の維持に極めて神経質だったのである。ボリビア援助問題をめぐる国務・財務両省の対応は、米政府全体として経済的自由主義の原則を守ることの重要性を改めて示すものであった[7]。

キャボットは、次に国務省案の 3 年の錫購入契約について RFC の意見を求めた。クレイブンス（Kenton Cravens）RFC 新長官は、テキサスシティ錫精錬所（TCTS）の運営とこれまでの契約で購入した錫の使い道について「満足のいく」回答をもらえれば、ボリビアとの新規契約に「全く異存はない」と述べたが、当然ながらそうした回答は著しく困難であった。さらにクレイブンスは、ボリビア錫の購入中止は、キャボットが言うように「ボリビアの喉を切り裂く」に等しいことは重々承知だが、「外交政策や国家安全保障上の考慮なしに、

---

5) MC by Hudson: "The Bolivian Problem," June 3, 1953, *FRUS 1952-54*, IV, pp. 528-532. 米側は、1953 年初めの時点でボリビアは食料の 40% を輸入する必要があると推計していた。Memo from Mann to McDonald, January 15, 1953, *ibid.*, p. 522.

6) パス政権は 5 月 14 日にインフレ抑制を主な目的とする金融安定化政策を実施したが、米財政当局が抱いた懸念は的中する。詳しくは以下を参照。Wilkie, *The Bolivian Revolution*, p. 4.

7) MC by Hudson: "The Bolivian Problem," June 3, 1953.

純粋に RFC の見地」からすれば、大統領と議会に対して、TCTS の閉鎖を勧告せざるをえないと述べた[8]。最後にキャボットは、ボリビアへの農業開発のための借款提案に対する意見をエジャトン（Glen Edgerton）輸出入銀行総裁に求めた。エジャトンの答えも否定的なもので、輸銀融資はプロジェクトごとに行われ、適切なプロジェクト策定にはかなりの時間がかかると予想され、何よりボリビアに対するさらなる貸付自体に輸銀は「熱意を持てない」と述べた[9]。

　結局、関係する経済省庁のすべてがボリビア緊急援助に反対であった。反対は国務省側の予想を越えるもので、国務省は戦術の転換を迫られた。国務省関係者は、この時までには、ボリビアが置かれた状況では「正統派の政策」は機能せず、米国の政策がボリビアに「死活的」意味を持ち、「混乱と共産主義」をもたらすか否かを左右すると確信するに至っており、補償問題に関する自らの経済的自由主義の原則も棚上げしていたのである[10]。彼らはガードを固める経済・金融省庁に対する正面攻撃をあきらめ、国益と国家安全保障の観点から重要なボリビア援助問題の成否を「視野の狭い」経済官庁には任せてはおけないとして、アイゼンハワー大統領を含めた政権首脳に対する「裏口」からの直接の働きかけを通じて、官僚機構内での行き詰まりの打開を図るのである。この過程でミルトンが国務省の重要な同盟者となる。以下、そのミルトンがボリビア援助問題に深く関与する契機となった南米への視察旅行について検討する。

2. ミルトンの南米視察旅行(1953 年 6 月 23 日〜7 月 29 日)の起源

　ボリビアの現状を政府最高首脳に強く印象付けるうえで、ミルトンが果たした役割は極めて重要であった。ミルトンは、大統領の名代として 1953 年 6 月から 1 カ月余りキャボット国務次官補らとともに南米を親善訪問した際にボリ

---

8) 同精錬所は、第二次世界大戦中、純度は低いが西半球で唯一の錫産出国であり、米国にとって事実上唯一の供給源だったボリビア錫精錬のためだけに建設され、1953 年当時ボリビアの生産量の 25% を精錬していた。

9) MC by Hudson: "The Bolivian Problem," June 3, 1953.

10) 1953 年 6 月の米国外交政策に関する国務省会議におけるキャボットのスピーチ。Draft by Cabot, "Conference on US Foreign Policy," June 4, 1953, John M. Cabot Papers, Microfilm, Reel #14（以下 JMCP）.

ビアにも立ち寄った。この旅行を契機に、ミルトンは、国務省内で検討されていたパス政権に対する緊急経済援助計画の熱心な支持者となり、帰国後キャボットとともに援助実現に向けて、政府内の説得に当たる。冒頭で触れたように、ミルトンは、一旦は退けられた1953年4月30日のハドソン覚書に示された包括的計画に盛られたプログラムの多くを含む大規模な援助計画を復活させる勢いを南米視察旅行を通じて生み出したのである。その過程で、ボリビア共産化阻止という点と並んで、改革主義を唱えるパス政権へのテコ入れは、米国が独裁者を支持して改革に反対している、というラテンアメリカ進歩勢力からの批判への有力な反論となりうるという点も強調される。こうした政府内のキャンペーンの成功が、アイゼンハワー大統領による1953年9月末の対ボリビア緊急援助決定へと結び付くのである。

　ミルトンの南米視察旅行は、トルーマン政権期を通じて米国から省みられなかったという、ラテンアメリカ側の批判への対応の一環としてアイゼンハワー大統領とダレス国務長官らによって構想された。大統領は、1953年3月にミルトンに対して、多忙を極める自分やダレスに代わって、「現在の政策やプログラムに対する包括的見直しを行うために必要な視点を与える調査・親善旅行」に行くことを打診した。南米視察は、アイゼンハワー政権期にミルトンが行うことになるラテンアメリカへの一連の調査・親善旅行の最初のものとなる[11]。大統領は、ミルトンへの訓令において、米・ラテンアメリカ間の関係強化への希望を繰り返し、「西半球の共和国同士を一つにするために、我々に何ができ、いかなる政策やプログラム上の変更が必要か」を検討するため、「ラテンアメリカ諸共和国と米国との関係全体に影響を及ぼす諸条件を幅広い視点から視察」するよう求めた。大統領は、自ら求める新たな米州関係を表す言葉として「よきパートナー（Good Partner）」を使った。これは、先行する民主党諸政権によって用いられた「よき隣人（Good Neighbor）」に代わって、アイゼンハワー共

---

11)　Milton Eisenhower, *The Wine Is Bitter: The United States and Latin America* (Garden City, NY: Doubleday, 1963), pp. 6-7, 187. 南米視察旅行の起源に関して、ミルトンは3月末に大統領から話があったと回顧録に書いているが、これはやや不正確といえ、3月半ばには大統領宛の手紙で、「提案されている私の南米旅行」について、「予備的な検討」を始めたと書いている。Letter from Milton to the President, March 16, 1953, Milton Eisenhower 1952-53(5), Box 12, Name Series, AW, DDEL.

第5章　ミルトン・アイゼンハワーの南米視察旅行　　181

和党政権のラテンアメリカ政策のスローガンとなる。アイゼンハワーは、「私が大統領である間、米国は、不介入、国家間の法的平等、国民の自由な選択権という政策を一貫して維持する」と述べて、「よきパートナー」政策の内容を説明したが、これは、その後のグアテマラに対する介入政策からすれば皮肉な発言ともいえた[12]。

　そもそもミルトンは、兄ドゥワイトが1953年1月に大統領に就任すると、大統領の最も信頼するアドバイザーとなり、当時しばしばウィルソン政権期のハウス（Edward House）大佐やフランクリン・ローズヴェルト政権期のホプキンス（Harry Hopkins）になぞらえられていた[13]。スティーブン・アンブローズとリチャード・イマーマンによれば、これは、「両者の親密な関係、ミルトンのワシントンでの長年の経験、ミルトンの考え、知識、助言に対するアイゼンハワーの高い評価」からすれば、「必然的な結果」ともいえた。その後の8年間、ミルトンは、「フルタイムの大学学長［ペンシルバニア州立大］とともに、殆どフルタイムの大統領アドバイザー」として、ラテンアメリカ問題をはじめとする「大統領が直面する殆どあらゆる問題」で大統領を助け、ホワイトハウスは、この間、「ミルトンの週末の住居」となったのである[14]。

　ミルトンは、ワシントン駐在のアンドラーデ大使を通じてボリビアへの関心を深めることになる。もともとアンドラーデは、CIO 指導者ジャクソンと旧知

---

12) Eisenhower, *The Wine Is Bitter*, pp. 187-88.「よきパートナー」政策は、スローガンの変更にすぎず、むしろトルーマン政権期に後退した「善隣外交」よりさらに悪化したとの批判がある。当時、ラテンアメリカ問題の専門家サイモン・ハンソンは、共和党の新政策は「偽りの政策」であり、「相互信頼」からなる善隣外交が、「よきパートナー」政策の不真実や侮りに「取って代わられた」と嘆いた。Simon G. Hanson, "The Good Partner Policy," *Inter-American Economic Affairs*（以下 *IAEA*）, 10-2（Autumn 1956）, pp. 94-96; Hanson, "The End of the Good-Partner Policy," *IAEA*, 14-1（Summer 1960）, pp. 65-92 も参照。

13) Cabell Phillips, "Eisenhower's Harry Hopkins?: The President's brother Milton emerges as a very special part of the While House family," *The New York Times Magazine*（January 7, 1953）, pp. 13, 40, 42, 44.

14) Eisenhower, *The Wine Is Bitter*, pp. 146-8. 大統領より9歳年下のミルトンは、1926年に農務省に入省以来、順調に出世を続け、ニューディール期には省内ナンバー2となるなど、ワシントンでの経験は兄よりはるかに豊富であった。アンブローズとイマーマンによれば、ミルトンは、「アメリカ政府の実際の動きに関するエキスパートであり、実践的な政治的技術に秀でていた」のである。Stephen E. Ambrose and Richard H. Immerman, *Milton S. Eisenhower: Educational Statesman*（Baltimore: The Johns Hopkins University Press, 1983）, p. 42.

の仲であり、ジャクソンはミルトンの友人であった。アンドラーデは、1953年
4月半ばにボリビア訪問から戻ったジャクソンが自宅で開いた内輪のパーティ
に招かれ、その際にミルトンに初めて紹介された。弟であるミルトンが大統領
の最も信頼する助言者であることを熟知するアンドラーデはその機会を逃さず、
ミルトンに対してボリビア革命によってもたらされた改革と変化の重要性につ
いて語った。アンドラーデによれば、ミルトンは、「知識人」として、「半封建
的状態から抜け出し、社会的進歩に参加できるコミュニティを作り出そうと世
界の他の地域で苦闘する人々の物語に大きな興味を示した」のである。そのミ
ルトンは、南米旅行が近付くと、南米諸国の外交官との面会や社交的集まりに
出席しない旨明らかにしたが、アンドラーデ大使は、革命政府に反対する旧寡
頭支配層による反政府宣伝に対抗するため、ボリビアの状況について「出発前
に会って説明せずにはおられず」に、ミルトンとの再度の接触に努めた。面会
は、再びジャクソンの助力によって6月17日に実現した[15]。

　アンドラーデは、この会見で錫長期契約をめぐる交渉を中心に近年の両国関
係について説明した。会見を記録した国務省のベネット（Tapley Bennett）によ
れば、アンドラーデは、3大錫資本に対する鉱山国有化の背景とパティーニョ
との補償協定について説明し、錫購入協定や他の経済協力への主要な障害が取
り除かれたにもかかわらず、米国政府が錫協定締結を速やかに行わないのは理
解できないと述べ、「協定締結に失敗した場合の深刻な政治的結果」について
警告した[16]。これに対して、ミルトンは、「もう備蓄の必要がないのになぜ我々
は錫を買い続ける必要があるのか」、「我々は錫契約の継続によってボリビアの
巨大な問題の解決を単に先延ばしにしているだけではないか」という二つの的
確な疑問を投げかけた。この質問は、ミルトンが既にボリビアをめぐる状況の
難しさについて理解し始めていたことを示していた。アンドラーデは、最初の
疑問については、錫購入が両国関係にとって持つ戦略的重要性と購入停止の場
合のボリビアへの政治的影響の大きさを指摘し、後者の疑問については、錫契

---

15)　Andrade, *My Missions*, pp. 171-72.

16)　3大錫資本との補償交渉を拒んできたボリビア政府は、米政府の強い働きかけもあって
　　1953年4月にようやく直接交渉を開始し、最大のパティーニョとはこの会見の直前の6月13
　　日に暫定補償協定を締結している。Editorial Note, *FRUS, 1952-54*, IV, p. 526.

約は、錫の輸出によって食料を輸入するというこれまでの状況を変えるべく、ボリビア経済の多角化推進のため他の援助計画と組み合わす旨強調した。ミルトンはアンドラーデの答えに「満足したよう」であった[17]。またアンドラーデは、ミルトンに対して、旅行中に「ロスカ」とその一味の政治家らがボリビア国外において様々に接触を試み、「国際共産主義との結び付き」等の様々な非難を行い、経済状況のひどさや労働者の無政府状態、農地改革に伴う農村部での緊張や混乱についても、誇張して語るであろうから、覚悟しておくように述べたという[18]。

アンドラーデの退室後、ミルトンは、ベネットに対してボリビアの危機的状況を十分認識しており、国務省の援助計画に同意するとして、ボリビア援助に関する早期決定のため国務省が直ちに財務省とホワイトハウスに働きかけるよう促した。ただし、ミルトンは、「あらゆる適切な形で」国務省の立場を支持するが、大統領と内閣の問題への介入は立場上注意深く避けねばならず、問題が適切なルートを通じて一旦ホワイトハウスにまで上がってくれば、喜んで助けになると述べた[19]。こうした慎重さは、ワシントンの官僚政治における長年の経験とともに、大統領の弟で腹心として「適切さに関する洗練された感覚」からもきていた[20]。国務省は、ボリビア援助計画に対する官僚機構内の困難な闘争において強力かつかけがえのない協力者を得たのであった。

3. 政権首脳によるボリビア緊急援助計画の検討

ミルトン一行が南米に出発する前日の1953年6月22日、ボリビア援助問題に関する大統領による初めて会合が開かれた。国務省は、ボリビア問題を政権の最高レベルにまで引き上げることに成功したのである。会合には大統領のほかにダレス国務長官、ハンフリー財務長官、フレミング（Arthur Flemming）国防動員局（ODM）長官、ミルトン、そしてキャボットが参加した。ハンフリー

---

17) MC by Milton Eisenhower, Bennett, and Andrade: "The Bolivian Problem," June 17, 1953, NA 611.24/6-1753.

18) Andrade, *My Missions*, p. 172.

19) MC by Milton Eisenhower, Bennett, and Andrade: "The Bolivian Problem," June 17, 1953.

20) Ambrose and Immerman, *Milton Eisenhower*, p. 152.

184

指導下の財務省や他の経済官庁からの支持が困難な状況が続く中で、ミルトンとキャボットは、視察旅行への出発前にボリビア援助計画に閣僚レベルのコミットメントを確保しておきたかったのである。

　大統領は、会議の冒頭から天然資源問題の「死活的重要性」を強調し、「供給が減少を続ける一方で需要が増え」ており、「『米国の金準備を保管する』フォートノックスに金より錫を蓄えておくほうが」よいと述べ、ボリビア錫の持つ「安全保障面」について触れた。しかし、これに対して、ハンフリーは、生産国との現行協定によって8月までには錫の備蓄は完了すると述べ、現在、RFCは国際市場価格を大きく上回る価格で大量の錫を購入しており、現行の協定価格での購入継続は非常に高価なものとなっており、正当化できず、さらにTCTSは年間1,500万ドルの損失を出していると付け加えた。大統領は、大幅な損失は「残念なこと」としながら、資源の重要性を再び繰り返した[21]。ここでダレスが助け舟を出し、国務省の立場を擁護するとともに、従来のラテンアメリカ政策への批判を展開した。

　　我が国は、戦時中はラテンアメリカのあらゆる生産物を高価格で買い、彼らに永遠の友好を説く。そして、戦争終結とともに契約を中止し、彼らの経済が傾くのに任せて戦時中の生産を駄目にし、次の戦争が始まると再びラテンアメリカの生産物を法外の値段で買い始める。いつかラテンアメリカ諸国は、我が国への友好的態度を失い、どんな値段でも売ってくれないということになりかねない[22]。

　大統領は原材料の全般的重要性を強調したが、ことボリビア産の錫に関しては、備蓄が十分で価格も割高というデータに基づいたハンフリーの主張を前に説得力があったとは言い難い。しかし、アイゼンハワー大統領は、政府の支出をできるだけ削減することが望ましいというハンフリーの議論一般には同意しながらも、ボリビア援助問題に関しては、ミルトンの働きかけもあって、既に賛成の方向に腹を決めていたことは明らかであり、それは「外交政策」上の理

---

21) MC by Cabot: "The Bolivian Tin," June 22, 1953, *FRUS, 1952-54*, IV, pp. 532-33.
22) *Ibid.*

由と戦略的考慮に基づいていた。こうした状況では、ハンフリーは、ボリビアとの錫購入協定に関しては国務省提案を基本的に受け入れざるをえなかったが、経済的に「健全な」もの以外は受け入れられないとして、「よい技術的な解決策」を出すべく錫問題の専門家に任せるよう求めた。対ボリビア援助全般に関しては、アイゼンハワー大統領は、食糧生産のためのポイントフォア援助増額案に同意し、国務省に直ちに検討を指示した。大統領は、エジャトン輸銀総裁が6月3日の会合で否定的な見解を示した農業開発のための1,000万ドルの輸銀融資提案についても賛意を示した。会議の最後に、ミルトンがラパス到着前に何らかの結果を示すことの重要性を強調する一方、キャボットは、ボリビアの状況がいつまでもつか分からないとして、米国政府が「最高レベルでボリビア問題に関与していることを示す」ため、ホワイトハウスがこの会合に関して記者声明を出すことを提案して了承された[23]。翌6月23日、ミルトン一行は南米視察旅行に出発したが、空港には大統領とダレス国務長官が見送りに訪れ、使節の重要性を改めて印象付けた。

　一方、政府関係省庁は、国務省提案に基づいてボリビア援助計画を本格的に検討し始めた。アイゼンハワー大統領の賛成にもかかわらず、関係省庁の腰は重く、援助計画をまとめるのは容易ではなかった。スタッセン（Harold Stassen）相互安全保障庁（MSA）長官が相互安全保障予算の利用の検討を始め、財務省がハンフリー長官の直接の指揮下に錫契約問題の検討を続ける一方、フレミングODM長官も錫契約問題とTCTS問題の解決に取り組んだ[24]。フレミングは、6月末までにボリビア錫問題の解決策をまとめ、新たな備蓄計画によってボリビアその他からさらに3年間錫購入を続ける一方、TCTSは閉鎖するという提案をダレスに示した。ダレスは、「ラテンアメリカとの関係増進」に資する「よいプログラム」として、他の援助計画に関する最新情報とともに、エクアドルに着いたばかりのミルトンとキャボットに直ちに通知した。両名とも錫の3年契約には大いに安堵したが、TCTS閉鎖提案には懸念を示した。国務省は、ミ

---

23)　*Ibid.*
24)　「相互安全保障庁（MSA）」に関しては、「局」の訳語をあてられることもあるが、省内の一部局（bureau）ではなく、本来の名称が「Mutual Security Agency」であり、独立性を持った政府機関と言えるので、「庁」の訳語と充てることとする。

ルトン一行のラパス到着前に援助計画について記者発表を行う予定であったが、それに関して、ミルトンとキャボットは、ボリビア側の反応を懸念して、精錬所閉鎖については触れないよう求めた。また新たな借款についてもボリビア側と詳しく話し合うまで公表を控えるよう求め、発表では単に「ボリビアの根本的問題解決の長期的解決に協力するためさらにとるべき手段」について急ぎ検討している旨言及し、技術協力の増加を強調するよう求めた。ミルトンとキャボットは、ボリビアの錫問題がラテンアメリカにおける米国の資源政策のテストケースとなっているというダレスの見方に同意し、「南米全体が戦略資源の問題に関心を持っており、ボリビア情勢に関して我々が何をするかに注目していることは強調してもし切れない」として、自分たちの公電を大統領に見せるようダレスに求めた[25]。

しかし、7月6日の記者発表を前に、ハンフリーと他の財政保守主義者らは強力な巻き返しを図る。その圧力を前に錫契約は、ボリビア援助プログラムから完全に削除される寸前まで行く。そうした巻き返しの舞台となるのが、7月2日のボリビア問題に関する2度目のハイレベル協議であり、日程上の都合から大統領とダレス国務長官が欠席する中で、国務省からはワウ経済担当国務次官補が参加した。他にはハンフリー財務長官、ドッジ（Joseph Dodge）予算局長、クレイブンス RFC 長官、フレミング ODM 長官が出席した。会議は最初からハンフリーがリードし、8月には錫の備蓄目標が達成されるのは確実だとして、「財政状況に鑑み」て錫の購入停止の「仮決定」を取り付け、ボリビア錫の購入契約は風前の灯火となったのである[26]。しかし、これに対しては国務省が直ちに反撃する。

翌7月3日早朝に開かれた閣議で、大統領は、前日の錫購入に関する仮決定を覆し、錫契約も期間を短縮した形でボリビア援助計画の中に復活させた。閣議ではハンフリーが、「経済的な精錬ができないボリビアの低品質の錫を買い続ける」べきでないとして錫契約への反対意見を繰り返し、その代わりとして「農業その他への完全な無償援助によって効果的な経済開発が行える」ようボ

---

25) Tel 429 from Milton and Cabot in Quito to Dulles, July 2, 1953 (recd), Bolivia(3), Box 4, International Series, AW, DDEL.

26) *FRUS, 1952-54*, IV, p. 534 の注2参照。

リビアに対する無償援助を提起した。ハンフリーは、ソ連共産主義の脅威については政権内の冷戦の闘志らと見解を共有し、ボリビア援助問題が冷戦の問題として議論される限り、「共産主義の脅威と闘うボリビア」への援助に基本的に同意せざるをえなかった。しかし、経済的合理性を歪めた形での援助は、他の資源国への影響もあってあくまで避けようとし、そこから無償援助の考えが出てきている。ハンフリーの提案は経済的には合理的なものであったが、錫が依然重要な意味を持つボリビア政治の現実からは許容し難いものであり、国務省にとっても受け入れ難いものであった。外遊中のダレスに代わって出席したスミス国務長官代理は、「そのような政策は多くの失業者を生み出し、共産主義の勢力拡大を招く」と強く警告し、錫の備蓄の継続を唱えた[27]。当時、政府の機構改革に関する大統領特別顧問を務め、後にラテンアメリカ問題顧問となるロックフェラー（Nelson Rockefeller）もスミスの意見を支持し、農業輸出拡大等のためアンデスを抜ける道路建設が続いており、それによる経済多角化が達成されるまで、錫鉱山は操業して資金を捻出させるべきだと論じた[28]。ここでスタッセン MSA 長官が妥協案を出し、「他の効果的計画」ができるまで 1 年間の錫購入継続を提案した。結局、政府のボリビア援助計画に関して、以下の点が決定された。

(1)　1 万トン以内でさらに 1 年間ボリビア産錫の購入を続ける。
(2)　MSA が、1 年目の終わりまでにボリビア経済状況の解決のための準備を行う。
(3)　1 年目以降の錫購入の是非については今後の議論に委ねる。
(4)　ボリビア援助問題に関する調査チームの設立と 7 月 2 日の閣議で合意した農業生産への技術援助等の他のプロジェクトの推進[29]。

---

27)　Minutes of Cabinet Meeting, July 3, 1953, *ibid.*, p. 534. スミスは、「［途上国の］地下にある資源はナショナリズムの危険からあてにならない」と述べ、資源問題全般への懸念も表明した。Memo by Robert Cutler, July 3, 1953, Cutler Memos 1953(4), Box 17, Executive Secretary's Subject File Series, NSC Staff Papers, White House Office, DDEL.

28)　Minutes of Cabinet Meeting, July 3, 1953. ロックフェラーが言及しているのは、米国の援助で 10 年余り建設が続き、完成間近となっていた「コチャバンバ＝サンタクルス・ハイウェー」である。

この援助プログラムは7月6日に、ホワイトハウスからではなく、国務省に
よって記者発表が行われた。発表では、ボリビアとの錫契約締結の意向と技術
援助の増額が強調され、基本的には7月2日のミルトンとキャボットからの公
電の内容と同様であったが、錫購入契約の期間については3年から1年への短
縮という重要な変更がなされていた[30]。しかし、この国務省の発表は、1950年
末に従来の契約が失効して以来、スポット市場以外でのボリビア錫購入を米政
府が初めて約束したものであり、さらにボリビア革命勃発以来、米政府が公表
したボリビアへの最初の新たな援助計画といえた。この声明は、まさしく米国
と革命ボリビアとの長く、困難な「和解」のプロセスがようやく終わろうとし
ていることを示していた。1952年4月の「国民革命」の勃発後だけでなく、そ
れ以前の1943年12月のビジャロエル＝MNR政権成立以来、第二次世界大戦
後に向けて「リベラル・プロジェクト」に基づく自由主義的国際秩序の再構築
を本格的に目指し始めていた米国とボリビアの革命的ナショナリズムは、いう
なれば共存のための困難な模索を続けていた[31]。今や「共産主義」への反対が、
そうした共存のための共通の基盤となっただけでなく、両者の「協力」の可能
性さえ示していた。しかし、この7月始めの時点では、米国側の援助計画はい
まだ未完成であり、アイゼンハワー大統領の9月末の最終決定と翌10月の発

---

29)　Minutes of Cabinet Meeting, July 3, 1953, p. 534. スミスは、7月2日と3日の会合に関す
　　る情報をエクアドルのミルトン一行に直ちに送付した。Tel 5 from Smith to Milton and Cabot
　　in Quito, July 3, 1953, *FRUS, 1952-54*, IV, p. 534.
30)　DS Press Release: "U.S. Aid to Bolivia," July 6, 1953, DS, *Bulletin*, 29-734 (July 20, 1953),
　　p. 82.
31)　既に触れたように、第二次世界大戦後の米国は「自由と安全」のバランスに苦心し、マクマ
　　ンによれば、冷戦の進展、特に朝鮮戦争の影響によって本来のウィルソン主義的な「リベラ
　　ル」な国際秩序ではなく、「軍事力に根ざした秩序」を目指すようになったとされ、菅英輝も
　　1940年代末の冷戦の本格化に伴い、「ウィルソン的リベラリズムが変質を迫られ、安全保障国
　　家体制の担い手である『軍産複合体』の影響力が高まる」ことになったと捉えている。マクマ
　　ン「安全保障か自由か？」pp. 41-42；菅「変容する秩序と冷戦の変遷」pp. 4-7。ボリビアの場
　　合、朝鮮戦争の休戦（1953年7月）の前後にMNR政権との「和解」から「協力」へと進み始
　　めるが、このプロセスは「リベラル・プロジェクト」の一種の例外として進展するわけであり、
　　その「変質」の事例ともいえる。しかし、これは、マクマンらの言う「安全保障国家」化とい
　　う形の変質ではなく、アメリカの「原理主義的」な自由主義が、冷戦への戦略的考慮から途上
　　国のナショナリズムとの妥協を迫られた事例ともいえよう。ただし、この「変質」ないし「妥
　　協」は便宜的ないし一時的なもので、本書の分析からも明らかなように、一旦「共産主義」へ
　　の懸念が後退すると、「保守的」な経済的自由主義がすぐに頭をもたげてくるのである。

表によって「和解」のプロセスが完了し、両者の「協力」という異例の実験の開始には、米政府内および米・ボリビア間でさらにいくつかの山を越えねばならなかった。この7月6日の発表に対しては、ボリビア側が大きな失望を表明する。

　7月6日の記者発表後、アンドラーデ大使は、国務省に対していくつかのルートを通じて直ちに援助提案への不満を伝えた。まずボリビア政府が契約しているコンサルタント会社サルベージ・リー・チェースのブレッドソー（Sam Bledsoe）がハドソンに直ちに電話を入れ、ボリビア大使館側は発表された援助提案に「ひどく失望している」と告げた。アンドラーデは、ブレッドソーに対して、パティーニョ資本との「満足な」解決があれば、3年間の錫契約と2,000万ドルの借款が期待できると「信じ込まされてきた」本国政府は、米提案を拒否せざるをえないと述べた。アンドラーデは、米国政府の意図は理解できず、「別の方面に当たる」のがボリビアにとって望ましいと述べ、錫その他の鉱物資源の東側諸国への売却の可能性についても示唆したのである[32]。

　またアンドラーデは、労働運動とのつながりも利用してCIO指導者のジャクソンに対して錫契約の遅れに関する苦情を述べたが、ジャクソンは、7月8日に国務省の労働担当官フィッシュバーン（John Fishburn）に電話をかけ、アンドラーデ大使は米国によって「欺かれた」と感じており、「怒りと失望のあまり」辞任を考えていると述べた。これに対して、フィッシュバーンは、アンドラーデには国務省がボリビアのために努力しているからといって、実際に政府のコミットメントが得られるとは限らない、と常々言っているとジャクソンに告げた。そして、錫の1年契約が「すべてとは限らず」、今後、政府内の協議によってはより多くを手に入れる可能性もあると述べた。ジャクソンは、辞任など考えないようアンドラーデの説得に努めると約束した[33]。しかし、アンド

32）　MC by Hudson: "Alleged Bolivian Dissatisfaction with Proposed United States Assistance," July 6, 1953, NA 824.00/7-653. アンドラーデは、ボリビア援助に関する最初の大統領レベルの会合があった翌日の6月23日にウッドワード及びハドソンと面談した。その際、ウッドワードは、アンドラーデに対して「ボリビアへの援助計画に関して原則的合意がなされ、今や計画の目的達成のための最善のやり方を考え出すことが唯一残されている」とだけ述べ、合意の詳細については告げていない。MC by Andrade, Woodward, and Hudson: "Program of Economic Cooperation with Bolivia," June 23, 1953, NA 824.00/6-2353.

ラーデのワシントンでの長年の経験からすれば、国務省が3年契約への努力を約束したからといって実際に政府内協議で実現すると単純に信じたとは考えにくい。また彼は、財政削減に努める共和党政権下で対外援助予算が削られる中で、南米の小国への援助提案によって、国務省がいかに困難な立場にあったかも十分承知していたはずである。アンドラーデは、こうした米国政治やボリビアの錫問題をめぐる状況について、詳細で的確な報告を送っていた。

国務省の関係者は、アンドラーデ大使を筆頭に、ボリビア革命政府の関係者によるこうした巧みな交渉戦術をよく理解していたが、対ボリビア援助をめぐる困難な政府内交渉に当たっていた彼らにとっては、そうしたやり方は不満の種でもあった。ボリビア援助の最も熱心な推進者であったハドソンのコメントがそうした気持ちを代弁していた。

> 本省もラパス大使館も、ブレッドソー氏がアンドラーデ大使の発言だとするような約束は決してしてない。私には、ブレッドソー氏の報告をそのまま受け入れてよいのか、それとも私への電話は、駆け引きのためにボリビア大使館によって仕組まれた戦術なのか、判断できない[34]。

こうしたボリビア側の戦術は効果をあげすぎることもあり、他の米政府関係者から国務省にボリビアによる内政干渉に関する苦情が寄せられることにもなる。

4. ミルトン使節団とパス政権首脳との協議

一方、ミルトン一行は、6月23日の出発以来、ベネズエラ、コロンビア、エクアドルを経て7月7日にボリビア入りし、10日まで滞在する[35]。翌8日、彼らはボリビア政府首脳と5時間にわたって協議を続けた。この会談はアイゼン

---

33) MC by Fishburn: "United States-Bolivian Relations," July 8, 1953, NA 824.00/7-853.

34) MC by Hudson: "Alleged Bolivian Dissatisfaction with Proposed United States Assistance," July 6, 1953.

35) その後、一行は、ペルー、チリ、アルゼンチン、パラグアイ、ウルグアイ、ブラジルを訪れて、7月29日にワシントンに戻り、5週間以上に及ぶ視察を終える。

ハワー政権によるボリビア革命政権への援助決定に重要な意味を持つと考えられるので、以下、詳しく検討する。会談のボリビア側出席者は、パス大統領、シレス副大統領、ゲバラ外相、グティエレス（Raul Gutierrez Granie）農業相、バラウ（Manuel Barrau）COMIBOL 総裁であり、米側出席者は、ミルトン、スパークス大使、キャボット国務次官補、オバビー財務次官補、パウエル（Oscar Powell）在ボリビア米国援助事務所（USOM）所長であった。会議の議題は、ボリビアの外貨準備高から石油開発の状況、共産主義の問題、米国の援助にわたる広範な政治・経済上の問題に及んだ。

　最初に議題に上った共産主義の問題に関しては、ボリビア側指導者は、国内の共産主義勢力の影響力について危機感をあおることはなかった。ボリビア側参加者は、ボリビアの革命政治において歴史的に重要な役割を果たしてきたスターリン派共産党 PIR とトロツキスト派共産党 POR は、他の「過激な勢力」と合せても前回選挙で 5,000 票しか得ていない。共産主義支持者の多くがMNR に投票し、その勢力が政府や労働組織で「戦略的位置」を占めるのは確かだが、共産主義自体はボリビアにとって「深刻な脅威」にはなっておらず、MNR が「共産主義勢力から魅力の大半を奪ってしまった」と強調した[36]。さらにボリビア側は、特に鉱山国有化をめぐって米財界や 3 大錫資本等によって繰り返される「MNR 政権は共産主義的」との非難に懸念を表明し、国有化の背景を詳しく説明した。ボリビア側の説明に関して、ミルトンは後に以下のように書き残している。

　　鉱山は非効率であったが、所有者にとっては利益があった。政府は鉱山からの税収が殆ど得られず、利益はフランス、米国等に送金されて投資された。鉱山所有者は、鉱山での過剰労働力を常に確保するため意図的に農業の発展を妨げるとともに、国有化鉱山に対する公正な金額の支払いを目指す交渉も頑なに拒んでいる[37]。

---

36)　MC by Paz, Siles, Guevara, Gutierrez, Barrau, Eisenhower, Sparks, Cabot, Overby, and Powell, July 8, 1953, NA 824.00/7-853. ボリビアの有権者数は、1952 年 7 月の選挙改革によってインディオ農民に投票権が与えられたことによって 20 万人から 100 万人に拡大していた。Malloy, *Bolivia*, p. 188.

ミルトンは、ボリビア側との協議を通じてパス政権が「共産主義的」ではないと改めて確信し、米側から見て MNR 政権が様々な欠点を抱えているとしながらも、革命政権に次第に好意的な認識を持つに至る。ミルトンは、MNR は「経験不足で、時に米国に批判的であり、アメリカ人一般が好むより社会主義的傾向」があり、鉱山の効率と収入は「公的経営の下で減少」し、左派の中心的指導者であるレチン鉱山相は「マルクス主義的傾向を持つ過激主義であり、現地の共産党に所属すると信じられている」としながらも、「急速な社会変革」がボリビアでの新たなより暴力的な革命を防ぐ唯一の方法であり、「暴力的紛争は共産主義勢力が支配権を握る最も確かな道」だとして、ボリビア革命政権の指導者らは、こうした事態を防ぐために真摯に改革に努めている、と確信したのであった[38]。

　共産主義の問題に関連して、キャボットは、実施が迫っている農地改革に関してグアテマラから専門家を招く問題に触れ、こうした動きは「米国にとても誤った悪い印象を与える」と警告した。ゲバラ外相は、シレス副大統領と直ちに部屋を出て協議し、同計画の撤回を報告した[39]。これは、ボリビア革命政権に対する米国による最初の明白な内政干渉の事例と言え、その後、米大使や大使館員が度々政府関係者等の中の「共産主義者」リストを示して、その排除を

---

37)　Eisenhower, *The Wine Is Bitter*, p. 67. 回顧録にはボリビア鉱山国有化をめぐる話し合いの長い記述が見られるが、国務省の7月8日の会談記録にはそれはなく、ミルトンは、この会談での話し合いと出発前のアンドラーデによる説明とを混同している可能性がある。というのもミルトンがラパスでの会談記録として 1963 年の自らの回顧録に残している記述は、アンドラーデが自らの 1976 年の回顧録でミルトンへのワシントンでの説明として記載している内容と類似している。Andrade, *My Missions*, pp. 171-72. 無論、ラパスでの会談を記録した国務省担当者がボリビア側のいつもの議論として錫国有化に関する議論を記載しなかった可能性もある。しかし、公式の記録者として全く触れないということも考えにくい。

38)　Eisenhower, *The Wine Is Bitter*, pp. 67-68. ミルトンは、回顧録の中でボリビアの農地改革は「共産主義的」ではなく、「自作農によるシステム」を目指したものと擁護している。ミルトンの認識は、ケネディ政権下の「進歩のための同盟」の考えと基本的に同じであった。アイゼンハワー政権では、政権末期にはこうした社会改革の必要性への認識が強くなるが、1953 年の時点ではそうした考えは例外的であった。当時、「ラテンアメリカで単なる援助だけでなく、急速な社会革命を求める革命的な要求の急激な高まりが次々と起こることを予想したものは、私も含めていなかった」とミルトン自身認めている。Eisenhower, *The Wine Is Bitter*, pp. 199, 201. まさに貧困と革命との関係に関するミルトンの理解の深まりがボリビア援助に対する彼の支持と、政権による決定に影響を与えたと考えられるが、こうした理解は、1953 年の時点では特異な事例としてのボリビアに限られていた。

第5章　ミルトン・アイゼンハワーの南米視察旅行　193

迫るといったことが繰り返されることになる。ゲバラ外相の回想によれば、米援助への依存が高まるにつれ、ボリビア側はこうした圧力に屈せざるをえなかった。ゲバラは、米国がなぜそれほどまでに「共産主義」問題にこだわるのか理解に苦しんだが、そうした米側の反共心理を最大限利用するのは巧みであった[40]。アイゼンハワー大統領とダレス国務長官に始まり、米側指導者は、貧困や政治的不安定、現状打破の動きがあるところに共産主義の影を見出した。「ラテンアメリカにおけるあらゆる社会化への動きをマルクス主義と、農地改革を共産主義と、反米主義をソ連支持と混同」する傾向を戒めていたミルトンでさえ、「ラテンアメリカの労働、政府、学校に秘密裏であれ、公開の形であれ、共産主義勢力が浸透を試み、対応に追われた」と述べている。冷戦は、彼らにとって思想や信条をめぐる闘争であり、ミルトンもこうした冷戦イデオロギーを基本的に共有していた[41]。一方、パスやゲバラを含めラテンアメリカ側の多くの指導者にとって、冷戦とは、イデオロギー的装いをまとった権力闘争でもあり、ソ連が第二次世界大戦を契機に敵対者から同盟者、そして再び邪悪な敵

---

39)　グアテマラからの専門家の代わりに、メキシコ人専門家フローレス（Edmundo Flores）が国連の技術顧問としてボリビアの農地改革に重要な役割を果たす。米国は1917年以来、その先駆的な農地改革をめぐってメキシコと長期にわたる深刻な紛争を経験してきたが、メキシコ革命は既にその改革主義のピークを過ぎ、米国との間で一定の共存が実現していた。一方、グアテマラ革命は、米政府が「過激化」を強く懸念しており、1952年の農地改革は共産主義者によって主導されていたと考えられていた。Blasier, *The Hovering Giant*, pp. 82-86. ボリビアの農地改革に対するフローレスの見方については、Edmundo Flores, "Land Reform in Bolivia," *Land Economics* (May 1954), pp. 112-24 を参照。

40)　ゲバラは、聞き取り調査の際に、外相当時のこうした米国による干渉の中でも特に記憶に残るものとして以下のエピソードをあげている。ゲバラは、欧州訪問中に中国のアクロバット団をたまたま見学して感銘を受け、帰国後、アクロバット団のボリビア招聘を進めた。しかし、スパークス大使に代わって1954年10月に就任したばかりのドゥルー（Gerald Drew）新大使は、これを聞きつけ、「共産主義ミッション」を直ちに拒否するよう強く要求した。ゲバラ外相は、東側陣営からのあらゆる訪問者を「共産主義による転覆工作」と結び付けるのは愚かしいとして要求を断ると、ドゥルーはパス大統領に直接訴えた。ゲバラは、パスからこのような些細なことで米側の神経を逆なですることは賢明でないと論されて招待の撤回に同意したが、納得のいかない気持ちが残ったという。1990年1月23日のラパスでのゲバラとの聞き取り調査。ただし、ゲバラは、この事件の時期を勘違いしていた可能性があり、その後のリーマンとの1990年5月23日との聞き取り調査でも本件について語ったとされるが、リーマンによれば、事件は1959年1月に起こっていることがボリビア外務省の文書で確認できたという。Lehman, *Bolivia*, p. 130. 筆者は同文書の確認はできなかったが、いずれにせよゲバラにとって、この些細な「内政干渉」事件は30年以上を経ても強い印象を残していたことが窺われる。ボリビアにおけるこうした「内政干渉」の他の事例については、Wood, *The Dismantling*, p. 149 を参照。

として米国にとっての意味が変わる中で、「北の巨人」に従わざるをえなかった。彼らは、現実的な政治家として彼ら個人の利益や国益の観点から米ソ対立を最大限に利用しようとしたのである[42]。

7月8日の会談に話を戻すと、共産主義問題の後、緊急援助計画の本格的な検討が始まった。ボリビア側は、現政権は「経済の絶望的な状況のため援助がなくてはあと1年ももたない」として、当面の苦境を乗り切るための緊急の課題とボリビア経済の多角化を図り、発展を目指すという長期的な課題に直面していると述べた。前者については、ボリビア経済の破局を防ぐためには、米国が対外援助に費やしている「膨大な額のほんの少し」が必要なだけであるとして、IMF基金の引き出しを求めた。しかし、キャボットは、国務省提案に対するIMF米国代表部の「頑強な」反対によりその可能性は全くないと否定した。次に輸出入銀行ローンの可能性が検討された。キャボットは、輸銀はプロジェクトごとに申請を受理するので、単なる外貨準備不足を補うためだけの借款は「確実に拒否される」だろうが、「もし農業の多様化に重点を置けば望みはある」と述べ、具体的プロジェクトの策定に取り掛かることを強く求めた。長い議論の後、パウエルUSOM所長とボリビア側は、ミルトン一行がワシントンに戻るまでにプロジェクト提案を準備することで合意した[43]。

ミルトンは、米議会で審議中の緊急飢餓対策法案（PL216）について触れ、現

---

41) Eisenhower, *The Wine Is Bitter*, p. 68. この点に関して、アイゼンハワー大統領、ダレス国務長官、その他の政権首脳の見解に関しては、無数の発言があるが、例えば以下を参照。Dulles to Allen Dulles, Feb 25, 1954, Box 2, Telephone Conversation（以下 TelCon）Series, Dulles Papers, DDEL; Rabe, *Eisenhower and Latin America*, pp. 29-30; Immerman, *The CIA in Guatemala*, pp. 82-83, 102-04, 232.

42) ゲバラ外相は、1947年に友人に宛て、ソ連と米ソ関係に関する興味深い観察を書き送っている。同書簡は、52年革命後にカラカスの米大使館に提出されたとされる。ゲバラは、ソ連の「野蛮な情熱とすべての問題への唯一つの解決策という硬直したドクトリン、そして世界制覇をひたすら目指す態度」が問題だとして、「一般の人々は、特に共産主義に魅力を感じるわけではないが、『純粋そのものの』資本主義にも同意せず」、「望ましく思えるのは、シベリアや収容所、拷問……なしに経済をより合理的に組織化する方法」だと述べ、資本主義の枠内での国家主導型発展を目指すMNRの基本的姿勢を示している。Memo by Hudson: "New Material on the Bolivian Situation," May 5, 1952, NA 724.00/5-552.

43) MC by Paz et al., July 8, 1953. ボリビア政府は、その後8月13日に経済多角化計画を米側に提出するが、そこで特に強調されたのは、東部低地帯での石油開発推進と輸出向け大規模農業の促進であった。石油産業については、急速な発展が唯一期待できる産業として経済多角化の柱として注目され、将来的には錫にとって代わることが期待されていた。

在のボリビアの食糧問題への適用可能性について言及したが、彼は、同法案が通れば、食料輸入に割いていた「希少な外貨」を経済多角化のため資本財輸入等に振り向けることができると考えていた[44]。会議の最後に、キャボットは、「議論された内容についてワシントンで検討するという以外には明確な約束はできない」と強調し、ボリビア側に対して、「ワシントンでの仕事を困難にするようなこと」はしないよう釘をさした。会議は、「若干の悲観的な雰囲気に包まれながらも、率直さと相手側の困難に対する理解を示す形で」終わった[45]。ボリビア側と米国側出席者の間には、一種の同志としての連帯感のようなものが生まれ始めていたのである。

　ミルトン一行は、7月9日にラパスを出発したが、その後も、7月13日のチリからのメッセージに見られるように、ボリビアの状態が「信じられないくらい悪く、西半球全体にとって重大な懸念すべき状況を作り出している」として、大統領へのメッセージの中でボリビア情勢に関する警告を発し続けた[46]。ミルトンのこうしたメッセージが大統領や他の政権首脳に強い影響を与えたのは、単に彼が大統領の最も信頼する助言者だっただけでなく、ミルトンがボリビアや他の南米諸国を1カ月以上にわたって実際に訪れ、直接その状況に接したからでもあった。南米への視察旅行が終わるまでには、ミルトンは、政権首脳の中で、ロックフェラーを除いてラテンアメリカ問題に最も経験のある人物の1人となっていた。このことは、逆にいえば、アイゼンハワー政権指導者の中に、いかにラテンアメリカ問題に通じたものが少なかったかを示していた。ミルトンは、こうしてアイゼンハワー大統領にとってラテンアメリカ問題に関する貴重なアドバイザーとなる。視察旅行も終わりに近付いた7月24日には、ミルトンは、大統領にウルグアイから録音メッセージを送り、その中でそれま

44）　ミルトンの回顧録によれば、パスによる米国の緊急食料支援の要請を受けて、ミルトンは旅行中初めてダレスに電話をかけ、余剰食物をボリビアへ送るよう頼んだ。Eisenhower, *The Wine Is Bitter*, p. 194.

45）　MC by Paz et al., July 8, 1953. 同日、ミルトンは大統領から公電を受け取るが、大統領は、「我々はボリビア対策に力を尽くした」が、「政府の最高レベルでのボリビア援助問題の検討結果は依然不確かだ」とある。Tel from Dulles to Sparks, July 8, 1953, ME 1952-53（4）, Box 12, Name Series, AW, DDEL.

46）　Tel 4219 from Bowers to Dulles, July 13, 1953, ME, 1952-53（4）, Box 12, Name Series, AW, DDEL.

で訪れた各国の状況を比較したが、最も重点を置いたのはチリとボリビアであった。当時極度のインフレにあえいでいたチリの状況は、「全く芳しくなく、政府指導者は経済の現実を直視しようとしない」と述べているが、ボリビアについては、以下のようにその状況を詳しく述べている。

　　公電で知らせたように、ボリビアの状況はこの上なく悪い。現在の政府は不安定ではあるが、決して共産主義的ではないと我々全員が確信している。現在の政府が倒れた場合、共産主義やファシストの政権が後を継ぐとは思われず、むしろ無秩序状態が続くことになろう。ボリビアでの中心的問題は、農業生産の大幅拡大がなくては、健全な経済的基盤に立つことは不可能に思われることであり、そうなるには恐らく最低5年はかかるであろう。ボリビアがそれまでどうなるのか、私には分からない[47]。

　ミルトンは、今やボリビア情勢に関して、国務省が強調する「外交政策」上の考慮を共有し、ボリビア問題の解決は長期間の努力を要する構造的なものであることを自らの目と耳で理解した。このメッセージは、ミルトンがMNR革命政権を継続的に支援すべきという考えを強めつつあったことを示しており、ハドソンの唱えた3年間の援助を越える5年にわたる援助の可能性さえ示唆していた。その後、ミルトンの働きかけもあって、米国はボリビア革命政権への援助をまずは緊急援助として、さらにより長期的なものへと変えていくが、その援助は、ミルトンらの予想を大きく上回って、MNR政権倒壊までの1964年まで続くことになる。このメッセージでもう一つ特筆すべき点は、ミルトンは、ボリビアの政治状況に関して、より洗練された理解を示し始めていたことであり、単純な「共産主義の脅威」以上の理解を示していたことである。国務省は、ボリビア援助計画を最初は他の省庁に対して、次には議会や世論に対して擁護するにあたって、共産主義の脅威という点に次第に重点を置くようになるが、ミルトンの分析からは、アイゼンハワー政権内部では、ボリビア情勢の微妙なニュアンスについても一定の理解が存在していたことが分かる。ミルトンとキ

---

　47) Transcript of the record message sent from Milton Eisenhower to the president, July 24, 1953, ME 1952–53(3), Box 12, Name Ser, AW, DDEL

第5章　ミルトン・アイゼンハワーの南米視察旅行　197

ャボットは、こうしたボリビアでの経験と理解の深まりをへて、7月末からボ
リビア援助計画実現に向けた精力的な活動を始めるのである。

5.　ボリビア緊急援助計画の具体化

　ミルトン一行の帰国の2日後、キャボットは使節団の成果について記者会見
を開き、その内容はラジオ放送された。個別の国に関してはアルゼンチン、ブ
ラジル、ボリビアがキャボット発言の大半を占めた。アルゼンチンは、ペロン
大統領が共和党新政権との関係改善に意欲を示し、久しぶりの両国のハイレベ
ルの会談だったこともあり、注目を浴びた。ブラジルは、南米における重要性
と両国間の「特別な関係」のため注目された[48]。ボリビアに関してキャボット
は、「とても危機的な状況」にあり、はたして政権があと1年間存続して経済
健全化計画を実施できるのか「大いに疑問だ」として、7月6日発表の1年間
の錫購入契約を主とする協力案に加えて、米国が「さらなる措置をとる必要」
が出てくることは「十分ありえる」と示唆した。そして、具体策は検討中だが、
確定するまで公の場での議論は避けたいと述べた[49]。国務省は、実際にはボリ
ビアへの緊急援助の追加部分について、ミルトン使節の帰国までにはかなり骨
子を固めていた。アトウッド南米部長は、8月4日にキャボットに覚書を送付
し、援助額と内容について詳細な説明を行っている。援助計画には、緊急飢餓
対策法（PL216）による食料無償援助と「急速な農業開発」のための輸銀ローン
が加えられ、緊急援助計画全体の中心的要素と位置付けられていた。前者は、
飢饉を防ぎ、経済的崩壊をもたらす危険のある外貨不足を緩和するという、当
面の対策としての狙いがあった。アトウッドは、1953年末以降、年間で1,100
万ドルの外貨不足が見込まれるとして、1,100万ドル相当の商品信用公社（CCC）
の過剰農産物を緊急援助することを提言した[50]。
　一方、このPL216のボリビアへの適用に関しては懸念も表明された。同法成

---

48)　米国とブラジルの「特別な関係」については、Stanley E. Hilton, "The United States, Brazil, and the Cold War, 1945-1960: End of the Special Relationship," *Journal of American History*, 68-3（Dec 1981）, pp. 599-624 を参照。

49)　Press and Radio News Conference by Cabot, July 31, 1953, JMCP, Micro Film Reel #14.

立の際の立法意図の説明によれば、「議会の意図は、かかる援助は、並外れた緊急事態にのみ行われるべきで、例えば栄養水準の向上や通常の外貨不足への対処等には行われるべきではない」というものであった。実際、当時のボリビアの外貨不足は、「基本的食料以外のあらゆる輸入を停止」すれば、短期的には対応可能であることをアトウッドも認めていた。しかし、錫価格の継続的低下のため、ボリビアの国際収支の改善が近い将来見込めない以上、輸入品の不足によって同国の経済活動は停止し、「本格的な飢饉がその後すぐ襲ってくる」ことが確実視された。こうした論理に基づき、アトウッドは、ボリビアが「並外れた状況」にあり、「同法に基づく援助が可能」と結論付けたのである[51]。

しかし、この食料無償援助計画があくまで「一時的効果」を狙ったもので、基本的な食糧問題に何らかの手を打たなければ、1955年には再び危機が訪れるとして、アトウッドは、輸銀ローンの必要性について詳細な議論を展開する。問題の根本は、錫という「一つの産物へのボリビアの過度な依存」と食料輸入への依存であった。アトウッドは、1953年末には完成が予定されるコチャバンバ=サンタクルス・ハイウェイが、東部低地の豊かな農業地帯と西部高地の人口集中地域とをつなぐ動脈となり、技術援助の増額によって、農業生産拡大に大きく貢献すると指摘した[52]。しかし、同ハイウェイの完成と技術援助の増額だけでは、必要とされる農業生産の早期大幅拡大には結び付かず、そのために

---

50) Memo from Atwood to Cabot: "Assistance to Bolivia," August 4, 1953, NA 724.5-MSP/8-453. 1,100万ドルという金額について、アトウッドの計算は、錫の国際市場価格の下落に基づいていた。ボリビア政府の外国為替関係予算は、1953年の錫の平均価格が1ポンドあたり90セントで計算されており、53年前半は90セントを上回る価格で多くが売られていたが、覚書執筆の時点で国際価格は、既に78セントに下落しており、今後、「一層の下落が予想される」としていた。アトウッドは、「ボリビアは、今年末までは大きな経済的混乱なしに予算を搾り出すことはできるかもしれないが、近い将来に外貨収入の大幅減に直面する」と結論付けた。アトウッドはまた、1,100万ドルは国際収支赤字に関する最も控えめな予測であり、赤字を大幅に悪化させる二つの「十分ありうる展開」について注意を促した。(1)錫と他の鉱物資源の価格のさらなる下落、(2)技術と資本の欠如による国有化鉱山の生産額の一層の減少。実際、米国が10月に緊急援助計画を発表した後、この2番目の恐れが急速に現実化する。

51) Memo from Atwood to Cabot: "Assistance to Bolivia," August 4, 1953.

52) コチャバンバ=サンタクルス・ハイウェイへの輸銀ローンは、1953年まで米側がボリビアに与えた援助としては最大のものであった。1942年のボーハン報告で最初に提案されて以来、10年以上の歳月と2,630万ドルのローンが与えられてきた。Memo from Cabot to Dulles: "Status as of April 30, 1953 of Current Exim and IBRD credits to LA," June 16, 1953, NA 611.20/6-1653.

は、農業機械、肥料、種苗、種畜、加工工場等のための外貨がボリビアには緊急に必要だとして、輸出入銀行の「中規模の」ローンが必要なドル資金を供給するための「唯一現実的な方法」だと強調した。アトウッドは、輸銀が求める具体的プロジェクトに関しては、ボリビア政府が、事情に通じた米国と国連の技術援助チームと協力して作成可能であり、こうした農業プロジェクトによって、ボリビアは経済多角化計画の一環として農業開発を急速に推し進めることができると結論付けた[53]。

　国務省が他省庁との困難な折衝をへて成立を目指してきたボリビアへの緊急援助計画は、1年間の錫契約、技術援助の倍増、贈与による緊急食料援助、輸出入銀行ローンとして8月初めまでには最終案が固まってきた。それらは一体となって、ボリビアの短期的な外貨危機に備えるとともに、長期的な農業生産拡大による経済多角化を目指すものであった。錫契約には、他のプログラムがそれぞれの問題に対処している間、最低限の外貨収入の確保が期待された。食料贈与は、現在の食糧不足に対処するというより、今後の飢餓の発生を防ぐとともに、食料輸入から生じる外貨不足による危機を緩和しようとするものであり、さらには浮いた外貨を食料輸入から生産財輸入へと振り向けさせる狙いもあった。こうした援助計画によってボリビア経済が維持されている間に、集中的な技術援助と輸銀のローンによって、ボリビア側は農業生産拡大に励み、自立的な経済を作り出すのが、国務省側の援助戦略の根底にある考え方であった。

　ボリビアにおける農業生産拡大の潜在的可能性からすれば、こうした国務省の戦略は基本的には健全なものであったが、実際の生産拡大は国務省の当初の想定より大幅に遅れることになる。そうした遅れの主要な原因の一つが革命後の農地改革の影響であり、1953年初め以来、ボリビアの農村地帯は無秩序状態に陥り、そのため生産も大幅に減少し始めていた。1953年8月2日の農地改革令は、そうした状況を大きく変えるものではなく、むしろ西部高地アルティプラーノと中部コチャバンバ地方における多くのミニフンディア創出により、生産面の状況はさらに悪化したのである。米側の農業計画は、東部低地帯での米や砂糖等の生産拡大に重点を置いていたが、農業生産全体の増加は1950年代

---

53) Memo from Atwood to Cabot, August 4, 1953.

末まで待たなければならなかった[54]。しかし、これは当時予想は難しく、国務省は、自らの長期戦略の詳細な検証より、まずはボリビアへの最初の緊急援助確保に集中せざるをえなかった。国務省には、もう一つ、輸銀の開発借款に関する見通しの甘さがあった。ボリビアのように返済見込みの殆どない国に対しては、その確保は元来至難の業であった。結局、国務省は「政治的な」無償援助に大幅に依存せざるをえず、それは際限なく続くこととなる。

アンドラーデ大使は、懸案となっていたボリビア政府の経済開発計画を8月13日にキャボットに提示した。これは、ボリビア政府関係者とパウエル米援助使節団長らとの共同作業で急ぎ作成されたもので、1942年の米国のボーハン報告と1951年の国連のキーンリーサイド報告に大きく依存し、東部低地帯の石油資源と農業資源の開発による経済多角化を強調していた[55]。キャボットは、計画を検討すると述べるとともに、錫契約をめぐるRFCとの交渉についてアンドラーデに尋ねた。アンドラーデは、現在本国政府からの返事待ちと述べ、契約条件には失望を顕にした。これに対して、キャボットは、錫契約は「双方にとって十分満足なものにはなりえず、ボリビア側が売りたいほど米側は買うことはなく、我々は買う必要が全くないのに、援助としてできることをしている」と述べた。この発言は、両国間の錫契約をめぐる長年の軋轢を経て、対ボリビア緊急援助という枠組みの中で、ようやく可能となった錫をめぐる妥協の性格をよく表していた。この後、米・ボリビア関係においてかつて錫が持っていた圧倒的重要性は、少なくとも米側の視点からは急速に失われていく。ボリビア政府とRFCは、1953年9月23日に1年間の錫契約に調印するが、アイゼ

---

54) David Green, "Revolution and the Rationalization of Reform in Bolivia," *IAEA*, 19-3 (Winter 1965), pp. 9, 14-15; Thorn, "The Economic Transformation," pp. 176-77.

55) テキストについては、以下を参照。Bolivia, Ministerio de Relaciones Exteriores y Culto, "Plan de diversificación de la producción: Memorándum entregado por nuestro Embajador en los Estados Unidos Al señor Doctor Milton Eisenhower, Agosto de 1953," Ministerio de Relaciones Exteriores y Culto, *Boletin*, 26-27 (enero-diciembre 1953), pp. 140-67. この計画において、ボリビア政府は、経済多角化のため500万ドルの輸銀融資を求めていた。パス大統領は、ゲバラ外相にさらに詳細な経済開発計画の策定を求め、それは1955年に以下の形で公表された。Walter Guevara Arze, *Plan inmediato de política económica del gobierno de la revolución nacional* (La Paz: Bolivia, Ministerio de Relaciones Exteriores y Culto, 1955). ボーハン報告とキーンリーサイド報告については、Alexander, *The Bolivian National Revolution*, p. 10; Thorn, "The Economic Transformation," pp. 157-58 を参照。

第5章　ミルトン・アイゼンハワーの南米視察旅行　　**201**

ンハワー政権首脳の関与の下で包括的なボリビア援助計画の策定が大詰めを迎
える中で、米国内のみならず、ボリビアにおいてもかつてのような注目を集め
なかった[56]。

　一方、キャボットは、上院銀行委員会メンバーのラテンアメリカ訪問の機を
捉え、議会にボリビア問題について「啓蒙」を試みた。彼は、この視察旅行の
準備段階から、ボリビア情勢が米外交にとって持つ意味を委員会メンバーらに
直接見てもらうため、ラパス訪問を日程に含めるよう努めた。キャボットは、
一方で、アルベンス政権には圧力をかけ、孤立化を図ろうとする国務省の方針
に沿って、委員会の訪問先からグアテマラを削除するよう強く働きかけるなど、
ラテンアメリカの同時期の二つの革命に対する米国の対照的な対応が明確にな
っていく[57]。

　その後、アイゼンハワー政権は、ボリビア緊急援助計画の最終的調整に手間
取った。ラパスの米大使館は、ボリビア経済の崩壊間近として警告を続けた。
大使館によれば、ボリビアは鉱山国有化の影響からやっと抜け出し始めたとこ
ろで、農地改革によってさらに困難な問題を抱え込むことになった。ボリビア
経済は、1953年5月14日の金融安定化政策以降一時的な落ち着きを見せたが、
再びインフレに見舞われていた。外部からの援助がなくては、ボリビア経済は、
「1953年末か1954年初めまでには完全な混乱状態」になることが確実視され
た[58]。アトゥッドの8月4日の覚書に基づき、キャボットがボリビア緊急援助
の最終案をダレスに提出したのは8月28日であった。しかし、その骨子たる
食料の無償援助はPL216によるものではなく、1951年相互安全保障法に基づ

---

56)　MC by Andrade, Cabot, and Bennett: "Bolivian Government's Plan for Economic Develop-
ment," August 13, 1953, *FRUS, 1952-54*, IV, p. 534.

57)　Memo from Cabot to Pearson: "Prospective Visit of Senate Banking and Currency Committee
to LA," August 19, 1953, JMCP Micro Reel #14.　国務省は、同様な趣旨から下院米州小委員
会メンバーのジャクソン（Donald Jackson）議員に対して、1953年9月14日から11月14に
わたる中南米への視察旅行で、ボリビアを訪問先に含める一方、グアテマラ訪問を削るよう求
めている。Andrade a Guevara: "Viaje representante Jackson y comitiva," 11 de septiembre
de 1953, Nota No. 217, #117, julio-dic de 1953, MRECB; Burrows to Woodward, October 16,
1953, *FRUS, 1952-54*, IV, p. 28.　1950年以来のグアテマラに対する経済制裁やその他の圧力
政策に関して詳しくは、Immerman, *The CIA in Guatemala*, pp. 109-11を参照。

58)　Desp 127 from Rowell to Dulles: "Bolivian Political Highlights, August 1953," August 28,
1953, NA 724.00/8-2853.

くものに変わっていた。国務省の最終案策定を手間取らせた主な原因は実は、この PL216 であった。結局は、緊急飢餓対策法のボリビアへの適用には法的疑義が拭いきれないとして断念し、代わって相互安全保障法の適用を目指すことにしたのである[59]。援助の法的根拠がどうあれ、国務省は 8 月末には援助計画最終案を確定し、ダレス国務長官が、ボリビア援助の迅速な成立に向けて、他省庁に対して強力な働きかけを開始する。その際、国務省は、ボリビア援助問題が国家安全保障上の脅威に直接に関わるものとして、重大な「外交政策」上の問題として提示する。

6. ダレス国務長官の本格的関与

ダレスはこの時点までボリビア援助問題に積極的に関わることは殆どなく、国務省の 5 月の当初の援助計画は、ダレスの不在中にスミス次官によって承認され、その後の他省庁との困難な説得の過程ではキャボット次官補が中心となった。ダレスは、元来、ラテンアメリカ問題に強い興味はなく、アンデスの小国ボリビアに当初その興味をかき立てる要素はなかった。アイゼンハワー政権の他の首脳らと同様、ダレスも冷戦の中心的戦場であるヨーロッパ、アジア、中東の問題に忙殺されていた。そのダレスが米州関係の問題に興味を持つようになるのは、西半球での共産主義拡大の切迫した危険を感じ始める 1953 年半ば以降の時期であり、1954 年 3 月の第 10 回カラカス米州会議では、グアテマラのアルベンス政権に対する米州諸国の包囲網結成のため精力的な活動を行った。ダレス長官は、大統領と同様、ラテンアメリカ諸国との関係改善への意欲は持っていたが、これも世界大の共産主義との戦いとの関連からであった[60]。

---

59) Memo from Cabot Dulles, August 28, 1953, *FRUS, 1952-54*, IV, p. 535.

60) ダレスに関しては、以下を参照。Townsend Hoopes, *The Devil and John Foster Dulles* (Boston: Little Brown, 1973); Richard Immerman, *John Foster Dulles: Piety, Pragmatism, and Power in U. S. Foreign Policy* (Lanham, MD: Rowman & Littlefield, 1998). ダレスが、グアテマラ革命政府によって所有地の大規模な国有化をされたユナイテッド・フルーツ社の顧問弁護士を務めていたかつてのつながりがアイゼンハワー政権のグアテマラ政策に強く影響したとする見方もある。Stephen Schlesinger and Stephen Kinzer, *Bitter Fruit: The Untold Story of the American Coup in Guatemala* (Garden City, NY: Doubleday, 1982), pp. 77, 105-109.

第5章　ミルトン・アイゼンハワーの南米視察旅行　　203

ダレスは、1953年9月3日にいつもの調子で大統領に以下のように警告した。

　　ラテンアメリカの多くは、基本的に一次産品国であり、工業国でないため
　　に、経済危機に直面している……時折、我々は彼らの資源を強く必要とし、
　　熱に浮かれたような繁栄を彼らにもたらす。その後、必要がなくなると、
　　彼らは経済的沈滞に陥って失業者があふれる。今日ではこれを共産主義者
　　が利用する。私は、我々の経済的関係をより安定的・長期的基盤に乗せる
　　ための基本的決断が必要だと考える。我々は、現在のような激しい経済変
　　動をずっと続けられる状況にはない[61]。

　既に見たように、アイゼンハワー大統領自身ラテンアメリカからの戦略資源
の継続的供給に関する懸念を持っており、米国がもっと安定した対外経済政策
を持つべきだとする考えに大いに共感していた。これは、まさにミルトンを南
米への視察旅行に向かわせた理由の一つであった。ミルトンは、1953年11月
18日の視察報告の中で、より安定した投資、関税、貿易政策を強調することで
ダレスの問いかけに応えていた[62]。ダレスは、1954年初めの上院外交委員会の
公聴会で、こうした懸念をより直截的に表現した。

　　かつて我々は、南米にひどい苦境を自力で切り抜けさせ、景気がよくなれ
　　ば相も変わらぬ対応でよかった。だが、今や問題は、ひどい苦境を乗り越
　　えさせると、赤くなって出てきてしまうことだ[63]。

　ダレスは、ボリビア援助問題に関して腰の重い他の政権指導者らを説得する
ためこうした議論を繰り返し使うことになる[64]。しかし、ボリビア問題におけ
る深刻な「外交政策」上の意味に「気付く」前には、ダレスはボリビア援助に

61)　Memo for the President from Dulles, September 3, 1953, White House Correspondence
　　1953(2), Box 1, White House Memoranda Ser, Dulles Papers, DDEL.
62)　ミルトンの視察報告に関しては、Milton Eisenhower, "Report to the President: United States-
　　Latin American Relations," Nov. 11, 1953, DS *Bulletin*, Nov. 23, 1953 を参照。
63)　Rabe, *Eisenhower and Latin America*, pp. 30-31 から引用。
64)　1989年12月15日のワシントン特別区でのタプレー・ベネットとの聞き取り調査。ベネッ
　　トは、当時、南米部次長。

積極的とはいえなかった。難航するボリビア援助をめぐる省庁間調整に関する1953年6月24日のハンフリーとの協議では、「やっかいな」ボリビア問題に不平をこぼすハンフリーに対して、ダレスは、「南米の連中に自国のことをもっときちんとし、米国資本も排除するなと言わねばならない」と述べ、パス政権は、鉱山国有化という深刻な「経済政策の誤り」によって自ら現在の苦境を招いた、という米国の政財界等で繰り返された議論を述べた。さらにダレスは、ハンフリーに対して「政府による気前のいい振る舞いとは違う、系統的な政策が必要だ」と述べ、ハンリーも「我々は［そうした振る舞いに］断固反対する必要がある」と同意していた[65]。

しかし、1953年夏にかけて、ボリビア問題の深刻さへの認識を深めるにつれて、ダレスは共産主義勢力による政権掌握の可能性も含めて、ボリビア問題の国家安全保障上の危険を強調するようになる。これは、パス政権の崩壊は、共産主義政権ではなく無政府状態を招くとするミルトンらの見通しとは異なるものであった。1953年8月末から9月にかけて、ボリビア援助に依然消極的なハンフリーや他の政権指導者の説得を試みる際に、ダレスは、国際共産主義からの脅威を強調するようになる。ハンフリーにボリビア援助計画への同意を求めた際に、「ボリビアには自分で苦境を乗り越えさせればよい」と主張し続けるハンフリーに対して、ダレスは、「ジョージ、そんなことをすれば、ボリビアは苦境から赤くなって出てくるよ」と議会証言でのフレーズを繰り返した[66]。いかにダレスが、個人的には民族主義政権による「経済政策の失敗」や米政府による「気前のよい振舞い」を嫌っていたとしても、そうした政権の共産化は見過ごせなかった。ダレスは、9月2日にスタッセンFOA長官への覚書の中で、ボリビア問題が持つ国家安全保障上の危険について国務省の立場を包括的に説明し、相互安全保障法による対ボリビア無償援助を要請した[67]。

　米国の安全保障にとって危険な状況がボリビアに発生しており、緊急の対

---

65)　TelCon with Secretary Humphrey, June 24, 1953, Telephone Memo 5-6/53(1), Box 1, Telephone Calls, Dulles Papers, DDEL.

66)　会談に同席したベネットの証言。1989年12月15日のワシントン特別区でのタブレー・ベネットとの聞き取り調査。

応が必要となっている。米国の錫備蓄の終了が迫っていることにより、ボリビアの主要輸出品である錫の価格が急落し、ボリビアは経済的混乱に直面している。人道的考慮を別としても、米国は、そうした状況から生ずる以下の二つの危険を冒すことはできない。一つは、ボリビアが南米における共産主義浸透の中心となる危険であり、もう一つは、米国が米州コミュニティの他のメンバーの運命に無関心と見なされることで、西半球における米国の［指導的］立場に及ぶ危険である[68]。

　ダレスは、他の様々な可能性が詳細に検討されたことを説明し、国務省としては、基本的食料等の輸入のための相互安全保障法に基づく無償援助が、最も適切な援助手段であるとの結論に達したと述べた。アトウッドやキャボットの覚書と同様、ダレスは、そうした援助による物資を国内販売することで得た国内資金が、「世界の鉱物市場の変動に依存しないバランスのとれたボリビア経済の発展を促進する」ために使われるとして、食料危機への対応だけでなく、経済多角化のためにも援助が使われる旨強調した。ダレスは、スタッセンに対して、そうした目的のために 1,000 万ドルから 1,500 万ドルの支出を強く要請し、国務省と FOA 担当者との緊急の会合を求めた[69]。

7.　ミルトンの役割とその評価

　こうした国務省の努力の一方で、ボリビア側は援助の最終決定の遅れに苛立っていた。アンドラーデは、こうした遅れの背景には、政権トップの 2 人の人物の個人的事情が影響している、と本国政府に対して報告していた。一つは、夏期休暇中の大統領の長期にわたるワシントン不在であった。もう一つは、ミルトンの妻ヘレンの重い病気であり、「この最後の瞬間に援助提案を詳細に検

---

67)　相互安全保障庁（MSA）は、組織改組によって 1953 年 8 月 1 日に対外活動庁（FOA）へと衣替えされ、スタッセンはそのまま新組織の長官となっていた。「FOA」に関しても、「局」の訳語をあてられることがあるが、MSA と同様に省内の一部局（bureau）ではなく、本来の名称が「Foreign Operations Administration」であり、独立性を持った政府機関と言えるので、「庁」の訳語と充てることとする。

68)　From Dulles to Stassen, September 2, 1953, *FRUS, 1952-54*, IV, p. 535.

69)　*Ibid.*

討し、影響力を行使するための十分な時間を割けない」とされた[70]。しかし、アンドラーデ大使は、大統領不在中の9月5日にイランに対する緊急援助が発表されると、必ずしもこうした事情のためばかりでないことを痛感されられる。CIA による最初の外国政府転覆工作として、8月19日に民族主義と反米英主義を掲げたイランのモサデク（Mohammed Mossadegh）政権の転覆に成功すると、アイゼンハワー政権は、異例な速さでシャーの親米政権に対する大規模な援助に動いた。CIA 資金から90万ドルがイランに直ちに投入されただけでなく、ザヘディ（Fazlollah Zahedi）将軍首班のイラン新政権に対して、4,500万ドルという巨額の緊急無償援助が速やかに決定されたのであった[71]。米政府は、ソ連の直接の脅威に直面していた戦略的に枢要な中東の産油国に自ら作り出した政権に対して、こうした「寛大さ」を示す必要があった。この後、シャーのイランは、長らく米国の忠実な同盟国として中東戦略の要の一つとなる。

しかし、こうしたイランへの対応は、アンドラーデらボリビア政府関係者だけでなく、ボリビア援助問題に携わってきた米政府関係者の間にも不満の声を呼び起こした。イラン援助発表後の9月8日、ミルトンは、ダレスに対して「ラテンアメリカで問題が起ると誰もが妨害しようとする。イランではお金が見つかるのに、ボリビアでは返事さえもらえない」とこぼした[72]。多くの経験

---

70) Andrade a Guevara: "Ayuda económica," 15 de septiembre de 1953, Nota No. 220, #117, julio-dic de 1953, MRECB. こうしたアンドラーデの観察には、米国とラテンアメリカの政治文化の違いも反映していよう。カウディスモ（カウディーリョ主義＝個人支配）の伝統の強いラテンアメリカでは、指導者とその家族や親族に働きかけるのは、最も効果的な政治的手段であり、その意味で、アンドラーデやパスらもミルトンとの個人的な関係を深めるのに多大な努力を払っていた。米国でも指導者との親密な個人的関係は重要性がないとは言えないが、大統領といえども閣僚やその背景にある巨大な官僚機構の利害や議会との関係を無視して政策決定を行うことはできず、米国での政治的経験が豊富なアンドラーデでさえ、この点の認識にズレがあったといえよう（現在のトランプ政権は、この点例外的かもしれない）。一方、ヘレン（Helen Eisenhower）は1952年以来ガンを病み、55年7月に亡くなった。彼女は夫とともに南米に赴き、大統領の親善使節のホステスとしての重責を巧みにこなした。Ambrose and Immerman, *Milton Eisenhower*, pp. 162-64. ゲバラ外相も最初の妻をガンで亡くしており、ラパスで会ったときヘレンが不治の病に冒されていることを知り、その勇敢さに密かに喝采を送ったという。1990年1月26日、ラパスでのゲバラとの聞き取り調査。

71) William Stivers, "Eisenhower and the Middle East," in Melanson and Mayers, eds., *Reevaluating Eisenhower*, pp. 205-06. アイゼンハワー大統領は、1952年11月以来、英情報部との協力で秘密裏に進めていた CIA によるモサデク政権転覆計画を7月22日に承認した。

72) TelCon between Dulles and Milton Eisenhower, September 8, 1953, Telephone Memo July-Oct/53(2), Box 1, Telephone Calls, Dulles Papers, DDEL.

と影響力を持つミルトンでさえ、ワシントンの官僚機構と政治システムの中で
ボリビア援助という難しい目標実現には多大な困難が伴うことを改めて痛感さ
せられていた。

　このエピソードは、さらにラテンアメリカ問題に関する主要な大統領アドバ
イザーとしてのミルトンの役割の実態についても示唆的である。彼がボリビア
援助をめぐって不満をもらし続けることからも明らかなように、その役割と影
響力は広報面が主であることが次第に明らかとなる。政策面では、米国の資金
をより寛大な条件でラテンアメリカに提供すべきとする提案をミルトンは繰り
返し行うようになるが、1950年代末までは財務省や政権内の財政保守主義者
による反対にことごとく直面する。一方、ダレスは、ミルトンの南米視察旅行
の成功とその後の政権内のラテンアメリカ問題の権威というイメージを最大限
に利用しようとする。ダレスは、1953年11月18日のミルトン使節の報告書の
公表に先だって、報告書はミルトンを「米国と他の米州共和諸国との関係に深
い理解を持つ権威ある人物」として人々に印象付けることになると大統領に書
き送り、ミルトンのラテンアメリカ問題に関するそうした役割を強調し続ける
ことが、「政権にとっては非常に有益である」と結論付けていた。明らかにダ
レスは、ミルトンに対してラテンアメリカ問題における政策決定者の役割では
なく、あくまで世論対策やイメージ面での役割を期待していたのである[73]。ま
たアイゼンハワー大統領自身も、ミルトンへの信頼の深さにもかかわらず、そ
の意見や提言を常に受け入れたわけではなく、ラテンアメリカに比べて中東・
アジアが常に援助面で優先されるとこぼすミルトンに対しては、冷戦の政治
的・軍事的対立におけるに両者の位置づけや役割の違いについて丁寧に説明し、
理解を求めた[74]。

　以上、米政府によるボリビア革命政権に対する緊急援助の最終的決定に向け
ての重要な局面である1953年6月から8月の時期について、ミルトン・アイ

---

　73)　Memo from Dulles to the president: "Recommendations on Report by Dr. Milton Eisenhower,"
　　　November 10, 1953, Milton Eisenhower, Box4, Subject Ser, Dulles Papers, DDEL.
　74)　President Eisenhower to Milton, December 1, 1954, ME 1954(1), Box 12, Name Ser, AW,
　　　DDEL.

ゼンハワーに焦点を当て、アイゼンハワー政権の援助決定のプロセスを歴史的に検証してきた。こうした分析から明らかになったのは、緊急援助決定へと向かうこの時期においてミルトンの果たした役割の重要性である。本論で検討したように、国務省がボリビア革命政権に対する緊急援助を決定し、5月から6月にかけて政府内での支持獲得を目指して省庁間協議に臨んだものの、財務省を中心とする経済諸官庁から援助プログラムの経済的健全性に関して強力な反対に直面し、緊急援助の速やかな実現が困難となる中で、アイゼンハワー大統領の信頼するアドバイザーでもあったミルトンが政権中枢への影響力の貴重な窓口となった。その際に6月下旬から7月末にかけて大統領の名代としてミルトンが行った南米視察旅行は、特に重要な意味を持ったといえる。旅行前からのアンドラーデ駐米ボリビア大使によるブリーフィングに始まり、ボリビアにおける政府首脳との長時間にわたる会談を通じてボリビアの状況について理解を深めたミルトンは、「責任ある」政権担当者としてのMNR革命政権首脳への信頼感を深める一方、ボリビアの厳しい経済状態の放置は深刻な政治的混乱と米国の西半球における米国の指導力への不信を招くとの国務省の見解を自ら確認し、その強力な「同盟者」として国務省とともに対ボリビア援助の重要性をアイゼンハワー大統領を始めとする政権首脳に訴えた。そして、詳細は次章に譲るが、最終的な緊急援助案はミルトン自身の考えも反映してより包括的な形で1953年9月末に実現に至る。また6月末からは、それまでボリビア問題に殆ど関与してこなかったダレス国務長官が、MNR政権崩壊の危険とボリビアでの「共産主義」勢力による政権奪取の脅威を強調して、政権内でハンフリー財務長官ら財政保守派首脳の説得に強力なイニシアチブを発揮する。

　こうした点からすると、ボリビア援助問題は、度重なる不満の表明にもかかわらず、ミルトンの影響力が実際の政策面でむしろ効果的に表れた事例ともいえる。ダレス長官以下国務省は、ミルトンに関して政策決定者の1人というよりはむしろ広報面の役割を重視するようになり、政権全体としてミルトンの役割は基本的にそのようなものに留まるが、対ボリビア緊急経済援助に関しては、6月末からの南米視察旅行の絶妙なタイミングもあって、公式なものではないにしても、影の政策決定者の1人として重要な役割を果たしたといえよう。その理由の一つは、ミルトンがこの問題に関しては当初から官僚機構、特に国務

省内で比較的広範な支持を得ていたことがある。これは、国務省が自らの政策目的の実現のため、ミルトンの大統領への影響力を利用したという側面も強いが、ミルトン自身も南米視察以降、ボリビア援助を自らの目標として国務省と積極的に協力したという面も見逃せない。もう一つは、ボリビア援助問題は、共産主義の脅威というアイゼンハワー政権にとって最も深刻な国際問題の一環として定義され、その金額もボリビアの少ない人口からすれば比較的少額で済んだという点がある。政権内での冷戦コンセンサスの強さからすれば、援助への賛成派と経済・財政上の理由からの反対派との間で、目的に関しては根本的な違いはなく、金額の比較的少なさから妥協が可能であったのである。アイゼンハワー政権は、ボリビア援助をラテンアメリカの一国ではあっても中東や東・東南アジアと同様に国家安全保障上の危機として、経済的合理性を無視した形で、即ち経済的自由主義を一時棚上げした形で比較的大規模な無償援助に最終的に踏み切ることになるのである。次に1953年9月以降の対ボリビア緊急援助の最終的な決定プロセスを検討する。

第6章　対ボリビア緊急援助決定から長期的援助へ

（1953 年 9 月～1955 年 12 月）

　本章では、以下、政権としての緊急援助の最終決定がなされる 1953 年 9 月
から当初の緊急援助が恒常的な MNR 政権への支援へと変質していく 1955 年
12 月までの時期について、米・ボリビア政府間の外交的な駆け引きとともに、
米政府内の指導者間の主導権争いや省庁間及び省庁内の縄張り争い等に焦点を
当てながらアイゼンハワー政権の援助決定のプロセスを歴史的に詳細に検証し、
対ボリビア援助が長期的なものへと変質していくことの意味について検討する。
あわせて同時期のグアテマラ革命に対する極めて対照的な対応と比較し、ボリ
ビアへの援助決定がアメリカ外交において持つ意味について考察する。

1.　緊急援助をめぐる国務省と対外援助庁の主導権争い

　前章で検討したように、ミルトンによる 1953 年 6 月～ 7 月の南米への視察
旅行のあと、米側が国務省を中心に対ボリビア緊急援助案の策定に向けて最終
段階に入る中で、ボリビア政府側も援助計画の早期の実現に向けて米側への働
きかけを強めた。錫契約が締結間近で、食料の無償援助もほぼ確実となる中で、
彼らにとっては開発ローンの確保が最重点課題となった。パス指導下の MNR
政権にとって、経済の多角化と発展という革命の最大の目的を達成する手段が
そうしたローンであった。1953 年 9 月半ばには、クアドロス＝サンチェス
（Augusto Quadros Sánchez）国家経済相がワシントンを訪問し、アンドラーデ大
使とともにキャボット米州担当国務次官補や他の国務省担当者と精力的な会談
を行った。9 月 14 日の会合では、ボリビア側は、援助の遅れが経済問題に加え、
政治的にも深刻な問題を引き起こしており、反米勢力によって政府の親米姿勢

を非難する材料に使われていると指摘したうえで、開発ローン問題の早期解決を求めた。アンドラーデは、提案されている無償援助は現在の危機を乗り切る助けとはなるが、2段階からなる援助計画の前半部分にすぎないとして、開発ローンの重要性を強調した。これに対して、キャボットは、「ボリビアの全般的経済見通しが極度に悪い」ことから現時点では輸出入銀行からのローン確保は著しく困難であり、まずは緊急の無償援助確保に全力を尽くすべきだと述べた。アンドラーデもこれに同意したが、同年春からの金融安定化政策でボリビア国民が払っている犠牲や、前年に国有化した最大の錫資本パティーニョへの補償への同意によって革命政権が冒しているリスクを考えれば、米国による「効果的な経済援助」を望むとして、開発ローンへの期待をにじませた[1]。

ボリビア側の「政治的リスク」発言に対して、ハドソンが米側も「補償問題の部分的解決のみの段階でのボリビアへの大規模援助提唱によりリスクを冒している」として、パティーニョ資産の評価交渉の進捗状況に米側は懸念を持っていると述べた。これに対してアンドラーデが、パティーニョ側に交渉への熱意がなく、さらなる交渉に進む前に鉱山業や経済全般の安定が必要だと述べると、クアドロス゠サンチェスは3大錫資本との最終合意を目指す政府の意志には揺らぎがなく、そうした解決が「ロスカ」の復帰を完全に閉ざす点でボリビアの国益にかなうと急ぎ付け加えた。キャボットは、補償問題が未解決の間は、輸出入銀行はボリビアへの新たなローンは検討しないとしているが、緊急無償援助は、補償問題とリンクさせず可能な限り早期実現を目指して国務省は努力を続けると述べて会談を終えた[2]。

---

1) MC by Andrade, Cuadros Sánchez, Cabot, Hudson: "Assistance to Bolivia," September 14, 1953, NA 724.5-MSP/9-1453. この会合用の覚書は米州局南米部次長ベネットが準備し、キャボットはこの覚書に忠実に沿って説明を行った。Memo from Bennett to Cabot: "Visit of Ambassador Andrade and Minister Cuadros Sánchez," September 14, 1953, NA 824.5-MSP/9-1453. 国務省内では、ボリビア援助に関して、まず外貨不足に伴う危機的状況に対処し、その後、開発問題に取りかかるべきだという点でコンセンサスがあり、ラパス駐在のスパークス米大使やミルトンもこれに同意していた。*Ibid.*

2) MC by Andrade, Cuadros Sánchez, Cabot, Hudson, September 14, 1953. アンドラーデは、キャボットとの会談に関するゲバラ外相への報告の中で、無償援助の金額として IMF に引き出しを要請した750万ドルないしその年の国際収支赤字に相当する1,400万ドルを非公式に示されたと報告した。Andrade a Guevara: "Ayuda económica," 15 de septiembre de 1953, Nota No. 220, #117, julio-dic de 1953, MRECB.

米・ボリビア間の9月14日の会合終了後直ちに、国務省と対外活動庁（FOA）の実務者間協議が始まった。相互安全保障（MSA）問題担当の国務長官特別補佐官代理のノルティング（Frederick Nolting）は、FOAに一連の覚書を送り、対ボリビア緊急無償援助へのMSA資金からの拠出額の早期決定を求めた。ノルティングは、9月21日の覚書で、スパークス大使がボリビア政府に無償援助を保証できるよう早期の訓令を強く求めていると述べ、9月14日の会議でボリビア側代表からも同様の要請がなされたとして、経済の急速な悪化を止めるため援助決定を急ぐよう訴えた[3]。これに対して、FOA側は、翌日、別の提案によって応じた。スタッセンは、MSA予算から600万ドルを支出し、500万ドルを緊急飢餓対策法（PL216）の下で商品信用公社（CCC）から支出することを求めたが、これは、同法の適用に法的疑義があるとして8月末に一旦省内で葬られた提案の蒸し返しであった。キャボット次官補率いる国務省米州局は、ボリビア援助資金が迅速に確保できる限り、資金の由来は基本的に問題ではなかった。一方、ワウ次官補の率いる国務省経済局は、PL216の当初の立法意思に基づいた厳格な法的解釈を主張し、同法のボリビアへの「疑わしい」適用に強く反対していた。そもそもキャボットらがPL216利用の断念を余儀なくされたのも、まさに経済局の反対が背景にあり、そのため9月2日にダレスからスタッセンにMSA予算からの支出要請がなされていた。しかし、このダレスの要請は、逆に経済援助をめぐる国務省の政策決定権限に対するFOAの介入を招く結果となった。PL216利用を唱えるFOA提案には、自らの組織の権限拡大を目指すスタッセンの野心が見え隠れしていた。

スタッセンは、1953年のアイゼンハワー政権成立とともに相互安全保障庁長官となったが、同年8月1日には対外援助における政策調整の改善と決定の一元化を目指した改革が行われ、国務省から切り離された技術協力局も加えて新設されたFOA長官に横滑りしていた[4]。ミネソタ州知事も務めたスタッセンは、共和党左派に属し、党内改革派の指導者として、1948年の大統領予備選

---

3) Memo from Nolting to Ohly: "Proposed Bolivian Aid Program," September 21, 1953, NA 724.5-MSP/9-2153.

4) Kaufman, *Trade and Aid*, pp. 51-53. スタッセンとFOAに関しては、李『東アジア冷戦』も参照。

挙でデューイ（Thomas Dewey）と党内の候補者指名を争うなど、共和党若手の期待の星であった。スタッセンは、有能な指導者としての評判も高く、国際問題にも幅広い関心と見識を持ち、アイゼンハワー大統領の信任も篤かった。国務省にとっては、FOA の新設と新長官の就任によって、対外援助政策に関する強力な競争相手が出現したのであった[5]。

こうした背景もあり、国務省側は、FOA のボリビア援助に関する新提案を自らの管轄に対するスタッセンによる新たな侵食の試みと捉えた[6]。この後直ちに国務省と FOA の間には、対外援助政策の管轄権をめぐる短いながら厳しい争いが展開されたのである。国務省側は、特に経済局が FOA 提案に反発し、カリジャビ（Thornsten Kalijarvi）国務次官補代理が反撃の指揮をとった。カリジャビは、9 月 28 日にダレスに覚書を送って、PL216 適用を求める FOA 提案に二つの点で反論した。第 1 点は、以前に米州局提案に反対したのと同じ理由で、ボリビアの場合は、PL216 が求める「飢餓や緊急の救済」ではないとするものであった。ただし、経済局は単なる法律的解釈にこだわっていただけではなく、拡張解釈によって議会による同法の今後の延長が「より困難になること」を懸念していたのである。2 点目は、FOA による権限の「逸脱」問題であり、国務省にとってより深刻な問題であった。カリジャビによれば、国務省は「緊急飢餓対策法の適用の可否に関して決定を行い、大統領に助言する責任がある」のに対して、FOA は「決定がなされた後に、救済を実施する責任がある」のみであり、FOA には政策形成や政策決定の権限はないとされた[7]。もし FOA 提案を受け入れて PL216 適用を認めれば、国務省は、飢餓対策問題に関して、FOA の「政策決定権限」を事実上承認することになる。カリジャビは、こうした権限の違いを明記したスタッセンへの回答案を覚書に添付し、ダレスに署名を求めた。

しかし、ダレスはこの経済局の覚書を直ちに却下し、逆にスタッセンに対し

---

5) H. W. Brands, Jr., *Cold Warriors: Eisenhower's Generation and American Foreign Policy* (New York: Columbia University Press, 1988), pp. 139-140.

6) スタッセンの FOA は、ボリビア援助問題で国務省と対立しただけでなく、対外貿易と海外投資の推進をめぐる責任範囲をめぐって商務省とも争った。Kaufman, *Trade and Aid*, p. 35.

7) Memo from Kalijarvi to Dulles: "Questionable use of Famine Relief Authority to finance portion of Bolivian Aid Program," September 28, 1953, NA 724.5-MSP/9-2853.

て、関係議員にボリビアへの飢餓対策資金適用の可否に関して打診するよう要請した。ダレスにとっても資金の出所は問題ではなく、経済局の官僚のようには管轄権の問題にも強い関心はなかった。この段階になると、米州局と同様、ダレスにとっては南米の親米政権に対する共産主義の脅威ということが重大な問題となっていた。同日夕方までには、議会関係者への打診でよい感触を得たとみえ、ダレスはボリビア無償援助の資金に関するFOA提案を基本的に受け入れてスパークス大使に打電し、ボリビア援助計画に関する暫定決定に関する国務省・FOA共同意見書についてボリビア政府に非公式に告げるよう訓令した。ダレスは、スパークスに対して、無償援助の正確な金額はまだ未確定だが、ボリビア側が外交通牒によって正式に米国の緊急援助を要請する必要があると強調し、その内容について詳細に指示した。ダレスは、ボリビア側がそれまでの米国からの開発援助について触れ、経済多角化を目指す「決意」を表明したうえで、緊急援助が必要になった経緯について説明し、援助の具体的内容やその使途について国務省案に基づいて米側に提案し、最後にボリビアが自由主義陣営に留まり、相互安全保障のために協力する旨明らかにするよう求めた[8]国務省側、特に米州局は、対ボリビア援助の公表にあたって、ボリビア側の行動をできる限りコントロールして他の省庁や議会、世論からの批判を最小限のものとし、あわせて広報上の最大限の効果を上げようとしており、革命政権への援助という異例の政策を進め、「和解」から「協力」へと向かう中で慎重な段階的アプローチを維持していたのである。

　経済局側は、国務長官による自らの提案却下に動揺した。米州局、在ラパス米大使館、FOA間の9月28日の合意の蚊帳の外に置かれていたカリジャビ次官補代理は、翌29日の国務長官のスタッフ会議で、対外援助決定をめぐる重

8）　Tel from Dulles to Sparks, September 28, 1953, NA 724.5-MSP/9-2853. カウフマンによれば、スタッセンは、「自分の売り込みに熱心で、独自の行動をとる傾向」のため政権内で孤立がちだったが、ダレスとは比較的うまくいっていた。実際、ダレスは、1954年にFOAの廃止問題が持ち上がると、政府首脳の中でスタッセンを支持した数少ない1人だった。Kaufman, *Trade and Aid*, p. 51-52, 223. しかし、スタッセンとダレスの関係は、FOA廃止後、前者が1955年に軍縮担当大統領特別補佐官になると急速に悪化した。ダレスは、自らの独壇場と考えていた軍縮分野でスタッセンがリーダーシップを発揮しようとしたことを深刻な脅威と受け止め、2人の強烈な個性の持ち主の厳しい主導権争いが生じたのである。Ambrose, *Eisenhower*, Vol. II, pp. 401-02; Brands, *Cold Warriors*, pp. 141-44. この点に関しては、倉科『アイゼンハワー政権』、pp. 50-52も参照。

要な管轄権の問題であるとして、議会関係局も巻き込んでダレスに再考を促した。モートン（Thruston Morton）議会担当国務次官補もカリジャビに同意し、国務省は議会に対して「飢餓対策法は、純粋な経済援助目的には用いない」と従来説明してきたと述べた。しかし、ノルティング相互安全保障問題担当特別補佐官が、「議会の関係議員に打診したところ、好意的な反応だった」と説明するに及んで、両者とも PL216 適用を受け入れざるをえなかった。ただし、カリジャビは、ダレスに「飢餓対策法適用に関するルール作成」を大統領に進言するよう強く求めた。実際、カリジャビとモートンは、既に9月25日にドッジ予算局長に対して、国務省に有利な形での手続き設定を意図した行政命令案を送付していた[9]。カリジャビとモートンは、スタッフ会議後、ダレスに対して直ちに別の覚書を送付した。こちらの覚書には、ボリビアへの無償援助部分について相互安全保障法と緊急飢餓対策法の双方に基づく資金の使用を提起した9月22日付けの FOA の大統領宛て覚書に加えて、国務長官のドッジ局長宛て書簡の草案が添付されており、ダレスの署名を求めていた。後者の覚書は、PL216 適用に関する省内合意として、9月25日のドッジ宛の行政命令案にも盛り込まれた以下の3点を軸としていた。

(1) 緊急飢餓対策権限の発動時期は国務省が決める。
(2) 被援助国との二国間協定の交渉と締結は国務省が行う。
(3) FOA はプログラムの執行責任を負う[10]。

　両次官補は、国務省と FOA のこうした役割分担は、「国務省が政策策定・決定機関であり、FOA が執行機関であるという根本的な役割の違い」に沿うものであると改めて強調し、予算局もそうした見解を共有していると付け加えた。さらに彼らは、国務省が9月22日の FOA 提案を支持するのは、ボリビアの場合の「迅速な行動が必要という緊急性」のためであり、これによって今後 FOA が緊急飢餓対策権限の行使に関する決定に参加するという前例を作るも

---

9) Notes of the Secretary's Staff Meeting, September 29, 1953, *FRUS, 1952-54*, IV, p. 536.
10) Memo from Kalijarvi and Morton to Dulles: "Bolivian Aid File," September 29, 1953, NA FW724.5-MSP/9-2953.

のではない、と強調した。ダレスは、当面のボリビア緊急援助が確保できる見通しが立ったことから両者の覚書を承認し、FOA の 9 月 22 日の覚書にも正式承認を与えた[11]。

4 月末にボリビア担当官ハドソンとブランブル金属鉱山課長によって提起されてから 5 カ月がたった 9 月末に、国務省内外のすべての主要な障害が乗り越えられ、対ボリビア緊急援助の枠組みが決定された。ダレスは、9 月 30 日にこの決定を知らせる公電をスパークス大使宛てに発した。ダレスは、電報の中で援助パッケージの中に開発ローンが含まれていない理由について、米政府は、「世銀を開発ローン資金の主要な供給先と見なしている」点と、ボリビア政府に「さらなる巨額の債務負担を負わせる」開発ローンは、「ボリビアの発展や返済の見通しをより明確にするような一層の経済的・政治的安定化を待つべきだと考えている」点とを、ボリビア側に説明するようスパークスに求めた[12]。

ダレスは、スパークス自身への情報として、「一層の経済的・政治的安定化」とは、単なる支払いや開発の見込みだけでなく、ボリビア政府の性格にも関わるものだと説明した。ダレスは、国務省としては、ボリビア政府内の「穏健派」の支配がより強固なものとなるまでは、ボリビアに対するさらなる援助を提起しないと明確に述べ、スパークスに対してこの点は、大使の判断でパス大統領とゲバラ外相にだけは密かに伝えるよう求めた。この一層の援助、特にボリビア側が最も強く求めていた開発ローンに対する慎重な態度は、その後の革命ボリビアに対する米国の政策を予見させるものであった。特に国務省は、援助政策の見返りとして、米国の政治的・経済的・外交的目的への協力やボリビア政府内外での左派勢力の封じ込めを求め続ける。トルーマン政権下で始まった革命ボリビアとの「和解」が、「共産主義」と経済的ナショナリズムの問題でMNR 政権の協力姿勢を確認しながら、慎重に段階的に進められたのと同様、アイゼンハワー政権下での革命ボリビアとの「協力」への道筋も、革命政権側の対米協力への意欲と能力を確認しながら、慎重に段階的に進められるのである。スパークスへの公電の最後に、ダレスは、ボリビア側による援助要請の具体的方法として、外交通牒に代わってパス大統領からアイゼンハワー大統領へ

---

11) *Ibid.*
12) Tel from Dulles to Sparks, September 30, 1953, NA 724.5-MSP/9-2953.

の親書という形になったと付け加えた[13]。

2. 輸出入銀行融資をめぐる米・ボリビア間の攻防

アイゼンハワー大統領宛てのパス大統領の親書は 10 月 1 日付だったが、親書が実際にアンドラーデ大使からアイゼンハワーに届けられたのは 10 月 14 日であり、アンドラーデはアイゼンハワーからの返書をパス親書を届けるのと同時に受け取っている。しかし、パスの親書の完成は早くても 10 月の第 1 週以降であり、この遅れは、緊急援助の最終的金額とその内訳の確定に手間取った点とともに、援助要請を行うパスの親書の中に開発ローンに関する言及を含めるか否かをめぐって両国政府間で最後までもめた結果でもあった。これは単なる表現の問題ではなく、米国にとっては、長期の開発援助の約束を通じて、ボリビア革命政権に対してその時点でどの程度のコミットメントを行うかという優れて政策的問題であり、ボリビア側にとっても米国の長期開発援助の約束は緊急援助の不可欠の要素であった。10 月 1 日のスパークス大使との会談で、ゲバラ外相は、親書での輸出入銀行ローンへの言及の重要性を繰り返し強調した。

ゲバラは、米国の「寛大」な援助に深く感謝したうえで、緊急援助だけでは輸入食料への依存というボリビアの根本的問題の解決につながらず、開発ローンにより経済多角化に迅速に取りかからなければ、1 年後には再び同様の危機に直面すると指摘し、パスの書簡の中でそうした「全体的構図」を明らかにするためにも、開発ローンへの言及が不可欠だと強調した。緊急援助に加えて長期的経済多角化を図る必要があるという認識は米側も共有していたが、緊急援助と開発ローンは切り離すという本省の方針のため、スパークスは、9 月 30 日のダレスからの訓令を忠実に踏まえながら米政府の立場を説明せざるをえなかった。それに対してゲバラは一つ一つ反論した。スパークスが「一層の経済的・政治的安定化」を見極める必要性に触れると、ゲバラは、開発ローンがなければ経済的・政治的安定化に向けた前進はないと反論し、開発資金は世界銀行に任せたいとする説明に対しては、ボリビアによる対外債務の不履行問題の

---

13) *Ibid.*

ため、現時点では世銀からのローンは望みようもなく、将来的には対外債務返済問題に取り組むつもりだが、現時点では無理であると応じた[14]。これらはすべて米側もよく承知していた点で、説得が困難と判断したスパークスは、米側としては開発ローンに対する肯定的な回答は無理であり、もしボリビア側が公式に要請を行って却下されれば両国政府にとって困難な事態になると述べた。ゲバラは、「ひどく落胆した様子」であったが、ボリビア側としては、米側の条件を受け入れるほかなかった[15]。

　スパークス大使は、今後の援助に関連してボリビアの内政問題も取り上げた。スパークスは、ダレスからの「国務省としては、ボリビア政府内の穏健派の支配がより強固なものとなるまでは、ボリビアに対するさらなる援助を提起しない」という極秘の指示をゲバラに対して告げるべきか、決めねばならなかった。スパークスによれば、これは「とても微妙な問題」であり、「この時点で、我々の立場をそのように明確に述べることは、圧力の行使と誤解される恐れ」があった。スパークスは、ボリビア側が「穏健派が既に政府の行動を支配していると考えている」ことも理解していた。結局、スパークスは、ダレス長官からの指示をそのまま伝えずに開発ローンとの関連にも触れず、米政府としては、「政府内で穏健派の支配がより明確に確立することを望む」とだけ述べた。これに対して、ゲバラは「穏健派」は政府内で既に支配的地位にあり、今後もそうあり続けると断言した。ゲバラは、鉱山国有化では、「急進派」は補償なしの国有化を押し付けようとしたが、MNR 政府はこれを拒否し、同じ「急進派」が農地改革でも無補償で大規模農地の接収を行おうとしたのに対して、政府内の「穏健派」がこれを拒否して補償を伴う農地収用を断行したと強調した。これに対して、スパークスは穏健派の「成功」は認めたものの、米側は、ボリビア政府や公営企業の関係者の発言に度々衝撃を受けてきたと述べ、例としてレチン鉱山相をあげ、レチンは私有財産の原則を支持していないと疑わせる発言を繰り返していると指摘した[16]。スパークスはボリビア鉱山公社とパティーニ

---

14) ボリビア政府は、不履行債務の 1962 年からの返済再開に 1956 年末に同意したが、すぐに再び支払停止に追い込まれた。Zondag, *The Bolivian Economy*, pp. 187–88.

15) Tel 40 from Sparks to Dulles, October 3, 1953, NA 724.5 MSP/10–353; Desp 213 from Sparks to Dulles: "Conversations with President Paz and Cabinet Members regarding Special Aid by the United States to Bolivia," October 6, 1953, NA 724.5-MSP/10–653.

ョとの最終合意の遅れも指摘したが、ゲバラは、ボリビア政府は現在の危機的な経済状況の改善に全力を尽くしており、補償総額をめぐる会社側との時間のかかる交渉に精力を費やす余裕はないと答えた。実際、ボリビア政府にはそうした高度に技術的な問題を扱える専門家が極度に不足していた。スパークスは、米国側の考えを正確に伝えるためパスも加えた新たな会談を直ちに実現したが、会合には米側の懸念の基であるレチン鉱山相も急きょ出席することになり、スパークスは微妙な話ができなくなってしまう[17]。

　スパークス大使は、翌10月2日のパス大統領、ゲバラ外相、レチン鉱山相との会談で、基本的に前日のゲバラとの会合で述べた点を繰り返した。パス大統領は、米国の援助に対して謝意を示した後で、米国側の援助決定の意図について尋ねた。パスは、最近のイランでの政権転覆の例を引き合いに出して、米政府はボリビアに最小限の援助しか与えず、右派のクーデタで現政権が倒されるのを期待して、援助問題で消極的な姿勢を見せているのではないかとの見方があるとして、興味深い比較を行っている。

　　……イランの場合、ワシントンはモサデク政権との関係継続に努めたが、この試みは失敗し、英国がシャーの軍隊を用いてクーデタを起こすと、米国は成功の可能性が高いとして当然この機会を利用した……ボリビアの場合、「シャーの軍隊」は存在せず、ボリビア政権は国民の圧倒的多数の完全、無条件の支持を得ており、軍も国民と政府に忠実な支持を約束しており、イランのような他の選択肢はないのである[18]。

　MNR政権以外の現実的選択肢がない、という点がまさにトルーマン政権が革命後ほどなくパス政権との「和解」に乗り出した主な理由であった。確かに国務省側には、パス政権がいかなる性向を持つか、また中道的改革を目指すと

---

16)　このレチンの発言内容に関する部分は、国務省の資料から削除されている。*Ibid.*
17)　*Ibid.* ハドソンは、ボリビア革命指導者らとの共通理解を得ようとするスパークス大使の一連の会合に関する報告が「米・ボリビア関係の現状に関する優れた描写」であり、「両国関係の雰囲気をよく表現するもの」と評している。Memo from Hudson to Cabot, Bennett, and Barall: "Important Conversation between Ambassador Sparks and Bolivian Officials," October 23, 1953, NA 724.5-MSP/10-2353.
18)　Desp 213 from Sparks to Dulles, October 6, 1953.

いう自らの目標を実現できるか、という点に常に懸念はあったが、米側の「和解」そして「協力」政策は、この時点までにはパスが懸念するような段階を既に越えていた。スパークスは、パスの懸念は根拠がないと断言できると強く保証した[19]。

　スパークスは、次にボリビア政府内の穏健派強化の問題を取り上げたが、レチンの同席もあってこの問題を詳しく論ずることはできず、ゲバラに述べた点を繰り返すに留めた。ボリビア側出席者は、この点に関して、農地改革委員会等での経験を基に、共産主義者らは責任を与えられれば「責任ある」対応をする、とおしなべて同様の意見を述べた。こうしたボリビア側の態度を評して、スパークスは、本省への報告の中で、パス政権は、少数派の共産主義勢力と明確に袂を分かたないことが、自らの生き残りや政治的安定のためになるとして、彼らを利用し、発言を許し、最後にはMNR政権が政策を決定することが望ましいと考えているようだと述べている。このMNR党・政府と「共産主義者」らとの対立と共存の入り混じった複雑な関係は、米政府にとって常に重要な関心事であり、緊急援助決定後も「一層の経済的・政治的安定化」の証しとして、両者が公然と袂を分かつことを求め続けることになる。スパークスの上記の観察は、「穏健派支配」の問題をこの時点で深追いするのを避けるという判断とともに、大使としての見識を示すものであった。スパークスは、ボリビアの改革の試みに深い共感を抱く一方で、ボリビアの状況を極めて冷静に見ており、外交官として時宜を得た発言を行い、適切な決定をする点で優れていた。スパークスは、一連の協議を経てボリビア側も、パスの親書で開発ローンに言及できない点に不満を持ちながらも、米側の政策に一応の理解を示し、協議は満足できる結果をもたらしたと報告を締めくくった[20]。

　ボリビア側は、国務省の指示に従ってパス親書の草案を作成し、それはスパークス大使と本省関係者によって検討され、問題なしとの結論を得た。親書の中で、パスはまずアイゼンハワー大統領に対して弟ミルトンを派遣し、率直で友好的な話し合いを可能にしたことを感謝したが、これは国務省側の指示にはなく、ボリビア側がこの訪問をいかに重視していたかを示していたとも言えよ

---

19)　*Ibid.*

20)　*Ibid.*

う。それ以下は国務省の原案に従ってパスは、過去の経済援助に感謝し、現下の経済危機克服と経済多角化を図るための技術援助と経済援助の必要性に触れた。パスはまた援助物資・食糧の販売によるボリビア通貨での収入は、経済の多角化に利用されることにも忘れずに言及した。パスは親書を以下のように結んだ。

　私は、閣下がこの書簡を共感と善意をもって受け取られることを信じております。というのも、これは、ボリビアの場合、その一員である自由世界に固有の民主的制度を改善させようと衷心より誓う国民に対して援助を与えようとするものであり、ボリビア国民は、西半球の諸国家を律する相互安全保障の原則を強固に支持しているからであります[21]。

　パスの米国援助への感謝の意は、心から出たものであろう。彼はまたボリビアが「固有の民主的制度を改善させようと衷心より誓う」と述べる際にも、自らの希望の一端を述べていたであろう。ただし、パスや他のMNR指導者らは、緊急の課題として経済発展と国民の生活水準の向上により大きな関心を抱いていたのは確かである。また相互安全保障への言及は、ボリビア革命指導者らにとって必ずしも深い関心を持ちえないものであったろう。冷戦の対立とそれが民主的な自由世界と全体主義的な共産主義との闘争だとする米側の解釈は、彼らの直面する課題からは本来程遠いものであった。しかし、MNR指導者らは、米ソ冷戦が自国にとって有利な条件を与えてくれる限り、米国の冷戦戦略に忠実に従うのであった。

3. 1953年10月のアイゼンハワー大統領による ボリビア緊急援助の発表

　米政府関係者は、ボリビア援助の最終細目を決定すべく奔走した。米政府内では、9月30日のダレスのスパークス宛て公電の後になっても、相互安全保

---

　21) President Paz to President Eisenhower, October 1, 1953, DS, *Bulletin* (December 2, 1953), pp. 584-85.

第6章　対ボリビア緊急援助決定から長期的援助へ　223

障法による最終的な贈与額や無償援助される食料等の内訳も確定していなかった。PL216による無償援助に関しても、FOAは、農務長官と予算局長からの必要な承認を得ていなかった。これらが、10月5日にようやくすべて完了し、スタッセンは、アイゼンハワー大統領に9月22日付け覚書を関連書類とともに提出した[22]。大統領は直ちに覚書に署名し、翌6日、ホワイトハウスは、ボリビア緊急援助目的でCCCの備蓄から500万ドル相当の農産物を送ることを決定したと発表した[23]。

　国務省は、緊急援助の細目を詰めるのと並行して、関係するラテンアメリカ諸国、特に関係の深いペルーとアルゼンチンにボリビア援助決定の詳細な説明を行った[24]。ペルーに対しては、リマ駐在米大使に対して、米国は、ボリビアでの経済的危機を避けるため、ボリビア政府の要請に基づいて、援助の決断に至った旨オドリア（Manuel Odría）大統領に説明するよう訓令した。ボリビアの寡頭支配層の亡命者も多いオドリア独裁体制下のペルーでは、ボリビア革命の「過激化」への懸念が強かった。ペルーへの説明に際し、国務省は、現在のボリビア情勢が持つ「危険」へのペルーの懸念を共有し、緊急援助は、状況の一層の悪化が「共産主義勢力」や「過激主義者」に利用され、さらには共産党支配にまで至ることを防ぐ助けとなること、ボリビア政府が「過激主義者」の圧力に抵抗する能力と意思を強めること、農地改革のような分野におけるボリビアの政策の「穏健化」を促すこと、といった諸点を強調するよう求めた。実は、ボリビア援助問題は、ミルトン一行が南米視察で7月に立ち寄った際、オドリアとの間で既に話し合われていた。その時、オドリアは、ボリビア情勢の好転

---

22)　スタッセンは、大統領への覚書で飢餓緊急対策法のボリビアへの適用問題には触れず、錫価格の低下による「深刻な経済危機」等によって、必需品輸入用の外貨不足を補うための「異例の援助が緊急に必要になった」として、PL216の意味する「緊急の救済の必要性」が生じたと述べた。Memo from Stassen to Eisenhower: "Urgent Relief Assistance for Bolivia under Public Law 216, 83rd Congress, 1st Session," October 5, 1953, attached to the letter from Stassen to Dulles, October 7, 1953, NA 724.5-MSP/10-753.

23)　Memo from the President to the Secretaries of State and Agriculture, the Director of the Bureau of the Budget, and the Director of the FOA, October 5, 1953, attached to the letter from Stassen to Dulles, October 7, 1953, NA 724.5-MSP/10-753. 10月6日のホワイトハウス記者発表も参照。DS, *Bulletin* (October 19, 1953), pp. 518-19.

24)　Memo from Smith to Lay: "Second Progress Report on NSC 144/1," November 20, 1953, *FRUS, 1952-54*, IV, p. 27.

に悲観的見通しを示したが、パスについては「穏健派」と見ており、ボリビア
の状況悪化を防ぐための米国の援助については、反対ではないと見られていた
のであった[25]。

　アルゼンチンとの間では、ボリビア援助をめぐっては、農産物輸出をめぐる
微妙な問題があった。国務省は、食料の無償援助はあくまで緊急事態に対応す
るもので、アルゼンチンから農産物の輸出市場を奪う意図は全くないとして、
在ブエノスアイレス米大使館への訓令の中でも、かつてペロン大統領自ら「近
隣諸国の救助に同様に駆けつけた」経験から米国の「人道的動機」も理解して
くれるものと信ずる旨、強調するように訓令した[26]。そもそも PL216 には、米
国内の余剰農産物の処理という重要な側面があり、「農産物の通常の国際的取
引」を乱すことへの懸念が、ボリビアへの適用をめぐっても常に存在した。さ
らにアイゼンハワー政権は、第二次世界大戦期以来のペロン治下のアルゼンチ
ンとの緊張関係が 7 月のミルトン訪問以来ようやく和解に向けて動き始めてお
り、ペロンが自国の勢力範囲と見なすボリビアへの米国の本格的介入に対する
アルゼンチンの反応に気を使わざるをえなかった[27]。

　アイゼンハワー大統領のパス大統領への返書も、ボリビアへの緊急援助の理
由として、以下のように人道的理由を強調した書き出しとなった。

　　米国民は、姉妹共和国であるボリビア国民の福利に深い関心を抱いており
　　ます。両国の友好的協力の精神は、閣下が親書の中で触れられたように、
　　過去に技術援助プログラムと経済多角化のための輸出入銀行ローンを可能
　　にしてきました。ボリビア国民の福利に対する我々の関心は、ボリビアか
　　ら当面新たに必要のない錫をさらに購入するという最近の決定をもたらし
　　ました[28]。

---

25)　Tel 60 from Dulles to the Am Emb in Lima, October 6, 1953, NA 724.5-MSP/10-653. し
　　かし、10 月に実際の援助が発表されると、オドリア大統領がその効果に疑念を表明したように、
　　ペルーでの反応は全般的に好意的なものではなかった。Desp 241 from American Embassy in
　　Lima to DS: "Peruvian Reaction to U. S. Aid to Bolivia," October 20, 1953, NA 724.5-MSP/
　　10-2053.
26)　Tel 226 from Dulles to the Am Emb in Buenos Aires, October 6, 1953, NA 724.5-MSP/10-653.
27)　Memo from Kalijarvi and Morton to Dulles, September 29, 1953.

アイゼンハワーは次に安全保障上の理由を強調し、援助は、「従来からの両国間の友情だけでなく、自由な人々が飢えや甚だしい不幸に苛まれる所ではどこでも、自由世界全体の安全保障が脅かされるという認識にも基づいています」と述べ、援助の内訳を説明した。

(1) ボリビアの緊急の救済の必要を満たすための商品信用公社の農産物備蓄から 500 万ドルの無償援助。
(2) ボリビア国民に追加的な必需品やサービスを提供するための相互安全保障法に基づく 400 万ドルの無償資金援助。
(3) ボリビアの経済発展に貢献するプロジェクトへの援助物資の販売収入の適用。
(4) 緊急食糧増産のため技術援助の倍増[29]。

　アイゼンハワーは、錫購入協定を他の援助項目と一体のものとしては説明していないが、書簡の中では触れており、それらをすべてあわせると、これは、1953 年 4 月末に国務省内でボリビア援助がハドソンらによって最初に提唱されたときと基本的には同様の内容であった。それ以来、省内や政府内での様々な反対のため、一旦は削除された項目もあるなど、曲折を経たが、最終的にこれらすべてが盛り込まれ、それも比較的短期間に緊急援助パッケージとしてまとめられ、政府内の承認を得たことは驚くべきことでもあった。これはミルトンや国務省等の米政府内の援助推進派とボリビア革命指導部との「協力」の産物であり、ボーハン・プラン等のそれまでのボリビアの経済的自立を目指す諸計画をもとに、当時のアメリカ政治の現実の中で可能な最大限の援助計画が実現したとも言える。緊急援助の総額は 1,250 万ドルで、その内訳は、900 万ドルの食料等必需品の無償援助、150 万ドルの通常の技術援助、緊急食糧増産のための 200 万ドルの追加的技術援助であった。この金額は、1954 年会計年度末までには、300 万ドルの無償援助等の追加によって、1,820 万ドルまで増加す

---

28) President Eisenhower to President Paz, October 14, 1953, DS, *Bulletin* (December 2, 1953), pp. 585-86.
29) *Ibid.*

ることになる[30]。

アイゼンハワーの返書は、10 月 14 日にアンドラーデ大使に大統領から直接手渡され、パスの 10 月 1 日の親書とともに直ちにホワイトハウスによって公表された。ボリビアへの援助決定はラテンアメリカへの関心の高さを示すキャンペーンにも最大限に利用された。前日 13 日には、ダレス国務長官は大統領に覚書を送付して、「ボリビアとラテンアメリカ全体に対する最大限の心理的効果を与える」ために、「[ボリビア援助] 策定への大統領の関与を明らかにし、[緊急援助の] 発表はホワイトハウスによってなされるべきである」と提案していた。同じ覚書の中で、ダレスは、14 日の面会でアンドラーデが言及することが予想された開発ローン問題についても大統領に提言した。ダレスによれば、国務省の立場としては、「ボリビア情勢の不安定さ」のため、そうした追加的ローンについては、「ボリビアの発展や返済の見通しをより明確にするような一層の経済的・政治的安定化を待つべきだ」と説明した[31]。9 月 30 日のダレスのスパークスへの極秘の訓令と同様に、この「安定化」は単にボリビアの返済能力という純粋に経済的問題だけでなく、米国の援助は、ボリビア政府内外の「穏健派支配」の確立の問題と密接に関わっている、という国務省の立場を表すものであった。大統領は、こうした国務省の考えを承認し、1953 年 11 月20 日に国家安全保障会議（NSC）で正式に承認され、革命ボリビアに対する米国の政策として確立する[32]。

アイゼンハワーによる 1953 年 10 月 14 日の緊急援助発表によって、米国と革命ボリビアとの長期にわたる和解のプロセスは完了し、その後、両国は「協

---

30) Wilkie, *The Bolivian Revolution*, p. 48; Second Progress Report on NSC 144/1, November 20, 1953, *FRUS, 1952–54*, IV, pp. 33–34; NSC 5407: "Status of United States Programs for National Security as of December 31, 1953," February 17, 1954, *ibid.*, p. 216.

31) Memo from Dulles to the President, October 13, 1953, Bolivia (3), Box 4, International Series, AW, DDEL. 大統領とボリビア大使との会見も広報の観点から特例として行われた。この時、他に 9 カ国の国家元首から親書が届けられており、キャボットは、当初、大統領がボリビア大使にだけ直接返書を手渡すのは難しいと考えていた。Memo from Cabot to Hudson, September 25, 1953, NA 724.5-MSP/9–2553. 10 月 14 日の会見は 10 分間ほどで終わったが、アンドラーデは、開発ローン問題ではなく、錫の継続的購入に対する「強い訴え」を行った。大統領は、米政府が援助問題全般をめぐって直面する問題について短く触れ、その後話題は主にゴルフに終始した。Memo from Dulles to the President, October 13, 1953.

32) Second Progress Report on NSC 144/1, Nov 20, 1953, *FRUS, 1952–54*, IV, p. 27.

力」の段階に入るが、1954年半ばまでの時期は、短期間の緊急援助として始まった対ボリビア援助が半ば恒常的なものへと変化していく過渡期といえる。この過渡期にも自由主義を信条とする米国と国家主導型発展を目指すボリビアという二つの対極的な発展のビジョンを持つ国家は、冷戦という国際状況の中で共通の利害を見出し、協力への道を模索し続けるのである。1954年半ばにはアイゼンハワー政権は、緊急援助だけでは不十分として中長期的な取り組みを始めるが、援助はその後も1964年のMNR政権倒壊まで続けられることになる。

1953年10月14日の援助発表は、6月末以来米国政府によってとられた一連のボリビア支援策と相まって、ボリビア国内での対米世論を大きく改善した。ボリビアの反米感情は、1953年3月9日のRFCによる錫購入の停止発表以来、「著しく高まって」おり、NSC144/1に対する7月23日の最初の実施状況報告書は、こうした傾向を遺憾とし、政治的・経済的な状況の改善がなくては、広報活動には限界があることを認めていた[33]。しかし、11月20日のNSC144/1の第二次実施状況報告では、ミルトンの訪問、錫契約の調印、そして緊急援助の発表によって、ボリビアの反米感情は大きく改善されたとして、「情報関係プログラムの重点を改善された雰囲気を実際の緊急援助が到着し始めるまで維持することに置くべきだ」と提言していた[34]。こうした評価はボリビア政府も共有しており、ゲバラ外相は、11月初めのキャボットとの会談で、7月のミルトンらの訪問の重要性を指摘し、一行に対するボリビア国民の「自発的で熱狂的歓迎」は、「ボリビア政府が米国との明白な友好政策を打ち出していくための重要な礎」となったと評し、以下のように述べた。

　　政府自体も最近まで二つのグループに分裂しており、一つのグループは、米国は西半球で帝国主義的覇権の維持にのみ関心があり、従属諸国民の運命には関心がないと考える者たちで、もう一つは、ラテンアメリカ諸国民の進歩が米国自身の利益にも適うとして、彼らの希望の実現を助けるのが米国の政策だと主張する者たちであった。今回のボリビア援助計画は、こ

---

33) Memo from Smith to Lay: "First Progress Report on NSC 144/1," July 23, 1953, *ibid.*, p. 19.
34) Memo from Smith to Lay: "Second Progress Report on NSC 144/1," November 20, 1953, *ibid.*, p. 36.

228

の後者のグループを支配的な地位に置いた[35]。

　無論、両国の新たな関係に対する批判は絶えることはなかった。3大錫資本やボリビア旧体制の支持者らは、革命政権の経済的自壊を期待しており、米国による援助決定は打撃であった。3大錫資本側は、10月6日の米政府の無償援助発表に対して、米国での代理人を務めるタイディングス元上院議員を通じて、国務省に正式に抗議した。タイディングスは、10月7日にハドソンと面会して、米政府が鉱山国有化に対する補償問題の解決なしに援助決定したことに遺憾の意を表したが、ハドソンは、「公正な補償」の原則を守るために米政府は「あらゆる適切な方法」を通じてボリビア政府に対して影響力を行使していると強調した[36]。旧体制下の政治指導者らは、米政府をより手厳しく批判した。米州局のバローズ（Charles Burrows）は、10月14日の援助発表直後にボリビアを訪問したが、革命前の諸政権で政府高官であった知人らがパス政権に対する米国の援助が「誤り」だと指摘し、反対派の中には右派のファランへ党やカトリック教団を中心に、現政権が崩壊後直ちに政権に就く用意があるので援助を控えるよう要請された旨報告した[37]。また旧体制の重要なスポークスマンの1人、オストリア＝グティエレスによれば、米国は、ボリビアの援助要請に対して、「最も高度の人道的動機から行動したのは明らか」だが、援助をボリビア「国民」ではなく、MNR政権に与えたことによって、MNRの権力維持を助ける結果になったと批判した[38]。

4. ボリビア革命とグアテマラ革命への対応の比較

　ここで興味深いのは、この時期のアイゼンハワー政権によるボリビア革命政権とグアテマラ革命政権への対照的な対応である[39]。アイゼンハワー大統領に

---

35) MC by Guevara, Andrade, Cabot, and Hudson: "United States-Bolivian Relations in General," November 4, 1953, NA 611.24/11-453.

36) MC by Hudson and Tydings: "Protest of Former Senator Tydings Against Food Grant to Bolivia," October 7, 1953, NA 724.5-MSP/10-753.

37) From Burrows to Woodward, October 16, 1953, NA 724.5-MSP/10-1653.

38) Ostria Gutiérrez, *The Tragedy of Bolivia*, p. 198.

第6章 対ボリビア緊急援助決定から長期的援助へ　229

よる 1953 年 9 月末の対ボリビア緊急援助決定は、アルベンス政権転覆を目指してそれまで準備が進んでいた CIA の秘密計画実施に大統領自身が最終的許可を与えた直後になされている。同時期に類似した民族主義的革命として出発したラテンアメリカの二つの革命に対する米国の対応の著しい違いが何に基づくかについては、キャボット国務次官補がボリビア援助発表と同日の 10 月 14 日に行なった演説によく表明されている。キャボットは、グアテマラに関して米国は、社会改革そのものには何ら反対するものではないが、世界中で共産主義による侵略や浸透工作と戦っている時に、「共産主義との危険な遊びに興じる」政権とは協力できないと断言し、一方ボリビアの場合、現革命政府との間に「多くの一致できない点」はあるが、「真に社会の進歩を望み共産主義の帝国主義的侵略に反対」している点、即ち共産主義と戦うという「共通の目的」達成に向けての「積極的な協力」を評価して援助に踏み切ったと述べている[40]。これは、当時のアイゼンハワー政権首脳の政府内のやりとりと照らし合わせれば、単なるレトリックとはいえず、革命政権との関係において共産主義問題での対米協力の持つ決定的重要性を率直に語ったものといえる[41]。確かにキャボ

39)　米国の両革命への対応の比較について詳しくは、上村「米国の冷戦外交」、pp. 89-107; Lehman, "Revolutions and Attributions," pp. 185-213 を参照。グアテマラ革命に関しては代表的な研究として、以下を参照。Immerman, *The CIA in Guatemala*; Schlesinger and Kinzer, *Bitter Fruit*; Piero Gleijeses, *Shattered Hope: The Guatemalan Revolution and the United States, 1944-1954* (Princeton: Princeton University Press, 1991). 日本語の研究としては、山澄亨「海外介入の論理と実態：アルベンス政権打倒にみるアメリカの行動」紀平英作編『帝国と市民：苦悩するアメリカ民主政』（山川出版社、2003 年）、pp. 96-135 を参照。

40)　John Cabot, "Inter-American Cooperation and Hemispheric Solidarity," Oct. 14, 1953, DS, *Bulletin* (October 26, 1953), pp. 554-55.

41)　キャボットは、1953 年 4 月初めから 1 カ月近くにわたって新任の米州担当国務次官補としてメキシコと中米カリブ諸国を訪問した。グアテマラではアルベンス大統領を含むグアテマラ革命政権の指導者らと初めて直接会って、両国間の懸案について話し合う機会を持った。しかし、一連の会談はキャボットにとって関係改善の糸口を探るという期待を大きく裏切るものであった。キャボットによれば、外相は「意味不明のことを話し続けるまったくの馬鹿者」であり、アルベンスは、「イデオロギーに取りつかれた人間に特有な青白い冷たい表情をしており、グアテマラ政府の進む方向を変えるための私からの示唆に全く興味を示さず、共産主義者らに寝返っていたのは明らかで、それ以上何も言うことはなかった」と会談の印象を語っており、ミルトン・アイゼンハワーとともにその直後に南米を歴訪した際のパス大統領以下のボリビア革命指導者らとの会談とは全く違う印象を持って帰国していたのであった。John M. Cabot, *The First Line of Defense: Forty Years' Experiences of a Career Diplomat* (Washington, D. C.: School of Foreign Service, Georgetown University, 1979), p. 87.

ットは、グアテマラを含む中米に広大な農地を所有する巨大米食品企業である
ユナイテッド・フルーツ社（UFCO）が、アイゼンハワー政権によるグアテマラ
介入の決断に至るまでに果たした役割には演説で全く触れていない。しかし、
一方で当時のアルベンス政権支持者によって広められ、その後も繰り返されて
きた、UFCO が米政府を動かして政権転覆させたという解釈は米国の政策決定
過程を単純化しすぎていよう[42]。その点イマーマンが述べるように、米政府が
アルベンス政権の共産主義的立場を確信し、介入決定に至ったのは、UFCO の
アイゼンハワー政権中枢へのつながりを利用した強力な反共・反革命キャンペ
ーンのためだったのではなく、むしろ、そのキャンペーンも含めた様々な情報
を、序論で触れた「冷戦精神」（冷戦イデオロギー）に彩られた認識枠組みによっ
て分析することによって、そうした結論に至ったとする解釈により妥当性があ
ろう[43]。

　グアテマラ革命政権は、同国における米国の巨大な経済権益ゆえに深刻な経
済的紛争は免れず、また米国の圧倒的存在と政治的「支配」への反発は強烈な
ナショナリズムとして反米主義に転化していった。また中間層出身の革命指導
者らの組織力・指導力の弱さから、革命政権は最終的に共産党及びその指導下
の急進的労働運動に依存せざるをえず、共産主義・反米主義・経済的ナショナ
リズムの三拍子が揃って、当時の米国にとってラテンアメリカにおける最も深
刻な挑戦者となったのである。グアテマラ革命政権の指導者らは、対米関係に
おいて経済的ナショナリズムと共産主義との危険な結びつきを回避するための
効果的な手段をとれなかった、ないしとらなかったのに対して、ボリビア革命
指導者らはそうした対応をとる意思を持ち、実際にそうした措置を効果的に実
施することができたのである。こうしたボリビア、グアテマラ両革命指導者の
対応の違いには、それぞれの革命指導部が置かれた国内外の状況とそれに応じ
て両者がとった内政・外交にわたる政策の違い、特に対米戦略の違いが重要な
役割を果たしている。ボリビア革命の指導者は、既に詳しく検討したように、
無惨な失敗に終わった 1943 年から 1946 年までの第一次革命の経験から対米宥

42）　UFCO の役割を強調する解釈としては、Schlesinger and Kinzer, *Bitter Fruit*, pp. 77, 105-10
　　を参照。

43）　Immerman, *The CIA in Guatemala*, pp. 81-82.

和を最優先し、まず第一に米国の共産主義に関する懸念の除去と革命政権に対する信頼感の醸成に努め、そのうえでより根深い経済的ナショナリズムの問題の解決を図ろうとしたのである。一方、グアテマラ革命指導部は、農地国有化等によって米国資産に対して次々と深刻な経済的挑戦を行う一方で、共産党勢力の抑圧、政府からの排除といった米国の度重なる要請に対して効果的措置をとらず、さらに対米関係の悪化と米国による武器禁輸に対して革命防衛のため、東側陣営からの武器購入という「禁じ手」を犯してしまうのである[44]。ブレイシアーによれば、グアテマラ革命政権指導部も対米宥和を望んでいたが、それは最優先課題ではなく、「内外の政治状況」のために「左翼への依存を強め、対米妥協の余地を狭めていった」のであった[45]。

　その後、アイゼンハワー政権は、1954年年3月のカラカス米州会議でのダレス国務長官の精力的活動によってグアテマラ革命政権に対する反共決議採択という外交的勝利を収めると、5月のグアテマラによる東側陣営からの武器購入事件を好機として、翌月にはCIAが訓練を続けてきたカスティーヨ＝アルマス大佐率いる反乱軍にホンジュラス国境からのグアテマラ侵攻にゴーサインを出す。そして、その1週間後には10年にわたるグアテマラ社会変革の試みに終止符が打たれるのである。その後成立したカスティーヨ＝アルマス政権は、すべての国有化資産をUFCO及び旧グアテマラ支配層に返還し、革命政権によって実現された多くの改革を撤回する一方で、米国からは「共産主義政権下の混乱からの復興」のため、緊急経済援助を受けることとなる。そして、グアテマラは今日に至るまで中米でも最も深刻な政治的・社会的対立を抱える国の一つとして残っている[46]。

　一方、1953年9月以降のボリビア革命政権に対する経済援助は、「第二のグアテマラを避ける」が正当化の一つの重要な根拠とされるようになる[47]。そして、二つのラテンアメリカ革命との一連の経験を踏まえて、アイゼンハワー政

---

44)　*Ibid.*, pp. 155-60.

45)　既に触れたように、ブレイシアーによれば、ボリビア、グアテマラと並んで、メキシコの革命政権も対米宥和を望み、1910年の革命開始から30年余りかけて最終的に協調関係が成立する。しかし、キューバ革命の場合、最高指導者カストロが、対米協調の枠組みの中では、自らの「革命的プログラムの実施と権力の維持ができないと確信していた」ため、米国に対して「本格的宥和を図ろうとはしなかった」と結論付けている。Blasier, *The Hovering Giant*, p. 217.

46)　Gleijeses, *Shattered Hope*, pp. 274, 295-96, 377-87.

権は、1953 年末までにラテンアメリカ及び第三世界全体に対する経済援助の
一つの指針を確立する。即ち、援助決定にあたっては、「援助受容国による『共
通の目的』実現のための対米協力に対する意志と能力を考慮する」とされたの
である[48]。ボリビアの場合まさにこの反共政策という「共通の目的」において
「意志」だけでなく「能力」も兼ね備えていたのであった。ただし、ボリビアに
対する援助は、あくまでラテンアメリカでは例外的に深刻な「共産主義の脅
威」に基づく政治的・戦略的考慮から「政治的な」贈与による援助が行われて
いる点が強調され、アイゼンハワー政権の基本的な政策である経済的自由主義
に基づく「援助ではなく貿易」政策の例外として扱われた。こうしたソ連共産
主義による脅威認識が低かった地域であるラテンアメリカでもう一つ例外とし
て扱われたのが、1954 年 6 月のアルベンス政権崩壊後のグアテマラであった。
グアテマラは、1955 年には南米の大国であるブラジル、そしてチリとともに、
ボリビアと並んで NSC でラテンアメリでの四つの重点国の一つとしてリスト
アップされ、ラテンアメリカでボリビアと並んで唯一の市場経済原則に反する
「政治的」贈与による大規模な経済援助が軍事援助とともに行われたのである[49]。
この一連の経緯からも米国の政策において経済的自由主義の原則の一貫性は明
らかであり、アイゼンハワーによる緊急援助決定もあくまでボリビアを特殊な
事例として扱うことによって、経済原則を曲げる意図はなかったのである。こ
うした経済的自由主義は、ラテンアメリカに対する積極的援助へと大きく舵を
切るアイゼンハワー政権末期や次のケネディ政権の「進歩のための同盟」政策
においてどのように展開していくのか、この点はボリビアの事例に即して本書
の後半部分で考察することとして、まずは話を 1953 年 10 月の時点に戻して、
以下、ボリビア援助政策のその後の展開を検討する。

---

47) 特にミルトンは、グアテマラの脅威を利用して閣議の席上でもボリビアだけでなく、ラテン
アメリカ全体への経済援助の増額という自説を展開している。Minutes of Cabinet Meeting,
March 5, 1954, Cabinet Meeting of March 1954, Box 3, Cabinet Ser, AW, DDEL.

48) Second Progress Report on NSC 144/1, Nov. 20, 1953, *FRUS, 1952-54*, IV, p. 27; Dunkerley,
pp. 83-119; Malloy, pp. 280-314.

49) Progress Report on NSC 5432/1: "United States Objectives and Courses of Action with
Respect to Latin America," January 19, 1955, *FRUS, 1952-54*, IV, pp. 89-115.

5. 1953年10月以後の援助問題の検討

アイゼンハワー政権は、10月の緊急援助決定後もパス政権への援助政策に対する国内外の批判が続く中で追加援助の検討を続ける。国務省は、ボリビア側が望む新規の開発ローンではないが、10月28日には建設の続くコチャバンバ＝サンタクルス・ハイウェイに対する240万ドルの信用の増額を確保した。一方、FOAはボリビア援助への関与を強め、10月29日には1955会計年度のボリビアへの無償援助額を1,500万ドルとする報告書を提出し、国務省もこれを支持した[50]。しかし、国務省は、ボリビア側に対しては今後の援助に関する悲観的な見通しを示し、パス政権に共産主義勢力の影響力や経済的ナショナリズムに対する批判に応えるため効果的な対策をとり、米政府が援助しやすい環境を整えるよう強く促し続けた。

こうした中、1953年11月初めにゲバラ外相はワシントンを訪問し、追加援助を強く要請した。さらにゲバラは一時帰国を挟んで12月にかけての2度の米国訪問中に、ニューヨークタイムズ紙、ワシントンポスト紙やウォールストリート・ジャーナル紙等の有力紙の編集者とも精力的に会談し、ボリビアの立場を説明した。ゲバラが訪問中に行った一連のハイレベル会談では、同時期にラパスでスパークス大使が行ったボリビア側との会談とあわせて、10月14日のアイゼンハワーによる援助発表以降初めて、両国間の幅広い問題に関する包括的な検討が行われた[51]。キャボットとの会談では、ゲバラは、米国の緊急援

---

50) Memo from Smith to Lay: "Second Progress Report on NSC 144/1," *ibid.*, p. 34; Memo from Holland to Dulles: "Grant Aid for Bolivia for this Fiscal Year; Action Required to Obtain Necessary Funds," November 18, 1954, NA 824.00-TA/11-1854.

51) ゲバラ外相は、さらにダレスやワウ国務次官補ら国務省高官と会談して11月半ばに一旦帰国するが、再び訪米して12月半ばまでミルトンのほか、財務省、FOA、輸銀、世銀、IMF、海外債権者保護協会（Foreign Bondholders' Protective Council）、さらにはウォールストリート・ジャーナル、ワシントンポスト、ニューヨークタイムズ、ジャーナル・オブ・コマース等の主要新聞の編集者らとも精力的に会談し、「ボリビアの状況について個人的に詳細に説明」した。MC by Guevara, Andrade, Cabot, and Hudson, November 4, 1953; Desp 364 from US Embassy, La Paz to DS: "Conversation between Ambassador Sparks and Foreign Minister Walter Guevara Arze," December 18, 1953, NA 611.24/12-1853; MC by Guevara, Andrade, Hudson, and Topping: "Position and Policies of the Bolivian Government," December 7, 1953, NA 724.00/12-753.

助は「当面ボリビアが溺れるのは防いでくれるが、川を渡りきるにはさらに助けが必要だ」として追加援助の必要性を繰り返した。キャボットは、米政府の対外援助政策がまだ完全に固まっておらず、またボリビアへの追加援助について「議会と世論からどの程度の支持が得られるかも不透明」であるとして、「ボリビアが望むような追加的な援助は国内的に困難だ」と述べた[52]。最初の点は、アイゼンハワー政権の対外経済政策・援助政策に関するもので、国務省は、依然としてハンフリー率いる財務省を中心とした政権内の財政保守主義者らと対外援助政策、特に開発ローン政策をめぐって困難な闘いを続けていた[53]。アイゼンハワー大統領もそうしたローンを厳しく制限すべきとする財務省の立場を基本的に支持していた。ダレス国務長官もボリビアなどの「共産主義の脅威」が切迫していると判断した場合を除けば、ハンフリーの立場を支持していた[54]。さらにダレスは、キャボットへの相談なしにハンフリーとの間で、開発目的の輸銀ローンは原則禁止とし、世界銀行がその役割を担うことで合意し、それは大統領の承認も得ていた。当時世銀は、開発援助に「著しく消極的で」ラテンアメリカから強い不評を買っており、米州関係にとっては輸銀ローンが不可欠な政策手段であり、それなしには効果的政策は望めないのは明らかだったとキャボットは述懐している[55]。

　こうした状況下、ボリビアに対する大規模な開発ローンの検討は当然困難であったが、パス政権の性格と政策に対する米国内の批判も追加援助の議論を難しくしていた。キャボットによれば、ボリビアへの緊急援助は、米国内で既に「かなりの批判」を招いており、「ボリビア政府の行動がそうした批判に油を注げばボリビアを助けることがさらに難しくなる」として、共産主義と経済的ナ

---

52)　MC by Guevara, Andrade, Cabot, and Hudson, November 4, 1953.

53)　対外経済政策をめぐる政権内の政策調整は、1954年1月の「対外経済政策に関する大統領委員会（ランドール委員会）」報告後に一応決着し、援助の縮小、民間資本投資の促進、自由貿易の奨励、対共産圏貿易の制限等を骨子として、アイゼンハワー政権前期の「援助ではなく貿易」政策を確立するとともに、軍事分野以外の無償経済援助の早期終結と技術援助への切り替えを求め、アイゼンハワー大統領の承認を得た。李『東アジア冷戦』、pp. 105-108; Kaufman, *Trade and Aid*, pp. 29-33.

54)　キャボットは、就任早々ダレスから「ラテンアメリカに対して、想像力に満ちた政策を編み出してほしいが、金はびた一文使わないでくれ」と要請されていた。Cabot, *The First Line*, p. 87.

55)　*Ibid.*

ショナリズムの問題への効果的な対応を求めた。キャボットは、まず共産主義の問題について、「ボリビア政府が共産主義者を政府の職につかせたり、政府の行動に共産主義者が影響を与えているとしたら、我々は深刻な懸念を持つ」と述べると、ゲバラ外相は、ボリビア政府のいかなる主要な役職にも共産主義者はいないと強調した。次にキャボットは、経済的ナショナリズムの問題に関して鉱山国有化の問題にまず触れ、ゲバラに対して、特にパティーニョとの補償問題の早期の完全な解決を精力的に進めるよう促した。これに対して、ゲバラは、3大錫資本との補償予備協定承認のための政令がようやく整い、政府は国有化資産評価交渉への会社側代表が選出されるのを待っているところだと説明した。またゲバラは、「過激な経済的ナショナリズム」という批判に関して、「外国資本にとって望ましい投資環境」について「自信を持って語ることを可能」にする新たな国内石油開発政策についても説明した。ゲバラは、1937年の石油国有化以来、歴代政権が維持してきた石油産業への外国投資禁止政策をパス政権は修正し、米国投資家への「有利な条件」を示すなど、ボリビアは今や石油に関して「門戸開放政策」をとるに至ったと強調した[56]。またゲバラは、国有化鉱山の運営に関して、私企業の部分的参加を可能にするような法案の検討も行っていると指摘した[57]。

　ボリビア革命指導者らは、11月4日のゲバラとキャボットとの会談後も、共産主義と経済的ナショナリズムの問題に関して米側指導者との協議を続けた。共産主義問題に関して、パス大統領は、11月21日のスパークス大使の会見で、「ボリビアの共産主義者に対してより直接的な行動」をとる準備ができたと強調した[58]。その後、MNR政権は、政府が共産主義的との批判に応えるため、実際にPORやPCBの指導者の政府からの排除に踏み切っている[59]。一方、経済

---

56)　MC by Guevara, Andrade, Cabot, and Hudson, November 4, 1953. 実際、この政策は、NSC144/1に対する1953年7月の第一次実施状況報告において、ラテンアメリカ側による「民間企業投資の環境改善」目標への最良の協力例として指摘されており、ボリビアは、「これまで政府の独占企業により石油資源の開発を行ってきたが、今回、米国の私企業に二つの油田地帯の開発権を与え、政府関係者は、この協定が他のモデルになると述べている」と紹介していた。Memo from Smith to Lay, July 23, 1953, *FRUS, 1952-54*, IV, pp. 15-16.

57)　MC by Guevara, Andrade, Cabot, and Hudson, November 4, 1953. しかし、パス政権は、鉱山労組（FSTMB）やその政府内の代表であるレチン鉱山相らの猛烈な反対によって、鉱山運営の部分的民営化は導入できなかった。

58)　Sparks to Hudson, November 27, 1953, NA 611.24/11-2753.

的ナショナリズムの問題に関しては、ゲバラが11月末のダレスとの会談で鉱山国有化の政治的背景を強調したが、元来、ボリビア革命指導部は、1952年10月の鉱山国有化以来、国有化が米国内で持つマイナスイメージに強い懸念を持っており、ボリビア革命政権は補償なしに手当たり次第国有化する無責任な政権であるという米国の実業界に広がったイメージの払拭に懸命であった。パス大統領やシレス副大統領らは、特に米国人聴衆を意識して、革命開始以来、産業の全般的国有化を行うつもりはなく、外国資本を歓迎する旨繰り返し強調してきた[60]。革命開始後、ボリビアへの米国企業による大規模な新規投資の可能性は殆どなかったが、1953年6月20日のパティーニョとの補償予備合意の締結後、米国からの援助と投資の見通しが出てくると、ボリビア政府は、海外投資を引き付けるためのキャンペーンを強化した。米国内では、アンドラーデ大使がボリビア革命擁護のために精力的な活動を行い、新聞その他の公共メディアに現れたボリビア批判への反論を繰り返してきたが、同年7月には米国の200の主要新聞の編集者に対して書簡を送り、私有財産の全般的な国有化はボリビア政府の政策ではなく、パティーニョとの補償予備合意は外国投資に関するボリビア側の「誠実さ（good faith）」を示すものだと強調した[61]。

---

59) Desp 364 from US Emb in LP to DS: "Conversation between Ambassador Sparks and Foreign Minister Walter Guevara Arze," December 18, 1953, NA 611.24/12-1853. 政府からの共産党指導者の排除を確認した上記のゲバラ外相とスパークス大使との12月18日の会談では、ボリビアにおける民主主義と政治的権利・人権の問題も触れられ、ゲバラは、国内の政治的対立の緩和や海外のボリビア革命政権へのイメージ改善策の一環としてクリスマスまでに多数の政治犯を釈放する予定だと述べている。実際、国務省は、10月14日の援助発表後、政治犯の存在や取り扱い、そして「公正な」選挙の実施等の問題を取り上げるようになっていた。しかし、国務省にとって、少なくとも1953年末までの時点では、二つの中心的イシューである共産主義と経済的ナショナリズムの問題ほど重要ではなく、むしろ米国内からの批判を意識した面が強かったと考えられる。この点に関しては、以下も参照。Memo from Bennett to Cabot, November 3, 1953; Sparks to Hudson, November 27, 1953 NA 611.24/11-2753; MC by Guevara, Andrade, Hudson, and Topping: "Position and Policies of the Bolivian Government," December 7, 1953, NA 724.00/12-753.

60) パスは、1953年6月5日の『USニューズ・アンド・ワールド・リポート』誌とのインタビューにおいて、鉱山国有化は3大錫資本だけを対象としたものであり、ボリビアが対外的な助けを必要とする点を強調するとともに、鉱山国有化の政治的側面について以下のように説明した。即ち、国有化によって「ロスカ」の政治的影響力が完全に払拭されなければ、かつて1939年にブッシュ政権が、1946年にはビジャロエル政権が倒されたように、MNR政権もいつかロスカによって倒されるのは確実であったと。この確信は、パスの革命同志らの間で広く共有されていた。U. S. News & World Report, June 5, 1953, p. 69.

ただし、ボリビア革命指導者らによる外国投資重視の発言は、必ずしも単な
るプロパガンダではなかった。第一に MNR 革命政権は、まずは当面の経済危
機を克服するため、そして、次に自立的な経済発展の実現という長期的目標を
達成するため、民間資本であれ、公的ローンであれ、米国の無償援助であれ、
海外からの資金を強く必要としていた。MNR 政権は、石油に関する「門戸開
放政策」を推進し、1955 年 10 月 2 日には石油開発に関する新法を制定し、海
外からの投資に対して有利な条件を設けた。この新石油法は、単なる米国から
の圧力の産物ではなく、最も有望な産業を急速に開発し、錫への過剰な依存を
減らすため、新規の資本が喉から手が出るほど欲しいボリビア側の事情も反映
していた[62]。第二に労組勢力の代表を除けば、パス、シレス、ゲバラを含め
MNR 政権と党の主要な指導者は、マルクス主義者ではなく、国家主導の開発
を目指すナショナリストであるとともに、対外資本の必要性を十分に認めるだ
けのプラグマティズムも持っていた。実際、こうしたプラグマティスト指導者
らは、錫価格の下落による外貨収入の危機的な低下を埋めるための一時的な措
置として米国の援助が不可欠であるという点で国務省と意見を同じくする一方、
米国からの「施し」に無期限に依存することなく、自らの目標である経済多角
化を実現しようとしていた。11 月から 12 月までの一連の米指導者との会談で、
ゲバラ外相は、ボリビア自身の自助努力と外国投資の必要性を強調したのであ
った[63]。
　このように 10 月 14 日の援助発表後の一連の会談を経て、両国関係に関する
政府レベルでの相互理解は進んだ。ボリビア革命政権とアイゼンハワー政権、
特に国務省は、両国間の利害や様々な見解等の相違、そして両国内外の多くの
批判者や懐疑論者の存在にもかかわらず、改革主義的で非共産主義的（米国の

61）　Andrade a Guevara: "Enviar copia carta," 6 de julio de 1953, Nota No. 164, #117, julio-dic
　　1953, MRECB. アンドラーデは、また 1952 年 11 月 15 日にニューヨークでの講演で、鉱山国
　　有化に至ったのは「残念」であり、「通常の環境では、政府より私企業のほうが資源をより速く
　　効果的に開発できる」として「外国資本の必要性」を訴え、ボリビア政府が「民間資本を引き
　　付けるような環境整備に努める」と強調した。Victor Andrade, "An address by Victor
　　Andrade, Ambassador of Bolivia, before the Pan-American Women's Association in the Town
　　Hall Club, 123 West 43rd Street, New York City, November 15, 1952," Andrade a Guevara:
　　"Informe labores Embajada," 20 de abril de 1953, Nota No. 98, #116, enero-junio 1953, MRECB.
62）　Zondag, *The Bolivian Economy*, p. 113.

立場からは「反共産主義的」）革命政権の維持・支援という共同の実験に乗り出したのであった。この試みの中心にいた米国務省とボリビアの中道実務派革命指導部は、ともに極めて慎重であり、相手の動きや意図だけでなく、相互の国内政治状況等も注視しながら、両者の「パートナーシップ」における次の段階に進むための動きを模索したのであった。両国間の明白な力の不均衡やボリビア側の経済的苦境の継続のため、そうした「協力」関係の客観的結果は、ボリビアの対米依存の深まりであった。しかし、ボリビア革命指導者らは、米国の主張や圧力を従順に受け入れるだけの存在ではなく、むしろ米側の政策決定に対して様々な手段を通じて繰り返し巧みに影響力を行使したのである。この相互の影響と反応という枠組みの中で、米国はまもなくボリビア革命に対する継続的支援という決断を行い、「協力関係」における新たな段階へと歩を進めるのである。

6. ミルトンの南米視察報告書と対ボリビア長期援助の検討

国務省は、1953年11月から12月にかけてボリビア政府関係者との集中的な協議を続けながら、対ボリビア援助をより持続的なものとすべく政府内で努力を続けたが、結果は必ずしも芳しいものではなかった。12月初めに国務省は、FOAが10月に行った提案に基づき、1955年度予算でボリビアに対する無償援助として1,500万ドルを提案したが、この提案では、1,100万ドルが現在必要な消費物資の購入に充てられ、400万ドルが経済多角化と農業増産に必要な物資の購入に充てることになっていた。しかし、その後、スタッセンは500万

---

63) ゲバラは、鉱山の非効率で非経済的運営に最も批判的な指導者の1人であったが、この問題はボリビアの革命政治において最重要であるとともに、最も意見の対立した問題であった。彼は、外国資本の技術や財政的支援に賛成だっただけでなく、労働者が事実上管理する鉱山運営に「規律」を持ち込むようパスに強く促していた。こうした考えや主張のため、ゲバラは党内の労働左派からの厳しい批判にさらされるようになる。一方、パス大統領は、鉱山の「政治的」運営を放置し、その間に石油資源の急速な開発を進めることに賭けていた。シレス副大統領は、この問題に関する立場は曖昧で、パスとゲバラの間であったといえる。一方、レチンは、基本的には教条主義的なマルクス主義者ではなく、プラグマチックな政治家であったが、急進労働運動を政治力の基盤としたため、中道志向の他の政府指導者らに対して常に左から強い圧力をかけ、左派支持者らの要求との間での妥協を目指した。1990年1月26日のラパスでのゲバラとの聞き取り調査；Thorn, "The Economic Transformation," p. 208.

第6章　対ボリビア緊急援助決定から長期的援助へ　239

ドル減額して総額を 900 万ドルとする決定を一方的に行ったため、キャボット次官補は、この決定に対して 12 月 7 日にスタッセンに抗議した[64]。スタッセンは、1954 会計年度に 900 万ドルが予算化されたボリビアへの無償援助に関して、次年度にそれを上回る金額の支出を議会に認めさせるのは困難となったが、緊急の必要があれば他の予算から移すことは可能だと述べた。これに対し、キャボットは、議会の状況はよく理解しており、他の予算から必要な支出が確保できるのであれば抗議は取り下げるが、「錫価格の下落が続く状況」を考えると国務省の 1,500 万ドルという提案も不十分かもしれないと付け加えた。結局、国務省は他の援助予算が削減される中で、ボリビア援助予算の削減を一旦は受け入れるほかなかった[65]。このエピソードは、アイゼンハワー政権首脳の間にはボリビアに対する「政治的」援助の必要性について合意が形成されていたが、そうした合意は財政削減等の他の必要性によって容易に覆されるものであったことを示していた。

　一方、国務省、特に米州局は、ボリビア援助計画推進に関しては組織的コンセンサスが形成されており、1953 年 12 月以降、当初援助を推進したメンバーが次々と別のポストに移っていったにもかかわらず、省としてボリビア援助を維持・拡大していくことになる。最初にその職を去ったのは、当初からの最も熱心な援助推進者であったボリビア担当官のハドソンであり、12 月初めに在メキシコ大使館に異動し、トッピング（John Topping）と交代した。次はキャボット国務次官補であった。ボリビア問題に直接関与する中では最も高い地位にある官僚として、キャボットは、他の政府省庁や議会とのやり取りの先頭に立ってボリビア援助計画を推進・擁護してきたが、12 月にその職を去り、スウェーデン大使として赴任し、1954 年 3 月には米州担当国務次官補として新たに

---

64)　Memo from Bennett to Holland, *FRUS, 1952-54*, IV, p. 242.

65)　MC by Cabot and Stassen: "Cuts in appropriations for further aid to Bolivia and Point Four in Latin America," December 7, 1953, NA 724.5-MSP/12-753. 同じ会合で、キャボットは、スタッセンに対してラテンアメリカへのポイントフォア援助資金の全般的削減に関して、「世界の他の地域に多くの資金が提供される一方、ラテンアメリカは何とも少額しか受け取っていない」と抗議した。ボリビア援助削減について詳しくは、Memo from Bennett to Holland, *FRUS, 1952-54*, IV, p. 242; Memo from Holland to Dulles: "Grant Aid for Bolivia for this Fiscal Year; Action Required to Obtain Necessary Funds," November 18, 1954, NA 824.00-TA/11-1854 を参照。

ホランドが就任する。ベネットは、南米部次長の職から 1954 年 8 月には陸軍大学に転任した。さらに 1954 年 10 月には、ボリビア革命に対するよき理解者であり、擁護者であったスパークス大使がドゥルー新大使と交代した。こうして 1954 年秋までには、アトウッド南米部長（及び国務省外のミルトン）を除き、国務省の当初のボリビア援助の推進者たちがその地位を去ってしまうのであった。しかし、その後も国務省のボリビア援助推進の姿勢に変化はなく、今やボリビア援助が国務省の官僚機構内部で個人レベルを超えた組織的プログラムとして定着してきたことを窺わせた。国務省は、その後あらゆる機会を利用してボリビア援助計画の制度化に努めたが、政府内の反対、議会や世論の批判もあり、この過程でミルトンが再び重要な役割を果たすことになる。

　ミルトンは、南米視察旅行の報告書を 1953 年 11 月 18 日に大統領に提出し、1954 年 1 月 11 日には追加の秘密報告書を大統領宛て覚書の形で提出した。前者の報告書は、レイブによれば、ラテンアメリカの経済問題に対する「オーソドックスで想像力に欠けた」分析であり、ラテンアメリカ側に自助努力の重要性と外国資本を引き付ける努力の必要性を説いていた。報告書は自由貿易の重要性を唱え、米国側に安定した貿易政策を求める一方、ラテンアメリカ側には外国資本が経済発展に不可欠だとして、その妨げとなる経済的ナショナリズムの高まりを警告した。公表を前提としたこの最初の報告書は、アイゼンハワー第 1 期政権の方針である「援助ではなく貿易」政策を忠実に反映する内容だった[66]。

　一方、追加報告書のほうは、ボリビアへの緊急援助を継続的なものとするうえで重要な役割を果たした。追加報告書は、最初の報告書が全般的な議論が中心であったのに対して、訪問した個別の国々に関する詳細で実質的な検討を行っていた。この秘密報告書の中で、ミルトンは、「ボリビアの政治経済状況は、南米で最も危機的な状況にある」として、対ボリビア緊急援助の顕著な効果を高く評価し、ボリビアに対する大規模な援助の継続を求めた。秘密報告書によれば、1953 年秋からの緊急援助の供与は、「政府内の穏健派を強化し、国内の

66）　Rabe, *Eisenhower*, p. 66. ミルトンの報告書（The report: Milton Eisenhower, "United States-Latin American Relations: Report to the President," November 18, 1953）は、DS *Bulletin* （November 23, 1953）を参照。

共産主義勢力に対してより強い立場をとることを可能にした点で、直ちに政治的成功を収めた」のである。ミルトンは、「ボリビアが国内経済を強化し、多角化するのを助けるのが米国の国益である」として、「新年度に少なくとも 1,500万ドルの援助」の継続を強く求め、以下のように結論付けた。

> このプログラムを一旦始めた以上、途中で止めるべきではない。ボリビア経済の多角化を進め、同国を経済的崩壊から救う劇的結果によって、共産主義勢力の台頭をもたらす現実に危険な状況を避けることができる。来年度の援助継続は我が国の直接の国益になる。私の判断では、錫価格が改善しなければ、ボリビアが農業生産の拡大に努める間、5年間は援助が必要になろう[67]。

　この秘密報告書の重要な点の一つは、大統領に与えた影響である。大統領は、ミルトンから報告書を受け取ると、この 16 ページに及ぶ覚書を一晩で読み終えた。報告書に対する大統領の反応は極めて好意的なものであり、翌日早速ダレス国務長官に覚書を送り、「わが国によるほんの少しのローンや無償援助が、多くの場合に非常に明確で大きな利益をもたらすという事実に感銘を受けた」と述べた[68]。当時のラテンアメリカで米国の無償援助を受けていたのはボリビアだけであり、この感想が他の事例とともにボリビア援助に言及していることは明らかであった。国務省側は、この大統領の高い評価を見逃さず、その後、この部分を政府内でのボリビア援助計画の正当化に利用する。報告書のもう一つの重要な点は、ミルトンがボリビア援助を単に翌年度だけでなく、5年間というより長期的なスパンでの継続を提唱していたことである。実際、この報告書は、アイゼンハワー政権の「高官」によって書かれたものとしては、ボリビア援助の長期的継続を求めた最初のものであった。国務省は、この後、ボリビアが経済的に自立するまでに必要な援助期間として、5年を半ば公式な数字と

---

67)　Milton Eisenhower to the President, January 11, 1954, Milton Eisenhower's South American Report 1953(1), Box 13, Name Series, AW, DDEL.

68)　Eisenhower to Dulles, January 12, 1954, Milton Eisenhower's South American Report 1953(1), Box 13, Name Series, AW, DDEL.

して用いるようになる。報告書の最後の重要な点は、ミルトンがボリビア援助
の正当化の根拠として、共産主義の脅威を前面に押し出している点であり、こ
れは、1953 年 7 月のボリビア訪問中やその直後になされた発言等とは異なる
ものであった。こうした共産主義の脅威をより強調するようになったのは、政
府内外での反対論が強い中で、ボリビア援助擁護のために意図的に共産主義問
題を利用したのか、ミルトン自身の見方が変わったのかは定かではない。しか
し、ミルトンらの訪問から半年余りの間にボリビアの政治状況が著しく悪化し
て共産主義勢力の脅威が高まった訳ではないことは確かである。

　一方、ラパスの米大使館からの報告も、共産主義の脅威や政権奪取といった
センセーショナルな表現は避けながらも、米国の援助が途絶えた場合の混乱や
政情不安を予測していた。新ボリビア担当官のトッピングによる 1954 年 1 月
26 日のボリビア情勢に関するまとめによれば、「経済の根本的な欠陥」が解決
されず、外部援助がなくては、MNR 内部の闘争の激化によってボリビアの国
内情勢は「無政府状態」が続き、「軍事クーデタないしは労働者による政権奪
取」という形での「政権の暴力的交代が起こる」可能性が強く、「西半球全体に
とって分裂と危険の根源となる恐れ」があると結論付けられていた[69]。また
1954 年 3 月 19 日付の国家情報評価 (National Intelligence Estimate: NIE) 報告書
は、ニュアンスは異なるが同様の認識を示していた。NIE は、CIA と陸海空各
軍と国務省、および統合参謀本部 (JCS) の情報担当部局の合同報告書として適
宜作成されるもので、同報告書は、ボリビア情勢に関する当時の米国の各種情
報機関の見方を集約していたといえる。3 月 19 日の報告は、「共産主義」とい
う言葉を多用しているが、必ずしも共産勢力による政権奪取の差し迫った危険
を過度に警告するものではなく、比較的冷静な分析トーンに貫かれており、当
初の緊急援助が終了する 54 年半ば以降、政府の安定と政治的方向性は、外部
からの追加的援助を獲得できるかに大きく依存し、外部援助がなくなれば政府
はすぐに経済危機に直面し、MNR 労働左派が「支配的な」権限を握る可能性
が高いと警告していた[70]。

---

69)　Memo by Topping: "Monthly Summary: Bolivia," January 26, 1954, NA 724.00/1-2654.
70)　National Intelligence Estimate: "Probable Developments in Bolivia," March 19, 1954, *FRUS,
1952-54*, IV, p. 548.

第6章　対ボリビア緊急援助決定から長期的援助へ　243

このようにミルトンの追加秘密報告書に描かれたボリビア情勢の深刻さは政府内で広く認識されたものの、ボリビア援助の長期的継続については財務省をはじめ政府内で依然多くの異論があった[71]。こうした政府内の懐疑派の存在を前にして、国務省は、1954年春を通じて、アイゼンハワー政権によるボリビア援助へのコミットメントをより確実なものとすべく努力を続けるのである。

7. 1954年3月の対ボリビア追加援助決定とその後

ボリビア援助の継続を模索する国務省にとって、1954年3月初めには幾つかの点で前進が見られた。まず3月5日には、ミルトンの追加報告書の提言実行に関して国務省が準備した覚書が閣議で承認された。この覚書は、ボリビアへの緊急援助の継続や拡大を具体的に提案していなかったが、既に触れた1月12日の大統領のダレス宛覚書にある比較的少額の贈与がいかに大きな効果を上げたか、という表現を引用して、内閣が大統領の「ガイドライン」に従うことを提案していた。まさに国務省は、この「ガイドライン」の間接的な表現を最大限に利用して、ボリビア援助の継続を確実にするために外堀から埋めようとしたのである[72]。次に国務省は、3月15日に1954年会計年度の残りの期間（9月30日まで）に関してボリビアへの緊急援助の増額を提案し、大統領の支持を得ていた。この背景には、前年末以来、緊急食糧援助物資が到着し始めたにもかかわらず、ボリビアの経済状況が悪化を続けたため、ラパスの米大使館と

---

71) Memo from Bennett to Holland: "Implementation of the Eisenhower Report," August 20, 1954, *ibid.*, pp. 242-3. ミルトンの報告書に対する各省庁のコメントに関しては、以下も参照。White House Memo: "Presidential and Cabinet Support of Eisenhower Report Recommendations for Strengthening Latin American Relations," March 2, 1954, Milton Eisenhower's trip to South America (2), Box 25, Subject Series, Confidential File, DDEL; Memo from Woodward to Smith: "Presidential and Cabinet Support of Eisenhower Report Recommendations for Strengthening Latin American Relations," March 2, 1954, *FRUS, 1952-54*, IV, pp. 217-19.

72) この後、国務省とFOAの間でこの大統領の発言に関する解釈の違いが表面化するが、国務省は、1954年3月2日の閣議による覚書の承認を引き合いに出して、「ボリビア援助計画に関する政権の意図と決定は明白で曖昧な点はない」と強調する。Memo from Woodward to Smith: "Presidential and Cabinet Support of Eisenhower Report Recommendations for Strengthening Latin American relations," March 2, 1954, *ibid.*, pp. 217-221; Memo from Holland to Dulles: "Grant Aid for Bolivia for this Fiscal Year; Action Required to Obtain Necessary Funds," November 18, 1954, NA 824.00-TA/11-1854.

援助使節団が2月末以来、年度内の緊急食糧援助の増額を強く求めていたことがあった。彼らは、1953年10月14日に発表された緊急援助計画に基づく援助等によって供給された小麦が1954年7月15日までに底をつく恐れがあり、米国からの小麦の供給が少しでも中断されれば危機的な事態になると強く警告していた。スタッセンFOA長官は国務省の要請に直ちに応じ、3月15日に大統領に対して、PL216に基づき、余剰農産物の在庫の中から300万ドル分の追加的食料無償援助を行うことを提言し、大統領も直ちにこれを認めたのである[73]。

　この米政府の迅速な決定は、深刻な経済状況に対応するためだけでなく、国内の「共産主義勢力」のコントロールに関してより「協力的な」態度と政策をとるようになったボリビア政府に対する「褒美」の意味もあった。1954年5月24日に承認されたNSC144/1に関する3回目の実施状況報告は、「ボリビアで冬の危機的な時期に最少限の小麦の確保」が可能となるよう大統領が決断したと述べたうえで、その決定が、米国のラテンアメリカ政策の基本的立場、即ち、「援助の程度を決定するうえで、援助受入国が共通の目的実現のために米国と協力する意思と能力が考慮される」に沿った形でなされたことを指摘していた。報告書は、ボリビア側の「協力」について以下の点をあげていた。

　　ここ数カ月間、ボリビア政府内で穏健派勢力が力を増してきた。この傾向は、大統領や外務大臣がより強力に反共的立場をとり始めたことに示され、特にカラカス会議で米国提出の反共決議に対するボリビア政府の支持に典型的に見られる[74]。

　このNSC報告書は、1953年末以来パス大統領とゲバラ外相の陣頭指揮で開始された共産主義勢力に対する反対キャンペーンが米政府に対して持った効果

---

73)　国務省は、ボリビアへの追加食糧援助の緊急性もあって、今回はFOAによる緊急飢餓対策法に基づく援助に異議を唱えなかった。Memo from Atwood to Cabot: "Progress of Economic Assistance to Bolivia," February 23, 1954, NA 724.5-MSP/2-2354; Memo from Stassen to President Dwight D. Eisenhower: "Urgent Relief Assistance for Bolivia, Amendment to Oct 5, 1953 Determination under Public Law 216, 83rd Cong, 1st Sess.," March 15, 1954, NA 724.5-MSP/3-1554; Memo from DDE to Dulles, Benson, Dodge, and Stassen, March 15, 1954, NA 724.5-MSP/3-1554.

74)　Third Progress Report on NSC 144/1, May 24, 1954, *FRUS, 1952-54*, IV, pp. 49-50.

第6章　対ボリビア緊急援助決定から長期的援助へ　　**245**

を示していた。反共キャンペーンは、米国援助の増額という形の配当をもたらしたのである。ボリビアに関する1954年初頭の各種情報機関の報告書は、既に触れた3月19日のNIEも含めてこの反共キャンペーンの効果を一様に認めていた[75]。援助の増額は、国内の共産主義勢力への締付け強化によって、米国との協力により前向きな姿勢を示し始めたパス政権に報いるという側面があった。パス大統領とゲバラ外相は、既に触れた1953年末の米側関係者との一連の会談における米側のメッセージを的確に理解していたのである。さらにNSC144/1への第三次実施状況報告が指摘しているように、無償食糧援助の追加は、カラカス会議等の地域レベルでの協力にも報いるものでもあった[76]。ニューヨークタイムズ紙によれば、カラカスからの3月8日の情報として、国務省は、次の会計年度（1955会計年度）にパス政権に対する経済援助として、「1,500万ドルの要請を支持する意向」だとされ、米・ボリビア両国政府は、この1,500万ドルの無償援助に加えて、米輸出入銀行と世界銀行からの経済開発のためのローン要請についても話し合う予定であると報ぜられた[77]。実際には、この「1,500万ドルの無償援助」をめぐっては、これまで見てきたように政府内、特に国務省とFOAと間の確執や駆け引きもあり、国務省は依然ボリビア援助資金確保のための困難な努力を続けていたのである。

　アイゼンハワー政権は、さらに錫購入協定の締結問題に関しても、1954年5月末にはボリビアとの新協定締結交渉に入ることを決定したが、RFC側は新

75）　ただし、このNIEでは、MNRが「共産主義勢力に対する正面攻撃には及び腰」と懐疑的な見方も示していた。National Intelligence Estimate: "Probable Developments in Bolivia," March 19, 1954, *ibid.*, pp. 551-52. またCIAは、パス政権が共産主義勢力の影響下にないという見方にも慎重であった。1953年11月のミルトンとアレン・ダレス（Allen Dulles）CIA長官とのやりとりに典型的に見られるように、前者がパス政権の非共産主義的性格を強調したのに対して、ダレスCIA長官は、「［ボリビア革命政権］指導部については様々な見方があるといわざるをえない」と述べた。Brands, *Cold Warriors*, p. 34. ブランズによれば、国務省も「パス政権の非共産主義的性格に関するミルトンの意見に疑いをもって見ていた」と主張したとされる。*Ibid.* しかし、筆者が知る限り、国務省にはこれを裏付ける資料は見付からなかった。

76）　ダレスは、1954年3月に第10回米州会議（カラカス）での精力的活動によって、グアテマラのアルベンス政権に対する非難決議（「反共決議」）採択に成功し、CIAによる政権転覆工作の外交的準備を整えるが、ボリビア革命政権は、他の多くのラテンアメリカ諸国と同様に同決議への賛成を余儀なくされた。Bolivia, Ministerio de Exteriores y Culto, *Boletín*, 28-29 (enero-diciembre 1954), pp. 247-61; Rabe, *Eisenhower*, p. 53.

77）　*The New York Times*, March 9, 1954.

規の錫鉱石購入には依然消極的で、国務省はこの新協定の交渉にも頻繁に介入を余儀なくされた。特にRFC側はボリビアとの交渉は「商業的な性格のもの」であるとして、購入代金から各種経費に加え、さらに35万ドルを精錬代として「控除」することに固執し、ボリビア側の強い反発を招いていた[78]。ホランド国務次官補は、6月24日スミス次官に対して、こうした控除なしにRFCが新契約を結ぶことに閣議の了承を得るよう提言し、6月28日には前年9月に締結されたのと同様な条件で1万2,000トンのボリビア錫鉱石購入を謳った新協定が締結されたのである。ホランドは新契約締結の意義について以下のように説明した。

　　米国は、現会計年度［1954年度］に1,450万ドルの援助をボリビアに行っ
　　ており、次年度には同国に対する米国の目的に照らしてさらに大規模な援
　　助を行う計画である。ボリビアへの援助の性格を考えれば、問題となって
　　いる金額はいずれの形であれボリビアに与えられることになる。さらに
　　RFCが求める契約条件によるマイナスの心理的効果によって、購入自体に
　　よって期待できる好ましい効果が相殺されてしまう。現在のラテンアメリ
　　カの情勢を考えれば、ボリビアでのマイナスの反応は避けるべきである[79]。

　このホランドの覚書は、単に錫購入協定への積極姿勢だけでなく、アイゼンハワー政権がボリビア革命指導部に対するより強い支持の姿勢を持ち始めたことも示していた。まず米国は、次年度同国に対してさらに大規模な援助を行うことが明言されており、これはボリビアへの援助継続は、単なる国務省の決定ではなく、政府全体の決定となってきたことを示していた。次にボリビアへの支援は政治的に最も有効な形で行われるべきだとして、ホランド次官補は、錫契約がボリビア政治において最も微妙で重要な問題の一つである点に鑑みて、ハンフリーや他の財政保守主義者らが主張する「商業的な」ものではなく、

---

78)　Memo from Holland to Smith: "Tin Purchase from Bolivia," June 24, 1954, *FRUS, 1952-54*,
　　　IV, p. 559.
79)　*Ibid.* この「現在のラテンアメリカの情勢」とは、同月27日のグアテマラのアルベンス政権
　　　崩壊へと至る両国間の対立が念頭にあったことは明らかである。

第 6 章　対ボリビア緊急援助決定から長期的援助へ　**247**

「政治的な」契約を結ぶことを求めたのである。

　最初の点に関して、アイゼンハワー政権は、1955 会計年度予算案で対ボリビア緊急援助の継続を求め、議会は 900 万ドルの予算を付けた。しかし、この金額をめぐっては、新年度に入ると国務省と FOA の間で再び主要な論争が起こる。既に見たように 900 万ドルという金額は、1953 年 12 月にスタッセンが国務省の当初の要望である 1,500 万ドルを大幅に削減して提示したものであった。しかし、ボリビアに対しては、1954 会計年度末までには、1953 年 9 月当初のアイゼンハワーが発表した 1,250 万ドルから大幅に増額され、1,820 万ドルの緊急援助が行われており、緊急援助の成果をより確実なものとすべき重要な 2 年目の援助が 900 万ドルに大幅削減されたままでは、当初の援助の効果が失われかねなかった[80]。国務省は、ボリビア経済が依然危機的状況にあるとして、1955 会計年度のボリビア援助の大幅積み増しを求めて積極的なキャンペーンを開始していた。国務省は、緊急援助の増額は、外貨収入の危機的な不足を補い、「穏健化」と親米化を強めるパス政権を支えるために必須であるとして、1953 年 12 月 7 日にスタッセンが当時の国務次官補キャボットに述べた「必要ならば他の資金から流用可能」という点を FOA に対して強調した。国務省側はさらに、1954 年 1 月 11 日のミルトンの追加報告書、大統領のダレスへの 1954 年 1 月 12 日の書簡、そして、1954 年 3 月 5 日の国務省覚書の閣議による承認を根拠として、ボリビア援助の継続が政権の重要なコミットメントである点を強調していく。国務省は、新たに 1955 会計年度に無償援助の 1,600 万ドルへの増額を求めたが、同年度末までには、ボリビア援助計画は、技術援助や他の援助も合せて 3,350 万ドルと大幅に増額されることになる[81]。

---

80)　1,820 万ドルという数字は、Wilkie, *The Bolivian Revolution and U. S. Aid*, p. 48 を参照。1953 年 9 月の当初の金額については、以下を参照。NSC 5407: "Status of United States Programs for National Security as of December 31, 1953," February 17, 1954, *FRUS, 1952–54*, IV, p. 216.

81)　ボリビアへの経済援助は、1955 年に 3,350 万ドルでピークに達した後次第に減少し、アイゼンハワー政権最後の年、1960 年には 1,380 万ドルで底を打った。しかし、ケネディ政権の進歩のための同盟とともに、対ボリビア援助は息を吹き返し、61 年には 2,990 万ドル、革命政権最後の年、64 年には 7,890 万ドルにまで膨れ上がる。Wilkie, *The Bolivian Revolution and U. S. Aid*, p. 48.

このようにアイゼンハワー政権は、1954 年半ばまでには、ボリビア革命を中長期的に支援する方向へと向かっていたが、どのような援助をいつまで続けるかについては明確でなく、関係者や関係機関の間でも大きく異なっていた。これまで検討したボリビア援助をめぐる政策策定や決定のプロセスから明らかなように、ボリビア援助計画は首尾一貫して計画・実施されたものとは言い難かった。国務省の関係者、特に米州局では、一応バランスに配慮した計画が構想されていたが、彼らは、政府内の他の省庁や議会との関係で、必要な資金を必要な時に必要な形で確保することは困難であり、まずは緊急事態への対応のため政府内の困難な交渉等を通じて実現できるものから手当たり次第援助を行っていったというのが実情であった。何よりボリビア革命政権への援助は、緊急援助が毎年延長され続けて長期援助となったともいえ、国務省の援助計画の中でどの資金が確保できるかは、毎年の予算折衝の中で、議会や他省庁との関係に大きく左右されたのである。こうした一貫性の欠如は、1950 年代を通じてボリビア援助が目立った成果を上げない中で大きな問題となる。

　一方、ボリビア援助計画の基本的な目標、正当化の理由、アプローチには、緊急援助から恒常的な援助へと転換する中でも基本的には変化しなかった。主要な目的は、非共産主義的で親米な MNR 政権を梃子入れし、一層の「穏健化」を図ることであった。ボリビアを米国の援助政策のモデルとするという当初の緊急援助開始をめぐる議論の中で強調された点は、1950 年代後半に入ってボリビア援助政策が十分な成果を上げず、失敗であったとの認識が米国内で強まるにつれて殆ど言及されなくなる。援助の正当化の論理は、ボリビアでの「共産主義勢力」の浸透や支配を阻止するという冷戦論理が一貫して強調された。援助のアプローチに関しては、アイゼンハワー政権は、錫問題を除いて、「経済的」手段と「政治的」手段とを厳密に区別し、通常の経済援助の手段である開発ローンは、ボリビアに返済の見込みがないとして極力退け、「政治的な」無償援助によって政治的・戦略的目的を実現しようとした。この意味で、アイゼンハワー政権は、革命ボリビアをラテンアメリカにおける特別なケースとして扱い、ラテンアメリカに通常用いられた「経済的」アプローチではなく、特別な「政治的」アプローチが用いられたのである。ラテンアメリカにおけるもう一つの重要な例外としてあげられるのが、既に触れたように 1954 年 6 月の

第6章　対ボリビア緊急援助決定から長期的援助へ　249

アルベンス革命政権転覆後のグアテマラであり、ボリビアと同様の「政治的」
目的の緊急援助が大規模に展開されることになる。

　またボリビア革命政権に関して言えば、当初の3年余りの間に主要な改革は
すべて実施に移され、1956年にパスが大統領の任期を終え、同年6月に革命後
初めての大統領選挙と議会選挙が行われ、副大統領のシレスが大統領に当選す
る。これは1952年に始まった改革プロセスの集大成ともいえ、立憲的にも革
命政権の正統性を再確認し、革命の「制度化」を目指すものであった。こうし
た革命政権の存続と改革の実現にとって、アイゼンハワー政権による1953年
9月以降の緊急経済援助による支援の持つ意味は大きかった。緊急措置として
始まったボリビアに対する経済援助は次第に長期的・本格的なものとなり、米
政府による第三世界の革命政権支援というユニークな実験はその後も続けられ
るが、米国の大規模な経済援助にもかかわらず、ボリビアの経済状況が一向に
改善を見せず、極度のインフレがボリビアの経済的・政治的安定を脅かす中で、
アイゼンハワー政権は、1956年以降、革命政権に対して大規模な経済安定化の
実施を迫ってボリビアの社会・経済への関与を深める。そうしたアイゼンハワ
ー政権によるボリビア政策の1956年以降の新たな展開については次章で検討
する。

第7章 アイゼンハワー政権による経済安定化政策とボリビア軍再建・軍事援助への道

（1956年～1960年）

　アイゼンハワー政権は、1953年9月の緊急経済援助決定以降もボリビア革命に対する経済支援を継続するが、MNR政権が政治的には一定の安定を達成する一方、大規模な援助にもかかわらずボリビア経済に一向に改善が見られない中で対応を迫られる。米政府は、ボリビアの急激なインフレの鎮静化を目指す一方で、同国の経済的困難の根本的要因と見なした国家主導型の経済政策と経済構造の根本的転換も意図してIMFと共同で2,500万ドルの経済安定化基金を設け、ボリビア革命政権に対して大規模な経済安定化政策の実施を迫るのである[1]。本章は、こうした経済安定化政策の起源とその内容、そして同政策が革命ボリビアの政治経済に与えた影響を中心に分析する。さらに同政策の結果としてボリビアの政治的安定が損なわれる中で、ボリビア革命政権の要請を受けて米国が積極的に関与したボリビア軍再編についても検討する。

　安定化政策は、国民全体に大きな負担を強いたが、特に主要輸出産業である鉱山業を中心とする大幅な人員削減と相まって、党内左派及びCOBからの徹底的な反対を招き、1956年8月に成立したシレス新政権との深刻な対立へと発展するのである[2]。シレス政権は、こうした事態に対して、米国の経済援助による乗り切りを図るとともに、労働左派からの攻勢に対しては、米国からの治安対策援助の強化を受けて、軍部再建に着手する。アイゼンハワー政権は、

---

　1)　経済安定化政策の詳細なプロセスに関しては、その米国側の立役者ともいえるイーダー（George J. Eder）自身によるGeorge Jackson Eder, *Inflation and Development in Latin America: A Case History of Inflation and Stabilization in Bolivia*（Ann Arbor: Graduate School of Business Administration, University of Michigan, 1968）を参照。

　2)　Zondag, *The Bolivian Economy*, p. 59; Malloy, *Bolivia*, pp. 237-38.

1950 年代半ばからラテンアメリカ各地において左翼ゲリラの活動が活発化する中で、米州内での国内治安対策の強化を図っていた。このボリビア軍再建という革命政権による決断は、1964 年の軍事クーデタによる MNR 政権崩壊の一つの前提となる運命的ともいえる決定であり、その背景について軍再建支援への米側の意図とともに分析する。以下、こうした経済安定化政策とその影響の分析に入る前に、まずは米国主導の経済安定化政策を実施することになるシレス政権の成立とボリビア国内の政治状況について検討する。

1. 1956 年選挙とボリビアの国内政治状況

既に検討したように、革命開始後のボリビアは、パス大統領の下で最初の 2 年間に矢継ぎ早に 4 大改革を実施し、対外的にも米国との「和解」の達成と「協力」関係の樹立に成功していた[3]。改革によって、「錫貴族」と大土地所有者の権力基盤が破壊されるとともに、彼らを支えた軍部も徹底的に縮小され、ボリビアの寡頭支配体制はほぼ完全に崩壊した。一方、鉱山労働者を中心とする労働者は、労働者民兵として革命政府を支える一方、COB を拠点に大きな政治的影響力を持ち、MNR 政権に対しても「共同政府」として複数の閣僚を送り込んだ。また人口の大半を占めるインディオ農民は、農民組合を拠点として政治的発言権を確保し、国民的統合への動きも本格的に始まっていた。こうした中で、1956 年 8 月にパスの後を継いで大統領に就任したシレスにとって、最大の課題は革命の「制度化」であった。マロイによれば、そもそも 1956 年の選挙自体が、パス以下 MNR 主導の下に、ボリビアの伝統的自由主義体制に代わって新たにより公正な自由民主主義的な政治的枠組みの中での革命の制度化を目指すものであった[4]。しかし、革命後のボリビアの現実はそうした制度化を許さず、ボリビア社会が本来持っていた分裂傾向がさらに促進され、革命政

---

3) 既に触れたように、近年ではインディヘニスモへの関心の高まりもあって、4 大改革に加えてインディオの「国民化」を推進した教育改革を重視する傾向が見られる。Toranzo Roca, "Let the Mestizos Stand Up and Be Counted," p. 48. インディヘニスモに関しては、アンリ・ファーヴル（染田秀藤訳）『インディヘニスモ：ラテンアメリカ先住民擁護運動の歴史』（白水社、2002 年）を参照。

4) Malloy, *Bolivia*, p. 236.

権の下で安定的な権力基盤は作り出すことができなかった。MNR 中道派指導部は、メキシコ革命をモデルとして持続的な革命政権の樹立を目指したが、結局、MNR 政権は、一連の改革によってメキシコ革命政権のように事実上の一党支配体制による革命の「制度化」は実現できなかった。また最高指導者カストロの下に権力を集中したキューバ革命政権のように中央政府の権力基盤を強化することもできなかったのである[5]。

この主要な原因は、ボリビアを常に悩ませてきたその歴史と地理的条件にあり、人種的民族的多様性と地理的隔絶は革命によっても克服は困難であった。そもそもラテンアメリカ諸国の多くが 19 世紀初頭の独立後、中央政府による権力の確立や国民統合の困難さに直面した[6]。ボリビアはこうした問題が特に集約的に表れた国の一つであり、20 世紀に入っても国民統合の問題が愁眉の課題であった。マロイが指摘するように、革命期のボリビアでは、「政府権力の分極化が起こり、国がより『低次の』組織形態へと退行し、実質的政策決定の権限は地域的に分散されるか、分割された」のであった[7]。こうした分極化傾向は革命勃発直後から見られたが、インフレを中心に経済の悪化が止まらず、政府と労働左派との対立が深まる中で、シレス政権期に最も顕著となる[8]。

こうした状況を背景に行われた 1956 年の大統領・議会選挙では、パス政権の 4 年間の改革の実績が問われた。大統領候補には、パス路線の継承を唱える中道穏健派指導者のシレス副大統領が選ばれる一方、副大統領候補には左派からチャベス農業相が選ばれた。シレスは、1952 年 4 月の革命蜂起のリーダーとして国民の幅広い支持を受けていた。一方、チャベスは COB のリーダーの 1人であり、その選出は労働左派の影響力の強さを印象付けるものであった。また、議会選挙に関しても、COB が MNR 候補者リストの作成の主導権を握り、COB 勢力が党候補として議会で多数を占めることが確実であった。こうした事態を懸念したシレスは、左派の影響力拡大に反対する MNR 中道・右派勢力

---

5) *Ibid.*, pp. 234-5.
6) 加茂「序章　ラテンアメリカ」高橋・加茂編『近代化の分かれ道』、pp. 23-24。
7) Malloy, *Bolivia*, pp. 246-7.
8) Laurence Whitehead, "The Bolivian National Revolution: A Twenty-First Century Perspective," in Merilee Grindle and Pilar Domingo, eds., *Proclaiming Revolution: Bolivia in Comparative Perspective* (Cambridge, MA: Harvard University Press, 2003), pp. 33-34.

を背景に、大統領候補辞退をちらつかせながら左派に圧力をかけ、ようやく非左派勢力の代表を党の議員候補に加えることができたのである[9]。

　実際の選挙では、大統領選挙に関してはMNR政権候補シレスが当選し、概ね民主的な手続きによって平和的に政権委譲が行われた。一方、議会選挙ではMNRが上院の18議席をすべてとり、下院は68議席中63議席をMNRが占めた。ただし、都市部では右派のファランヘ党（FSB）も健闘して若干の議席を獲得しており、かえって選挙の公正さを印象付ける結果となった。選挙では、MNRによる不正工作も報告されているが、1956年9月の米政府の報告書（NIE）によれば、選挙は「比較的不正や強制もなく」行われており、MNRの政敵であるFSBの候補者にも比較的自由な選挙活動が許されたとされている[10]。

　シレス新大統領は、就任にあたって、革命が破壊的で無秩序な段階を終え、より建設的で秩序だった発展段階に入るべきだとして革命の「制度化」を唱えた。新大統領はそうした考えをまず政治面で実践しようとした。シレスは、立憲主義を推進するため反対派への締め付けを緩め、一定の政治的自由化を進めたのである。これは、マロイによれば、旧来の自由民主主義の枠組み内での革命の制度化・立憲主義化であり、過去との完全な決別をよしとしないMNR穏健派指導部の傾向を反映していた[11]。シレスは、1956年の選挙前にドゥルー米大使、に対して、ボリビアが西側の自由民主主義陣営の一員であり、「［国王陛下の］忠誠な野党」が発達するのはよいことだと述べ、今後FSBが合法的な手段で勢力を拡大し、次の選挙で第1党になれば、政権を譲ってもよいとまで述べている。こうしたMNR政権側の自己イメージとは対照的に、革命政権の「民主的性格」に対する米側の見方はかなりさめたものであった。この会合に関する米大使館からの報告は、シレスの「理想主義」に当惑を隠せずにいる。別の会見の報告でもドゥルー大使は、シレスのことを「真摯でやや単純だが善

9）　Malloy, *Bolivia*, pp. 70, 228, 236-37. トロツキストの左派労働運動指導者ロラは、COB指導部にはレチンを大統領候補に押す「勇気」がなく、中道派と妥協してシレス大統領候補・チャベス副大統領候補の組み合わせを選んだことに批判的である。Lora, *Bolivian Labour Movement*, p. 302.

10）　Malloy, *Bolivia*, pp. 235-36; Desp 56 from US Emb in LP to DS, "Weeka No. 32," August 20, 1956, NA 724.00 (W)/8-1956; National Intelligence Estimate: "Outlook for Bolivia," September 11, 1956, NIE 92-56, *FRUS, 1955-57*, VII, p. 560.

11）　Malloy, *Bolivia*, pp. 235-7, 241; Whitehead, "The Bolivian National Revolution," p. 34.

第7章　アイゼンハワー政権による経済安定化政策とボリビア軍再建・軍事援助への道　　255

意に満ちた理想主義者」と突き放した見方を示し、MNR 政権の民主的性格を
アピールしようとするシレスとのずれを見せている[12]。ただこうした民主主義
の強調は、シレスに留まらず革命指導部全体に見られたものである。1952 年 4
月の革命開始以来、革命指導部にとって MNR 政権が民主的で、自らの正統性
の根拠もその点にあることを示すことは重要であり、彼らは、MNR 政権が国
民の広範な支持を背景に民主的性格を持つことを繰り返し表明してきた。パス
によれば、民主主義とは、「最も深遠な意味において多数のための多数による
政治である。言い換えれば、人民の、人民のための政治であり、多数の投票に
基礎を置く政治である。この結果、多数の理想と利益を代表できる」とされた
のである[13]。こうした観点から革命直後に普通選挙制度が導入されて国民の大
半を占めるインディオ大衆に選挙権が与えられていた。普通選挙制度は、国民
の圧倒的支持の下に行われたその他の改革とあわせて、革命政権の民主的性格
を改めてアピールしようとするものでもあった[14]。

　一方、米政府にとって当面問題であったのは、ボリビアで民主的な政権交替
が行われ、ボリビアの政治システムがより西欧民主主義の理想に近付くことで
はなく、MNR 政権による左派のコントロールであった。先のシレスとの会見
でドゥルー大使は、シレスがパスの政策を継承して米国との協力に努めると繰
り返し述べた点は高く評価しているが、左派コントロールの問題に関しては、
「ダビデがゴリアテに向かうようだ」と評し、悲観的な見通しを示した。実際に、
1956 年の選挙によって左派のチャベスが副大統領となっただけでなく、議会
選挙の結果、パス政権で鉱山石油相を務め次期上院議長となるレチンの支持者
ないし左派の影響下にある者が上院で議席の半数、下院では MNR 選出議員の
3 分の 2 以上になり、米大使館は懸念を表明している[15]。

---

12)　Desp 56, August 20, 1956; Desp 349 from Drew to DS, January 27, 1956, *FRUS, 1955-57*,
　　VII, pp. 533-36. まさにこうした理想主義的な革命指導者は、米国にとって危険なものとなり
　　うることは、同時期のグアテマラ革命の例を見れば明らかであり、最初はアレバロが、次には
　　アルベンスがそれぞれの「理想主義」に基づいて、米国の利益に反する政策を次々と行ってい
　　くのを、米政府は苦々しく見守っていた。上村「米国の冷戦外交」pp. 93-96。

13)　Paz, *Mensaje del presidente de la republica*, p. 140.

14)　Alexander, *The Bolivian National Revolution*, pp. 80-1.

15)　Malloy, *Bolivia*, pp. 236-7; Desp 56 from US Emb in LP to DS, August 20, 1956; Desp 349
　　from Drew to DS, January 27, 1956.

2. 経済安定化政策の起源

　経済安定化政策の起源は、こうした 1956 年選挙による政権交代以前にあり、米側は、1955 年始めから極度のインフレをはじめとするボリビア経済の悪化に深刻な懸念を持ち始めていた。この著しい物価上昇は、経済の安定のみでなく革命政権の存立自体を脅かすものとなっていた。そもそも革命は、ボリビアに構造的インフレ体質をもたらした。MNR 革命政権による大規模鉱山国有化や農地改革に伴う経済的混乱のため、鉱業と農業の生産が大幅に低下し、外貨不足による輸入減少も加わって、ボリビア経済は慢性的な物不足となり、インフレ圧力が高まっていた。さらにボリビア経済の危機的状況を打開するために 53 年秋から開始された米国の緊急援助もインフレ圧力を加えた[16]。こうした中で、MNR 革命政権は、政権維持のために際限ない通貨増発によって各支持層に対する恩恵のバラまきを行い、1950 年代半ばからのハイパー・インフレーションを招いたのである。物価は 1952 年から 4 年間で 20 倍以上に上昇してボリビア経済に極度の混乱を招いていた[17]。

　国務省は、安定化政策へとつながるボリビア政策の見直しを 1955 年半ばに開始するが、当初は、経済援助の早期追加支援によって経済情勢の悪化に対応しようとした。しかし、インフレの悪化と外貨準備の枯渇は急速に進み、ボリビアの経済構造の根本的改革がなくては問題の解決には程遠いとして、「経済安定化」政策の導入を検討し始める。米国は、1950 年代半ば以降、IMF 主導の形でラテンアメリカ諸国に対して、インフレ対策として経済安定化の実施を

---

16)　米国の援助に対して、ボリビア側は、ボリビアーノによる一定額の資金（カウンター・ファンド）の拠出が必要とされ、これも通貨増発につながった。Zondag, *The Bolivian Economy*, p. 57.

17)　*Ibid.,* pp. 55-6. ゾンダグによれば、このインフレの原因は、世界恐慌の影響下、1931 年に政府の財政赤字を中央銀行からの大量貸付によって乗り切ろうとしたことに始まった。1932 年からのチャコ戦争で政府は通貨増発によって戦費を賄おうとしたことでさらにインフレに圧力がかかり、1930 年代の軍事社会主義政権下に構造的インフレ体質の萌芽が見られた。その後も政府は、左派による政治的圧力に対して社会的支出の増大によって対応する政策によって、財政支出が収入を上回る状態が続いていたが、1952 年の革命政権の登場によってそうした社会的支出は収入を大きく上回ってさらに増え続け、ハイパー・インフレーションとなったのである。*Ibid.*

次々と迫るが、ボリビアはまさにそうした政策の最初の試みの一つであった[18]。その主眼は、マネタリスト的手法、即ち通貨供給量の調節によるインフレの沈静化と通貨安定にあり、各国で試みられた政策の柱は、通貨供給の制限、財政赤字の削減、通貨切り下げ、価格統制の撤廃、補助金の廃止といった自由主義的政策からなっていた。ボリビアでも同様の大胆な経済の自由化・規制緩和を目指した政策がとられ、それまでのボリビアの国家主導型経済に大幅な修正が迫られることになる。

　経済安定化政策に関する米政府によるボリビア側への働きかけは、まず1955年4月半ばに始まる。ドゥルー大使は、私的な会合の際にパス大統領とゲバラ外相に対して、ボリビアの経済・財政危機に対処するための専門家による調査団の派遣を打診した。ボリビア側はこの申し出に直ちに応じ、両国間の協議が開始された[19]。両国の間では、ボリビアの経済危機に対処するため、1955会計年度の残りの期間と1955年9月から始まる1956会計年度における援助の増額をめぐる交渉が続けられていた。米側は、援助を含む包括的対応の一環として経済調査団の派遣を位置付けていた。協議の結果、両国は、同年6月22日に援助増額を含む「ボリビアに対する共同計画提案」という経済対策案に合意し、ボリビア経済改革への取り組みの本格化と、その前提としての鉱山業と金融・財政問題に関する調査団派遣の原則的合意に至った[20]。ボリビアの「経済改革」の本格化と使節団の派遣をめぐる米国側の意図は、6月1日のホランド国務次官補からフーバー（Herbert C. Hoover, Jr.）国務次官への覚書によく示されている。その覚書において、ホランドは、経済安定化政策の目的として、「ボリビア現政権への援助を通じ、我々が望ましいと考える行動と政策を同政権にとらせることを促すことによって、我々が是認できる政治体制の下で、より健全な経済を発展させる」こととしている。そして、パス政権が、「私企業体制に基づく健全な経済の発展を推進し、外国資本にとって投資環境を改善する

---

18)　ほかには、チリ（1956-58）、アルゼンチン（1959-62）、ペルー（1959）、ウルグアイ（1959-62）がある。詳しくは、Alejandro Foxley, *Latin American Experiments in Neoconservative Economics*（Berkeley: University of California Press, 1983）, pp. 10-14 を参照。

19)　Lehman, *Bolivia*, p. 119.

20)　「共同計画提案」について詳しくは、"Agreement for a Joint United States-Bolivian Program," June 22, 1955, *FRUS, 1955-57*, VII, pp. 514-15 を参照。

ための手段を直ちにとる」ことを強く求め、ボリビアの国家主導型経済体制からの脱却による自立的経済の実現を目指そうとしたのであった[21]。

3. 経済安定化会議をめぐる交渉と国連の「介入」

その後、経済情勢がさらに悪化を続ける中で、米側は、ボリビアとの経済改革をめぐる協議において「経済安定化」の早期実施を強く迫るようになる。国務省は、1955年9月1日に「ボリビア経済安定化会議」の発足とそのための経済使節団の派遣という具体的提案を行った。ただし、米側の狙いは単なる調査団の派遣ではなく、事実上ボリビア革命政府の上位にあって経済改革を強力に推進する機関の設置であった。米側提案によれば、安定化会議は、「ボリビアの金融・財政政策の実施について決定し、統制するもの」であり、その具体的内容としては、「ボリビアの国内的・対外的金融政策を調整・監視する」ことであり、「かかる政策の中には、外国為替、予算、租税、（政府関係機関への信用供与を含む）国内的信用、対外的信用、関税、価格設定、その他」が含まれるとされた。そして、大統領から諮問を受けた場合だけでなく、安定化会議の側からも大統領に政策提言ができるなど、極めて大きな権限と財政・金融政策への大幅な裁量権を持つ機関が想定されていた[22]。ボリビア側は、当初、こうした安定化会議の性格と権限の大きさに抵抗を示し、ゲバラ外相は、会議の設置に伴う政治的困難を指摘し、「共産主義者」による攻撃が懸念されるとして、米側に再考を求めた。しかし、米側は修正を認めず、米側プランの受け入れが金融支援継続の条件であるという強い方針であった。ボリビア側は、最終的には1955年末に米側提案をそのまま受け入れることになるが、それまでに少しでも自らに有利な計画に変えようと様々な試みを行った。特に焦点となったのが経済安定化会議への国連代表の参加問題であった。米側は、ボリビア政府の意向を受けた国連技術援助局（UNTAA）による経済安定化計画策定への関与と

---

21) Memo from Holland to Hoover: "Proposed Joint Program for Bolivia," June 1, 1955, *ibid.*, pp. 511-2; Letter from Hoover to Stassen, June 9, 1955, *ibid.*, p. 513; Letter from Stassen to Hoover, June 30, 1955, *ibid.*, p. 516.

22) "Proposal for the Establishment of a Bolivian Stabilization Council," September 1, 1955, *ibid.*, pp. 517-18.

「不当な介入」の阻止に躍起となる[23]。

米国政府は、自らの意向を反映させやすい国際通貨基金（IMF）に対しては、安定化計画への参加を当初から積極的に求め、経済安定化基金へのIMFの出資によって、安定化計画自体を、批判を招きやすい米国主導ではなく、IMF主導という形にしようとしていた。一方、米国のコントロールがききにくい国連による介入には強い不信感を示した[24]。ボリビア側は、自らの主導権を多少とも残す手段として、革命政権の経済政策に「同情的」と考えていた国連機関の参加によって、米国による一方的な計画の策定と実施を牽制すべく、国連からボリビア中央銀行に顧問として派遣されていたカラズ（Arthur Karaz）を通じて経済安定化計画への国連の関与を求めた。こうした動きにラパスの米大使館は大きな懸念を示した。ドゥルー大使は、1955年11月3日にUNTAA次長のマルティネス＝カバニャス（Gustavo Martinez Cabañas）が、モンテビデオでの会議に出席後、米側への通知もなくラパス入りしていたことを知ると、ボリビア経済安定化計画への介入を目指すものとして反発した。ドゥルーによれば、同氏の来訪の目的はただ一つ、「［米側の］金融使節団派遣を阻止するか、それが無理なら経済安定化会議を国連主導の機関に変えること」だと国務省への報告の中で強い懸念を示した。こうした懸念を裏付けるかのように、翌日、ゲバラ外相は、米国からの「金融使節団」派遣の合意を急ぐドゥルー大使に対して、使節受け入れの旨の外交通牒は一応できているが、来訪中のマルティネス＝カバニャスとこの問題を協議してからにしたいと述べ、その後も同氏との会談内容の詳細をすぐに米側に説明しないなど、米側の不信感を高めた。こうしたこ

---

23) Memo from J. Rosa to Emerson Ross: "Joint Program for Immediate Action in Bolivia," May 4, 1955, NA 724.5-MSP/5-455; MC between Drew, Guevara, el al: "US Proposal for a Bolivian Stabilization Council," September. 1, 1955, *FRUS, 1955-57*, VII, pp. 518-20.

24) IMFは、いわゆる「ワシントン・コンセンサス」の中心機関の一つとして、第二次世界大戦後の米国の対外経済・金融政策、特に途上国に対する「安定化政策」の推進にとって重要な役割を果たす。IMFに対する米国の影響力については、Miles Kahler, "The United States and the International Monetary Fund: Declining Influence or Declining Interest?" in Margaret P. Karns and Karen A. Mingst, eds., *The United States and Multilateral Institutions: Patterns of Changing Instrumentality and Influence* (London: Routledge, 1992), pp. 91-114 を参照。一方、国連では、特に経済社会理事会を中心に、その地域機関である国連ラテンアメリカ経済委員会（ECLA）のプレビッシュ（Raúl Prebisch）事務局長の下で、1950年代を通じて、米国の自由主義的経済政策に対抗する「構造主義」の立場から、輸入代替工業化による発展や先進国による交易条件の改善を求めていた。Smith, *Talons of the Eagle*, pp. 205-6.

とから、ドゥルーは、国連による働きかけがどの程度ボリビア側に影響したかは明らかでないとしながらも、マルティネス＝カバニャスは、「井戸に毒をまくのには成功した」として、米側が「ボリビアの金融をコントロールするための米国主導の上級省庁を作ろうとしているという疑念をボリビア側に植え付けたのは間違いない」と述べた。さらにドゥルーは、そもそも UNTAA が米国の利益に反して高官を派遣したのは、「全く不適切なこと」であり、同機関への我が国の態度を「根本的に見直す」に値する行為である、と国連機関の「介入」を強い調子で非難した[25]。

　しかし、この直後の 11 月 14 日には、ニューヨークの米国連代表部から米州局に対して、UNTAA の動きには注意を払うべきものの、軽率な行動は避けるようにとの書簡が送られてきた。UNTAA の関係者がワシントンの駐米ボリビア大使を訪問し、米側提案の内容と米側提案を受諾した場合の政治的影響に関して懸念を伝えた、とされる問題に関して、米代表部関係者は「驚き」を表明し、こうした行為は国連として「一線を越える行為」であると批判した。しかし、この問題には UNTAA が組織全体として関わっており、米国の政策がUNTAA と衝突しているということになった場合、その影響、特に米議会の反応が懸念され、状況は「微妙」だと忠告している[26]。結局、米州局は、この問題に関して国連側との対立を前面に出すのは避け、妥協的な解決案をラパス米大使館に示した。即ち、国連から派遣されているカラズ中央銀行顧問を経済安定化会議にも顧問として参加させることとし、米側が国連技術援助使節団と協力する「意向」である旨確認するというものであった。ただし、「ボリビアへの我が国の関与の大きさからすれば、米側と国連側顧問の間で万が一にも意見の不一致があった場合、我が国の見解が尊重される」という付帯条件付であった。いわば国連の顔を立てて実を取るという作戦であり、「ボリビア側がこうした点をよく理解するならば、最近の国連関係者の一連の動きは重要ではなく、実際に、ボリビア側はこの点をよく理解している」という自信に基づく判断であった[27]。この問題は、ホランド国務次官補が 12 月中旬にラパスを訪問した際、

---

25) Letter from Drew to Holland, November 8, 1955, *FRUS, 1955–57*, VII, pp. 521–22.

26) Letter from Nat B. King (US Mission to UN) to Topping, November 14, 1955, NA724.00/11-1455.

第7章　アイゼンハワー政権による経済安定化政策とボリビア軍再建・軍事援助への道　261

この線に沿って決着が図られ、カラズを経済安定化会議の顧問とすることでボリビア側と合意し、これによって「国連の役割に関する紛争は解決」したとされた。こうした経緯もあり、経済安定化会議で米国側顧問団を率いる人物として、米側の意向を体現する有能な人材を見付けることが急務であった[28]。この役目に相応しい人物として米政府が白羽の矢を当てたのがイーダー（George J. Eder）であった。

4.　経済安定化政策への準備

イーダーは、商務省や国際電信電話会社（ITT）に勤務した経歴を持つ法律家で、「市場経済への揺るぎない信念」の持ち主であった[29]。彼は、1956年6月にラパスに着任すると直ちに、経済安定化会議の発足に向けて精力的な活動を開始した。イーダーによれば、経済安定化の第一の目的は、「ボリビア通貨の安定」であり、国内的なインフレの沈静化と通貨ボリビアーノの対外的価値の安定であった。このためには「革命政権がそれまでの4年間に行ってきた殆どすべてを覆す」ことが必要であり、「誤った農地改革と鉱山国有化という［政治的に］変更不可能な失策以外のあらゆる分野において、管理経済から自由市場経済への殆ど完全な方針転換によってのみ安定化は実現可能」であった[30]。

イーダーは、ボリビアのハイパー・インフレの原因が一次産品輸出への過度の依存にあるとする「構造主義者」や、途上国の経済発展は政府の経済過程への積極的介入によってのみ可能であり、政府の計画的財政赤字はインフレの原因とはならないとする「新ケインズ主義者」らに反論し、巨額の財政赤字を補塡するために中央銀行が通貨増発を続けるという従来の政策がインフレの最大の原因であるというマネタリストの立場から、そうした政策の変更がまず必要とした。具体的には、通貨供給量の経済の実態レベルへの抑制、財政赤字の削減、財政赤字の元である補助金の廃止、価格統制の撤廃といった自由化・規制

---

27)　Tel 90 from DS to LP, November 14, 1955, *FRUS, 1955-57*, VII, p. 522, note 6.

28)　Memo by Holland: "Notes on Problems in Countries Visited," December 12, 1955, *ibid.*, pp. 531-2.

29)　Blasier, *The Hovering Giant*, pp. 138-39.

30)　Eder, *Inflation and Development*, pp. 87-89.

緩和策が唱えられた。また為替レートに関しては、各種政府機関や公社ごとにボリビア通貨の実勢とかけ離れた複数の交換レートが存在していたが、実勢を反映した単一レートの導入が求められた。通貨ボリビアーノの実勢は、1956年後半の時点で1ドル当たり6,000ボリビアーノほどまで低下していたにもかかわらず、基準となる公式レートは1ドル＝190ボリビアーノのままであった。このため国内生産や輸出の意欲の減退から輸入依存体質が強まっていただけでなく、公式レートで輸入したものを闇市場で再輸出して莫大な利益を稼ぐなどの不正と腐敗が政府関係者の間に蔓延し、これがさらに国内の物不足をもたらすという悪循環をもたらしていた。そもそも米国が無償援助でボリビアに贈与していた食料等の物資は、公式レートに基づいて輸入されたものを実勢レートで販売し、その売り上げのボリビアーノでの差額分をボリビアの経済開発等の予算に回すはずであった。しかし、そうした援助物資の3分の1から3分の2が、政府関係者らによって闇市場に流され、再輸出に回されているという推計も存在していた[31]。

　イーダーは、パス現大統領、シレス次期大統領らのMNR政権首脳に対して、ハイパー・インフレの原因や結果について詳細な説明を行い、本格的な経済安定化政策の実施に向けた支持を取り付けると、政権を支えるもう一つの柱であるMNR労働左派の説得に取りかかり、左派を代表する2人の人物、レチン次期上院議長とチャベス次期副大統領への長時間のブリーフィングを7月末に数回にわたって行った。イーダーは、経済安定化実現のためには、これまでMNRと労働者との「共同政府（cogobierno）」の象徴として事実上鉱山労働組合がコントロールしていた国有化鉱山の効率化が不可欠と考えていた。イーダーは、レチンらに対して、すべての補助金廃止の一環として鉱山労働者向けのボリビア鉱山公社（COMIBOL）購買部（pulperia）への補助金撤廃の必要性を強調したが、この見返りに鉱山労働者の賃金が引き上げられる点を付け加えた[32]。またイーダーは、これまでCOMIBOLにとって足かせとなっていた割高の為替レートも廃止されるとして、これらの措置によってCOMIBOLが現在の大幅赤字の経営から脱却でき、労働者への十分な賃金の支払いが可能になる点も

---

31) *Ibid.*, pp. 98-99, 121-22.

第 7 章　アイゼンハワー政権による経済安定化政策とボリビア軍再建・軍事援助への道　　263

強調した。さらにイーダーは、一旦経済が安定し、賃金が上昇すれば、現在の
社会保障費等を「合理的なレベル」まで削減しても労働者の実際の取り分は増
えると説明した。イーダーは、政府の補助金や社会保障費など、市場価格に換
算されない経費をできる限り自由な市場に任せようとしたのである。意外な感
があるが、イーダーによれば、レチンらはこうした点に特に異を唱えず、むし
ろ失敗に終わった 1953 年の経済安定化の際に「イーダー博士がいなかったの
はまことに残念である」との感想を漏らしたとされる[33]。こうしたイーダーの
証言がどの程度レチンらの真意を反映していたか確認は困難だが、いずれにせ
よ国内のインフレが危機的状態にあり、このままでは MNR 革命政権の存続自
体が困難であるとともに、経済安定化を実施しなくては米国からの援助も先細
りになることは、レチンらの左派指導者も熟知していたはずである。実際に米
大使館も繰り返しそうした警告を直接レチンらに対して行っていた。そうした
状況の中で、レチンら左派労働指導者は、支持基盤の鉱山労働者に対する見返
りをできるだけ確保したうえで、あとはイーダーらのお手並み拝見といった態
度だったのであろう[34]。

　こうして左派も含め MNR 政権指導部の間で経済安定化政策の実施に関して
基本的合意が得られると、パスは、自らの大統領任期終了直前の 1956 年 8 月

---

32)　この購買部特権は、自らの武力によって革命の成功と革命政権の維持に貢献する鉱山労働者
　　にとって、革命によって獲得した利益を象徴し、彼らの所得の大きな部分を占めるものでもあ
　　った。しかし、一方で、こうした特権は革命政治における彼らの特権的な地位も象徴し、特に
　　都市労働者らと鉱山労働者とを大きく分けるものであり、その後、政府が経済安定化をめぐっ
　　て労働者側と対立を深める中で、労働運動内の亀裂として政府につけ入る隙を与えるものでも
　　あった。

33)　*Ibid.*, pp. 137-38.　COMIBOL は、1956 年の時点で、自由市場で 1 ドルが 6,000 ボリビアーノ
　　を超えていたにもかかわらず、1,200 ボリビアーノでの取引を余儀なくされ、錫の輸出で得た
　　外貨に対して、本来得るはずの 5 分の 1 以下の国内通貨での見返りしか得られなかった。*Ibid.*,
　　p. 126.

34)　Desp 644 from LP to DS: "Crisis Over Threatened Presidential Resignation," May 7, 1957,
　　NA724.00/5-757.　1956 年 8 月 6 日のシレス新大統領就任式のためにラパスを訪問したホラン
　　ド国務次官補もドゥルー大使とともにレチンと長時間の会談を持ち、経済安定化計画への支持
　　を働きかけた。ホランドによれば、レチンは「自身および彼のグループはそうした計画を進ん
　　で支持する」と述べたという。また、シレス自身も、党指導者の中には私的懇談の際には政府
　　の政策への支持を表明しても、公の場では政治的理由のために反対を表明するとこぼしたが、
　　経済安定化計画については支持の確保に自信があると、ホランドらに述べていた。MC by Siles,
　　Drew, and Holland: "Conversation with the President on Bolivian Problem," August 7, 1956,
　　FRUS, 1955-57, VII, pp. 647-52.

4日に経済安定化会議設置のための大統領令を公布した。一方、イーダーは直ちに米国に向かい、米政府関係者及び銀行関係者等から経済安定化政策への支援を得るため1カ月あまりにわたる「予備交渉」を行った[35]。米政府は、国務省の主宰する省庁間の調整会議を経て、イーダーの計画に対して基本的な同意は与えたものの、ボリビア経済安定化政策への支援を公式に開始する前に、均衡予算の編成や密輸取り締まりの強化、不履行となっている対外債務の返済開始や鉱山国有化への補償再開への合意確保等、イーダー自身が「厳しい」という一連の条件を課した。これはボリビア帰国に向けてイーダーにとって宿題となった[36]。

こうしてまとめられたイーダーらによる経済安定化計画が経済的に「健全」であることは、米政府やIMFからの支持を確保するのに必須な条件であったものの、一方で、この経済的合理性は、ボリビア革命政治の観点からは大きな問題をはらむものであった。実際、イーダーらの計画は、経済安定化に伴う社会的コストや政治的反対に対する考慮が十分でない、との批判が米政府内にもあった。1956年7月の国務省の内部文書でもまさにこの点が指摘されていた。ただし、そうした問題に対応するために計画自体を変えることは、経済安定化の目的達成を困難にするだけでなく、関係機関や米議会の支持をも難しくしてしまうことも懸念された。そもそも安定化が成功すれば、中長期的には経済の自立的発展が可能となり、社会的・政治的問題は解消されるとの考えを国務省の担当者も共有していたのである。そこで、国務省内では、イーダーの求める規制緩和や自由化の徹底的な実施という点はそのままにし、大統領の立場を強化するために軍事的支援プログラムを活用し、治安対策の強化を図ることで経済安定化に伴う当面の社会的・政治的困難に対応するという方向性が目指されることになる[37]。

---

35) Eder, *Inflation and Developmen*, pp. 141-2.
36) *Ibid.*, pp. 146-48. イーダーは、こうした条件を満たす一環として、ワシントンで対外債権者保護会議（Foreign Bondholders Protective Council）とも予備会合を持ち、不履行となっているボリビア側債務の支払い開始に向けた話し合いを開始した。*Ibid.*, pp. 143-5.
37) Terry Sanders to Maurice Bernbaum, July 13, 1956, NA724.5-MSP/7/1356.

5. 安定化政策導入をめぐるボリビア国内の反応

　経済安定化計画はその実施前からボリビア国内で大きな反発を招いていた。ボリビアに戻ったイーダーは、米国での米政府・IMF・銀行関係者らとの協議について9月21日に記者会見を開き、安定化計画の概要を説明した。しかし、翌日、ラパスを中心に数千人規模の暴動が発生し、政府系の新聞『ラ・ナシオン』やラジオ局『イジマニ』、さらには政府機関への放火や破壊が起こったため、政府は9月23日には非常事態の宣言を余儀なくされた。この騒乱の背景には、食糧不足とインフレによる生活苦に対する国民の不満があったが、経済安定化によってさらに生活が悪化することを恐れたためでもあった。政府側の説明によれば、組織的な破壊活動は、夏の選挙以来政府への攻勢を強めるFSBを中心とする右派勢力がその背後にあるというものであったが、ラパスの米大使館では、労働左派による動きにも強い警戒感を持っていた。今回の騒動でもFSBら右派への報復と称して、左派の民兵が破壊活動に加わっていたためである。さらに経済状況の悪化と政治情勢の不安定化を利用して、COBを中心に労働左派が攻勢を強めており、MNR左派が事実上の「影の政府」を形成してシレスを辞任に追いやり、レチンないしチャベスを首班とする政権を成立させようとしているのではないか、との不安もあった。特に「共同政府」のパートナーであるCOB内で「共産主義勢力」の指導下にある指導者らが勢力を増しているとの懸念があった。こうした情勢認識から、米大使館は、MNR政権中道派指導部に対して、「共産主義勢力」の政権内での勢力拡大を防ぎ、国内の60数名の「共産主義者」の逮捕を求めるとともに、さらに本省に対して政権転覆工作の中心となっているとされるチェコスロバキア大使館の閉鎖を求めるよう要請している[38]。こうした米側の懸念に対して、シレスは、武装民兵に対する政府の統制がきかなくなっているという事実はなく、政府が左派民兵の活動を武力で弾圧することは暴力のエスカレーションを招くものであり、何より「革命の同志」に銃を向けることになるとして、武力による騒乱の鎮圧を行わなかった事情を説明した[39]。むろんMNR政権が依然として政権維持に武装民兵に頼る面があったことも否めず、武力弾圧は非現実的であった。

こうした中で、MNR 左派のリーダーであるレチンは、9 月 27 日に上院議長職の辞任を発表した。レチンの狙いは、辞任発表で自らの信任投票を迫ることによって、シレス及び穏健派の主導権に挑戦し、自らの政治的立場を強化することにあった[40]。この政治危機は、9 月 30 日にレチンが辞任を撤回したことによって一旦は解決し、党内左右両派の全面対決は回避された。こうしたレチンの行動に対して、バラウ（Manuel Barau）新外相は、レチンは左派の「指導者」というよりは、「支持者らの意向に従っているだけであり、レチンが安定化計画実施に必要な犠牲を払う勇気があるか疑問である」と突き放した見方を米大使館員に示していた[41]。ボリビア国内でのこうした一連の事態が沈静化した 11 月 20 日、シレス政権は、「1 年間にわたって安定化計画実施に必要なあらゆる手段をとるための無制限の権限」を議会から承認され、計画実施への法的整備が進められた。その内容は、均衡財政の導入、歳出の大幅削減、価格統制の撤廃、輸出入に関する殆どすべての制限の廃止、複数為替レートの撤廃と為替レートの自由化、消費物資に対する政府補助金の廃止、国有化鉱山を含む政府機関・関連企業での購買部への補助金（「購買部特権」）の廃止、物価調整のための賃上げ実施とその後 1 年間の賃金凍結等からなっていた[42]。

---

38) Memo from Rubottom to Under Secretary of State: "Bolivian Riots Portend Critical Future," September 25, 1956, NA724.00/9-2556; Tel 93 from LP to SS, September 28, 1956, NA724.00/9-2856; Tel 99 from LP to SS, October 2, 1956, NA724.00/10-256. 国務省側は、大使館側の提言に対して、シレス政権が左派政権にとって代わられる可能性は強く懸念するものの、「ボリビア内政への干渉」と「誤解される」ことを防ぐ必要があり、ボリビア側から問い合わせがあった場合には、共産主義勢力の政府への影響力の排除と経済安定化計画の実施を米側が強く望んでいることのみを伝えるよう訓令している。Tel 96 from DS to LP, September 28, 1956, *FRUS, 1955-57*, VII, p. 573.

39) Desp 138 from LP to DS: "Transmitting MC between Mr. George Jackson Eder and President Siles concerning the Political Situation," September 26, 1956, NA724.00/9-2856; Eder, *Inflation and Development in Latin America*, p. 153.

40) Tel 93 from LP to DS, 9/28/56, NA724.00/9-2856.

41) *Ibid.*

42) Desp 257 from LP to DS, "Weeka No. 47," November 23, 1956, 724.00(W)/11-2356; Alexander, *The Bolivian National Revolution*, pp. 208-9.

6. 労働側の反発

　こうしてレチンやチャベスら左派労働指導者の同意も得てスタートした安定化計画であったが、MNR 指導者間の妥協は危ういものであった。COB は、インフレをあおっているとの批判を避けるためにも、適切な賃上げを条件に経済安定化の受け入れを表明したが、1956 年 12 月 15 日に経済安定化関連法が公布されると、その予想以上に過酷な内容に草の根からの反発が急速に強まった。鉱山労働運動の中心の一つであるシグロベインテ鉱山の労働者らは直ちに声明を発して、鉱山労働者にインフレの責任はなく、むしろその被害者であるとして、COMIBOL の経営側の失策を非難した。そして、購買部特権の廃止を含めた補助金等の撤廃に対する大幅な「補塡措置」を求めてストライキに入る組合が鉱山労働者を中心に続出し、翌年 1 月からの政策の実施が危ぶまれる情勢となった。この危機に際して、強力な警察力や軍隊等による強制手段を持たず、そもそもそうした手段の行使を望まないシレスは、革命の大義への犠牲を訴えるとともに、大統領辞任を覚悟で 12 月末に「ハンガー・ストライキ」という非常手段に出て、国民の支持と党内労働左派の協力を求めた。そもそも 1952 年 4 月の革命開始時に亡命中のパスに代わって武装蜂起を指揮して成功に導いたシレスに対する国民的人気は依然として高く、そうした新大統領によるハンガー・ストライキは国民の同情を集めた。レチンらの左派指導者は、草の根からの要求と安定化の実現を最優先する米政府からの圧力との狭間で、下からの圧力がどの程度のものか見極めようとする姿勢をとっており、結局、彼らは、一旦、安定化への協力改めて約束するのである[43]。シレスは、この後も大統領

---

43)　Lupe Cajias, *Historia de una leyenda: Vida y palabra de Juan Lechín Oquendo, líder de los mineros bolivianos*, segunda edición（La Paz: Ediciones Gráficas "EG", 1989), p. 174.　Malloy, *Bolivia*, p. 238; Eder, *Inflation and Development*, pp. 137-38.　レチンの伝記作者ルーペ・カヒアスによれば、安定化計画の詳細が明らかになると、レチン自身、他の左派指導者とともに驚きを隠せなかったという。*Ibid.*, p. 173.　しかし、安定化政策の詳細に関する 56 年 9 月のイーダーによる長時間のブリーフィングをレチンは理解していなかったのか、それとも米主導の安定化政策に一旦は協力したという事実を打ち消すため、カヒアスにはそのように述べたのかは明らかではない。レチンは、1957 年 6 月の COB 総会での演説に見られるように、公の場では、安定化計画については実施前から知っていたが、労働者の利害が阻害されないという保証を得ていたと強調した。Tel 552 from LP to SS, June 15, 1957, NA724.00/6-1557.

在任中、困難な政治状況の中で、度々ハンガー・ストライキに訴えることになる。

しかし、1957年1月から経済安定化計画が本格的に実施されると、労働側は改めて政府への反発を強め、MNR党内の左右対立は激化する。計画実施に際して、労働左派は、政府からの賃金面での補填措置の大幅な引き上げを求め続けた。しかし、政府は、大幅賃上げは再びインフレの悪循環をもたらすとして受け入れなかったため、COBは、大幅賃上げが認められなければ7月1日にゼネストに突入すると、6月半ばに政府に最後通牒を突き付けて政策変更を迫った。このゼネストをめぐる攻防は、経済安定化政策をめぐる政府と労働左派との天王山ともいえる戦いとなった。こうした労働左派の攻勢に対して、シレスは、ゼネストが行われれば大統領を辞任すると表明し、安定化政策継続の必要性を改めて世論に強く訴えた。また労働運動に対する「分割統治」の動きも強め、左派の中核である鉱山労働者に対しては鉱山の生産性低下のために賃上げは認められないとする一方で、公務員や建設労働者等には一定の賃上げが必要であると述べるなど、政府支持派の労働組合に対して、レチン指導下のCOBのゼネスト指令を無視するよう強く働きかけた[44]。シレス政権は、さらに政府系の労働指導者らにCOB内で反政府勢力の排除を促す一方、COB内のスターリニスト派共産党指導者らとトロツキスト派共産党指導者らとの間の長年にわたる個人的・イデオロギー的対立を利用して、左派労働運動指導者間の分断とレチンからの離反を図ろうとした[45]。こうした政府側の強力な働きかけもあって、COBは、ゼネストに向けて傘下の組合の意思の統一ができず、結局、賃上げではなく生活必需品の価格引下げによる実質賃金の増加という政府提案を飲むことになり、ゼネストは不発に終わった。シレス政権は左派の攻勢を一

---

44) Tel 545 from LP to SS, June 14, 1957, NA724.00/6-1357; Tel 547 from LP to SS, June 14, 1957, NA724.00/6-1457.

45) 当時、労働運動内部では、鉱山労組の力を背景とするレチンに対して、鉄道労組を背景とするサンヒネス（Juan Sanjines）が主導権を争っており、シレスは、サンヒネスの支持を得てレチンらに対抗した。米政府は、サンヒネスがイデオロギー的というよりは、個人的野心からこうした行動をとっていると見ていたが、かつてのPIRや新たなスターリニスト派共産党PCBなどの共産勢力とつながりのあったサンヒネスにシレスが過度に依存することには懸念を示していた。"The Outlook for Bolivia," January 7, 1958, NIE92-58, *FRUS, 1958-60*, V, Microfiche Supplement.

第7章　アイゼンハワー政権による経済安定化政策とボリビア軍再建・軍事援助への道　269

時的に鈍らせることができたのである。シレスは、さらに左派労働運動の拠点である鉱山組合に対しても攻勢を強め、反レチン派の指導者の擁立や組織の立ち上げを進め、左派との対決姿勢を強めた。これは、1950年代末に向けて鉱山での暴力的対立が激化する下地となる[46]。

7.　安定化政策の結果

　こうして国内の厳しい政治的対立の中で実施された経済安定化政策は、経済的には一定の成果が見られた。インフレが急速に沈静化する一方で、闇市場が消滅するとともに、それまで隠匿されたり、闇輸出に回されていた物資が市場にあふれ出して物不足も大幅に改善し、生活必需品を買うための際限のない行列も解消されたのである。農業生産も一定の回復を示した。またボリビアーノも対ドル・レートが安定化開始直前の1ドル1万5,000ボリビアーノから7,500ボリビアーノへと直ちに改善し、その後も8,000ボリビアーノ前後で比較的安定が続いた[47]。ただし国内各層への安定化政策の影響は一様ではなかった。アレクザンダーによれば、複数為替レートの廃止と為替の自由化は、人為的に低く抑えられていたレートによって利益を得ていた政治家や労働運動指導者らにとっては大きな打撃となった。また190ボリビアーノの公式レートで輸入した原材料を加工した製品を、闇業者を通じて隣国にその数十倍の自由市場レートで輸出して大きな利益を得ていた国内の多くの製造業者にとっても打撃となった。また法定準備金の引き上げ等により銀行も従来の安易な貸し付けができなくなり、活動が大幅に制約された[48]。

　一方、労働者については、1956年以前は実質賃金の低下が続いていたが、ソーンによれば、1956年〜58年には生活費の上昇を倍以上上回るペースの賃金

---

46)　Cajias, *Historia de una leyenda*, p. 174; Waltraud Q. Morales, *A Brief History of Bolivia* (New York: Checkmark Books, 2004), p. 160; Malloy, *Bolivia*, p. 238; Desp 794 from LP to DS: "Weeka No. 25," 6/21/57, NA724.00(W)/6-2157; Desp 9 from LP to DS: "Composition of the Siles Government," July 2, 1957, NA724.00/7-257.

47)　Zondag, *The Bolivian Economy*, pp. 59-60; Alexander, *The Bolivian National Revolution*, p. 210; National Intelligence Estimate: "The Outlook for Bolivia," January 7, 1958, NIE92-58, *FRUS, 1958-60*, V, Microfiche Supplement.

48)　Alexander, *The Bolivian National Revolution*, pp. 210-12.

上昇が見られた。鉱山労働者に関しても賃金面では同様のペースの上昇が見られたが、購買部特権の廃止は実質賃金の大幅低下を意味した。購買部の商品が市場価格まで大幅値上げになっただけでなく、それまで購買部で安く買った品物を市場で高く売ることによって得ていた収入源も途絶えたのである。ただし、鉱山労働者に限らず労働者全体の生活が厳しいことには変わらず、各種のストライキは安定化導入後に急増し、ソーンによれば、ストライキ数は安定化計画開始前の 1956 年に 220 件であったものが、開始後の 57 年には 310 件となり、さらに翌 58 年と 59 年にはそれぞれ 1,570 件と 1,272 件とピークに達し、その後 60 年に 336 件、61 年には 144 件と急速に減少していった[49]。一方、それまで革命の成果にあずかることの少なかった都市中間層には、インフレの沈静化と物不足の改善によって相対的により多くの恩恵がもたらされた。また、人口の大半を占める農民にとっては、アレクザンダーによれば、もともと市場で輸入品や工業製品等を買うことが少なかったため安定化前の急激な価格上昇の影響は比較的少なかったが、安定化導入後の農業生産の一定の増加と価格の上昇によって、全体としては一定の受益者となっていたのである[50]。このように経済安定化は、ボリビア経済を危機的な状況に追い込んでいたインフレを沈静化させ、物不足の大幅な改善を実現するなど、短期的には顕著な効果をもたらした。しかし、中長期的には経済的「安定」から経済発展への道筋をつけることができなかった。長期的なボリビア経済自立への動きは極めて弱いものであり、そもそも急激な経済引き締めによるデフレ効果はボリビア経済にとって大きな足かせとなった。さらにその後の鉱物の国際市場価格の低落によって、ボリビア経済は再び危機的な様相を呈し始めるとともに、国内政治は混迷を深め、経済安定化政策自体が行き詰まりを見せるようになる。このため単にボリビア経済の現状維持のためだけにも際限ない援助が必要とされたのである[51]。

　この主要な原因の一つが 3 大錫鉱山会社国有化直後にその運営のために設立された COMIBOL であった。鉱山国有化は革命の重要な成果であったが、

---

49)　Thorn, "The Economic Transformation," pp. 186-87.

50)　*Ibid.*, p. 185; Alexander, *The Bolivian National Revolution*, pp. 210-13; "The Outlook for Bolivia," January 7, 1958, NIE92-58, p. 3.

51)　Catherine M. Conaghan, and James M. Malloy, *Unsettling Statecraft: Democracy and Neoliberalism in the Central Andes* (Pittsburgh: University of Pittsburgh Press, 1994), p. 41.

MNR 政権にとっては国有化鉱山の運営は常に困難な問題であった[52]。国有化後、各鉱山には「労働者による管理（control obrero）」の名の下に労働者代表が置かれ各鉱山の運営に直接関与しただけでなく、COMIBOL 自体に鉱山労組 FSTMB の複数の代表が役員として経営に参加し、国有化鉱山は鉱山労働者にとって一種の「聖域」となっていた。特に COMIBOL の経営を圧迫したのは、多くの「余剰」労働者であった。国有化後、COMIBOL は、政治的理由等から解雇された鉱山労働者を再雇用し、一方で公社側から新たな解雇は行われなかったので、労働者数は 1952 年革命時の 2 万 6,000 人から 2 年後の 1954 年には 3 万 7,000 余りへと増加し、その後もその水準を維持していた。経営圧迫のもう一つの重要な要因が鉱山労働者の待遇であり、既に触れた鉱山の購買部では政府の補助金によって市価の 100 分の 1 程度の価格で物資が購入できた[53]。経済安定化計画は、鉱山労働者のこの二つの聖域にまさに切り込もうとしたのであった。米側は、経済安定化政策の徹底的な実施による物価の安定が必要なだけでなく、自由化・民営化政策の推進によってのみボリビア経済の自立的な発展の道筋をつけることができるとして、経済的自由主義の観点からその実施を迫った。しかし、こうした米側の自由主義的政策とボリビアの革命的ナショナリズムの論理は鋭く対立した。特にボリビア経済の基盤であり、組織労働の拠点でもある錫を中心とする国有化鉱山において安定化政策の実施は困難を極め、「余剰労働者」解雇や鉱山公社購買部への多額の補助金廃止等による鉱山経営の「効率化」をめぐって厳しい対立が続く。鉱山労働者側の反発は強く、政府側も一定の賃上げ等で対応したものの、各地の鉱山では 1950 年代末には鉱山労働者と政府側との対立が激化して武力衝突も起こるなど、当初想定した COMIBOL の経営の安定と効率化は著しく困難であった。こうした事態は、MNR 革命政権にとって政治的・軍事的に当初の最大の支持勢力であった労働左派との関係を一層難しくさせ、自らの支持基盤を掘り崩すことにもつながる。一方、MNR 政権は、当初のもう一つの重要な支持勢力であった中間層からは期待した支持が得られず、1953 年以降の新たな支持勢力である農民組織と再建された軍部への依存を高める結果にもつながっていくのである[54]。

---

52) Zondag, *The Bolivian Economy*, p. 82.
53) Alexander, *The Bolivian National Revolution*, pp. 104-05.

8. 国内治安対策への傾斜と軍部再建への道

アイゼンハワー政権は、こうした事態の進展を見透かしたかのように、シレス政権の登場に先だって一つの重要な政策転換を行っていた。即ち経済安定化と経済発展の推進によってボリビアの経済的・政治的安定を目指す一方で、政策が失敗した場合に備えて軍への肩入れを決めていたのである。そうした政策への第一歩は、国家安全保障会議内に設けられた活動調整委員会（Operation Coordinating Board: OCB）による 1955 年 12 月の覚書に見出せる。MNR 政権は、革命直後から軍部の徹底的な縮小と改組を行い、軍の任務を従来の国防と国内の治安維持から、道路建設等のインフラ整備や学校建設等の社会資本の充実により民生の安定と経済発展に貢献する革命のための組織へと根本的に転換させていた。そして、治安維持は、警察と国家警察（カラビネーロス）、とりわけ武装労働者を中心とする民兵組織が担っていた[55]。OCB 覚書は、ボリビア軍部のこうした「建設的な役割」を評価するとともに、そうした役割への支援を通じて、軍部に対する「政府と国民の信頼の回復」を促して軍部の「威信」を高めるべきだとしている。そして、軍の「国内治安」における役割をより効果的なものとし、政治的安定を促進するために、大統領直属部隊への装備の無償援助を提案している[56]。こうした新政策をより明確に示すのが 1956 年 2 月 2 日の国務省の覚書である。そこでは、「MNR 政権の崩壊や望ましくない政策転換によって、ボリビアが政治的無秩序状態に陥った場合に、指導力を発揮しうるような何らかの責任ある集団の存在を確保するために正規軍の強化を図る」ことが提案されていた。当面ボリビア経済の健全化と自立化を促進するための援助を通じて MNR 内の「穏健派」の強化を図るという、従来からの政策には基本的に変更はないが、一方でそうした政策の失敗に備えて、「副次的な保険として」

---

54) Malloy, *Bolivia*, pp. 289–90. 既に触れた 1956 年の選挙結果にも見られるように、都市中間層の票は、FSB 等の右派に向かう傾向にあった。

55) Alexander, *The Bolivian National Revolution*, pp. 151–54.

56) Tel 268 from the Acting SS to the Emb in Bolivia（以下 Bol），March 15, 1956 *FRUS, 1955–57*, VII, p. 540 の注 2 を参照。インフラ整備等のボリビア軍の新たな役割（シビック・アクション）については、Malloy, *Bolivia*, p. 296 を参照。

第7章　アイゼンハワー政権による経済安定化政策とボリビア軍再建・軍事援助への道　**273**

軍の強化を図るというものである。国務省は、「MNR 支援策から何かが生まれ
うるという期待に全面的に依存するのではなく、政策を多角化させる」として、
そうした軍部への支援が決定されたのである[57]。そもそも米政府が当初から
MNR 支援に向かわざるをえなかった理由の一つは、米側が許容できる勢力で
MNR に代わりうるものが存在しなかったことであった。ラテンアメリカにお
いて通常そうした役割を担うはずの軍は、MNR 革命政権成立直後に徹底的に
改組・縮小されていた。これは、グアテマラ革命において軍が温存されていた
ため、軍の改革派が始めた革命が急進化するに伴って、米国の意を受けた軍事
クーデタによって革命政権が倒され、軍が秩序維持の受け皿となったのとは対
照的であった[58]。こうした米国による軍の強化政策は、MNR 政権側の要請も
あって、軍の再建・強化と軍事援助に関するボリビア国内での政治的反響をに
らみながら慎重かつ着実に実行されていく[59]。

　一方、MNR 政権側は、1953 年以来陸軍士官学校の再開など徐々に軍の再建
に向けて動き始めていた。そしてパス政権末期の 1955 年半ばからカラビネー
ロスの強化や正規軍自体の部分的再建が開始され、労働者民兵の活動を制約す
る動きも見られるようになる[60]。既に検討したように、経済安定化政策が 1956
年末から本格化すると、党内左派および COB は徹底的反対に向かってシレス
政権との対決姿勢を強め、左派の指導する労働者民兵と政府軍との衝突も起こ
るようになる。当初、革命の同志に銃を向けるべきではないとしていたシレス
新大統領も、労働側の攻勢を前にして軍の本格的再建と対米軍事援助を求める
ようになる。ただし、ボリビア軍再建を目指すアイゼンハワー政権と MNR 政
権双方の思惑は、左派への対抗という点では一致していたものの、長期的には
全く異なるものであった。シレス政権が「ブルジョア民主主義社会」を守るも

---

57)　Memo from Siracusa to Bernbaum: "Suggestions for Diversifying Bolivian Policy," February
　　2, 1956, *FRUS, 1955-57*, VII, pp. 537-40.

58)　上村「米国の冷戦外交」、pp. 103-4。

59)　米政府は、1956 年 3 月にはこうした方針に沿って数十万ドルの小規模の軍事援助の可能性
　　について、次期大統領シレスとの協議を行うようラパス駐在のドゥルー大使に訓令している。
　　Tel from the Acting SS to the Embassy in Bolivia, March 15, 1956, *FRUS, 1955-57*, VII, pp.
　　540-41.

60)　Jorge Echazu Alvarado, *El militarisomo Boliviano* (La Paz: Ediciones Liberación, 1988),
　　pp. 265-7; NIE 92-56: "Outlook for Bolivia," September 11, 1956, *FRUS, 1955-57*, VII, pp.
　　564-65.

のとしての軍を構想したのに対して、アメリカ側は MNR 政権に代わりうる勢力として期待していた。シレス政権は、かろうじて左派の押さえ込みに成功し経済安定化政策を継続したが、革命政権を支えた重要な柱の一つである労働運動と MNR 党との関係は急速に悪化し、再建された軍への依存が強まっていく[61]。

　ただし、ボリビアへの軍事援助は、米国にとって対外軍事援助の全般的方針との整合性や手続き面で問題が多く、予算面での援助資金確保に知恵を絞らざるをえなかった。もともと冷戦の主戦場とは見なされなかったラテンアメリカ諸国への軍事援助には制約が多く、無償援助は難しかった。しかし、米軍事援助の通常の形態である「対外武器販売（FMS）」は、ボリビアの厳しい財政状況のため不可能であり、経済援助と同様、贈与が主体にならざるをえなかったが、ラテンアメリカ諸国に対する武器の贈与に関しては、米州防衛に貢献する「意思と能力」が重要な基準としてあった。米政府は、実際に 1956 年にアルゼンチン政府が贈与による軍事援助を求めた際には、この米州防衛条項に抵触するとして、援助の見送りが決定されていたのである。そもそもボリビアの場合には、ラテンアメリカ諸国への軍事援助に必要な米州防衛に関する条項を含む軍事協定がなく、ボリビアへの軍事援助開始のネックとなっていた。そして、ボリビアへの多額の無償経済援助については、経済の著しい窮状から他のラテンアメリカ諸国から大きな反対等はなかったものの、軍事援助に関するボリビアの特別扱いは、同様の援助を求める他のラテンアメリカ諸国からの強い反発が予想された。そこで国務省は、ボリビアとの軍事協定締結までの間、実質的な無償軍事援助をカモフラージュする形で、軍事援助に必要な金額だけ ICA による無償経済援助を増額し、それによって浮いたボリビア政府予算を米国の FMS による武器調達に充てるという対応をとった[62]。その後国内の治安対策強化の観点からのボリビアに対する軍事援助は徐々に増額され、米軍事顧問による治安対策訓練が始められるだけでなく、パナマ運河地帯に米軍が設置した米州陸軍軍事学校（U.S. Army School of the Americas: SOA）へも将校の定期的派遣がなされるようになる。ただし、同軍事学校を始めとする冷戦期の米軍によ

---

61)　Malloy, *Bolivia*, pp. 289-90.

第 7 章　アイゼンハワー政権による経済安定化政策とボリビア軍再建・軍事援助への道　　275

る軍事教育訓練施設における「教育」は、本書が注目する「ポストリビジョニ
ズム」や「リベラル・プロジェクト」の観点からすれば、単なる軍事技術や戦
略に留まらなかった。レスリー・ギルが指摘するように、これらの米軍施設で
の経験は、「資本主義的近代化・階級闘争・人種・国家主権」等に関してラテ
ンアメリカの軍人の意識に強い影響を与え、若い訓練生たちに米国の富と力を
見せつけ、「自国で民衆を殺し、米国の政策の執行者となることによってのみ
権力が行使でき、[快適で豊かさに満ちた] 近代の果実を手に入れることができ
る」という「ファウスト的取引」を学ぶ場でもあったのである[63]。

9. 対ラテンアメリカ援助政策の積極化と例外としての
ボリビア

　一方、アイゼンハワー政権は、1955 年のバンドン会議に象徴される独立後の
アジア・アフリカ諸国の第三世界としての国際政治の表舞台への登場や 1956
年以降のソ連のフルシチョフ（Nikita Khrushchev）新政権による開発途上国への
経済援助攻勢等を契機として、援助政策の本格的な見直しを開始し、途上国側
が強く求める公的資金による開発援助への積極姿勢を見せ始める。そして、
1957 年にはハードカレンシーではなく、現地通貨での返済を認めるいわゆる
「ソフトローン」による画期的な「開発借款基金（DLF）」を設立するなど、従
来の市場経済偏重の開発援助政策である「援助ではなく貿易」政策に代わって、

---

62)　Tel from the Acting SS to the Emb in Bol, March 15, 1956; Memo from Barnes to Hollister:
"Implementation of 1290d Program for Bolivia," August 8, 1956, NA724.5-MSP/8-
856. ボリビアとの軍事援助協定は 1958 年 4 月に締結され、軍事援助はよりストレートな形で
行われるようになる。Memo from Rubottom to Dillon: "Presidential Escort Battalion - Bolivia,"
FRUS, 1958-60, V, Microfiche Supplement. なお米政府の対外援助機関は、1955 年 5 月にそ
れまでの FOA から国務省の管轄下に再統合され、国際協力庁（ICA）に改組されていた。Letter
from the President to Secretary Dulles Regarding Transfer of the Affairs of the Foreign
Operations Administration to the Department of State, April 17, 1955, *Public Papers of the
Presidents*, http://www.presidency.ucsb.edu/ws/index.php?pid=10454：2017 年 3 月 9 日にア
クセス。

63)　Lesley Gill, *The School of the Americas: Military Training and Political Violence in the
Americas* (Durham: Duke University Press, 2004), p.92. SOA の前身（Latin America Gound
School：ラテンアメリカ教練学校）は、1946 年にパナマ運河地帯に設立され、1963 年に改組さ
れて SOA に名称変更した。*Ibid.*, pp. 26-27 を参照。

第三世界に対する「援助も貿易も」政策への政策転換が進む[64]。しかし、ラテンアメリカに対しては、ソ連圏による貿易・援助攻勢の影響は依然少なく、同地域への民間資本の投資意欲も高いとして、当初公的資金である DLF の適用には慎重であった。ところが、そのラテンアメリカでも米国の唱える貿易と投資は伸びたが、一部の特権階級が潤うだけで一般大衆には目に見えた生活向上もなく、1950 年代後半には「ヤンキー帝国主義」批判と反米主義が急速に高まりを見せる。こうした批判の高まりを象徴する事件が、1958 年 5 月に南米を親善訪問中のニクソン (Richard Nixon) 副大統領一行を襲ったペルーとベネズエラでの激しい反米デモであった[65]。

反米感情の悪化をまざまざと見せ付けられたアイゼンハワー政権は、ラテンアメリカにおいても「過激な」ナショナリズムが国際共産主義と結び付いて米国の安全保障にとって深刻な脅威となる可能性を強く懸念するようになり、経済援助を中心にラテンアメリカ政策の根本的見直しを開始する。この機を捉えて、ブラジルのクビシェッキ (Juscelino Kubitschek) 大統領による「オペレーション・パンアメリカ」計画の提唱に見られるように、ラテンアメリカ諸国も年来のラテンアメリカ版マーシャル・プラン実現を求めて援助要求を強める。また米国内でも 1955 年以降上下両院で多数党の地位を回復した議会民主党を中心に、アイゼンハワー政権の市場経済至上主義、露骨な反共的介入主義、独裁政権支持政策は、ラテンアメリカの改革勢力を過激主義に走らせているとの批判が高まり、公的資金による開発援助や民主的改革の推進が強く求められるようになる。こうした種々の圧力の下でアイゼンハワー政権は、1958 年にはラテンアメリカが強く求めてきた国際商品協定導入と米州開発銀行 (IDB) 設立に反対する従来の立場を大きく転換し、IDB 設立基金として 3 億 5,000 万ドルの預託に同意するとともに、コーヒー価格安定のための国際協定への参加を決めたほか、市場経済原理から外れたソフトローンによる開発借款を大幅に認めるに至る[66]。

---

64) Kaufman, *Trade and Aid*, pp. 95-6, 110, 161-64.

65) Rabe, *Eisenhower and Latin America*, pp. 100-02.

66) Kaufman, *Trade and Aid*, p. 164; Rabe, *Eisenhower and Latin America*, pp. 109-15; Jerome Levinson and Juan de Onis, *The Alliance That Lost Its Way: A Critical Report on the Alliance for Progress* (Chicago: Quadrangle Books, 1970), p. 6.

第 7 章　アイゼンハワー政権による経済安定化政策とボリビア軍再建・軍事援助への道　277

　1959 年のキューバ革命の成功はこうした動きをさらに促進し、アイゼンハ
ワー政権は、政権末期の 1960 年には従来の市場重視の立場からは最も乖離し
たともいえる公的資金による経済社会開発のための 5 億ドルの「社会的進歩信
託基金（Social Progress Trust Fund）」の設立を発表した。特に同基金は、1950
年代を通じて経済援助政策に関する保守派とリベラル派の主要な対立点の一つ
であった公的資金に関して、ラテンアメリカ側の根強い要請に応える形でその
積極的活用に踏み切るとともに、支援の対象も単なる経済発展ではなく、経済
社会開発という極めてリベラルな内容を持つものであった。低所得者用住宅の
建設や都市部での水道整備、小規模農民に対する信用供与、教育投資等の社会
プログラムへの支援が目指されたのである。さらに同基金設立の発表は、1960
年 8 月のボゴタ米州会議に合わせて行われ、アイゼンハワー政権は、同会議の
場でもラテンアメリカの経済成長の促進に加え、社会開発や社会改革の推進を
唱える「ボゴタ憲章」に同意し、その後のケネディ政権による「進歩のための
同盟」へと直接つながる政策革新を行ったのである[67]。こうした一連の政策は、
政権内の圧倒的な「市場経済主義」に抗して、開発援助や社会改革への支援の
必要性を政権内で力説してきたミルトン・アイゼンハワーやキャボット前米州
担当国務次官補らの政権指導者らが自らの努力が実ったものとして「米州関係
における発想の大転換」と歓迎しただけでなく、「進歩のための同盟」に関す
る最近のジェフリー・タフェットの研究でも「ラテンアメリカ開発問題におけ
る劇的なアプローチの変化」と評価されている。しかし、タフェットも指摘す
るように、こうした変化は「アイゼンハワー政権の実際の財政支出に影響を与
えるには遅すぎた」とも言えよう[68]。

　しかし、アイゼンハワー政権は、こうしたラテンアメリカ政策全体の流れと
は逆行するかのように、ボリビアに対しては経済安定化政策の継続によって国
家主導型経済から市場経済への転換という経済的自由主義政策への固執を続け、
援助そのものも減少させていく。そもそも MNR 政権への多額の援助は、議会
やマスコミからは常に批判が絶えなかったが、まさにこの時期になると政府内

---

67)　Kaufman, *Trade and Aid*, p. 164; Rabe, *Eisenhower*, pp. 109-15, 142-43.
68)　*Ibid.*, p. 143; Jeffrey Taffet, *Foreign Aid as Foreign Policy: The Alliance for Progress in Latin America* (New York: Routeledge, 2007), p. 19.

で援助を推進してきた当事者の間でもボリビア援助のあり方に対して強い疑問や見直しの声が上がるようになる[69]。援助の実施機関であるラパスの米国援助ミッション（USOM）やICA内で、1956年以降の本格的な経済安定化政策の導入後も国有化鉱山等の「健全」な経営管理が十分に実現できず、米国の援助資金が「有効に」活用されていないとの批判が高まるのである。対ボリビア援助の実施に当たるこれらの機関では、国際錫価格の低迷もあって米国の援助の大半が依然としてボリビアの慢性的な経済危機への対処に費やされている状況に危機感を抱いていた。そして、ICAからの無償経済援助が、輸出入銀行からの借款の返済に回されるなど、持続的で自立的な経済発展のための経済開発へと結び付いていないと批判し、対ボリビア援助政策のハイレベルでの見直しを求めたのであった[70]。

　こうした政策見直しの結果が1958年11月のボリビアに関する政策文書である。そこではMNR政権に対する1953年の緊急援助決定に向かうプロセスの中で、国務省がかつて示した穏健で親米的な革命政権との協働への期待は大きく後退していた。同文書によれば、ボリビアに対する米国の第一の目的は、「深刻な政治的・社会的混乱を防ぐための相対的な政治的安定」であり、経済の安定と発展なしにこうした目的の実現は困難であり、その実現のため、①共産主義の影響下になく、②効果的な経済安定化プログラムを実行する能力と意思を持つ、という二つの条件を満たすのであれば、「いかなる政権も支持する

69）　一方、ボリビア側でも米政府主導の安定化政策による経済の低迷への反発だけでなく、対米依存の進展に伴う国民的反発も底流として存在し、米『タイム』誌の1959年3月2日付ラテンアメリカ版の記事がきっかけでボリビア国内で数日間の反米暴動が起こり、死者も出る事態となった。同記事の中で、ラパスの米大使館員の匿名の発言として、「ボリビア問題」の解決には同国を周辺国で分割し、各国が問題を分け合う必要がある旨の引用があり、これに反発した民衆暴動が各地で吹き荒れ、ボリビア政府も米政府に対して正式に抗議する事態となった。もともとボリビアは、19世紀の独立以来、周辺諸国との戦争等を通じて常に領土を奪われてきた歴史を持っており、ボリビア国民意識の最も繊細な部分を突かれたとも言え、まさに逆鱗に触れる発言だったのである。MC: "Call by Bolivian Ambassador to Protest Statement Appearing in Time Attributed to an Officer of the American Embassy at La Paz," February 28, 1959, NA724.00/2-2859; Tel 462 from LP to SS, March 1, 1959, NA724.00/3-159; MC: "Delivery of Note by Bolivian Ambassador Protesting Time Magazine Article," March 2, 1959, NA724.00/5-259. 他にも Lehman, *Bolivia*, pp. 114-15 も参照。

70）　Memo from James Smith (ICA) to Dillon: "Completion of FY 1958 Non-Military Program," June 12, 1958, NA724.5-MSP/6-1258; Memo from Briggs to Rubottom: "ICA Desire for High-Level Review of Bolivian Policy," June 25, 1959, NA724.5-MSP/6-2558.

第7章　アイゼンハワー政権による経済安定化政策とボリビア軍再建・軍事援助への道　279

用意がある」とされている。ここには、既に見た1956年2月の「副次的な保険
として」軍の強化を図るという構想以上にMNR政権に対する突き放した見方
が顕著となっている。そして、経済安定化政策の推進による経済発展の実現の
ために、「余剰労働者」の解雇を可能にする立法を含めてCOMIBOLに対する
政府の強力な介入が求められるとともに、1959会計年度における援助の増額
も安定化計画の十分な実施が条件であるとしている。また錫を中心とする鉱物
輸出が依然としてボリビアの対外収入と政府歳入の重要部分を占めており、そ
の意味で国有化鉱山の「非効率な」運営が財政赤字の主要な原因であるとする
一方で、東部の低地帯に広がる油田の開発が中長期的にはボリビア経済の発展
にとって最も有望な分野であり、米国の石油資本にも積極的進出を促すべきだ
としている。ラパスの米大使館と米州局は、一貫してボリビア経済の危機的状
況を強調し、政治的不安定化や左派・共産主義勢力の影響力増大を懸念して援
助額の増額を求めてきたが、結局、1959年度予算に関しては、当初の1,700万
ドル及び追加的な600万ドルの合計2,300万ドルに留まり、翌年はさらに減少
することになる。アイゼンハワー政権は、米国の大規模援助にもかかわらずボ
リビアの自立的な経済発展の展望が見えない中で、国有化鉱山の抜本的「改
革」を促す圧力としての意味も含めて、1950年代末に向けて対ボリビア援助の
削減を図るのである[71]。

　こうしてアイゼンハワー政権2期目において、ラテンアメリカに対する開発
援助政策が当初の「市場原理主義」から大きく転換し、援助コミットメントも
確実に拡大していく中で、皮肉なことに革命ボリビアに対しては、むしろ国家
主導型経済から市場経済への転換が推進され、援助そのものも減少していった

---

71)　"Conclusions and Recommendations regarding Bolivian Program（Paper prepared in the
　　DS），" November 3, 1958, *FRUS, 1958-60*, V, Microfiche Supplement; Wilkie, *The Bolivian
　　Revolution and U. S. Aid*, p. 48; Thorn, "The Economic Transformation," p. 194. この石油開
　　発は、ニクソン副大統領が1958年5月の南米親善旅行の一環としてボリビアを訪れた際に、
　　ボリビア側との会談を通じて強い興味を示したものであった。ベネズエラなどの場合と異なり、
　　ニクソンはボリビアでは官民あげての歓迎を受け、シレス大統領との会談でも国際収支の急速
　　な悪化に対して追加的な援助を約束し、それが上記の600万ドルにつながるのである。MC by
　　the Counselor of the Embassy in Bolivia, May 6, 1958, *FRUS, 1958-60*, V, Microfiche
　　Supplement; "Conclusions and Recommendations regarding Bolivian Program," November 3,
　　1958.

のである。言い換えると、アイゼンハワー政権は、対外援助政策において、政権当初の極端な経済的自由主義政策である「援助ではなく貿易」政策に対して反共主義の観点から大幅な修正を行い、開発援助への公的資金の投入にも積極化した。その一方で、ボリビアに関しては、当初は自由主義的な経済原則に対して反共主義の観点から例外的政策がとられていたものが、1950年代後半の経済安定化政策実施の中でラテンアメリカ政策全体の動向とは逆に、より自由主義原則に沿った政策が強く推進され、経済援助自体も減っていくという正反対の動きが見られたのである。この背景には、1953年から始まる革命ボリビアに対する経済援助が、当初の経済危機への緊急対応から中長期的な経済的自立と発展への道筋が描けず、慢性的な経済危機が続くボリビアに対する効果的な対応ができなかったことがある。特に経済安定化政策がインフレ抑止以外の面で芳しい成果を上げることができず、錫を中心とする鉱物輸出に依然として頼るボリビア経済の不安定さが続き、政治的にも左右対立が厳しさを増す中で、アイゼンハワー政権内で様々な形でボリビア政策の本格的な見直しの動きが見られたのである。これはいわばアイゼンハワー政権の反共主義に基づく政治的考慮の限界を示していたとも言え、当初の「共産主義」への危機感が一旦は後退する一方、中長期的にボリビア経済の自立的発展の展望が見えない中で、経済的合理性を求めざるをえなかったのである。

　しかし、1959年1月のキューバ革命の成功は、ボリビア革命政権にとって一つの天祐となる。キューバ革命は、改めて「政治的考慮」からのボリビア政策の再度の見直しを迫り、再び経済的合理性を超えた形でのボリビア援助の維持、さらに拡大が強く求められようになる。次章で詳しく検討するように、特にカストロ政権のソ連への接近は、ソ連のラテンアメリカ外交をより大胆なものに変え、フルシチョフソ連首相は、ボリビア革命政権に対しても、米国の対ボリビア援助コミットメントが後退する中で、1960年10月に外交関係の樹立を条件として大規模な経済援助を提案してボリビア国内に大きな反響を巻き起こし、政権末期を迎えていたアイゼンハワー政権に効果的な対応を迫る。こうしたソ連の外交攻勢とキューバ革命そのものの衝撃が、次のケネディ新政権に「進歩のための同盟」という大胆な政策イニシアチブを生み出させるとともに、革命ボリビアに対しても新たな論理の下で大幅な援助拡大を迫ることになるのであ

第7章 アイゼンハワー政権による経済安定化政策とボリビア軍再建・軍事援助への道 **281**

る。ケネディ新大統領自身の関心高さもあって、ボリビア革命と米国による対ボリビア援助が、「進歩のための同盟」の一つのモデル、ないし先例と見なされることになるのである。さらにケネディ政権は、ラテンアメリカ各地でキューバ革命に触発され、キューバからの支援等によってゲリラ活動が活発化を見せる中で、「進歩のための同盟」政策による経済援助の大幅拡大と社会改革の積極的推進とあわせて、各国の国内治安対策の組織的強化とそのための軍事援助の拡大を図っていく。そして、ボリビアに対してもアイゼンハワー政権が開始した軍部の再建支援策を強化し、ボリビア国内治安対策にも積極的に関与していく。こうしたケネディ政権による新たな対応については次章で詳しく検討する。

第8章　ケネディ政権とボリビア革命 (1961年～63年) I
――「進歩のための同盟」のモデルとしてのボリビア

　1961年1月のケネディ民主党政権の登場は、若く活力に溢れる大統領と「ベスト・アンド・ブライテスト」と称された若く優秀な政権スタッフの下で次々と新たな政策が打ち出され、高齢で積極的政策イニシアチブに欠けると見なされていたアイゼンハワー大統領指導下の共和党政権との対比で、米国民に新たな時代の始まりを印象付けた[1]。外交に関しても同様の傾向が見られる。反共主義と保守主義に縛られたアイゼンハワー政権の下で、米国が新興独立国や世界の進歩的勢力の支持を失っているとケネディ自身を含むリベラル陣営からの批判が高まる中で、ケネディ政権が「ニューフロンティア」外交によってラテンアメリカに対する「進歩のための同盟」の開始、第三世界全体への開発援助の拡大、平和部隊の創設等のリベラルな政策イニシアチブを打ち出し、そうした流れを大きく反転させたと国民に印象付けたのである。研究者によるケネディ外交の評価に関しても国民による評価と同様の傾向が見られ、当初、リベラルな立場からの対外政策の革新という同時代の見方を反映する解釈が中心であった。そうしたリベラル派の解釈の嚆矢となったのが、著名な歴史家であり、自身ケネディ政権に大統領特別補佐官の1人として参加したシュレジンガー2

---

1)　アイゼンハワー外交に関しては、1980年代以降「アイゼンハワー修正主義」とも呼ばれる再評価が進み、新たに公開された政府の内部文書等の詳細な研究に基づいて、外交をダレス国務長官に任せ、指導力を発揮しなかったという従来のイメージが大きく修正され、危機管理にたけ、自ら積極的に外交の指導力を発揮した政治家としてのアイゼンハワー像が定着し、その後の民主党政権と異なってベトナム戦争等の対外戦争への介入を避けた賢明な指導者という再評価が行われた。詳しくは、Stephen G. Rabe, "Eisenhower Revisionism: The Scholarly Debate," in Michael J. Hogan, ed., *America in the World: The Historiography of American Foreign Relations since 1941* (New York: Cambridge University Press, 1995), pp. 300-325 を参照。こうしたアイゼンハワー再評価とまさに対をなすように、ケネディ政権に関しては、以下に見るようにより批判的な研究が多くなってきている。

世（Arthur Schlesinger, Jr.）のケネディ暗殺直後のケネディ政権に関する本格的
著作であり、その後の一般国民及び研究者のケネディ・イメージ形成に大きな
影響を与えた[2]。その後、ケネディ期の政府文書の公開に伴い、ケネディ外交
の限界やその反共主義の持つ問題点等も明らかにすることで、バランスの取れ
た研究が現れてきている[3]。

　ケネディ政権のラテンアメリカ政策と「進歩のための同盟」をめぐる研究に
関しても、上記のケネディ外交全般におけるリベラル色の強いものからよりバ
ランスの取れた解釈への変化という同様の傾向が見られる[4]。ケネディは、ア
イゼンハワー政権のラテンアメリカ軽視がキューバ革命とキューバによるソ連

---

2) Stephen G. Rabe, "Cold War Presidents: Dwight D. Eisenhower, John F. Kennedy, Lyndon
Baines Johnson, and Richard M. Nixon," in Constigliola and Hogan, eds., *America in the
World*, p. 139. シュレジンガーの著作は、Arthur M. Schlesinger, Jr., *Thousand Days: John F.
Kennedy in the White House*（Boson: Houghton Mifflin Company, 1965）を参照。

3) シュレジンガーに続いて、ケネディ外交に焦点を当てたのが、やはり学者としてケネディ政
権に参画し、国務省で高官を歴任したヒルズマン（Roger Hilsman）によって書かれたケネデ
ィ外交の本格的研究であった。ロジャー・ヒルズマン『ケネディ外交』（上）・（下）（浅野輔訳）
（サイマル出版会、1968年）。その後の外交文書等の詳細な分析に基づくケネディ外交に関する
バランスの取れた研究としては、以下を参照。Thomas G. Patterson, ed., *Kennedy's Quest for
Victory: American Foreign Policy, 1961-1963*（New York: Oxford University Press, 1989);
James N. Giglio, *The Presidency of John F. Kennedy*（Lawrence, KS: University of Kansas
Press, 1991); Robert Dallek, *John F. Kennedy: An Unfinished Life 1917-1963*（Boston:
Little, Brown and Company, 2003). こうしたケネディ・イメージと実際の政策とのギャップ
について、油井大三郎は、「ケネディはアイゼンハワー政権期の硬直した反ソ政策を転換して、
米ソ間の平和共存外交に転じた『偉大』な大統領として語られることが多いが、その成立当初
の精神構造においては、むしろ米国の力への過信と共和党に遅れをとらないほどの反共主義へ
の固執に特徴づけられていた」と語っている。油井大三郎『なぜ戦争観は衝突するか：日本と
アメリカ』（岩波書店、2007年）。ケネディ外交自体に関する日本語での研究としては、ベトナ
ム戦争に焦点を当てた以下の松岡完の一連の研究を参照。松岡完「ヴェトナムにおける国家建
設の試み：ケネディ戦略はなぜ破綻したか」菅英輝編『冷戦史の再検討：変容する秩序と冷戦
の終焉』（法政大学出版局、2010年）、pp. 63-91；松岡完『ケネディと冷戦：ベトナム戦争とア
メリカ外交』（彩流社、2012年）；松岡完『ケネディとベトナム戦争：反乱鎮圧戦略の挫折』（錦
正社、2013年）。対ソ関係とヨーロッパ外交に焦点を当てた研究としては、青野利彦『「危機の
年」の冷戦と同盟：ベルリン、キューバ、デタント　1961〜63年』（有斐閣、2012年）を参照。

4) 例えば「進歩のための同盟」の画期的性格を強調する当初のリンカン・ゴードンらの著作に
対して、レビンソンとデオニスは、同政策の理想主義的目標を高く評価しながらも、ラテンア
メリカ各国においていかに当初の壮大な目標の達成に届かなかったかを詳細に裏付けた。
Lincoln Gordon, *A New Deal for Latin America: The Alliance for Progress*（Cambridge, MA:
Harvard University Press, 1963); Levinson and de Onis, *The Alliance That Lost Its Way*.
一方、近年の最も本格的研究を著したタフェットは、単なる理想主義に留まらない同政策の複
雑かつ多面的な性格についていくつかの事例研究から明らかにしている。Taffet, *Foreign Aid*.

接近という重大な結果をもたらしたとして、同政権者のラテンアメリカ政策を批判し、「進歩のための同盟」によって大規模かつ包括的な対ラテンアメリカ援助政策を開始した。ケネディは、ボリビアに関しては、パス大統領指導下のMNR 革命政権をラテンアメリカにおける進歩的改革政権の先駆と捉え、自らの「進歩のための同盟」による改革と援助のための一つのモデルとしてボリビア革命を再評価する。そして、アイゼンハワー政権末期に減少傾向にあった対ボリビア援助を大幅に拡大して、パス政権の新たなテコ入れを図っていく。本章の中心的な課題は、こうしたボリビア革命に対するケネディ政権の対応の解明にある。その際、ラテンアメリカ政策、特に「進歩のための同盟」に関しては、ケネディ自身や政権関係者そして当初の研究によって強調されたアイゼンハワー政権との違いや断絶を強調する議論に対して、近年の研究ではアイゼンハワー政権末期のラテンアメリカ政策とケネディ政権の「進歩のための同盟」政策との一定の連続性が指摘されることが多くなっている[5]。そこで、以下、まずはこうしたアイゼンハワー政権からケネディ政権への連続性と断絶をめぐる議論を「進歩のための同盟」の起源という文脈から整理する。そして、次に「進歩のための同盟」政策についてボリビアとの関連から検討したうえで、ケネディ政権のボリビア政策について分析し、それが同政権のラテンアメリカ政策全体の中でどのように位置付けられ、どのような意味を持つかについて歴史的展開を追いながら検討する。

---

5) こうした違いを強調する代表的議論として、Schlesinger, *Thousand Days*; Gordon, *A New Deal for Latin America* を参照。連続性を強調する最近の研究に関しては、以下を参照。Stephen G. Rabe, *The Most Dangerous Area in the World: John F. Kennedy Confronts Communist Revolution in Latin America* (Chapel Hill: University of North Carolina Press, 1999), pp. 11-14; Taffet, *Foreign Aid*, pp. 11-19 を参照。なおアイゼンハワー政権の対韓援助政策を検討した李鍾元によれば、1950 年代末に向けて同政権が、「一方においては経済開発問題の重要性を認めながらも、軍事援助縮小には躊躇するという曖昧な姿勢で終始し、結局 1960年代の新しい政権の登場を迎えるまで援助政策の画期的な転換」が進まなかったとしている。李『東アジア冷戦』、p. 220。こうした他地域との比較からすれば、ラテンアメリカに対しては、アイゼンハワー政権下でケネディ政権における援助政策の「画期的な転換」への準備が進んでいたともいえよう。

1. アイゼンハワー政権からケネディ政権へ：研究史からの概観

　アイゼンハワー政権のラテンアメリカ政策とケネディ政権の政策、特に「進歩のための同盟」との連続性と断絶という点に関して最初に結論的に言えば、その両方の要素が含まれていたといえよう。前章で検討したように、アイゼンハワー政権は、1950年代後半以降、反米主義の急速な高まり、ソ連の援助攻勢、キューバ革命とソ連との提携という事態の急速な展開に対して反共主義的観点から危機感を募らせた。そして、ラテンアメリカが既に米国にとってもはや安定的な「裏庭」ではなくなったとして、従来の「市場原理主義」的援助政策の急速な転換を図り、経済援助の拡大と公的資金の積極的活用に乗り出していた。即ち1958年以降、矢継ぎ早に商品協定や米州開発銀行（IDB）設立への同意、ソフトローンによる開発借款の大幅拡大、「社会的進歩信託基金（Social Progress Trust Fund）」の設立等ラテンアメリカの開発促進のためのイニシアチブを次々と打ち出し、「進歩のための同盟」に直接つながる政策革新を行っていたのである。ただし、これはアイゼンハワー政権の経済的自由主義原則の放棄を意味するものではなく、ボリビアに対する当初の緊急援助決定と同様に、ソ連との冷戦対立における戦略的考慮に基づく政策転換であり、ボリビアに適用した政治的例外扱いをラテンアメリカ全体に一時的に拡大したものともいえよう。そして、タフェットも指摘するように、こうした変化は、確かに「ラテンアメリカ開発問題における劇的なアプローチの変化」ではあるものの、既に指摘したように「アイゼンハワー政権の実際の財政支出に影響を与えるには遅すぎた」ともいえ、巨額の財政支出によってこうした政策が裏付けられていくのはケネディ政権を待たねばならなかった[6]。これがまず第1点である。またボリビアに関して言えば、こうしたアイゼンハワー政権の政策転換から直接恩恵を受けることはなかった。

　さらにラテンアメリカ援助に関してアイゼンハワー政権からケネディ政権への移行をめぐる連続性と断絶性の議論の中で留意すべきは、こうしたアイゼン

6）　Taffet, *Foreign Aid*, p. 19; Rabe, *Eisenhower*, p. 143.

ハワー政権の政策転換は、政権としての明確な長期的ビジョンに基づいて行われたというより、1958年以降の事態の急展開の中でさみだれ式に行われていったという点である。これは、次に見るようにケネディ政権の「進歩のための同盟」が「近代化論」という最新の強力な概念的枠組みの中で初めから極めて明確なビジョンに基づく包括的な政策の体系として進められたのとは大きく異なっていた。無論、こうした包括的な新政策を短期間に提示できたのは、アイゼンハワー政権末期の経験と試行錯誤、そして政策革新が基になっていた。ケネディ政権は、「進歩のための同盟」という力強いリベラルなシンボルを高く掲げ、一連の具体的政策の迅速な実施によって政策的裏付けも十分に行って、政権発足直後のピッグス湾事件による手痛いダメージから速やかに回復できた。ピッグス湾事件は、ラテンアメリカ諸国と開発のための新たに対等なパートナーシップを構築するというケネディ政権発足当初の主張を裏切るものであり、武力介入による支配という旧来のイメージを呼び起こすものであった。

　「進歩のための同盟」の開始は、そうしたイメージを払拭させただけでなく、かつてのローズヴェルト政権の善隣外交に匹敵する幅広い民衆レベルの支持をラテンアメリカ全体にわたって獲得することができたのである。これは、1954年のグアテマラ革命介入の印象が強く残り、長らくラテンアメリカ諸国の意に反して「貿易と投資」の効用を説き続けたアイゼンハワー政権とはシンボル操作において大きな違いがあった[7]。後で検討するように、ボリビアに関してもこうした援助政策の清新なイメージとそれを裏付ける具体的政策の迅速な開始が同様に見られた。実際には、そうしたリベラルなイメージとは裏腹に、ケネディ政権による新政策の開始は、アイゼンハワー政権の政策転換と同様の強烈な反共主義から行われていた。そして、ケネディ政権が「進歩のための同盟」政策の一環として強力に推進することになる国内治安対策等の軍事的対応についても、ボリビアの場合も含めて、アイゼンハワー政権が開始した政策を継承し、「グリーンベレー（陸軍特殊部隊）」の設立等を通してより包括的な形で発展させ、「反乱鎮圧戦略（counter-insurgency strategy）」としてベトナム等で一層大規模な形で適用していくものであり、その連続性がここでも顕著である[8]。

---

　7)　善隣外交とグアテマラ革命介入をめぐるラテンアメリカ側の反応の違いについては、Dozer, *Are We Good Neighbors?*; Wood, *The Making*; Wood, *The Dismantling* を参照。

ケネディ政権は、こうしたイメージ面での成功に加え、アイゼンハワー政権における政策転換の官僚機構内での主導者であったディロン（Douglas Dillon）経済担当国務次官やマン経済担当国務次官補をそれぞれ財務長官および米州担当国務次官補として加えながら前政権末期の政策革新を取り込み、さらにボストンを中心とする強力なブレーン集団を新たに加えて、アイゼンハワー政権の政策を全面的に拡大・深化させる形で、「進歩のための同盟」政策を開始したといえよう。実際、アイゼンハワー政権によって設立されたばかりの IDB は、後で詳しく検討するように、ボリビアに関しても既に 1960 年から米政府の主導下に西独政府も巻き込んで、ボリビアの国有化鉱山の根本的な改革支援のためのトライアンギュラー計画の交渉を開始していた。同計画はケネディ政権成立後、「進歩のための同盟」の発表直後、その一環として 1961 年 8 月に発表されるのである[9]。このようにソ連の第三世界全体での外交攻勢とキューバ革命の衝撃は、米国の指導層に強い危機感を与え、アイゼンハワー政権の第三世界全体およびラテンアメリカに対する援助政策の積極化を促すとともに、次のケネディ新政権に「進歩のための同盟」という大胆な政策イニシアチブを生み出させた。ラテンアメリカ政策の継続性と断絶という点からすれば、両政権は、基本的には反共主義という同様の観点からソ連とキューバの脅威に対して、経済援助の拡大と公的援助、特に社会開発プログラムへの積極化、そして国内治安対策の強化で対応したという点で連続性が明らかである。しかし、ケネディ政権は、ラテンアメリカにおける共産主義の脅威に対してより包括的で系統的かつより大規模な形で対応しただけでなく、ラテンアメリカの変革や革命の動きを不可避と見なして積極的に取り込もうとした点は、アイゼンハワー政権とは大きな違いであった。後で検討するように、ケネディ政権のボリビア革命に対する積極的な評価もこうした視点から生まれるのである。

　ボリビアにおける「進歩のための同盟」政策の実践について具体的分析に入る前に、もう 1 点、同政策の研究史上の論争点について触れておく。「進歩のための同盟」に関しては、その起源についてのアイゼンハワー政権との連続性

---

8) ベトナムの事例に関して、詳しくは松岡『ケネディとベトナム戦争』を参照。

9) Thorn, "The Economic Transformation," pp. 229-30; Siekmeier, *The Bolivian Revolution*, pp. 92-93.

と断絶をめぐる論争があるだけでなく、その政策としての内容やもたらした結果についてどう評価するか、という点でも解釈の相違がある。「進歩のための同盟」政策は、しばしば「進歩的な反共主義（enlightened anti-Communism）」とも評されるが、この点に関しては、アイゼンハワー期からケネディ期にかけての対ラテンアメリカ政策研究の第一人者であるレイブによって疑問が呈されている。即ち1961年から63年にかけてのラテンアメリカに対するケネディ政権の政策の検討に際しては、ケネディのレトリックと実際の決定や政策とを慎重に区別する必要があり、「政権の外交的承認をめぐる政策、国内治安対策、そして軍事・経済援助プログラムからは、ケネディ政権が反民主的で、保守的、そしてしばしば強権的な政権を支援したことが明らかであり、長期的な政治的・社会的民主主義の犠牲の下に［ラテンアメリカの］反共的エリートが提供する短期的な安全保障が実現された」としている[10]。レイブの指摘は、既に触れたケネディ政権によるイメージ戦略の効果という点とも関連するが、近年の研究が、「進歩のための同盟」政策がそのリベラルなレトリックの背後に持つ政策の実態や限界に厳しく迫ろうとしていることを反映している。

　さらにこの点に関して、ケネディ政権のボリビア援助政策に関する最新の本格的研究であるフィールドの著作は、「進歩のための同盟」政策が持つ「負の」側面を強調している。フィールドによれば、パス政権が労働左派を中心とする国内での反対の高まりに対して、米国の治安対策援助に基づいて反対派への強権的な弾圧を強めていき、最後は革命政権の軍への依存と軍事クーデタへとつながっていくとされる。ボリビアでのこうした結末は、「リベラル」な「進歩のための同盟」政策がいわばボリビア国内の厳しい政治的対立の中で「歪んだ」展開を見せた例外的な事例ではなく、むしろ反共主義のための開発を目指した同政策そのものが内包していた「権威主義的発展（authoritarian development）」という論理の当然の帰結であった、とフィールドは結論付けている[11]。この点は、「進歩のための同盟」、ひいてはケネディ外交、さらには1952年ボリビア革命自体とパス政権の性格、そしてその歴史的意味をどう捉えるかという重要

10）　Stephen G. Rabe, "Controlling Revolutions: Latin America, the Alliance for Progress, and Cold War Anti-Communism," in Patterson, ed., *Kennedy's Quest for Victory*, p. 122.

11）　Field, Jr., *Development to Dictatorship*, pp. 10-18, 194-196.

な論点とも関わっており、以下、ケネディ政権のパス政権に対する援助政策の分析の中で検討していく際の重要な課題でもある。次に両政権によるラテンアメリカ政策革新、特にケネディ政権による「進歩のための同盟」開始の前提となるソ連の外交攻勢とキューバ革命との関係について見ておこう。

2. ソ連の外交攻勢とキューバ革命の衝撃

キューバ革命の成功とその後の対ソ接近は、ボリビア革命にとって、減少し始めた米国からの援助を「復活」させるための重要な契機となったが、そもそもソ連は、フルシチョフ新指導部の下で1956年の共産党大会以来、アジア・アフリカの新興独立諸国や途上国全般に対する経済援助攻勢を強めていた。特に1958年から1962年のキューバ・ミサイル危機での手痛い後退までの時期は、「大いなる期待に満ちて」第三世界への関与を拡大していったのである[12]。その間、ソ連にとって、アメリカの裏庭として援助による政治的効果は薄いと考えてきたラテンアメリカの重点は低かった。しかし、1958年のニクソン副大統領の南米親善訪問の際のベネズエラ等での激しい反米デモ、さらにキューバ革命の成功とその後の社会主義化、そして対ソ接近によって、にわかにラテンアメリカでのソ連の勢力拡大の絶好の機会が訪れた。フルシチョフ以下のソ連指導部はこの機を捉えて、外交関係の樹立や経済援助の申し出など、対ラテンアメリカ外交を積極化させる。1960年以降はキューバ革命政権との連携を強め、ラテンアメリカでの反米主義の高まりや変革への動きを利用してさらなる革命の実現やキューバによる「革命の輸出」にも手を貸すようになる[13]。米国にと

---

12) Westad, *The Global Cold War*, p. 159. ソ連の冷戦政策および第三世界政策・ラテンアメリカ政策に関しては、以下を参照。Cole Blasier, *The Giant's Rival: The USSR in Latin America* (Pittsburgh: University of Pittsburgh Press, 1983); Robert W. Clawson, ed., *East-West Rivalry in the Third World: Security Issues and Regional Perspectives* (Wilmington, DE: Scholarly Resources, 1986); Andrzej Korbonski and Francis Fukuyama, eds., *The Soviet Union and the Third World: The Last Three Decades* (Ithaca: Cornell University Press, 1987); Jonathan Haslam, *Russia's Cold War: From the October Revolution to the Fall of the Wall* (New Haven: Yale University Press, 2011).

13) Blasier, *The Giant's Rival*, pp. 100-103; Brands, *Latin America's Cold War*, pp. 31-34, 40. ただし、ソ連側は当初からキューバの「冒険主義」には常に警戒感を抱いていた。しかし、キューバ革命の進展と対キューバ関係の緊密化の中で、ラテンアメリカの反政府武力闘争への

っては、キューバ革命政権による大規模な改革とそれに伴う米国資産の国有化等の政策は重大な懸念材料であったが、キューバ革命の指導者カストロとその盟友チェ・ゲバラ（Ernest Che Guevara）による「革命の輸出」は、カリブ海周辺諸国からラテンアメリカ全体へと政治的不安定化をもたらすとして重大な関心の的となった[14]。さらにはソ連と提携し、社会主義化したキューバ革命の成功は、ラテンアメリカ、ひいては第三世界全体におけるソ連型の発展モデルの優位性を示すものとなりうるとして深刻な懸念が持たれた[15]。これは、1950年代後半以降、冷戦が第三世界へと広く拡大しただけでなく、その内容も軍事的な対立から開発途上地域における発展モデルをめぐる争いとしての性格を強め

KGB による支援策が 1961 年の政治局で承認されるなど、フルシチョフは、カストロによる「革命の輸出」に対する支援へと向かう。ブランズによれば、こうした決断の重要な背景の一つが中ソ対立の深刻化であり、第三世界での社会主義勢力の主導権を毛沢東の中国に奪われないためにも、新たに誕生した社会主義キューバへのテコ入れを強化していった。しかし、その後のキューバ危機の経験や対米関係の改善から 1960 年代半ばには、ソ連は、こうしたラテンアメリカでの革命支援には再び慎重になり、キューバとの軋轢も目立つようになる。*Ibid.*, pp. 40-41.

14) 米・キューバ関係に関しては、Robert F. Smith, *The United States and Cuba: Business and Diplomacy, 1917-1960* (New York: Bookman Associates, 1960); Richard E. Welch, Jr., *Response to Revolution: The United States and the Cuban Revolution, 1959-1960* (Chapel Hill: University of North Carolina Press, 1985); Wayne S. Smith, *The Closest of Enemies: A Personal and Diplomatic Account of U. S. -Cuban relations Since 1957* (New York: W. W. Norton, 1987); Morris H. Morley, *Imperial State and Revolution: The United States and Cuba, 1952-1986* (New York: Cambridge University Press, 1987); Jules R. Benjamin, *The United States and the Origins of the Cuban Revolution: An Empire of Liberty in an Age of National Liberation* (Princeton: Princeton University Press, 1990); Thomas G. Patterson, *Contesting Castro: The United States and the Triumph of the Cuban Revolution* (New York: Oxford University Press, 1994) を参照。カストロおよびキューバ革命、キューバ外交に関しては、Tad Szulc, *Fidel: A Critical Portrait* (New York: Avon Books, 1986); Irving L. Horowitz, *Cuban Communism*, 6th ed. (New Brunswick, NJ: Transaction Books, 1988) を参照。キューバ・ソ連関係に関しては、以下を参照。Edward Gonzalez, "Cuba, the Third World, and the Soviet Union," in Andrzej Korbonski and Francis Fukuyama, eds., *The Soviet Union and the Third World: The Last Three Decades* (Ithaca: Cornell University Pres, 1987), pp. 123-147; Robert A. Packenham, "Cuba and the USSR since 1959: What Kind of Dependency?" in Louis L. Horowitz, ed., *Cuban Communism*, 6th ed. (New Brunswick, NJ: Transaction Books, 1988), pp. 109-139; Blasier, *The Giant's Rival*, pp. 99-128.

15) 実際、ケネディは、ソ連がラテンアメリカにおいて革命キューバを社会主義的発展の「ショーケース」とすることに強い危機感を持っており、ソ連によるキューバ1国への支援と異なって、米国はキューバ以外の2億人のラテンアメリカ諸国民のすべてを支援する必要があるとして、ソ連に対して不利な立場にあることに懸念を示していたとされる。Rabe, *The Most Dangerous Area*, p. 22.

てきたことからもなおさらであった。実際、ソ連指導者らは、1960年代初めに
かけて、「キューバ・モデル」への期待を高め、関与を深めていくのである[16]。
これは後で見るように、米側がケネディ政権の下で、自らの自由主義的・資本
主義的な改革と発展のショーケースとして、MNR革命政権による「ボリビ
ア・モデル」へのテコ入れを強めるのと好対照をなすのである。

　こうした状況の中で、ソ連はボリビア革命政権に対する働きかけも強め、フ
ルシチョフは、1960年10月の国連演説で、MNR政権が米国に対して強く求
め続けてきた自前の錫精錬施設の建設援助を提案し、石油掘削設備の供給、道
路や鉄道建設のための資金提供、そのための技術者の派遣等の総額1億5,000
万ドルにも上る開発援助を申し出るなど、ボリビア国内に大きな反響を巻き起
こしていた[17]。またソ連はラテンアメリカとの議員交流も進め、1960年12月
には南米訪問中のソ連議員使節が、同年夏のボリビア議員団のソ連訪問への返
礼としてボリビアも訪問していた。さらにソ連は大規模援助の見返りとして外
交関係の樹立も迫るなどボリビアへの働きかけを強め、政権末期を迎えていた
アイゼンハワー政権は効果的な対応を迫られる中で、時間切れとなっていた[18]。
まさに次のケネディ政権がこうした課題に正面から応え、ラテンアメリカ全体
に対する「進歩のための同盟」とボリビアへの経済援助の活性化を進めるので
ある。次にその「進歩のための同盟」について概観しておく。

3. ケネディ政権と近代化論・「進歩のための同盟」

　ケネディ政権は、発足直後からキューバ革命を強く意識して第三世界への援
助政策の全般的な見直しとラテンアメリカに対する「進歩のための同盟」政策
の策定作業を進めるが、その一環として対ボリビア援助政策の見直しにも着手
する。ケネディ大統領は、上院議員時代から米ソ冷戦の観点から途上国への開
発援助に強い関心を抱いており、第三世界における「平和的」・「民主的」な

---

16)　Taffet, *Foreign Aid*, p. 12; Brands, *Latin America's Cold War*, p. 32; Westad, *The Global Cold War*, pp. 170-180.

17)　Desp 212 from LP to DS: "Weeka No. 42," October 18, 1960, NA724.00(W)/10-1860; Editorial Note, *FRUS, 1958-60*, V, p. 654.

18)　Desp 346 from LP to DS: "Weeka No. 3," January 19, 1960, NA724.00(W)/1/1960.

第 8 章　ケネディ政権とボリビア革命 I　293

「革命」に対する支援の必要性について語っていた。既に 1954 年のベトナムに
関する演説において、ケネディは、「共産側が提供するいかなるものよりはる
かに優れた政治的・経済的・社会的革命、平和的かつ民主的で受け入れ側が一
層の主体性を持つ革命」を実現できるような援助計画を構想する必要があると
述べていた。こうした考えは、キューバ革命以降、ラテンアメリカにも適用さ
れて「進歩のための同盟」に直接結び付いていくが、ケネディは、特に 1960 年
の大統領選挙への出馬に向けて、アイゼンハワー共和党政権の援助政策が冷戦
外交の観点から失敗であったとして、開発援助政策を自らの外交政策の中心の
一つに据えていく。「進歩のための同盟」がそうした構想の基軸であり、選挙
戦終盤の 1960 年 10 月 18 日のフロリダ州タンパにおけるラテンアメリカ政策
に関する主要演説で同政策の骨子を示した。11 月の大統領当選後は直ちに重
点課題の一つであるラテンアメリカ政策に対応するため、「ラテンアメリカの
当面の問題に関するタスクフォース」を設置して、「進歩のための同盟」政策
の具体的立案を開始した[19]。

　ケネディは、就任後の 1961 年 3 月 13 日、ホワイトハウスでのラテンアメリ
カ各国大使を前にした演説で「進歩のための同盟」構想を公式に明らかにした。
同構想が基になって、これは同年 8 月のウルグアイのプンタデルエステでの米
州特別会議で「進歩のための同盟」憲章が採択され、米州各国間の正式な協定
となる。その骨子は、経済発展と社会・経済改革に関する 10 項目をあげ、米

---

19)　Taffet, *Foreign Aid*, pp. 25-26; Schlesinger, *Thousand Days*, pp. 191-97. タンパ演説は、会
　場の状況から実際には用意していた原稿の大半が省略されたが、ケネディは内容的にはラテン
　アメリカに関する重要なものであるとして、「声明（statement）」としてフルテキストを公表
　させた。*Ibid.*, p. 194. フルテキストについては以下を参照。http://www.presidency.ucsb.edu/
　ws/?pid=74098：2017 年 2 月 11 日アクセス。ラテンアメリカ・タスクフォースは、ローズヴ
　ェルト政権でラテンアメリカ担当国務次官補（1938～44 年）を務めたバーリ（Adolph Berle）
　が座長となり、他のメンバーには「進歩のための同盟」開始後はそのコーディネーターとなる
　モスコソ（Teodoro Moscoso）、研究者としてはラトガース大学のアレクサンダー（Robert
　Alexander）、ペンシルバニア大学のウィッテカー（Arthur Whitaker）、その後ブラジル大使
　に任命されるハーバード大学のゴードン（Lincoln Gordon）等のそうそうたるメンバーがそろ
　っていた。*FRUS, 1961-63*, XII, p. 1. その中でアレクサンダーは、1958 年にボリビア革命に
　関する最初の本格的研究書を著しており、ボリビアでの改革の動きを強い共感をもって描いて
　いた。Alexander, *The Bolivian National Revolution*. タスクフォースの議論の中で、アレク
　サンダーがボリビア革命の経験を「進歩のための同盟」政策の中に活かそうとするとともに、
　ボリビア革命政権への支援強化に関しても前向きの姿勢を示したことは容易に想像できよう。

国の公的援助を中心とする 10 年間の大規模経済支援とラテンアメリカ諸国の協力と努力によって、農業改革・保健衛生の向上・教育投資・住宅建設・経済インフラ投資・経済多角化による産業化の推進・一次産品価格の安定等によってラテンアメリカ各国民の生活水準の引き上げと福祉の充実を図るという壮大な計画であった。期間中すべてのラテンアメリカ諸国の経済成長率が 1 人当たり 2.5％を下回らないようにするという数値目標も掲げられ、援助金額としては、米国の公的援助を中心に国際機関や他の西側諸国も含めて 10 年間で少なくとも総額 200 億ドルの「外部からの援助」が提供されると規定された[20]。

こうした野心的プログラム策定の背景として、キューバ革命によってラテンアメリが米ソ冷戦における主戦場の一つになったとケネディが考えていたことがある。新大統領は、米国にとってラテンアメリカが「世界で最も危険な地域」だと繰り返し述べるなど、米国の勢力圏である西半球で冷戦を闘い勝利することがケネディにとって重大な関心事となった。ケネディは、ラテンアメリカを含む第三世界で冷戦に勝利するためには経済援助の拡大が不可欠だとして、そのためには途上国に民主的で進歩的かつ反共的な社会の建設を促さなければならないと考えていた[21]。ケネディ政権は、アイゼンハワー政権末期の開発援助と社会発展重視への転換を土台として、ラテンアメリカにおいて「第二のキューバ」を避け、より効果的で長期的な反共主義の実現のため、民主化と社会改革に重点を置き、国内治安対策支援も含めた大規模で組織的な援助計画に乗り出したまさに「進歩のための同盟」は、改革・援助・治安の三つの要素を組み合わせて民主化と反共主義という二つの目的の実現を目指す壮大な構想だったのである[22]。

「進歩のための同盟」構想には、1950 年代末から米国の官学において急速に

---

20) 3 月 13 日のケネディの演説内容については、DS, *Bulletin*, September 11, 1961, pp. 443-469 を参照。「進歩のための同盟憲章」については、http://avalon.law.yale.edu/20th_century/intam 16.asp を参照：2017 年 3 月 14 日アクセス。「進歩のための同盟」に関しては、以下を参照。Smith, *Talons of the Eagle*, pp. 149-150; Scheman, *The Alliance for Progress*, pp. 1-62; Taffet, *Foreign Aid*, pp. 29-46 を参照。

21) *Ibid.*, p. 25; Rabe, *The Most Dangerous Area*, p. 19, 34. ただし、リチャード・リーブスによれば、ケネディは、実際にはベルリンが第三次世界大戦を巻き起こす恐れがある最も危険な場所と考えていた。Richard Reeves, *President Kennedy: Profile of Power* (New York: Simon & Schuster, 1993), p. 68.

影響力を持ち始めた「近代化論」が重要な理論的・思想的背景となっていた。ケネディと彼のアドバイザーらは、ロストウ（W. W. Rostow）らの「近代化論」の処方箋に基づき、第三世界の中でラテンアメリカはアメリカの援助と改革支援に最も適した地域と考えていた。特に南米のブラジル、アルゼンチン等の大国や隣国メキシコのような地域の先進的諸国は、東南アジアやアフリカ等の他の途上地域と比べて、産業化の進展や中間層の拡大が見られ、国民の間に民主化への期待も高く、ロストウの言う「離陸」の直前にあるとして、大規模な援助計画の対象として最も望ましい地域と見なされた[23]。「近代化論」を定式化したロストウの1960年の著作『経済成長の諸段階（*Stages of Economic Development*)』の副題が「非共産主義宣言（*A Non-Communist Manifesto*)」とされているように、政権入りしたロストウを含むケネディ政権の首脳は、反共主義の観点から第三世界諸国における経済発展の重要性に注目していた。そして、大規模な公的援助によって経済の「離陸」を促し、しばしば暴力的な変革と混乱を伴う「伝統社会」から「近代社会」へのスムーズで平和的な移行を目指した。そのために、ベネズエラのベタンクール（Rómulo Betancourt）、アルゼンチンのフロンディシ（Arturo Frondizi）ら当時次々と誕生していたラテンアメリカの民主的政権との協力を梃子に地域全体で改革を実現し、民主主義と市場経済型発展の担い手とされた中間層の育成と拡大を目指した。それによって、「キューバ・モデル」のような暴力的でソ連とも結び付いた変革の道を閉ざし、アメリカ的な自由民主主義と市場経済の枠組みの中で「平和的革命」を実現し、ラテンアメリカ各国政府に対しては、「同盟」政策による大規模な公的援助と引き換えに、民主化と社会改革の推進を求めたのである[24]。

こうした近代化論を基盤とするケネディ政権による開発戦略は、パッケンハ

---

22) ただし、公式の声明等では「治安維持」や軍事的側面は強調されることはなく、代わって「経済発展」を加えて、「進歩のための同盟」は社会改革・政治の民主化・経済発展の三つ柱からなるとされた。シュレジンガーは、その中でも前2者が「『同盟』の心臓部」であったとしている。Arthur M. Schlesinger, Jr., "Myth and Reality," in Scheman, ed., *The Alliance for Progress*, p. 71.

23) Latham, *Modernization*, p. 80.

24) Michael Latham, "Ideology, Social Science, and Destiny: Modernization and the Kennedy-Era Alliance for Progress," *Diplomatic History*, 22-2 (Spring 1998), pp. 199–229; Smith, *America's Mission*, pp. 214-34; Rabe, *The Most Dangerous Area*, pp. 23-25. ロストウによる「近代化論」とケネディ政権におけるその実践に関しては、Pearce, *Rostow, Kennedy* を参照。

ムらが強調する米国の自由主義に根差した構想であることは明らかで、序論で触れた文化的・イデオロギー的要素が対外政策に大きな影響を与えた重要な事例であり、ポストリビジョニズムのアプローチの有効性を示す好例とも言えよう。まさにラテンアメリカ全体の近代化と自由主義的発展を目指すという壮大な「リベラル・プロジェクト」が推進されたのである。ただし、ここでもう一つ注目すべき点は、ケネディ政権は、成立当初から経済援助を通じた社会改革と経済発展による民主化・近代化の促進だけでなく、左派・共産主義からの脅威に対抗した軍事的支援による国内治安対策・反乱鎮圧戦略を前記の「平和的」政策の不可欠の補足的手段として両者を一体的に構想していたことである。そこにまさにケネディ政権の真骨頂があった。即ち市場経済に基づく経済発展、「リベラル」な社会改革、そしてそれらを補完する形で「混乱と革命と戦争」の脅威に対応するための軍事的手段が不可欠の要素として存在しており、第二次世界大戦後の米国の「リベラル・プロジェクト」の特徴を集約的に示していたのである。これは、軍事的手段にさらに重点を置いた形で次のジョンソン政権に受け継がれていく[25]。

　こうしたケネディ政権首脳らは、「ベスト・アンド・ブライテスト」と揶揄されたように、ベトナム介入の場合と同様に自らの能力とアメリカの富や力、技術への過信があり、数世紀にわたって形成されてきたラテンアメリカの伝統的社会構造の変革の可能性を楽観視しすぎていたことは否めない。ケネディは演説の中で、「平和的な革命を不可能にする者は、暴力的な革命を不可避にしてしまう」と述べたが、これは、改革によって自らの地位を脅かされるラテンアメリカの伝統的支配層への警告であり、ケネディ政権の首脳らは、ラテンアメリカのエリート層はキューバ革命と同じ事態を避けるために米国の期待する改革政策に協力せざるをえないと考えていた。またキューバやソ連の支援する左派からの挑戦に対しては、国内治安対策の強化で十分対応できると自信を持っていた[26]。しかし、実際にはこうした想定や自信はラテンアメリカの現実に

---

25) ケネディ政権の「反乱鎮圧戦略」とそれが最も重点的に使われた例としてのベトナムについては、松岡『ケネディとベトナム戦争』pp. 4-9 を参照。

26) Levinson and de Onis, *The Alliance*, p. 7; David Halberstam, *The Best and the Brightest* (New York: Random House, 197), pp. 50-56.

よって大きく裏切られることになる。次にケネディら政権首脳のボリビア革命
への見方を検討し、当時のボリビアの状況を概観した後、ケネディ政権の対ボ
リビア援助政策の象徴ともいえるトライアンギュラー計画をめぐる両国の関係
の展開を検討する。

4. ケネディ政権とボリビア革命

　ケネディ政権は、ボリビアに対する援助も近代化論と「進歩のための同盟」
の観点から見直しを行い、アイゼンハワー政権末期に尻すぼみになっていた経
済援助の大幅拡大と開発援助の強化を図り、それまでタブーであった国有化鉱
山への援助資金の投入も開始する[27]。新政権にとって、多くの開発途上国で
「今後繰り返されるであろう革命を［既に］経験」していたボリビアは、MNR
政権が「反共主義の観点から最も害の少ない選択肢」という従来の後ろ向きの
評価に代わって、「進歩のための同盟」が目指したラテンアメリカ社会の改革
モデルの一つとして積極的に評価し直されたのである[28]。既に検討したように、
アイゼンハワー政権の中にもミルトン・アイゼンハワーやキャボット国務次官
補等のボリビアのMNR政権等の途上国の改革主義政権への支援の意義を強く
主張する指導者はいたが、ダレス国務長官やハンフリー財務長官に見られるよ
うにボリビア革命政権の国家主導型経済政策への不信感は強く、共産主義の差
し迫った脅威への対応の範囲内で必要な援助を行うというのがボリビア革命に

---

27)　経済援助の額は、アイゼンハワー政権末期の1957年から1961年までの年平均2,270万ドル
　　から1962年から64年には年平均4,250万ドルへと倍増する。Thorn, "The Economic
　　Transformation," p. 195. ボリビアとの関係で、ケネディ新政権の援助政策によって特に大き
　　な変化がもたらされたのが、産業等の国有化を推進する途上国への援助や国有化産業への公的
　　資金の投入であった。ソレンセンによれば、こうした援助に関しては、ラテンアメリカに対す
　　るものだけでなくインドやアフリカ等についても自由主義経済に反するものとして議会を中心
　　に強い批判が見られた。ケネディは、冷戦の文脈でソ連との援助競争を重視する一方、途上国
　　の自立志向や非同盟志向を必然的なものと見なしており、中立主義を「非道徳的」と非難した
　　前政権のダレス国務長官とは異なって、対米関係全体の中で許容できる範囲で民族主義的な政
　　策や中立主義的政策を評価するという「洗練されたアプローチ」をとっていたとされる。
　　Theodore Sorensen, *Kennedy* (New York: Harper & Row, 1965), pp. 537-40.
28)　Letter from Bowles to President Kennedy, July 6, 1961, Bolivia: General, 1961, Countries
　　Series, Box 10, National Security Files（以下NSF）, John F. Kennedy Library（以下JFKL）;
　　Malloy, *Bolivia*, p. 291.

対する基本的なスタンスであった。

　それに対して、ケネディ政権首脳は、近代化論の観点からラテンアメリカにおける本格的な社会改革が不可避かつ不可欠だとして前向きに捉え、大規模な経済援助によって変革のプロセスを民主的・資本主義的発展の枠組みの中に取り込んで積極的に支援しようとしたのである。言い換えれば、ボリビアは、1961 年のケネディ新政権の発足とともにアメリカ政府にとって、「国境の南にある問題に満ちた困難な国」から「進歩のための同盟によって求められた社会革命の先駆者」へと「殆ど一夜にして変貌を遂げた」のであった[29]。世界銀行での途上国への融資担当官を経て、アイゼンハワー政権期に 1956 年までラパスの米国援助ミッションで経済顧問を務めたゾンダグ（Cornelius Zondag）によれば、「ボリビアの 1952 年の革命の文脈からすれば［進歩のための］同盟は後から遅れてやって来た」のであり、ボリビア革命は、ラテンアメリカ諸国で 1950 年代末から高まりを見せた「貧困と圧制に対する民衆の反乱」としての「政治的・社会的革命」が、ボリビアのように「民族主義的」だが「民主主義的」な枠組みによって実現できるのか、それとも「［キューバのように］全体主義的」なものになってしまうのか、という点に関する「実験場」と捉えられたのであった[30]。

　まさにこうした意識は当時ケネディ政権内でも共有されていた。大統領自身もパス大統領率いるボリビア革命政権に対して強い関心と共感を持つようになり、「進歩のための同盟」政策が目指した社会改革を既に 10 年近くにわたって続けてきたパスのような民族主義的だがプラグマティックな改革指導者に対して強い敬意を持つに至る。ケネディは、1961 年 6 月 22 日のパス大統領宛の書簡の中で、「貴国が現在経験している困難に立ち向かう閣下の勇気と先見の明に対する私の深い敬意」という言い方を用いて、新任のステファンスキー（Benjamin Stephansky）大使にもこの点をパスに直接伝えるよう告げてあると述べるなど、短い書簡の中でパスへの敬意をにじませている。この書簡は、5 月 14 日のパス宛の親書とはトーンがかなり異なっている。5 月の書簡では、ケネディは、トライアンギュラー計画も含めたボリビアに対する米国の大規模援助

---

　29)　Thorn, "The Economic Transformation," pp. 194, 198.
　30)　Zondag, *The Bolivian Economy*, pp. 3-4.

の開始について具体的に語り、「この偉大な革命が他国のために道を切り拓いた」として「ボリビア国民のよりよい生活と社会的正義の拡大を求めるボリビア国民」の手助けをしたいと、ボリビア革命への共感を既に強く示していたが、パス個人に対しての賛辞は見られず、1カ月ほどの間にパスへの個人的な理解と共感が進んだことを窺わせる[31]。

このように新大統領がボリビア革命に対する強い関心を持つようになった重要な契機の一つと考えられるのが、シュレジンガーによって政権初期に提出された大統領宛の一連の中南米視察報告である。既に著名な歴史家であったシュレジンガーは、「ベスト・アンド・ブライテスト」の一員としてハーバード大学から大統領特別補佐官としてホワイトハウス入りし、ソレンセン（Theodore Sorensen）報道官やスピーチライターのグッドウィン（Richard Goodwin）らとともにケネディにとってリベラル派の主要なアドバイザーの1人であった。そして、しばしばケネディ自身の要請によってラテンアメリカを含む様々な問題に関してアドホックな形で政策策定に関与した[32]。シュレジンガーは、1961年2月12日から3月3日にかけて新設の「平和のための食糧」局のマクガバン（George McGovern）局長の中南米6カ国の視察旅行に同行し、その間2月22日から3日間ボリビアに滞在し、パス大統領とも面会した[33]。まずはシュレジン

---

31) Letter from President Kennedy to President Paz, June 22, 1961, DS, *Bulletin*（August 7, 1961）, pp. 251-52; Letter from President Kennedy to President Paz, May 15, 1961, DS, *Bulletin*（June 12, 1961）, pp. 920-21. またケネディの最後の首脳会談となる1963年10月のパスとの首脳会談で米側通訳を務めたバーンズ（Donald Barnes）によれば、ケネディは、バーンズに対してアルゼンチンの改革主義者大統領フロンディシやパスとの自らの「友情」について語り、パスは「その功績から尊敬する人物であり、ボリビアでも米国でもそうだが、困難を乗り越え、しばしば不人気な多くのことを成し遂げることによって国のトップに上りつめた人物」だと語った。Oral History Interview with Donald F. Barnes by John Plank, June 30, 1964, JFKL. またフィールドによれば、ケネディは、パスに対して、ともに「近代化を推進」する「同志」という意識があったとしている。Field, *Development to Dictatorship*, p. 7. 同様の点に関しては、Lehman, *Bolivia*, p. 134 も参照。

32) Finding Aid: The NSC Files, 1961-63, JFKL, p. 6. ケネディ政権の政策決定の特徴として、アイゼンハワー前政権が軍の参謀会議を模してNSCの正式な会合を重視したのに対して、こうした官僚機構を通じた公式の政策決定プロセス以外のインフォーマルな協議等を重視した点が指摘される。これは、長い会議で既に知っていることを繰り返し聞かされることを嫌うケネディのスタイルを反映しており、問題ごとに短期的に設けられるタスクフォースが多用されるとともに、シュレジンガー等の大統領特別補佐官等も一種の無任所大臣として活用された。*Ibid.*, p. 5; Reeves, *President Kennedy*, p. 68.

ガーが訪問した時点のボリビアの状況について確認しておこう。

5. 第二次パス政権の成立：国内情勢とパスの非同盟・東側外交

米国でのケネディ政権発足に半年先んじて、ボリビアでは革命政権の第2代大統領シレスに代わって、初代大統領パスが1960年6月の大統領選挙で再び当選し、8月に新たに4年の任期で大統領に就任していた。パスは、シレス政権期の4年間、ロンドンで駐英大使としてボリビア国内の政治的対立からは距離を置いていた。その間、国内で経済安定化政策の実施をめぐって左右対立が深まり、シレス政権への批判が続く中で、パスの政権復帰を求める声が高まっていた。パスは、自らの政治家としての最大の目標であるボリビアの経済発展を実現するため2期目を目指し、新たな権力基盤としてインディオ農民層と軍の支持を固めたうえで、「革命の復活」を唱えてレチンを副大統領候補に据え、労働左派を懐柔して選挙戦に臨んだ[34]。しかし、こうした動きに対してはMNR党内右派が強く反発し、その中でも特にMNR結党時からの中心的指導者の1人であり、パス、シレスに続いて次期大統領職の継承を望んでいたゲバラ元外相は、他の右派指導者らとともに党を割って新たに「真正革命党（Partido Revoucionario Autentico: PRA）」を結党して対抗馬として大統領選挙に出馬した[35]。結果は、組織労働と農民層からの強い支持を得たパスの圧勝であったが、それでもゲバラのPRAと極右政党であるボリビア・ファランヘ党（FSB）とを合わせた得票数は、政府側による様々な選挙妨害等があった中で全体の3分の1近くに上るなど、右派への支持や政府への批判の声はあなどれないものがあった[36]。

パスは政権に就くと直ちに経済発展の促進に向けた体制の整備に取りかかった。ゾンダグによれば、ボリビアにおいて国民経済の発展とMNR革命とはほ

---

33) Memo from the President's Special Assistant (Schlesinger) to President Kennedy, March 10, 1961, *FRUS, 1961-63*, XII, p. 10.

34) Whitehead, "The Bolivian National Revolution", p. 34; Dunkerley, *Rebellion*, pp. 98-99; Lora, *Bolivian Labour Movement*, p. 321.

35) 当初の党名は、MNR-A（MNR-Autentico：真正MNR）。

36) Dunkerley, *Rebellion*, pp. 98-103.

ぼ同義語とされるが、MNR にそうした方向性を一貫して与え続けたのはまさしくパスの指導力であった[37]。1960 年 8 月に発足した第二次パス政権は、副大統領に左派指導者レチンが就任したものの、それ以外は第一次政権の組織労働との「共同統治（cogobierno）」とはうって変わって、労働勢力を排除し、経済発展路線一色となる。閣僚や政府機関の長には革命の第二世代ともいえるベドレガル（Guillermo Bedregal）鉱山公社（COMIBOL）新総裁らの若いテクノクラートが多く抜擢された。一方、労働左派は、レチン副大統領の下で、経済安定化政策実施によって「後退した」革命を再活性化させ、「革命の新たな段階」に進むことを期待したが、パスの狙いは左派封じ込めであった[38]。実際、こうした左派の封じ込めは、1952 年の革命政権成立以来、米国の一貫した要求であり、パスにとってシレス政権下で減少し始めた米国からの援助を再び拡大して経済発展路線を強力に推進するためにも必要な政策であった。

こうしたパスの成長戦略にとって、経済面のみならず、国内政治的にも対米関係のうえからも鍵となるのが国有化鉱山での経営の主導権回復と運営の効率化実現であった。ボリビアの国有化鉱山においては、1952 年の国有化以来、政府と組織労働との「労働者による管理（control obrero）」という形の「共同統治」が続けられ、レチン指導下のボリビア鉱山労働者組合連合（FSTMB）が事実上 COMIBOL 経営の決定権を握っていた[39]。これは COMIBOL の経営に重大な影響を与え、同公社は巨額の赤字を続けて政府の財政にとって深刻な負担になっていた[40]。これは、それまで 3 大錫資本によって吸い取られていた利益を革命政権の重要な担い手である鉱山労働者自らが取り戻し分配するという意味で、

37）Zondag, *The Bolivian Economy*, p. 217.

38）*Ibid.*, p. 104; Malloy, *Bolivia*, p. 290; Field, *Development to Dictatorship*, pp. 6, 19-20; Christopher Mitchell, *The Legacy of Populism in Bolivia: From the MNR to Military Rule* (New York: Praeger, 1977), pp. 84-86.

39）ただし、ボリビア最大のシグロベインテ鉱山はレチン指導下の MNR 左派系ではなくスターリニスト系の共産党 PCB の下で武装した労働者による「自主管理」状態になっていた。PCB は、1950 年代末以降シグロベインテにおいてトロツキスト系の POR を排除して勢力を強め、1961 年までには「労働管理者（Control Obrero）」を務める PCB のエスコバル（Federico Escóbar Zapata）の下で PCB が銅鉱山労組の指導部を独占支配していた。*Ibid.*, p. 26.

40）ゾンダグの推計によれば、鉱山業がボリビア経済に占める割合は革命以前から低下を続け、1961 年の時点でボリビアの GDP 総額 3 億 8,190 万ドルのうち、鉱山業の割合は 10 %を切る 3,770 万ドルにまで低下していたが、外貨収入に関しては、同年の輸出総額 7,620 万ドル中の 6,870 万ドルに上り、そのうち錫が 5,030 万ドルを占めるなど、依然として圧倒的な重要性を

ボリビアの革命政治の文脈では自然の結果ともいえたが、ボリビア国民経済の発展を目指す MNR 政権指導部及びそれを支える米国の視点からは、経済的には放置できない事態であった。実際、1956 年の経済安定化政策の開始以来、米国の強い圧力の下で、シレス政権は繰り返し経営の主導権の回復とそれによる余剰人員問題および購買部問題の解決を目指してきたが、常に妥協を余儀なくされてきた。当時、この問題に直接関わっていた米国の専門家であるゾンダグによれば、こうした状況は、ボリビア経済の屋台骨ともいえる国有化鉱山の「劣化」を招いており、本来、既存の施設等の維持だけでも年間 600〜800 万ドルの予算が必要なところ、その半分以下の投資しかなされず、国有化鉱山の持続的な維持が危ぶまれる事態となっていた[41]。1940 年代以来、ボリビアの開発問題に一貫して携わり、問題を熟知していたパスは、東部に広がるサンタクルスを中心とする広大な低地帯の石油開発と輸出向け農業開発に将来のボリビア経済の発展を託していたが、国有化鉱山の問題は政治的にも経済的にも放置できない状況に至っていた[42]。まさにこうした状況の中で、新たに成立したパス政権は、トライアンギュラー計画による COMIBOL 再生を目指し、新たに成立したケネディ政権と「進歩のための同盟」に期待し、政権の命運をかけることになるのである。

　しかし、経済発展戦略の強化を目指すパスにとって国内情勢は厳しく、1956 年から続く経済安定化政策による緊縮政策の余波によって経済の停滞が続いていた。これにアイゼンハワー政権末期の経済援助の減少が重なり、経済的困難が深刻化していた。さらに 1961 年 2 月 20 日からの大規模な教員ストの混乱の中でパス大統領は、シュレジンガー到着の前日の 21 日に戒厳令を施行しており、2 月末には COMIBOL と石油公社（YPFB）の給与支払いを控えて資金不足から米政府に緊急援助を求めていた[43]。また左派労働指導者レチンがパスの副大統領に就任したことで政権内での左派の影響力が拡大することや、キューバ革命の影響によってボリビア国内で左派勢力の活動が活性化することも米政府内

　　　保っていた。Zondag, *The Bolivian Economy*, pp. 82, 202.

41)　*Ibid.*, p. 92; Thorn, "The Economic Transformation," pp. 192-94.

42)　Thorn, "The Economic transformation," pp. 175, 192-94.

43)　Tel 453 from LP to SS, February 24, 1961, NA724.5MSP/2-2461; Desp 444 from LP to DS: "Joint Weeka No. 9," February 2, 1961, NA724.00(W)/2-2861.

では懸念されていた[44]。

　パスは、国内での左派締め付けに向かう一方で、外交的には非同盟諸国への接近を試み、ソ連や東側陣営からの働きかけも巧みに利用した[45]。パスは、就任直後からソ連との議員交流の実現にも見られるように、ソ連東欧諸国との外交関係の強化やソ連の錫精錬施設建設提案等の経済援助の申し出に対して積極的に検討する姿勢を示し、米側の懸念を高めていた[46]。またパスは、ユーゴスラビアやインドネシア等の非同盟諸国との連携も模索し、1961年9月にベオグラードで開催された第1回非同盟諸国首脳会議に代表を送り、その後の首脳会議にも代表を送り続けるなど、外交面での米国への過度の依存を見直す姿勢を示していた[47]。またパスは東側に対しては、ソ連に議員をはじめとする一連の公式訪問団を送ったほか、中華人民共和国との人的交流も行い、チェコスロバキアとは文化交流協定の締結や外交使節の交換に応じ、さらには社会主義化と対ソ連提携を進めるカストロ政権との外交関係も継続していた[48]。

　既に触れたように、キューバ革命政権との関係強化を進め、ラテンアメリカへのさらなる進出の機会を窺うソ連はボリビアに対する攻勢を強め、1960年末に1億5,000万ドルに上る大規模な経済援助を申し出ており、ボリビア国内では東側陣営との経済提携の強化を求める声が左派を中心に高まっていた[49]。こうしたソ連援助に関してパス大統領は、1961年1月初めに具体的なプロジ

---

44)　Desp 212 from LP to DS: "Weeka No. 42," October 18, 1960, NA724.00(W)/10-1860. ラパスの米大使館はボリビア国内でのキューバの動きや労働運動等におけるキューバ支持の動向にも注意を払っていたが、特にボリビア労働運動の全国的統一組織である「ボリビア労働中央（COB）」でキューバ支持の動きが強く、米側は警戒していた。Desp 381 from LP to DS: "Joint Weeka No. 4," January 24, 1961, NA724.00(W)/1-2461.

45)　パスは1956年から1960までの駐英大使として在任中、チェコスロバキアやユーゴスラビアとの関係強化を模索していた。Field, *Development to Dictatorship*, p. 6.

46)　Desp 247 from LP to DS: "Weeka No. 45 (Czech and Polish activities)," November 8, 1960, NA724.00(W)/11-860; Desp 254 from LP to DS: "Joint Weeka No. 46," November 15, 1960, NA724.00(W)/11-1560; Desp 335 from LP to DS: "Weeka No. 52," December 27, 1960, NA 724.00(W)/12-2760.

47)　フィールドは、パスは「ラテンアメリカのチトー」となって、東西両陣営を手玉に取りたいと考えていたというボリビア人ジャーナリストの証言を引用している。非同盟諸国からは、1961年5月にスカルノ（Sukarno）が、1963年にチトー（Josip Broz Tito）がボリビアを訪問している。Field, *Development to Dictatorship*, p. 200.

48)　*Ibid.*, pp. 11-12; Lehman, *Bolivia*, pp. 133-34.

49)　*Ibid.*, p. 133; Editorial Note, *FRUS, 1958-60*, V, p. 654. ケネディ政権成立の2日後の1961

ェクトをあげて受け入れに前向きの姿勢を示していた。パスは、COMIBOL 再生のための支援として米国・西独・米州開発銀行（IDB）との協議が進んでいる「西側」のトライアンギュラー計画による支援には、COMIBOL の動力関係の援助が含まれていないため、水力発電プラント設備の供給をソ連側に期待すると述べていた[50]。その後、パスは、1 月 18 日の数千人の鉱山労働者を前にした演説では、さらに踏み込んで、経済発展と経済的独立の達成のために「モスクワにもワシントンにも服属することはせず」、「ロシアからであろうがアメリカからであろうが、両陣営のどちらにせよ資本を獲得する可能性があるのなら、獲得しなくてはならない」と述べた[51]。

このようにパスは、ソ連からの援助の申し出を米国への圧力としても巧みに利用しており、ソ連の援助が米国からの援助に代わりうるものなのか、またケネディ新政権の援助政策が実際にどのようなものになるのかを瀬踏みしながら、米ソ両陣営からの援助を天秤にかける形で慎重に対応していた。そして、1952年の鉱山国有化の際と同じように、詳細な調査を理由にして結論を引き延ばして時間を稼ぐという常套手段を用いて、ソ連援助問題をめぐる国内、特に左派からの圧力をしのいでいた[52]。最終的には、パスはケネディ政権の下で対外援助政策を活性化させていく米国及び西側との関係強化の道を選択するが、リーマンによれば、パスは、「国内的考慮もあってパトロンを乗り換えることを決して真剣に考えたことはなかった」とされ、パスは長年米国と向き合ってきた経験から、グアテマラのように米国の決定的な不信を買うことなく、国内の左派の圧力や一定の自立志向を示すことによって米国のより大きな支援を引き出すすべをよく理解していたともいえよう[53]。しかし、これまでの米国一辺倒に代わってソ連からの援助のオプションが現実味を帯びてきた1961年初めの時

年 1 月 22 日にはチェコスロバキアからジリ・ハジェク（Jiri Hájek）外務副大臣一行がボリビアを訪問し、文化交流協定に調印した。米大使館は、文化協定はソ連陣営のボリビアへの「政治的浸透」を促進することになると懸念を示していた。Desp 381 from LP to DS: "Joint Weeka No. 4," January 24, 1961. またハジェクとは、アンチモニー精錬施設の建設についても協議が行われたとされる。Field, *Development to Dictatorship*, pp. 11-12.

50) Desp 372 from LP to DS: "Joint Weeka No. 3," January 17, 1961, NA724.00(W)/1-1761.

51) Desp 381 from LP to DS: "Joint Weeka No. 4," January 24, 1961, NA724.00(W)/1-2461.

52) Dunkerley, *Rebellion*, p. 106; Siekmeier, *The Bolivian Revolution*, pp. 97-98.

53) こうしたボリビアの「非同盟・東側外交」に関して米国との関係で興味深い点の一つは、米国自体が1950年代後半から東西緊張緩和の一環として、文化交流を中心とした「東西交流」

点においては、パスは、経済援助とそれに伴う非同盟・中立外交をめぐる国内的議論の高まりをむしろ米国にとってのボリビアの価値を高まるための「絶好の機会」と捉え、対米外交に利用しようとしたのであった[54]。

6. シュレジンガー報告（1961年3月）

こうした状況の中でボリビアを訪問したシュレジンガーは、視察旅行全体に関する報告と大統領宛の覚書において「今回の視察で真の緊急性が唯一認められたのはボリビアであった」と述べ、新大統領にボリビアへの注意を喚起する[55]。報告自体には書かれていないが、シュレジンガーは、ボリビア訪問中の2月24日にはパスと会見し、自分が「ボリビア革命の古い友人」であり、1943年にワシントンでビジャロエル政権の早期承認を唱えた数少ない1人であったと述べた。そして、ケネディは「西半球における民主主義の問題と今後の見通しに関するパスの見解に興味を持っている」として、両者は、ラテンアメリカにおける革命、特にキューバ革命との関連でボリビアの状況に関して2時間にわたって話し込んだ[56]。このパスとの会見は、公文書には記録が残っていないが、シュレジンガーは、1965年の著作と2007年に出版された日録の中で詳しく記録している。その記録の内容は、自国の革命とキューバ革命に関するパスの考えならびにシュレジンガーを通した当時の米国リベラルの第三世界における革命観をよく表していると思われるので、報告書自体の検討の前に両者の会

を積極的に進めた点である。しかし、米国は、自らの勢力圏と見なすラテンアメリカ諸国に対しては、ソ連圏との交流に関して「嫉妬深く」、文化交流や人的交流がソ連諸国の「進出」につながることを常に警戒していた。1990年1月23日のゲバラとのラパスでの聞き取り調査。アイゼンハワー政権の東西交流に関しては、佐々木『アイゼンハワー政権』、pp. 154-73を参照。

54) Lehman, *Bolivia and the United States*, pp. 133-136.

55) Memo from Schlesinger to the President, March 4, 1961, Bolivia: March 1961-October 1961, Box WH-23, Schlesinger Papers, JFKL; Memo from the President's Special Assistant (Schlesinger) to President Kennedy, March 10, 1961, *FRUS, 1961-63*, XII, pp. 10-18.

56) Schlesinger, *Thousand Days*, pp. 182-83; Arthur M. Schlesinger, Jr., ed by Andrew Schlesinger and Stephen Schlesinger, *Journals: 1952-2000* (New York: The Penguin Press), pp. 104-06. 1943年のビジャロエル革命当時、シュレジンガーは、戦略情報局（OSS）で情報分析の任務にあたっていた。Alan Brinkley, "In Memorial: Arthur M. Schlesinger Jr.," May 2007, https://www.historians.org/publications-and-directories/perspectives-on-history/may-2007/in-memoriam-arthur-m-schlesinger-jr：2017年2月3日アクセス.

談内容をシュレジンガーの記録に基づいて分析しておく[57]。

シュレジンガーとの会談で、パスはまずラテンアメリカにおける革命の必要性に言及した。パスによれば、最も必要なことは貧困層を貨幣経済とボリビアの政治社会に包含していくことだが、ラテンアメリカの余りに多くの部分が依然として半封建的な状態にあり、自らの支配が神の与えた権利に基づくと確信する大土地所有者らが、貧困層、特にインディオへの支配を続けている。こうした寡頭支配層が変化に抵抗すればするほど、革命が起こった際にはより暴力的なものになるのである。こうした状況の中で、共産主義者たちは、労働者と農民の正当な要求の擁護者を任じているため、公正な社会プログラムへの反対という形をとらずに共産主義者に反対するのが難しくなっている。共産主義者らは、特にキューバ革命以来、支持者の拡大に成功して対立をあおっており、キューバと同様にボリビアを手中に入れようとする恐れがある、とパスは警告する[58]。

パスの発言に対して、シュレジンガーは、そもそも「米国自体が革命の申し子であり、ラテンアメリカにおける社会変化の必要性を認めている」として、「もし革命が健全な社会変化を意味するのであれば、アメリカ人は全面的に賛成」し、「ケネディ政権の支持も期待できる」が、「もし革命が独裁制の樹立と自由の抑圧、そして西半球への異質な勢力の参入を意味するのであれば、アメリカ人は革命に反対する」と述べた。さらにシュレジンガーは、ラテンアメリカにおける社会革命は、「二正面作戦」を迫られており、「右派の寡頭勢力から革命の純粋性を擁護する必要があるだけでなく、左派の陰謀や妨害から守る必要もある」として、キューバ革命について詳しく論じている。シュレジンガーによれば、キューバ革命は、「国民的な革命として出発したのかもしれないが、

---

57) 1965年に出版されたシュレジンガーのケネディ論には2007年に出版された日録と内容的に重なる部分も多く、シュレジンガーがケネディの死後2年もたたないうちにあの膨大なケネディ論を執筆することができたのも、日録等の詳細な記録を基にすることができたためであることがが窺える。ただし、出版された日録には、1965年の著作で既に明らかにされた内容だけでなく、公表されなかった内容も含まれており、そうした取捨選択にはシュレジンガーの一定の政治的判断が窺われる場合もあるので、以下、どの部分がどちらの著作からかが分かるように注記する。なお当然ながら2007年に出版された日録は、シュレジンガーが残した膨大な日々の記録のほんの一部であり、それを息子2人が編集したものである。Schlesinger, *Journals*, pp. xi-xvi.

58) *Ibid.*, p. 105; Schlesinger, *Thousand Days*, p. 183.

今や自由な諸制度を破壊し、共産主義国家を樹立しようとする西半球外の勢力によって乗っ取られているのは明らかだ」と述べ、同革命に対するパスの見解を尋ねた。これに対して、パスは、「カストロは排除されるべきだ（must be eliminated）」と「躊躇なく」答え、「最初は経済の圧力を強め、次にカストロ政権の真の性格を西半球全体に明らかにするための教育キャンペーンを開始すべきである」と述べた。パスは最後に「ボリビアが経済的困難を乗り越えるための援助を得ることができれば、自国の共産主義の問題に対処することができる」と述べたところで、シュレジンガーの記録は終わっている[59]。

　当時の米国リベラルの代表的知識人ともいえるシュレジンガーは、強い反共主義者でもあり社会革命そのものは支持する一方で、非共産主義的革命と共産主義的革命とを峻別し、後者に対してはソ連及びその配下にある勢力による自由への抑圧として強く反発する姿勢を示しており、まさに「進歩のための同盟」の基本的立場を示していた。一方、シュレジンガーの問いかけに対するパスの答えからは、キューバ革命への共感は全く見られないが、これは単に米国の援助への期待から米国の反共主義に迎合したというより、キューバ革命の成功を契機に国内で左派勢力・過激な労働勢力が勢いづいていることに手を焼いていたパスの率直な感想を表していたとも言えよう。パスは、キューバ革命の衝撃による米国援助の再活性化を最大限に利用する一方で、国内左派によるキューバ革命への強力な支持と米国の厳しい反キューバ政策とのジレンマに悩まされることになる。こうしたパスの発言に対して、シュレジンガーはパスの反共主義に幻惑されることなく、特に当時は公開されなかった日誌の中では、ボリビア駐在のストローム（Carl Strom）大使らから聞いていた「パス一流のやり方」だと思うとして、「素晴らしい言葉を述べるが、彼の行動はこうした言葉を裏切る」と述べ、ソ連圏への接近を続けていたパスに対してかなり冷めた見方を示していた[60]。

　しかし、シュレジンガーがこの会談を通じて、パスの置かれた困難な状況や一筋縄ではいかないパスの複雑な性格も冷徹に観察したうえで、反共主義的改革の実現という「進歩のための同盟」の政策目標にとっての信頼できるパート

---

59)　*Ibid.*, pp. 182-83; Schlesinger, *Journals*, pp. 105-06.
60)　*Ibid.*, p. 106.

ナーとしての見極めをつけ、さらに3日間のボリビア滞在を通じて、ボリビア
の状況の深刻さと米国による支援の死活的重要性について確信を深めたことは
確かであろう。そうした点は、まさにパス政権への強力な支援を提唱する帰国
後の一連の報告と大統領宛て覚書に反映されることになる。それらの文書の中
で特に重要なのは、「ボリビアにおける危機」と題された3月3日付の大統領
宛て覚書であり、ケネディ大統領に南米の小国ボリビアが新政権の看板政策で
ある「進歩のための同盟」にとって持つ重要性を恐らく最初に認識させたもの
としての意味を持つと言えよう。また同覚書は、アイゼンハワー共和党政権の
ボリビア援助政策に対する民主党新政権のリベラル派からの批判を極めて集約
的に示しているとも考えられるので、以下やや詳しく引用する[61]。

　シュレジンガーは、「ボリビアは少なくとも1943年から慢性的に軽度の危機
が続いてきたが、今や深刻な政治的激動の淵にあると信じるに足る十分な根拠
がある。そうした激動は共産主義者による政権奪取をもたらすかもしれない」
と冒頭から警告する。シュレジンガーによれば、ボリビアの「危機」は「風土
病のようなもの」であり、キューバやブラジル、ベネズエラといった国々がよ
り大きな注目を浴びてしまうこともあって、ワシントンで本格的な検討がなさ
れてこなかったが、今こそ政府のトップレベルでの緊急の検討が必要であると
される。シュレジンガーは、ボリビアの危機の原因は経済的な停滞、そして過
去2年間の共産主義勢力の活性化と政権への浸透にあるが、前者の経済停滞の
原因の一つはIMFに引きずられて経済発展ではなく経済安定化を目指してき
た従来の米国の政策にもあるとして、アイゼンハワー政権を批判する（実際には、
前章で検討したように、米政府がIMFを利用してボリビアに経済安定化を強いていた）。
そこにソ連とキューバが付け込もうとしており、「ボリビアの混乱をレチンと
ソ連にいっそ任せてしまえ」という空気さえ国務省内にはあるようだが、キュ
ーバの後に別の共産国がラテンアメリカに出現することは到底容認できない。
なぜなら「ボリビアの喪失は破局的であり、ボリビアが今後どうなるかは、他
のアンデス諸国が非共産主義的革命の道を選ぶか、それとも共産主義的革命を

61）　ボリビア革命に対してケネディがいつどのようにして強い関心を抱くようになったのかにつ
　　いては、それを示す明確な資料は存在しない。研究者の中では唯一シークマイヤーがこの点に
　　関してシュレジンガー報告の重要性を指摘している。Siekmeier, *The Bolivian Revolution*, p. 96.

目指すのかを左右する」ことにもなりうるからだと述べ、自由主義的・民主主義的・平和的「革命」の推進を目指す「進歩のための同盟」政策への致命的なダメージが強調される。さらにシュレジンガーは、キューバ革命の英雄チェ・ゲバラが後に自らの「ラテンアメリカ革命」の拠点としてボリビアを選ぶことになるのと同じ論理に基づいて、正反対の立場からボリビアの地政学的位置の重要性に注目する。即ち南米大陸の中央に位置するボリビアが共産化すれば、近隣のペルー、エクアドル、ブラジル、チリ、パラグアイに対する転覆工作や革命の拠点となる可能性があるとして、ボリビアの置かれた戦略的重要性を強調する。そして、もしそのようなことが起これば、米国内でも政治的な批判が高まり、議会で「ボリビアを失った責任は誰にあるのか」という演説が聞こえてくるのは想像に難くないと述べるなど、ケネディの痛いところを巧みに突いている[62]。

　シュレジンガーは、対応策として新政権によるラテンアメリカ政策の抜本的見直しの方向に沿った形で、政策の重点を経済安定化から経済発展へと移すことを提案し、経済援助の大幅増額を示唆する。シュレジンガーによれば、アイゼンハワー政権8年間にボリビア革命政権に対しては、ラテンアメリカに対する経済援助としては1人当たりにして最も多い、総額で1億5,000万ドルの贈与と3,000万ドルの信用供与がなされてきたが、そのかなりの部分がボリビア政府の財政赤字の補填に費やされ、目立った効果を上げていない。ボリビアの財政規模は年間約3,500万ドルにすぎず、「カリフォルニア大学やアメリカの中規模都市の財政規模より小さい」のであり、ボリビアの経済発展に必要な金額は、「我が国の安全保障にそれほど必要不可欠でもないアジア諸国につぎ込まれてきた金額と比較すれば大した額」ではないと指摘する。そして、新たに総額で1億2,500万ドルから1億5,000万ドルほどもあれば、鉱山と鉄道の近代化、交通網の整備、高地からより肥沃な低地帯への農民の移動等の経済発展に必要な資金を賄えるとされる。ただし、効果をあげるためには、しっかりした経済発展の計画策定とパス政権にその計画を確実に履行させるための「重点的な政治的・外交的努力」が不可欠であり、そのためには開発経済の専門家に

---

62)　Memo for the President: "The Crisis in Bolivia," March 4, 1961, Bolivia: March 1961-October 1961, Box WH-23, Schlesinger Papers, JFKL.

よる調査団の迅速な派遣とボリビア政府に計画を実行させることのできる「巧妙かつ精力的な大使」の任命が必要だとしている[63]。

　こうしたボリビアの危機的状況については、実はストローム大使が既に2月24日の国務長官宛ての公電の中で強く警告していた。しかし、大使の報告は、国務省内でボリビア問題を長年担当してきた国務省担当者や経済安定化政策開始以降のボリビア国内の混乱への対応に追われてきた大使館関係者、さらには高齢の大使自身の「ボリビア疲れ」ともいうべき空気がにじみ出たものであった。ストロームによれば、現在のボリビアの窮状と援助要請に関して、「ボリビア側の自助努力がないまま救済を続ける」ことの是非という対ボリビア援助の根幹に関わる問題について、政権のトップレベルでの検討が必要だが、ボリビア政府はチェコスロバキア政府による信用供与の申し出を含めて東側の援助に飛び付く可能性が大きい。もし「そうした事態が避けがたいのであれば、東側にボリビアの開発への協力というプロパガンダ面の勝利をもたらすことにはなるかもしれないが、その場合でも東側の援助が［米国がこれまでの援助を通じて行ってきた］国内負債の支払いといった非生産的な目的にも使われることが望ましい」と述べ、諦めとも投げやりともつかない悲観的な見通しを示していた[64]。

　こうした悲観論や無力感は、対外政策に革新をもたらそうとする意欲と自信に溢れ、「ニューフロンティア」を標榜する新政権の中枢には無縁であり、シュレジンガーは、このストロームの公電にも言及しながら大使が警告した同じ状況に対して正反対の楽観的な見通しと処方箋を示したのである。このように共産主義の脅威を強調する一方で、経済発展を通じたリベラルな対応を唱えるシュレジンガーの議論は、ケネディにとって強い印象を与えたはずである[65]。

---

63)　*Ibid.*

64)　Tel 453 from LP to DS, February 24, 1961, NA724.5NSP/2-2461; Tel 453 from LP to DS, February 24, 1961, NA724.5NSP/2-2461.

65)　ケネディは物事の理解が早く、速読の名手としても知られていた。リーブスによれば、このことは、逆に言えば特定の問題に対する関心が長く続かないことも意味していたとされる。Reeves, *President Kennedy*, p. 53. シュレジンガーは、大統領宛てのものとしては比較的長い7頁に及ぶ覚書でボリビア援助問題での迅速な対応の必要性を訴えたが、アメリカの大学や都市との財政規模の比較等の具体的な対比や数字を織り交ぜながら、共産主義の脅威や進歩のための同盟にとっての重要性を巧みに訴えており、ケネディは、その後のボリビア問題に対する

そもそもケネディは、1960年の大統領選挙戦において焦点の一つとなったキューバ問題に関して反カストロの強硬姿勢でアイゼンハワー政権と対立候補であるニクソン副大統領の「弱腰」を批判し、反カストロ勢力への「強力な」支援を訴えていた[66]。さらにリチャード・リーブスによれば、ケネディは決断力とともに慎重さを兼ね備えた政治家であったものの、共産主義の問題で「ソフト」と呼ばれることを嫌い、ピッグス湾事件に関しても最後まで成功に確信が持てないまま、強硬策に引きずられてしまった[67]。シュレジンガーが、トルーマン民主党政権が議会共和党保守派から「中国の喪失」の責任を厳しく追及されたことを念頭に置いていたのは明らかであり、ケネディもそのことをよく理解していたはずである。シュレジンガーの覚書は、ケネディ自身と新政権の中枢にボリビア問題の重要性を強く印象付けたと考えられる。ケネディはその後、シュレジンガー報告に沿った形で直ちにボリビアに対してアマースト大学の開発経済学者ソープ（Willard Thorp）を団長として、新設の米国国際開発庁（USAID）の専門家等も含む本格的な経済使節団の派遣を発表するとともに、新ボリビア駐在大使についても人選を続け、5月には労働経済の専門家で若く活力に溢れ、経済援助と社会改革を組み合わせた新政権の政策を強く支持するリベラル派外交官であるステファンスキーを抜擢して大使に任命する[68]。

迅速な対応からすれば、この覚書を実際に読んで問題の意味をよく理解してその後の政策を打ち出し、ボリビア革命とその指導者パスへの関心を深めていった可能性が強い。ちなみにケネディ自身も歴史への関心が強いことは周知の事実であるが、新大統領は政権発足当初から自らの政権の歴史が書かれることを想定して記録の保持に気を配った。冷戦リベラルの代表的知識人の1人で「著名な歴史家」のシュレジンガーを政権に招くにあたって、ケネディはシュレジンガーがケネディ政権に関する「本格的な著作」を書くことを期待していた。そして、後者の助言に従って重要な問題に関しては「記憶が確かなうちに」当事者が記録を書き留めるという手続きを確立した。Sorensen, *Kennedy*, p. 5. シュレジンガーの1965年の大部のケネディ政権論は、（そしてソレンセンの同年の著作も）こうした背景の中で書かれている。いずれにせよケネディは、個人的には最も親密なアドバイザーではなかったものの、シュレジンガーを重用し、そのアドバイスには一目置いていたはずである。

66) Peter Wyden, *Bay of Pigs: The Untold Story* (New York: Simon & Schuster, 1979), pp. 65-67; Trumbull Higgins, *The Perfect Failure: Kennedy, Eisenhower, and the CIA at the Bay of Pigs* (New York: W. W. Norton, 1987), pp. 58-61.

67) Reeves, *President Kennedy*, pp. 19, 69-73.

68) Lehman, *Bolivia*, p. 136; Field, *Development to Dictatorship*, p. 8. ステファンスキーについて詳しくは、Eric Page, "Ben S. Stephansky, 85, Dies: Former Ambassador to Bolivia," *New York Times*, April 19, 1999 を参照。また Oral History Interview with Ben Stephansky by

7. ソープ経済使節団 (1961年3月)

ソープ使節団は、ケネディ政権が「進歩のための同盟」政策の一環としてラテンアメリカに対して最初に派遣した大統領経済調査団であり、3月8日から12日間ボリビアに滞在し、ボリビア政府や米大使館関係者だけでなく、国連、IMF、IDB等の国際機関関係者、さらには現地の企業関係者、労働指導者、農民代表等から幅広く意見を聞き、ボリビアに対する米国の援助政策・経済政策の「現状と効果」について集中的な調査を行った。調査団は、今後の見通しととるべき政策に関する86ページにわたる詳細な報告書を短期間で仕上げ、48項目に及ぶ具体的な提言を示した[69]。報告書は3月24日に大統領に提出されるが、その内容は基本的にシュレジンガーの報告を経済の専門家が肉付けと権威付けをしたものともいえ、その後パス政権に対する援助政策が迅速に進められていく基礎となる。

ソープ使節団は、まず「従来報告されてきた経済的・政治的危機」について実際に確認したとして、主要産業である錫産業を始めとする生産の低下、所得の継続的減少と高い失業率、政府や国有化鉱山等での給与の不払いや遅れ、生活必需品の入手困難、それらに伴うストライキの頻発等によって「既に深刻な経済状況はさらに悪化を続けている」と指摘する[70]。そうした経済的問題に加え、報告書は、政府内での「レチン主義者」らの左派勢力・共産主義勢力の影響力拡大やその危険性といった政治的問題についても詳しく検討し、左派への

Sheldon Stern, June 6, 1983 も参照。ソレンセンは、自らの著作の中で、ケネディ政権は、大使人事に関して、従来「準備不足の政治任命者や想像力に欠けたキャリア外交官」が任命されてきたのに対して、新政権による「現地の言語や文化、問題等について訓練を受けた人々の任命の記録的な多さ」を強調しているが、その中で駐日大使に任命されたライシャワー (Edwin Reischauer) らと並べる形で、「若く有能なキャリア外交官」の1人としてステファンスキーのボリビア大使への任命を指摘している Sorensen, *Kennedy*, p. 279.

69) 大統領宛の3月24日付の覚書と報告書自体については、以下を参照。Memo for the President from Willard L. Thorp, Jack C. Corbett, and Seymour J. Rubin, March 24, 1961; "Report to the President by the Special Mission to Bolivia," March 24, 1961, Bolivia: Security, Report on Economic Policy, 24 March 1961, Countries Box 112, President's Offices Files, JFKL.

70) Memo for the President, March 24, 1961; "Report to the President," March 24, 1961, pp. 1-2, 23-32.

政治的「譲歩」は経済的な困難に起因しており、経済状況の改善なしには左派に対して効果的な対応ができない、というパス政権の主張は額面通り受け取ることには慎重であるべきだが、現在の経済の極度の沈滞と政治的な混乱が続けば、パス政権がレチンないし他の左派勢力に取って代わられる可能性が高いと警告する。報告書が特に重視していたのはやはり経済状況の改善であった。仮に従来の規模で経済安定化に重点を置いた援助を続けたとしても将来の展望はなく、ボリビアを現在の経済的・政治的苦境から救い出すためには、「経済発展の包括的な計画に基づいて新鮮で精力的なアプローチ」をとることが不可欠だとして、必ずしも経済援助の大幅拡大を提唱したわけではないが、ボリビア政府による効果的な経済計画の迅速な策定を強力に後押しし、その行動計画に沿って援助資金を適切に供給していくべきだとしている[71]。

　調査団が当面の最重要の課題と見なしたのが、政府にとって大きな財政的負担となっている COMIBOL の経営効率化であった。報告書は、経営権の確立と労働者に対する管理の強化及び使節団が 4,000 から 5,000 人と見積もる余剰人員の削減を提唱し、前任のシレス政権が経済安定化政策の中に盛り込みながら労働側の「聖域」として結局踏み込めなかったこの問題への本格的な取り組みを促している。この点に関しては、次に触れるトライアンギュラー計画の準備が既に大詰めを迎えており、報告書は、西独政府とドイツ企業の参加による国有化鉱山の効率化計画に大きな期待を表明している[72]。

　ボリビア革命政権への支援が持つ意味について、ソープ使節団は、かつてボリビア革命政権への緊急援助計画を最初に提唱した 1953 年 4 月の国務省覚書で提起され、その後ミルトン・アイゼンハワーらに支持されながらもアイゼンハワー政権においては重視されることのなかったテーマに再び脚光をあて、以下のように強調する。

　　MNR が開始した革命は、様々な問題点があるにせよ、[ソ連やキューバ等の外部の共産主義勢力によってもたらされたものではない] 純正なもので国民的なものである。MNR 革命は、農地改革や鉱山業の一部の国有化、そして（た

---

71)　*Ibid.*, pp. 1, 3–17.
72)　*Ibid.*, pp. 45–50.

とえ選挙において MNR が圧倒的に有利であるにせよ［括弧内は原文］）投票権と
市民権の拡大といった課題を重視してきた。こうした点からすれば、ボリ
ビア革命は、ラテンアメリカにおけるカストロ主義に対抗するものであり、
対抗しうる。1952 年以来アメリカが行ってきた援助は、我々はラテンアメ
リカの反動的政府を支援することにのみ関心があるといったプロパガンダ
に対する最も有効な反論となる。もし新たなアプローチと修正された援助
計画がボリビアを国民的な健全さと成長に導くことになるとすれば、ボリ
ビア革命と米国による支援は、ラテンアメリカに対して［進歩のための同盟
の］最も有効な事例となるであろう。もしボリビアがカストロの道に向か
えば、アメリカが［ただ］一つの国に［さえ］恩恵をもたらすことができな
い例として南北アメリカにおいて喧伝されることになろう。新たな援助プ
ログラムを策定し実行することに伴う障害や困難は確かに大きなものがあ
るが、今闘いをやめてしまったり、輝かしいフェニックスが灰の中から何
とか舞い上がるのを期待して混沌の道を選んだりすることは、賢明な選択
とはいえない[73]。

　報告書のこの部分からは、キューバ革命とケネディ政権の成立を経て、ボリ
ビア革命に関する米側の認識が「民族主義的・民主主義的」改革のモデルへと
大きく変化し、そうした革命政権を後押しすることが新政権にとっての基本的
な課題となったことが改めて見て取れる。報告書は、さらに「アメリカの撤退
は悲劇的な結末を招き、ボリビア以外でも深刻な結果をもたらす」と改めて警
告し、ボリビアに対する「成長と発展を目指した包括的援助」の推進が米国に
とって「最善の希望」であると強調する一方、それが「勝ち目の少ないギャン
ブル」かもしれないことも認めている。しかし、状況は「絶望的」ではなく、
「現在の短期的危機をボリビアが乗り越えることができれば、長期的には明る
い未来が期待できる」として、何よりボリビアがよい方向に向かい、「離陸」を
達成するための「よりよい機会は二度と訪れないだろう」と締めくくられてい
る[74]。

---

73)　*Ibid.*, pp. 21-22.

第8章　ケネディ政権とボリビア革命I　　315

　こうしたボリビア革命政権に対する経済的支援の強化がケネディ政権の首脳らによって再確認される中で、既に政権成立前から準備が進められていた国有化鉱山の経営再建のためのトライアンギュラー計画が米政府、西独政府、ボリビア政府とIDBの間で本格的な検討に入っていた。次章では、パス政権と鉱山労働者側の決定的な対立の原因となり、ボリビア革命政治に深刻な影響をもたらすことになるこの「鉱山改革」を軸にケネディ政権とボリビア革命との関係について検討する。

---

74)　*Ibid.,* pp. 1-2. ここでロストウらの唱えた近代化論とそれに基づく対外援助政策のキーワードである「離陸」が用いられていることからも分かるように、報告書は近代化論的アプローチに基づいて書かれており、こうした考え方が発足早々のケネディ政権においても対外政策の基本的認識枠組みとしていかに定着していたかが窺われる。さらに新政権は、「進歩のための同盟」政策の実施過程において、近代化論が想定しているとする四つの発展段階にラテンアメリカ諸国を当てはめ、それぞれの国にあった適切な援助を検討しようとする試みも行っている。"Highlights of the First Meeting of the Working Group on Problems of the Alliance for Progress," January 6, 1962, *FRUS, 1961-1963*, XII, p. 75. キンバー・ピアースによれば、ロストウが *The Stages of Economic Growth* を出版した1960年までには近代化論とロストウのアプローチは、ワシントンで「ロストウ・ドクトリン」として経済発展分析の典型的な分析枠組みとなっていた。なおロストウ自身は、経済成長の段階を五つに分けていた。Pearce, *Rostow, Kennedy, and the Rhetoric of Foreign Aid*, p. 76; W. W. Rostow, *The States of Economic Growth: A Non-communist Manifesto*, 2nd ed. (Cambridge: Cambridge University Press, 1960).

第9章　ケネディ政権とボリビア革命 (1961年〜63年) Ⅱ
——政治状況の不安定化と治安対策援助への傾斜

　ケネディ政権は、「進歩のための同盟」政策の一環としてパス政権の経済発展戦略への全面的な支援を開始するが、そうした支援にとって焦点となるのが、ボリビアの経済発展にとって大きな障害と考えられた鉱山公社 (COMIBOL) の巨額の赤字と「非効率」な運営であった。その改善のための切り札と考えられたのが、米国と西独および米州開発銀行 (IDB) の三者による大量の資金供給とそのための条件である「鉱山改革」をボリビアに義務付けるトライアンギュラー計画であった。この計画は、鉱山労働者側に「余剰人員」解雇や賃金引下げ等の多くの犠牲を強いるものであり、強い反発を招き、政府と鉱山労働者側との厳しい対立をもたらすのである。米側は、その結果としての国内政治の不安定化に対しては、ボリビア政府の治安維持能力増強のための支援を強化していく。こうしたトライアンギュラー計画の推進とそれをめぐるボリビア国内情勢の不安定化と米国の対応は、改革・開発援助・民主化と国内治安対策援助という「進歩のための同盟」の主要なそれぞれの側面が浮き彫りになるものであり、以下、そうしたボリビア革命政治の緊迫化とケネディ政権の対応ついて検討する。

1.　トライアンギュラー計画

　この間、米政府、西独政府、ボリビア政府と IDB の間で国有化鉱山の経営再建のためのトライアンギュラー計画の準備が着々と進められていた。トライアンギュラー計画は、もともとはボリビア政府が西独のエンジニアリング企業ザルツギッター (Salzgitter) 社に COMIBOL の経営改善策の調査を依頼したこと

から始まる。西独の企業にそうした依頼がなされたのは、パス政権のベドレガルCOMIBOL新総裁が西独で教育を受けたことが一つの契機となっている[1]。既に触れたように、ボリビアの外貨の最大の稼ぎ手である国有化鉱山が巨額の赤字を続けて政府の財政にとって深刻な負担となっていただけでなく、予算不足から設備維持のための投資さえ十分できず、鉱山業の持続的な発展が難しい状況が続いていた。国有化鉱山は、ソーンによれば、1952年の革命開始直後の国有化の時点で既に「最良の状態になかった」ものが、「9年間の不十分なメンテナンス」が原因で「崩壊の淵」にあった。そのためトライアンギュラー計画の最初の重点は、ザルツギッター社の調査に従って必要な資材や設備等の確保によって施設面で健全な操業が可能な状態を回復することにあった[2]。そこで必要な資金として、まず米政府から350万ドル、そして西独政府とIDBからそれぞれ同額の350万ドルの借款が供与され、その後3年間で総額3,750万ドルの資金が低利の借款の形でこの3者からボリビア政府に提供される計画であった[3]。

---

1) Field, *Development to Dictatorship*, p. 202. フィールドは、ケネディ政権が国際収支問題への懸念から貿易黒字を拡大していた西独の貢献を期待していた点も指摘している。*Ibid.* フランク・コスティリオラによれば、ケネディ大統領とロストウ補佐官は、アメリカの「壮大な第三世界［開発］計画」にとって西独の国際収支の黒字が「銀行」の役目を果たすと考えていたと、ボール（George Ball）国務次官が証言している。Frank Costigliola, "The Pursuit of Atlantic Community: Nuclear Arms, Dollars, and Berlin," in Patterson, ed., *Kennedy's Quest for Victory*, p. 36.

2) Thorn, "The Economic Transformation," pp. 192–94. 既に触れたように、ボリビアの中央政府の直接の財政規模は、3,500万ドルほどであるが、1961年の時点でCOMIBOLの支出額は6,300万ドルと政府財政の2倍もの規模があり、赤字額は600万ドル（1960年の数字）に上っており、政府が国家予算の中から赤字を補填する一方、これによって生じた政府財政の赤字は、アメリカの援助によって補填されるという構造になっていた。COMIBOLは、さらに国内業者を中心に取引相手への500万ドルほどの負債と鉱山労働者への50万ドル余りの給与の未払いがあり、後者は、鉱山労働者によるストライキの頻発や政治的不安定の要因となっていた。*Ibid.*

3) "Report to the President by the Special Mission to Bolivia," March 24, 1961, pp. 45–46. 米政府は、1961年3月24日にトライアンギュラー計画の米国負担分の最初の資金援助として、主にCOMIBOLの緊急を要する機械・設備の購入に充てるため、ボリビア政府への350万ドルの借款供与を発表した。これは既に1960年11月にボリビア政府と基本合意していた1,000万ドルのCOMIBOL復興資金援助の一部であり、米側が迅速な資金提供によってトライアンギュラー計画の執行に本格的に乗り出したことを示していた。"Bolivia Receives $3.5 Million ICA Loan," March 24, 1961, DS *Bulletin*, April 24, 1961, p. 531; "U. S. and Bolivia To Cooperate on Long-Range Development Program," May 14, 1961, DS, *Bulletin*, June 12, 1961, p. 921.

この中で注目すべき点の一つは、IDB の役割である。1960 年に設立された
ばかりの IDB にとって、ボリビア鉱山問題は最初の重要な開発案件の一つで
あり、IDB 初代総裁エレーラ（Felipe Herrera）は COMIBOL 問題に精力的に取
り組んだ。エレーラは、シュレジンガーとソープ調査団の訪問に挟まれる形で
1961 年 3 月 1 日から 5 日間ボリビアを訪れ、ベドレガル総裁らボリビア政府
関係者と協議し、COMIBOL における「厳格な労働改革」を条件に IDB からの
資金提供に応じる。各国有化鉱山では、1952 年の鉱山国有化以来、経営の重要
決定への労働参加を認める「労働者による管理（control obrero）」の下で、「余
剰」労働者の解雇が経営側の判断だけではできず、労働者側の同意が必要であ
った。フィールドによれば、トライアンギュラー計画をめぐるその後の協議の
中で、米政府、西独政府、IDB の 3 者とも「COMIBOL が抱える諸問題は、武
装した労組に全面的に責任がある」という点で一致していたが、その中でも特
に IDB が余剰労働者の解雇や労働者に対する管理強化を最も強く主張していた。
IDB は、こうした政策を実現するために「労働者による管理」制度の廃止を融
資の条件としていたが、この点について当初は米政府も「非現実的」と懸念し
ていた[4]。こうした IDB の役割は、第 7 章で検討したように、1950 年代後半の
経済安定化計画において、米政府ではなく IMF が前面に出て批判の矢面に立
ったことを彷彿させる。この点に関して米政府や IDB の意図をそれぞれの資
料等で確認することは困難だが、トライアンギュラー計画においては、IDB が
強硬に労働者の解雇や管理強化を主張することで批判の前面に出るといった構
図が繰り返されていたともいえよう。ただし、この時点では、「労働者による
管理」の廃止は直接の前提条件とはならずに融資が一応認められ、米・西独両
政府及び IDB とボリビア政府の間の交渉が妥結し、トライアンギュラー計画
は 1961 年 5 月半ばに正式に発足することになる[5]。

---

4) Tel 173 from LP to SS, August 18, 1961, NA724.00/8/1961; Field, *Development to Dictatorship*,
p. 20.
5) *Ibid.*, pp. 15, 20. ただし、当時公表されなかった付属文書において、戒厳令の鉱山地帯への
適用、「労働者による管理」の大幅縮減、鉱山労働者の 20% 削減（およそ 5,000 人）、共産党指
導者の労組指導部からの排除等の条件が示され、パス政権に履行が求められていた。*Ibid.*,
p. 21. 「労働者による管理」自体は、パス政権と左派鉱山労働組合との対立が深刻化する中で、
1963 年 8 月 3 日の大統領令で正式に廃止され、当然ながら労働側のさらなる反発を招くこと
になる。Dunkerley, *Rebellion*, p. 111.

パス政権は、念願の新たな開発援助が認められたことに伴い、米・西独・IDBとの合意に従って国有化鉱山の労働者や国内の左派に対する攻勢を強める。1961年6月7日には「共産主義者による陰謀」が発覚したとして、一旦解除されていた戒厳令を再び90日間の期限で布告し、共産党系を中心に鉱山労働組合指導者と共産党（PCB）指導者の大量検挙に踏み切り、キューバ代理大使には国内政治への介入を理由に国外退去を求めた[6]。パス政権は、トライアンギュラー計画が順調に開始され、ケネディ政権からの経済援助および軍事援助が本格化する中で、国内の左派及び鉱山労組への締め付けを強化するとともに、大規模援助の可能性を模索してきた東側陣営への接近にも終止符を打ち、左傾化を強めるキューバとの関係も大きく見直したのである[7]。

　こうした党外左派に対する強硬策が可能であった一つの重要な要因は、レチ

---

6) リーマンによれば、この「共産党の陰謀」はパス政権による捏造であり、かつて1941年に対米協力を進める寡頭支配政権によってMNRが「ナチス・ドイツの手先」として非難され、パス自らが弾圧された経験を逆手にとって、今度はパス自身が弾圧する側に回って、トライアンギュラー計画と対米協力を推進したとされる。Lehman, *Bolivia*, pp. 135-136.

7) *Ibid.*, pp. 134-36; Dunkerley, *Rebellion*, p. 109; Field, *Development to Dictatorship*, pp. 21-23. パスの強硬策への傾斜は、シレス前政権との比較で興味深い点がある。シレスも共産党系を中心に鉱山労組の武力を伴った経済安定化政策への反対が次第に強まる中で、1950年代末に向けて米国からの治安対策援助を受け入れ、労働者への軍事的な対応に次第に傾いていくが、1956年の同政策導入直後の時点では国内での広範なデモや暴動等の反対運動に関して、米側が軍の投入による軍事的対応を期待していたのに反して、「革命の同志に銃を向けることはできない」と、辛抱強く政治的な解決を模索するなど、トライアンギュラー計画への反対に強権的手段をとったパスとは対照的ともいえる対応を示した。ただし、シレスは必ずしもそうした「民主的な」手法によって労働左派の説得に成功したわけではなく、既に触れたように主要な鉱山では左派労組による「自主管理」状態が続き、経済安定化は当初の計画通りには行われず、ボリビア経済も沈滞を続けた。Thorn, "The Economic Transformation," pp. 192-94. その後、1964年の軍事クーデタによるパス政権の崩壊後、ボリビアは、他のラテンアメリカ諸国の多くと同様に長い「独裁政権の時代」を経験する。その後、1982年にシレスが民主化移行期の最初の大統領として政権に復帰するが、この時もシレスの「民主的」な統治によっては、軍事政権崩壊後の政治的・経済的混乱を収拾できず、1985年からパスが再度大統領職に復帰して、IMFの強力な指導下に1950年代をはるかに上回る徹底した経済安定化政策を実施し、極度のインフレを克服していく。1980年代のシレス政権（1982年～1985年）に関しては、Malloy and Gamara, *Revolution and Reaction*, pp. 157-200を参照。シレス・パス両政権（1982年～1989年）については、James Dunkerley, *Bolivia: Revolution and the Power of History in the Present* (London: Institute for the Study of the Americas, 2007), pp. 106-86を参照。1980年代のボリビアを含めた第三世界全体に対する経済安定化政策（「構造調整」と呼ばれた）をめぐる政治に関する総合的な分析に関しては、Stephan Haggard and Robert R. Kaufman, eds., *The Politics of Economic Adjustment; International Constraints, Distributive Conflicts, and the State* (Princeton: Princeton University Press, 1992)を参照。

ン副大統領とその配下にある鉱山労働組合連合（FSTMB）の支持が確保できたことである。パスは、新たなボリビア援助計画及びトライアンギュラー計画についてケネディ新政権と協議を続ける中で、左派労働指導者であるレチン副大統領に対する米側の懸念を和らげるため、海外への視察旅行から帰国途上のレチンを 1961 年 4 月にワシントンに立ち寄らせ、米政府関係者にレチンの口から直接トライアンギュラー計画への支持を表明させている。ダンカレーによれば、レチンは、ワシントンでの会合を終えて帰国後、「トライアンギュラー計画の実現は自分の力による」と公言するとともに、5 月 7 日の FSTMB の総会で「鉱山業の刷新のための唯一の方法である」として同計画への賛成を表明し、同連合の委員長としての権限と「鉱山労働者の最高指導者」としての権威を背景に、共産党系の左派労組からの強い反対を乗り越えて代議員の過半数の支持を取り付けることに成功する[8]。自らをパスの後継者と任じて 1964 年に次期大統領就任の野心を持つレチンは、MNR 左派指導者として労働側の要求実現を政府にぶつけて傘下の鉱山労働者たちをまとめていく一方で、パスには貸しを作りつつ米国との関係にも配慮するという困難なバランスの維持を 1952 年革命の開始以来続けてきたともいえるが、今回も一旦はそうした離れ業に成功したのである[9]。パス政権による党外左派に対する強硬策が可能になったもう一

---

8) Dunkerley, *Rebellion*, p. 105; Lehman, *Bolivia*, p. 135; Field, *Development to Dictatorship*, p. 20. ただし、大統領使節として「進歩のための同盟」政策に関する協議のため、1961 年 6 月 4 日から 22 日まで南米 10 カ国を訪問したスティーブンソン（Adlai Stevenson）国連大使は、視察報告の中で、6 月 12 日から 2 日間訪問したボリビアに関して「緊急で危険な状況にある」との認識を示し、その原因として「共産主義者の鉱山労働者や学生指導者らに対する［パス大統領の］強力な反対の姿勢に関して、レチン副大統領が強固な支持を表明するのをためらっている」ためだと指摘している。パス大統領は、「小さな軍隊が支えている」が、鉱山労働者や農民の民兵を「武装解除」して経済発展のための十分な安定が確保できるかは不透明だとしている。Adlai Stevenson, "Problems Facing the Alliance for Progress in the Americas," DS, *Bulletin*, July 24, 1961, p. 140. スティーブンソンも、先に述べたシュレジンガーと同様に、1950～60 年代の米国政治おけるリベラルのアイコンといえるが、米国内の文脈での「リベラリズム」は、冷戦下の第三世界においては強烈な反共主義を伴っていたことが、ここにも顕著に表れている。

9) その後、トライアンギュラー計画の秘密合意の実施によって労働者への圧力が強まる中で、レチンは、そうした「過酷な条件」については知らされていなかったと、1950 年代後半の経済安定化政策の時と同じ正当化を行うことになる。Field, *Development to Dictatorship*, p. 21. 既に触れたように、1960 年の大統領選挙において MNR 右派を代表する指導者ゲバラ元外相と MNR 左派を代表する指導者レチンがともに自らをパスの後継と見なしてきたという事実は興味深いものであり、左右の幅広い勢力を包含する MNR が求心力を保つにはパスの力が大きかったことは明らかである。

つの要因としては、次に検討する米国による軍事援助の強化がある。

2. トライアンギュラー計画とアメリカの軍事援助

MNR 革命政権に対する米国の直接の軍事援助は、アイゼンハワー政権の部分でも触れたように、経済安定化政策への反対等のためにボリビア国内の政治情勢の不安定が続く中で、1958 年に大統領警護大隊の装備と訓練及びボリビア陸軍の 2 カ所の訓練センター用の装備を賄う目的でシレス政権に対する 41 万ドルほどの少額の贈与によって開始されていた[10]。パス大統領は、経済成長路線を強力に推進するためには政治的安定と政府の治安維持能力の向上が不可欠だと考え、シレス政権末期以来の国軍の再建と米国との軍事協力を積極的に推し進める。パスは、トライアンギュラー計画の開始に先立つ 1961 年の 2 月 9 日にケネディ新政権との間で 100 万ドル相当の軍事物資、装備品、役務の提供に関する軍事援助協定を締結しているが、その主要な目的の一つが国内治安対策であった[11]。さらに 4 月半ばにはラテンアメリカを統括する米カリブ軍司令部（Caribbean Command）のオミーラ（Andrew O'Meara）司令官一行がラパスを訪れ、治安対策援助についてボリビア側と協議している[12]。こうした一連の動きは、トライアンギュラー計画等の経済発展計画の一環として国有化鉱山での人員削減等の「経営健全化」に伴って予想される労働者側の強い反発に備えるためでもあった。

実際、1961 年の時点でボリビア正規軍の兵力が 7,500 名に留まっていたのに対して、MNR 系と党外左派を合わせた労働者民兵とインディオ農民民兵の総数は 16,000 名に上っており、MNR 政権のコントロールの及ばない非 MNR 系

---

10) 詳しくは、DS Instruction A-131 from DS to LP: "Military Assistance Agreement with Bolivia," March 6, 1958, NA724.5-MSP-1258 を参照。

11) Tel 430 from LP to SS, February 9, 1961, NA 611.247/2-961.

12) Lehman, *Bolivia*, pp. 150-151; Field, *Development to Dictatorship*, p. 15.「カリブ軍司令部（Caribbean Command）」は、その後 1963 年の軍改組によって「南方軍司令部（Southern Command）」に改名される。http://www.southcom.mil/About/History/: 2017 年 2 月 28 日アクセス。米側の軍事使節はこの頃頻繁にボリビアを訪問しており、1961 年 1 月 15 日にはカリブ軍のボガート（Theodre Bogart）少将一行がラパスを訪問して周辺のボリビア軍施設を視察し、2 月の軍事協定の下準備を行っていた。Desp 372 from LP to DS: "Joint Weeka No. 3," January 17, 1961, NA724.00(W)/1-1761.

民兵組織に対抗するため、国軍の強化はパス政権にとって急務であった。特に
鉱山労働者の民兵組織は、装備は概ねライフル銃とダイナマイトで作った手製
の手榴弾という具合に貧弱であったが、よく組織・訓練されていて準軍事組織
としては最も強力であり、鉱山等を拠点とする共産党系の民兵組織は革命政権
にとって脅威であった[13]。中でも最大のシグロベインテ鉱山は政府与党の
MNR系ではなく共産党系指導者の下で武装した労働者による「自主管理」状
態になっており、アメリカ側も深刻な懸念を持っていた[14]。パス政権は、自ら
の経済発展計画実現のため、またトライアンギュラー計画によって米・西独・
IDBから要請されている鉱山運営の「合理化」を進めるためにも「労働者によ
る管理」に本格的に手を付ける必要があった。

　上記の2月9日の軍事援助協定のもう一つの柱が「シビック・アクション」
計画の推進であった。これは、ボリビア軍部が1950年代後半から再建されて
いく中で、「革命のための軍隊」として再編成され、経済発展に軍を活用する
形で、道路建設、国内植民のための農地開発、遠隔地との航空輸送、学校の建
設、識字キャンペーン、医療奉仕等の社会的貢献を行って長年にわたる国民の
軍への不信の払拭を目指すものであった。ボリビアにおけるこうした軍の「平
和的役割」は、ケネディ政権の「進歩のための同盟」のイメージとも合致する
もので、1960年代を通じてボリビアへの軍事援助が増大する中で積極的に活
用された[15]。

　こうしてパス政権末期の1964年までには軍事援助も年間150万ドルほどに
増額され、兵士の数も15,000名へと増強されていくが、その過程で国軍に対
して「シビック・アクション」ではなく、軍事組織としての充実と「専門化」
に重点が置かれていく。米軍によってパナマ運河地帯に設置された「米州陸軍

---

13)　Dunkerley, *Rebellion*, p. 114; Field, *From Development*, p. 25-26. CIAによれば、1963年半
　　ばの時点でも、増強された正規軍が12,000人、警察が3,500人の一方で、政府系・非政府系を
　　含めた鉱山労働者・農民等の民兵が16,000人強と推定していた。CIA Office of Intelligence,
　　Current Intelligence Memorandum: "The Internal Security Situation in Bolivia," July 30,
　　1963, CIA Records Search Tool (CREST); https://www.cia.gov/library/readingroom/docs/
　　CIA-RDP79T00429A001200010031-2.pdf：2017年8月24日にアクセス.

14)　Malloy, *Bolivia*, pp. 177-178; Dunkerley, *Rebellion*, pp. 62-63; Field, *Development to
　　Dictatorship*, pp. 19, 25.

15)　Tel 430 from LP to SS, February 9, 1961, NA 611.247/2-961; Lehman, *Bolivia*, pp. 150-51.

学校（U.S. Army School of the Americas: SOA）」に多数のボリビア軍将兵が派遣
されて訓練を重ねただけでなく、ノースカロライナ州にあるフォート・ブラッ
グ基地の「米陸軍特種戦学校（U.S. Army Special Warfare School）」にも多くの将
兵がボリビアから派遣され、訓練を受けた。ちなみに 1963 年の時点でラテン
アメリカ諸国の中で最も多くの将兵が同特種戦学校に派遣されていたのがボリ
ビアであった[16]。まさにこのような米軍による集中的な軍事教育と訓練によっ
て、他の多くのラテンアメリカ諸国と同様に、1964 年のクーデタ以降のボリビ
ア軍政を支える「専門的」な将校団が形成される。さらにボリビアの場合、
1967 年にチェ・ゲバラのゲリラ部隊を効果的に追い詰めることになる国内治
安部隊もこの過程で形成されるのである。また第 7 章で指摘したように、SOA
や米軍の教育訓練施設は、ラテンアメリカ軍人への教育訓練の中で軍事面だけ
でなく、米国の自由主義的イデオロギーや価値観を植え付け、この面でも「リ
ベラル・プロジェクト」の一翼を担っていたのである[17]。

3. ケネディ政権のボリビア支援の本格化

　ケネディ政権は、こうしたボリビア政府側の対応を高く評価し、パス政権に
対する梃子入れを強めていく。新政権が首脳レベルでボリビア革命に対する強
い支持の姿勢を公式に示したのが、1961 年 5 月 14 日のケネディ大統領からパ
ス大統領への公開書簡である。ケネディは、書簡の中で「進歩のための同盟」
の基本的狙いを繰り返す形で、「よりよい生活とさらなる社会的公正の実現を
希求するボリビア国民」の期待に応えるためには「貴国の経済成長を急速に促
進」し、「国民の生活水準の向上」を図らなければならないと述べ、トライアン
ギュラー計画を含むボリビア援助計画について詳しく説明した。ケネディは、
「進歩のための同盟の完全なパートナー」としてボリビアに期待すると述べ、
「ボリビア経済の長期にわたる組織的な発展」のための支援を約束し、国連や
米州経済社会理事会等の国際機関とも協力しながらボリビアの長期的経済発展

---

16)　Dunkerley, *Rebellion*, p. 114; S. Sandor John, *Bolivia's Radical Tradition: Permanent Revolution in the Andes*（Tucson: University of Arizona Press, 2009), p. 175.

17)　Gill, *The School of the Americas*, p. 92.

計画策定のために協力し、そうした計画の遂行を確実にするためにケネディの
名代として「経済問題特別代表」の派遣を提案する[18]。そして、ケネディは、
米国がボリビアの経済発展にとって重要な各種プロジェクトにすぐに取りかか
る用意があるとして、既に具体的検討に入っている一連の事業の中で、「進歩
のための同盟」の中でも強調されている労働者と農民向けの低コスト住居の提
供等の焦眉の課題に関して具体的計画が出来次第直ちに取りかかるべきだと述
べる。さらにトライアンギュラー計画を含む一連の大規模援助計画について触
れ、COMIBOL に対する最初の援助資金である 350 万ドルの借款に加え、ボリ
ビア石油公社（YPFB）に対する資材・設備購入のための 600 万ドルの借款、新
たな国内移住を促進するための道路建設用に 200 万ドル、学校での昼食の提供
と家族支援のための「平和のための食糧」計画から 135 万ドル分の余剰農産物
の供与等と具体的にあげている。これらの援助に加えて、米国が既に約束して
いる援助、そして西独政府および IDB からの借款等によって、5,000 万ドル余
りの「自由世界からの」開発援助がボリビアに対して約束されており、米国は、
ボリビアとその国民が「力強く、繁栄した国として運命付けられた未来に向か
っていくことへの手助けを開始できる」として、「今後、他国がたどるべき［自
由主義的な改革の］道を切り拓いた偉大な革命」との協力に強い期待を表明した[19]。

　このケネディの書簡で注目すべきは、一つは、トライアンギュラー計画への
西独の参加もあって、「自由世界からの援助」ということが強調されている点
である。ケネディは、国連や他の国際機関の貢献についても詳しく触れており、
こうした多国間援助の強調はアイゼンハワー政権期の対ボリビア援助やラテン

---

18)　その後、経済問題特別代表の人選は難航した。ボウルズ（Chester Bowles）国務次官は、9
　人に就任を打診してことごとく断られたが、「有能な人物をこの任務につけることはこの上な
　く緊急を要するというあなた［ケネディ大統領］の意見に同感」であるとして人選を続け、よ
　うやくバージニア大学の開発経済学者のエッガー（Roland Eggar）の就任が決まった。Letter
　from Bowles to President Kennedy, July 6, 1961, Bolivia General, 1961, Box 10, Country, NSF,
　JFKL. エッガーは、1961 年 8 月から 11 月までボリビアに滞在し、パス政権の取り組みを高く
　評価する報告を滞在中の 1961 年 10 月から何度かにわたって大統領に提出している。"Interim
　Report by Rowland Egger to President Kennedy," October 5, 1961, Bolivia General, 1961,
　Box 10, Country, NSF, JFKL; Field, *Development to Dictatorship*, p. 41.

19)　Letter from President Kennedy to President Paz, May 14, 1961, DS, *Bulletin*, June 12, 1961,
　pp. 920-21. こうした国有化企業への米政府融資の解禁は、アイゼンハワー政権末期の 1960 年
　に政府内で決定されていた。"Editorial Note," *FRUS, 1958-60*, V, p. 654.

アメリカ援助をめぐる言説とは趣が異なり、米国の伝統的な勢力圏である米州についても第二次世界大戦後の米国の国際主義外交の重要な特徴の一つである多国間主義を適用することに積極的な姿勢を見せている。もう一つ注目される点は、COMIBOL と YPFB に対する米政府ローンに言及していることであり、国有化産業への政府援助に対する禁忌が払拭されたことを大統領レベルで明確かつ公に確認したといえる。ケネディ政権は、その後さらにボリビアの経済・社会的発展の促進に向けて、平和部隊の派遣も含めた総合的な支援政策を展開していく[20]。

　ケネディ政権によるこうした一連のボリビア援助に関する迅速な対応は、パス政権が春以降にとった諸措置に応える意味もあった。国務省は、ボリビア援助政策に関する民主党下院議員からの問い合わせに対する 1961 年 6 月 22 日の返信の中で、以下のように説明している。

　　ボリビア政府は、過去 1 カ月間に左傾化への漂流を止め、左派志向の労働勢力に対する権威を回復するための積極的な措置をとり始めています。政府は、1961 年 6 月 8 日に戒厳令を布告し、ボリビア政府に対する陰謀と自由世界のボリビア援助計画に対する妨害の証拠があるとして、35 人余りの共産主義者および親カストロの労働運動指導者の逮捕に踏み切りました。はたしてパス大統領がこうした措置の実施を続けるに十分な力を持っているのか、それとも政策を撤回して MNR 左派に譲歩してしまうのか、今後の展開を待たなければなりません[21]。

　国務省は、このようにパス政権の取り組みを評価しながらも、いまだ完全な信頼を置くには至っていない。一方、新任のステファンスキー大使は、着任すると直ちにパス大統領、レチン副大統領、ベドレガル COMIBOL 総裁、その他の政府指導者や関係者との精力的な会談をこなして情報収集に努め、7 月 13

---

20)　平和部隊の第一陣は 1962 年に到着し、35 人のアメリカの若きボランティアたちの働きぶりはボリビアでも注目を集める。しかし、ジョンソン政権に交代直後の 1963 年末には左派の支配するシグロベインテ鉱山で米人人質事件が発生し、平和部隊のボランティアも巻き込まれることになる。Lehman, *Bolivia*, p. 136; Field, *Development to Dictatorship*, pp. 109-17.

21)　Letter to Representative Thomas Morris, June 22, 1961, NA611.24/6-2261.

日の国務長官宛の電報でボリビアの状況に関する大使としての最初の包括的報告を行った。その内容は、左派に対するパス政権の取り組みに関しては、上記の6月22日の国務省の書簡とほぼ同じ評価をしている。大使は、共産主義者の取り締まりは、「本来望ましいほど徹底したものではなかった」として、逮捕を逃れて地下に潜った者も多く、MNR党内と政府内には逮捕の手が及んでいないだけでなく、共産党の機関紙『エル・プエブロ』も発刊を続け、追放されたキューバ代理大使に代わって新たな代理大使も着任していると報告している。ただし、今回の「極左」の取り締まりは、1952年にボリビア革命が開始されてから初めてのことであり、逮捕者の釈放を求める鉱山労働者や大学生によるストライキの動きに対しても、パス大統領は、釈放要求に屈することなく、ストライキ終結に成功していると評価している[22]。ケネディ政権の開発援助政策と国内治安対策援助をめぐるボリビア国内の対立が本格化し始めたのであった。その後、パス政権と左派鉱山労働者との対立は深まり、それに学生や都市労働者、インディオ農民組織、右派政治勢力、そして復活した軍部が加わってボリビアの政情は混迷を深め、ケネディ政権も厳しい対応を迫られていく。

4. 経済援助の展開とボリビア経済への影響

ボリビアは、ケネディ政権期の1961年から64年にかけて、1952年の革命開始後初めて経済の持続的成長を実現する。ソーンによれば、同時期の経済成長率は年平均5.7%と、1956～60年の年平均1.5%を大きく上回り、ボリビア経済は、革命による当初の混乱（1951～56年の年平均はマイナス1.3%）と経済安定化期の停滞からようやく脱したのであった[23]。ゾンダグによれば、ボリビア経済の主要セクターにおいてもそれぞれ1960年代初頭に顕著な改善が見られた。

---

22) Tel 13 from Stephansky to SS: "Current Situation since Arrival," July 13, 1961, NA724.00/7-1361. パス政権は、確かに「釈放要求に屈することなく、ストライキ終結に成功」しているが、実際には後で見るように、61年6月末の一部労組に対する買収によってゼネストが崩れ、スト破りに成功したというのが実態であった。そして、そのための費用を米側に援助として求め、米側も時間がかかったもののもそれに応じている。Memo from Battle to Bundy: "$3 Million Emergency Aid to Bol - Pres Paz's October 5, 1961, Letter to Pres Kennedy," Bol Gen 1961, Box 10, Country, NSF, JFKL.

23) Thorn, "The Economic Transformation," p. 167.

そもそも革命の影響は、ボリビア経済の二つの中心であった鉱業と農業において特に大きく、革命直後の鉱山国有化と農地改革によって鉱業生産と農業生産が大きく低下し、錫を中心とする鉱産物輸出の急速な減少による外貨不足と食糧生産の急減が革命後のボリビアの深刻な経済危機を招き、米国による緊急経済援助が必要な状況を作り出していた。その後、米国の援助がボリビア政府の財政赤字補填を通じた革命政権への支援という性格を強める中で、1950年代後半にアイゼンハワー政権が財政の「健全化」を目指して経済安定化政策を導入し、その強力なデフレ効果によって経済全体が低迷を続ける一方で、1950年代半ば以降、集中的な投資を受けた東部の石油産業は生産を伸ばし、農業セクターにおいても東部の米や砂糖等の商業的生産が増加している。さらに1960年代に入ると錫を中心とする鉱業生産の低下にも歯止めがかかり、錫の市場価格の上昇もあって生産増加に転じる一方、製造業でも同時期に生産が増加し始める。1960年代半ばまでにはアルティプラーノ（西部高地）や中央部（バージェ）での自給的農業生産も革命前の水準を回復し、ボリビアは革命初期のように毎年数千万ドルにのぼる食糧を輸入する必要がなくなり、その分の援助資金や外貨を国内の経済発展に向けることが可能になるのである[24]。

　こうした成長の重要な要因の一つは、1963年から1965年にかけての国際市場における錫価格の急上昇であった。国際錫価格は、1950年の朝鮮戦争の勃発によって翌1951年には1ポンド当たり1ドル97セントとそれまでの最高価格まで急騰した後低下を続け、革命直後の1953年には1ポンド当たり78セントにまで低落してボリビア経済に深刻な影響を与えていた[25]。価格はその後も低迷を続けて、MNR革命政権にとって大きな経済的足枷となり、米国の経済援助の多くがボリビア政府の財政赤字補填に費やされる大きな要因となっていた。ソーンによれば、錫価格が1961年の1ポンド当たり1ドル17セントから1965年の1ドル70セントへと上昇したことによって、COMIBOLに対する政府の財政負担が大きく減少し、米国の援助資金が財政赤字の補填ではなく、本

---

24)　Zondag, *The Bolivian Economy*, pp. 201–03; Lehman, *Bolivia*, p. 136.

25)　Letter from Sparks to Wellman, March 3, 1962, NA611.24/3-2062. 1951年2月の1ポンド当たり1ドル97セントという錫価格は、国際市場おいてはそれまでの最高値であったが、その後、米国の戦略備蓄の放出等により価格は低下を続けた。Bohlin, "United States-Latin American Relations," p. 153.

来の経済発展へと向かうことを可能にしたのである[26]。

　1960 年代前半以降のボリビアの経済成長の第二の要因としては、米国の援助自体の拡大と質的変化があった。若干の時間的ズレがあるが、錫の国際価格の上昇は、まさにケネディ政権が援助の重点を経済開発へと大きく転換し、対ボリビア援助自体を大幅増額した時期とほぼ重なっており、開発援助の拡大に引き続く形で錫価格が上昇したことによって、MNR 政権に対する経済援助の主要部分が COMIBOL の赤字補填から解放され、米国による援助の多くを経済開発に振り向けることが可能になり、経済援助自体の増額と相まってボリビアの経済発展にとって倍加された効果を及ぼすようになるのである。米国の経済援助は、1956 年〜61 年の年平均 2,270 万ドルから 1962 年〜64 年には 4,250 万ドルへと倍増した。ソーンによれば、その倍近い金額の差は、ボリビアにとって「国内が混乱したままの一種の安定」が続く状態からの脱却を意味し、効果は「直ちに劇的に」表れ、ボリビア経済を COMIBOL の赤字という深刻な足枷から解き放ち、「ジェットエンジンによる離陸」を可能にし、1952 年以来の革命による種々の改革の成果がようやく結実し始めたとされるのである[27]。

　パス政権の経済発展路線の中核として、こうしたケネディ政権による開発援助の拡大とともに重要であったのが、国際的な援助資金の集中的投入によって国有化鉱山の再建と COMIBOL の「経営健全化」を目指したトライアンギュラー計画であった。同計画は、後で見るように鉱山労働者からの強力な反対によ

---

26) Thorn, "The Economic Transformation," pp. 172, 195. ケネディ政権期の錫国際価格の上昇に関しては、Baldwin, *The World Tin Market*, pp. 136-37 を参照。この価格上昇に関しては、ダンカレーはベトナム戦争が要因としているが、米国のベトナム介入が本格化するのは 1965 年以降であり、1963 年から始まる国際価格の上昇を説明するのは困難であろう。錫の国際市場に関する権威であるジェームズ・ボールドウィンは、ボリビア以外の主要産出国であるザイールの独立後の内戦とインドネシアでの政情不安（価格上昇要因）による影響を指摘している。ボールドウィンによれば、国際錫市場は、この二つの要因と米国の戦略備蓄放出への懸念（投機的価格上昇を抑える要因）とが 1962 年以来不安定な相克を繰り返してきたが、市場での供給への不安が米国の備蓄政策への懸念を上回り、両者の均衡が崩れた結果としての価格の急上昇であったと、説得的な説明を行っている。*Ibid.*

27) Thorn, "The Economic Transformation," pp. 195-96. ソーンは、1960 年代初頭以降のボリビアの経済成長を「ボリビア経済の離陸」と表現しているが、航空機の離陸に例えて興味深い比喩を示している。即ちその実態は舗装された滑走路からのスムーズな離陸ではなく、ラパスの古いエルアルト飛行場で「埃を立てながらデコボコの滑走路をガタガタさせて離陸し、その後も高山地帯の薄い大気の中で上昇する気の抜けない荒れた飛行」に似ているとしている。*Ibid.*, p. 166.

って政治的に大きな困難に直面するが、パス政権と米国にとって、ボリビア経済と政府財政に占める COMIBOL の重要性と赤字の巨額さからすれば、ボリビア経済の持続的発展のためには、この問題の「解決」が不可欠であった[28]。しかし、国有化鉱山の「経営健全化」とコスト削減は計画通りに進まず、ソーンがトライアンギュラー計画は錫の国際価格の上昇に「救われた」と述べるように、錫の国際価格という外部要因に左右される面も大きかった。そもそも米国・西独・IDB の三者による再建資金の提供は、COMIBOL 側が「余剰人員」の整理を含む鉱山公社の「運営に関する多くの重要な政策変更」の実施を待って順次提供されることになっていた[29]。

　トライアンギュラー計画は、当初 1961 年からの 3 年計画として導入され、いくつかの段階に分けて随時資金提供を行うことになっていたが、COMIBOL 側の「経営健全化」計画実施の遅れもあって、三者からの資金供給は必ずしも順調には進まなかった。1961 年に国有化鉱山の老朽設備の更新や機器の購入、探査費用、解雇労働者対策費等に関する最初の 1,150 万ドル余りの資金の提供が行われた後は、1964 年初めになってようやく第二段階の 1,700 万ドルが供与され、さらなる鉱山設備や消耗品の購入、新たな鉱脈の探査、精錬技術調査等に充てられるという状況であった。その後も三者による資金供給は、COMIBOL 側の計画実施状況を見ながら進められ、「過剰人員」の削減が進まないとして、1965 年初めには第三期の資金供給が先延ばしにされるなど、計画は当初の 3 年間の予定から大幅に遅れる傾向にあった。実際、国有化鉱山での人員削減等による経費削減は容易に進まず、生産コストは 1950 年代末以来の上昇を止めることができなかった。国有化鉱山における赤字は、1963 年以降の錫価格の急上昇によって、錫の生産コストと市場価格が 1964 年にはほぼ均衡したことで大幅に縮小したものの、この価格上昇によっても経営的にはCOMIBOL の財務状況は根本的には改善せず、ゾンダグによれば、経営収支面からは「破産に近い状態」が続いたとされる[30]。

---

28)　既に指摘したように、ボリビアの中央政府の直接の財政規模が 3,500 万ドルほどであるに対して、1961 年の時点で COMIBOL の支出額は 6,300 万ドルと政府財政の 2 倍近い規模があり、赤字額は 600 万ドル（1960 年）に上り、政府が国家予算の中から赤字を補塡し、ボリビア政府の財政赤字は、アメリカの援助によって補塡されるという構造になっていた。

29)　*Ibid.*, p. 195; Zondag, *The Bolivian Economy*, p. 230.

しかし、トライアンギュラー計画の成果という面でいえば、ソーンが強調するように、錫価格の急上昇という幸運に恵まれたこともあって、政府の財政にとって COMIBOL の赤字が「中立化」され、米国の援助も含めて政府の資金が際限なくつぎ込まれるという状況は大幅に改善された。さらに国有化鉱山の維持管理に関しても、参加政府・機関からの援助資金を生産増等のための投資的経費に一定程度振り向け、10 年にわたって続いた深刻な投資不足が改善されたとされ、1960 年代半ば以降、MNR に代わる軍事政権下での鉱業生産の回復に貢献するのである[31]。ただし、トライアンギュラー計画のこうした成果は、鉱山労働者の激しい反発と革命政権との深刻な対立という政治的代償を伴い、パス政権が崩壊に向かうプロセスにも大きく関わることになる。以下、そうしたトライアンギュラー計画をめぐるパス政権と鉱山労働者との対立を中心に、ケネディ政権の開発援助政策と国内治安対策援助をめぐるボリビア国内の政治的展開について検討するが、その前に、まずはパス政権の国内左派への対応と対米政策にとって重要な要素の一つであるキューバ革命及びカストロ政権との関係について検討する。

5. ケネディ政権とキューバ・ボリビア関係

パス政権を支えた MNR の中道実務派指導者らにとって、20 世紀ラテンアメリカの最初の主要な社会革命として先行するメキシコ革命が自らの民族主義的革命のモデルであったが、一方で社会の根本的変革に伴う 10 年にわたる暴力と混乱をいかに防ぐかという点での反面教師でもあった[32]。またボリビア革命とほぼ同時期のグアテマラ革命に関しても 1952 年以降、農地改革や共産主義

---

30) *Ibid.*, pp. 230-32. ソーンによれば、錫 1 ポンド当たりの生産経費と市場価格は、統計のある 1957 年以降で見ると 1 ポンド当たりの生産コストと市場価格がそれぞれ 1961 年の時点で 1 ドル 44 セント対 1 ドル 17 セントという大幅な赤字だったものが、1964 年には 1 ドル 63 セント対 1 ドル 53 セントと赤字が大幅に縮小し、翌 1965 年には両者とも 1 ドル 70 セントと完全に均衡した。その後、市場価格は 1 ドル 40 セント台へと低下するが、後で触れるように軍事政権下で鉱山労働者への締め付けが強化され、経費の削減が「順調」に進み、1 ドル 30 セント台へと低下した。Thorn, "The Economic Transformation," p. 172.

31) *Ibid.*, pp. 172, 195; Zondag, *The Bolivian Economy*, p. 231.

32) Malloy, *Bolivia*, pp. 234-35.

の問題をめぐってアルベンス政権が米国との対立を深める中で、同政権による農地改革から学ぼうとする姿勢も見せるなど、グアテマラ革命への一定の共感や米国の圧力への反発があったものの、基本的には対米関係においていかにグアテマラの道を避けるべきかという反面教師としての側面が強かった。そうした他の革命に比して、キューバ革命に関しては、革命ボリビアへの直接的影響力の大きさもあって関係はより複雑であった。

　キューバ革命の成功は、第三世界全体で革命や民族解放を目指す諸勢力を奮い立たせたが、特にラテンアメリカにおいては、1950年代末から噴出し始めた現状への不満を地域全体で社会変革を求める大きなうねりへと変えていた。これはラテンアメリカ各国において様々な改革勢力や左派の台頭をもたらすとともに、支配層や軍部からの強い反発も招くなど極めて複雑な状況を作り出していた。そうした中で、革命によって既に農地改革等の大きな変革を経験し、いわばワクチンの接種を行っていたボリビアへの影響は、トマス・ライトによれば、他のラテンアメリカ諸国に比べると比較的「軽微」とされる[33]。しかし、ボリビア国内でもキューバ革命の影響を受けた左派勢力の活性化は、「進歩のための同盟」の下で拡大した米国の援助によって経済発展路線を推し進めようとするパス政権にとっては看過しえない問題であった。

　そもそもキューバ革命の指導者カストロは、「革命は国内的条件に由来するのであり、キューバ革命は輸出すべきものではない」と繰り返してきた一方で、革命政権の成立直後からラテンアメリカの左派反政府勢力やゲリラ勢力に革命実現のための理論とモデルを提供し、中米・カリブ海地域を中心に実際に革命運動への一貫した支援を行ってきた[34]。こうした介入主義は、当初、中米・カ

---

33) Wright, *Latin America*, p. 46.

34) Szulc, *Fidel*, p. 541; Cold Blasier, "The End of the Soviet-Cuban Partnership," in Carmelo Mesa-Lago, ed., *Cuba After the Cold War* (Pittsburgh: University of Pittsburgh Press, 1993), p. 79. キューバ革命の成功に基づいて構築され、当初ラテンアメリカの左翼に強い影響力をもって実践された革命理論が「フォコ（foco）」理論であった。即ち農村地帯を拠点にゲリラ活動の拠点（foco）を築いて支配地域を広げ、都市部の反政府勢力の協力を得ながら政府を倒して革命を実現するというものであり、ペルーやベネズエラ等ラテンアメリカ各地で実践されものの多くは鎮圧され、1967年のボリビアでのチェ・ゲバラの試みの失敗後、左派の武力革命の試みは都市ゲリラへと重点を移す。Dunkerley, *Rebellion*, p. 135; Thomas C. Wright, *Latin America in the Era of the Cuban Revolution* (Westport, CT: Praeger, 1991), p. 87; 国本伊代『概説ラテンアメリカ史〈改訂新版〉』（新評論、2001年）p. 242; John, *Bolivia's Radical Tradition*, p. 177.

第9章　ケネディ政権とボリビア革命Ⅱ　　333

リブ海地域に数多く存在する独裁政権に対する軍事的反乱への支援として始まった。その背景には、タッド・シュルツが指摘するように、ドミニカ共和国のトルヒーヨやニカラグアのソモサ（Luis Somoza Debayle）といった独裁者側のカストロ政権への敵意と反革命工作に対する「防衛」の意味とともに、その後のキューバ外交を特徴付けることになるカストロ自身の「国際主義」が重要であった[35]。その後、カストロは、同地域の独裁政権の打倒を目指すゲリラへの支援が成果を上げない中で、1960年代初頭からはラテンアメリカの改革政権に反対するゲリラへの支援も開始する。特にアメリカが進歩のための同盟の最も重要なモデルの一つと見なしていたベネズエラのベタンクール改革政権やペルーの改革派ベラウンデ政権に反対する左派の反政府勢力やゲリラへの支援は、同様の支援の対象となった他のラテンアメリカ諸国とともに、米国にとっても重大な懸念の的となり、ケネディ政権のカストロ政権に対する敵対政策の一つの背景となる[36]。こうしたカストロ政権によるラテンアメリカの反政府勢力への支援は、民族主義的な革命政権であるパス政権にとっても無縁ではなく、以下に見られるようなパス政権とカストロ政権との複雑な関係の背景となる。

　MNR政権指導者らは、当初、キューバ革命に対して自らと同様な民族主義的革命の成功を歓迎し、カストロらの「未熟な」革命指導者に改革のアドバイスを申し出るなどしていた[37]。さらにパス自身、既に触れたように1960年8月の第二期政権発足後、米国の安定化政策への全面的従属を余儀なくされたシレス政権に代わって、外交面では非同盟諸国への政治的接近やソ連等の東側諸

---

35)　Szulc, *Fidel*, p. 550. 特にカストロは、革命直後、中米カリブ地域の独裁者の典型ともいえるドミニカ共和国のトルヒーヨ（Rafael Trujillo）からの攻撃を米国による侵攻作戦と同様に恐れており、トルヒーヨがカストロ政権に対する反革命勢力を組織していることに対抗して、1959年6月にはキューバで訓練を受けた反トルヒーヨによる侵攻を試みて失敗している（コンスタンサ事件）。*Ibid.*, p. 549.

36)　Blasier, *The Giant's Rival*, p. 79; Wright, *Latin America*, p. 84. カストロとベタンクールは、1959年に相次いで独裁政権に代わって政権に就き、ともにトルヒージョと敵対関係にあるなど、当初は友好的な関係にあったが、すぐに改革の方法と選挙をめぐる立場の違いから厳しく対立するようになる。ベネズエラ国内のカストロ支持者らは、漸進的改革に代わる革命路線を求めて、武力闘争を含めてベタンクール政権の打倒を目指し、カストロもそうした左派勢力を積極的に支援した。両者は、いわばラテンアメリカにおける変革をめぐって革命か改革かという二つの選択肢をそれぞれ典型的に示すライバルであり、「進歩のための同盟」によって暴力革命ではなく平和的な改革の実現を目指す米国は、当然、後者を強く支持した。*Ibid.*, pp. 45-46, 84.

37)　Dunkerley, *Rebellion*, p. 113.

国との経済関係の強化を目指すなど、米国と距離を置く自立的な外交を目指す姿勢を示しており、第三世界の自立の一つの象徴ともなっていたカストロ政権に対して、敵対的な姿勢を強める米国の政策をすんなりと受け入れることは困難であった。既に触れたように、パス第二次政権は、内政面ではレチンを副大統領に加えて左派の懐柔を図ることによって出発したものの、最重要課題である経済発展路線の前提となる COMIBOL 改革等によって左派との深刻な対立も確実に予想され、外交面でキューバ革命を強く支持する国内左派を刺激するのは避けたいところであった。しかし、その後、キューバでの改革の本格化による対米関係の悪化と対ソ連接近、そして革命自体の社会主義化が進む中で、パス政権はキューバ革命との関係で厳しい立場に立たされる。即ちボリビアとの協力関係の再強化を進めるケネディ政権下の米国は、米州機構（OAS）等を通じてキューバ革命政権の孤立化と経済制裁の強化を図っており、パス政権は、反キューバ政策への同調を求める米国の強力な圧力にさらされる。その一方で、親キューバ政策を求める国内左派からは突き上げられ、さらに自らの自立外交のイメージの維持にも腐心する中で深刻なジレンマに直面するのである。実際にボリビア政府がキューバとの断交に同意するのは 1964 年のジョンソン政権期になってからであり、ダンカレーによれば、パスは、自らのナショナリストとしてのイメージの問題もあって、キューバ問題への対応は極めて慎重であった[38]。

　そうしたパスのキューバ問題に関する複雑な立場や思いは、パス自身及びボリビア政府の 1961 年の二つの対照的な発言や行動に現れている。一つは同年 2 月のシュレジンガーとの会談でのパスの発言である。この会談は、キューバ革命に対抗して「進歩のための同盟」という大胆な政策の準備を進め、ボリビアに対してもトライアンギュラー計画を中心に新たなテコ入れを検討しているケネディ政権にとって、ボリビア革命政権がキューバ革命に対してどのような政策をとろうとしているのかを見極めるために重要であった。前章でも触れたように、2 月 24 日の両者の会談において、こうした任を帯びたシュレジンガー大統領特別補佐官に対して、パス大統領は、キューバ革命以来、共産主義者

---

38)　*Ibid.*

第9章　ケネディ政権とボリビア革命Ⅱ　335

らは支持者の拡大に成功して国内対立をあおっており、キューバと同様にボリ
ビアも手中に収めようとする恐れがあると警告し、カストロを「排除」するた
めの経済的圧力の強化と「教育キャンペーン」について語っていた[39]。そして、
パスの発言には、キューバ革命への共感は全く見られず、キューバ革命以来、
国内で勢いづく左派勢力・過激な労働勢力への対応に苦慮するパスの率直な感
想を表していたのであった[40]。実際にキューバ政府は、ラパスの大使館を使っ
てボリビア国内の左派や共産主義者に対する支援を行っていただけでなく、ボ
リビアをペルー等の近隣諸国に対する革命工作の拠点としていたのである[41]。

　1961年のもう一つの事例は、「進歩のための同盟」立ち上げのためにウルグ
アイのプンタデルエステで開催された歴史的な米州機構経済社会理事会の特別
閣僚会議でのボリビア政府代表団の行動である。この米州特別会合には、カス
トロと並ぶキューバ革命の英雄であるチェ・ゲバラがキューバ代表団を率いて
参加し、米国全権であるディロン財務長官と厳しい対立を見せた。会議は、本
来、10年間に200億ドルもの資金を投入してラテンアメリカ諸国の社会改革
を促し、社会経済開発を推進するというケネディ政権の意欲的な開発援助政策
に対して、ラテンアメリカ側の積極的参加と米国との一体性を演出する機会と
して構想されていた。しかし、ゲバラの参加によってメディアの注目がキュー
バに集まり、米・キューバの対立がもう一つの隠れた主要なテーマとなった。
会議は、ラテンアメリカの発展と自立をめぐるキューバの社会主義的路線かそ
れとも米国主導の自由主義的路線かをめぐる開発モデルを競う場となったので
ある[42]。そして、ゲバラが米国に対抗して30の決議案の提案を目指している
との情報に米国代表団には緊張が走った[43]。ディロンは、ブラジル、アルゼン

---

39)　Schlesinger, *Thousand Days*, p. 183; Schlesinger, Jr., *Journals: 1952-2000*, pp. 105-06.

40)　ケネディのスペイン語の通訳官バーンズによれば、パスは、1963年10月のケネディとの首
　　脳会談の際にも、「キューバ問題はボリビアにとって大きな問題だ」として苛立ちを隠さなか
　　った。Oral History Interview with Donald F. Barnes by John Plank, June 30, 1964, JFKL,
　　p. 102.

41)　DS, "Position Paper: Cuban Subversion," Oct 17, 1963, "Paz Visit, Paz Briefing Book,
　　10/22/63-10/24-63," Subjects: Bolivia, Box 11, Countries, NSF, JFKL. 1963年3月にはアマ
　　ゾン川流域のボリビア側からペルーへの侵入を計画していた複数のペルー人ゲリラがボリビア
　　当局に逮捕され、キューバの支援を受けていたことが判明した。Field, *Development to
　　Dictatorship*, pp. 70-71.

42)　Westad, *The Global Cold War*, pp. 4-5, 9.

チン、チリ、ペルーの代表団と緊密な協力を図ってゲバラを封じ込め、米国提案の無傷の成立を目指し、ゲバラの一挙手一投足は国務省本省とケネディ大統領自身に詳細に報告されたのであった[44]。

　ゲバラは、会議前半の8月8日と最終盤の8月16日に各国代表団を前に演説を行ったが、8月8日の2時間半に及ぶ演説の中で、「進歩のための同盟」は「帝国主義者の指示に従ってキューバをラテンアメリカの他の諸国民から引き離し、キューバ革命の模範が他に根付かないようにすることによって、他の諸国民を押さえ付けようとするものだ」と厳しく非難した。しかし、単なる批判のための批判と見なされないためにも、ディロンが提案した「進歩のための同盟」の骨子となる主要な項目それぞれについて具体的に批判し、キューバ側の対案を示したのである。ゲバラは、「同盟」が今後実現を目指す教育や保健衛生、低所得者向け住宅建設等の社会経済面では既にキューバが急速な進歩を遂げていることを自負するとともに、農地改革や所得の公正な分配等が重要であるにもかかわらず、「同盟」案にはそのための具体策が乏しいと批判した。そして、新任の工業相としてラテンアメリカ諸国の発展の基礎は工業化にあるのにそのための資金援助が不十分であるとして、キューバが現実的な形で今後年平均10％の成長目標を掲げているのに対して、「同盟」が掲げる10年間年平均2.5％という経済成長目標では先進国との差はいつまでも縮まらないと批判した。演説の最後にゲバラは、カストロが繰り返してきたように、キューバ革命自体を輸出するつもりはないと言明する一方、キューバ革命の模範が広まること自体は止められないとして、「社会的緊急手段が講じられなければ、キューバの模範は［他のラテンアメリカ諸国の］人民の間に根付くことになる」と強調した。そして、さらに同年7月26日のカストロ演説を引用して、「従来のような社会状況が続けば、『アンデスはラテンアメリカのシエラ・マエストラになる』」と警告した[45]。

　こうした重要な会議の場においてボリビア代表団は、他の多くのラテンアメ

---

43)　Tel 100 from the Emb in Uruguay [Dillon] to DS [President Kennedy], August 6, 1961, *FRUS, 1961-63*, XII, pp. 48-49; Jon Lee Anderson, *Che Guevara: A Revolutionary Life* (New York: Grove Press, 1997), pp. 511-12.

44)　Tel 100 from Emb in Uruguay to DS, August 6, 1961, *FRUS, 1961-63*, XII, pp. 48-49.

リカ諸国とは対照的にしばしばキューバに同調する姿勢を見せ、米側を苛立た
せた。1961年8月16日に会議の総括としてケネディ宛てに送った公電の中で、
ディロンは、「同盟」を台無しにするようなキューバ提出の多くの修正案は、ボ
リビア以外のすべての代表団が否決し、会議は「キューバとボリビアを除くす
べての参加国の連帯を示す素晴らしい場となった」とし、ボリビア代表団は明
らかにキューバの指図を受けて会議を通じて「共産主義的立場」を一貫して示
していたと、ケネディに不満を述べている[46]。一方、こうしたボリビア代表団
の対応に関して、ゲバラは、キューバへの帰国後の会議報告ともいえる8月23
日の記者会見において、「民主主義の原理と人民の自決の擁護のために特筆す
べき立場」を示した幾つかの国がしばしばキューバと同一歩調をとり、「キュ
ーバは決して孤立を感じなかった」と述べ、そうした国の一つとしてボリビア
をあげている。特にボリビアについては、「とりわけ尊敬すべき勇気ある態度
を会議で示した」ため、「キューバの第一の従弟」と呼ばれ、「ボリビアが置か
れた状況からすればとても危険な愛称」がつけられたにもかかわらず、「多く
の論点においてボリビアは自らの立場を鮮明に述べていた」と評している[47]。

　こうした現地からの報告を受けて、ラスク（Dean Rusk）国務長官は、ラパス
のステファンスキー大使宛ての公電において上記会議でのボリビア政府代表団
の行動に関して強い懸念を表明し、同国首席全権は病気のため会議には参加し
なかったとして擁護する一方で、次席代表を中心にキューバと連携してこうし

---

45)　Ernest Che Guevara, *Our America and Theirs: Kennedy and the Alliance for Progress —
The Debate at Puta del Este* (Melbourne: Ocean Press, 2006), pp. 43-44, 66. ディロンは、ケ
ネディ宛の公電の中で、ゲバラ演説が「共産主義の観点からの熟達した演説」であったと評し、
「進歩のための同盟全体と本会議が目指すものすべてを批判」するものであったが、各国代表
団には「実質的な影響を与えることはできなかった」と強調した。その一方で、そもそもゲバ
ラが目指したのは「政府代表の頭越しにラテンアメリカの人民」に直接語りかけることであり、
この点でどの程度成功したかは会議の場からは測ることができない、と分析している。さらに
議長を務める開催国ウルグアイの大統領から政治的コメントは避け、会議の主要議題に専念す
るように要請があったとして、この場で論争になって「ゲバラ演説に威厳を与えるのは適切で
ない」と判断し、すぐには反論しなかった旨述べている。Tel 123 from Emb in Uruguay
[Dillon] to DS, August 6, 1961, *FRUS, 1961-63*, XII, pp. 50-51. なおシエラ・マエストラは、
カストロらが拠点として革命を成功に導いたキューバ南東部の山岳地帯である。カストロとゲ
バラは、後に実現を目指すボリビアを拠点とするラテンアメリカ革命の構想を既に示唆してい
たともいえよう。

46)　Dillon to JFK, August 16, 1961, *FRUS, 1961-63*, XII, pp. 59-60.

た「共産党路線」が推進され、会議終盤のプンタデルエステ宣言に関する投票でもボリビアが唯一キューバと共同行動をとったと批判した。ラスクは、ステファンスキーに対して、「ボリビア代表団の行動は、米政府の最も高いレベルにおいて強く懸念されており、適切な機会にこの問題をパス大統領に対して口頭で伝え、こうした行動は米政府がボリビア援助計画を遂行する際に困難をもたらす」旨指摘するように訓令した[48]。ただし、ケネディ大統領以下の米政府指導者らの強い懸念にもかかわらず、米側はその後、この点に関連して対ボリビア援助政策を見直すことはなかった。そもそも正式な外交文書を通じた抗議という手段ではなく、パス大統領に対して時期を選んで口頭で懸念を伝えるという方法自体、米側がこの問題を大きくしたくなかったことの表れである。この背景には、米側は、キューバ革命政権との関係、さらにキューバを支持するボリビア国内の左派勢力との関係をめぐってパス政権が置かれた微妙な位置をよく理解していたことがあった。フィールドによれば、カストロ政権とパス政権は、「複雑なメヌエットを踊っており、双方が互いの行動を容認し合うような事実上の合意があった」とされ、キューバで政治教育や軍事訓練等を受けた左派青年指導者やボリビア共産党（PCB）幹部とのインタビュー等によりフィールドが丹念に集めた証言からも明らかなように、キューバ側はボリビアを周辺国における革命運動の拠点や通過点としては使うが、パス政権そのものに対してはゲリラ闘争を禁じていた[49]。パスはそれを理解し、米側の度重なる要請

---

47) Guevara, *Our America and Theirs*, p. 86. ゲバラは、会議終了後、米国代表団に随行していたケネディ大統領の特別補佐官であるグッドウィンと秘密裏の会談をもった。グッドウィンは、ゲバラに対して大統領を正式に代表するものではないと断りながらも、ケネディに直接伝えるとして米・キューバ間の懸案について2時間余りにわたって話し合った。会談では、ゲバラは、「進歩のための同盟」への非難を繰り返し、「米国の経済的帝国主義の手段」である同盟政策は、「ラテンアメリカの特権的支配層に改革の遂行が委ねられており、失敗は免れない」と批判した。*Ibid.*, pp. 2-7; "Editorial Note," *FRUS, 1961-63*, XII, p. 61. その後の「同盟」政策の展開を見れば、同政策が抱えていた限界および米国のジレンマを的確に指摘していたといえよう。

48) Tel 89 from DS to LP, August 22, 1961, Bolivia General, Country, Box 10, NSF, JFKL.

49) Field, *Development to Dictatorship*, p. 70. キューバの革命外交は、駐在国の大使館の外交特権等を利用した活動から大いに裨益しており、パス政権への転覆工作への支持等によって対立が先鋭化し、国交断絶によってボリビア国内で一切の活動ができなくなることは避けたい事態であった。キューバとの国交を維持した他の幾つかの国も革命外交にとって重要な拠点を提供していたが、特にボリビアの場合、南米大陸の中央に位置し、人口希薄な辺境地帯によって周辺5カ国と国境を接するという同国の地理的条件は、ここでも他に代えがたいものであった。

にもかかわらず、キューバとの断交や国内での革命工作に対する徹底的な弾圧には一貫して腰が重かった。こうしたパス政権の政策に対して、米側、特にステファンスキー大使は、一定程度までは容認していたといえよう[50]。

フィールドによれば、こうしたパス政権のキューバとの関係に見られるパターンは、PCBとの関係においても見られ、1951年と1960年の大統領選挙におけるPCBのパス支持への見返りとして、パスはPCBに対する政治的な弾圧を基本的に控えていた。一方のPCBは、国内での合法性の維持を重視し、トライアンギュラー計画を軸に対米協力関係の強化と鉱山労働者への締め付けを強めるパス政権に対して、反政府行動は合法的な活動と政治的批判の範囲に留め、党員による反政府武装闘争やゲリラ活動を禁止しており、こうした相互の抑制的な対応に関して両者には暗黙の了解があったとされる[51]。PCBのこうした方針は、ソ連自体の方針を反映しており、ライトによれば、ソ連はラテンアメリカにおいて将来革命の条件が整うまでは共産党と支援勢力の漸進的な育成を重視し、ソ連自体の活動も「現地の共産党にとって良好な活動の環境を作り出すため、ラテンアメリカにおいて適切な関係を維持して公式な外交関係を拡大すること」を目指していた。当然ながらこうしたソ連の方針はキューバの革命外交とは真っ向から対立し、ソ連とキューバが60年代を通じて関係を深める中で、ラテンアメリカでの反政府武力闘争支援をめぐる方針の違いは両国の重要な摩擦の種となる[52]。後にゲバラは、ラテンアメリカ革命を目指してボリビアで

---

50) 1962年1月に同じプンタデルエステで米州外相会議が開催され、ケネディ政権は、カストロ政権下のキューバのOASからの追放及びOAS諸国の共同経済制裁・外交断絶を目指したが、メキシコ、ブラジル等の有力国からの強い反対のため米側は後者に関する決議を取り下げ、OASからの追放決議のみが成立した。しかし、ラテンアメリカの人口や経済力の面で過半を占める有力諸国が棄権に回った。棄権国は、上記のメキシコ、ブラジルに加えて、アルゼンチン、チリ、エクアドル、さらにボリビアを加えた6カ国であり、覇権国米国にとって米州諸国による一致した対キューバ制裁の困難さを改めて浮き彫りにする形となった。Tel from Rusk to DS, January 31, 1962, *FRUS, 1961-63*, XII, p. 307. パス政権は、メキシコやブラジル、アルゼンチン、チリ等の主要国がそれぞれの国内事情や自律的外交の伝統からキューバとの外交・経済関係を継続する中で、自らの外交・経済断交を求める米国からの圧力に抗し続け、最終的に断交に踏み切るのはパス政権末期の1964年8月であった。これは、1964年7月にOASがキューバに対する共同経済制裁・外交断絶を義務付けた決議を成立させたことが契機となるが、この背景には、アルゼンチン、ブラジル、エクアドルで軍事政権が成立し、上記6カ国の連帯が崩れたことがあった。Wright, *Latin America*, p. 65; Morley, *Imperial State*, p. 173. この直後の11月にはボリビアでもパス政権が倒壊し、軍事政権が成立する。

51) Field, *Development to Dictatorship*, p. 68.

1966 年にゲリラ闘争を開始した際に、当時は既にパス政権は軍事政権に取って代わられ、共産党にとって反政府武装闘争支援の大義がより明白であったにもかかわらず、PCB からの有効な協力が得られず、都市部からの支援なしに農村部で孤立したゲリラ闘争を続けざるをえなかった背景の一つとしてこうしたソ連及び PCB の方針があった。しかし、こうしたパス政権の対米協力路線への PCB の抑制的方針に対して、MNR 内の労働左派や左派学生指導者らは反発し、鉱山労組指導者や左派指導者への弾圧を強く非難するとともに、キューバ革命との連帯を唱えて政府への反対を強める。こうした状況下、米国が支えるパス政権と左派鉱山労働者との対立は深刻さを増し、そうした対立に学生や都市労働者、インディオ農民組織、右派政治勢力、そして復活した軍部が加わってボリビアの政情は混迷を深め、ケネディ政権も厳しい対応を迫られていく。以下、ケネディ政権末期に向けて進行するこうしたプロセスを政府と鉱山労働者の対立を中心に検討する。

6. ボリビア政情の不安定化とケネディ政権

トライアンギュラー計画をめぐるパス政権と鉱山労働者との対立が最も先鋭化するのが、ボリビア最大の鉱山シグロベインテであった。同鉱山を含む主要鉱山においては、伝統的にトロツキスト派 POR が大きな影響力を保ち、レチン以下の政府・MNR 系の労働指導者らと主導権を争ってきたが、1950 年代後半の経済安定化政策によって鉱山への政府の締め付けが強化され、鉱山労働者の生活が厳しさを増す中で、PCB は、政治闘争の場として鉱山労働者への働きかけを強める。そして、「アメリカ帝国主義と MNR 政権への反対」をスローガンに勢力を拡大し、POR 系や MNR 系を抑えて 1961 年までにはシグロベインテ鉱山の労組指導部を独占するに至る。しかし、シグロベインテで実際に主導権を握った共産党指導者エスコバルやピメンテル（Irineo Pimentel）らは、鉱山

---

52) Wright, *Latin America*, pp. 34-35. ジョナサン・ハスラムは、こうしたラテンアメリカでの政治闘争重視路線は、武装蜂起ではなく立憲主義を重視するチリ共産党の影響の下に策定されたとされるが、同党は後に 1970 年の大統領選挙で社会党との選挙協力によってアジェンデ（Salvador Allende）社会党政権の勝利に貢献している。Haslam, *Russia's Cold War*, p. 187.

労働者からの強い信頼と支持、そして民兵組織の強力な武力を背景に共産党本部からの自立性を強め、鉱山労働者の権利擁護のためトライアンギュラー計画等の政府側の政策に対して武力行使を含めて徹底的な抵抗を指導する[53]。

こうしたトライアンギュラー計画をめぐる鉱山労働者側とパス政権との対立が一つのピークを迎えるのが、1963年半ばの国有化鉱山をめぐる政治的危機である[54]。既に触れたように「鉱山改革」が想定通り進展せず、トライアンギュラー計画による資金援助計画に遅れが出る中で、米側はパス政権に対して人員整理等の推進を強く求め続けたが、ボリビア革命政権側は鉱山労働者との深刻な対立を招く恐れのある大規模な人員整理には慎重で、1963年に入ってようやく重い腰を上げて国有化鉱山の本格的「改革」に取り組み始めた。こうした始まった「鉱山改革」をめぐる危機について、ボリビア経済と対ボリビア援助を当時の米政府機関の現地技術者の視点から詳細に描いたゾンダグによれば、危機は「国有化鉱山における労働者の大規模な削減を行ったために起こった」が、MNR政府にとって「明確な勝利に終わった」とされ、またダンカレーも、ボリビア鉱山公社（COMIBOL）のベドレガル総裁は、61年の就任以来の人員整理数がトライアンギュラー計画で義務付けられた5,000人に遠く及ばない2,000人に留まったことにしびれを切らして、組合側への改革を受け入れさせるためにシグロベインテ鉱山の労働者への締め付け強化を図ったことが発端だったとされる。しかし、鉱山危機の背景とその結果は極めて複雑なものであった[55]。

シグロベインテ鉱山と隣接するカタビ鉱山では、トライアンギュラー計画に抗議する鉱山労働者によるストライキが断続的に続いていたが、COMIBOL側は、これを違法として7月初めにストライキ労働者への給与支払いの停止とと

---

53) Dunkerley, *Rebellion*, pp. 109-11; Field, *Development to Dictatorship*, p. 78. エスコバルは鉱山労働者からの信頼が特に厚く、ダンカレーによれば鉱山地区全体で労働者の擁護者として「伝説の人物」であったとされ、シグロベインテ鉱山の「労働者による管理責任者（Control Obrero）」としての権限の下に COMIBOL の経営側と政府に対する抵抗を効果的に指導した。一方のピメンテルは、かつて PCB の前身組織である PIR に属していたが、その後無所属の共産主義者となったものの、シグロベインテ鉱山においては鉱山労組書記長として優れた組織力を発揮し、エスコバルとともに PCB の勢力拡大に大きく貢献した。*Ibid.*, p. 204; Dunkerley, *Rebellion*, pp. 109-11. なお「control obrero」は、鉱山における「労働者による管理」（鉱山経営・運営における重要事項への決定の参画権および拒否権）とともにその任に当たる責任者も指しており、各鉱山に置かれていた。

54) *Ibid.*, p. 111.

もに両鉱山における購買部等の全面閉鎖という苛烈な手段に打って出た。しかし、これはベドレガル総裁が「しびれを切らして」行ったというような単純な対応ではなく、資料による十分な裏付けは困難だが、以下検討するように、米政府とボリビア政府との緊密な連携の下に鉱山労働者側を挑発してストライキ等の行動に追い込み、政府側が武力による圧力を背景に「鉱山改革」を図ろうとした計画の一部であった可能性が高い。そもそも各鉱山は人里離れた山中にあり、鉱山労働者及びその家族にとって鉱山購買部は命綱ともいえ、こうした兵糧攻めに対して両鉱山の労働者側は直ちに全面的なストライキによって対抗して閉鎖の解除を求め、またFSTMBも各鉱山労組に対して全鉱山における波状的ストライキを要請した。一方、パス大統領は、「今こそ鉱山労組の無秩序を粉砕する時である」と宣言するに至るのである[56]。

　またパス政権は、鉱山労働者への軍事的圧力も強めた。既に見たように、ケネディ政権は、ボリビア政府に対して鉱山の武装民兵に対抗するための軍事援助の強化を図ってきた。国内治安対策面での将兵の訓練強化に加えて、1961年8月の機甲大隊創設を手始めとして、装甲車や自走砲等のより強化された装備

---

55) *Ibid.*, p. 111; Zondag, *The Bolivian Economy*, pp. 233-34. この鉱山危機のプロセスについては、ボリビア鉱山労働者等との豊富なインタビュー資料も用いながらフィールドが詳細に叙述している。Field, *Development to Dictatorship*, pp. 87-97. パス政権は、米側に対して繰り返し国有鉱山「改革」への本格的取り組みを誓ってきたが、なぜ1963年半ばに実際に鉱山労働者への強硬手段を伴う「改革」の実施に踏み切ったかという点については、まず指摘すべきは、トライアンギュラー計画開始後1年が過ぎ、米国を含む国際的な資金供給が続く一方で国有化鉱山の人員削減が進まず、COMIBOLの経営に目立った改善が見られない中で、「鉱山改革」の実施を求める米側の圧力が1963年に入って高まってきたことがある。さらにフィールドがバリエントス（René Barrientos）空軍司令官の発言を引用して述べているように、米国によるボリビア軍の訓練と軍事援助によって国内の治安維持機構としての国軍の軍事的準備が整ったことがあろう。*Ibid.*, p. 88. また1964年6月に予定された大統領選挙をにらんで、パス大統領と鉱山労働者等の左派を支持基盤とするレチン副大統領との政治的駆け引きが本格化してきたことも関係があろう。パスは、左派の中核である鉱山労働者による事実上の自主管理状態にある国有化鉱山において政府の支配権を回復し、レチンの政治的基盤である左派の勢力を掘り崩すことを目指したともいえよう。CIA Office of Intelligence, Current Intelligence Memorandum: "The Internal Security Situation in Bolivia," July 30, 1963, CIA Records Search Tool (CREST), https://www.cia.gov/library/readingroom/docs/CIA-RDP79T00429A0012000 10031-2.pdf：2017年8月24日にアクセス。

56) Field, *Development to Dictatorship*, p. 89. この一連の展開については、以下のステファンスキー大使の国務長官宛公電に詳しい。Tel 161 from La Paz to the Secretary of State, July 30, 1963, "Bolivia, General 4/63-7/63," box 10A, Countries, NSF, JFKL.

第 9 章　ケネディ政権とボリビア革命 II　　343

や火力が提供され、軍としての内実を整えていった。ただし、パス政権は、
MNR 内の労働左派からの強い反対もあって、軍を直接鉱山地帯に導入するこ
とには極めて慎重であった。パスは、鉱山地帯での政府による統制の回復を図
るため、軍に代わって政府支持のインディオ農民の民兵組織を積極的に活用し
た。農民層は、1953 年の農地改革以来 MNR 革命政権の重要な支持基盤となっ
ており、その組織化も進んでいた。ただし、各地の農民組織とその民兵組織は、
実際には必ずしも MNR の指導下あったわけではなく、むしろ各地の有力指導
者がこれらの民兵組織を配下に置き、MNR 革命体制下において地方で互いに
対立と抗争を繰り返す一方、革命政権とも駆け引きを繰り広げていたのであ
る[57]。

　鉱山労働者の武力に対抗し、「鉱山改革」を本格的に開始するための一つの
契機としてパスがこうした農民民兵組織の利用を図ったのが、鉱山危機の最中
に起こった 1963 年半ばのシグロベインテ鉱山の労働者民兵組織に対する農民
民兵組織の攻撃計画とその失敗である。この計画はケネディ政権と米軍部、
CIA、そしてパス政権とボリビア軍の緊密な連携の下で進められた[58]。パス政
権は、ストライキを続けるシグロベインテの鉱山労働者らが COMIBOL によ

---

57)　Field, *Development to Dictatorship*, p. 32; Malloy, *Bolivia*, pp. 252-53.「カウディーリョ
（caudillos）」は、ラテンアメリカに伝統的な政治的・軍事的ボスを指しており、19 世紀初頭の
独立後、ボリビアを含む殆どすべてのラテンアメリカ諸国で「武力集団を率いた頭領」として
統治の基盤が確立しない中央政府に対して各地に割拠した。国本『概説ラテンアメリカ史』
pp. 141-44. マロイは、革命後のボリビアで割拠した各地の農民指導者に対して「カシーケ
（caciques）」との表現を用いている。カシーケは、「植民地時代に征服者とインディオ社会の仲
介者として機能したインディオ社会の指導者」を意味することが多いが、マロイはこの言葉に
よって、各地のインディオ農民指導者が中央政府に挑戦するような力や独立性は必ずしもなく、
MNR 革命政権と自らの配下のインディオ・コミュニティとの間で一種の仲介者として自らの
地位を維持した側面が強かった点を強調している。Malloy, *Bolivia*, p. 211; 大貫他『ラテン・
アメリカを知る事典』p. 107.

58)　Extract from DIA Intelligence Summary, July 31, 1963, "Bolivia, General 4/63-7/63," box
10A, Countries, NSF, JFKL; Field, *Development to Dictatorship*, pp. 93-95. この攻撃計画とそ
の後の鉱山労働者民兵と農民側民兵の武力衝突事件の顛末について、詳しくは、*ibid.*,
pp. 87-96 を参照。ボリビア情勢が緊迫する中で、ステファンスキー大使は、協議のため 1963
年 5 月末から 7 月 15 日までの長期間にわたってワシントンに戻り、国務省及びホワイトハウ
ス関係者と協議を続け、7 月 9 日にはボリビアに対する「緊急計画」案に関して「進歩のため
の同盟」プログラムの責任者であるモスコソと国務省からの同意を得ている。同案によれば、
米国対外援助庁（USIAD）の公共安全課（Office of Public Safety）が「［鉱山労働者側との］
最後の対決を促し……シグロベインテ鉱山で鉱山労働者を挑発してストライキを起こさせ、イ

る圧力政策の不当性とトライアンギュラー計画への反対を訴えるため、首都ラパスでのデモを計画していることに対して、同鉱山近郊の政府系農民指導者であるネリー（Wilge Nery）の民兵組織による武力による威圧ないし攻撃を計画し、同組織への米軍からの武器の緊急の追加供給を行い、あわせて軍の一部も近郊に送られた[59]。しかし、ネリーの民兵組織がシグロベインテ鉱山の東方30キロ余りのイルパタ村に拠点を構えると、鉱山労働者側は先手を打って7月29日の未明、2,000名ともされる同鉱山の労働者民兵の中から精鋭数十名が農民側民兵に対して奇襲攻撃をかけて降伏を迫ったが、受け入れられず戦闘となった。同日のうちに増援もあって500名余りとなった鉱山労働者側が農民側に勝利し、捕虜として捕えたネリーも処刑するという形で事件は決着した[60]。

この作戦自体は無謀ともいえ、仮にインディオ民兵による鉱山労働者民兵へ

ンディオの準軍事組織の武力行使の準備を整えて同鉱山を攻撃させる」というものであり、さらに政府による鉱山への「食料供給の停止」の提案も含んでいた。*Ibid.,* p. 88. そもそもケネディ政権は、鉱山改革をめぐるボリビア情勢の緊迫化に関して、同年5月から既に政権中枢で緊急対応の方策について検討を続けていた。1963年5月15日にはケネディ（Robert F. Kennedy）司法長官を座長として反乱鎮圧作戦を政権の中枢レベルで検討する「特別グループ（CI）」において、ボリビアがラテンアメリカにおいて左派・共産主義勢力による政権掌握の危険性の特に高い国の一つとして「ボリビア国内防衛計画」が承認されていた。そこではパス大統領を中心とするMNR中道勢力とレチン副大統領を担いで権力の奪取を目指すMNR左派及び党外共産主義勢力との対立が強調され、トライアンギュラー計画をめぐる国内対立の深刻化から政治情勢が不安定化しており、それに対して軍事的支援の強化が唱えられていた。Memo from Sterling Gottrail to the Special Group (Counter-Insurgency): "The Situation in Bolivia," July 31, 1963, "Bolivia, General 4/63-7/63," box 10A, Countries, NSF, JFKL.

59) もともとネリーの属するフクマニ（Jucumani）コミュニティは、地域の他のインディオ・コミュニティであるライメ（Laime）と土地や資源をめぐって古くから対立しており、ネリー指導下のフクマニが政府と連携して武器等を入手すると、軍事的脅威を感じたライメ側は、シグロベインテ鉱山の共産党指導者エスコバルと協定を結び、鉱山労働者側が武器の提供や人員の派遣による学習や政治教育の手助けを行う一方で、ライメ側は鉱山紛争の際には援軍を送ることになっていた。Field, *Development to Dictatorship*, pp. 89-90. パス政権による農民民兵の利用の背景には、こうしたボリビア革命政治における複雑な政治的・民族的・歴史的要素が絡んでいた。

60) 以下も参照。CIA Office of the Current Intelligence, "CIA Special Report: The internal Security Situation in Bolivia", August 2, 1963, CIA Records Search Tool (CREST), https://www.cia.gov/library/readingroom/docs/CIA-RDP79-00927A004100080004-7.pdf：2017年8月24日アクセス．この作戦の失敗によって、鉱山労働者側はネリー配下の民兵組織がボリビア政府・軍から供給された大量の武器弾薬を入手し、米側に懸念を抱かせている。また有力な農民指導者の1人であったネリーの殺害に対して、全国農民労働者組合連合会は、政府に対して犯罪者の処罰を強く求めたExtract from DIA Intelligence Summary, July 31, 1963, Bolivia General 4/63-7/63, Box 10A, Countries, NSF, JFKL.

の攻撃が計画通り行われていたとすればむしろ武力衝突が拡大し、内戦に発展する危険さえあった。フィールドによれば、この攻撃計画は、バリエントス空軍司令官、同司令官と親しいラパス米大使館付き空軍武官フォックス（Edward Fox）大佐、アルセ＝ムリージョ（José Antonio Arze Murillo）内務大臣らによってステファンスキー大使との極秘の協議の下に進められ、ボリビア側の要請に基づいて米軍特殊部隊の投入の可能性も検討されていた。ただこうした内戦勃発や米軍の直接介入の可能性はケネディ大統領の懸念を招き、米側の関与はボリビア政府に対する緊急の軍事物資の提供に重点を置くことになる[61]。

　結果的に作戦が失敗に終わったことは一種の僥倖ともいえ、武力衝突の激化や内乱の勃発という事態は避けられた。その後、パス政権は、インディオ民兵のこうした形での利用や軍による直接の攻撃や戦闘は慎重に避けながらも、シグロベインテを含む主要鉱山地域に軍を展開して圧力をかけながら「鉱山改革」を進める。イルパタ村での軍事衝突直後の8月3日には、大統領令によって鉱山における「労働者による管理（control obrero）」の廃止が宣言され、COMIBOL による自由な人員整理が可能となり、政府側は実際に大規模な人員整理に乗り出す。これに対する鉱山労働者側の強力な反対行動は直ちには起こらなかったものの、ケネディ大統領の暗殺直後の 1963 年 12 月にはシグロベインテ鉱山での米人人質事件という形へとエスカレートし、副大統領から急遽就任するジョンソン大統領にとって最初の国際危機をもたらすことになるが、この点に関しては次章で検討する。以下、ケネディ政権下での両国間の最後の主要な出来事であるケネディとパスの首脳会談について触れておく。

7. パス米国訪問とケネディ暗殺

　パス大統領は、ボリビア国内情勢の緊迫が続く中で 1963 年 10 月 22 日から訪米してケネディ大統領との初の首脳会談を行う。これはケネディが翌月の暗殺前に行った最後の首脳会談であり、パスにとっては、「進歩のための同盟」の下での対米協力・経済発展路線の一つの仕上げといえ、両首脳の蜜月ぶりが

61）　Field, *Development to Dictatorship*, pp. 91–93.

演出された。パス大統領による米国への公式訪問は、1961年のケネディ政権成立以来度々両国で検討され、何度か実現直前までいったものの、両国関係の緊張やボリビア国内情勢の緊迫化等によって中止になっていた[62]。そうした中で、1963年10月のパス訪米は、同年春の訪問計画が中止となった原因である国有化鉱山をめぐる国内情勢の緊張が続く中で、直前まで状況の推移をにらみながら訪米の検討が進められ、最終的に両国間で訪米の決定がなされたのが9月半ばになってからであった[63]。8月のイルパタ村での武力衝突はあったものの、その後は政府と鉱山労働者側とのにらみ合いが続き、不安定ながら一定の政治的均衡状態が一時的にせよ実現していた。そうした中で、政府は、軍事力を背景に本格的な「鉱山改革」を開始して米政府から高い評価を得ており、パス訪米にとっては一応好ましい条件が整っていた[64]。

このタイミングでのパス訪問は、米側にとっては、「進歩のための同盟」政策推進のためのパートナーとして貴重な改革政権への支持を確認するとともに、1964年のボリビア大統領選挙に向けて鉱山労働者を中心にMNR党内左派及び共産党等の党外左派の支持を受け、有力な対抗馬と見なされたレチン副大統領に対して、中道派と見なす現職のパス大統領の再選を確実にすることが重要

---

62) パス訪米は、1962年夏と1963年の春にも実現直前までいったが、前者は米側による錫の戦略備蓄の大量放出問題によって両国関係が緊張したために中止となった。また後者の場合は、既に検討したようにトライアンギュラー計画に伴う国有化鉱山改革の本格化によってボリビア国内情勢が緊迫化する中で、パスによって副大統領のまま駐イタリア大使に転出させられていたレチンが、1964年大統領選挙をにらんでパスの訪米中に急遽帰国することになったため、パスは留守中のレチンの動きを警戒して訪米の延期を申し出ている。*Ibid.*, pp. 62-64, 77-78. パスは、1961年半ばにレチンの協力を得ながら左派の反対を抑えてトライアンギュラー計画のFSTMBでの承認を勝ち取ると、レチンの排除に動く。ダンカレーによれば、アルセ=ムリージョ内相の策謀によってレチンは「不用意に」麻薬問題に巻き込まれ、副大統領辞任をめぐって混乱のあげく、副大統領在任のままパスによって駐イタリア大使に転出させられた。Dunkerley, *Rebellion*, p. 108.

63) Memo from Read to Bundy: "Presidential Guest Visit of President Paz of Bolivia," September 12, 1963, "Paz Visit, 10/22/63-10/23/63," Subjects: Bolivia, Box 11, Country, NSF, JFKL.

64) ケネディ大統領への膨大なブリーフィング・ブックの中で、国務省は、「米国は、国有化鉱山（COMIBOL）における労働・経営改革を実施しようとするパス大統領の最近の努力に対して敬意と支持を表明する」と述べている。DS, "Briefing Memo for the President: Purpose of Paz Visit to the United States," October 18, 1963, Paz Visit, Paz Briefing Book, 10/22/63-10/24-63, Bolivia, Subjects, Box 11, Country, NSF, JFKL. ケネディとパスの会談に関しては、マーティン（Edwin M. Martin）米州担当国務次官補の以下の著作も参照。Martin, Edwin M., *Kennedy and Latin America* (Lanham: University Press of America, 1994).

であった[65]。既に触れたように、ケネディ自身が「進歩のための同盟」政策が目指した社会改革を既に10年近くにわたって続けてきたパスのような民族主義的だが実務的な改革指導者に対して共感と敬意を持ち、一方のパスも若きダイナミックな指導者に期待していた。両者は、ボリビア国内情勢、共産主義の問題、キューバ・ソ連関係、トライアンギュラー計画を含むボリビア援助政策、「進歩のための同盟」など多岐にわたる議題について2日間にわたって意見を交わし、ボリビアの経済発展に向けた協力をさらに推進することを確認したのであった[66]。

　両者とも1カ月後にこの関係がケネディの突然の死によって断たれることは当然予想しておらず、この訪米は、両者の協力関係発展における重要な一里塚ではあるが、あくまで一つの通過点にすぎないものと考えていたはずである。そして、ケネディも重要な対外関係上の懸案が次々と浮上する中で、「進歩のための同盟」の枠組みの中でボリビア革命に対して強い個人的関心を持ち続けてきたが、突然の死がなければその後もそうした関心を持ち続けた可能性は十分にあろう[67]。米国内にはマスコミや議会だけでなく、政府内にもケネディのお膝元であるホワイトハウス内の予算局を中心にボリビア援助計画に対して懐疑的な見方は存在し続け、実際にパス訪問に合わせる形で、対ボリビア援助は期待された成果を殆どあげていないとする予算局からの批判が、ダンガン（Ralph Dungan）大統領特別補佐官宛の覚書の形で提出されている[68]。しかし、1963年10月の首脳会談は、米国内のこうした懐疑論が一旦は背景に退いた形で実現していたのであった。

---

65)　上記のブリーフィング・ブックにおいて、米側の目的として「1964年ボリビア大統領選挙に先立って、ラテンアメリカでの2番目の本格的社会革命（メキシコが最初）とかかる革命の父としてのパスに対する米国の変わらない支持を明らかにする」ことをあげている。*Ibid.*

66)　会談の内容の詳細については、国務省による一連の議事録を参照。MC: "Meeting between President Kennedy and President Paz of Bolivia," October 22, 1963, October 23, 1963, "Paz Visit, Paz Briefing Book, 10/22/63-10/24-63," Bolivia, Subjects, Box 11, Country File, NSF, JFKL.

67)　ケネディとの会談の中で、パスはケネディに対してボリビア訪問を要請し、ケネディはそれを受け入れている。暗殺事件がなければ、ケネディは実際に南米諸国訪問の一環としてボリビアを訪れた可能性が高いであろう。*Ibid.*

8. 治安対策援助の強化と「リベラル・プロジェクト」の変質

ケネディ大統領は1963年11月22日に凶弾に倒れ、同政権は突如終わりを告げた。それとともに「進歩のための同盟」の枠組みの中で大規模な経済援助によってボリビアの経済発展を再活性化し、さらなる改革の推進と民主主義の発展を目指し、あわせて反共主義も実現するというケネディ自身の試みは道半ばにして頓挫した。しかし、ケネディ大統領が4年の任期を全うし、さらには8年間政権の座にあったとしても、はたして軍事クーデタという事態が避けられ、パス大統領とともにMNR革命政権の統治下において上記のような当初の目的がボリビアにおいて達成できていたかは疑わしい。

ケネディの後を引き継いだジョンソン新政権は、基本的にケネディ政権の陣容と政策を継承し、ボリビアに関しても大規模な援助政策を続けた。研究史的には、従来、ジョンソン政権は、ケネディ政権における経済援助と社会改革、そして軍事的な治安対策という三つの主要な要素の組み合わせによってソ連とキューバの脅威に対抗し、民主化と反共主義を同時に実現するという「進歩のための同盟」政策における政策間の微妙なバランスを崩し、次第に露骨な反共主義と軍事優先に向かったという点が強調されてきた。即ちケネディ政権の当事者や支持者による著作やその後の研究においては、ケネディ政権の政策が歪められた結果、1964年のブラジルでの軍事クーデタの積極的支持・奨励に始まり、その後の各国での反共軍事政権による政治的安定の実現重視、そして、1965年のドミニカ共和国への反共目的の大規模な軍事侵攻へと至る政策がジョンソン政権の下で推進されていったとの批判がなされてきたのである[69]。こ

---

68) リチャードソン（Richard Richardson）予算局国際問題担当部長は、「進歩のための同盟下において米国の対ボリビア援助は、ボリビア発展の見通しが改善するための必要条件である基本的な構造的変化を生み出していない。これまで成果がこれほど少ない理由の一つは、［COMIBOLを含む］ボリビア国営企業の非効率性が続く中で援助資金がそれを支えるために費やされていることである」と従来繰り返されてきた批判を改めて強調している。Memo from Richardson to Dungan: "Assessment of U. S. aid to Bolivia," October 22, 1963, "Bolivia 7/63-5/64," box 389A, Ralph A. Dungan, NSF, JFKL. ケネディ政権首脳の中では、特にラスク（Dean Rusk）国務長官が懐疑派の筆頭であった。Field, *Development to Dictatorship*, pp. 54-56.

69) こうした初期の代表的議論としては、Schlesinger, *Thousand Days*; Gordon, *A New Deal for Latin America* を参照。

うした見方に立てば、ボリビアに関してもジョンソン政権の反共主義偏重によって、パス政権に対する軍事クーデタの動きが加速されたのではないか、という疑問もありえよう。言い換えれば、ケネディ政権が続いたとすれば、「進歩のための同盟」における政策間のバランスが維持され、民主化や社会改革面でより多くの成果が期待できたはずであり、ボリビアについても軍事クーデタによる革命政権崩壊とは違う結果があったかもしれないとの議論である。

　こうした議論ないし仮説自体の妥当性に関しては、ジョンソン政権の対ボリビア革命政策に関する次章でさらに検討するとして、ここではケネディ政権においても軍事的要素の重視は着実に進行していた点を指摘し、その意味を考えるためにケネディ政権に関する二つの章のまとめとして以下の点を確認しておきたい。即ちこれまでの分析で明らかにしようとしたのは、こうしたケネディ政権による軍事重視へ向かうプロセスであった。即ち当初、ケネディを始めとする新政権首脳が、米国のリベラルな価値観や制度、そして経済力への確信から他の社会を根本的に変革する米国の能力を深く信じ、1952 年以来続くボリビア革命が新政権の看板政策である「進歩のための同盟」政策の一つの先例、モデルであると驚くほど単純に捉え、関与を強めたことがまずある。しかし、実際の関与を深める中で、ボリビア経済の状況と革命政治の極めて厳しい現実に直面し、そうした現実に対応する形で、経済発展や民主化の前提としての国内の安定と治安対策としての軍事的な対応に重きが置かれるようになり、パス革命政権側もそれを強く望んだということである。

　こうしたケネディ政権の対応ないし見方の変化に関して、先に述べた研究史との関連で言えば、レイブやフィールドのように「進歩のための同盟」のレトリックに惑わされない形で同政策においても反共主義の観点からの非民主的政権への支援やベトナムと同様な反乱鎮圧戦略といった軍事的側面も重視されていた点が強調されている[70]。特にケネディ政権からジョンソン政権にかけての米国とボリビア革命との関係に関する最新の本格的研究であるフィールドの著作においては、本稿の解釈と重なる点もあるが、パス政権が労働左派を中心とする国内での反対の高まりに対して、米国の治安対策援助に基づいて反対派へ

---

70)　Rabe, *The Most Dangerous Area*, p. 122; Field, *Development to Dictatorship*, pp. 2-4, 10-11.

の弾圧を強めていき、最後は革命政権の軍への依存と軍事クーデタへとつながっていくとされている。そして、フィールドの解釈で重要な点は、こうした展開は「リベラル」な「進歩のための同盟」がいわばボリビア国内の厳しい政治的対立の中で「歪んだ」展開を見せた例外的な事例ではなく、むしろ反共主義のための開発を目指した同政策が内包していた「権威主義的発展（authoritarian development）」という論理の当然の帰結であった、とする結論である。フィールドの議論では、ラテンアメリカに対するケネディ政権のアプローチは「当初から権威主義的」であり、ボリビアに関して言えば、「権威主義的発展を対外政策［の目標］として設定するにあたって、ケネディ政権首脳はボリビアにおける権威主義的ナショナリズムという既存のパラダイムに概ね対応していた」とされるのであり、パス大統領に関しても、「政治に対する完全なコントロールを行使するという夢を決してあきらめず、こうしたケネディ政権の［権威主義的発展］プロジェクトの積極的な共犯者であった」とされるのである[71]。

　これは、「進歩のための同盟」に関する「神話」を打ち崩すものとして極めて重要な指摘であるが、本稿のこれまでの分析からすればやや極端な主張ともいえ、一定の修正の必要があろう。即ちこれまで明らかにしてきたように、まずパスについては、確かに強制手段の行使に関して、「平和主義者」のシレス前大統領と異なり、軍事力の政治的利用や（本稿では直接触れなかったが）秘密警察の活用にも積極的であった[72]。しかし、本稿でも検討してきたように、鉱山労働者に対する実際の軍事力の行使に関しては、パスはほぼ一貫して慎重であった。この点は、ジョンソン政権に関する次章で詳細に検討するが、こうした姿勢は1964年11月の革命政権崩壊に向けて国内が内乱状態に陥るまでは基本的に続いたのであり、軍事クーデタで政権を握ったバリエントス政権が直ちに国有化鉱山に軍を投入して軍の管理下に置き、12年間のMNR革命政権下で成し遂げられなかった「鉱山改革」を銃剣の下で一挙に成し遂げたこととの対比で、国民革命の指導者としてのパスの一面を表していたといえよう[73]。パスによる

---

71) *Ibid.*, pp. 10-11, 194-96.

72) パスの秘密警察利用に関しては、*ibid.*, pp. 91-93 を参照。

73) バリエントス政権の「鉱山改革」に関しては、Thorn, "The Economic Transformation," p. 200 を参照。1964 年のパス政権末期のパスと軍との関係については、Field, *Development to Dictatorship*, pp. 159-88 を参照。

こうした革命政権下の経済発展路線は、1960年代半ば以降、ブラジル等の南米諸国で展開する軍政下の「権威主義体制」とその経済発展路線、さらにはその後世界的に見られる「開発独裁」とは区別して考える必要があろう[74]。

またケネディ政権が当初から「権威主義的発展」モデルに基づいて「進歩のための同盟」を構築し、推進したという議論は、本書の分析からすれば実際の歴史的展開とは乖離する部分があるといえよう。確かにキューバ革命とその影響への対応としての「進歩のための同盟」、そしてケネディ政権の「リベラル・プロジェクト」にとって、国内治安維持等の軍事的要素は、ケネディ政権のラテンアメリカ政策の不可欠の一部であったが、やはり従来の解釈でも強調されたような改革・援助・治安という政策の三つの柱の重要な一部として他の二つの柱とのバランスの下に構想され、一定程度まで遂行されたといえよう。ただそうした政策は、ボリビアを含むラテンアメリカの現実の中で次第に軍事面の比重が高まっていくのであるが、そうしたことが進行するのは、初期の研究の解釈と異なってジョンソン政権からではなく、ケネディ政権の間に既に重要な修正が始まっていたということである。そうした修正は、本研究からも明らかなように、ボリビア政策に典型的に表れており、よりバランスの取れた解釈としては、初期の研究の結論とフィールドの研究の結論との間に真実があるといえよう。こうしたボリビアに対するケネディ政権の対応は、既に触れたように、「リベラル・プロジェクト」の変質とのパラレルな関係を見出すことができよう。ケネディ政権のボリビア政策を「リベラル・プロジェクト」の視点から見た場合、援助・改革・開発・民主化というリベラルな側面に重点を置いてボリビアの「革命」の変革を目指した当初の援助政策が、「国家安全保障」や治安対策という軍事面をより重視した政策へと次第に変質していくのは、既にケネディ政権の時であり、次のジョンソン政権においてはその点がさらに明らかになっていくのである。次章では、そうした「リベラル・プロジェクト」の変質という点も含めて、ジョンソン政権のボリビア援助政策について検討する。

---

74) こうした「官僚主義的・権威主義的」開発モデルと呼ばれるブラジル等の南米の事例について詳しくは、David Collier, ed., *The New Authoritarianism in Latin America* (Princeton: Princeton University Press, 1979) を参照。

第10章 ジョンソン政権と1964年のボリビア革命 政権の崩壊

　1963年11月22日のケネディ大統領の突然の死によって就任したジョンソン新大統領は、直ちにパス大統領指導下のMNR革命政権をめぐるボリビアの深刻な政治状況に直面する。ジョンソン新政権は、ケネディ政権の陣容と政策を継承し、「進歩のための同盟」の堅持を表明し、ボリビアに関しても大規模な援助政策の継続を約束するが、パス政権が1963年半ばから本格化させた「鉱山改革」によって鉱山労働者側との対立が深刻化し、12月には鉱山労働者による米人人質事件も発生する中で、ジョンソン政権は直ちに緊急の対応を迫られる。その解決後もパス大統領の1964年の再選をめぐって政治的混迷は深まり、ジョンソン政権は、パス政権への軍事的支援の強化によってボリビア情勢安定のための模索を続ける。しかし、パス政権は、結局、1964年11月に軍事クーデタによって崩壊し、1953年にアイゼンハワー政権によって開始され、ケネディ政権の「進歩のための同盟」の下で再活性化した米国によるボリビア革命政権支援の試みは、ジョンソン政権の下で12年間の幕を閉じるのである。

　本章では、以下、ボリビア革命政権の最後を見届けることになるジョンソン政権の政策について、まずはボリビアの事例を念頭に置きながら、ケネディ政権からジョンソン政権への移行において、「進歩のための同盟」政策の継続か断絶かをめぐる研究史上の論争について「マン・ドクトリン」の意味も含めて考察を行う。そして、ボリビア情勢の悪化が続く中で、ケネディ前政権下で始まった「進歩のための同盟」政策における軍事面の重視がボリビアでどのように進行したか、ボリビア国内情勢の展開を追いながら検討し、「リベラル・プロジェクト」としての「進歩のための同盟」政策の「変質」の実態を明らかにする。さらにパス政権の倒壊過程の検討を通じて、他のラテンアメリカや第三

世界全体の革命に対する冷戦期の米国通常の対応と大きく異なる点、即ちボリビア国内の混乱が深まる中で、ジョンソン政権が軍部による政権掌握の動きを抑えて最後まで革命政権を擁護した要因やその意味を解明する。そして、最後にチェ・ゲバラのボリビア遠征について短く分析し、その挫折の意味の考察を通じてボリビア革命自体の意味についても検討する。

1. ケネディ政権からジョンソン政権へ
：「進歩のための同盟」をめぐる論争

こうした米国のボリビア革命援助の歴史の中で、ジョンソン政権については、「進歩のための同盟」に関して、ケネディ政権の政策を実質的に継承したのか、それとも大きく変質させたのかが重要な問題となる。前章でも指摘したように、従来、研究史的には、ケネディ政権からジョンソン政権への移行において、ラテンアメリカ政策に関しては、ジョンソン政権の政策は、ケネディ政権における経済援助と社会改革、そして政治軍事面での治安対策という三つの主要な要素の組み合わせによってソ連とキューバの脅威に対抗し、民主化と反共主義を実現するという「進歩のための同盟」政策が当初持っていた政策間の微妙なバランスを崩し、露骨な反共主義と軍事優先に走ったという点が強調されてきた。即ちジョンソン政権によってケネディ政権の政策が歪められ、1964 年のブラジルでの軍事クーデタへの積極的支援・奨励に始まり、その後の各国での反共軍事政権による政治的安定の重視へとつながり、そして、1965 年のドミニカ共和国への反共目的の大規模な軍事侵攻へと至る政策が推進されていったと、ケネディ政権の当事者や支持者による初期の著作やその後の研究において、批判されてきたのである[1]。

このような見方に立てば、ボリビアに関してもジョンソン政権の反共主義偏重によって、パス政権に対する軍事クーデタの動きが加速されたのではないか、という疑問もありえよう。言い換えれば、ケネディ政権が続いたとすれば、

---

1) こうした初期の代表的議論としては、Schlesinger, *Thousand Days*; Gordon, *A New Deal for Latin America* を参照。Thomas T. Allcock, "Becoming 'Mr. Latin America': Thomas C. Mann Reconsidered," *Diplomatic History*, 38-5 (2014), pp. 1017-45 も参照。

「進歩のための同盟」における政策間のバランスが維持され、民主化や社会改革面でより多くの成果が期待できたはずであり、ボリビアについても軍事クーデタによる革命政権崩壊とは違う結果があったかもしれないといった議論である。こうした疑問に関する本稿の答えは、以下の分析で明らかにするように、ケネディ大統領が4年の任期を全うし、さらには8年間政権の座にあったとしても、はたしてボリビアで軍事クーデタという事態が避けられ、パス大統領とともにMNR革命政権の統治下において上記のような当初の目的が達成できていたかは疑わしい、というものである。

　以下の歴史的検証の中で示すように、ボリビアに関して、ジョンソン政権は、大統領自身も含めて反共主義を重視していたのは確かであるが、1964年11月の軍部による政権掌握を奨励・推進はしておらず、むしろ同年夏以降ボリビア情勢が極度に不安定な状況になる中でぎりぎりまでパス政権の継続を目指したのである。こうしたボリビア軍部をめぐるジョンソン政権の対応は、異例とも言え、同時期のブラジルの軍事クーデタによる改革政権打倒に典型的に見られるように、米国は、改革等によって国内が不安定化した場合、軍部の政権掌握を後押しして政治の安定化を目指すのが通例であった。それに対して、ボリビアの場合、米政府は同国軍部のクーデタへの動きを牽制し、最後までパス政権支持を貫いた。本文中の分析で明らかにするように、この背景には、ジョンソン政権がパス政権の治安維持能力を高く評価していたことがあった。即ち、ケネディ政権から受け継いだ「進歩のための同盟」を現実的な形で実施するには、経済発展・改革・反共の三要素を兼ね備えると見なしたパスの指導力が必要不可欠と確信していたためである。確かに米国は、1950年代半ば以降のボリビア軍の再建の支援によって、結果的にはMNR革命政権の崩壊を準備し、間接的に手を貸すことになるが、1964年のパス政権の崩壊自体は、基本的にはボリビア革命政治の論理によるものであり、ジョンソン政権のコントロールを越えたものであった[2]。こうした解釈は、ジョンソン外交及び政権のラテンアメリカ

　2）　既に検討したように、そもそもアイゼンハワー政権は、不安定なボリビア情勢を安定させる可能性を持つ唯一の現実的選択肢としてMNR革命政権に対する経済援助を1953年から開始し、その後も政治的不安定が続く中で、MNR政権崩壊の際の「保険」として1956年にボリビア軍再建への支援決定を行ったわけだが、1964年の軍事クーデタは、軍部が政治的受け皿として十分な組織的能力を持つに至ったことを如実に示すものであった。

政策に関して、その複雑な実態により即したものと言え、その研究史上の位置付けを明らかにするために、以下、まずはジョンソン外交をめぐる研究の動向について簡単に検討する。次にジョンソン政権のラテンアメリカ政策について概観した後に、本章の本来の課題であるジョンソン政権のボリビア政策について検討する。

2. ジョンソン外交をめぐる研究史

　1930年代からワシントンでの豊富な政治経験を積んできたジョンソンの大統領としての外交に関して、研究史的には重要な問題があった。そもそもジョンソンは、テキサス出身の強力な議会指導者としての地位を確立し、1950年代後半には上院民主党院内総務という要職を務めてその辣腕ぶりを発揮していた。1960年大統領選挙では同年夏の民主党大会直前まで自らの出馬を正式に表明することはなかったが、ケネディ上院議員と並ぶ事実上の有力候補であった。ジョンソンは、選挙前から上院の若い同僚であるケネディに対して私的な場では「あの青二才」と呼んで軽侮の念を隠さず、上院の最高指導者として内政・外交・国防問題に密接に関わってきた政策通としての自負を持っていた。さらにテキサスを地盤とする穏健・実務派であり、黒人の公民権問題等をめぐって対立が深まる政治状況の中で南部保守派と北部リベラル派との間で橋渡しのできる政治家として、大統領に最もふさわしい候補者との自信もあった。しかし、予備選挙を通じて民主党内での圧倒的支持を集めたケネディが党大会で大統領候補に指名され、ジョンソンに副大統領候補への就任を要請すると、かつてアダムズ（John Adams）大統領が「世界で最も重要な閑職」と述べた副大統領職をより実質的なものとすることを条件にケネディの申し出を受け入れた[3]。本選挙ではケネディが共和党候補ニクソンに辛勝し、ジョンソンはケネディ政権の副大統領として1,000日余りの任期を務めていた。

---

　3) Robert Dallek, *The Lone Star Rising: Lyndon Johnson and His Times, 1908-1960* (New York: Oxford University Press, 1991), pp. 544-76. ジョンソンがケネディの申し出を受け入れた理由として、ジョンソン自身の南部に対する歴史的使命感と上院での指導力の陰りが指摘されている。*Ibid.*, p. 577.

第 10 章　ジョンソン政権と 1964 年のボリビア革命政権の崩壊　357

　このように議会の要職を務め、副大統領としても 3 年近く政権の中枢にいた
ジョンソンが大統領として行った外交に関して、従来の研究には二つの問題点
があった。一つは、初期のジョンソン研究で強調された点、即ち「ジョンソン
は内政専門の政治家であり、対外問題への理解も辛抱強く取り組む姿勢もなか
った」という見方である。これはジョンソンの強い知的好奇心と内政外交にま
たがる要職を歴任したワシントンでの経歴からすれば違和感を禁じえないもの
であった[4]。こうした従来の解釈に対して、ジョンソン政権の内政と外交に関
する新たな研究を集めた論文集を編集したミッチェル・ラーナーが指摘するよ
うに、対外関係に関しても修正を図る新たな研究が出てきており、ジョンソン
が「アメリカ外交の形成において指導力を発揮し、また興味も持っていた」点
が強調されるようになってきている[5]。こうした近年におけるジョンソン外交
の再評価の進展を示すのが、H・W・ブランズ編集のジョンソン外交に関する
論文集である。ジョンソン外交研究における二つ目の問題点とも関わるが、タ
イトル『ベトナムを越えて：リンドン・ジョンソンの外交政策』（1999 年）が示
すように、本書はベトナム戦争以外の他の様々な地域や政策領域に即してジョ
ンソンの対外関係における指導力を検証している。ブランズは、確かに「ジョ
ンソンは対外問題より国内問題に取り組むことを好み、国内問題がジョンソン

---

[4]　Robert Dallek, "Lyndon Johnson as a World Leader," in H. W. Brands, ed., *Beyond Vietnam: The Foreign Policies of Lyndon Johnson* (College Station, TX: Texas A&M University Press, 1999), p. 7. 確かにテキサスの片田舎で貧困の中からのし上がった叩き上げの政治家であるジョンソンは、アーサー王伝説の宮廷「キャメロット」にも擬せられ、「ベスト・アンド・ブライテスト」とも呼ばれた北東部のエリート集団からなるケネディ政権に必ずしもしっくりと溶け込める政治家ではなかった。また副大統領候補となることを承諾した条件でもあった、副大統領職をより強力で実質的なものにするという約束に関しても、その実現を目指すジョンソン自身の政権初期の様々な試みにもかかわらず、すべて失敗に帰し、ケネディは、ジョンソンに大統領の名代としての海外訪問やいくつかの国内関係の委員会等の議長職を与えるに留まった。しかし、南部出身の有力政治家として政権にとってのジョンソンの政治的価値を強く認識していたケネディは、ジョンソンの「巨大なプライド」を満足させ、関係悪化を防ぐためにも、閣議への出席、毎週行われる上下両院指導者との協議への同席、記者会見前のスタッフによるブリーフィングへの参加、そして国家安全保障会議への出席（この点は法律上の規定）を認めたが、こうした会議等で必ずしもジョンソンは積極的に発言したわけではなかった。Robert Dallek, *Flawed Giant: Lyndon Johnson and His Times, 1961-1973* (New York: Oxford University Press, 1998), pp. 8-12. 但し、こうした会議への出席を通じてジョンソンは、米国が直面する外交問題と政策に関する政権の最高レベルの議論について常に最新の情報に触れており、突然の大統領就任にも戸惑うことはなかったはずである。

の対外問題への対応にしばしば影響を与えた」という従来の見解が基本的に正しいことを本書の各研究は示しているが、一方で、「ジョンソンはベトナム問題に余りに取りつかれてしまい、他の外交問題に関与する余地は殆どなかった」というこれまで支配的だった見方に関しては、各執筆者は「ジョンソンが［ベトナム問題以外でも対外］政策の中心にいた」という点で一致していると指摘している[6]。

こうした点と密接に関わるのが、ジョンソン外交をめぐる二つ目の問題点である。従来、ベトナム戦争政策の挫折が圧倒的に研究者の関心を集め、ジョンソン外交＝ベトナム戦争外交の感があった。著名な大統領史家であり、最新のジョンソン論の大著を著したダレクは、上記ブランズのジョンソン研究において「世界的指導者としてのジョンソン」という章を執筆しているが、そのダレクの言葉を借りれば、「ジョンソン政権の外交とジョンソン自身を含む政権の安全保障担当の指導者にとって、東南アジアでの戦争が最も重大な関心事」であり、「他の地域に対する政策も大なり小なりベトナムでの戦争に結び付いていた」のは確かであるが、「ジョンソン外交は、あらゆる歴史的経験がそうで

---

5) Mitchell B. Lerner, ed., *Looking Back at LBJ: White House Politics in a New Light* (Lawrence, KS: University Press of Kansas, 2005), pp. 4-8. 本格的なジョンソン研究の乏しさは、長くテキサス大学で教鞭をとった著名なアメリカ外交史家ロバート・ディバインによって既に1981年に指摘されている。ディバインは、ジョンソン政権の内政と外交に関する初の本格的な共同研究の成果を編集した1981年の著作の中で、「亡くなって10年近く経つにもかかわらずリンドン・ジョンソンの政治的経歴と大統領としての統治に関する文献は、驚くほど限られている」として、これはケネディに関する文献が大量に出版されているのとは顕著な相違があり、特にケネディとその政権に関するシュレジンガーやソレンセンの著作に「影響力や売り上げ、そして包括的な内容という点で匹敵する著作が全く出ていない」と嘆いている。ディバインは、まさにこうした研究史上のギャップを埋めるための試みの一つとして、ジョンソン政権に関する公文書の公開が当時本格的に進み始めたジョンソン・ライブラリーの資料を用いた本格的なジョンソン研究を研究者らに呼びかけて2巻の編著にまとめ、その後のジョンソン研究の先駆けとなっている。Robert A. Divine, ed., *The Johnson Years*, Vol. I: *Foreign Policy, the Great Society, and the White House* (Laurence, KS: University Press of Kansas, 1987); Robert A. Divine, *The Johnson Years*, Vol. II: *Vietnam, the Environment, and Science* (Laurence, KS: University Press of Kansas, 1987). ロバート・ダレクのジョンソンに関する2巻の大著は、膨大な資料調査に基づく重厚な歴史研究であり、まさにシュレジンガーやソレンセンらの著作に相当するジョンソン論の現時点での到達点を示すものといえよう。Dallek, *Lone Star Rising*; Dallek, *Flawed Giant*. ディバインが触れているシュレジンガーとソレンセンのケネディ論は、Schlesinger, *Thousand Days*; Sorensen, *Kennedy* である。

6) H. W. Brands, "Introduction," in Brands, *Beyond Vietnam*, p. 4.

あるように、[それぞれの対外政策が] 継ぎ目のない網の目のように結び付いたもの」であり、「[ベトナム戦争も含めた] 外交指導者としてのジョンソンの評価はまだ定まっていない」のである。ダレクは、ジョンソンが「大きな成功や失敗を含めて対外問題にどのように対応したのかという点についてもっとダイナミックな理解が必要」であるとして、5年間の大統領としての任期中にベトナム以外に、仏独等の同盟関係の管理、そして1967年の第三次中東戦争や第二次印パ戦争への対応等におけるイニシアチブに加え、核不拡散条約やSALTIにつながるソ連との各種の取り決め等に関する交渉におけるジョンソンの積極的関与を指摘している[7]。このダレクの論考も含めて、ブランズの論文集は、ジョンソン外交に関する研究者の関心がベトナム戦争以外の幅広い対外政策の領域にようやく及び始めていたことを示している。確かに「ベトナムはアメリカ外交にとって重要な影響を与えたが、[対外関係で] 常に決定的であったわけではない」のであり、「ジョンソン外交の記録は、これまで通常考えられていたより複雑だった」とのブランズの指摘のように、対外政策指導者としてのジョンソンに関する従来の解釈の修正が進んでいるのである[8]。

このようなジョンソン外交全体をめぐる新たな視点は、政権のラテンアメリカ政策に関しても有益である。ジョンソン大統領自身の積極的な関わりも含めてジョンソン政権による同地域への関与が反共主義による軍事介入と軍事政権支持からなっていたという従来の単純な見方の再検討が必要であろう。以下の分析が示すように、ボリビアの事例は、反共主義の観点からのジョンソン政権による軍部との関わりに関して、軍事クーデタの積極的推進や単純な軍事政権支持だけでない複雑な状況に対するニュアンスのある対応が明らかになろう。そこで最初に研究史においてケネディ政権による民主化推進からジョンソン政権による軍事政権支持への政策変化という従来の見方において、その象徴とされてきたいわゆる「マン・ドクトリン」を中心に政権のラテンアメリカ政策を検討する。以下、まずはジョンソン政権のラテンアメリカ政策についてケネディ政権との対比も交えながら概観しよう。

---

7) Dallek, "Lyndon Johnson as a World Leader," pp. 6-8.
8) Brands, *Beyond Vietnam*, p. 5.

3. ジョンソン外交とラテンアメリカ

ジョンソンは、インドシナにおける危機的状況をケネディから引き継いでベトナムの「泥沼」へと急速にのめり込んでいくが、それ以外にも多くの危機が大統領就任直後のジョンソンを待ち受けていた。そうした地域の一つがラテンアメリカであり、そこでは、レイブが強調するように、ジョンソン政権は、政治的混乱の収拾と反共主義の名の下にブラジル、チリ、ドミニカ共和国、ガイアナ等において民主的に選出された左派政権に対する敵対的対応をとり、ケネディ政権末期に既に半ば非公式に進行していた反共主義の重視と非民主的政権（軍事政権）の容認が公式の政策として追求されていくことになる[9]。こうしたジョンソンのラテンアメリカ政策の基本的方針を示すものと見なされてきたのが、政権成立直後の1964年3月にマン米州担当国務次官補によって表明された「マン・ドクトリン」である。この政策は、ケネディ政権から対外政策上の最重要課題の一つとして引き継いだ「進歩のための同盟」に関して、ジョンソンが大きな問題があると考えていた点に関する改善の試みでもあった。ジョン

---

9) Stephen Rabe, "Cold War Presidents", pp. 147-8. ダレクは、ジョンソンンにとっての最初の重要な外交的試練としてパナマ問題をあげている。パナマでは、1964年1月初めに米国による運河地帯の支配をめぐって現地に居住する米国人とパナマ人との間で多くの死傷者を伴う大規模な衝突が起こり、パナマ政府は運河地帯への支配権の強化を要求して対米断交に踏み切る。ジョンソン政権内では、この事件の原因がパナマ側のナショナリズムにあり、国交断絶に関しても選挙をにらんだパナマ側指導者の政治的狙いがあると正確に理解していたが、大統領も含めて米政府首脳の間ではこの騒擾への共産主義者及びキューバの関与への懸念があり、その後のベトナム介入に典型的に見られるように、パナマ問題が世界的な共産主義の脅威に対抗する米国の決意を試すものであるとの意識も強かった。ダレクによれば、より大規模な混乱と内戦状態となるその後のドミニカ共和国の場合とは異なり、ジョンソンの対応は、強硬な対応を求める米国内の保守派の要求にも流されず、パナマ側の要求に屈することもなく3カ月後に国交回復に漕ぎつけ、さらに危機のほとぼりが冷めた後の同年12月にはパナマ側が求める運河条約の改定交渉開始を発表するというように極めて慎重で、「着実な」ものであった。しかし、大統領自身の幾つかの不用意な発言等もあって、国内政治的にはジョンソンの外交的手腕に疑念を抱かせる結果となったのである。Dallek, *Flawed Giant*, pp. 91-96. オルコックは、パナマ問題に関する当時のこうした批判的な見方にもかかわらず、パナマとの辛抱強い交渉は、ジョンソンの期待に応える形でマン新国務次官補によって成功裏に導かれたと評価している。Allcock, "Becoming 'Mr. Latin America,'" pp. 1040-42. ダレクは著書の中で触れていないが、ジョンソン新大統領にとって最初の対外的危機は、実際には本稿でもこの後に検討するように就任直後の1963年12月のボリビアでの米人人質事件であったと言えよう。

ソンは、「進歩のための同盟」に関して政策の執行プロセスと内容という二つの点に即して改革を試みるが、政策プロセスの問題についてはマンの任命によって対応しようとした。以下、まずその点について最初に検討し、次に「マン・ドクトリン」に即して内容面での政策の変化について考察する。

　マンは、1963年12月に同じテキサス出身のジョンソンによってメキシコ駐在大使から呼び戻され、大統領の強い信任の下に米州担当国務次官補に就任し、さらに大統領特別補佐官及び米国対外援助庁（USAID）副長官を兼務するという異例の形で「進歩のための同盟」の最高責任者としての役割も与えられ、新政権のラテンアメリカ政策の司令塔となる[10]。法律家として実務に携わり、国務省ではラテンアメリカ及び経済問題を専門としてきたマンは、ジョンソン同様に抽象的なレトリックによって「進歩のための同盟」を民主主義推進のための道具とするのではなく、米国企業の投資を推進し、民主政権であるか軍事政権であるかを問わず反共政権を支援するものへと変えようと考えていた。マンはケネディ・ホワイトハウスから盛んに唱えられた「革命（revolution）」という

---

10)　マンは、ウォルター・ラフィーバーらによってジョンソンの「crony（旧友）」として描かれ、ジョンソンが築き上げた「テキサス・マフィア」の一員として「cronyism（えこひいき）」が批判されてきたが、両者は必ずしも古くからの同郷のよしみではなく、大統領就任後のジョンソンがマンを高く評価して任命を決断し、その後も重用したのである。Walter LaFeber, "Thomas C. Mann and the Devolution of Latin American Policy: From the Good Neighbor to Military Intervention," in LaFeber and Thomas J. McCormick, eds., *Behind the Throne: Servants of Power to Imperial Presidents, 1898-1968* (Madison: University of Wisconsin Press, 1993), p. 198.　オルコックは、副大統領としてケネディ大統領のホワイトハウスのエリート集団の中で孤立し、大統領就任後も同じエリートたちに囲まれていたジョンソンにとって、マンがメキシコ国境近くで生まれ、ジョンソン同様に地元テキサスの小さな大学で教育を受け、有能だが率直な物言いをするといった点も魅力であったろうと指摘している。Allcock, "Becoming 'Mr. Latin America'," p. 1030.　以下の「マン・ドクトリン」の説明からも明らかなように、高邁なレトリックではなく、実際の結果を重視する点でも両者の考えには多くの類似点があり、「外交的」でなく庶民的で直截的な表現を好むという点でも両者は似ていた。マンが述べたとされる「私はラティーノの連中をよく知っている。連中は二つのことしか理解しない。ポケットに1ドル札を入れてやること、そしてケツを蹴っ飛ばしてやることだ」は、ジョンソンが言ってもおかしくない言葉である。両者のラテンアメリカ理解の根底には、テキサスの田舎で幼少時代にヒスパニック系の人々と一緒に育った経験があったともいえよう。ダレクによれば、ジョンソンも「私はラテンアメリカの連中をよく知っている。メキシコ人［メキシコ系アメリカ人］たちと一緒に育ったのだから」とよく口にしたという。ピーター・スミスは、上記のマンの言葉が象徴する経済力と軍事力を梃子とした高圧的な外交がジョンソン政権のラテンアメリカ政策の特色であり、マンが体現していたと批判している。*Ibid.*, pp. 1029-30; Smith, *Talons of the Eagle*, pp. 156-57; LaFeber, "Thomas Mann," p. 198; Dallek, *Flawed Giant*, p. 91.

言葉には批判的で、米国は「秩序だった進化（evolution）」を目指すべきだと考えていた[11]。ジョンソンは、政策の執行プロセスの改革については、国家安全保障補佐官のバンディ（McGorge Bundy）とマコーン（John McCone）CIA長官にそれぞれ検討を依頼し、彼らの提言を踏まえた結果が、ラテンアメリカに関わる二つの要職の兼務とホワイトハウスへの確かな足場の確保によって組織間の調整を容易にするという形であり、その重職に打って付けと考えたのがマンだったのである[12]。

　しかし、この任命に関しては、ケネディ政権で大統領特別補佐官を務め、ラテンアメリカ政策、そして既に見たようにボリビア政策においても重要な局面で関与してきたシュレジンガーが新大統領に対して極めて批判的な覚書を提出している。シュレジンガーは、ジョンソンがマンの新国務次官補への任命を発表したのと同じ日の1963年12月14日付の覚書の中で、マンが「保守的な経済思想」を持ち、社会改革を推進する政府に反対し、ラテンアメリカで広がる極めて重要な潮流を理解せずにその動きに抗ってきたとして、「進歩のための同盟」の基本的な考えとは全く相容れない考えを持つ人物と強く批判した[13]。マンへの反対は、グッドウィン大統領特別補佐官らケネディ政権以来の他のリベラル派も巻き込み、上院の民主党リベラル指導者の1人で上院民主党院内幹事でもあるハンフリー（Hubert Humphrey）にも反対を働きかけるなど様々な形で進められたが、結局、マンの指名はハンフリーを含め全会一致で承認されている。この背景には、オルコックが指摘しているように、上院は民主党のリベラル派も含めて、新大統領の最初の重要な人事に反対してジョンソンの不興を買うことを嫌ったのに加え、そもそも外交官としての評価の高いマンへの反対は、この任命をケネディの遺産を掘り崩そうとするジョンソンによる「宣戦布

11）　*Ibid.*, p. 92; Rabe, *Most Dangerous Area*, p. 177.

12）　Editorial Note 1, *FRUS, 1964-68*, XXXI, https://history.state.gov/historicaldocuments/frus1964-68v31/d1：2017年12月30日アクセス.

13）　ケネディ政権の中にも、こうしたシュレジンガーらによる対外問題、特にラテンアメリカ問題への関与を快く思わない側近はいた。ダレクによれば、ボストン時代からケネディが信頼する側近であったオドネル（Kenneth O'Donnelle）とオブライエン（Larry O'Brien）は、ラテンアメリカ問題を担当していたケネディの別の側近であるダンガンに対してピッグス湾事件後、「ラテンアメリカ問題にイカレタ（crazy nuts）あのいまいましいグッドウィンとシュレジンガーには気を付けろよ」と述べている。Dallek, *Flawed Giant*, p. 92.

第 10 章　ジョンソン政権と 1964 年のボリビア革命政権の崩壊　**363**

告」と見なしたケネディゆかりのホワイトハウス内の一部のリベラル派に限られていたのである[14]。さらにマンは、その強い反共主義にもかかわらず、必ずしもラテンアメリカ諸国の社会改革そのものに反対していたわけではなかった。既に触れたように、むしろアイゼンハワー政権末期において反米主義の高まりやキューバ革命による改革の機運の高まりの中で、経済担当国務次官補として大統領の実兄でアドバイザーであるミルトン・アイゼンハワーやラバトム（Roy Rubbotom）米州担当国務次官補、ディロン経済担当国務次官らとともにラテンアメリカへの経済援助の大幅な拡大と質的転換を目指す重要な政策転換を推進し、シュレジンガーの批判からすれば皮肉なことに、ケネディ政権の「進歩のための同盟」の前身ともいえる政策を作った人物の 1 人だったのである[15]。次に「マン・ドクトリン」に即して、ジョンソン政権によるラテンアメリカ政策及び「進歩のための同盟」の内容の見直しに関して検討する。

4.「マン・ドクトリン」

　ジョンソン政権は、マンが 1964 年 1 月 3 日に国務次官補に正式に就任し、ラテンアメリカ政策の陣容がそろい、「進歩のための同盟」政策の見直しの体制が整った 3 月半ばに、ラテンアメリカ政策への集中的な取り組みを開始する。ジョンソン大統領は、ケネディ前大統領がラテンアメリカ諸国大使を前に「進歩のための同盟」構想を発表してから 3 年となる 3 月 16 日に、ワシントン駐

---

14)　Allcock, "Becoming 'Mr. Latin America,'" pp. 1028, 1030-31. シュレジンガーは、この後も一貫して「進歩のための同盟」は、ケネディの死とともに 1963 年に終わりを告げたと強調し続けた。既に触れたように、シュレジンガーは、「進歩のための同盟」が社会改革・政治の民主化・経済発展の三つの柱からなっていたと考えていたが、ケネディの死後「本来の『同盟』の心臓部である政治的・社会的要素が取り除かれた後、同じ名前の別のプログラムがもがき続けた」とされ、「同盟」は「米国財界の政治部門」と化して経済発展は追及されたものの、新政権は、ケネディの三つの目標のうち［社会の］構造的改革と政治的民主化という二つの目標については急速に精算していった」とされる。Schlesinger, "Myth and Reality," in Scheman, ed., *The Alliance for Progress*, p. 71. シュレジンガーによる批判に関しては、Rabe, *Most Dangerous Area*, p. 173 も参照。

15)　Rabe, *Eisenhower*, pp. 109-115, 141-52; Allcock, "Becoming 'Mr. Latin America,'" pp. 1020-21, 1024-25. またマンは、トルーマン政権からアイゼンハワー政権への政権移行期にも、政治任命のミラー国務次官補の 1952 年秋の辞任後、国務次官補代理としてボリビア革命政権との関係改善に向けた国務省キャリア外交官らによる政策形成に主導的役割を果たしている。

在のラテンアメリカ諸国大使及びラテンアメリカ諸国から召還した米国大使ら
を前にしてラテンアメリカ政策に関する主要演説を行った。演説の中でジョン
ソンは、ケネディのビジョンを引き継いで「進歩のための同盟」を再活性化す
るとの決意を表明した。そして、同政策が多くの課題や問題点を抱えながらも、
「経済発展・社会正義・個人の自由」という政策の基本原則の正しさは変わらず、
過去3年間に今後のさらなる発展のための基盤はできたとして、米国が引き続
き他国や私的セクターとの協力の下にケネディ政権によって「進歩のための同
盟」で約束された大規模な支援を今後も続けていくと宣言したのである。ジョ
ンソンは、こうした「米国による約束に対する自らの強い決意」を示すものと
してマンの米州担当国務次官補への任命をあげている[16]。

　ジョンソン演説終了後、ラテンアメリカ駐在の米国大使らには、マン国務次
官補による新政権のラテンアメリカ政策に関する3日間に及ぶ秘密セッション
への参加が待っていた。この会議でマンが示したとされるジョンソン政権のラ
テンアメリカ政策に関する新方針が、後に「マン・ドクトリン」と呼ばれるよ
うになる。その内容は、①経済成長の促進、②米国の直接投資の保護、③ラテ
ンアメリカ諸国の国内問題への不介入、④共産主義への反対の四つの柱からな
っていた[17]。マン・ドクトリンの内容は、会議終了後の翌19日にニューヨー
クタイムズ紙にリーク記事が一面に現れ、トップニュースとなって直ちに大き
な反響を呼んだ。特に問題となったのが、ラテンアメリカの民主化と軍事政権
に関する部分であった。発言の中で、マンは、過去の米国による独裁者追放の
試みは概ね失敗に終わっており、そもそもラテンアメリカ諸国の国内的政治危
機には関与すべきではないと指摘した[18]。そして、米国は自らの民主主義への

---

16)　Lyndon B. Johnson, "Remarks on the Third Anniversary of the Alliance for Progress," March 16, 1964, http://www.presidency.ucsb.edu/ws/?pid=26111：2018年1月6日アクセス.

17)　Rabe, *Most Dangerous Area*, p. 177.

18)　ジェローム・レビンソンとフアン・デオニスによれば、会議でのマンの発言に関する公式の記録は残されていないが、マン発言はニューヨークタイムズ紙の著名な国際記者タッド・シュルツにリークされ、この記事がその後の「マン・ドクトリン」に関する基本的な資料の一つとなっている。マン自身はその後、記事の内容が正確でないとして批判したものの、他の会議参加者（匿名）によってその正確さが確認されているとされ、レイブもその内容はNSCスタッフも確認しているとしている。Levinson and de Onís, *Alliance*, p. 88; Rabe, *Most Dangerous Area*, p. 178. 記事自体は、Tad Szulc, "US May Abandon Efforts to Deter Latin Dictators," *New York Times*, March 19, 1964 を参照。

第10章　ジョンソン政権と1964年のボリビア革命政権の崩壊　　365

信念をラテンアメリカ諸国に押し付けるべきではなく、共産主義的でなく、実効的な統治が行われていれば、民主政権と軍事政権を区別せず、軍部によるクーデタに対しても経済・軍事援助の停止といった「内政干渉」によって対応しない点を強調した[19]。さらに「進歩のための同盟」に関して、マンは経済成長への支援強化を強調するなど、ラテンアメリカに対して道義的ではなく、実際的な観点から経済成長の促進と米国の経済的利害の保護、そして共産主義の勢力拡大に対抗する場合を除く内政不干渉を唱えたのであった[20]。このマン発言は、すぐにメディアで「マン・ドクトリン」と名付けられ、「進歩のための同盟」を大きく変質させるものとして、米国内で強い反対の声が上がったのである[21]。

　この「マン・ドクトリン」に象徴されるジョンソン政権のラテンアメリカ政策は、確かにケネディ政権の政策と比べて強調点が大きく変わっており、シュレジンガーらのリベラル派が批判するように、当初の「進歩のための同盟」が強調した社会改革・開発援助・経済成長の三つの柱のうち、経済成長に重点が置かれるようになったのは確かである[22]。そもそもテキサス州出身のジョンソンは、米国の「隣人」としてのラテンアメリカに対して対外関係の中でも特に強い興味を持っており、前任者のケネディが鳴り物入りで開始した「進歩のた

---

19)　この点に関しては、自らの名を冠した「マン・ドクトリン」の提唱とドミニカ共和国への軍事介入を推進した役割からすれば皮肉ともいえるが、マンは、実際にラテンアメリカ諸国への内政干渉はこれまで期待した効果を生むことはめったになかったとして批判的であり、「共産主義」の差し迫った「脅威」がある場合を除いて、米国による軍事介入に基本的には慎重であった。「現在、非民主的だとして最も批判を受けているのは、まさに米国が占領して自らの『監視』の下で選挙を行った国々［ニカラグアやハイチ等の中米カリブ諸国］である」と1957年に書き記している。Allcock, "Becoming 'Mr. Latin America,'" p. 1019.

20)　*New York Times*, March 19, 1964. さらにマンは、発言の中でラテンアメリカの指導者を「よい」、「悪い」と道義的に区別するのは困難であるとして、その例としてメキシコのロペス＝マテオス（Adolfo Lopez Máteos）大統領、ボリビアのパス大統領、そしてパラグアイの独裁者として名高いストレスナー（Alfredo Stroessner）をあげているが、パスをストレスナーと同一視することには、立憲的な大統領を独裁者と全く同列に置いているとしてレイブは批判的である。Rabe, *Most Dangerous Area*, p. 178. 一方、フィールドは、この同じ発言を取り上げて、マンはむしろパスを評価する意味でそのように発言したとして、パス政権の「権威主義的」性格を改めて裏打ちするものだと強調している。Field, *Development to Dictatorship*, p. 132.

21)　Wright, *Latin America*, p. 74; Rabe, *Most Dangerous Area*, pp. 177-78. 直後のニューヨークタイムズ紙の記事（"What Is the Mann Doctrine?" *New York Times*, March 21, 1964）も参照。

22)　Schlesinger, "Myth and Reality," p. 71.

めの同盟」政策が抱える問題点にも並々ならぬ関心を抱いていた。ダレクによれば、ジョンソンは、自らの「テキサス＝メキシコのコネクション」によって米州の問題に独特の嗅覚があるとして、自分ならばケネディよりうまく問題を解決できると考えていたのである[23]。ジョンソンは、「進歩のための同盟」政策が期待された成果を上げず、「実際の成果より華やかな演説にばかり関心のある『不適任者の同盟』によって運営され、官僚組織の縄張り争い」のために「まったくの混乱状態」にあると感じていた。ジョンソンは、既に触れたように、ケネディ自身も政権末期に本格的に考え始めていた政策の執行プロセスの改革にまずは着手するとともに、「マン・ドクトリン」に見られるように政策目標についてもより現実に即したものに変えようとしたのであった。ダレクによれば、ジョンソンは、1964年3月16日の演説にも見られるように、レトリック面ではケネディばりの「米州を革命的なアイデアと努力の坩堝」へと変革するといった大げさな表現もしばしば用いたが、実際には革命的変化を唱える共産主義の魅力を鈍らせるというケネディが本来目指していた反共主義の目的を実現するため、自らの政治的原体験であるニューディールを基にしたより実現可能な改革プログラムへと変えようとしていた。そして、ジョンソンは、経済発展による「平和革命」や民主化の実現の見通しは当面は全くないとして、民主化から経済成長そのものへと政策の重点を変えることによって「進歩のための同盟」を救おうとしたのであった[24]。

　実際にケネディ政権においても民主化目標達成の困難さは、政権末期に向けて強く意識されるようになっており、政策の軌道修正が行われ始めていた。ケネディ政権の成立はラテンアメリカ民主化の一つのピークの時期と重なっており、民主政権との協力による「進歩のための同盟」政策の下でのラテンアメリカ社会変革への大きな期待に満ちていた。しかし、1963年に入るとグアテマラ（3月）、エクアドル（7月）、ドミニカ共和国（9月）、ホンジュラス（10月）と次々と国内政治の不安定化に対応した軍部による政権掌握が続いて、ケネディを悩ませていた[25]。こうした事態に対して、ケネディは、10月初めにマーティン米州担当国務次官補による新聞（*New York Herald Tribune* 紙）への寄稿の形

---

23)　Dean Rusk, *As I Saw It* (New York: W. W. Norton, 1990), pp. 403-04; Dallek, *Flawed Giant*, p. 91.

第10章　ジョンソン政権と1964年のボリビア革命政権の崩壊　367

で新たな政策を示していた。マーティンは、代議制民主主義の下での自由な活動が人々にとって最善の道であるとの信念は変わらないが、それが個別のラテンアメリカ諸国で実現することは短期的には困難である。軍事クーデタが望ましくないことは確かだが、ラテンアメリカにおいて軍部が果たしてきた歴史的な役割は否定できず、米国が、当該国民が強く反対しない場合に軍事政権に対して経済的・軍事的圧力を用いるのは無益である。米政府は、教育を受けた中間層がラテンアメリカにおいて平和と民主主義を守る要との信念を守る一方、軍部に対しては国内の治安維持とシビック・アクション活動に努めるよう促していくべきだと記している[26]。

　こうしたケネディ政権による「中途半端」な対応と比べて、ジョンソン政権の対応はより冷徹な「現実主義的」なものであった。非民主的政権に対する道

24）　*Ibid.*, pp. 91-92; Rabe, *Most Dangerous Area*, p. 176; Allcock, "Becoming 'Mr. Latin America,'" p. 1029.　オルコックは、ケネディ政権からジョンソン政権への移行におけるラテンアメリカ政策と「進歩のための同盟」をめぐる政権内の対立、そしてニューヨークタイムズ紙等のリベラルなメディアからのマンおよび「マン・ドクトリン」への批判に関して、ニューディール期とケネディ政権期の「リベラル」を対比させて興味深い考察を行っている。オルコックによれば、マンは後に自らへの批判は民主党内の「保守派」と「リベラル派」との間の権力争いに起因していたと述べているが、オルコックは、むしろこうしたマンとジョンソン政権をめぐる一連の対立と批判は、民主党内の「リベラリズム」の定義をめぐる違いが基底にあるとしている。即ちジョンソンとマンが目指した「リベラリズム」は、両者の政治的出発点であるフランクリン・ローズヴェルトのニューディールによる国内改革と対外的には善隣外交に基づいていた。これはラテンアメリカへの不介入主義と経済協力を骨子とし、ケネディ政権が政策の基盤とした「近代化論」に基づく「リベラル国際主義」によるラテンアメリカ諸国に対する介入的改革とは大きく異なっていた。*Ibid.*, p. 1034.　実際、内政面ではジョンソン政権は、「偉大な社会」政策によってまさに「リベラリズム」の一つのピークに位置しており、この国内のリベラル改革を他国や世界に対してどのようにそしてどの程度広げていくか、この点でジョンソン＝マンのリベラリズムとケネディ＝シュレジンガーのリベラリズムには、国内面と対外面で興味深いギャップがあったと言えよう。本来、こうしたニューディール的な「保守リベラル的」対外介入観を持っていたジョンソンが、ベトナムへの軍事介入を強める中で、皮肉にも他国の「国内問題」に深く介入していくのは、やはりその強烈な反共主義が一つの重要な要因であったろう。こうしたアメリカ外交におけるリベラリズムと反共主義、対外介入との複雑な関係にはさらなる検討が必要であろう。

25）　Levinson and de Onis, *Alliance*, pp. 84-86; Dallek, *Flawed Giant*, p. 92.

26）　レイブによれば、「進歩のための同盟」政策の問題点の根本的改善はケネディ自身も考え始めており、暗殺の1カ月前の10月23日には、「進歩のための同盟」の資金がラテンアメリカでより生きた形で使われることを求めた。そして「同盟」政策のコーディネーターであるモスコソの管理運営能力への信頼が失われたとして、ラテンアメリカ問題を統括する権限を持った人物の任命を検討していた。Rabe, *Most Dangerous Area*, p. 176.

義的ためらいはなく、相次ぐ民主政権の倒壊と軍事政権の成立という現実に対してより実務的に対応しようとするものであり、反共主義と経済的利害に関する米国の国益に沿うのであれば政権の性格は問わないという「マン・ドクトリン」に結実するものであった。しかし、米国が民主化の看板を「公式に」取り下げたことは、ラテンアメリカ側に直ちに重要な反応を引き起こした[27]。南米の大国ブラジルでは、「急進民主主義」を唱え、左派民族主義路線をとるポピュリスト政権を率いるグラール（Joan Goulart）大統領が、改革政策をめぐって議会を基盤とする伝統的保守エリート層及び軍部と対立していたが、1964年に入って農地や産業、そして国軍等に関する改革政策を強化する中で、特に軍が危機感を強めて3月に入ってクーデタ計画を進め始めた。ブラジル軍部は、「マン・ドクトリン」が公になる中で、ケネディが「進歩のための同盟」のいわば特使として送り込んだゴードン米大使を通じて、ジョンソン政権の支持を確認しながら3月31日にクーデタを決行してグラール政権を倒して臨時政権を樹立した[28]。米政府は、1961年のグラール政権成立以来、その容共的な姿勢や外国資本に対する締め付けの強化等に懸念を抱き、実際に中央情報局（CIA）による秘密工作を通じて当初は政権の穏健化を目指し、1962年からは政権自体の弱体化を目指して経済的・外交的圧力を加え、さらに1964年3月に入って軍部主流派による具体的クーデタ計画が進められ始めると、彼らとの接触を通じて軍事的支援の可能性の検討を始めていた。そして、実際にクーデタが決行されるとクーデタ支持の意味を込めて直ちにリオデジャネイロ沖に演習の名目で艦隊派遣を決定し、グラールが国外に亡命した4月2日には直ちに軍事政

---

27) Levinson and de Onís, *Alliance*, p. 86. ジョンソン政権は、ラテンアメリカに対して民主化目標を正式に取り下げたことはなかった。そのため本研究では、カギ括弧付の表現を用いているが、「マン・ドクトリン」が「公表」されて批判が高まったこともあって、その後、「進歩のための同盟」に関する演説においてマンもジョンソン自身も経済成長と反共主義の実現に加えて、繰り返し民主化目標の重要性を強調し続けた。例えば、以下を参照。Lyndon Johnson, "President Johnson Pledges Redoubled Efforts to Alliance for Progress," May 11, 1964, DS, *Bulletin*, Vol. L, No. 1301 (June 1, 1964), pp. 854-57; Thomas Mann, "The Alliance for Progress" May 13, 1964, DS, *Bulletin*, Vol. L, No. 1301 (June 1, 1964), pp. 857-63; Thomas Mann, "The Democratic Ideal in Our Policy Toward Latin America," DS, *Bulletin*, Vol. L, No. 1305 (June 29, 1964), pp. 995-1000.

28) Wright, *Latin America*, p. 75; 山田睦夫「第5章 ブラジル」増田義郎編『〈新版世界各国史26〉ラテン・アメリカ史Ⅱ：南アメリカ』（山川出版社、2000年）、pp. 466-67。

第 10 章　ジョンソン政権と 1964 年のボリビア革命政権の崩壊　　369

権を承認している[29]。

　このブラジルのクーデタは、グラール政権下の混乱を収拾し、立憲政治の回復を目指すという名目で行われ、ジョンソン政権は直ちに「民主主義の回復」を歓迎した[30]。しかし、ブラジル軍の行動は、それまでのラテンアメリカ軍部による政権掌握とは大きく異なっており、軍事指導者個人による長期の独裁を生み出すものでも、次の大統領選挙までの短期の政権担当というものでもなかった。その後のブラジル軍事政権による支配は、組織としての軍が政治・経済・社会にわたる国家統治機構を完全に掌握し、反対派の徹底的な弾圧とともに、官僚組織との協力による強力な支配の下に経済成長を追求するというそれまでとは全く異なる新たなタイプの軍事統治をもたらしたのである。この「官僚主義的権威主義体制」と呼ばれる軍事支配体制は、その後 1980 年代までブラジルを含め南米諸国に広く見られるようになる政治体制の先駆けとなり、ボリビアでも 1964 年 12 月の軍事クーデタ以降、1980 年代まで続く軍事政権の時代にこれに近い体制が現れることになる[31]。

　ブラジル軍事政権は、内政面で政治的権利の制限や経済成長に向けた各種政策等を推進しただけでなく、対外的にはそれまでの民族主義路線を転換して積極的な外資導入に向かうとともに、米国がブラジルに対して強く求めてきたキ

---

29)　Editorial Note 196 [Brazil], *FRUS, 1964-68*, XXXI) https://history.state.gov/historical documents/frus1964-68v31/d196：2018 年 1 月 13 日アクセス；Editorial Note 207 [Brazil], *ibid.*, https://history.state.gov/historicaldocuments/frus1964-68v31/d207：2018 年 1 月 13 日アクセス．この間のジョンソン政権の政策決定に関して詳しくは、以下を参照。Tel from the Amb to Brazil (Gordon) to the DS, March 28, 1964, *ibid.*, https://history.state.gov/historical documents/frus1964-68v31/d187：2018 年 1 月 12 日アクセス；MC by McGeorge Bundy: "Brazil," March 28, 1964, *ibid.*, https://history.state.gov/historicaldocuments/frus1964-68v31/d188：2018 年 1 月 12 日アクセス；TelCon Between SS Rusk and President Johnson, March 30, 1964, *ibid.*, https://history.state.gov/historicaldocuments/frus1964-68v31/d193：2018 年 1 月 12 日アクセス．1964 年のクーデタに至るブラジルの歴史的背景について詳しくは、E. Bradford Burns, *A History of Brazil* (New York: Columbia University Press, 1970), pp. 318-81 を参照。

30)　Lyndon B. Johnson, "Message to the New President of Brazil," April 2, 1964, http://www. presidency.ucsb.edu/ws/index.php?pid=26136&st=Lyndon+B.+Johnson&st1=：2018 年 1 月 6 日アクセス．

31)　「官僚主義的権威主義体制」について詳しくは、David Collier, ed., *The New Authoritarianism*, pp. 3-9 を参照。またボリビアの事例に関しては、Malloy and Gamara, *Revolution and Reaction* を参照。

ューバとの国交断絶にも直ちに踏み切るのである。これまでグラール政権の下で米州においてカストロ政権支持を唱える重要国の一つであったブラジルでの軍事政権の成立は、それまで同様に対キューバ断交に反対してきたエクアドルでの前年の軍事政権成立とあわせて、米国がケネディ政権以来ラテンアメリカ諸国に対して強く求めていた米州機構（OAS）による対キューバ制裁強化を可能にするものであった。1964 年 7 月の OAS 外相会議では、キューバとの外交・経済関係の断絶と旅行禁止等を加盟国に義務付ける米国主導の決議案が必要な 3 分の 2 の賛成を得て成立した。ボリビアも賛成を余儀なくされ、その後の対キューバ断交は、後述するように、国内での反政府運動の高まりの中で、パス政権の政治的基盤をさらに掘り崩すことになる[32]。次にジョンソン政権発足時のボリビアとの関係を概観し、続けて新政権にとって最初の対外的危機の一つともなる 1963 年 12 月の米人人質事件について両国の関係を検討する。

5. ジョンソン新政権とボリビア援助政策

ジョンソン新政権は、ケネディ政権の陣容と政策を継承し、「進歩のための同盟」の継続を確認するとともに、ボリビアに対しても同政策の下での大規模な援助政策を続ける。国務省は、ケネディ政権のボリビア政策継続を新政権に訴えるためジョンソン大統領就任直後に「ボリビア戦略文書」（1963 年 11 月 26 日付）をホワイトハウスに送付した。これは 6 ページにわたる比較的長い覚書であり、ケネディ暗殺の 4 日後に提出されていることもあり、本来は 10 月の両国間の首脳会談を踏まえたケネディ政権のボリビア政策の取りまとめとしてケネディが読むことを想定して準備されていたものであろう。同文書によれば、

---

32) Memo from Robert M. Sayre of the National Security Council Staff to the President's Special Assistant for National Security Affairs (Bundy), July 23, 1964, *FRUS, 1964-68*, XXXI, https://history.state.gov/historicaldocuments/frus1964-68v31/d22：2018 年 1 月 13 日にアクセス. Wright, *Latin America*, p. 65. 1964 年 7 月初めの時点で OAS 制裁決議に反対していたのは、メキシコ、チリ、アルゼンチンであったが、最終的にチリは賛成に回り、アルゼンチンが棄権する一方で、最後まで決議に反対したのはメキシコであった。この時点でアルゼンチンは既に断交していて、キューバと国交があったのは、メキシコ、チリ、ボリビア、ウルグアイであり、その後、チリとボリビアは 8 月初めに断交に踏み切り、ウルグアイもその後の軍事政権下で断交に至り、結局、革命キューバとの関係を継続したのはメキシコのみであった。*Ibid.*

第 10 章　ジョンソン政権と 1964 年のボリビア革命政権の崩壊　371

ボリビアにおける米国の「戦略的目的」は、同国が持つ発展の可能性を利用して政治状況の改善を図り、「(a)穏健な政権が共産主義の脅威に打ち勝って民主的な未来に向かって努力を続けることを可能にし、(b)ボリビア政府がより迅速な発展を実現するために、財政経費に関する米国の支援への依存を減らしながら財政・金融・投資・雇用・貯蓄に関する困難な決断を行えるようにする」ことだとしている。そして、そうした目的達成のための「戦略」として、経済発展促進のために「新たな方向付け」を行ったボリビア政府と協力して、「大規模な金融資源（AID［米国対外援助庁］、IDB［米州開発銀行］、IBRD［世界銀行］、IMF［国際通貨基金］、各種の友好政府［西独等］、および関係する私企業）の活用」と、経済発展に向けて「ボリビア側の貢献を最大にするような政治的、行政的、特に財政的改革をボリビア政府から確保」することをあげて、「鉱山改革」を含めた痛みを伴う改革のさらなる推進と継続を強く求めている。また同文書は、地方での道路建設や農地開拓、水路工事、学校建設等の軍による「シビック・アクション」の最大限の活用を提唱し、治安対策とともに経済発展における軍の役割も強調し、ケネディ政権の経済発展戦略を確認している。そして、パス政権に対する支援の意義として、「1952 年ボリビア革命は、米国が他のラテンアメリカ諸国に対して進歩のための同盟の下で導入を求めている一連の改革を実現」しており、「国民革命によって、共産主義や軍による独裁体制に陥ることなく封建的社会を徐々に転換することができることを他の『同盟』諸国に対して立証すること」を目指していると、改めてその意義を強調していたのである[33]。

　この時点ではマンはまだ駐メキシコ大使であり、米州担当国務次官補への就任の話は出ておらず、この文書の作成に関与したとは考えられない。ラテンアメリカの民主化推進といった「壮大な」目標に関しては、もともと批判的であったマンにとって、そしてジョンソンについても「共産主義の脅威に打ち勝って」や「共産主義に陥ることなく」といった表現に問題はなかったであろうが、

---

33)　"Bolivia Strategy Statement," November 26, 1963, "Bolivia 7/63-5/64 and updated," Ralph A. Dungan File, Box 389A, NSF, JFKL. ジョンソン大統領も直後の 11 月 29 日のパス大統領への書簡の中で「ケネディ大統領と［10 月の訪米時の首脳会談で］話した計画の成功に向けてともに努力する」旨強調している。Field, *Development to Dictatorship*, p. 132.

「民主的な未来」といった民主化に関する目標の強調には、やはり違和感があったであろう。既に検討したように、新政権のラテンアメリカ政策には「マン・ドクトリン」に見られるように、政府外に対するレトリックは別にして、政府内部では「民主化」の強調は背後に退いていくのである。そして、ボリビアではまさにそうした民主化の期待が「甘い夢」であることをジョンソンやマンらの新政権指導者に痛感させ、政府による強力な手段が必要になる事態がすぐに起こり、パス大統領の強権的姿勢を強めるその政治的手腕の必要性を再認識させることになるのである。それが12月の米人人質事件であった。

6. 米人人質事件 (1963年12月)

事件は、1963年12月6日にボリビア最大の鉱山で左派の拠点でもあるシグロベインテ鉱山で発生した[34]。同鉱山の労働者らが政府による鉱山労働者の強引な解雇の中止や政府が拘束した労働指導者の解放を求めて、米政府関係者4人と30人ほどのボリビア鉱山公社 (COMIBOL) の技術者らを人質にとって政府と厳しく対立した。12月16日の人質の無事解放まで両国関係は緊迫し、ジョンソン政権は直ちに緊急の対応を迫られたのであった。事件の直接の契機は、パス政権・米政府がともに「鉱山改革」にとって重大な障害と見なしていたシグロベインテ鉱山の2人の共産党指導者エスコバルとピメンテルを突如逮捕したことであった。既に触れたように両者は、シグロベインテ鉱山の数千名に上る労働者民兵からの強力な支持を背景に、パス政権との一定の「共存関係」にあったボリビア共産党 (PCB) からは独立して、武闘路線によってパス政権による「鉱山改革」への徹底抗戦を指導していた。

人質となる米政府関係者4名は、米国情報局 (USIS) や米国対外援助庁 (USAID) などの労働問題専門家であり、彼らは急進的な労働運動の中心地であるカタビ＝シグロベインテ鉱山地区への「戦略的援助」としてUSAID資金によって行われた学校建設に際しての12月初めの式典に出席した後、鉱山労働者側の招きで近くのコロキリで開催されたボリビア鉱山労働者組合連合 (FSTMB)

---

34) 人質事件に関する以下の叙述は、米政府だけでなく、ボリビア側の対応も詳述しているフィールドの研究に負うところが大きい。*Ibid.*, pp. 109-30.

の第 12 回総会に出席していた。ところが総会終了後の 12 月 6 日、帰還途中のエスコバルとピメンテルが MNR の事実上の秘密警察部門である「政治統制部（Control Politico）」によって捕らえられると、ニュースは鉱山労働者の間に直ちに広まり、近隣のシグロベインテ鉱山から武装した数百名の鉱山労働者らがコロキリに駆けつけ、出発しようとしていた米人 4 人と COMIBOL 関係者らを人質にとってシグロベインテ鉱山に連れ去ったのである。鉱山労働者側は、人質解放の条件として 2 人の労働指導者の即時解放を求めたが、パス政権はこれに応じず、直ちに軍の投入による人質解放作戦を米政府側に提案し、軍部だけでなく政府支持の農民民兵も動員してシグロベインテ鉱山の軍事的包囲の態勢を整えていく。米政府は、米軍自体の投入の可能性も含めて軍事的オプションについても検討したが、米人人質の安全が確保できず、さらには事態がコントロールを失い内戦に発展する可能性も否定できないとして軍事作戦には一貫して消極的であった。そして、ボリビア側が求める緊急軍事援助には前向きの姿勢を示したものの、パス政権に対して軽挙を戒め、交渉による非軍事的な解決を強く促した。米側は、あわせて非軍事的な解決のためのあらゆる可能性を探って FSTMB 委員長でもあるレチン副大統領を含めて水面下での様々な働きかけを続けたのである[35]。

　この事件は、最終的には鉱山労働者側が全面的に譲歩して労働指導者の解放なしに平和裏の人質解放につながったが、その背景としては直接的にはレチンの仲介が大きかった。フィールドによれば、パス政権の承認の下に米人人質の関係者らが、収監されているエスコバルとピメンテルに対して説得を続け、レチンも加わって両指導者から鉱山労働者に対して人質の解放と流血の事態を避けることを求める書簡を確保したのであった。レチンは翌 12 月 16 日にシグロベインテ鉱山に数千人の鉱山労働者を集め、2 人の鉱山労働指導者からの書簡

35）　*Ibid.*, pp. 109-21. フィールドによれば、これまで政府の「鉱山改革」に徹底的抵抗を続けるシグロベインテ鉱山等の労働者に対して軍を直接用いることに消極的であったパスは、米人人質の存在がシグロベインテに軍を直接投入するための格好の口実になるとして、アルセ＝ムリージョ内相らの政権首脳とともに一貫して軍事作戦の開始を米側に強く訴え続けたが、米側によって抑えられた。一方のオバンド（Alfredo Ovando Candia）軍最高司令官らの軍首脳は、政府の方針に従って鉱山への突入作戦を進んで決行する意思はなかったが、米側から一層の装備を手に入れる機会として人質危機を利用することには積極的であった。*Ibid.*, pp. 117-18, 120-21.

を読み上げ、すべての鉱山労働者を統括する FSTMB 委員長としての権威の下に、人質の解放ではなく鉱山を包囲する軍との対決の道を選ぶことは、「戦い」ではなく家族も含めた鉱山労働者の「虐殺」を意味するとして、政府との対決は武力で圧倒的劣勢にある今ではなく、力を蓄えてからにすべきだと訴えた。結局、労働者側は、2 人の労働指導者の解放を勝ち取ることなく人質の解放に応じ、軍も鉱山の包囲を解いたのである。労働者側が譲歩した要因として、ボリビア政府による厳しい軍事的圧力に加えて、米政府および米軍の動きとそれが鉱山労働者側に与えた心理的影響をフィールドは強調している。即ちジョンソン政権は、パスに対して軍事的行動を戒める一方で、米軍介入への危機感を意図的にあおっていた。ホワイトハウスは、人質危機の開始直後の 12 月 8 日に人質事件を強く非難し、人質解放のためにパス大統領に対する「あらゆる援助を惜しまない」との敢えて曖昧な声明を発したが、これはボリビアでは米国による介入の前触れと理解された。さらに 12 月 14 日からは米国による緊急軍事援助が鳴り物入りでラパスに到着し始めている[36]。労働者側が軍による攻撃開始とその後の「虐殺」を恐れる中で、政府の背後にある米軍の不気味な存在に強い心理的な圧力を感じていたともいえよう[37]。この人質事件は、ジョンソン大統領をはじめとする新政権の首脳にとって、ボリビア情勢の深刻さを改めて強く意識させた。フィールドによれば、米政府関係者の間で「鉄の拳を持つ改革者」としてのパスの名声は高まり、左右に多くの政敵を抱えながらも混迷したボリビアを経済発展と反共主義の道へと導くことのできる唯一の指導者として、ジョンソン政権はパス政権への梃子入れを強めていくことになるのである[38]。

7. 1964 年大統領選挙に向けた動きとボリビア情勢の混迷

こうしたボリビア情勢の混乱をさらに深める事態が 1964 年 5 月末の大統領

---

36) *Ibid.*, pp. 115-28.

37) 労働側が最終的に政府の圧力に屈服した理由として、フィールドは、隣接するカタビ鉱山の労働指導者クレスポ（Arturo Enrique Crespo）による「それは米国だった」という自らのインタビューでの証言をあげている。*Ibid.*, p. 128.

38) *Ibid.*, p. 132.

選挙であった。パス大統領は、1961 年 6 月に戒厳令下で憲法の一部を改正して再選を可能とし、引き続きボリビアの経済発展の舵取りを行う準備を進め、1963 年に入って再出馬を表明していた。ダンカレーによれば、反対は予想されたものの、第二期政権で軌道に乗り始めた自らの経済発展路線を継承できる有望な候補がいなかったことがこの決断の背景にあった。しかし、この発表には党の内外から予想をはるかに超える強い反対の声が上がった。MNR 党内では、党機構を握る主流派がパスの再選を強力に支える一方、再選への反対も根強く、さらに労働左派はレチン副大統領の最高指導者への就任を目指していた。こうした大統領選挙をめぐるボリビア国内の動きに対して、米政府はレチンと左派の動きを特に警戒し、パスの再選を強く支持していた[39]。そして、1963 年 12 月にステファンスキーに代わってラパスに着任したヘンダーソン（Douglas Henderson）新大使は、パスに出馬を強く促した[40]。

　一方、MNR 党内には強権的な姿勢を強めるパスに対する批判を強め、空軍司令官のバリエントスを担ぎ上げようとする勢力もあった。バリエントスは、軍人としてのキャリアに飽き足らず強い政治的野心を持つ人物で、出身地であるコチャバンバ県を中心とする高い人気を背景に 1960 年代初めには政治的注目を集めるようになっていた[41]。バリエントスは、1940 年代後半から MNR との関係を深め、1952 年革命後は MNR 党員として軍事部門の指導的地位にあった。またボリビアにおけるインディオの二大言語の一つであるケチュア語に堪

---

39)　Dunkerley, *Rebellion*, p. 113; Memo Prepared for the Special Group, March 10, 1964, *FRUS, 1964-68*, XXXI, http://history.state.gov/historicaldocuments/frus1964-68v31/ch4：2017 年 10 月 24 日アクセス；Memo from the Executive Secretary of the（Read）to the President's Special Assistant for National Security Affairs（Bundy）: "The May 31 Elections in Bolivia," May 28, 1964, *ibid.*, https://history.state.gov/historicaldocuments/frus1964-68v31/d149：2017 年 10 月 24 日アクセス.

40)　キャリア外交官のヘンダーソンは、1962 年のペルーでの軍事クーデタの際には代理大使としてリマの米大使館におり、軍政から民政への移行過程への対応においてケネディ政権の民主化路線を指導し、フィールドによれば「政治的リベラル派で軍への懐疑主義者」としての名声を高めたとされる。Field, *Development to Dictatorship*, p. 107.　Oral History Interview with Douglas Henderson by Sheldon Stern, August 30, 1978 も参照。

41)　ボリビアの地方行政の単位は日本語では「県（provincia）」との名称が当てられており、全体で九つの県からなるが、ボリビアの国土面積 110 万 km^2 のうち、最大のサンタクルス県は 37 万 km^2 と日本列島と同じほどの広さがあり、コチャバンバ県でも 5.5 万 km^2 と九州より広い面積がある。眞鍋周三「国土の概観」眞鍋編『ボリビアを知るための 73 章』、p. 22。

能で、インディオ農民を主な対象とするコチャバンバでの軍によるシビック・アクション計画の開始に尽力するなど、同地のインディオを中心に支持が高まっていた[42]。さらにバリエントスは、コチャバンバにおいて各地のインディオ農民グループを率いる政治ボスの間で武力対立が続き、県全体が軍の統制下に置かれる中で、政治ボスの間で調停役としての役割を果たすようになり、彼らの政治的支持を獲得していった。パス大統領は、こうしたバリエントス将軍の政治的野心と政治的支持の高まりを警戒していた[43]。

そうした中で、事実上の大統領を決める場である1964年1月のMNR党大会は厳しい党内対立を顕在化させる。パスにとって党大会で最も重要だったのは、反対派を抑えて自らの大統領候補指名を確実にすることとともに、前年12月の米人人質事件で調停者の役割を果たして政治的存在感を高めていたレチンとMNR党内左派の動きをどのように封じるかであった。党内左派は、党大会前から再選を目指すパスへの反対姿勢を鮮明にしていた。パスも長年にわたって対立と協力がないまぜになった複雑な関係を維持してきたレチンに対して、党大会を前に党からの追放と労働左派との最終的決別を決めていた[44]。パスのこうした決断を促したのが、労働者側が反パスの姿勢を明確に示した1963年12月のFSTMBの第12回総会とその直後の人質事件であった。このFSTMB総会は、トロツキストであり、PORの代表的指導者であるロラが自ら著したボリビア労働運動史の大著の中で、ボリビアの政治史及び労働運動史における重要性を指摘するように、1940年代後半に始まり、1952年ボリビア革命の実現を可能とし、その後の革命政権を支えてきたMNRと労働左派との歴史的な提携関係の解消を決定付けるものであった[45]。

人質事件直前のこのFSTMB総会は、既に反パス・反MNRの機運に満ち、パス政権は反労働者的かつ親帝国主義的であるとして、かつての寡頭支配層に

---

42) シビック・アクションプログラムに関しては第9章を参照。またバリエントスは、1952年4月9日の革命勃発直後にパスを亡命先のアルゼンチンからラパスに飛行機で送り届けたのが自分であると自慢するのを常としていた。Field, *Development to Dictatorship*, p. 80.

43) *Ibid.*, p. 77, 80, 135; Malloy, *Bolivia*, p. 311; Dunkerley, *Rebellion*, pp. 115-16.

44) Memo from Thomas L. Hughes (INR) to the SS: "Political Alignments in Bolivia," Bolivia 7/63-5/64, Box 389A, Ralph A. Dungan, NSF, JFKL; Field, *Development to Dictatorship*, p. 136.

45) Lora, *Bolivian Labour Movement*, p. 324.

第 10 章　ジョンソン政権と 1964 年のボリビア革命政権の崩壊　**377**

よるロスカ歴代政権になぞらえられ、パス大統領を「革命の大義に対する裏切り者」として厳しく糾弾する決議が採択された。さらに政府による組合の破壊を断固拒否し、米政府主導により国有化鉱山の大規模な改革を目指すトライアンギュラー計画への徹底的反対を唱える決議等も採択されるなど、PCB 系やPOR 系だけでなく、むしろ本来は MNR 政府系であり、FSTMB の主流派を形成していたレチン派が中心となってこうした決議が採択され、鉱山組合側はパス政権との全面的対決姿勢を顕わにしたのであった[46]。こうしてパス政権と労働左派との関係は、既に検討したように、トライアンギュラー計画に反対する1963 年半ばからのシグロベインテ鉱山を中心とする鉱山労働者ストライキ、その後のイルパタにおける政府支持の農民民兵と鉱山労働者民兵との武力衝突、その直後の政府による国有化鉱山での「労働者による管理（control obrero）」の全面廃止、そしてこの FSTMB 総会という一連の事態の中で著しく悪化しており、さらに同総会直後の米人人質危機における政府・ボリビア軍と鉱山労働者民兵との全面対決と労働者「虐殺」の危険によって党の分裂は決定的なものとなっていたのである。

　FSTMB 総会と人質事件の直後の 1964 年 1 月に開かれた MNR 党大会では、レチンらの労働左派は大統領選挙に向けての候補者選びに関して発言を封じられただけでなく、レチンの党からの除名決議も採択された。労働左派は直ちにMNR と決別し、大会直後にレチン派主導の形で、革命以来ボリビア労働運動の中核としての役割を果たしてきたボリビア労働本部（COB）が中心となって、新たな左派革命政党である国民左派革命党（Partido Revolucionario de la Izquierda Nacional: PRIN）を結成した。PRIN は綱領を掲げて支持層を限定することはしなかったが、レチンは、左派のボリビア共産党（PCB）から右派のボリビア社会主義ファランヘ党（Falange Socialista Boliviana: FSB）にまたがり、さらにパス再選への強い反対姿勢を明確にしていたシレス前大統領も含む幅広い反パス勢力との連携を目指した。パスの前任者であり、MNR 最高指導者の 1 人であるシレスは、パスによる権力維持の動きは、MNR 党の分裂をもたらすとしてパスの再選に強く反対し、反対派を糾合するために駐ウルグアイ大使としての任

46）　*Ibid.*, pp. 324-25; Dunkerley, *Rebellion*, p. 111.

地を離れ、急遽ボリビアに帰国した[47]。

　労働左派との関係が決着した後、パスにとって MNR 党大会で残る問題がバリエントスの野心をどのように封じ込めるかであった[48]。バリエントスに関しては、党大会前から副大統領候補に推す動きがコチャバンバを中心に党内で高まっていた。党大会では、パスの大統領候補への指名は容易に決まったが、副大統領候補に関しては決定から排除された左派を除く党内の各派閥が熾烈な争いを繰り広げた。これに対してパスは、党機構への締め付けを強め、パスへの忠誠で知られる党幹部のフォルトゥン（Federico Fortún）上院議長を副大統領候補に指名し、過半数の承認を強引に取り付けた[49]。バリエントスはフォルトゥンの指名が「誤りであった」との声明を発表し、決定への不満を顕わにしたが、ダンカレーによれば、この段階では軍が組織としてバリエントスの副大統領就任を求めていたわけではなく、軍首脳が政権入りすること自体に反対する軍幹部もまだ多かったのである。若手将校の中にはバリエントスが副大統領候補に選出されなかったことに強い不満を持つ勢力が存在していたものの、オバンド軍最高司令官は、フォルトゥン副大統領候補の指名直後に軍を代表して指名への同意をパスに伝えている[50]。

　しかし、5月末の大統領選挙を前にパスへの反対が強まる中で、パス政権は国内の治安維持に関して軍への依存を強めていく。また MNR 党内外の各政治

---

47) Dunkerley, *Rebellion*, pp. 111-12; Field, *Development to Dictatorship*, p. 136. こうしたパス再選に対する MNR 党内外の激しい反対に関して、マロイは、パスの強権的支配への反発に加えて、パスによる権力の継続がボリビア国内のエリート間の利益配分に深刻な影響を与えた側面を指摘している。マロイによれば、パスによる「永久政権の志向（continuismo）」は、ボリビアを含めたラテンアメリカ政治における暗黙の伝統的合意であるエリート間の政権の「たらい回し」による利益配分に深刻な影響を与えた。Malloy, *Bolivia*, p. 311. またオバンドもパス再選に関して、5月初めのヘンダーソン大使との会見で、パスが「再選に反対するボリビアの伝統を破った」ため不穏な状況は続き、左派がこれを利用する恐れがあると述べている。Field, *Development to Dictatorship*, p. 146.

48) パスとバリエントスとの関係は、フィールドによれば、個人的な軋轢もあって大統領選挙を前に既に緊張に満ちたものになっていた。もともとバリエントスは、パスを「ボス（Jefe）」と呼んで強い敬意を隠さなかったが、パスは若いバリエントスを「見習い（Cadete）」と呼んでさげすむ態度を露骨に示すようになり、バリエントスにとって強い不満の種となっていた（1919 年生まれのバリエントスは当時まだ 45 歳であった）。バリエントスは、5月半ばのヘンダーソン大使との会談でこうしたパスの態度はコチャバンバでインディオ農民を中心に強い怒りを招いていると警告している。*Ibid.*, p. 148.

49) *Ibid.*, p. 135; Malloy, *Bolivia*, p. 311.

勢力の多くも軍との提携や支持を求めるようになっていた[51]。レチンやシレス を含めてパス再選に反対する政党指導者の多くが、その後の展開から考えれば 驚くほど楽観的に軍の政治的調停者としての役割に期待していた。ダンカレー によれば、この背景には、かつての1930年代のブッシュ政権や1940年代のビ ジャロエル政権といった改革派軍事政権の伝統があり、革命によって全面的に 改組され革命のための軍隊となったボリビア軍にその再現を期待していた側面 があった。またバリエントスも自身もこうした指導者の再来であるかのイメー ジを意識的に作り出そうとしていたのである[52]。

8. バリエントス暗殺未遂事件と1964年5月の大統領選挙

大統領選挙前のこうした極めて流動的な状況の中で起こったのが、バリエン トスの暗殺未遂事件である。パス大統領は、バリエントスが自らにとって政治 的に危険な人物と見なし、駐英大使としての転出を決めたが、バリエントスは、 まさに赴任地イギリスに出発するその日の早朝に銃撃を受けて負傷した。この

---

50) Dunkerley, *Rebellion*, p. 116; Field, *Development to Dictatorship*, p. 136. しかし、バリエン トスが副大統領候補に選出されなかったことに対して、出身地コチャバンバでは、直ちに市民 による大規模な抗議行動が行われた。特にインディオ農民らは、数千人がコチャバンバの空軍 基地に集結し抗議集会を開き、パス政権に反対する都市部の左右の反MNR勢力も加わってコ チャバンバ市中心部に大規模なデモ行進が行われ、市役所や県庁から政府系の秘密警察を追い 出して占拠する事態となった。その際、バリエントスは、パスが考え直すのであればまだ副大 統領候補になる用意があるとの声明をラパスから発している。*Ibid.*, pp. 135-36. こうしたコチ ャバンバでの抗議行動へのバリエントス自身の関与は不明であるが、バリエントスの政治的野 心の強さや行動パターンからすれば、同市の支援者等を通じてこうした動きを促していたこと は十分考えられよう。

51) *Ibid.*, p. 136.

52) Dunkerley, *Rebellion*, p. 118. 主要政党で、軍に対する一貫した反対を貫いたのはPORのみ であり、ダンカレーによれば、PCBも当初、パス政権との全面的対決姿勢を鮮明にするのを避 けていたが、政権末期に向けて広範な国民的反パス統一戦線が形成されるに至って反パス陣営 に加わり、軍の政治的調停者の役割に期待するようになった。*Ibid.*, p. 118; Field *Development to Dictatorship*, pp. 144-45; Lora, *Bolivian Labour Movement*, p. 326. 1963年12月のFSTMB 総会の際にPOR指導者のロラらが提出したものの、レチン派やPCBが強く反対した軍に関す る決議案によれば、1952年革命後、軍は「北アメリカ［米国］の帝国主義によって再編され、 装備を整え」、強い政治力を獲得してあらゆる党派間・産業間の対立を超えた政治的存在とい う役割を担い、「現在の反労働者政権［パス政権］はあらゆる社会的紛争を軍の専制的な介入 によって解決しようとしている」が、「本来唯一存在すべき軍は労働者・農民の民兵であり、 十分な装備の提供と組織化がなされるべきである」としていた。*Ibid.*

暗殺未遂事件直後、近くの病院に搬送されたバリエントスは、右胸を拳銃で撃たれて危険な状態にあるとして、病院に駆け付けた友人でもある米大使館付き空軍武官フォックス大佐の要請によって、その日のうちに米軍機でパナマ運河地帯の米軍病院へ搬送された。ボリビア国内では、バリエントスは米軍病院で長時間の手術に耐えたが、胸につけていた米空軍の銀のバッジがなければ命を落としていたといったうわさが広がり、突然の悲劇を克服した英雄としてバリエントスへの国民的共感が急速に高まった。パス大統領はこうしたバリエントスへの国民的支持の高まりを無視できず、後述するように、暗殺未遂事件から10日後にはフォルトゥン候補に代えてバリエントスを新たに副大統領候補に指名するのである[53]。

　この暗殺未遂事件の真相は、依然として不明なところが多く、ダンカレーによれば、完全な解明はおそらく決してないであろうとされるが、事件当時は、秘密警察「政治統制部（Control Político）」を統括し、パスに忠誠を誓い、当時何度かバリエントスとレチンに対する攻撃を試みたとされるサン=ロマン（Claudio San Román）将軍の仕業との見方が強かった。しかし、バリエントスに関わる当時のボリビア軍関係者や米政府関係者からの丹念な聞き取り調査を行ったフィールドによれば、ロンドンへの「左遷」によってボリビアでの政治的足場を失うことを恐れたバリエントス自身による「狂言」の可能性が強いとされる[54]。またダンカレーによれば、バリエントスは、暗殺未遂事件直後にボリビア人医師の診察を受けておらず、また米側の診察記録も開示されていないため実際の負傷の程度等は明らかではないとされ、フィールドの聞き取り調査においてバリエントスによる誇張とは異なって負傷は軽微なものであったとフォックスは証言している。そして、事件の「真犯人」に関しては、バリエントスは誰に銃撃されたかを決して明らかにしなかったとフォックスは述べているが、バリエントスに極めて近い軍関係者らによれば、暗殺未遂事件はフォックスが

---

53) Dunkerley, *Rebellion*, p. 117; Field, *Development to Dictatorship*, pp. 138-39.
54) ボリビア政治の通常の文脈では、政治家の主要国への大使としての転出は、常に「左遷」というわけではなく、バリエントスが着任予定であったロンドンにパスが大統領第1期を終えた後の1960年に駐英大使として着任したように、重大な職責を終えた政治家への「報い」という場合もある。1961年にパスによってイタリア大使に転出させられたレチンは明らかに「左遷」であった。

第 10 章　ジョンソン政権と 1964 年のボリビア革命政権の崩壊　381

計画したものとされ、銃撃自体もバリエントス自身が行ったとの証言もある。こうした証言に関して、米側のヘンダーソン大使やスターンフィールド（Larry Sternfield）CIA ボリビア駐在代表は、フィールドの聞き取り調査に対して、自分自身を銃撃するというのはいかにもバリエントスらしいと証言している[55]。

　この一連の暗殺未遂事件をめぐる顛末の中で、最も重要な点は、この事件によってバリエントスがパスの副大統領候補となって政治の表舞台に躍り出て、1964 年 11 月の自ら主導する軍事クーデタに向けての一つの重要な政治的背景を形作ったということである。またこの点と関連して、1964 年 1 月の MNR 党大会前後のバリエントスの副大統領候補就任をめぐる混乱の中で、軍の若手将校の中にはクーデタによる政権奪取を強く求め始めた勢力があったという点も重要である。軍の若手将校らは、当時政治情勢等を話し合うための深夜の秘密集会を持つようになっており、そこではパス政権による「アメリカ化の行きすぎと過度の対米従属」が批判され、「革命が道を外れている」といった非難がなされていたのである。1 月の党大会以降は、そうした会合にオバンド最高司令官やバリエントス空軍司令官らの幹部も顔を出すようになる。軍幹部らはこうした会合への出席を通じて反政府陰謀を企むというより、若手将校らに広がる現状への強い不満を察知して、彼らの動向を直接つかもうとしていた。若手将校らは、バリエントスが軍の先頭に立った政治改革を強く望んでおり、彼が副大統領候補から外れると直ちに決起を促したが、バリエントスは、軍及び自らのパスへの忠誠を強調し、オバンドとともに血気にはやる若手将校らの抑えに回ったのである。フィールドによれば、ヘンダーソン大使や国務省は、このような動きやボリビア軍内部の不満の鬱積を必ずしも十分には把握していなかったとされる[56]。

　こうした中で起こった暗殺未遂事件は、急進派若手将校らを激昂させ、事件

---

55)　*Ibid.*, pp. 138, 227-28; Dunkerley, *Rebellion*, p. 117. バリエントスに関しては、こうした通常では考えられない行動を行うという評価が常に付きまとってきた。そうした例として、ダンカレーは、空軍の落下傘での降下訓練中にパラシュートが開かず、3 名の兵士の死亡事故が起こると、報告を受けたバリエントスは、直ちに自ら同じ装備を使って降下してみせたというエピソードを紹介している。またダンカレーによれば、バリエントスの性的放逸ぶりも有名で、そのために軍事・政治指導者としての名声が大きく揺らぐことはなかったが、さすがに同僚の妻に手を出した際には大きな問題となったという。*Ibid.*, p. 115.

56)　Field, *Development to Dictatorship*, pp. 137-138.

後直ちに開かれた空軍基地での大規模な集会において、彼らは直ちに反乱を起こしかねない状況であった。集会に出席したオバンドらの軍幹部は、「軍による報復などといった主張は決して容認できない」と若手将校らの説得に回ったが、結局、彼らの要求を呑む形で、パス大統領に軍の要求を伝えるための特別委員会の結成に応じ、副大統領候補の再考を強く求めることになった。この委員会にはオバンドとロドリゲス（Luis Rodrígues Bidegaín）国防相のほか2名の急進派若手将校が入り、委員長には、委員会の政治的中立性を示すためシレス前大統領が就任した[57]。そして、3月4日に委員会メンバーが直接パスの自宅を訪問すると、パスは直ちにフォルトゥンへの支持を撤回し、バリエントスを副大統領候補とすることを表明したのである。そしてバリエントスは、3週間後にボリビアに帰国すると国民的英雄として迎えられ、「凱旋」パレードを行ったコチャバンバでは、「バリエントスを大統領に！」との呼び声も聞かれたのであった[58]。

　1964年5月31日の大統領選挙では、レチン指導下のPRIN等の左派とともに、ゲバラ元外相が1960年の大統領選挙の際にMNRから離脱して結成した右派の真正革命党（Partido Revolucionairo Autentico: PRA）、さらには極右のFSBに至る諸政党にシレスも加わって統一戦線が形成され、違法なものであるとしてMNR以外のすべての主要政党が選挙をボイコットした[59]。こうした中でパスは容易に当選したが、その政治的基盤は極めて脆弱になっていた。既に選挙戦中からバリエントスは、副大統領候補でありながら反対派の統一戦線と緊密な関係を保ち、パス反対派が結集する一種の「避雷針」として独自の政治的影響力を持つようになっていた。反パスの動きは、選挙戦終盤にはさらにエスカレートし、シレスはパスの即時退陣と暫定軍事政権による選挙の実施を訴える

---

57)　委員会には若手将校からは、キローガ（Óscar Quiroga Terán）空軍大佐やアルグエルダス（Antonio Arguerdas Mendieta）空軍少佐の2名が入ったが、彼らは反パス・反MNRの「急進派（*ultras*）」と呼ばれていたグループの代表的存在であった。*Ibid.,* pp. 137-39.

58)　*Ibid.,* pp. 138-39.

59)　レチンは、現職の副大統領として投票日直前まで大統領候補としてパスと対抗する姿勢を見せていたが、最後には選挙のボイコットを唱える右派やシレスらの反パス統一戦線に同調し、5月23日にはPRINによる選挙ボイコットを宣言してシレスらのハンガー・ストライキに加わった。*Ibid.,* p. 145. リーマンよれば、選挙戦には二つの小政党の候補が残ったが、選挙の正統性を示すためにMNRによって買収されたためであった。Lehman, *Bolivia,* p. 257.

第 10 章　ジョンソン政権と 1964 年のボリビア革命政権の崩壊　383

とともに、反パス統一戦線を形成する諸政党の代表によるハンガー・ストライキを開始した。一方、FSB はサンタクルス州において小規模なゲリラ闘争を開始している[60]。パス政権転覆のためのこうした様々な動きは、選挙前から軍部を巻き込む形で活発化していたのである[61]。シレスは、こうした広範な反対にもかかわらずパスが再選を果たすと、MNR の分裂は避けられず、パス政権は今や反革命的であり、政権は打倒されるべきだとしてバリエントス副大統領に対して公然と軍事行動を求めるようになる。これに対して、パス政権は、シレス及び数十名の主要な反政府政治指導者の国外追放に踏み切るのである[62]。

　大統領再選によって自らの支持基盤を固め直し、経済成長路線を強力に推し進めようとするパスの目論みは、ダンカレーによれば、失敗に終わっただけでなく、むしろ左右の反対派を強く結び付け、1952 年の革命を実現した広範な

---

60)　ブラジルと長い国境で接し、広大なアマゾン流域地帯を抱えるサンタクルス県での FSB によるゲリラ活動は、大統領選挙直前の 5 月末に開始され、県東部の幾つかの小さな村を占拠した後、一部のグループは、ゲリラ・グループの司令官ベジョ（Oscar Bello）の反対を押し切って、1964 年 7 月末に県東部のロブレ市にある陸軍第 5 師団の司令部への攻撃を企てて拘束された。その後、刑務所に移送されたグループは脱出に成功し、逃避行を続けたが、追跡する米国援助局治安担当官と CIA 要員に率いられたボリビア治安警察部隊との銃撃戦では米 CIA 要員に重傷を負わせるなど米側の予想を超える戦闘能力を示した。フィールドによれば、こうした右派のゲリラ活動の狙いは、政府の軍事的対応と弾圧をエスカレートさせることで反政府活動をより活発化させ、最終的にパス政権崩壊に導くことであったとされる。Field, *Development to Dictatorship*, pp. 151-57.

61)　米政府の情報によれば、バリエントスも 5 月の選挙直前にパス政権転覆の試みに加担したとされるが、パスは月末の選挙に向けて軍首脳部の忠誠を改めて確認したとして、散発的な反政府軍事行動だけでなく、「中下級将校を利用して自らの政治的野心を達成するというバリエントスやシレスによる動きも抑えることができると確信している」との報告がなされている。Memo from the Executive Secretary of the DS（Read）to the President's Special Assistant for National Security Affairs（Bundy）: "The May 31 Elections in Bolivia," May 28, 1964, *FRUS, 1964-68*, XXXI, http://history.state.gov/historicaldocuments/frus1964-68v31/ch4：2017 年 10 月 24 日アクセス．またフィールドによれば、バリエントスは、レチンやシレスらと反政府運動をめぐる協議を続けていたが、5 月に入ると自らの政治的基盤であるコチャバンバ市の左右両派の反政府政治指導者らに促されて、強い反 MNR 政権の機運に満ちた地元部隊とともに軍事行動へと動く危険が高まった。そうした動きを事前に察知したオバンドとフォックスは、コチャバンバにバリエントスを訪ねて説得に努め、バリエントスはラパスに戻ることに同意した。バリエントスは、パスと会見してレチンやシレスらの陰謀への加担を止めることを約束し、オバンドとともに再びコチャバンバに戻って現地部隊の鎮静化に努める。バリエントスは、5 月 17 日には数百名のコチャバンバ市民指導者を前に演説し、バリエントス支持の強い声援とパス反対の怒号が飛び交う中で自身のパス支持を改めて表明し、選挙戦での彼らの協力を訴えた。フィールドによれば、バリエントスとコチャバンバ部隊によるクーデタの決行日は大統領選挙投票直前の 20 日とされていた。Field, *Developmen to Dictatorship*, pp. 148-49.

MNR 連合は崩壊に向かい始める。そして、パス政権は、政府の恩恵に浴する一部の MNR 特権層、そしてインディオ農民層と軍によって支えられるものとなっていた。この点で象徴的なのは、バリエントスのイニシアチブによってコチャバンバのインディオ農民組織と軍部との間で 1964 年 4 月初めに締結された「軍・農民協約 (Pacto Militar Campesino)」である。この協約は、もともと選挙戦中にボリビア各地で選挙戦を続けるレチンに対して、パスがコチャバンバの左派農民層に対するレチンの勢力拡大を阻止するために、現地の農民層に強い支持を持つバリエントスを派遣したことが背景にあった。同協約は、パスがボリビア革命の父であり、共産主義がインディオ農民の価値観とは相容れないと述べるとともに、MNR 革命への脅威に対する軍の行動への支持を宣言したものであった。しかし、フィールドによれば、同協約は多くの国民にとって、パスの軍への依存を如実に示すものとなり、革命自体の「軍事化」を象徴するものとなったとされる[63]。

　実際に選挙後のパス政権は、軍の意向を無視して政権運営を行うことが不可能になっていた。副大統領のバリエントスに加えて与党 MNR の事務総長に軍

---

62) *Ibid.*, p. 136; Malloy, *Bolivia*, pp. 310-11; Dunkerley, *Rebellion*, pp. 117-18. こうしたパス政権の「権威主義」傾向の高まりに対して、米政府内でも「MNR-パス懐疑派」ともいうべき勢力は既に 1962 年の段階から懸念を表明していた。その代表格であるラスク国務長官は、ホワイトハウス内のパス支持者やステファンスキー大使らのパスへの手放しのコミットメントに対して批判的であった。Field, *Development to Dictatorship*, pp. 55-56. ラスクは、1962 年の議会選挙の際にパス政権による大規模な不正が行われたとの報告に対して、「道徳的見地」はさりながら、「実際的見地」からも非共産主義的反政府勢力（特にゲバラ元外相率いる PRA 等）に対する政府の弾圧は、彼らを「極左」の側に追いやることになり、そうした弾圧を米政府が容認することで、かかる勢力が将来権力に就いた際には新政権との関係も難しくなると批判していた。Tel from Rusk to LP, July 10, 1962, Bolivia, General, 1/62-7/62, Box 10, Countries, NSF, JFKL; Tel from Rusk to LP, July 17, 1962, Bolivia, General, 1/62-7/62, Countries, Box 10, NSF, JFKL. こうした見方は、1964 年のパス政権崩壊に向けての反政府運動の高まりに照らせば、必ずしも的外れであったとはいえないであろう。パスの強硬策は、左右の政府反対派を強く結びつけていったのである。ただし、ボリビアが当時置かれていた著しい対米依存の状況もあって、後で検討するように、後継の軍事政権は反米主義とは程遠いものとなるが、一方で、対米依存一辺倒であったパス政権への反発もあって、1964 年クーデタ以後のボリビアでは対米自立を志向するナショナリズムの底流が顕著に見られるようになる。Malloy and Gamara, *Revolution and Reaction*, pp. 45-47.

63) Field, *Development to Dictatorship*, p. 142.「軍・農民協約」に関して詳しくは、Forrest Hylton and Sinclair Thomson, *Revolutionary Horizons: Past and Present in Bolivian Politics* (New York: Verso, 2007), pp. 83-84 を参照。

首脳が就任していただけでなく、主要な地方政府の知事には軍人が就任していた。パス大統領は軍人に囲まれ、軍の意向を無視して重要な政治的判断を行うことは不可能になっていたのである。1964年夏までにはパス政権は、国内の反対派を抑えるために不断の警察力の行使を余儀なくされ、100人に上る反政府指導者が国外追放になり、新聞による批判の高まりに対して検閲が厳しく行われるようになる[64]。

9. パス政権末期の情勢への米国の対応

こうしたボリビア情勢の混乱に対して、ジョンソン政権はパス政権への支持を再確認し、軍事援助強化によって応えるが、一方で、キューバ問題をめぐる米国の圧力は、孤立化を深めるパス政権の足元を掘り崩すことになる。米政府は、既にケネディ政権末期の1963年8月に、ホワイトハウス内でケネディ司法長官の下で海外の秘密工作を担当する「特別グループ (IS)」において、翌年の大統領選挙に備えて左派のレチンの出馬に対抗する形でMNRに対する極秘の政治資金援助の供与を決定していた[65]。その後、ボリビアの国内政治情勢が混迷を深める中で大統領選挙が行われる直前の5月28日に、国務省はバンディ国家安全保障担当補佐官宛の覚書の中で、大統領選挙とその後の政治的見通しについての分析と評価を示している。覚書は、ボリビアの現下の政治情勢は、ボリビア革命を新たな「建設的発展」の段階へと進めるとするパスの決断によって、革命開始以来続いてきたMNR内部の緊張のさらなる激化がもたらされた。そして米国の「圧力」の下で進められた国営鉱山改革によってレチン副大統領、MNR内レチン派、そしてレチン支持の共産主義者らの支持基盤が掘り崩される中で、与党MNR内の対立が1963年に「限界点」に達した結果であると分析している。その結果、レチンはMNRから追放され、独自候補として大統領選に出馬する一方、パスの副大統領候補バリエントスは反政府クーデタを画策する状況になっていると、前節で詳述した展開について言及している。

---

64) Malloy, *Bolivia*, p. 311; Dunkerley, *Rebellion*, p. 118; Field, *Development to Dictatorship*, p. 139.
65) Editorial Note 147, *FRUS, 1964-68*, XXXI, http://history.state.gov/historicaldocuments/frus1964-68v31/ch4：2017年10月24日アクセス.

さらに覚書は、パス大統領が軍首脳部の忠誠を確認し、反対派の動きを封じることが可能だとして、たとえ大統領候補を擁するすべての反対政党がボイコットしたとしても予定通り5月31日に大統領選挙を行うと宣言したことに対して、選挙後もパスの政策、特に「進歩のための同盟」をめぐる米国との緊密な協力への抵抗が続き、政治的不安定が続くと予想している。特にレチン、シレスらの反政府指導者らは、合憲的な手段での権力への道を閉ざされたため、軍によるクーデタをたくらみ続ける可能性が強いと見ている。また予想通りに投票日にパスのみが候補者ということになれば、パスが国民の信託を受けたと主張しても根拠が薄いものとなり、「[従来のMNR]党による独裁とは異なる個人による独裁」という問題を抱えることになろうとしている。前節でも見たように選挙は実際にその通りの結果となり、その後、パスは国内での反対が強まる中で、選挙での国民からの信託を強調するが、政権の正統性には暗雲が立ち込めることになる。しかし、その一方で、覚書は、パスが「進歩のための同盟」下での経済的・社会的発展にコミットしており、国有化鉱山改革をめぐる対立から政府外に出たレチンや共産主義者の鉱山労働者らとの対決は避け難いが、もしパスが改革の実行にひるまなければ、米国の援助政策は近い将来に「劇的な成果」を示し始め、政治的不安定をもたらす力は弱まるかもしれない、と結んでいる[66]。国務省の米州局によって起草され、同省の情報調査局（INR）と米国対外援助庁（USAID）の承認を得たこの覚書からは、ケネディ政権に見られた「進歩のための同盟」を通じたパスとの協働への期待と支持の姿勢が後退していることは否めず、パスへの突き放した見方も示されている。

　しかし、ジョンソン政権はパス政権の交代を望んでいた訳でも、軍の支配を期待していた訳でもなかった。こうしたボリビアへの対応は、同時期のブラジルへの対応とは対照的であった。既に見たようにブラジルのグラール政権は、共産党の合法的活動を許容する点ではパス政権と同様だったが、外国資本への規制強化と民族主義的改革によって米国の利益を侵害し、何よりも政治の安定

66）　Memo from the Executive Secretary of the DS (Read) to the President's Special Assistant for National Security Affairs (Bundy): "The May 31 Elections in Bolivia," May 28, 1964, *FRUS, 1964-68*, XXXI, http://history.state.gov/historicaldocuments/frus1964-68v31/ch4：2017年10月24日アクセス.

ではなく改革に伴う混乱を放任し、さらにそうした混乱を通じて保守的な議会に対抗して大統領としての権限を拡大しようとする無責任で危険な改革政権と見なされていた。ジョンソン政権は、1964年に入ってブラジル軍のクーデタに向けた活動が本格化する中で、そうした動きを積極的に後押ししていた[67]。

　一方、ボリビアに関しては、大統領選に向けて政治的混乱の深まりとその後の政治的対立の激化の中で、ボリビア軍首脳は様々な形で軍による政権掌握の可能性に関して米国の感触を探ったが、米政府の反応は、「マン・ドクトリン」に沿った形でボリビア内政への関与を厳格に避けるというものであり、基本的には経済発展と治安維持に関する手腕に期待して政権崩壊の直前までパス大統領への支持を続けるというものであった。こうした傾向は特にヘンダーソン大使に顕著であり、1964年5月初めの大統領選挙前の混乱の中で、オバンドが、アジェンデ（Salvador Allende）の社会党が選挙戦で優勢なチリにおいて、もし軍部が予防的なクーデタに訴えた場合の米側の対応いかんと、チリの場合を引き合いに出して大使に対して探りを入れると、米政府がとやかく言うことではなく、チリ国民が決めることだと回答していた。またこの後に検討するように、1964年10月末にパス政権と反対派との武力衝突が続いて内乱に近い状態になった際に、マン国務次官補がパスの後継政権は軍部ないし非共産・非左派の文民政権となる可能性が強いのではないかとして、ボリビア政治への過剰な介入を避けるためにもパス大統領に過度に依存する従来の政策の見直しを示唆した際にも、ヘンダーソンは、後継政権の下では共産主義勢力の拡大も含めて一層の政治的不安定化は避けられず、パスは軍の支持も確保しており、各地の反乱を乗り切れる可能性が強いとしてワシントンを説得している。そして、軍に対してパスの立憲政府を今後も支持し続けるように「静かに口頭で」促す一方、パス政権による「過度の武力行使」の背後に米国があるとの印象をボリビア国民に持たれないよう十分留意するようにとの訓令を確保し、パス政権へのワシ

---

67)　Memo from Gordon Chase of the National Security Council Staff to the President's Special Assistant for National Security Affairs: "Chiefs of Mission Conference — Brazil and Chile," March 19, 1964, *FRUS, 1964-68*, XXXI, https://history.state.gov/historicaldocuments/frus1964-68v31/d185：2018年1月12日アクセス；Tel from the Embassy in Brazil to DS, March 28, 1964, https://history.state.gov/historicaldocuments/frus1964-68v31/d187：2018年1月12日アクセス．

ントンの支持を再確認している[68]。

　しかし、1964 年夏の時点でジョンソン政権にとってボリビアの政治的安定以上に重要であったのが、キューバ革命の封じ込め強化であった。既に見たようにブラジル軍事政権が成立後直ちにキューバとの断交に踏み切り、それまでのグラール政権によるキューバ革命擁護の立場から一転して米国の緊密なパートナとしてキューバ孤立化を強力に働きかける側に回る中で、パス政権は窮地に陥る。前章でも検討したように、パス大統領は、カストロ政権を強く支持する国内の左派を刺激しないため、またキューバ自体がラテンアメリカでの左翼ゲリラ支援の矛先を自らの政権に向けるのを避けるためにも、米国が強力に推し進めるキューバ孤立化政策に抗ってきたのである。パス大統領は、ヘンダーソン大使にこうした国内政治上の深刻な問題点を強く訴えていた[69]。しかし、こうしたボリビアの対応は、多額の経済援助を受けている国として米国にとって容認できないものであり、ジョンソン政権は、1964 年 7 月末の OAS 外相会議に向けて各国への圧力を強めて対キューバ断交決議を成立させると、依然として国交断絶に踏み切らないチリとともにボリビアへの圧力を強めた。8 月初めにチリが断交に踏み切るとボリビアの孤立化は否めず、パス政権は、8 月 13 日に米国の圧力に屈する形で決議への賛成を決めたのであった。対キューバ断交は、国内での政治的孤立を深めるパス政権にとって、フィールドによれば、最後の「民族主義の衣」を脱ぎ捨てたことを意味し、キューバから対米従属を強く非難されただけでなく、国内の左派、特に PCB をはじめとする共産主義者らもパス政権との「紳士協定」に見切りをつけ、他の反対派とともに政権への全面的反対へと向かうのである[70]。

68）　Field, *Development to Dictatorship*, pp. 146, 175-77.

69）　Tel 120 from Henderson to SS, July 25, 1964, Bolivia, Vol. 2, 7/64-11/64, Box 7, Country File-Latin America, NSF, Lyndon B. Johnson Library（以下 LBJL）. 米国による働きかけに関しては、例えば以下を参照。Sayer to Bundy, July 23, 1964, *FRUS, 1964-68*, XXXI, https://history.state.gov/historicaldocuments/frus1964-68v31/d22：2018 年 1 月 13 日アクセス.

70）　Field, *Development to Dictatorship*, p. 160; Wright, *Latin America*, p. 65.

10. 1964年11月のパス政権崩壊への動きとジョンソン政権

1964年11月4日のパス政権崩壊に直接つながるボリビア国内の騒乱は、9月1日の教員組合のストライキから始まった。主に中間層の低所得層の教員からなる教員組合連盟は、ボリビア最大の労働組織であり、教員の社会的地位の高さもあって政治的に大きな影響力を持ち、革命後も賃上げをめぐって度々MNR政権と対立してきた[71]。この時も賃金引き上げをめぐる交渉のもつれから全国的なストライキに突入したのであった。しかし、この教員ストは、パス政権への反発を強めていた国民各層の不満の爆発の導火線となり、次々と抗議行動が開始され、政府の治安部隊とデモ隊との対立がエスカレートし、全国各地で暴力的な対決が繰り広げられることになる。まず教員ストへの支持を表明して数日後に労働組合連合と学生組織がラパスで大規模なデモを行ったが、パス政権はこれに対して大学を閉鎖するとともに、政治的集会への取り締まり強化を開始した。さらに9月6日にはシグロベインテ鉱山の労働者たちも教員組合への同調ストを開始し、FSTMBも全国的な部分的ストライキに突入した。一方、地方都市でも学生たちの暴力的なデモが開始され、9月16日にはコチャバンバのボリビア・アメリカ文化センターが学生たちの襲撃を受けるなど全国的に騒乱が拡大するに至る。当初、治安警察と政府支持のインディオ農民の民兵組織に頼っていたパス政権は、9月20日に戒厳令を施行し、軍にも出動を命じる[72]。そして、10月下旬にコチャバンバで再び激しい反対行動が起こると、政府はデモ隊に対する銃火器の使用を開始し、各地で治安部隊と学生や労働者のデモ隊との流血の対決が繰り返されるなど、全国的な反乱状態が続いた。さらに鉱山労働者と政府との武力衝突も本格化し、10月末にはラパスと鉱山地帯を結ぶ主要都市オルーロをめぐる攻防戦が軍を含む政府の治安部隊と鉱山

---

71) パス政権を倒して権力を握るバリエントス軍事政権も鉱山労働者の統制には軍事力の威圧によって成功する一方で、教員組合の制御には多大の困難を経験することになる。Malloy and Gamara, *Revolution and Reaction*, p. 29.

72) こうした学生による反政府行動は、右派のFSBに所属する学生が主導し、左派の学生たちもこれに加わるという形をとっていた。Dunkerley, *Rebellion*, p. 119; Field, *Development to Dictatorship*, p. 178.

労働者の間で戦われるに至るのである[73]。

国内がこのように内乱に近い状態となる中で、軍首脳は、オバンド以下、パス政権への忠誠を表明し続け、政府の出動要請にも一定程度応えていたが、実際には政権掌握のタイミングを窺い始めていた。既に見たように大統領選挙をめぐる政治的混迷の中で、パス支持のMNR主流派と農民組合の多くを除いて、パス政権に反対するシレスやレチンらの主要な政治指導者、労働組織、学生組織、右派のFSB、左派のPCB、その他の主要政党等、文民指導者の殆どすべてが軍介入による政権交代を求め始めており、ボリビア軍部は強い政治的圧力の下にあった。逆にもし軍が行動を起こさずパス政権への支持を貫き、国民的反乱への弾圧を続ければ組織としての政治的正統性を再び失う恐れがあったのである[74]。さらに軍部内の中堅指導者である若手将校の中には、既に検討したように、パス政権を倒して軍が権力を掌握し、新たな最高指導者としてバリエントスを担ぎ上げようとする重要な勢力があり、軍首脳部を突き上げていた。そのバリエントスは、既に大統領選挙戦中から反政府陰謀を画策する文民勢力との接触を続けただけでなく、副大統領に就任してからは、パス大統領との個人的関係の悪化もあって公にパス政権批判を行うようになっていた。そして、9月以降反政府暴動と政府による弾圧が強まる中で、バリエントスは、政府による反対運動への武力による鎮圧を批判して戒厳令の撤回を求め、代わって「ボリビア人民と国民革命とのより身近な関係を実現するための努力」によって反乱の「原因をなくす」ことをパスに求めていた[75]。

実際に軍が動いたのは10月末であった。軍首脳は、10月下旬から政府側と市民や労働者側との武力衝突が激化する中で、軍の本格的介入を求めるパスの意向に反して、反政府側との全面的な対決をできる限り避け、パス政権後の政治的正統性を保とうと努めていた。特に主要鉱山の軍事的制圧を求めるパスの指示に対しては、準備の遅れ等の様々な理由をあげて作戦の開始を遅らせてい

---

73) *Ibid.*, pp. 166–75; Malloy, *Bolivia*, p. 312; Dunkerley, *Rebellion*, pp. 118–19.

74) *Ibid.*, p. 118; Malloy and Gamara, *Revolution and Reaction*, p. 8.

75) バリエントスの言葉の引用はフィールドによる。Field, *Development to Dictatorship*, p. 170. こうした曖昧で詩的とさえいえる言葉をちりばめた演説が、ポピュリスト的指導者としてのバリエントスの面目躍如といえ、その根強い人気につながっていた。*Ibid.*, p. 80; Dunkerley, *Rebellion*, p. 115.

た。これを主導したのは、軍の組織としての一体性の保持を常に重視し、組織人としての手腕を発揮してきたオバンド最高司令官であった。そのオバンドとバリエントス、そしてスアレス（Hugo Suárez）陸軍司令官は、10月30日の深更に極秘の会談を持ち、パス大統領から「国家を守るための行動」に出ることに合意したのである。ただし、決行の時期は未定であり、右派のFSBや左派のPCB、そして学生や鉱山労働者らの抗議行動に加わる形での政府の転覆はその後の行動を制約することになるとして、後継政府の主導権を握れるタイミングを待つこととしたが、その時はすぐやってくる[76]。

　10月28日からのオルーロをめぐる攻防戦では、軍は一応パスの命令に従って治安警察及びインディオ民兵部隊と連携してオルーロの奪還には成功するが、鉱山労働者側が大量の労働者民兵を動員して政府側に圧力をかけると軍はそれ以上の攻勢に出ず、鉱山労働者側とのにらみ合いが続いた。一方、ラパスでは、政府の治安部隊が大学に立てこもる学生らの排除に成功し、他の主要都市でも治安警察とインディオ農民民兵を主体とする治安部隊によって学生や労働者らの鎮圧が進むなど、11月初めの週末の祝祭日に向けて事態は一旦沈静化に向かう。そして、パス政権支持のインディオ農民民兵の多くは、祝祭日を祝うためラパスの周囲に広がるアルティプラーノの村々へと戻ったのである。米政府は、10月末の全国各地に武力衝突が広がる中で、既に触れたようにマン国務次官補主導によって従来のパス政権への強固な支持政策の見直しの動きを見せたが、後継政権の下でもさらなる政治的不安定化は避けられず、共産主義勢力の拡大を招く懸念が大きいとしてパス政権への支持を再確認していた。しかし、軍首脳の態度も含めて緊迫したボリビア情勢について大使館以外の視点からも確認するために、国務省米州局チリ・ボリビア課長のデンツァー（William Dentzer）が急遽派遣されることとなった[77]。

　デンツァーは、出発前の10月28日にホワイトハウスからの求めに応じて、ボリビア情勢の見通しについてNSCスタッフへのブリーフィングを行っていた。デンツァーによれば、目下のボリビアの騒乱は「抑圧的な政府に対する民衆の反応」と見なすべきであり、学生が大きな役割を果たしていて、彼らの指

76）　*Ibid.*, pp. 114-15, 118-19; Field, *Development to Dictatorship*, p. 180.

77）　*Ibid.*, pp. 175-80.

導者の多くは「左派的だが容認できる［原文のまま］」ファランヘ党員と共産義者からなっている。騒乱後には三つの可能性がある。一つはパス大統領による政権維持であり、パスは軍の支持を確保していると思われ、これが最も可能性の高いシナリオである。2番目は、不安定な状況を利用した軍による政権掌握であり、その場合の指導者としてはバリエントスの可能性が高いが、バリエントスは軍部内での支持は必ずしも強くなく、このシナリオ自体蓋然性が高いとは言い難い。3番目のシナリオは、パスが暗殺されて国内がしばらく混乱し、その後一種の連合政権が成立するというものだが、この可能性は低い。また共産主義者による政権掌握については、共産党への国民的支持は限定的で、そもそも軍がそうした事態に強く反対しており、その可能性は殆どない。デンツァーによれば、現在の混乱はほどなく収まってパスがそのまま政権の座に留まる可能性が高いが、それ以外の場合であってもボリビアが「米国が容認できない」状況になる可能性は極めて低い、という見通しであった[78]。こうした分析も踏まえて、ラスク国務長官は、10月30日にはジョンソン大統領との電話会談で、パス政権の存続に自信を示している[79]。

　こうした国務省の見通しの甘さはすぐに判明するが、米政府内でも上記のような担当者による極めて楽観的な分析やそれに基づく国務長官の説明とは対照的に、CIAからは共産主義勢力の動きを強く警戒し、パス政権の見通しや軍の動向についても悲観的な報告が届いていた。CIAはボリビア軍首脳部の動きを注意深く追っており、上記のラスク国務長官によるジョンソン大統領への電話ブリーフィングの直後にラパスで開かれた軍の極秘会談についてもすぐに情報を入手し、ワシントンに送っている[80]。この軍の不穏な動きに関するCIA情報を受けて、ヘンダーソン大使は、翌10月31日にロドリゲス国防長官とオバンド参謀総長と接触し、パス政権に対する国軍の「強固な」支持を確認する一方

---

78) Memo from Gordon Chase of the NSC Staff to the President's Special Assistant for National Security Affairs (Bundy): "Bolivia," October 28, 1964, *FRUS, 1964–68*, XXXI, https://history. state.gov/historicaldocuments/frus1964-68v31/d150：2017年10月24日アクセス.

79) TelCon conversation #5986, sound recording, LBJ and Dean Rusk, October 30, 1964, Recordings and Transcripts of Telephone Conversations and Meetings, LBJL, https://www. discoverlbj.org/item/tel-05986：2018年1月29日アクセス.

80) Field, *Development to Dictatorship*, p. 180.

第 10 章　ジョンソン政権と 1964 年のボリビア革命政権の崩壊　　393

で、パスの命じた鉱山地帯の平定作戦は、流血を避けるために心理的な圧力を徐々に高めながら進めているとの説明を受けている。また軍首脳らは、バリエントスに対してはパスとの関係修復を説得したもののうまくいかず、バリエントスはコチャバンバに戻ってしまった。しかし、軍首脳部としては、バリエントスの動きに従うつもりはないと言明している。軍首脳らは、不穏な動きはバリエントス個人と彼を支持する軍部内外の一部の勢力によるものであり、軍の組織的なものではない点を強調し、前記の CIA 情報を否定する形で責任をバリエントスに帰したのであった[81]。このようにボリビア情勢が緊迫感を増し、急速な展開を見せる中で、米政府全体として情勢を十分把握していたとは言い難かった[82]。

　このように軍の動向をめぐる情報が錯綜する中で派遣されたデンツァーは、ボリビア情勢が一旦鎮静化したかに見えた 11 月 2 日に、ヘンダーソン大使とともにまずパス大統領を訪問し、情勢認識と今後の見通しについて話し合った。パスは、オルーロ周辺の鉱山地帯以外の反政府運動は鎮圧されたとして、政府による治安維持の成果を強調した。パスによれば、今回の騒動は、バリエントス副大統領が公然と政府の方針に背く中で生じた政治的不安定に、共産主義者の学生が便乗して国民を扇動したことがそもそもの原因であると、共産主義の問題が強調された。パスは 10 月末からの反政府闘争等の高まりの中で、ヘンダーソン大使に対して繰り返し軍部の不服従を非難してきたが、この特使との

---

81)　Tel 464 from Henderson to DS（Discussion with the Military High Command）, Pol 23-9 Bolivia, Box 1924, Central Foreign Policy Files 1964-66, NA. 10 月 30 日の会談に関する CIA の極秘情報は、特定は難しいものの、恐らくはバリエントス自身によって友人のフォックス駐在武官を通じてもたらされたものであろう。その真偽については二つの可能性があり、一つはバリエントスが偽情報を流し、軍首脳部が事実を述べていたというものであり、もう一つは、バリエントスの情報は正しく、軍首脳部は米政府がクーデタに反対する中で、バリエントスを隠れ蓑にしてクーデタ計画を進めたというものである。これらの点に関しては明確な証拠はなく、フィールドもはっきりした解釈を示していないが、後で見るようにその後の展開からすれば、後者の可能性が高いと考えられる。Field, *Development to Dictatorship*, p. 180.

82)　フィールドによれば、バリエントスは、フォックスに対して、10 月 29 日にパスとは完全に決別し、軍も 1 週間以内にパス政権の打倒に動くと述べており、これは大使館と CIA からそれぞれワシントンに報告されている。*Ibid.*, pp. 172-73. しかし、バリエントスのこれまでの言動からも軍の動向を確認する必要もあるとして、デンツァーが派遣されることになったのである。米政府は、10 月 30 日の軍首脳の秘密会合の内容についても直ちに情報を得ており、この点についても改めて確認する必要があった。*Ibid.*, pp. 172-73, 180.

会見では、自らの政権維持能力に関する弱みを示すことになる軍部の動向や意図に関して詳しい説明や意見交換はなかった。その後の会談の多くはこの喫緊の最重要問題ではなく、今回の騒乱の長期的原因の一つであり、それまでは両国間の主要な問題であったトライアンギュラー計画の実施をめぐる「鉱山改革」を中心にボリビア側の一層の努力について議論が費やされた。そもそも会談の冒頭からデンツァーは、パスに対して訪問の目的について緊急事態に対する特使としての派遣ではなく、国務省の地域担当官による通常の視察という公式の説明を行っていた。米側もボリビア側も特使派遣の本来の目的がパス政権の存続自体に関する情報収集ということは十二分に理解していたはずであるが、この点には双方とも十分触れることなく会見は終わったのである[83]。

　デンツァーとヘンダーソンは、パスとの会見後、さらにロドリゲス国防長官、オバンド参謀総長らの軍首脳ともパスの許可を得て会見したが、これも緊急会合という形ではなく、通常の軍と大使館との意見交換という体裁をとって行われた。こちらの会見では、まずボリビア軍によるシビック・アクションを通じた開発への貢献について触れられた後、米側から「現在の状況下での非立憲的手段による現行政府の転覆」に対して米国政府が反対である旨「再表明」され、ボリビア軍側からは「政府に対する軍の忠誠」が「再表明」されるとともに、軍側の「軍事的必要性［軍事援助］」について発言があった。デンツァーは、パス及び軍首脳との二つの会談に関する国務省宛の短い報告の最後に、「当面は、［元来］不安定なこの国で［政治的］不安定と反政府行動が引き続き顕在化するであろうが、パスは最近の騒擾を予備の勢力を使うことなくしかるべき形で抑えており、予見しうる将来にわたって同様の行動をとる意思と能力を備えていると思われる」と結論付けている[84]。

　本来は極めて重要な米特使と窮地に立つ大統領、そしてその大統領を放逐する構えにあった軍部それぞれとの緊急の会談が、このように表面的・形式的な形で終わったことにはいくつかの説明が可能であろう。一つは、米側はこの直後の軍の動きを察知していたため、ないしそうした動きを容認ないし期待して

---

[83]　Tel 468 from Henderson to DS (Discussion with Paz), November 2, 1964, Political 23-9 Bolivia, Box 1924, Central Foreign Policy Files 1964-66, NA.

[84]　*Ibid.*

第 10 章　ジョンソン政権と 1964 年のボリビア革命政権の崩壊　　395

いたため敢えてクーデタの問題について詳しく触れなかったという可能性である。これはボリビア軍のクーデタの背後には米政府があったという一種の「陰謀説」ともいえ、年初のブラジルでの軍事クーデタ及びそれまで米政府がラテンアメリカでの各種のクーデタ等で果たしてきた役割から、当時からボリビアだけでなく海外でも広く信じられ、至極当然のこと考えられていた解釈である[85]。後で改めて詳しく検討するが、この点に関してはフィールドの研究が米側及びボリビア側双方の政府文書およびインタビューによる丹念な調査に基づいて、ジョンソン政権はパス政権への支持を最後まで続けた点を明らかにしている[86]。この説明が正しいとすれば、米政府の関係者は、パスとともに情勢の一時的沈静化の中で、軍による行動の可能性が低くなったと見ていたため突っ込んだ話し合いが行われなかった、という解釈も可能であろう。そもそも国務省の課長級の官吏が他国の大統領に表敬訪問以外で会って米国の代表として重要案件に関して協議すること自体が、たとえ米国とボリビアという著しく不対称な関係であっても、極めて異例で外交儀礼に反した行為であり、公式にはこのような形式的な会見という形とならざるをえなかったという側面もあろう。さらに米側が状況を極めて深刻に捉え、もし本気でボリビア軍にパス政権の転覆をやめさせようとするつもりであったならば、国務省の一介の課長ではなく、国務長官ないし、パナマの場合のように実力者であるマン国務次官補を本格的な特使として緊急に派遣し、軍事援助の削減等も示唆しながら圧力をかけることも可能であったろう[87]。しかし、そもそもジョンソン政権の「マン・ドクトリン」の下では、このような「内政干渉」はまさに避けるべきことであり、「干渉」が必要となる唯一の基準である共産主義勢力による政権掌握という可能性が担当官によってゼロと判断されたことからも、実際にはありそうもないこと

---

85)　CIA の報告によれば、事件直後のラテンアメリカ向けのモスクワ放送もボリビアのクーデタにおいて、ペンタゴンと CIA の関与と奨励の下で「極右指導者」バリエントスが「民族解放運動」と学生・労働者等の「進歩勢力」を打倒したと報じていた。"Pentagon, CIA Behind Events in Bolivia," November 5, 1964, General CIA Records, CREST, https://www.cia.gov/library/readingroom/docs/CIA-RDP75-00149R000100270010-4.pdf：2017 年 12 月 24 日アクセス.

86)　Field, *Development to Dictatorship*, pp. 191–94.

87)　ジョンソンは、既に触れたように 1964 年 1 月の暴動以降のパナマの状況を深刻に捉えて、直ちにマンを特使として派遣し、その後の解決への道筋を付けた。Dallek, *Flawed Giant*, pp. 91–97; Allcock, "Becoming 'Mr. Latin America,'" pp. 1040–41.

であったろう。結論的に言えば、この特使の派遣は、ボリビア情勢の急速な展開の中で、米政府が明確な情勢認識と見通しを持てずにいたことをはしなくも示していたといえよう。

ボリビア軍は、この米特使との会談直後に直ちに行動を起こす。パス政権倒壊に至る一連の動きは、バリエントスを支持する若手将校らによって開始された。まず3月にバリエントスを副大統領とするようパス大統領に軍の要求を突き付けた特別委員会のメンバーであったキローガ大佐やアルグエルダス少佐を中心とするグループは、11月2日夜半にオバンドを訪ねて決起を強く迫った。オバンドを除く当事者たちとのインタビューに基づくフィールドの研究によれば、何事にも慎重なオバンドは、このタイミングでの蜂起に疑問を呈したが、既に各部隊において蜂起の準備はできており、オバンドの命令を待つのみであると迫られ、結局、若手将校らの要請に従ったとされる。翌3日早朝には参謀本部の部隊がまず反乱を宣言し、オバンド最高司令官とスアレス陸軍司令官を幽閉したと発表した。この奇妙な発表は、オバンド自身の求めによってなされたとされるが、この時点までオバンドは、前夜からの鉱山地帯での軍の不穏な動きを問い質すパスに対して釈明に努めていたのである[88]。その後、バリエントスを一貫して支持してきたコチャバンバの部隊が直ちに蜂起し、軍の反乱は各地に広がりを見せ始める。パスは、ラジオで国民に対してバリエントスが共産主義勢力と結んで蜂起に及んだと非難し、軍に対しては治安の維持を求め、民兵部隊に対しては革命の防衛を訴えた。これに対して、バリエントスは、コチャバンバからのラジオ放送で、パスの大統領辞任と自らの副大統領辞任、そして自分の参加しない（オバンド主導）の暫定軍事政権の樹立を訴えた。一方で、パスは軍首脳部が「[バリエントスとパスとの]二股をかけている」として、10月30日の軍首脳の秘密会談に関して改めてオバンドを問い詰め、一旦は軍首脳部の忠誠を再確認したのである。オバンドらの軍首脳は、かつてボリビア正規

---

88)　1964年の時点でのオバンドを含むボリビア軍首脳の多くは、1952年革命時に中堅幹部であり、MNR革命政権による軍の大規模な縮小と改革が進む中で、ケネディ政権が推進した軍によるシビック・アクション計画に先んじて「革命のための軍隊」としてボリビアの民生と開発への協力を推進することで生き延びてきた世代である。その後の米国による軍事援助と軍事訓練が本格化する中で軍人としてのキャリアを積んできた当時の若手将校らの世代と違って、MNR革命政権に対する忠誠心は強く、特に軍部の再建に尽力したパスを高く評価していた。Field, *Development to Dictatorship,* p. 237; Dunkerley, *Rebellion,* pp. 114-15.

軍が1952年の革命勃発の際にMNR党員や鉱山労働者を主体とする革命勢力との本格的な戦闘において、軍部内の足並みの乱れもあって敗北し、MNR革命政権の樹立を許したという苦い経験があり、クーデタ失敗も想定して極めて慎重な対応に終始していたといえよう。しかし、軍の反乱が広がりを見せる一方、パスが期待したインディオ農民民兵が革命とパス政権防衛のため大挙してラパスに集結するという事態は起こらず、コチャバンバ、サンタクルス、ポトシ、オルーロ等の殆どの主要地方政府がバリエントスないし軍への支持を表明するに至って、ついにパスは辞任を決断し、11月4日にペルーに亡命する。そして、バリエントスとオバンドを首班とする暫定軍事政権が成立するのである[89]。

11. パス政権の崩壊と「陰謀説」

　こうしたパス政権崩壊に至る一連の事態の展開からは、既に触れたボリビア軍によるクーデタの背後には米政府があったという「陰謀説」の根拠は極めて薄いといえよう[90]。ここで一つカギになるのが、バリエントスの友人フォック

---

89)　この間の経緯について詳しくは、以下を参照。Tel. 468 from Henderson to DS（Discussion with Paz）, November 2, 1964, Bolivia 1964 Rebellion Coups, Folder: Pol 23-9, Box 1924, Central Foreign Policy Files, 1964-66, NA; Tel 478 from Henderson to DS（Revolt spreading）, November 3, 1964, *ibid.*; Tel. 481 from Henderson to DS（Talk with Paz, Barrientos problem）, November 3, 1964, *ibid.*; Tel. 484 from Henderson to DS（Country in revolt）, November 3, 1964, *ibid.*; Tel Circular 836 from DS to all ARA Diplomatic Posts, November 4, 1964, Bolivia-US 1/1/64, Folder: Political-Political Affairs & Relations, Box 1924, Central Foreign Policy Files, 1964-66, NA; MC by Mann（Assistant Secretary of State）, Ambassador Enrique Sanches de Lozada, Williams（Deputy director, ARA）, Johnston（ARA）: "Bolivia's Current Situation," November 6, 1964, *ibid.*; Malloy, *Bolivia*, pp. 312-13; Field, *Development to Dictatorship*, pp. 184-88; Dunkerley, *Rebellion*, pp. 118-19.

90)　近年の研究は、両国の政府文書の詳細な調査や関係者への聞き取り調査等に基づいて「陰謀論」を否定している。最近の研究の中では、リーマンが、1967年にゲバラ軍掃討に当たったプラド＝サルモン（Gary Prado Salmón）大尉が著作の中で「ペンタゴンがクーデタ計画に青信号を出した」と述べていることをボリビア軍関係者の証言の一つとして引用し、そして根拠のない噂が多いとしながらもフォックスのバリエントスへの影響の大きさを強調し、米政府の一定の「関与」をほのめかしているが、確定的な証拠は示していない。それに対して、当時の米軍とボリビア軍との関係を詳細に検討したロバート・カークランドは、米政府がバリエントスにクーデタを促した事実はないと明確に否定している。特にフィールドの著書は、本件に関する現在まで最も詳細な調査に基づく最新の研究として、「陰謀論」に説得的な反駁を加えている。

ス米大使館駐在空軍武官の存在であり、ボリビアに関する従来の「陰謀説」の重要な根拠とされた人物であった。パスは、政権追放後の1968年のワシントンポスト紙の記者とのインタビューにおいて、「政権奪取の背後にはフォックスがいた」と述べており、記者は「ボリビアで政治に関心のある人物でこれに異を唱えるものを見付けるのは難しい」と結論付けている[91]。フォックスの役割に関しては、フォックス自身を含めて関係者の多くからの聞き取り調査に基づいてこの問題を詳細に検討したフィールドによれば、当時のCIAラパス駐在代表であったスターンフィールドは、フォックスとバリエントスとの友人関係はボリビアで公然の事実であり、フォックスの背後には米政府があり、そこからバリエントスのクーデタの背後にも米政府があると人々は信じていたとされる。そして、それがクーデタへの強い抵抗を抑え、流血の事態を防いだと述べ、当時のボリビア政治おけるフォックスの存在は大きく、軍事クーデタを「教唆」したのは疑いないとスターンフィールドは強調している。バリエントスだけでなく、若手将校らもフォックスに度々接触し、既に触れたようにクーデタの計画についても事前に漏らし、それをフォックスが米政府に報告するという展開を招いていた。当然、バリエントスや若手将校らは、フォックスが米政府に計画を伝え、強力な反対を招かなかったことからも米政府の支持があると考えていた可能性が強い。しかし、フォックス自身もスターンフィールドもパス政権支持の堅持が米政府の公式の政策であることは十分わきまえており、フォックス自身の証言によれば、バリエントスらにクーデタ計画を進めるようにともやめるようにとも自分からは言っておらず、実行に及べば自分にできる範囲内で手助けをするとして、ヘンダーソン大使の説得にも努めたがかなわなかったという。またスターンフィールドは、ヘンダーソン大使は強固なパス支持者であり、それが米政府の政策であって、フォックスも自分も個人的には望

またジェームズ・シークマイヤーも外交文書の詳細の調査の結果、米政府がバリエントスに対して軍事クーデタに「青信号」を出した証拠はないと結論付けている。Gary Prado Salmón, *The Defeat of Che Guevara: Military Response to Guerrilla Challenge in Bolivia*, translated from Spanish by John Deredita (New York: Praeger, 1987), p. 24; Lehman, *Bolivia* pp. 151-152; Robert O. Kirkland, *Observing Our Hemanos de Armas: U. S. Military Attaches in Guatemala, Cuba, and Bolivia, 1950-1964* (New York: Routledge, 2003); Siekmeier *Bolivian Revolution*, p. 100; Field, *Development to Dictatorship*, pp. 191-194.

91) *Ibid.*, p. 192.

ましいと考えていなかったパス支持という政策を遂行するよう求められていたと証言している[92]。

こうした1964年11月のボリビアでの軍事クーデタにおける米政府の関与ないし「不関与」は、1954年のグアテマラのアルベンス革命政権をCIAの秘密工作によって転覆した事例とも、1961年のピッグス湾事件においてやはりCIAの秘密工作を通じてキューバのカストロ革命政権の打倒を試みた事態とも異なっていた。米政府は、秘密工作を含めてパス政権に対する敵対的な政策を画策していなかっただけでなく、むしろ軍部内や情報機関の慎重論にもかかわらず最後までパス政権支持を貫いたのである[93]。しかし、その一方、ボリビア軍部に対して制裁をかざしてまで軍事クーデタをやめさせようとはしなかった。これは、既に指摘した米政府の情勢判断の不確かさに加えて、そうした「介入」の効果のなさを痛感していたマン国務次官補とそのマンを信頼するジョンソン大統領の下では自然な選択であった。そして、この「不介入」の恐らく最も大きな要因は、軍事クーデタをめぐるボリビアでの一連の事態において「共産主義の脅威」が基本的に存在していなかったことであろう。この点は、既に検討した1964年1月のブラジルの軍事クーデタへの対応とは対照的であり、ブラジルの場合は、グラール改革に伴う政治的不安定化と共産主義勢力拡大への懸念から「マン・ドクトリン」の基準に基づいて「不介入」ではなく「介入」を選択し、ブラジル軍部を積極的に支援したのである。

このようにボリビアの1964年の軍事クーデタと革命政権の崩壊は、米国が推進した政策ではなく、基本的にはボリビアの革命政治の論理の帰結として起こったものである。しかし、一方で、これがボリビア革命に対する米国の長期にわたる「介入」とは全く無関係に起こったとはいえない。この点に関しては、結論部分で改めて詳しく論じることとする[94]。以下、「ボリビア革命の継承」を

---

92) *Ibid.*, pp. 182, 192-93.

93) グアテマラの事例については、Immerman, *The CIA in Guatemala*; Gleijeses, *Shattered Hope* を参照。キューバ革命とピッグス湾事件については、以下を参照。Wyden, *Bay of Pigs*; Higgins, *The Perfect Failure* を参照。

94) パス政権への国民的な反発の高まりの要因の一つとして、パスの強権的支配の強まりだけでなく、長期にわたる米国の「介入」への反発とそうした米国への依存政策を推し進めるパス政権への反発というナショナリズムの側面もあった。この点に関しても結論部分で改めて触れることとする。

唱えてパス政権を倒したバリエントス軍事政権の成立直後の状況に関して
MNR革命政権との違いも視野に分析し、ボリビア革命の「行方」について簡
潔に検討する。

12.　バリエントス軍事政権の成立と「ボリビア革命の復興」

　ボリビア軍部は、政権側からの大きな抵抗もなく短期間にクーデタに成功し、
11月4日にオバンド最高司令官とバリエントス副大統領を共同代表とする臨
時軍事政権（Junta）の成立を宣言する。しかし、11月5日にラパスの大統領官
邸前に集まった民衆の歓呼に応えようと2人がバルコニーから現れた際に、オ
バンドに対しては強い反発の声が発せられた。オバンドはすぐに中に引きさが
り、翌日には新政権の指導者の地位をバリエントスに委ねる。オバンドは、軍
の最高指導者として自ら本来得意とする組織としての軍の掌握と発展に当面専
念することになる[95]。バリエントスは、自らが1952年国民革命の真の継承者
であり、革命を本来あるべき姿に戻すとして「革命の復興」、「革命の中の革
命」をスローガンに革命の擁護と継続を訴え、そのカリスマ的な魅力によって
国民との一体性を強調していく。バリエントス政権は軍事政権としては、同時
期のブラジル軍事政権や1966年以降のアルゼンチンの軍事政権のように軍が
組織として国家の政治・経済・社会のすべてにわたって全権を掌握して「国家
安全保障ドクトリン」等の組織体としてのイデオロギーに基づいて反対派に対
する組織的で徹底的な弾圧を行うのとは異なり、バリエントスの個性を反映し
た独裁的支配という性格が強かった[96]。
　バリエントスは、当初の市民や政党、労働組合等による同床異夢ともいえる

---

95)　Field, *Development to Dictatorship*, pp. 189-90; Dunkerley, *Rebellion*, p. 121. ただし、軍事
　　政権内でのバリエントスの権力基盤は当初不安定で、実質的にはオバンドとの共同統治ないし
　　役割分担が続くことになる。即ち「鉱山改革」の推進に伴って鉱山労働者との厳しい対立が再
　　び本格化すると、1965年5月からは再び両者の共同支配体制に正式に戻り、さらに1966年1
　　月にバリエントスが夏の大統領選挙に専念するためにオバンドに政府首班を委ねることになる。
　　そして、同年8月の選挙でバリエントスが圧勝すると、その後は高い国民的支持を背景にバリ
　　エントスの独裁的支配体制が強まっていく。しかし、バリエントスが1969年4月の航空機事
　　故で急死すると、文民であるアドルフォ・シレス＝サリーナス（シレス元大統領の義理の弟）
　　の短期間の政権を挟んで、同年9月にはオバンドが大統領として再び政権に復帰することにな
　　る。*Ibid.*, p. 121; Lehman, *Bolivia*, p. 158.

第10章　ジョンソン政権と1964年のボリビア革命政権の崩壊　401

広汎な反パス連合が次第に分裂傾向を強めていく中で、軍事政権としての性格を強め、鉱山労働組合を中心に反対派への弾圧を激化させていくが、その一方でポピュリスト指導者として国民の支持の確保に腐心し、選挙による政権の正統性の確立にもこだわった。特にインディオ農民の支持確保は政権にとって極めて重要で、副大統領時代から続く軍とインディオ農民との提携を 1966 年には「軍・農民協約」として正式に締結し、同年 8 月の大統領選挙での勝利の原動力としている[97]。一方、バリエントス政権は、鉱山労働者に対しても当初協調の姿勢を示したが、パス政権のときと同様に米国からトライアンギュラー計画に基づく「鉱山改革」の着実な実行を強く迫られたこともあって、軍事力を背景に鉱山への直接的な介入を強め、鉱山労働者との流血の対決と弾圧が続くことになる[98]。ただし、1964 年 11 月の軍事政権の成立直後は、バリエントスは鉱山の武装解除にまでは踏み切れず、鉱山労働者との一種の「武装した休戦状態」が続いていた。その中で、政府は、まず 1965 年初めにボリビア鉱山公社（COMIBOL）に現職軍人を総裁として送り込むなど経営陣の刷新に着手する。しかし、COMIBOL 経営側と FSTMB 側との「鉱山改革」をめぐる深刻な対立が続き、5 月に入るとレチンもバリエントス新政権がパスと同様の反労働政策を行っているとしていると強く非難するに至るのである[99]。

96）　*Ibid.*, pp. 152–53; Dunkerley, *Rebellion*, pp. 120–21. ダンカレーによれば、同時代の南米の軍事政権と対照的なバリエントス政権のこうした特徴は、ボリビア軍の組織的「未熟さ」を反映していたという。ボリビア軍部は、1950 年代末からの急速な拡充にもかかわらず、近隣諸国の軍事組織の持つ「専門集団としての力量」を欠いており、自らの「政治プロジェクト」を生み出し、実現するまでに至っておらず、バリエントス政権期を通して軍部内ではバリエントスの「カウディーリョ主義」とオバンドらの「制度派」との主導権争いが続き、バリエントス政権は1970 年代の軍事政権の「制度化」が進む時期への過渡期でもあったとされる。Dunkerley, *Rebellion*, pp. 120–21.

97）　Lehman, *Bolivia*, p. 153; Hylton and Thompson, *Revolutionary Horizons*, p. 83.「インディオ農民」と見なされる人々は、1964 年の時点で人口のおよそ 60％を占めていた。Malloy and Gamara, *Revolution and Reaction*, p. 19.

98）　そもそも軍事政権の成立は、左派から右派に及ぶ幅広い民衆の反乱の結果であり、パス政権の倒壊に中心的な政治的役割を果たした鉱山労働者を含む労働組合や左派の存在は無視できないものであった。オバンドもレチンに対して、政権成立当初、臨時軍事政権はレチンの PRINを含む文民政党と協力して統治を行うつもりだと述べており、またバリエントスもクーデタ以前から共産党を含む左派勢力との交流があり、軍事政権成立当初は左派アドバイザーを擁していた。Field, *Development to Dictatorship*, p. 190.

99）　Dunkerley, *Rebellion*, p. 122; Malloy and Gamara, *Revolution and Reaction*, p. 9.

バリエントス軍事政権は、労働への締め付けの一環としてまず反レチン・キャンペーンを開始し、コカイン密売への関与疑惑や国際共産主義と結んだ政府転覆陰謀をたくらんだ疑い等でレチンを5月15日に国外追放に処した。これに対して、ボリビア労働本部（COB）はゼネストを呼びかけたが、政府は、鉱山労働者、教員、工場労働者、建設労働者等の主要組合間の利害対立を利用してストライキ破りに成功するとともに、5月17日の政令によってすべての労働組合指導者の権限を剥奪し、その後も一連の労働条例を発布し、労働運動への統制を強めるのである。これに対して、一部の鉱山では「自由地区」が宣言され、パトロール兵士を人質に取るなどの事件が発生したが、政府は鉱山地帯を軍事作戦地域と宣言し、軍を投入して鉱山労働者との戦闘の末に各鉱山を軍事占領下に置いて民兵らの武装解除を行った。またラパス等の都市部でも鉱山労働者を支援する労働者の動きがあったが、これらも軍によってすべて鎮圧され、鉱山地帯は、遂に軍の完全な統制下に置かれた。バリエントスは、6月1日には新たに一連の政令を発布して、COBを解散して主要組合と政党との関係を禁止して御用組合化を図るとともに、賃金の無期限の凍結に踏み切った。特に鉱山労働組合に対しては、トライアンギュラー計画に従って、大幅な賃金カットと「余剰労働者」の削減、そして鉱山売店への補助金廃止を強行して、鉱山労働者に厳しい経済的負担を強いただけでなく、ボリビア労働運動にとって1952年革命の最大の成果の一つともいえる「労働者による管理（control politico）」の完全撤廃を断行したのである。こうした軍事政権によるトライアンギュラー「改革」の完全実施によって、COMIBOL は、折からの錫の国際価格の上昇もあって国有化後初めて経営収支が黒字となったのである[100]。

　こうしたバリエントス政権の成立に対して、ジョンソン政権は、「マン・ドクトリン」に基づいて軍事クーデタそのものには反対しなかった。しかし、パスが危機を乗り切るとの想定に反する展開であったこと、そして、国家指導者としてのバリエントスへの不安もあって、グラール大統領の亡命後直ちに新政権を承認したブラジルの場合とは異なり、外交承認までは一月余りの時間を要した。特にバリエントスが以前から自らの助言者として多くの左派を抱えてい

---

100)　*Ibid.*, pp. 9-14; Thorn, "The Economic Transformation," p. 200.

第 10 章　ジョンソン政権と 1964 年のボリビア革命政権の崩壊　403

たことや、軍事政権の成立自体に左派が大きな役割を果たしたこともあって、政権の行方を慎重に見守っていたのである。米側、特に米軍部は、新政権の舵取りをポピュリスト的指導者として予想外の行動をとる可能性のあるバリエントスではなく、堅実な組織人であるオバンドに期待していたとされるが、バリエントスが対米関係の重視を強調し、左派の顧問らを周辺から退けるに至って、国務省は、12 月 3 日にジョンソン大統領に対して外交的承認を要請する[101]。国務省があげた理由としては、バリエントス政権が国内秩序と立憲的自由を回復し、選挙の実施を約束しているとともに、「共産主義勢力の影響」を排除し、キューバやチェコスロバキアとの外交関係の復活はしない旨誓っており、もし外交関係の回復が遅れれば共産主義の影響力拡大や政治的混乱が予想されるというものであった[102]。ジョンソン政権は、外交的承認とともにボリビアに対する経済及び軍事援助を再開し、トライアンギュラー計画を軸にボリビアの経済発展に向けてケネディ政権以来の大規模な経済援助を続けるとともに、さらなる「鉱山改革」の推進を求めていく。既に触れたバリエントス政権による鉱山労働者への強力な締め付けは、まさにこうした米国の意向を受けてのものであった[103]。

　バリエントス政権は、その後、インディオ農民の支持確保に努めるとともに、労働者への締め付けを強め、特に鉱山労働者に対しては流血の弾圧も繰り返されるが、1966 年 8 月の大統領選挙ではインディオ農民層の広範な支持を背景に 62％の得票を獲得し、政権の「正統性」を誇示したのである。経済的にもバリエントス政権は、1960 年以降のパス政権を引き継ぐ形で経済成長の促進を

101）　Dunkerley, *Rebellion*, p. 115; Hylton and Thompson, *Revolutionary Horizons*, p. 84; Field, *Development to Dictatorship*, p. 190.

102）　Memo from Acting Secretary of State Harriman to President Johnson: "Recognition of New Bolivian Government," December 3, 1964, *FRUS, 1964-68*, XXXI, https://history.state.gov/ historicaldocuments/frus1964-68v31/d152：2017 年 10 月 24 日アクセス. 米政府は、バリエントスとオバンドとの関係が緊張をはらんだものであり、両者は常に対立に向かう可能性があると見ており、そうした対立によって軍自体が分裂し、「反共主義的安定」を脅かすような事態を避けるよう大使館に最大限の努力を行うよう求め、両者と親しい国務省関係者を 5 月 28 日にボリビアに派遣することを決めている。Editorial Note 155, *ibid.*, https://history.state.gov/ historicaldocuments/frus1964-68v31/d155：2017 年 10 月 24 日アクセス. マロイとガマラによれば、オバンドは自らの大統領への野心を持ち、バリエントスはそれを強く警戒していた。Malloy and Gamara, *Revolution and Reaction*, p. 22.

103）　Siekmeier, *Bolivian Revolution*, pp. 100-01.

高く掲げ、実際に政権5年間の成長率は6.2％となる一方、ボリビア経済に慢性的に見られたインフレは年率5％に留まった[104]。皮肉なことに経済発展路線を突き進んで強い国民的反発によって軍に政権を追われたMNR革命政権、特にパス政権の政策の果実をバリエントスが収穫することになったのである[105]。政治的に見ると、バリエントスによる「革命の復興」のスローガンの下で、MNR革命政権の崩壊とパス政権からバリエントス政権への移行において特に重要な変化は、ダンカレーによれば、革命政権を支える主要セクターの「取り込みと取り引き」というMNR政権を支えた仕組みの行き詰まりから、軍事力による直接の強制への転換であり、これはパス第二次政権（1960年〜64年）、第三次政権（1964年）を経て段階的に進行していた。それに伴って、米政府内においてボリビアの「監督者」としての役割が国務省から国防省へと大きく移行するのである[106]。こうした米国との軍事協力の「成果」を象徴的に示したのが、軍事クーデタ後のボリビアを拠点にラテンアメリカ革命の実現を目指したエルネスト・チェ・ゲバラによるゲリラ活動の挫折であった。

13. チェ・ゲバラによるラテンアメリカ革命の 挫折とボリビア革命

　ゲバラによるボリビア遠征の決断には、キューバによる対外的革命支援の行き詰まりと対ソ関係、そしてゲバラとカストロとの関係等の一連の複雑な背景があった。カストロは、既に見たように中米・カリブ地域を中心に「革命の輸出」を精力的に目指してきたが、各地のゲリラ活動は期待された成果を上げず、革命支援が行き詰まる一方で、自国に対する米国による経済制裁等の締め付けが強化され、ボリビアやブラジルを含め米州内で反共軍事政権が次々と成立してキューバの孤立化が進展する。そうした中で、キューバ革命の防衛と第三世界の反帝国主義闘争の支援のために革命的「国際主義」を改めて強く推進するのである。特に1965年のジョンソン政権によるベトナムへの本格介入開始と

---

104)　Lehman, *Bolivia*, p. 153.

105)　Malloy, *Bolivia*, p. 310; Thorn, "The Economic Transformation," p. 200.

106)　Dunkerley, *Rebellion*, p. 122.

第 10 章　ジョンソン政権と 1964 年のボリビア革命政権の崩壊　　**405**

　カリブ海の隣国ドミニカ共和国の左派政権に対する大規模な軍事介入を背景と
して、カストロは、1966 年 1 月にハバナでアジア、アフリカ、ラテンアメリカ
から反米・反帝国主義的進歩勢力の結集を図って「3 大陸人民連帯会議」を開
催して「アジア・アフリカ・ラテンアメリカ人民連帯機構（OSPAAL）」を設立
し、さらに 1967 年 7 月にはラテンアメリカ革命の推進のために各国の革命・
ゲリラ勢力をハバナに集めて「ラテンアメリカ連帯機構（OLAS）」を設立する。
ゲバラが 3 大陸人民連帯会議に送った「二つ、三つ、数多くのベトナムを」と
いうキューバ革命の使命に関する著名なメッセージはレトリックに留まらず、
キューバがラテンアメリカだけでなく第三世界各地の革命運動とゲリラ勢力へ
の支援強化を図るとともに、ゲバラ自身が実際にラテンアメリカで大陸大の革
命実現を目指し、その出発点としてボリビアでのゲリラ活動を開始するのであ
る[107]。

　こうしたキューバ革命をめぐる国際的状況に加え、ゲバラのボリビア行きは、
革命政権成立後のゲバラのキューバでの立ち位置とカストロとの関係にも関わ
っていた。ゲバラは、革命政権で工業相や中央銀行総裁等の要職を歴任するが、
統治者としての役割になじめず、革命家としての活動への復帰の念を募らせ、
まずは建国後の動乱の余波が続く旧ベルギー領コンゴに 1965 年に「解放人民
軍（EPL）」支援のためキューバ人部隊を率いて介入する[108]。この試みは失敗し
て撤退を余儀なくされるが、ゲバラは、米国と平和共存路線を歩み、東欧共産
主義政権への支配を強め、ラテンアメリカの共産党に対しても武力闘争を戒め
るソ連への批判を続けた。そのため革命キューバが安全保障と経済の両面でソ
連への依存を強める中で政府内で孤立を深め、盟友カストロとキューバ革命の
ために自らが貢献できる道は、カストロの意を体して海外での革命運動拡大に
尽力することと確信し、長年の念願であるラテンアメリカ革命の実現へと次な

---

107)　Szulc, *Fidel*, p. 672; Wright, *Latin America*, p. 88. 本メッセージの原文は、以下を参照。David
　　　Deutschmann, ed., *Che Guevara Reader: Writings on Politics and Revolution*, 2nd and
　　　expanded ed. (Melbourne: Ocean Press, 2003), pp. 350-62.

108)　ゲバラのコンゴ遠征に関しては、1959 年の革命開始以来のキューバのアフリカ介入を丹念
　　　に追ったピエロ・グリヘイシスの以下の著作を参照。Piero Gleijeses, *Conflicting Missions:
　　　Havana, Washington, and Africa, 1959-1976* (Capel Hill: University of North Carolina
　　　Press., 2002).

る道に進み、ボリビア遠征に向かうのである[109]。

　ゲバラのボリビアでのゲリラ活動に関しては、既に多くの著作が書かれ、その諸側面に関しても様々な解釈が示されているが、本書の趣旨からこうした点については先行研究に譲り、ここではボリビアおよびボリビア革命にとってゲバラ遠征とその挫折の持つ意味を中心に最後に少し検討しておきたい[110]。ゲバラは、キューバ革命の成功をモデルとしたいわゆる「フォコ理論」に基づいて、農村を拠点にボリビアに新たな革命の狼煙を上げ、それを梃子に隣接するペルーや母国アルゼンチン、さらには南米全体へと反米帝国主義の革命運動を広げようとしていた。しかし、米国は、まさにこうした革命勢力に対抗して軍事政権等への強力な梃子入れを図っており、米軍による組織的・集中的な対ゲリラ戦の訓練を受けてきたボリビア政府軍によってゲバラの望みは絶たれるのである。ゲバラの敗因については、「フォコ理論」そのものの限界やゲリラの活動地域の選択の「誤り」（南東部のニャンカウアスー渓谷）、都市部のボリビア共産党との提携の失敗等の戦略・戦術・政治面での様々な問題点が指摘されているが、最も基本的な原因の一つは、ボリビアのインディオ農民がゲバラらのゲリラ活動に全く共感を示さず、逆に政府側に積極的に情報提供等で協力したことであった。ゲバラのゲリラ部隊は外国人の侵入軍と見なされ、インディオ農民を最後まで味方にすることができなかった。ゲバラらは、軍部が革命政権を倒して強権支配を行うボリビアこそ新たな革命の機運を生み出すのに適した場所と考えたが、ボリビア革命の下での農地改革によって農地を得た農民たちに

---

109)　Wright, *Latin America*, p. 88; Richard L. Harris, *Death of a Revolutionary: Che Guevara's Last Mission*, revised ed. (New York: W. W. Norton, 2007), p. 87.

110)　ボリビア遠征を含むゲバラの革命家としての生涯と活動及びその評価に関しては、以下を参照。Dunkerley, *Rebellion*, pp. 134-55; Wright, *Latin America*, pp. 87-116; Jorge G. Castañeda, *Compañero: The Life and Death of Che Geuevara* (New York: Vintage Books, 1997); Anderson, *Che Guevara*; Lehman, *Bolivia*, pp. 152-58; Eric Hobsbawm, *Revolutionaries* (London: Abacus, 1999), pp. 102-04, 198-99, 256; Harris, *Death of a Revolutionary*; Siekmeier, *Bolivian Revolution*, pp. 103-21. 邦語文献に関しては、以下を参照。レジス・ドブレ（阿部住雄訳）『ゲバラ最後の闘い：ボリビア革命の日々〈新版〉』（新泉社、1998 年）；三好徹『チェ・ゲバラ伝〈増補版〉』（文藝春秋、2014 年）；伊高浩昭『チェ・ゲバラ：旅、キューバ革命、ボリビア』（中央公論新社、2015 年）；平山亜理『ゲバラの実像：証言から迫る「最後のとき」と生き様』（朝日新聞出版、2016 年）；後藤政子『キューバ現代史：革命から対米関係改善まで』（明石書店、2016 年）、pp. 138-54；伊藤千尋『キューバ：超大国を屈服させたラテンの魂』（高文研、2016 年）、pp. 79-112；広瀬隆『カストロとゲバラ』（集英社、2018 年）。

は、皮肉にもその革命政権を倒した軍事政権の味方をしたのである。またバリエントス自身も既に見てきたように、インディオ農民の支持を取り付けるべくことのほか心を砕いていた。むしろバリエントス政権の厳しい弾圧の標的となった鉱山労働者のほうにこそゲバラのゲリラ隊との連帯の機運があったかもしれないが、政権側は先手を打ってゲバラ軍への掃討作戦と並行して鉱山地帯の軍事占領を強化し、両者の協働の道を絶ったのである。そして、米軍の訓練によって見違えるように強化されたボリビア軍特殊部隊がゲバラの精鋭部隊を追い詰め、撃滅し、最後にはゲバラ自身を殺害したのである[111]。

このゲバラ軍への勝利は、対外戦争での敗北の歴史を重ねてきたボリビア軍にとって殆ど初めてともいえる外国軍、それも伝説的なゲバラのゲリラ部隊への勝利であった[112]。ボリビア国民の間には一時的に国民的プライドの高揚と国軍およびバリエントスへの評価の高まりが見られたのである。しかし、米軍による大きな支援があってこその勝利であった点や、憔悴し、負傷して降伏したゲバラを軍最高司令部の命令によって殺害した事実等が明らかになるにつれ、軍への評価は低落するのである[113]。一方、この勝利に自信を深めた米軍は、引き続き農村部の開発を推進する民生部門と密接に協力しながらラテンアメリカ各国軍への支援を強化し、事実上農村部からの革命を不可能なものとして「フォコ戦略」を破綻させる。この後ラテンアメリカでの反政府武装闘争は都市部へと追い詰められ、1970年代の都市ゲリラによる絶望的なテロ活動へと向かうのである[114]。ラテンアメリカにおけるこうした農村闘争から都市闘争への転換において、ゲバラのボリビアでのゲリラ闘争の敗北はいわば分水嶺であり、その背景にはボリビア革命の影響があったともいえよう。

---

111) Dunkerley, *Rebellion*, pp. 134-55; Wright, *Latin America*, pp. 87-94; Lehman, *Bolivia*, pp. 152-57; Siekmeier, *Bolivian Revolution*, pp. 103-21. ゲバラ軍を追い詰めて殲滅したボリビア軍特殊部隊を率いたゲリ・プラド゠サルモン大尉（当時）自身による対ゲバラ軍事作戦の詳細については、Prado Salmón, *The Defeat of Che Guevara* を参照。

112) 「南米で最も無能な軍の一つ」とされていたボリビア軍がゲバラを打ち負かし殺害したとのボリビア政府による1967年10月9日の発表は、当初「大きな疑念」をもって迎えられた。その後、真実が明らかになると、「二流の軍による敗北という現実」は、ゲバラのゲリラ革命の後を追おうとしていた「信奉者たちを困惑させ、その多くに［ゲリラ闘争の開始を］思い留まらせた」とされる。*Ibid.*, pp. xi-xii.

113) Malloy and Gamara, *Revolution and Reaction*, p. 26.

114) Wright, *Latin America*, pp. 80-116.

結　論

　以上、ボリビア革命に対する米国による12年以上（1943年のビジャロエル政権
の時代を含めれば20年以上）に及ぶ「介入」の歴史を見てきた。そこに見出せる
のは、米国が第二次世界大戦を挟んで自らの国際的地位の激変と国際環境の大
変動を受けて、戦略的な観点からボリビアの革命的変化への対応を大きく変容
させた一方で、自らのナショナリズムである自由主義のイデオロギーとそれに
基づく政策は基本的に一貫させていたことである。またボリビア革命指導者の
側も自らのナショナリズムに基づく自立と発展のビジョンは底流として一貫し
て持ち続けながら、国際環境の変動の中で様々な曲折を経て米国との折り合い
を付けようと努めたのであった。以下、結論として、まずは序論で指摘したボ
リビアの事例が持つ二つの特異性について、米国と革命ボリビアが「和解」と
「協力」の関係を築き上げた要因やその意味についてまとめておく。そして、
それを踏まえてボリビアの事例がアメリカ外交の普遍的な特徴という点に関し
てどのような意味を有するかについて考察する。その際に「リベラル・プロジ
ェクト」がボリビアの事例において持っていた意味とともに、アメリカ外交自
体にとって持つ意味についても考察を加える。さらに序論で示したポストリビ
ジョニズムについても、その分析視角である文化・イデオロギー要因を用いた
アメリカ外交分析の有効性や意義についてボリビアの事例の検討を踏まえて若
干論じておくこととする。

　まずボリビアの事例が持つ特異性の第1点である第三世界の革命政権との
「和解」と「協力」の関係樹立という点に関して、本書では、1952年から1953
年にかけての米国と革命ボリビアとの「和解」の要因として主に経済的ナショ
ナリズムと「共産主義」の問題について検討した。前者については、国有化鉱

山への補償問題が両国間の主要な対立点であったが、ボリビアにおける米権益自体が小さかったこと、そして、MNR 革命政権のこの問題に関する協調的な対応が重要であった。即ち革命政権指導部は、1930 年代末の石油国有化以来の自らの経済的ナショナリズムの主張を一転させ、労働左派が求める「無補償即時国有化」の要求を抑え、米側が求める「公正な補償」原則を基本的に受け入れるという「責任ある」対応によって問題の深刻化を防いだ。これはパスをはじめとする MNR 中道実務派指導者らによる 1943 年の第一次革命以来の「学習」の成果でもあり、また米国の開かれた政治システムを巧みに利用して自らの「穏健さ」を米政府及びマスコミ等に訴え続けた結果でもあった。このことは、同時期のグアテマラ革命やその後のキューバ革命において、改革による米権益の大規模な国有化が政府間の厳しい対立をもたらし、米国内で議会、マスコミを巻き込んで政治問題と化し、冷静な対応が難しくなったことと対照的であった。

　この経済的ナショナリズムの問題は、米国にとって、ソ連による米州への政治的・戦略的な進出の問題である「共産主義」の問題とも密接に関連していた。補償なしの国有化等の「無責任」で「過激な」経済的ナショナリズムや強烈な反米主義は、革命政権に対する「共産主義」の影響力や支配の重要な指標と見なされていたのである。トルーマン・アイゼンハワー両政権は、こうした経済的ナショナリズムと「共産主義」の問題に関して、パス政権による左派・共産党勢力コントロールへの強固な意志とその能力、そして外交政策における対米協調へのコミットメントに関して信頼を深めたのであった。そして、ボリビアの場合、経済問題は両国の和解と協調の政治的・戦略的枠組みの中で取り扱われ、同時期のグアテマラの場合のように共産主義の問題と結び付いて深刻な政治問題となることがなく、1952 年の外交的承認から 1953 年の緊急援助の決断を通じた「和解」から「協力」へと向かう初期のプロセスが実現したのである。

　しかし、革命政権との単なる「和解」が経済援助による革命政権への支援という異例の政策へと発展するためには、より強力かつ「積極的」な理由が必要であった。ミルトン・アイゼンハワーやキャボット国務次官補等によって、米国にとって許容しうる民主的な革命への援助を通じて独裁政権支援批判に反論し、改革政権支援の実績を示すモデルにするという後の「進歩のための同盟」

につながる萌芽的な議論もなされたが、基本的には MNR 革命政権が深刻な経済危機の中で「共産主義勢力」によって取って代わられることへの強い懸念、即ちアイゼンハワー政権の強烈な反共主義が経済援助による「協力」関係構築という極めて異例の政策の原動力となった。一方の「ボリビア革命モデル」論は、ケネディ政権において、大統領自身の強い個人的関心もあって「進歩のための同盟」と関連付けられてより強力な形で復活し、ボリビア革命に対して「同盟」政策に先行する改革のモデルとしての新たな意義付けがなされる。そして、大幅に拡大した経済援助、特に大規模な開発援助によって MNR 革命政権に対して積極的な支援が行われた。このようにボリビア革命は、他の革命や民族主義の運動や政権と比べて米国との関係で「和解」と「協力」のための多くの有利な条件を持ち合わせていただけではなく、それを基にして米政府・ボリビア革命政権双方による冷戦状況を踏まえた極めて意識的かつ互いをとことん利用しようとする「積極的」取り組みによって、米国による民族主義的革命に対する長期的支援という異例の政策が実現したのであった。

こうした「和解」と「協力」のプロセスに関してもう一つ指摘すべきは、ボリビアの場合、当初 MNR 革命政権に代わって米国が容認しうる「責任ある」権力の受け皿が他に存在しなかった点がある。特に通常ラテンアメリカでそうした役割を担うはずの軍部が、グアテマラの場合と違って革命政権によって温存されず、ボリビアでは軍改革によって「社会経済開発」のための組織に変えられ、事実上戦闘能力を失っていた。しかし、この点は、逆に言えば1950年代後半以降、「保険」として MNR 以外の別の受け皿作りという明確な意図の下に米政府によるボリビア軍再建への支援が進むと、米国にとって MNR 革命政権がボリビアにおける秩序維持のための唯一の選択肢ではなくなることも意味した。ただし、このことは、本書の分析が示してきたように、米政府が1964年の軍事クーデタによる革命政権倒壊を推進したことを意味しない。これは、次に検討するボリビアの事例におけるもう一つの重要な異例の側面に関わっている。

ラテンアメリカでの軍部による政権掌握をめぐっては、国内が極度に混乱して「共産主義勢力」や「過激な」反米勢力が権力を握る危険から軍が政権掌握する際に米国が支持ないし後押しするというパターンが通常見られるが、ボリビアの場合、ジョンソン政権の対応に関して確認したように、1964年の MNR

革命政権崩壊の際、米政府は軍のクーデタの動きを抑制し、最後までパス革命
政権を擁護している。これは、本文中でも指摘したように、1954年のグアテマ
ラのアルベンス政権の転覆、1961年のキューバのカストロ革命政権打倒を目
指したピッグス湾事件、さらには1964年初めのブラジルでのグラール改革政
権に対する軍のクーデタへの積極的支援とも異なっていた。ジョンソン政権は、
秘密工作を含めてパス政権に対する敵対的な政策を画策しなかっただけでなく、
むしろ米軍や情報機関の慎重論にもかかわらず最後までパス政権支持を貫いた
のである。これは、第10章でも検討したように、1964年に入ってからボリビ
ア国内の政治的混乱が拡大し、特に10月には内乱に近い状態になったにもか
かわらず、基本的にはパスの治安維持能力を信頼し、軍という別の選択肢が既
にありながらも、改革と経済発展、そして反共主義の三つを兼ね備えたものと
してパス政権への期待を持ち続けていたためである。この点では特に現地のヘ
ンダーソン大使の判断も影響していたが、一方で、ジョンソン政権は、ボリビ
ア軍部に対して強い圧力を加えてまで軍事クーデタをやめさせようとはしなか
った。これは、米政府の情勢判断の不確かさに加えて、そうした「介入」の効
果のなさを痛感していた政権のラテンアメリカ政策の司令塔であるマン国務次
官補とそのマンを信頼するジョンソン大統領の下では自然な選択でもあった。
そして、この「不介入」の恐らく最も大きな要因は、軍事クーデタをめぐるボ
リビアでの一連の事態において「共産主義の脅威」が基本的に存在していなか
ったことであろう。

　しかし、こうした米国と革命ボリビアとの間の「和解」と「協力」をめぐる
多くの「有利な」条件とそれらに基づく両国の緊密な「協力」関係の樹立、さ
らには革命の最終局面における米国の軍事クーデタへの反対と革命政権擁護に
もかかわらず、結局は、両者の真の意味の「共存」は実現しなかったといえる。
これは、この間の両国間の関係が、圧倒的な力の差と米国の支援へのボリビア
の著しい依存、という点からリーマンがリビジョニストの視点から「パトロ
ン・クライアント」関係と呼ぶところの極めて「不平等なパートナーシップ」
であった、という点のためだけではない[1]。そのパートナーシップの中身とい

---

1)　Lehman, *Bolivia*, pp. 86-90.

う点で、米国の自由主義とボリビアの革命的ナショナリズムが最終的には折り合いがつかず、それが革命政権の崩壊に大きく貢献したということでもある。というのも米政府はパス政権を最後まで支持したものの、革命政権が倒壊に至る二つの根本要因は米国自体が準備したものだったからである。即ち米国の経済援助が革命の「穏健化」・「自由主義化」と一貫して強く結び付いて行われたこと、そしてこうした自由主義的政策のためにボリビア国内が不安定化したことに対して、米国がボリビアの国内治安対策強化のために軍事援助と軍の再建支援を行ったこと、この相互に密接に関連した二つの要因である。この両者とも、本書がテーマとしている一見特殊に見えるボリビアの事例がアメリカ外交にとって持つ普遍的な意味という点につながる。

　確かにボリビアの1964年の軍事クーデタと革命政権の崩壊は、米国が推進した政策ではなく、基本的にはボリビア革命政治の論理の帰結として起こったものである。しかし、一方で、これがボリビア革命に対する米国の長期にわたる「介入」とは無関係に起こったともいえない。クーデタは、1960年以降、キューバ革命の影響により国内左派の動きが活発化する中で、フィールドが強調するように、第二次パス政権が「権威主義的開発主義」の傾向を強めながらひたすら経済発展路線を突き進んだことの帰結である。そして、そうした政府に対して鉱山労働者を中心に国内の反発が強まり、国内政治が極度に不安定化したことが軍の蜂起を促す直接的な要因であった。しかし、そもそもこうした不安定化の引き金となった政府と鉱山労働者との厳しい対立は、アイゼンハワー政権下での経済的自由主義に基づく大規模な経済安定化政策の実施によって下地が作られ、さらにケネディ政権の「進歩のための同盟」の下で「リベラル」な社会政策等への援助が大幅に拡大される一方で、前政権と同様の経済的自由主義に基づくトライアンギュラー計画による開発計画の開始によって、本格的「鉱山改革」が開始されたことが直接の契機となっている。繰り返しになるが、ホワイトヘッドが強調するように、米国による「介入」として重要かつ特徴的なものは、軍事クーデタ支援というような直接的なものだけでなく、むしろこのボリビアの場合のように間接的、中長期的かつ構造的な「介入」なのである[2]。

---

　2)　Whitehead, *The United States and Bolivia*, p. 25.

そもそも1953年のアイゼンハワー政権の援助決定以来、米国が続けてきたボリビアへの大規模な経済援助、そしてその後1950年代末に本格化する軍事援助は、ボリビア革命の方向性のコントロールを目指した米国の「リベラル・プロジェクト」による広い意味での「介入」であった。さらに言えば、米国によるボリビアへの「介入」は、大戦後トルーマン政権の下で超大国として敵対者ソ連に対抗する形で「リベラル・プロジェクト」がグローバルに展開され始める前の段階において、それに先行する形で開始された。即ち1943年のビジャロエル政権への不承認政策は、枢軸諸国との死闘を続ける一方で、戦後世界での平和のための国際機関の設立や自由貿易のための国際的枠組みの創設を目指して「リベラル・プロジェクト」の準備を着々と進めていた大戦中の米国が、勢力圏たる米州において軍事的・イデオロギー的敵対者であるナチス・ドイツの脅威から米州の安全と民主主義を守るという目的の下に、ボリビアの革命的状況への「介入」を開始したものであった。そうした「介入」は、戦後は冷戦下の新たな状況の下で、その後の米国と革命ボリビアとの関係を規定するのである。1964年の軍事クーデタによるMNR革命政権の崩壊は、そうした長期にわたる米国による「介入」の一つの重要な帰結であった。

こうした戦後のボリビアへの「介入」は、基本的には反共主義ないしは自由主義的観点のどちらかに基づいて行われていた。即ち米国は、政治的・戦略的に深刻な危機と見なした際には、反共主義的観点から民族主義的かつ非共産主義的なMNR政権を支援し、経済的自由主義をいわば棚上げにして「共産主義」の危機が迫る特別な事例として政治的な援助を行ったが、米国の援助政策の底流には一貫して自らの「自由主義」的イメージによって革命の「穏健化」・「自由主義化」を目指そうという志向性が見られた。即ちMNR政権の崩壊とその後の混乱、そして左派ないし共産主義勢力による政権掌握という当初の懸念が米国の緊急援助によって後退すると、まずはアイゼンハワー政権下で経済安定化政策となって表れ、極端な緊縮財政と経済の自由化政策によってMNR革命政権とその主要な支持基盤である鉱山労働者等の労働左派との対立の深刻化を招き、革命政権を支える広範な連合に最初の重大な亀裂が入った。さらに革命政権がパスの第二次政権下で経済発展にギアを大きく切り替えると、ケネディ政権はその支援に動いて大規模な援助を開始するが、その中核と見な

した「鉱山改革」を進めるため、ないしそれを条件として鉱山への新規大規模投資を行うため、トライアンギュラー計画によって鉱山労働者側に過酷な条件を課した。そして、既に亀裂の入っていた政府と鉱山労働者側との関係を決定的な対立へと変え、革命政権崩壊の一つの重要な条件を作り出したのである。「リベラル」とされるケネディ政権によるトライアンギュラー計画と、「保守的」とされるアイゼンハワー政権によって導入され、「新自由主義」(ないし「市場経済至上主義」)の走りともいうべき極めて保守的な経済的自由主義に基づいて推進された経済安定化政策とを比較すると、確かにそれまで原則禁止されていた国有化資産への公的資金投入を老朽設備更新等のために全面的に認めたという点では重要な違いがあるが、「余剰人員」の大量解雇、賃金引下げ、鉱山購買部への補助金カット等、両者の間には国有化鉱山経営への市場原理の完全導入という点で基本的な違いはなく、ボリビア革命に対する米国の政策に関して、民主・共和両党、そして「保守」・「リベラル」の政権を問わず、こうした経済的自由主義の一貫性が見出される。

　ケネディ政権は、トライアンギュラー計画実施に伴うボリビア情勢の不安定化に対応するため、前政権下で始まっていた国内治安対策をより包括的なものとし、ラテンアメリカ及び第三世界全般における国内治安対策の強化を目指した反乱鎮圧戦略による各国軍の装備と訓練の強化の一環として、ボリビア軍の再建強化も組織的な形で推し進め、パス政権崩壊のもう一つの条件を準備したのである。この点からも公的資金の大量投入による開発援助と社会開発を目指し、ケネディ政権の「リベラル」な政策の目玉ともいえる「進歩のための同盟」において、民主化・社会改革・開発援助の三本柱に不可欠の一部として反共主義に基づく治安対策が加わっていたことが、ボリビアの事例からも明らかである。まさにトルーマン政権以降の「リベラル・プロジェクト」は、政権や政党による強調点の違いはあるが、政治・経済・社会の不安定化の危険が常に付きまとう途上地域に対して、基本的には「リベラル」な社会経済政策と保守的な経済的自由主義に基づく市場経済化・経済成長政策に加えて、不可欠の要素として軍事的手段による治安対策が推進されたのである。そうした軍事援助と自由主義に基づく経済援助という組み合わせは、「進歩のための同盟」を通じてケネディ・ジョンソン両政権期にラテンアメリカに広く実施され、ボリビア革

命はそれを集約的に示していた事例といえよう。むろん「進歩のための同盟」
自体は、ジョンソン政権下で市場経済重視と反共軍事援助という点をより強調
するようになるが、本文中でも指摘したように、これは、ケネディ政権の「進
歩のための同盟」政策が本来持っていた論理からの逸脱ではなかった。そして
アイゼンハワー・ケネディ・ジョンソンの歴代政権によって育成されたボリビ
ア国軍は、ジョンソン政権の意思に反してパス政権を倒したのである。これは
まさに米国の長年の政策の結果であり、実際にバリエントス軍事政権が国内情
勢の把握に成功すると、ジョンソン政権も「マン・ドクトリン」に基づき短期
間に承認して経済的・軍事的支援を再開し、バリエントス政権もトライアンギ
ュラー計画を中心に米国の経済的自由主義に基づく政策と治安対策及び反共主
義において対米協力を積極的に推進していくのである。こうした両国の対応は、
ジョンソン政権下でラテンアメリカ諸国、さらには第三世界全体との関係で広
く見られたものであり、経済的自由主義と反共主義的治安対策が特に重視され
たのである。

　一方、バリエントス政権は、「革命の復興」を唱えてインディオ農民層への
リップサービスは続けたものの、労働運動への弾圧は続き、MNR革命が本来
目指した公正で豊かな社会と自立した国家の実現という目標は、目覚ましい経
済成長の陰に隠れてしまうのである。ボリビア革命の最終局面におけるパス政
権への国民的な反発の高まりの要因の一つには、パスの強権的支配の強まりだ
けでなく、長期にわたる米国の「介入」への反発とそうした米国への依存政策
を推し進めるパス政権への反発というナショナリズムの側面もあった。そうし
た反発は、1959年の『タイム』誌の記事をめぐる暴動、1960年のパスの非同
盟・東側外交の積極化、そして1964年クーデタの際に若手将校らに見られた
パス政権の極端な「対米追随」外交への反発など、この時期を通じてボリビア
政治の底流として常にあった。しかし、MNR革命政権が結局、リーマンの言
う「不平等なパートナーシップ」に敢えて留まり、それを通じた米国の「介入」
を基本的に甘んじて受け入れてきたのは、1952年革命以来のボリビアの経済
状況の極端な悪さであり、それに起因する度重なる経済危機と政治危機の連続
のためであった。ボリビア革命は、恐らくは米国の大規模な援助なしには持続
不可能であったろう。

結 論　417

　米国は、そうしたボリビアの著しい困窮もあって、他の主権国家に対して、通常では考えられない程度にまで自らの「リベラル・プロジェクト」に基づいて長期にわたり広く深く全面的な「介入」を行ったのである。そしてその際には、戦略的な制約や反共主義の影響はあったものの、基本的には自らの自由主義のイメージに沿ってかなりの程度まで自国が対外的に望ましいと考える政策を試みることができる状況にあった。その意味では、ボリビア政策は、米国の第三世界の民族主義的な多くの政権に対する政策のエッセンスを凝縮した形で示すものであり、米国の自由主義に基づく他の社会の変革のための一つの実験場であったともいえよう。しかし、米国は、そうした南米の小さな国ボリビアに対してさえ、10 年以上にわたる大規模な援助政策の末に、必ずしも自らの意のままに革命をより自由主義的な道へと誘導し、ボリビア社会をそうした方向に変革することはできなかったのである。そうした米国の試みとボリビアの革命政治との絶え間ない緊張の結果が 1964 年の MNR 革命政権の崩壊であった。この意味で、ボリビアの事例は、米国と第三世界の民族主義革命との「協力」関係の難しさを逆に再認識させ、いうなれば米国の自由主義の対外関係における一つの限界を示すものとなっているともいえよう。

　こうした点を「リベラル・プロジェクト」に即して比較論的に敷衍すれば、超大国米国は、ボリビアの事例のように「平和的・協力的」な形か、1953 年のイランや 1954 年のグアテマラのように「軍事的・敵対的」な形であるか、間接的か直接的かを問わず、重要と見なした第三世界諸国の民族主義的政権に対してしばしば「介入」によって政策や体制の変更を試みている。その両者を兼ね備えていたという意味で冷戦期におけるこうした「介入」政策、さらには「リベラル・プロジェクト」自体の一つのピークは、ケネディ政権の「進歩のための同盟」政策であったといえよう。同政策は、米国の自由主義のイメージに沿って「平和的・協力的」な「介入」という形でラテンアメリカ諸国の社会改革と経済発展および民主化が目指される一方、共産主義のキューバに対しては「敵対的・非平和的」な形での封じ込めと経済制裁、そして米中央情報局（CIA）による様々な妨害活動等が行われ、左派・共産主義勢力の軍事的封じ込めのため国内治安対策・反乱鎮圧戦略に基づく訓練と援助が推進されたのである。

ボリビアに関しても、米国の自由主義的なイメージに沿って革命の「変革」を目指すはずの援助政策がより軍事化への傾斜を強めるのは、皮肉なことに援助・改革・民主化という「リベラル」な側面を前面に押し出したケネディ政権下であり、その「進歩のための同盟」政策の不可欠の一部としての国内治安対策強化の一環で組織的な形で進行したのである。そして、「国家安全保障」の重視は、次のジョンソン政権において一層明らかになるが、これはまさに「リベラル」な援助・改革政策と軍事的な支援が同時進行した「リベラル・プロジェクト」の姿を如実に示しているといえよう。この意味でボリビア革命に対する米国の援助政策は、「平和的・協力的な」介入としては、他の多くの事例と比べてその程度は著しく広く深いものであるが、米国による冷戦期の普遍的な介入主義の一環として「リベラル・プロジェクト」の重要な一部をなしていたといえよう。

ここでボリビアの事例を基にアメリカ外交分析の枠組みについて最後に少し触れておきたい。まず序論で示したリアリズム、リビジョニズム、ポストリビジョニズムの各分析枠組みに関連して一言述べておこう。本研究において、ポストリビジョニズムの枠組みを用いたことによって、ボリビア革命に対する政策に関して、米国のナショナリズムとしての自由主義がその様々な意味合いにおいて果たした役割がより鮮明に浮かび上がり、極めて特異に見えるボリビアの事例と米国の第三世界政策全般、さらにはアメリカ外交自体との関連性がより明確になったはずである。一方、リビジョニズムの視点は、そうした米国の自由主義イデオロギーに導かれて追求された政策が、結果として「支配」と「従属」を伴う関係をもたらしたことも想起させてくれる。無論ボリビアの事例では、これは一方的関係ではなく、巧みな「弱者の恫喝」も伴った従属下での最大限相互的な関係であったことも改めて確認すべきだろう。もう一つここで忘れてはならないのは、「リベラル・プロジェクト」との関係でリアリズムの視点が持つ重要性である。即ち米国と革命ボリビアとの関係において、「リベラル」な目標や手段は、軍事的な手段や目標と同時並行的に推進されたが、本書で強調してきたように、両者は単にたまたま併存したのではなく、常に互いを不可欠とする相互補完的なものとして追求され、実践されたことであった。

結　論　419

ボリビアの事例や「進歩のための同盟」、さらには第二次世界大戦後の米国の
ラテンアメリカ政策に関する本書の分析は、そのことを改めて明らかにしたと
いえよう。この最後の点について、もう少し詳しく説明を加える。

　第二次大戦後の米国では、サミュエル・ハンティントンの説明を待つまでも
なく、第一次大戦後や冷戦終結後と同様に、「［アメリカ的な自由主義に基づく］調
和のとれた一つの世界の実現への大きな期待（euphoria）」が大戦終結とともに
高まった[3]。しかし、戦後に待っていたのは、冷戦によるソ連との世界的対立
であった。そして、その後の世界の激動が続く中で、米国は自由主義陣営の民
主主義と「リベラル・プロジェクト」に基づく自由主義的国際秩序を守るため
自国の軍事力の強化と軍事同盟網の拡大に邁進し、第三世界への介入を繰り返
すことになる。言うなれば冷戦期の米国は、ソ連からの深刻な軍事的脅威に対
応するとともに、「リベラル・プロジェクト」に具現化された自らの自由主義
を「共産主義」とナショナリズムの脅威から守るためにも世界各地で政治的・
軍事的介入を続けたのである。大戦後の「リベラル・プロジェクト」の主要な
実践例である日本とドイツにおける占領期の民主化に関しても、強大な軍事力
による枢軸国の打倒に引き続き、圧倒的な軍事占領下で「リベラル」な諸改革
という「介入」が行われている。序論で触れたハーツとパッケンハムの言葉を
繰り返せば、戦後の「リベラルなアメリカ（liberal America）」が突如その「真
中に投げ出され」、直面した「大きな広い世界」は、ソ連の共産主義や途上地域
のナショナリズムに覆われた「反自由主義的（illiberal）」な世界であり、超大国
米国は、いかなる国もそれまで経験したことのないほどそうした世界と「深
く」関わる中で、「リベラル・プロジェクト」とそれを支える軍事的体制を整
えていったのである[4]。

　本書での歴史的な分析を離れてやや仮説的な言い方が許されるのであれば、
そもそも米国の「リベラル・プロジェクト」は、常に「混乱と革命と戦争」の
絶えることのない現実の世界では、こうした構想が予定調和的に自ずから実現

---

3)　Samuel P. Hungtingon, *The Clash of Civilizations and the Remaking of World Order*（New York: Touchstone Books, 1997）, pp. 31-32.
4)　ハーツ『アメリカ自由主義の伝統』p. 377；Packenham, *Liberal America and the Third World*, pp. xxi.

するということはなく、常に不可欠の前提として「軍事」や「(国家)安全保障」の要素を合わせ持たざるをえないのかもしれない。第二次大戦後の米国の「リベラル」な対外政策の一つのピークともいえるケネディ政権の「進歩のための同盟」における経験は、そのことを如実に物語っており、ボリビア革命政権に対する同政権の大規模な支援もまさにその典型的な事例であろう。本研究はポストリビジョニズムの枠組みを重視し、対外政策における「リベラル・プロジェクト」に象徴される米国の自由主義のイデオロギーや世界認識の枠組みとしての文化に焦点を当てて分析してきたわけだが、上記の観察は、リアリズムの分析枠組みの重要性も改めて確認するものといえるかもしれない。即ち「覇権安定論」に典型的に見られるように、第二次世界大戦後の米国主導の自由主義的国際秩序は、超大国としての米国のパワーによって打ち立てられ、維持されてきたという見方への親和性がここには見出せよう[5]。

　ただ本書の分析が示すように、リアリズムの枠組みが強調するパワーの重要性を前提としつつも、ポストリビジョニズムの分析枠組みを用いたイデオロギーや文化への注目には十分意義があろう。米国の場合、そもそもパワー行使の目的として、単なる自国の防衛や安全保障に留まらないイデオロギーや文化の要素、言うなれば「理念」を抜きに語れないまさに「理念の共和国」ということがある。その意味で、ポストリビジョニズムの分析は、対象国の政治・経済システムないしは政策をより自由主義的なものに変えようと積極的に関与する、米国の文化的・イデオロギー的志向性への注目によって、アメリカ外交の自由主義的な特質があぶり出され、対外政策におけるその意味をより鮮明にさせることができるという点で一定の有効性を持つといえよう。無論この「変える」

---

　5)　覇権安定論については、その古典である Robert Gilpin, *War and Change in World Politics* (New York: Cambridge University Press, 1981) を参照。ただし、周知のように米国主導の戦後の自由主義的な国際秩序が米国のパワーの相対的低下にかかわらず維持、発展してきたことに関しては、ネオリベラル制度論者によるレジーム概念を用いたリアリストへの反論がある。そしていわゆる「ネオ・ネオ論争」としてネオリベラルとネオリアリストの間の論争が繰り広げられた訳であるが、こうした理論的背景については無論ここでは触れない。この論争に関しては、David A. Baldwin, "Neoliberalism, Neorealism, and World Politics," in David A. Baldwin, ed., *Neorealism and Neoliberalism: The Contemporary Debate* (New York: Columbia University Press, 1993), pp. 3-25; 飯田敬輔「ネオリベラル制度論：国連安保理改革にみる可能性と限界」日本国際政治学会編『日本の国際政治学1：学としての国際政治』(有斐閣、2009年)、pp. 61-64。

ということの狙いが、例えば安全保障上の考慮が中心であれば、それはリアリズムによる分析の話であり、また「関与」ということについても、それが経済的動機等に基づくものであり、米国と相手国との大きな力の差等があって「支配」・「従属」といった関係が生まれるのであれば、それはまたリビジョニズムの話でもある。

　ポストリビジョニズムの分析が意味を持つのは、そうしたリアリズム的要素とリビジョニズム的要素も存在しながらも、やはりそれらだけには還元できない重要なイデオロギー的・文化的要素がある場合であろう。ボリビアの事例では、序論でも触れたように、重要な経済的利害関係（リビジョニズム）がなく、当初の安全保障上の強い懸念（リアリズム）が後退する中で、1950年代半ば以降、大規模な経済援助と軍事的支援を通じて、なぜ米国は革命ボリビアに対する積極的「介入」を続けたのか、という疑問への解答が求められる。ボリビアの事例において、安全保障上の考慮や経済的な利害もそれぞれの段階で重要な意味を持ち、また一旦本格的に開始された政策の変更は容易ではないという政策の「惰性」の問題や官僚機構の組織的利害という問題も重要であろう。しかし、本書の分析が特に注目したのは、当初のボリビアの革命政権への支援が、反共主義に基づく政治的・戦略的（リアリスト的）観点から1953年に決定された後に最も一貫して追求され、政策の基調となったのは、米国にとってより望ましい形へと革命を変革ないし導くという政策目標であり、ボリビア革命「モデル論」の影響もあって、そうした目標が次第に自己目的化も伴いながら続けられていったという点である。本研究にとって特に重要なのは、こうした政策目標が自由主義的な視点から策定され、文化的・イデオロギー的要素によって形作られたものであったという点であり、これが本書の一つの結論でもある。

　はたしてこうした分析は、米国による別の国や地域に対する政策の分析に有効性を持ちうるのか。または米国以外の国の外交にも適用できるのか。これは本書の範囲を超える問いであり、今後の課題であろう。しかし、ポストリビジョニズムの分析の射程について改めて確認しておくと、ここまでの議論は、米国が超大国ないし覇権国としてグローバルな力と関与を持つ時代ないしは、20世紀の米州という米国が一種の「超大国」ないし覇権国として君臨した特定の地域に関してのものであった。そうした時代や地域においては、米国のパワー

を前提に、経済的関与とともに、文化的・イデオロギー的にも重要な関与が見られたのであった。それではなぜ米国の覇権がポストリビジョニズムの分析と密接に関わるのか、ないし後者の分析の一種の前提となるのか。そのメカニズムは何なのか。それは、基本的には覇権国家とは、その圧倒的な軍事力・経済力ゆえに自らの死活的な安全や直接的利益の追求とは一定の距離を置いて、自らの理念やイデオロギー的目標を追求できる「余裕」を持つ国でもあるということと関連しよう。それでは米国が超大国ないし覇権国として君臨する時代や地域以外でも、ポストリビジョニズムの枠組みはアメリカ外交分析に有効性を持ちうるのか。即ち第二次世界大戦前、さらには 20 世紀以前、または米国の「ポスト覇権」の時代において、文化やイデオロギーに注目したアメリカ外交の分析はどのような意味を持ちうるのであろうか。

　無論いかなる国の外交でも、序論で触れた高坂の「力」、「利益」、「価値」という国家の 3 要素は、通常どれも欠くことのできない国際関係の主要な構成要素であり、アメリカ外交においても基本的には「力」・「利益」・「理念」の三つが常に重要な前提として存在している。しかし、例えば現在の「トランプの時代」である。トランプ大統領は、20 世紀アメリカ外交に特に特徴的といえる自由や民主主義等の伝統的な「理念」に関して基本的に殆ど関心を示さず、貿易問題を中心に「アメリカ第一主義」を唱えて「利益」の問題に焦点を当てるとともに、「偉大なアメリカの復活」のスローガンを繰り返して、2019 年初めの現在、対外的コミットメントはさらに縮小させる一方で、単独主義的な軍事力の強化に突き進もうとしている。仮にこうしたトランプ外交をポスト覇権時代に向けてのアメリカ外交の一つの表れと考えることができるとすれば、こうした「理念」の「欠如」は、ポスト覇権時代にはポストリビジョニズムの分析枠組みによる文化やイデオロギーへの注目は大きな意味を持たない、ということを示しているのか。それともこうした「アメリカ第一主義」や「偉大なアメリカの復活」自体を一種の「理念」ないしイデオロギーや文化の表れと捉えて、本書で分析した自由主義という伝統的な理念とは別の概念に基づいてポストイデオロギーの分析枠組みを有効に活用することが可能なのであろうか。上記のトランプのスローガンは、「孤立主義」や「単独主義」というアメリカ外交の別の伝統に連なるものともいえ、こうした作業にも意味があるかもしれない。し

かし、これは再び本書の範囲を大きく超える問題であり、読者の判断に任せる
しかない。少なくとも本書の分析からは、理念を含めてイデオロギーや文化と
いった、力や利益以外の要素は、どの時代や地域でも対外政策に大なり小なり
影響を及ぼすであろうが、特に米国が超大国ないし覇権国として君臨し、力と
利益に関して大きな世界的コミットメントを持った冷戦時代に関しては、そう
した要素が分析上大きな有効性を持っていたことが確認できたといえよう。

　最後にボリビア革命に戻って、この20年以上にわたる米国と革命的ナショ
ナリズムとの苦闘の話を締め括ろう。MNR革命政権崩壊後、1964年のブラジ
ルの軍事クーデタに続く形で、南米を中心に多くのラテンアメリカ諸国で「官
僚主義的権威主義」体制の下で軍による厳しい統治下に経済発展が目指され、
長い「独裁政権の時代」を経験する。そして、ボリビアでもバリエントス政権
以降、次第に同様の体制が構築されていく[6]。その後、ボリビアは、他の多く
のラテンアメリカ諸国とともに1980年代に国際的な対外債務危機の高まりの
中で軍事政権の崩壊と民主政権への体制移行を経験する。この民主化移行期の
最初の指導者が1982年に大統領に復帰したシレスであった。シレスは、第9
章でも触れたように「民主的」な手法による民主主義の復活を目指したが、軍
事政権崩壊後の政治的・経済的混乱を収拾できず、1985年からパスが再度大
統領職に復帰して、IMFの強力な指導下に1950年代をはるかに上回る徹底し
た経済安定化政策を実施し、極度のインフレを克服していく。その中でIMF
主導の「構造調整」と新自由主義の荒波にもまれ、さらに米国主導の「麻薬と
の戦争」にも巻き込まれていく。その過程を通じて人口の多数を占めるインデ
ィオ先住民の本格的な政治参加が始まり、2006年にはラテンアメリカでの「左
派政権」台頭の流れの中で、初の先住民大統領モラーレス（Evo Morales）政権
の誕生を見るが、21世紀の現在に至るまでボリビアの低開発の問題は、他の多
くの途上国と同様に十分な解決には至っていない[7]。しかし、開発と自立及び
より公正で民主的な国民社会の実現を目指したMNR革命の目標は依然として
妥当性を失っておらず、ボリビア革命が、様々な問題を抱えながらも1952年

---

6)　詳しくは、Malloy and Gamara, *Revolution and Reaction* を参照。

から 1964 年の間に農地改革や普通選挙制導入、そして教育改革等を通じてこうした問題の解決に向けての一定の基盤を形成したことも確かであろう[8]。米国は、MNR の革命的ナショナリズムに対して、軍事的社会主義政権による石油国有化対する圧力外交やビジャロエル政権時の不承認政策等の敵対的政策に始まり、冷戦下の緊急経済援助の決定、経済安定化政策による革命政治への強力な関与、そして「進歩のための同盟」を通じた開発援助と治安対策支援と、様々な関与と「介入」を繰り返してきた。そのプロセスは、とりもなおさず自由主義を掲げる米国の歴代政権にとって、開発途上世界の革命運動や民族主義との緊張感に満ちた対応の過程の一つであり、世界恐慌と第二次世界大戦、そして冷戦という未曽有の事態の中で手探りを続け、海図のない航海において目的地にたどり着こうと模索を続けた過程でもあったのである。

---

7) 1980 年代の民主政権への移行に関しては、Guilleromo O'Donnell, Phillippe C. Schmitter, and Laurence Whitehead, *Transitions from Authoritarian Rule: Latin America* (Baltimore: The Johns Hopkins University Press, 1986) を参照。「構造調整」については、Haggard and Kaufman, eds., *The Politics of Economic Adjustment* を参照。左派政権に関しては、遅野井茂雄他編『21 世紀ラテンアメリカの左派政権：虚像と実像』（日本貿易振興機構アジア経済研究所、2008 年）を参照。モラーレス政権に関しては、Hugo Moldiz, *Bolivia en los tiemps de Evo: Claves para entender el progresso Boliviano* (México, D. F.: Ocean Press Sur, 2009); Jeffrey R. Weber, *From Rebellion to Reform in Bolivia: Class Struggle, Indigenous Liberation, and the Politics of Evo Morales* (Chicago: Haymarket Books, 2011) を参照。

8) 21 世紀の時点でのボリビア革命に対する評価に関しては、ボリビア革命開始 50 周年にあたってハーバード大学のラテンアメリカ研究センター（DRCLAS）とロンドン大学のラテンアメリカ研究所（ILAS）との共催で 2002 年 5 月に開催されたシンポジウム「ボリビア革命の 50 年：社会的・経済的・政治的変化に関する比較論的検討」の成果をまとめた以下の論文集を参照。Grindle and Domingo, eds., *Proclaiming Revolution*.

425

資料一覧

1. 一次資料

(1) 公文書

Franklin D. Roosevelt Library

Papers as President, Official File

Papers as President, President's Secretary's File

Harry S. Truman Library

Dean Acheson Papers

Democratic National Committee, Records

Edward G. Miller, Jr. Papers

Harry S. Truman Papers

President's Secretary Files

White House Central Files

Merwin L. Bohan Papers

Naval Aide Files

Richard C. Patterson, Jr. Papers

U. S. President's Materials Policy Commission, Records

Warren J. Campbell Papers

Dwight D. Eisenhower Library

Dwight D. Eisenhower Papers

Ann Whitman File

White House Central Files

John Foster Dulles Papers

Milton S. Eisenhower Papers

Oral History Interview with Thomas C. Mann by Maclyn P. Berg, November 29, 1977

U. S. Council Foreign Economic Policy, Records

U. S. Council on Foreign Economic Policy, Office of the Chairman, Records

U. S. President's Citizen Advisors on the Mutual Security Program (Fairless Committee), Records

U. S. President's Commission on Foreign Economic Policy (Randall Commission), Records

U. S. President's Committee on International Information Activities (Jackson Committee), Records

Walter B. Smith Papers

White House Office, NSC Staff Papers, Operations Coordination Board Central File Series

White House Office, Office of the Special Assistant to for National Security Affairs, Records

John F. Kennedy Library

John Moors Cabot Personal Papers

National Security Files

President's Office Files

Oral History Interview with Donald F. Barnes by John Plank, June 30, 1964

Oral History Interview with Douglas Henderson by Sheldon Stern, August 30, 1978

Oral History Interview with Ben Staphansky by Sheldon Stern, June 6, 1983

Lyndon B. Johnson Library
Legislative Files
National Security Files
Office File of George Reedy
Office File of Gerald Siegel

Tufts University
John M. Cabot Papers (Microfilm).

U. S. National Archives
Record Group 59, the Department of State

U. S. Central Intelligence Agency
CIA Records Search Tool (CREST)
https://www.cia.gov/library/readingroom/collection/crest-25-year-program-archive

〈ボリビア〉
Ministerio de Ralaciones Exteriores y Culto, Archivo Central, La Paz, Bolivia
——, Embajada de Bolivia en Washington, 1952-1954 (EE. UU. 1-R-55).
——, *Boletín*, 24-29 (enero 1952-diciembre 1954).

(2) 公刊資料
〈米国〉
US Congress, Senate, Committee on Foreign Relations, *Executive Sessions of the Senate Foreign Relations Committee*, Vol. V, 83rd Congress, 1st sess, 1953 (Washington: Government Printing Office, 1977).
——, Committee on Government Operations, Permanent Subcommittee on Investigations, *Administration of United States Foreign Aid Programs in Bolivia*, 86th Cong, 2nd sess., 1960, Sen. Rept. 1030 (Washington: Government Printing Office, 1960).
US Department of State, *Bulletin*.
——, *Papers Relating to the Foreign Relations of the United States* (Washington, DC: Government Printing Office, 1954-1979).
    1936, Volume V: *The American Republics* (1954)
    1937, Volume V: *The American Republics* (1954)
    1938, Volume V: *The American Republics* (1956)
    1939, Volume V: *The American Republics* (1957)
    1940, Volume V: *The American Republics* (1961)
    1941, Volume VI: *The American Republics* (1963)
    1942, Volume V: *The American Republics* (1962)
    1943, Volume V: *The American Republics* (1965)
    1944, Volume VII: *The American Republics* (1967)
    1945, Volume X: *The American Republics* (1969)
    1946, Volume XI: *The American Republics* (1969)
    1947, Volume VIII: *The American Republics* (1972)

資料一覧　427

1948, Volume IX: *The Western Hemisphere*（1972）
1949, Volume II: *The United Nations; The Western Hemisphere*（1976）
1950, Volume II: *The United Nations; The Western Hemisphere*（1976）
1951, Volume II: *The United Nations; The Western Hemisphere*（1979）
———, *Foreign Relations of the United States, 1952-1954*, Volume IV: *The American Republics*（Washington, DC: Government Printing Office, 1983）.
———, *Foreign Relations of the United States, 1955-1957*, Volume VII: *The American Republics*（Washington, DC: Government Printing Office, 1987）.
———, *Foreign Relations of the United States, 1958-1960*, Volume V: *The American Republics*（Washington, DC: Government Printing Office, 1991）.
———, *Foreign Relations of the United States, 1958-1960*, Volume V: *The American Republics, Microfiche Supplement*（Washington, DC: Government Printing Office, 1991）.
———, *Foreign Relations of the United States, 1961-1963*, Volume XII: *The American Republics*（Washington, DC: Government Printing Office, 1996）.
———, *Foreign Relations of the United States, 1964-1968*, Volume XXXI: *South and Central America; Mexico*（Washington, D. C.: Government Printing Office, 2004）

〈ボリビア・その他〉
Andrade, Víctor, "An address by Victor Andrade, Ambassador of Bolivia, before the Pan-American Women's Association in the Town Hall Club, 123 West 43rd Street, New York City, November 15, 1952," Nota No. 98, 20 de abril de 1953, #116, enero-junio 1953, Embajada de Bolivia en Washington, Ministerio de Relaciones Exteriores y Culto, Bolivia（以下 MRECR）.
———, "Address By Victor Andrade, Ambassador of Bolivia, at Rutgers University, New Brunswick, N. J., Thursday Evening, December 18, 1952," Nota No. 98, 20 de abril de 1953, #116, enero-junio 1953, MRECR.
———, "Entrevista radial a través de la cadena Columbia Broadcasting System, Estados Unidos, al embajador de Bolivia Señor Víctor Andrade," Nota No. 98, 20 de abril de 1953, #116, enero-junio 1953, MRECR.
———, *La Política Nacionalista y los Contratos de Venta del Estaño*（La Paz: Ministerio de Relaciones Exteriores, 1952）.
Bolivia, Ministerio de Relaciones Exteriores y Culto, "Plan de diversificación de la producción: Memorándum entregado por nuestro Embajador en los Estados Unidos Al señor Doctor Milton Eisenhower, Agosto de 1953," in Ministerio de Relaciones Exteriores y Culto, *Boletín*, 26-27（enero-diciembre 1953）, pp. 140-67.
———, *State of the Nation*（La Paz: Departamento de Prensa y Publicaciones, 1955）.
———, *Bolivia*, No. 1: *Her Struggle*（La Paz: Departamento de Prensa y Publicaciones, 1956）.
———, *Bolivia*, No. 2: *Summing Up*（La Paz: Departamento de Prensa y Publicaciones, 1956）.
———, *Bolivia*, No. 3: *Petroleum Code*（La Paz: Departamento de Prensa y Publicaciones, 1956）.
Deutschmann, David, ed., *Che Guevara Reader: Writings on Politics and Revolution*, 2nd and expanded ed.（Melbourne: Ocean Press, 2003）.
Guevara Arze, Walter, *Plan inmediato de política económica del gobierno de la revolución nacional*（La Paz: Bolivia, Ministerio de Relaciones Exteriores y Culto, 1955）.
———, *Planteamientos de la Revolución Nacional en la Décima Conferencia Interamericana*（La Paz: Ministerio de Relaciones Exteriores y Culto, 1954）.
———, *Bases para replantear la Revolución Nacional con el Manifesto de Ayopaya*（La Paz: Librería Editorial "Juventud", 1988）.
Guevara, Ernest Che, *Our America and Theirs: Kennedy and the Alliance for Progress — The Debate at Punta del*

Este (Melbourne: Ocean Press, 2006).

Lechín Oquendo, Juan, *Discurso Inaugural del Secretario Ejectivo de la Central Obrera Boliviana* (La Paz, 1962).

Paz Estenssoro, Víctor, *Discursos parlamentarios* (La Paz: Editorial Canata, 1955).

——, *Discursos y mensajes* (Buenos Aires (?): Editorial Meridiano, 1953).

——, *Mensaje al pueblo del excelentisimo presidente constitutional de la republica Dr. Víctor Paz Estenssoro, 6 de agosto de 1955* (La Paz: Subsecretaria de Prensa Informaciones y Cultura, 1955?).

——, *Mensaje del presidente de la republica Dr. Víctor Paz Estenssoro al H. Congreso Nacional* (La Paz: Ediciones de la S. P. I. C., 1956).

——, *La Revolución es un process que tiene raices en el pasado* (La Paz: Dirección Nacional de Informaciones, 1961).

Siles Zuazo, Hernán, "Discurso pronunciado por el Excelentísimo señor Hernán Siles Zuazo, presidente de la delegación boliviana," *Boletín*, 28-29 (enero-dic 1954), pp. 78-91.

Uruguay, Biblioteca Poder Legislativo, *Dr. Milton Stover Eisenhower: Biografía, Viaje a la América Latina* (Montevideo, Julio de 1953).

(3) 回顧録等

Andrade, Víctor, *My Missions for Revolutionary Bolivia* (Pittsburgh: University of Pittsburgh Press, 1976).

Cabot, John M., *The First Line of Defense: Forty Years' Experiences of a Career Diplomat* (Washington, DC: School of Foreign Service, Georgetown University, 1979).

Eisenhower, Dwight D., *The Eisenhower Diaries*, ed. by Robert Ferrell (New York: W. W. Norton, 1981).

——, *Mandate for Change* (Garden City, N. Y.: Doubleday, 1963).

Eisenhower, Milton, *The Wine Is Bitter: The United States and Latin America* (Garden City, NY: Doubleday, 1963).

Martin, Edwin M., *Kennedy and Latin America* (Lanham: University Press of America, 1994).

Rusk, Dean, ed. by Daniel S. Papp, *As I Saw It* (New York: W. W. Norton, 1990).

Schlesinger, Arthur M., Jr., *Thousand Days: John F. Kennedy in the White House* (Boson: Houghton Mifflin Company, 1965).

Schlesinger, Arthur M., Jr., ed. by Andrew Schlesinger and Stephen Schlesinger, *Journals: 1952-2000* (New York: The Penguin Press, 2007).

Sorensen, Theodore, *Kennedy* (New York: Harper & Row, 1965).

(4) 聞き取り調査

Arellano, Jaime　1989 年 12 月 26 日、ワシントン特別区。

Armaza Lopera, Rigoberto　1990 年 1 月 24 日、ラパス。

Baptista Gumucio, Fernando　1990 年 1 月 5、23、26 日、ラパス。

Bennett, W. Tapley, Jr.　1989 年 12 月 15 日、ワシントン特別区。

Cobb, William　1989 年 11 月 6 日、1990 年 2 月 27 日、ワシントン特別区。

Guevara Arze, Walter　1990 年 1 月 20、23、26、30 日、ラパス。

Holt, Pat　1989 年 11 月 7 日メリーランド州ベセスダ。

Montenegro, Walter　1990 年 1 月 8、11、15、25、29 日、ラパス。

Woodward, Robert　1989 年 10 月 10 日、ワシントン特別区。

(5) 新聞

New York Herald Tribune

The New York Times
La Nación
Tyler Morning Telegraph
Wall Street Journal
Washington Daily News
Washington Post
Washington Star

(6) 雑誌
American Metal Market, 1952−1954.
Inter-American Labor Bulletin
The New Leader
The New York Times Magazine
Time
U. S. News & World Report

2. 二次資料
(1) 欧文

Aguilar, Alonso, *El Panamericanismo de la Doctrina Monroe a la Doctrina Johnson* (Mexico, D. F.: Cuadernos Americanos, 1965).

Alexander, Charles C., *Holding the Line: The Eisenhower Ear, 1952−1961* (Bloomington, IN: Indiana Univerity Press, 1975).

Alexander, Robert J., *The Bolivian National Revolution* (New Brunswick, NJ: Rutgers University Press, 1958).

Allcock, Thomas T., "Becoming 'Mr. Latin America': Thomas C. Mann Reconsidered," *Diplomatic History*, 38−5 (2014), pp. 1017−1045.

Ambrose, Stephen E., *Eisenhower*, Vol. II: *The President* (New York: Simon and Schuster, 1984).

——, and Richard H. Immerman, *Milton S. Eisenhower: Educational Statesman* (Baltimore: The Johns Hopkins University Press, 1983).

Anderson, Jon Lee, *Che Guevara: A Revolutionary Life* (New York: Grove Press, 1997).

Antezana Ergueta, Luis, *Hernán Siles Zuazo: El estratega y la contrarrevolución* (La Paz: Editorial Luz, 1979).

Arendt, Hannah, *On Revolution* (New York: Viking Press, 1963).

Arnade, Charles W., *Bolivian History* (La Paz: Editorial Los Amigos del Libro, 1984).

——, "Bolivia's Social Revolution, 1952−1959: A Discussion of Sources," *Journal of Inter-American Studies*, 1−3 (July 1959), pp. 341−52.

Baldwin, David A., "Neoliberalism, Neorealism, and World Politics," in David A. Baldwin, ed., *Neorealism and Neoliberalism: The Contemporary Debate* (New York: Columbia University Press, 1993), pp. 3−25.

Baldwin, William L., *The World Tin Market: Political Pricing and Economic Competition* (Durham, NC: Duke University Press, 1983).

Baptista Gumucio, Fernando, *Estrategia del estaño* (La Paz: Editorial "Los Amigos del Libro," 1966).

Barnet, Richard J., *Intervention and Revolution: America's Confrontation with Insurgent Movements Around the World*, revised ed. (New York: New American Library, 1980).

Bedregal Gutiérrez, Guillermo, ed., *Víctor Paz: su presencia en la historia revolucionaria de Bolivia* (La Paz: Los Amigos del Libro, 1987).

Bedregal, Guillermo, *Víctor Paz Estenssoro, el politico: una emblanza crítica* (México: Fondo Cultura Económica, 1999).

Benjamin, Jules R., *The United States and the Origins of the Cuban Revolution: An Empire of Liberty in an Age of National Liberation* (Princeton: Princeton University Press, 1990).

Berger, Henry W., "Union Diplomacy: America's Labor Foreign Policy in Latin America, 1932–55," Ph.D. dissertation, The University of Wisconsin, 1966.

Blasier, Cole, "The United States and the Revolution," in Malloy and Thorn, eds., *Beyond the Revolution* (Pittsburgh: University of Pittsburgh Press, 1971), pp. 53–109.

——, "The United States, Germany, and the Bolivian Revolutionaries, 1941–1946," *Hispanic American Historical Review*, 52-1 (February 1972), pp. 26–54.

——, *The Hovering Giant: U. S. Responses to Revolutionary Change in Latin America* (Pittsburgh: University of Pittsburgh Press, 1976).

——, *The Giant's Rival: The USSR in Latin America* (Pittsburgh: University of Pittsburgh Press, 1983).

——, "The End of the Soviet-Cuban Partnership," in Carmelo Mesa-Lago, ed., *Cuba After the Cold War* (Pittsburgh: University of Pittsburgh Press, 1993), pp. 59–97.

Bohlin, Thomas G., "United States-Latin American Relations and the Cold War: 1949–1953," Ph.D. dissertation, University of Notre Dame, 1985.

Bradly, Mark P., "Decolonization, the Global South, and the Cold War," in Melvyn P. Leffler and Odd Arne Westad, eds., *The Cambridge History of the Cold War*, Vol. I: *Origins* (Cambridge: Cambridge University Press, 2010), pp. 464–85.

Brighton, Crane, *The Anatomy of Revolution*, revised and expanded ed. (New York: Vintage Book, 1956).

Brands, Hal, *Latin America's Cold War* (Cambridge, MA: Harvard University Press, 2010).

Brands, H. W., Jr., *Cold Warriors: Eisenhower's Generation and American Foreign Policy* (New York: Columbia University Press, 1988).

——, ed., *Beyond Vietnam: The Foreign Policies of Lyndon Johnson* (College Station, TX: Texas A&M University Press, 1999).

Brill, William H., *Military Intervention in Bolivia: The Overthrow of Paz Estenssoro and the MNR* (DC: Institute for the Comparative Study of Political Systems, 1967).

Brinkley, Alan, "In Memorial: Arthur M. Schlesinger Jr.," May 2007, https://www.historians.org/publications-and-directories/perspectives-on-history/may-2007/in-memoriam-arthur-m-schlesinger-jr（2017 年 2 月 3 日アクセス）.

Cajías, Lupe, *Historia de una leyenda: Vida y palabra de Juan Lechín Oquendo, líder de los mineros bolivianos*, segunda edición (La Paz: Ediciones Gráficas "EG", 1989).

Carothers, Thomas, *Aiding Democracy Abroad: The learning Curve* (Washington, DC: The Carnegie Endowment for World Peace, 1999).

Castañeda, Jorge G., *Compañero: The Life and Death of Che Guevara* (New York: Vintage Books, 1997).

Céspedes, Augusto, *El presidente colgado (historia boliviana)*, quinta edición, (La Paz: Librería Editorial "Juventud", 1987).

Choate, Pat, *Agents of Influence: How Japan Manipulates America's Political and Economic System* (New York: Knopf, 1990).

Clawson, Robert W., ed., *East-West Rivalry in the Third World: Security Issues and Regional Perspectives* (Wilmington, DE: Scholarly Resources, 1986).

Collier, David, ed., *The New Authoritarianism in Latin America* (Princeton: Princeton University Press, 1979).

Conaghan, Catherine M., and James M. Malloy, *Unsettling Statecraft: Democracy and Neoliberalism in the Central Andes* (Pittsburgh: University of Pittsburgh Press, 1994).

Contreras, Manuel E., "A Comparative Perspective of Education Reforms in Bolivia: 1950–2000," in Merilee S. Grindle and Pilar Domingo, eds., *Proclaiming Revolution: Bolivia in Comparative Perspective* (Cambridge, MA: Harvard University Press, 2003), pp. 259-286.

Cook, Blanche Wiesen, *The Declassified Eisenhower: A Divided Legacy of Peace and Political Warfare* (New York: Doubleday, 1981).

Costigliola, Frank, 1989 "The Pursuit of Atlantic Community: Nuclear Arms, Dollars, and Berlin," in Thomas Patterson, ed., *Kennedy's Quest for Victory: American Foreign Policy, 1961-1963* (New York: Oxford University Press, 1989), pp. 24-56.

Crabtree, John and Laurence Whitehead, eds., *Unresolved Tensions: Bolivia Past and Present* (Pittsburgh: University of Pittsburgh Press, 2008).

Curt Cardwell, "The Cold War," in Frank Constigliola and Michael J. Hogan, eds., *America in the World: The Historiography of American Foreign Relations since 1941* (New York: Cambridge University Press, 2014), pp. 105-130.

Dallek, Robert, *The Lone Star Rising: Lyndon Johnson and His Times, 1908-1960* (New York: Oxford University Press, 1991).

——, *Flawed Giant: Lyndon Johnson and His Times, 1961-1973* (New York: Oxford University Press, 1998).

——, "Lyndon Johnson as a World Leader," in H. W. Brands, ed., *Beyond Vietnam: The Foreign Policies of Lyndon Johnson* (College Station, TX: Texas A&M University Press, 1999), pp. 6-18.

——, *John F. Kennedy: An Unfinished Life 1917-1963* (Boston: Little, Brown and Company, 2003).

Dangle, Benjamin, *The Price of Fire: Resource Wars and Social Movements in Bolivia* (Edinburgh: AK press, 2007).

Dawely, Alan, *Struggles for Justice: Social Responsibility and the Liberal State* (Cambridge, MA: Harvard University Press, 1991).

DeConde, Alexander, *Hebert Hoover's Latin-American Policy* (Stanford: Stanford University Press, 1951).

DeFronzo, James, *Revolutions and Revolutionary Movements* (Boulder: Westview Press, 1991).

De Santis, Vincent P., "Eisenhower Revisionism," *Review of Politics*, 38-2 (1976), pp. 190-207.

Derby, Marian, and James E. Ellis, *Latin American Land in Focus* (New York: Board of Missions of the Methodist Church, 1961).

Divine, Robert A., ed., *The Johnson Years*, Vol. I: *Foreign Policy, the Great Society, and the White House* (Laurence, KS: University Press of Kansas, 1987).

——, ed., *The Johnson Years*, Vol. II: *Vietnam, the Environment, and Science* (Lawrence, KS: University Press of Kansas, 1987).

Dorn, Glenn, *The Truman Administration and Bolivia: Making the World Safe for Liberal Constitutional Oligarchy* (University Park, PA: Penn State University Press, 2011).

Dozer, Donald M., *Are We Good Neighbors?* (Gainesville, FL: University of Florida Press, 1959).

Dunkerley, James, *Rebellion in the Veins: Political Struggle in Bolivia, 1952-1982* (London: Verso, 1984).

——, *Bolivia: Revolution and the Power of History in the Present* (London: Institute for the Study of the Americas, 2007).

——, and Rolando Morales, *The Crisis in Bolivia* (Notre Dame, IN: Kellogg Institute, 1985).

Echazu Alvarado, Jorge, *El militarisomo Boliviano* (La Paz: Ediciones Liberación, 1988).

Eder, George Jackson, *Inflation and Development in Latin America: A Case History of Inflation and Stabilization in Bolivia* (Ann Arbor: Graduate School of Business Administration, University of Michigan, 1968).

Erb, Claude C., "Prelude to Point Four: The Institute of Inter-American Affairs," *Diplomatic History*, 9-3 (Summer 1985), pp. 249-69.

Feinberg, Richard, *The Intemperate Zone: The Third World Challenge to U. S. Foreign Policy* (New York: W. W. Norton, 1983).

Field, Thomas C., Jr., *From Development to Dictatorship: Bolivia and the Alliance for Progress in the Kennedy Era* (Ithaca: Cornell University Press, 2014).

Fine, Sidney, *Laissez Faire and the General-Welfare State* (Ann Arbor, MI: The University of Michigan Press, 1964).

Flores, Edmundo, "Land Reform in Bolivia," *Land Economics*, (May 1954), pp. 112–24.

Foner, Eric, *The Story of American Freedom* (New York: W. W. Norton, 1999).

Fousek, John, *To Lead the Free World: American Nationalism & the Cultural Roots of the Cold War* (Chapel Hill, NC: The University of North Carolina Press, 2000).

Foxley, Alejandro, *Latin American Experiments in Neoconservative Economics* (Berkeley: University of California Press, 1983).

Frederick, Richard G., "United States Foreign Aid to Bolivia, 1953–1972," Ph.D. dissertation, University of Maryland, 1977.

Friedrich, Carl J., *Revolution* (New York: Atherton Press, 1966).

Frontaura Argandoña, Manuel, *La Revolución Boliviana* (La Paz: Editorial "Los Amigos del Libro", 1974).

Gaddis, John L., *The United States and the Origins of the Cold War, 1941–1947* (New York: Columbia University Press, 1972).

——, *Strategies of Containment: A Critical Appraisal of Postwar American National Security Policy* (New York: Oxford University Press, 1982).

——, "The Emerging Post-revisionist Synthesis on the Origins of the Cold War," *Diplomatic History*, 7 (Summer 1983), pp. 171–90.

Galarza, Ernest, and Gardner Jackson, "The Present Situation in Bolivia: Report by Ernesto Galarza and Gardner Jackson," May 1, 1953.

Garder, Lloyd, *Approaching Vietnam: From World War II Through Dienbienphu* (New York: W. W. Norton, 1988).

Geddes, Charles F., *Patiño: The Tin King* (London: Robert Hall, 1972).

Greets, Clifford, "Ideology as a Cultural System," in David Apter, ed., *Ideology and Discontent* (New Yok: Free Press, 1964).

——, *The Interpretations of Cultures* (New York: Basic Books, 1973).

Gellman, Irwin F., *Good Neighbor Diplomacy: United States Policies in Latin America, 1933–1945* (Baltimore: Johns Hopkins University Press, 1979).

Gellner, Ernest, *Nations and Nationalism* (Ithaca, NY: Cornell University Press, 1983). (加藤節監訳『民族とナショナリズム』岩波書店、2000 年)

Giglio, James N., *The Presidency of John F. Kennedy* (Lawrence, KS: University of Kansas Press, 1991).

Gill, Lesley, *Peasants, Entrepreneurs, and Social Change: Frontier Development in Lowland Bolivia* (Westview, 1987).

——, *Teetering on the Rim: Global Restructuring, Daily Life, and the Armed Retreat of the Bolivian State* (Columbia University Press, 2000).

——, *The School of the Americas: Military Training and Political Violence in the Americas* (Durham: Duke University Press, 2004).

Gleijeses, Piero, *Shattered Hope: The Guatemalan Revolution and the United States, 1944–1954* (Princeton: Princeton University Press, 1991).

——, *Conflicting Missions: Havana, Washington, and Africa, 1959–1976* (Capel Hill: University of North Carolina Press., 2002).

Goldstone, Jack A., *Revolutions: Theoretical Comparative and Historical Studies* (Boston: Wadsworth, 2003).

——, *Revolutions: A Very Short Introduction* (New York: Oxford University Press, 2014).

資料一覧　433

Gonzalez, Edward, "Cuba, the Third World, and the Soviet Union," in Andrzej Korbonski and Francis Fukuyama, eds., *The Soviet Union and the Third World: The Last Three Decades* (Ithaca: Cornell University Pres, 1987), pp. 123-147.

Gonzalez, Heliodoro, "The domestic Political Effects of Foreign Aid: Case - The Failure in Bolivia," *Inter-American Economic Affairs* (以下 *IAEA*), 15-2 (Autumn 1961), pp. 77-88.

Goodrich, Carter, "Bolivia in Time of Revolution," Malloy and Thorn, eds., *Beyond the Revolution: Bolivia since 1952* (Pittsburgh: University of Pittsburgh Press, 1971), pp. 3-24.

——, "Bolivia: Test of Technical Assistance," *Foreign Affairs*, 32-3 (April 1954), pp. 473-81.

——, *The Economic Transformation of Bolivia* (Ithaca: New York State School of Industrial and Labor Relations, Cornell University, Bulletin no. 34, 1955).

Goodwin, Jeff, *No Other Way Out: States and Revolutionary Movements, 1945-1991* (Cambridge: Cambridge University Press, 2001).

Gordon, Lincoln, *A New Deal for Latin America: The Alliance for Progress* (Cambridge, MA: Harvard University Press, 1963).

Green, David G., *The Containment of Latin America: A History of the Myths and Realities of the Good Neighbor Policy* (Chicago: Quadrangle, 1971).

——, "Revolution and the Rationalization of Reform in Bolivia," *IAEA*, 19-3 (Winter 1965).

Greenfeld, Liah, *Nationalism: Five Roads to Modernity* (Cambridge, MA: Harvard University Press, 1992).

Grindle, Merilee S., and Pilar Domingo, eds., *Proclaiming Revolution: Bolivia in Comparative Perspective* (Cambridge, MA: Harvard University Press, 2003).

Guevara Arze, Walter, *Bases para replantear la Revolución Nacional con el Manifesto de Ayopaya* (La Paz: Librería Editorial "Juventud", 1988).

Guzmán, Augusto, *Historia de Bolivia*, sexta edición (Cochabamba-La Paz: Los Amigos del Libro, 1981).

——, *Paz Estenssoro* (La Paz: Los Amigos del Libro, 1986).

Haggard, Stephan, and Robert R. Kaufman, eds., *The Politics of Economic Adjustment; International Constraints, Distributive Conflicts, and the State* (Princeton: Princeton University Press, 1992).

Halberstam, David, *The Best and the Brightest* (New York: Random House, 197).

Handy, Jin, "'The Most Precious Fruit of the Revolution': The Guatemalan Agrarian Reform, 1952-54," *Hispanic American Historical Review*, 68-4 (Nov. 1988), pp. 675-705.

Hanson, Simon G., "The Good Partner Policy," *IAEA*, 10-2 (Autumn 1956), pp. 94-96.

——, "Fraud in Foreign Aid: The Bolivian Program," *IAEA*, 11-2 (Autumn 1957), pp. 65-89.

——, "The End of the Good-Partner Policy," *IAEA*, 14-1 (Summer 1960), pp. 65-92.

Harris, Richard L., *Death of a Revolutionary: Che Guevara's Last Mission*, revised ed. (New York: W. W. Norton, 2007).

Haslam, Jonathan, *Russia's Cold War: From the October Revolution to the Fall of the Wall* (Hew Haven: Yale University Press, 2011).

Hartz, Louis, *The Liberal Tradition in America: An Interpretation of American Political Thought Since the Revolution* (New York: Harcourt Brace, 1955).

Heath, Dwight B., "Commercial Agriculture and Land Reform in the Bolivian Oriente," *IAEA*, 13-2 (Autumn 1959), pp. 35-46.

——, "Land Reform in Bolivia," *IAEA*, 12-4 (Spring 1959), pp. 3-27.

——, Charles J. Erasmus, and Hans C. Buechler, *Land Reform and Social Revolution in Bolivia* (New York: Praeger, 1969).

Heilman, Lawrence G., "U. S. Development Assistance to Rural Bolivia, 1941-1974: The Search for Development Strategy," Ph.D. dissertation, The American University, 1982.

——, *USAID in Bolivia: Partner or Patrón?* (Boulder, CO: First Forum Press, 2017).

Higgins, Trumbull, *The Perfect Failure: Kennedy, Eisenhower, and the CIA at the Bay of Pigs* (New York: W. W. Norton, 1987).

Hilton, Stanley E., "The United States, Brazil, and the Cold War, 1945–1960: End of the Special Relationship," *Journal of American History*, 68–3 (December 1981), pp. 599–624.

Hogan, Michael J., and Thomas G. Patterson, "Introduction," in Hogan and Patterson, eds., *Explaining the History of American Foreign Relations* (Cambridge: Cambridge University Press, 1991), pp. 1–7.

Holt, Pat, and Cecil Crabb, *Invitation to Struggle: Congress, the President, and Foreign Policy* (Washington, D. C.: Congressional Quarterly Press, 1980).

Hoopes, Townsend, *The Devil and John Foster Dulles* (Boston: Little Brown, 1973).

Horowitz, Irving L., *Cuban Communism*, 6th ed. (New Brunswick, NJ: Transaction Books, 1988).

Hultman, C. W., "Agricultural Disposals as Foreign Aid: An Appraisal," *Journal of Inter-American Studies*, 3–4 (October 1961), pp. 527–37.

Hunt, Michael, *Ideology and US Foreign Policy* (New Have: Yale University Press, 1987).

Hungtingon, Samuel P., *The Clash of Civilizations and the Remaking of World Order* (New York: Touchstone Books, 1997).

Hylton, Forrest, and Sinclair Thomson, *Revolutionary Horizons: Past and Present in Bolivian Politics* (New York: Verso, 2007).

Immerman, Richard H., *The CIA in Guatemala: The Foreign Policy of Intervention* (Austin: University of Texas Press, 1982).

——, *John Foster Dulles and the Diplomacy of the Cold War* (Princeton: Princeton University Press, 1992).

——, *John Foster Dulles: Piety, Pragmatism, and Power in U. S. Foreign Policy* (Lanham, MD: Rowman & Littlefield, 1998).

Jervis, Robert, *Perception and Misperception in International Politics* (Princeton: Princeton University Press, 1976).

John, S. Sandor, *Bolivia's Radical Tradition: Permanent Revolution in the Andes* (Tucson: University of Arizona Press, 2009).

Johnson, Chalmers, *Revolution and the Social System* (Stanford: Hoover Institution, 1964).

——, *Revolutionary Change* (Boston: Little, Brown, and Company, 1966).

Kahin, George McT., *Intervention: How America Became Involved in Vietnam* (New York: Alfred A. Knopf, 1986).

Kahler, Miles, "The United States and the International Monetary Fund: Declining Influence or Declining Interest?" in Margaret P. Karns and Karen A. Mingst, eds., *The United States and Multilateral Institutions: Patterns of Changing Instrumentality and Influence* (London: Routledge, 1992), pp. 91–114.

Kamimura, Naoki, "The United States and the Bolivian Revolutionaries, 1943–1954," Ph.D. dissertation, University of California, Los Angeles, 1991.

——, "'Liberal' America and Bolivia's Revolutionary Challenge, 1952–1960: An Interpretation in a Comparative Framework," *The Japanese Journal of American Studies*, No. 28 (2017), pp. 105–25.

Kaufman, Berton I., *Trade and Aid: Eisenhower's Foreign Economic Policy, 1953–1961* (Baltimore: The Johns Hopkins University Press, 1982).

——, "The United States Response to the Soviet Economic Offensive of the 1950s," *Diplomatic History*, 2–2 (1978), pp. 153–65.

Kirkland, Robert O., *Observing Our Hemanos de Armas: U. S. Military Attaches in Guatemala, Cuba, and Bolivia, 1950–1964* (New York: Routledge, 2003).

Kennan, George, *American Diplomacy, 1900–1950* (Chicago: The University of Chicago Press, 1951).

資料一覧　435

Klein, Herbert S., *Parties and Political Change in Bolivia, 1880-1952* (Cambridge: Cambridge University Press, 1969).

――, *Bolivia: The Evolution of a Multi-Ethnic Society* (New York: Oxford U. P., 1982).

――, *Historia general de Bolivia*, segunda edición, translated into Spanish by Josep M Barnadas (La Paz: Editorial "Juventud", 1987).

――, *A Concise History of Bolivia* (New York: Cambridge Unversity Press, 2003).

Knudson, Jerry W., *Bolivia: Press and Revolution, 1932-1964* (Lanham, MD: University Press of America, 1986).

Kohl, James V., "National Revolution to Revolution of Restoration: Arms and Factional Politics in Bolivia," *IAEA*, 39-1 (Summer 1985), pp. 3-30.

Kolko, Gabriel, *Confronting the Third World: United States Foreign Policy, 1945-1980* (New York: Pantheon, 1988).

Korbonski, Andrzej, and Francis Fukuyama, eds., *The Soviet Union and the Third World: The Last Three Decades* (Ithaca: Cornell University Press, 1987).

Krasner, Stephen D., *Defending the National Interest: Raw Materials Investments and U. S. Foreign Policy* (Princeton: Princeton University Press, 1978).

――, *Structural Conflict: The Third World Against Global Liberalism* (Berkeley: University of California Press, 1985).

LaFeber, Walter, *Inevitable Revolutions: The United States in Central America* (New York: W. W. Norton, 1983).

――, "Thomas C. Mann and the Devolution of Latin American Policy: From the Good Neighbor to Military Intervention," in LaFeber and Thomas J. McCormick, eds., *Behind the Throne: Servants of Power to Imperial Presidents, 1898-1968* (Madison, WI: University of Wisconsin Press, 1993), pp. 166-203.

Lanning, Eldon, "Governmental Capabilities in a Revolutionary Situation: The MNR in Bolivia," *IAEA*, 23-2 (Autumn 1969), pp. 3-22.

Laquer, Walter, *Guerrilla Warfare: A Historical and Critical Study* (1997).

Latham, Michael, "Ideology, Social Science, and Destiny: Modernization and the Kennedy-Era Alliance for Progress," *Diplomatic History* 22-2 (Spring 1998), pp. 199-229.

――, *Modernization as Ideology: American Social Science and "Nation Building" in the Kennedy Era* (Chapel Hill: University of North Carolina Press, 2000).

――, "The Cold War in the Third World, 1963-1975," in Melvyn P. Leffler and Odd Arne Westad, eds., *The Cambridge History of the Cold War*, Vol. II: *Crises and Détente* (Cambridge: Cambridge University Press, 2010), pp. 258-80.

Leffler, Melvyn P., and Odd Arne Westad, eds., *The Cambridge History of the Cold War*, Vol. I: *Origins* (Cambridge: Cambridge University Press, 2010).

――, eds., *The Cambridge History of the Cold War*, Vol. II: *Crises and Détente* (Cambridge: Cambridge University Press, 2010).

Lehman, Kenneth D., "U. S. Foreign Aid and Revolutionary Nationalism in Bolivia, 1952-1964," Ph.D. dissertation, University of Texas, 1992.

――, "Revolutions and Attributions: Making Sense of Eisenhower Administration Policies in Bolivia and Guatemala," *Diplomatic History*, 21-2 (Spring 1997), pp. 185-213.

――, *Bolivia and the United States: A Limited Partnership* (Athens, GA: University of Georgia Press, 1999).

Lema Peláez, Raúl, *Con las Banderas del Movimiento Nacionalista Revolucionario: El sexenio, 1946-1952* (La Paz: Editorial Los Amigos del Libro, 1979).

Lerner, Mitchell B., ed., *Looking Back at LBJ: White House Politics in a New Light* (Lawrence, KS: University

436

Press of Kansas, 2005).

Levin, N. Gordon, Jr., *Woodrow Wilson and World Politics: America's Response to War and Revolution* (New York: Oxford University Press, 1968).

Levinson, Jerome, and Juan de Onís, *The Alliance That Lost Its Way: A Critical Report on the Alliance for Progress* (Chicago: Quadrangle Books, 1970).

Lipset, Seymour Matin, *American Exceptionalism: A Double-Edged Sword* (New York: W. W. Norton, 1996).

Llosa, Jose Antonio, *Víctor Paz Estenssoro, adalid de la revolución nacional* (LP: Publicidad "Nueva Bolivia", 1960).

Lora, Guillermo, *Historia del movimiento obrero Boliviano, 1933–1952* (La Paz: Editorial "Los Amoigos del Libro," 1980).

——, *A History of the Bolivian Labour Movement*, edited and abridged by Laurence Whitehead and translated by Christine Whitehead (New York: Cambridge University Press, 1977).

Lowenthal, Abraham F., *Exporting Democracy: The United States and Latin America, Case Studies* (Baltimore: The Johns Hopkins University Press, 1991).

Malloy, James M., *Bolivia: The Uncompleted Revolution* (Pittsburgh: University of Pittsburgh Press, 1970).

——, *Bolivia's MNR: A Study of A National Popular Movement in Latin America* (Buffalo, NY: State University of New York at Buffalo, 1971).

——, and Richard Thorn, eds., *Beyond the Revolution: Bolivia Since 1952* (Pittsburgh: University of Pittsburgh Press, 1971).

Malloy, James, and Eduardo Gamara, *Revolution and Reaction: Bolivia, 1964–1985* (New Brunswick, NJ: Transaction Books, 1988).

Mark, Eduard, "October or Thermidor?: Interpretations of Stalinism and the Perception of Soviet Foreign Policy in the United States, 1927–1947," *American Historical Review*, 94–4 (Oct 1989), pp. 937–62.

Marks, Frederick C., III, "The CIA and Castillo Armas in Guatemala, 1954," *Diplomatic History*, 14–1 (Winter 1990), pp. 67–86.

Marof, Tristan (Navarro, Gustavo Adolfo), Breve biografia de Víctor Paz Estenssoro: vida y trasfondo de la politica boliviana (LP: Libreria y Editorial "Juventud", 1965).

Matthews, Herbert, "Latin American Unrest due to Basic Causes: Militarism, Nationalism, Economic Ills and Peronism Trouble Continent," *The New York Times*, April 27, 1952.

McAuliffe, Mary S., "Commentary: Eisenhower, the President," *Journal of American History*, 68–3 (December 1981), pp. 625–32.

McMahon, Robert J., "Eisenhower and Third World Nationalism: A Critique of the Revisionists," *Political Science Quarterly*, 101–3 (1986).

McMahon, Robert J., *The Cold War in the Third World* (Oxford: Oxford University Press, 2014).

McPherson, Alan, ed., *Anti-Americanism in Latin America and the Caribbean* (New York: Berghahn Books, 2006).

Meyer, Lorenzo, *Mexico and the United States in the Oil Controversy, 1917–1942*, translated by Muriel Vasconcellos (Austin, TX: University of Texas Press, 1977).

Mesa-Lago, Carmelo, ed., *Cuba After the Cold War* (Pittsburgh: University of Pittsburgh Press, 1993).

Mitchell, Christopher, *The Legacy of Populism in Bolivia: From the MNR to Military Rule* (New York: Praeger, 1977).

Moldiz, Hugo, *Bolivia en los tiemps de Evo: Claves para entender el progresso Boliviano* (México, D. F.: Ocean Press Sur, 2009).

Morales, Waltraud Q., *A Brief History of Bolivia* (New York: Checkmark Books, 2004).

Morley, Morris H., *Imperial State and Revolution: The United States and Cuba, 1952–1986* (Cambridge:

資料一覧　437

Cambridge University Press, 1987).

Montenegro, Carlos, *Nacionalismo y coloniaje* (La Paz: Librería Editorial "Juventud", 1984).

Mott, William H., Jr., *United States Military Assistance: An Empirical Perspective* (West Port, CT: Greenwood Press, 2002).

Murillo Cárdenas, Eliodoro, y Gustavo Larrea Bedregal, *Razón de Patria, Villarroel y nacionalismo revolucionario* (La Paz: Editorial e Imprenta Metodista, 1988).

Navia Ribera, Carlos, *Los Estados Unidos y la Revolución Nacional: entre el pragmatismo y el sometimiento* (Cochabamba: Centro de Información y Documentación para el Desarrollo Regional, 1984).

Ninkovich, Frank, *The Wilsonian Century: U. S. Foreign Policy since 1900* (Chicago: University of Chicago Press, 1999).

Nau, Henry, *At Home Abroad: Identity and Power in American Foreign Policy* (Ithaca: Cornell University Press, 2002).

Nye, Joseph S., and David A. Welch, *Understanding Global Conflict and Cooperation: An Introduction to Theory and History*, 9th ed. (New York: Prentice Hall, 2012).

O'Donnell, Guilleromo, Phillppe C. Schmitter, and Laurence Whitehead, *Transitions from Authoritarian Rule: Latin America* (Baltimore: The Johns Hopkins University Press, 1986).

Olivera, Oscar, and Tom Lewis, *Cochabamba!: Water War in Bolivia* (Cambridge, MA: South End Press, 2004).

Ostria Gutiérrez, Alberto, *The Tragedy of Bolivia: A People Crucified* (New York: Devin-Adair, 1958).

Parkinson, F., *Latin America, The Cold War, and The World Powers, 1945-1973: A Study in Diplomatic History* (Beverly Hills: Sage Publications, 1974).

Patch, Richard W., "Bolivia: U. S. Assistance in a Revolutionary Setting," in Richard N. Adams, et al., *Social Change in Latin America Today: Its Implications for United States Policy* (New York: Council on Foreign Relations, 1961), pp. 108-76.

Packenham, Robert A., *Liberal America and the Third World: Political Development Ideas in Foreign Aid and Social Sciences* (Princeton: Princeton University Press, 1973).

——, "Cuba and the USSR since 1959: What Kind of Dependency?" in Louis L. Horowitz, ed., *Cuban Communism*, 6th ed. (New Brunswick, NJ: Transaction Books, 1988), pp. 109-139.

Page, Eric, "Ben S. Stephansky, 85, Dies; Former Ambassador to Bolivia," April 19, 1999, *New York Times*.

Parkinson, F., *Latin America, The Cold War, and The World Powers, 1945-1973: A Study in Diplomatic History* (Beverly Hills: Sage Publications, 1974).

Patterson, Thomas G., "Foreign Aid Under Wraps: The Point Four Program," *Wisconsin Magazine of History*, 56-2 (Winter 1972-73), pp. 119-26.

——, *Soviet-American Confrontation: Postwar Reconstruction and the Origins of the Cold War* (Baltimore: The Johns Hopkins U. P., 1973).

——, ed., *Kennedy's Quest for Victory: American Foreign Policy, 1961-1963* (New York: Oxford University Press, 1989).

——, *Contesting Castro: The United States and the Triumph of the Cuban Revolution* (New York: Oxford University Press, 1994).

Pearce, Kimber C., *Rostow, Kennedy, and the Rhetoric of Foreign Aid* (East Lansing, MI: Michigan State University Press, 2001).

Perkins, Dexter, *The Monroe Doctrine, 1823-1826* (Cambridge, MA: Harvard University Press, 1927).

——, *The Monroe Doctrine, 1826-1867* (Baltimore: The Johns Hopkins Press, 1933).

Phillips, Cabell, "Eisenhower's Harry Hopkins?: The President's brother Milton emerges as a very special part of the While House family," *The New York Times Magazine* (January 7, 1953), pp. 13, 40, 42, 44.

Prado Salmón, Gary, *The Defeat of Che Guevara: Military Response to Guerrilla Challenge in Bolivia,*

438

translated from Spanish by John Deredita (New York: Praeger, 1987).

Prado Valle, Nazario, *Calendario Histórico de la Revolución Nacional* (La Paz, 1957).

Querejazu Calvo, Roberto, *Masamaclay: historia, política, diplomatica y militar de la Guerra del Chaco*, 4a edición (Cochabamba-La Paz: Los Amigos del Libro, 1981).

Rabe, Stephen G., "The Elusive Conference: United States Economic Relations with Latin America, 1945-1953," *Diplomatic History*, 2-3 (Summer 1978).

——, *Eisenhower and Latin America: The Foreign Policy of Anticommunism* (Chapel Hill: The University of North Carolina Press, 1988).

——, "Controlling Revolutions: Latin America, the Alliance for Progress, and Cold War Anti-Communism," in Thomas G. Patterson, eds., *Kennedy's Quest for Victory: American Foreign Policy, 1961-1963* (New York: Oxford University Press, 1989), pp. 105-122.

——, "Commentary on 'The CIA and Castillo Armas,'" *Diplomatic History*, 14-1 (Winter 1990), pp. 87-95.

——, "Eisenhower Revisionism: The Scholarly Debate," in Michael J. Hogan, ed., *America in the World: The Historiography of American Foreign Relations since 1941* (New York: Cambridge University Press, 1995), pp. 300-325.

——, *The Most Dangerous Area in the World: John F. Kennedy Confronts Communist Revolution in Latin America* (Chapel Hill: University of North Carolina Press, 1999).

——, "Cold War Presidents: Dwight D. Eisenhower, John F. Kennedy, Lyndon Baines Johnson, and Richard M. Nixon," in Frank Constigliola and Michael J. Hogan, eds., *America in the World: The Historiography of American Foreign Relations since 1941*, 2nd ed. (New York: Cambridge University Pres, 2014), pp. 131-166.

Radosh, Ronald, *American Labor and United States Foreign Policy* (New York: Random House, 1969).

Reeves, Richard, *President Kennedy: Profile of Power* (New York: Simon & Schuster, 1993).

Reichard, Gary W., "Eisenhower as President: The Changing view," *South Atlantic Quarterly*, 77 (Summer 1978), pp. 266-67.

Richards, Michael D., *Revolutions in World History* (New York: Routledge, 2004).

Rippy, J. Fred, "Bolivia: An Exhibit of the Problems of Economic Development in Retarded Countries," *IAEA*, 10-3 (Winter 1956), pp. 61-74.

Rolon Anaya, Mario, *Politica y partidos en Bolivia* (La Paz: Librería Editorial "Juventud", 1987).

Rostow, W. W., *The States of Economic Growth: A Non-communist Manifesto*, 2nd ed. (Cambridge: Cambridge University Press, 1960).

Royal Institute of International Affairs, *Agrarian Reform in Latin America* (Oxford: Oxford University Press, 1962).

Russet, Bruce M., *Grasping the Democratic Peace: Principles for a Post-Cold war World* (Princeton: Princeton University Press, 1993).

Sanabria G., Floren, *Presidentes de la República* (La Paz: Empresa Editora Proinsa, 1989).

Sanders, G. Earl, "The Quiet Experiment in American Diplomacy: An Interpretative Essay on United States Aid to the Bolivian Revolution," *The Americas*, 33-1 (July 1976), pp. 25-49.

Scheman, L. Ronald, ed., *The Alliance for Progress: A Retrospective* (New York: Praeger, 1988).

Schlesinger, Arthur M., Jr., *Thousand Days: John F. Kennedy in the White House* (Boson: Houghton Mifflin Company, 1965).

Schlesinger, Stephen, and Stephen Kinzer, *Bitter Fruit: The Untold Story of the American Coup in Guatemala* (Garden City, NY: Doubleday, 1982).

Schneider, Ronald, *Communism in Guatemala, 1944-1954* (New York, 1959).

Siekmeier, James F., "Fighting Economic Nationalism: United States Economic Aid to Guatemala and Bolivia,

資料一覧　439

1944-1959," Ph.D. dissertation, Cornell University, 1993.

——, *Aid, Nationalism and Inter-American Relations, Guatemala, Bolivia and the United States 1945-1961* (Lewiston, NY: Edwin Mellen Press, 1999).

——, "Trailblazer Diplomat: Víctor Andrade Uzquiano's Efforts to Influence U. S. Policy Towards Bolivia, 1944-1962," *Diplomatic History*, 28-3 (June 2004), pp. 385-406.

——, *The Bolivian Revolution and the United States, 1952 to the Present* (University Park, PA: Penn State University Press, 2011).

Sigmund, Paul E., *Multinationals in Latin America: The Politics of Nationalization* (Madison: University of Wisconsin Press, 1980).

Skocpol, Theda, *Social Revolutions in the Modern World* (Cambridge: Cambridge University Press, 1994).

Smith, Gaddis, *The Last Years of the Monroe Doctrine, 1945-1993* (New York: Hill and Wang, 1994).

Smith, Peter, *Talons of the Eagle: Dynamics of U. S. -Latin American Relations* (New York: Oxford University Press, 1996).

Smith, Robert F., *The United States and Cuba: Business and Diplomacy, 1917-1960* (New York: Bookman Associates, 1960).

Smith, Tony, *America's Mission: The United States and the Worldwide Struggle for Democracy in the Twentieth Century* (Princeton: Princeton University Press, 1994).

Smith, Wayne S., *The Closest of Enemies: A Personal and Diplomatic Account of U. S. -Cuban relations Since 1957* (New York: W. W. Norton, 1987).

Sorensen, Theodore, *Kennedy* (New York: Harper & Row, 1965).

Spalding, Hobart A., Jr., "Solidarity Forever?: Latin American Unions and the International Labor Network," *Latin American Research Review*, 24-2 (1989), pp. 253-65.

Spitzer, Leo, *Hotel Bolivia: The Culture of Memory in a Refuge from Nazism* (New York: Hill and Wang, 1998).

Stanley, Robert G., *Food for Peace: Hope and Reality of U. S. Food Aid* (New York, 1973).

Stivers, William, "Eisenhower and the Middle East," in Richard A. Melanson and David Mayers, eds., *Reevaluating Eisenhower: American Foreign Policy in the Fifties* (Urbana: University of Illinois Press, 1987), pp. 205-06.

Stokes, William S., "The 'Revolución Nacional' and the MNR in Bolivia," *IAEA*, 12-4 (Spring 1959), 28-53.

Szulc, Tad, *Fidel: A Critical Portrait* (New York: Avon Books, 1986).

Taffet, Jeffrey, *Foreign Aid as Foreign Policy: The Alliance for Progress in Latin America* (New York: Routeledge, 2007).

Thorn, Richard B., "The Economic Transformation," in James Malloy and Richard B. Thorn, eds., *Beyond the Revolution* (Pittsburgh: University of Pittsburgh Press, 1971), pp. 157-216.

Thornton, Thomas P., *The Third World: Challenge to U. S. Policy* (Washington, D. C.: SAIS Foreign Policy Institute, 1989).

Tillapaugh, J., "Closed Hemisphere and Open World?: The Dispute Over Regional Security at the U. N. Conference, 1945," *Diplomatic History*, 2-1 (Winter 1978), pp. 25-42.

Toma, Peter A., *The Politics of Food for Peace: Executive-Legislative Interaction* (Tucson, AZ: University of Arizona Press, 1967).

Toranzo Roca, Carlos, "Let the Mestizos Stand Up and Be Counted," in John Crabtree and Laurence Whitehead, eds., *Unresolved Tensions: Bolivia Past and Present* (Pittsburgh: University of Pittsburgh Press, 2008), pp. 35-50.

Trask, Roger F., "The Impact of the Cold War on United States-Latin American Relations, 1945-1949," *Diplomatic History*, 1-3 (Summer 1977), pp. 271-84.

Tulchin, Joseph S., *Argentina and the United States: A Conflicted Relationship* (Boston: Twayne Publishers,

1990).

Walker, William O., III, "The Struggle for the Americas: The Johnson Administration and Cuba," H. W. Brands, ed., *Beyond Vietnam: The Foreign Policy of Lyndon Johnson* (College Station, TX: Texas A & M University Press, 1999), pp. 61-97.

Walsh, Susan, *Trojan Horse Aid: Seeds of Resistance and Resilience in the Bolivian Highlands and Beyond* (Montreal: McGill-Queens University Press, 2014).

Weber, Jeffrey R., *From Rebellion to Reform in Bolivia: Class Struggle, Indigenous Liberation, and the Politics of Evo Morales* (Chicago: Haymarket Books, 2011).

Welch, Richard E., Jr., *Response to Revolution: The United States and the Cuban Revolution, 1959-1960* (Chapel Hill: University of North Carolina Press, 1985).

Westad, Odd Arne, *The Global Cold War: Third World Interventions and the Making of Our Times* (Cambridge: Cambridge University Press, 2007).

——, "The Cold War and the International History of the Twenties Century," in Melvyn P. Leffler and Odd Arne Westad, eds., *The Cambridge History of the Cold War*, Vol. I: *Origins* (New York: Cambridge University Press, 2010), pp. 1-19.

Westen, Charles H., Jr., "An Ideology of Modernization: The Case of the Bolivian MNR," *Journal of Inter-American Studies*, 10-1 (January 1968), pp. 85-101.

Whitehead, Laurence, *The United States and Bolivia: A Case of Neo-Colonialism* (London: Haslemere Group, 1969).

——, "The Bolivian National Revolution: A Twenty-First Century Perspective," in Merilee Grindle and Pilar Domingo, eds., *Proclaiming Revolution: Bolivia in Comparative Perspective* (Cambridge, MA: Harvard University Press, 2003), pp. 25-53.

Wickham-Crowley, Timothy P., *Guerrillas & Revolution in Latin America: Comparative Study of Insurgents and Regimes since 1956* (Princeton: Princeton University Press, 1992).

Wilkie, James W., *The Bolivian Revolution and U. S. Aid since 1952: Financial Background and Context of Political Decisions* (Los Angeles: UCLA Latin American Center, 1969).

——, "Public Expenditure Since 1952," in Malloy and Thorn, eds., *Beyond the Revolution* (Pittsburgh: University of Pittsburgh, 1971), pp. 217-31.

——, "Bolivian Foreign Trade: Historical Problems and MNR Revolutionary Policy, 1952-1964," Wilkie, *Statistics and National Policy* (Los Angeles: UCLA Latin American Center, 1974).

——, *Measuring Land Reform: Supplement to The Statistical Abstract of Latin America* (Los Angeles: UCLA Latin American Center, 1974).

——, "U. S. Foreign Policy and Economic Assistance in Bolivia, 1948-1976," in Wilkie and Stephen Haber, eds., *Statistical Abstract of Latin America*, Vol. 22 (Los Angeles: UCLA Latin American Center, 1982), pp. 600-17.

——, "La Revolución Boliviana: Causas, Consecuencias, Lecciones, Perspectivas: Ironías dentro del Proceso Revolucionario Desde 1952," (Unpublished conference paper, 1986).

Williams, William A., *Tragedy of American Diplomacy*, rev. ed. (New York: Dell, 1972).

Wood, Bryce, *The United States and Latin American Wars, 1932-1942* (New York: Columbia University Press, 1966).

——, *The Making of the Good Neighbor Policy* (New York: Columbia University Press, 1961).

——, *The Dismantling of the Good Neighbor Policy* (Austin: University of Texas Press, 1985).

Woods, Randall B., *The Roosevelt Foreign-Policy Establishment and the "Good Neighbor": The United States and Argentina, 1941-1945* (Lawrence, Kans: Regents Press, 1979).

Wright, Thomas C., *Latin America in the Era of the Cuban Revolution* (Westport, CT: Praeger, 1991).

資料一覧　441

Wyden, Peter, *Bay of Pigs: The Untold Story* (New York: Simon & Schuster, 1979).

Young, Kevin, "Purging the Forces of Darkness: The United States, Monetary Stabilization, and the Containment of the Bolivian Revolution," *Diplomatic History* 37-3 (2013), pp. 509-37.

Zondag, Cornelius, *The Bolivian Economy, 1952-1965: The Revolution and Its Aftermath* (New York: Praeger, 1966).

Zoumaras, Thomas, "Eisenhower's Foreign Economic Policy: The Case of Latin America," in Richard A. Melanson and David Mayers, eds., *Reevaluating Eisenhower: American Foreign Policy in the Fifties* (Urbana: University of Illinois Press, 1987), pp. 155-91.

(2) 邦文

青野利彦『「危機の年」の冷戦と同盟：ベルリン、キューバ、デタント 1961～63 年』(有斐閣、2012 年)。

安倍斉『アメリカ現代政治〈第 2 版〉』(東京大学出版会、1992 年)。

安倍斉他編『現代政治小辞典〈新版〉』(有斐閣、1999 年)。

有賀貞「独立革命とアメリカ精神」佐伯彰一編『アメリカとヨーロッパ：離脱と回帰〈講座アメリカの文化 5〉』(南雲堂、1970 年)、pp. 63-95。

――『アメリカ革命』(東京大学出版会、1988 年)。

――『ヒストリカル・ガイド　アメリカ』(山川出版社、2004 年)。

安藤次男『アメリカ自由主義とニューディール：1940 年代におけるリベラル派の分裂と再編』(法律文化社、1990 年)。

飯田敬輔「ネオリベラル制度論：国連安保理改革にみる可能性と限界」日本国際政治学会編『日本の国際政治学 1：学としての国際政治』(有斐閣、2009 年)、pp. 61-76。

石井修『『政治経済戦争』としての米国対外経済政策」『国際政治』70 (1982 年 5 月)、pp. 100-19。

伊高浩昭『チェ・ゲバラ：旅、キューバ革命、ボリビア』(中央公論新社、2015 年)。

伊高千尋『キューバ：超大国を屈服させたラテンの魂』(高文研、2016 年)。

五十嵐武士『戦後日米関係の形成：講和・安保と冷戦後の視点に立って』(講談社、1995 年)。

泉淳『アイゼンハワー政権の中東政策』(国際書院、2001 年)。

井上達夫「リベラリズムの再定義」『思想』No. 965 (2004 年 9 月)、pp. 8-28。

大澤真幸「アーネスト・ゲルナー『ネーションとナショナリズム』」大澤真幸編『ナショナリズム論の名著 50』(平凡社、2002 年)、pp. 261-74。

大島正裕「ボリビアにおける先住民農民の統合過程：ビリャロエル政権 (1943-46 年) と先住民全国会議を中心に」『イベロアメリカ研究』45 (2001 年)、pp. 95-112。

――「ボリビア国民革命運動の始動：MNR とナショナル・ディスコースの登場」『京都ラテンアメリカ研究所紀要』4 (2004 年 12 月)、pp. 81-102。

大貫良夫他監修『ラテン・アメリカを知る事典』(平凡社、1987 年)。

遅野井茂雄他編『21 世紀ラテンアメリカの左派政権：虚像と実像』(日本貿易振興機構アジア経済研究所、2008 年)。

――「ボリビア革命：早熟な未完の革命と遺産、労組と軍」眞鍋周三編著『ボリビアを知るための 73 章〈第 2 版〉』(明石書店、2013 年)、pp. 125-28。

小野沢透『幻の同盟：冷戦初期アメリカの中東政策 (上)・(下)』(名古屋大学出版会、2016 年)。

上村直樹「米国の冷戦外交とラテンアメリカの革命：ボリビア革命とグァテマラ革命の比較」『アメリカ研究』26 (1992 年)、pp. 89-107。

――「アメリカ外交と 1952 年ボリビア革命：トルーマン政権とボリビア革命政権との『和解』への過程」『一橋論叢』第 116 巻第 1 号 (1996 年 7 月)、pp. 62-81。

――「善隣外交の形成と展開：史学史的考察」『広島平和科学』19 (1996 年)、pp. 53-72。

──「アメリカ外交における自由主義と民主主義：ボリビア革命（1952-64 年）に対する援助政策を
　めぐって」大津留智恵子・大芝亮編『アメリカが語る民主主義：その普遍性、特異性、相互浸透
　性』（ミネルヴァ書房、2000 年）、pp. 101-26。

──「アイゼンハワー政権の対ラテンアメリカ援助政策とボリビア革命：MNR 革命政権への初期の
　対応をめぐって（1953 年 1 月～5 月）」『アカデミア』（社会科学編）第 8 号（2015 年 1 月）、
　pp. 1-25。

──「アイゼンハワー政権によるボリビア革命政権への援助決定：ミルトン・アイゼンハワーの役割
　と南米視察旅行（1953 年 6 月～7 月）を中心に」『アカデミア』（社会科学編）第 9 号（2015 年 6
　月）、pp. 1-26。

──「アイゼンハワー政権によるボリビア革命政権への長期的援助の決定：米政府内および両国政府
　間の最後の攻防（1953 年 9 月～1955 年 12 月）」『アカデミア』（社会科学編）第 10 号（2016 年 1
　月）、pp. 25-50。

──「アイゼンハワー政権による経済安定化政策とボリビア革命政権：軍再建と軍事援助への道
　（1956～60 年）」『アカデミア』（社会科学編）第 11 号（2016 年 6 月）、pp. 13-34。

──「ケネディ政権とボリビア MNR 革命政権：進歩のための同盟の『モデル』としてのボリビア、
　1961-63 年（上）」『アカデミア』（社会科学編）第 12 号（2017 年 1 月）、pp. 27-41。

──「ケネディ政権とボリビア MNR 革命政権：進歩のための同盟の『モデル』としてのボリビア、
　1961-63 年（中）」『アカデミア』（社会科学編）第 13 号（2017 年 6 月）、pp. 1-22。

──「ケネディ政権とボリビア MNR 革命政権：進歩のための同盟の『モデル』としてのボリビア、
　1961-63 年（下）」『アカデミア』（社会科学編）第 14 号（2018 年 1 月）、pp. 15-39。

──「ジョンソン政権と 1964 年のボリビア革命政権の崩壊：バリエントス軍事政権の成立とチェ・
　ゲバラによるラテンアメリカ革命挫折への道（上）」『アカデミア』（社会科学編）第 15 号（2018
　年 6 月）、pp. 1-24。

──「ジョンソン政権と 1964 年のボリビア革命政権の崩壊：バリエントス軍事政権の成立とチェ・
　ゲバラによるラテンアメリカ革命挫折への道（下）」『アカデミア』（社会科学編）第 16 号（2019
　年 1 月）、pp. 1-24。

加茂雄三「序章　ラテンアメリカ：周辺地域の『近代化』の形成」歴史学研究会編『南北アメリカの
　500 年第 2 巻：近代化の分かれ道』（青木書店、1993 年）、pp. 16-31。

川口融『アメリカの対外援助政策：その理念と政策形成』（アジア経済研究所、1980 年）。

川崎修「思想の言葉　リベラリズムの多義性」『思想』No. 965（2004 年 9 月）、pp. 2-5。

菅英輝「変容する秩序と冷戦の終焉」菅英輝編著『冷戦史の再検討：変容する秩序と冷戦の終焉』（法
　政大学出版局、2010 年）、pp. 1-35。

国武匠「農地改革における国外要因分析：ボリビアを事例に」『コスモポリス』3（2009 年）、pp. 55-72。

国本伊代「ボリビア東部低地開発と開拓移住地：その成果に関する一考察」『中央大学論集』6（1985
　年 3 月）、pp. 21-37。

──『概説ラテンアメリカ史〈改訂新版〉』（新評論、2001 年）。

倉科一希『アイゼンハワー政権と西ドイツ：同盟政策としての東西軍備管理交渉』（ミネルヴァ書房、
　2008 年）。

桑村温章『中南米の石油資源：20 世紀のエル・ドラード』（時事通信社、1980 年）。

高坂正堯『国際政治：恐怖と希望』（中央公論社、1966 年）。

後藤政子『キューバ現代史：革命から対米関係改善まで』（明石書店、2016 年）。

小林清一『アメリカン・ナショナリズムの系譜：統合の見果てぬ夢』（昭和堂、2007 年）。

斎藤眞「対比としての自己像」斎藤眞『アメリカ革命史研究：自由と統合』（東京大学出版会、1992
　年）、pp. 291-311。

佐伯彰一「アメリカ対ヨーロッパ：文化意識の構造」佐伯彰一編『アメリカとヨーロッパ：離脱と回

帰〈講座アメリカの文化5〉』(南雲堂、1970 年)、pp. 1-61。

佐々木毅『アメリカの保守とリベラル』(講談社、1993 年)。

――「20 世紀の自由主義思想」佐々木毅編『自由と自由主義:その政治思想的諸相』(東京大学出版会、1995 年)、pp. 327-70。

佐々木卓也「歴史的背景:冷戦外交の展開」五十嵐武士編『アメリカ外交と 21 世紀の世界:冷戦史の背景と地域的多様性をふまえて』(昭和堂、2006 年)、pp. 32-71。

――『アイゼンハワー政権の封じ込め政策:ソ連の脅威、ミサイル・ギャップ論争と東西交流』(有斐閣、2008 年)。

――編『戦後アメリカ外交史〈第 3 版〉』(有斐閣、2017 年)。

塩川伸明『民族とネイション:ナショナリズムという難問』(岩波書店、2008 年)。

新川健三郎「"善隣外交"政策の再検討:"新植民地主義"の一原型」『教養学科紀要』(東京大学) 5 (1973 年 3 月)、pp. 27-50。

進藤栄一『現代アメリカ外交序説:ウッドロー・ウィルソンと国際秩序』(創文社、1974 年)。

土佐弘之「論点 3　新自由主義:新自由主義的グローバル化は暴力をもたらしているか」日本平和学会編『平和をめぐる 14 の論点:平和研究が問い続けること』(法律文化社、2018 年)、pp. 39-57。

ドブレ、レジス(阿部住雄訳)『ゲバラ最後の闘い:ボリビア革命の日々〈新版〉』(新泉社、1998 年) (原書は、Régis Debray, *La Guérilla Du Che*, Éditions du Seuil, 1974)。

中川文雄「ボリビア農村史の基本的性格」『ラテン・アメリカ研究』第 9 号(1970 年 11 月)、pp. 77-106。

――「ボリビアの『近代化』とアシエンダ制の確立」西川大二郎編『ラテンアメリカの農業構造』(アジア経済研究所、1974 年)。

中島啓雄『モンロー・ドクトリンとアメリカ外交の基盤』(ミネルヴァ書房、2002 年)。

中西輝政「『理念』を捨てた米国:多極化の世界は無秩序化へ」『Wedge』29-1(2017 年 1 月)、pp. 10-13。

中西寛・石田淳・田所昌幸『国際政治学』(有斐閣、2013 年)。

中野実『革命』(東京大学出版会、1989 年)。

中山俊宏「アメリカ流『保守』と『リベラル』の対立軸」渡辺靖編『現代アメリカ』(有斐閣、2010 年)、pp. 20-38。

――『アメリカン・イデオロギー:保守主義運動と政治的分断』(勁草書房、2013 年)。

西崎文子『アメリカの冷戦政策と国連 1945-1950』(東京大学出版会、1992 年)。

――「歴史的文脈:ウィルソン外交の伝統」五十嵐武士編『アメリカ外交と 21 世紀の世界:冷戦史の背景と地域的多様性をふまえて』(昭和堂、2006 年)、pp. 3-31。

畑恵子「カルデナスと PRI 体制の構築」歴史学研究会編『南北アメリカの 500 年第 4 巻:危機と改革』(青木書店、1993 年)、pp. 215-40。

ハーツ、ルイス(有賀貞訳)『アメリカ自由主義の伝統』(講談社、1994 年)。

平山亜理『ゲバラの実像:証言から迫る「最後のとき」と生き様』(朝日新聞出版、2016 年)。

ヒルズマン、ロジャー(浅野輔訳)『ケネディ外交:ニューフロンティアの政治学』(上)・(下)(サイマル出版会、1968 年)。

広瀬隆『カストロとゲバラ』(集英社、2018 年)。

ファーヴル、アンリ(染田秀藤訳)『インディヘニスモ:ラテンアメリカ先住民擁護運動の歴史』(白水社、2002 年)。

福井千鶴「移住後半世紀が過ぎたボリビア日本人移住地の様相と問題点の究明」『国際関係研究』29-4 (2009 年 2 月)、pp. 123-43。

――「ボリビアにおける日系人移住地の歴史的形成と課題」『国際関係学部研究年報』38(2017 年)、pp. 1-11。

444

福田大治「ボリビアにおける農地改革：その盛衰と政治的対抗関係（上）」『筑波法政』第20号（1996年3月）、pp. 241-52。

──「ラテンアメリカにおける農地問題：メキシコとボリビアにおける農地改革」上谷博・石黒馨編『ラテンアメリカが語る近代：地域知の創造』（世界思想社、1998年）、pp. 139-58。

古矢旬『アメリカニズム：「普遍国家」のナショナリズム』（東京大学出版会、2002年）。

細谷千博編『日米関係通史』（東京大学出版会、1995年）。

本間長世『理念の共和国：アメリカ思想の潮流』（中央公論社、1976年）。

マクマン、ロバート「安全保障か自由か？：朝鮮戦争がアメリカ的世界秩序に与えた影響」菅英輝編著『冷戦史の再検討：変容する秩序と冷戦の終焉』（法政大学出版局、2010年）、pp. 39-62。

増田義郎編『ラテン・アメリカ史Ⅱ：南アメリカ』（山川出版社、2000年）。

松岡完『ダレス外交とインドシナ』（同文舘出版、1988年）。

──『1961 ケネディの戦争：冷戦・ベトナム・東南アジア』（朝日新聞社、1999年）。

──「ヴェトナムにおける国家建設の試み：ケネディ戦略はなぜ破綻したか」菅英輝編『冷戦史の再検討：変容する秩序と冷戦の終焉』（法政大学出版局、2010年）、pp. 63-91。

──『ケネディと冷戦：ベトナム戦争とアメリカ外交』（彩流社、2012年）。

──『ケネディとベトナム戦争：反乱鎮圧戦略の挫折』（錦正社、2013年）。

眞鍋周三編著『ボリビアを知るための73章〈第2版〉』（明石書店、2013年）。

眞鍋周三「国土の概観」眞鍋編著『ボリビアを知るための73章〈第2版〉』、pp. 20-26。

三好徹『チェ・ゲバラ伝〈増補版〉』（文藝春秋、2014年）。

最上敏樹『国連とアメリカ』（岩波書店、2005年）。

山澄亨「海外介入の論理と実態：アルベンス政権打倒にみるアメリカの行動」紀平英作編『帝国と市民：苦悩するアメリカ民主政』（山川出版社、2003年）、pp. 96-135。

──「「善隣外交」の理念と実践：ローレンス・デューガン」山澄亨『アメリカ外交と戦間期の国務省官僚』（芦書房、2008年）、pp. 63-97。

山田睦夫「第5章 ブラジル」増田義郎編『〈新版世界各国史26〉ラテン・アメリカ史Ⅱ：南アメリカ』（山川出版社、2000年）、pp. 458-87。

油井大三郎「『外的アメリカニゼーション』と反米主義」油井大三郎・遠藤泰生編『浸透するアメリカ、拒まれるアメリカ：世界史の中のアメリカニゼーション』（東京大学出版会、2003年）、pp. 196-208。

──『なぜ戦争観は衝突するか：日本とアメリカ』（岩波書店、2007年）。

吉原欽一「ブッシュ政権とその政策形成について：政策形成過程における『レーガン主義』の影響」久保文明編『G・W・ブッシュ政権とアメリカの保守勢力：共和党の分析』（日本国際問題研究所、2003年）、pp. 35-65。

吉見俊哉『親米と反米：戦後日本の政治的無意識』（岩波書店、2007年）。

吉森義紀「低開発における革命Ⅰ：ボリビア革命1952〜64」『神戸市外国語大学外国学研究所研究年報』14（1976年）、pp. 85-114。

──「低開発における革命Ⅱ：ボリビア革命1952〜64」『神戸市外国語大学外国学研究所研究年報』15（1977年）、pp. 97-132。

──「嵐の中の政治：ボリビア革命以後のボリビア」『神戸市外国語大学外国学研究所研究年報』25（1987年）、pp. 95-120。

──「グアテマラ革命と北方の巨人：自由主義と民主主義についてのひとつの事例」『神戸市外国語大学外国学研究所研究年報』34（1997年）、pp. 1-78。

李鐘元『東アジア冷戦と韓米日関係』（東京大学出版会、1996年）。

おわりに

　本書の出版に至るまでには多くの学恩と出会いがある。すべては到底ここに書き切れないので、以下、本書に至る自らの学問的遍歴を簡単に振り返りながら、限られた人々のみ書き記すことをお許し願いたい。

　私は３人のこのうえない恩師に恵まれた。本書はまずこの３人の先生方に捧げたい。東京外国語大学の学部（外国語学部英米語学科）時代、幸いにも私はゼミ（現代史）で木畑洋一先生（現東京大学名誉教授）の指導を受けることとなった。当時まだ新進気鋭の若手イギリス外交史研究者であった木畑先生からは、歴史的な視点から政治現象や国際関係を見ることの面白さを教えていただいた。筆者が大学院進学を決め、研究者としての道を歩み始めるきっかけとなった先生でもある。当時の木畑ゼミはゼミ生の大半が研究者志望で、その多くが実際に立派な研究者となって活躍している。

　そして進学した一橋大学の大学院修士課程（法学研究科外交史専攻）では、50代を前に研究者として円熟への道を歩み始められていた故有賀貞先生から直接丁寧な指導を受けるという幸運に恵まれた。その学問への真摯な姿勢は、穏やかな口調ながら学生が常に威儀を正してゼミに臨む環境を自然と作り出すものであり、有賀先生からは身をもって研究者としての基礎をお教えいただいた。アメリカ外交を外交史の視点から見る姿勢はその時から身についたものである。私がいま研究者に名を連ねることができるのも有賀先生のおかげと感謝は尽きない。また一橋大大学院では、有賀先生のほかにも細谷千博先生を筆頭に多くの偉大な先生方の下で学ぶ機会を得るとともに、素晴らしい先輩方や院生仲間と出会い、充実した大学院生活を送ることができた。特に最初参加させていただいた細谷先生の国際関係論のゼミでは、細谷先生の学問的パワーはもちろん

のこと、ゼミのそうそうたる先輩方による喧々諤々の議論に圧倒された。

　その後、フルブライト奨学金を得て一橋大大学院博士課程に在籍したまま留学したのがカリフォルニア大学ロサンゼルス校（UCLA）大学院博士課程（歴史学部アメリカ史専攻）であった。指導教員のロバート・ダレク（Robert Dallek）教授は、フランクリン・ローズヴェルト外交でバンクロフト賞を受賞し、まだ40代後半ながら当時既に世界的に著名なアメリカ外交史研究者であった。そのダレク教授は、博士論文のリサーチと執筆が始まると、とても熱心に研究の枠組み、論文の構成、資料等についてアドバイスされ、文章自体にも細かく手を入れていただいた。何とか博士論文の体をなすものが出来上がったのは、ダレク教授に負うところが大きい。今でも私の論文草稿にびっしりと赤で書き込まれたダレク教授の独特の筆記体で書かれた文字が脳裏に焼き付いている。当時、頻繁にテキサス州オースティンのジョンソン大統領資料館に通っておられたが、それが本書でも重要な文献資料となっているジョンソン大統領論の2冊の大著に結実している。

　UCLA で博士論文執筆を続ける間、ニューヨークの社会科学研究所（SSRC）とマッカーサー財団による博士論文研究を対象とした国際安全保障のためのマッカーサー奨学金を得て、1989 年から首都ワシントンを拠点に博士論文の調査と執筆を続けることになった。ワシントンでは、ジョンズホプキンス大学高等国際問題研究大学院（SAIS）においてフレッド・ホルボーン（Fred Holborn）教授の下で客員研究員として在籍し、新たな専門分野の知見を学び博士論文研究に活かすという当該奨学金の趣旨に沿って国際関係論や政治学等の大学院の授業等も聴講しつつ、国立公文書館を中心にリサーチを進め、論文の完成に向けて研究と執筆を続けた。その間、マッカーサー奨学金によって可能となったボリビアでの現地調査では、アントニオ・シスネーロス（Antonio Cisneros）所長の好意もあってラパスの社会科学研究所（Centro de Investigaciones Sociales）に客員研究員として滞在しながら、ボリビア外務省資料館での文献調査や聞き取り等の充実した調査等を行うことができた。

　そして、「はじめに」でも触れたように、博士論文の出版を模索しつつ、非常勤講師として教鞭をとりながらアメリカの大学での職探しに努めた。しかし、アメリカ外交と米州関係を専門とする日本人にとって道は険しく、ファイナリ

ストまで残ったことは何度かあったものの、職を得るに至らなかった。当時不景気もあって大学教員の雇用情勢は厳しく、アメリカ人（ラテンアメリカ出身者も）大学院生やオーバードクターとの厳しい競争に直面した。

　結局、ワシントンの日本大使館に専門調査員としての職を得ることになり、栗山尚一大使の下で政務班の一員として最初大島賢三公使（後に国連人道問題担当事務次長）と河合周夫参事官（後の外務事務次官）を直接の上司として、冷戦終結の節目の1992年大統領選挙を担当した。最初は外務省の猪俣弘司一等書記官（現駐オランダ大使）と次に宮島昭夫一等書記官（現駐トルコ大使）とペアを組んで、第三党候補も交えた激しい選挙戦の行方と日米関係への影響について情報収集、分析、外務省への報告という作業を続けた。その中でそれまでの歴史研究と全く異なる現実の政治・外交の面白さを知ったことは、その後の研究関心のあり方に大きな影響を与えた。また大使館では、日本の外交と行政を担う優秀な外交官や行政官と一緒に仕事をするという貴重な機会に恵まれ、多くの知己を得るとともに、政府や外交の実際の動きについての理解と関心が多少とも深まったのは確かであろう。

　その後帰国して1994年に就職したのが、日本における国際政治研究のいわば聖地ともいえる広島に開設間もない広島市立大学国際学部であった。同学部ではアメリカでの長い研究生活から帰国したばかりの私と同様の経歴を持つ者も少なからずいて、多くの優れた同僚とともに新たな大学での研究と教育の熱気に満ちた教員生活を開始することができた。当時の教員仲間や事務局スタッフの諸氏には大いに助けられ、改めて感謝したい。また当時大学院博士課程在学の瀬戸順子氏と修士課程の前田玲子氏には、米・ボリビア関係の文献の検索や資料整理等でお世話になった。

　また広島の地で核問題や核軍縮問題に関する多くのセミナーや研究会に参加する中で、自然と核問題とアメリカ外交との関係にも強い興味を持つようになった。その時、一橋大大学院時代の細谷ゼミの先輩で、当時広島修道大学教授であった吉川元現広島市立大学広島平和研究所長から核軍縮に関する研究会に誘っていただいた。それがきっかけでそれまでの米・ボリビア関係という一次資料を駆使した歴史研究とは打って変わって、アメリカ外交と同盟関係・核軍縮問題に関する国際関係論的アプローチによる研究という、現在に至る私のも

う一つの研究テーマが生まれたのである。

特に広島での研究生活ということもあって、市民の視点や安全保障政策及び核軍縮への市民ないし市民社会の取り組みや影響という点に研究の重点を置くようになり、核軍縮や同盟関係をめぐるアメリカとの関係で日本と同様な問題群を抱えるオーストラリアやニュージーランドと日本との比較研究を行うようになった。この分野の研究に関しては、2000年春に広島市立大学の特定研究費によって、オーストラリアとニュージーランドに調査研究に行くことが可能になった。オーストラリアではキャンベラのオーストラリア国立大学（ANU）戦略防衛研究所（SDSC）に短期の客員研究員として所属し、ポール・ディブ（Paul Dibb）所長の好意もあって政府・議会関係者や学会関係者へのインタビューや懇談、そして資料調査等に充実した時間を過ごすことができた。またニュージーランドでは、ウェリントンのヴィクトリア大学戦略研究所（CSS）において同じく短期客員研究員として、テランス・オブライエン（Terence O'Brien）所長より厚遇を受け、同様の充実した研究調査を行うことができた。その後も数度にわたり、SDSC と SCC でそれぞれ客員研究員として調査研究を行うことができた。SDSC については初回訪問の際のディブ所長ならびにその後のヒュー・ホワイト（Hugh Wihte）所長、そして SCC の初回訪問時のオブライエン所長ならびにその後のピーター・カズンズ（Peter Cozenz）所長に謝意を表したい。

その頃、当時の国立民族学博物館地域研究センターの准教授であった大津留（北川）千恵子現関西大学教授から2度にわたり地域研究連携プロジェクトの共同研究（「アメリカ外交の要因としての民主主義」1997～98年；「日米のナショナリズムと市民像の比較」1999～2002年）に誘っていただき、研究上の多くの刺激を得るとともに数度にわたるアメリカでの研究調査が可能となった。調査テーマは、一つは核軍縮や同盟問題と市民社会との関係をめぐるものであり、政府関係者や学会・シンクタンク・NGO関係者等からの聞き取り調査や資料調査を行った。もう一つはボリビア関係の資料調査であり、1950年代後半から1960年代前半の時期について米国立公文書館やケネディ大統領資料館等での資料調査を行ったが、こうした形でいわば研究上の二足の草鞋を履くことが定着していったのである。

こうした二つの全く異なったテーマを同時並行的に進める中で、広島市立大

おわりに　449

学の若手教員を対象とする学長指名派遣研修の制度によって、2000年の夏から半年間、ハーバード大学のライシャワー日本問題研究所に客員研究員として滞在した。そして、核問題を中心とする日本の市民社会と対米同盟関係に関する調査研究と、あわせてケネディ大統領資料館を中心に米・ボリビア関係の調査研究も行った。充実した研究調査を可能にしていただいた同研究所の当時のアンドリュー・ゴードン（Andrew Gordon）所長、スポンサーとなっていただいた入江昭教授、そしてスーザン・ファー（Susan Pharr）教授に感謝したい。またハーバード滞在中の研究発表が縁でハワイ大学の東西センターのシーラ・スミス（Sheila Smith）研究員（当時、現在は外交問題評議会 CFR 上級研究員）に誘われて、「Shifting Terrain: The Domestic Politics of the US Military Presence in the Asia Pacific」という東西センターの国際研究プロジェクトに参加する機会を得て、核問題を中心とする日米安全保障関係と市民社会というテーマでの研究を続けた。

　こうして同盟や核問題をめぐる論文執筆を行う一方で、博士論文における研究を継続する形でボリビア革命と米国との関係に関する論文執筆も続け、1964年のボリビア革命政権崩壊へのプロセスも含む両国関係の全体像を描く著書を日本で出版すべく準備を進めた。しかし、ボリビアの国内状況を中心に資料面等の制約が多く、1950年代後半以降に関する部分で著書の執筆は行き詰まりを見せるようになった。そうしたこともあって、研究の重点は、自然とアメリカ外交と同盟・核軍縮・市民社会をめぐる政治学や国際関係論のアプローチによる研究へと移っていった。

　こうした中で、本書の執筆に向けての大きな転機となったのが、2012年に現在の南山大学外国語学部英米学科に移ったことであった。学部にはスペイン・ラテンアメリカ学科もあってラテンアメリカを専門とする同僚との交流が始まっただけでなく、ラテンアメリカ研究センター主催のセミナー等も頻繁に開かれ、ラテンアメリカ研究に常時接する環境に身を置くことになった。しかし、何よりも授業で「異文化との出会い（南北アメリカとの出会い）」という一般教養科目を担当したことが、ラテンアメリカとボリビアに対する興味を再び呼び起こす一つの重要なきっかけとなった。今から振り返ると米・ボリビア関係とい

う研究上の「故郷への帰郷」であったのかもしれない。

また学部及び大学院で「国際関係論」の授業も担当することになり、改めて自ら大学院生時代に戻ったように国際政治学や国際関係論の勉強を懸命にやり直した。本書の様々な理論的議論にはそうした勉強が多少とも反映しているはずで、大きな誤りがないことを願う。こうした南山大学にお誘いいただいた藤本博元南山大学外国語学部教授に感謝の意を表したい。また南山大学に来て間もなく、大学院国際地域文化研究科の研究科長という大役を仰せつかり、過去4年余り務めてきた。実は本書の基になる1950年代後半以降に関する諸論文の執筆は、まさにこの研究科長職で多忙を極めた時期と重なっており、何とか役目を果たし、授業やその他の学内業務も務めながら論文執筆を続けてこられたのも研究科や英米学科、外国語学部の有能な同僚諸氏や事務局スタッフのおかげである。感謝したい。

さらに研究面で本書の本格的執筆への弾みとなったのが、近年米国で次々と発表されてきたボリビア革命期を中心とする米・ボリビア関係に関する論文や著書である。そもそも米国での研究中、奇しくも2人の米国人大学院生が私と殆ど同じテーマで同時期に博士論文を執筆していた。その中で、博士論文を仕上げたのは私が1991年と最も早かったものの、翌年論文を完成させたケネス・リーマンが3人の中で最初にアメリカ外交研究分野の米国における登竜門とも言える *Diplomatic History* に論文掲載を果たし（1997年）、さらに一次資料に基づいた革命期を含む本格的な米・ボリビア関係通史を出版したのであった（1999年）。その内容は、既に何度か触れたように両国の「不平等なパートナーシップ」に焦点を当てたリビジョニズムの視点から書かれた優れた研究であった。両国関係の解釈に関して私の研究と共通する部分もあり、新たな日本での出版について、日本語での著作という以外にどれほどの学問的意義があるのか、やや疑問を抱かせることにもなった。その後、私自身の出版準備が遅れる中で、2011年にはジェームズ・シークマイヤーも優れた通史を出版し、ボリビア革命期も一次資料に基づいて詳しく論じるなど、日本での出版意義にさらに疑いを抱かせることになった[1]。

しかし、一方で、現在の職場に移って国際関係論を改めて勉強しなおす中で、もともと博士論文でも拙いながら注目していたアメリカ外交における自由主義

おわりに　451

的側面に関して、分析の中で文化やイデオロギーに関する理論的枠組みをもっ
と取り入れ、歴史的分析にもう少し理論的アプローチを活用できないかと考え
るようになった。本書には、そうした試行錯誤の跡が見えるはずであるが、そ
うしたアプローチをとることによって、リーマンやシークマイヤーとは異なる
意義のある研究が可能かもしれないと思い始めた。そして、むしろ両者の著書
を資料面や解釈面で逆に活用できるのではないかと考えるようにもなった。

　こうした考えをさらに大きく後押ししてくれたのが、2010 年以降に相次い
で発表された最新の博士論文研究に基づく幾つかの論文と著書である[2]。これ
らの研究は、1950 年代半ば以降に関する資料面での行き詰まりから私自身の
研究を解放してくれる役割を果たした。特にケネディ・ジョンソン両政権期に
関する 2014 年のフィールドの研究は、本文中でも触れたように、米側だけで
なくボリビア側についても当事者へのインタビューも含めた極めて広範かつ詳
細な調査に基づいており、解釈面では本書とは大きな違いがあるものの、筆者
がこれまでもう一つつかみ切れなかった 1960 年代のボリビア革命政治の動き
や背景を生き生きと描き出してくれたのである。その意味でフィールドの研究
は、本書の完成に向けて最後の一押しをしてくれたともいえ、本書が負うとこ
ろは大きい。こうしてようやくボリビアの革命期全体を包摂する著書の出版に
たどり着いた訳だが、本書に対する評価は読者に任せたい。

　なお米国での長い留学・研究生活から帰った後、日本の学会への復帰を助け
てくれたのが、一橋大学の院生時代の先輩や同輩の諸氏である。ちなみに 11
年に及ぶ留学から帰った際に細谷先生からいただいた最初の一言は、「上村君、
長い放浪からようやく帰ったね」であった。院生時代と帰国後に種々お世話に

---

1)　それぞれの博士論文及び著書は、Kamimura, "The United States and the Bolivian Revolutionaries,
　　1943-1954," Ph.D. dissertation, University of California, Los Angeles, 1991; Lehman, "U. S.
　　Foreign Aid and Revolutionary Nationalism in Bolivia, 1952-1964," Ph.D. dissertation, Univer-
　　sity of Texas, 1992; Siekmeier, "Fighting Economic Nationalism: United States Economic Aid
　　to Guatemala and Bolivia, 1944-1959," Ph.D. dissertation, Cornell University, 1993; Lehman,
　　"Revolutions and Attributions: Making Sense of Eisenhower Administration Policies in Bolivia
　　and Guatemala" (1997); Lehman, *Bolivia* (1999); Siekmeier, *The Bolivian Revolution* (2011).
2)　特に Young, "Purging the Forces of Darkness" (2013); Field, *Development to Dictatorship*
　　(2014).

なっている細谷ゼミの先輩方には、滝田賢治中央大学名誉教授、大芝亮青山学院大学教授（一橋大学名誉教授）、林忠行京都女子大学学長、岩田賢治広島大学名誉教授、黒川修司東京女子大学名誉教授、菊池努青山学院大学教授、高瀬幹雄関東学院大学教授、そして既に触れた吉川元広島平和研究所長がおられる。また院生時代の有賀ゼミの同輩には、佐々木卓也立教大学教授、西崎文子東京大学教授、井上寿一学習院大学学長、田中孝彦早稲田大学教授、そして少し後の後輩である伊藤裕子亜細亜大学教授の各氏がおられ、各種学会とともに大学院有賀ゼミ修了生によるアメリカ政治外交研究会を中心に大きな知的刺激を受けてきた。

　また一橋大学の院生時代に社会学部に新たに着任された油井大三郎教授（現東京大学名誉教授）にも在学当時の授業等での指導だけでなく、在米中から帰国後にかけてもいろいろと気にかけていただいた。また五百旗頭真神戸大学名誉教授（現兵庫県立大学理事長）も同様である。ここで改めて感謝の意を表したい。

　なお本書の刊行に際しては南山学会より出版助成を受け、南山大学学術叢書として出版することができた。南山学会から出版助成を受けるにあたっては、助成の審査を担当した3人の匿名の審査員からは、厳しくも建設的かつ適切なコメントをいただいた。必ずしもすべてのコメントに応えられた訳ではないが、最終原稿がそれらを反映して多少なりとも改善されていればさいわいである。改めて3人の審査員には感謝したい。

　また既に触れた大津留（北川）千恵子関西大学教授の共同研究は、以下の科学研究費補助金による研究プロジェクトとして数度にわたる米国への資料調査を可能にした（平成9-10年度科学研究費補助金〈国際学術研究：学術調査〉：「アメリカ外交の要因としての民主主義」〈研究代表者：大津留智恵子、課題番号09041092〉；平成11-13年度科学研究費補助金〈基盤研究A（2）〉：「日米のナショナリズムと市民像の比較」〈研究代表者：大津留智恵子、課題番号11694046〉）。

　本書の米国人名の日本語表記に関しては、英米学科同僚の Fern Sakamoto 講師と Sean Toland 講師から、ボリビア人名の日本語表記に関しては、スペイン・ラテンアメリカ学科の Arturo Escandón 教授からそれぞれ貴重なアドバ

おわりに　453

イスをいただいた。感謝したい。言うまでもなく誤り等があれば、すべて私の
責任である。

　また出版情勢が厳しいおり、本書の刊行を引き受けていただいた有信堂高文
社の髙橋明義氏には改めてお礼を申し上げたい。

　なお私事にわたるが、家族の支えがなければ本書は到底出版に至らなかった。
本書を今は亡き両親秀郷・タツに捧げるとともに、執筆を励まし、長男直未
（なおみ）という宝物を産み育ててくれている妻章子、そして無論本書を仕上げ
るためのこの上ない励みになった直未自身に捧げたい。そして、一家を陰に陽
に支えてくれる義父母臼井博章・ツユ子にも感謝したい。また故郷の渋川で両
親亡きあとも親代わりのようにいつも温かく帰郷を迎えてくれる叔母上村昌子
と先日一周忌を迎えた叔父太平にも本書を捧げたい。そして、研究三昧の弟を
渋川の地から応援してくれる兄秀樹・義姉志津子にも感謝したい。そして、最
後に（英語では "last but not least" と言うが）本書をロサンゼルスでの貧しい院生
時代とワシントンでの客員研究員・日本大使館専門調査員時代、そしてその後
の広島での駆け出しの研究者時代を支えてくれ、何よりももう一つの素晴らし
い宝物である長女英慧（はなえ）をこの世にもたらし、素敵な女性に育ててく
れた最初のパートナー・妻佳子に改めて感謝の気持ちとともに本書を捧げたい。
そして無論アメリカでのてんてこ舞いで喜びに満ちた子育ての日々と広島での
成長の月日をともに過ごす喜びを与えてくれた英慧にも本書を捧げたい。本書
の出発点となった博士論文はまさに幼い英慧が育つのを見守る充実感とともに
仕上げることができたのである。2人の子の出産、子育てと私の研究の二つの
重要な節目とは不思議な糸で結ばれているかのようである。感慨を禁じえない。

〈文献初出一覧〉

　本書の各章の初出情報は以下の通りである。

序　章：“'Liberal' America and Bolivia's Revolutionary Challenge, 1952-1960:
　　　　An Interpretation in a Comparative Framework,” *The Japanese Journal
　　　　of American Studies*, No. 28（2017）を一部基にしつつ基本的に書き下ろし。

第1章：博士論文 “The United States and the Bolivian Revolutionaries, 1943-
　　　　1954,” Ph.D. dissertation, University of California, Los Angeles, 1991 の第
　　　　1章を一部加筆修正。

第2章：同上博士論文の第2章を一部加筆修正。

第3章：「アメリカ外交と1952年ボリビア革命：トルーマン政権とボリビア革
　　　　命政権との『和解』への過程」『一橋論叢』第116巻第1号（1996年7月）
　　　　を大幅に加筆修正。

第4章：「アイゼンハワー政権の対ラテンアメリカ援助政策とボリビア革命：
　　　　MNR革命政権への初期の対応をめぐって（1953年1月〜5月）」『アカデミ
　　　　ア』（社会科学編）第8号（2015年1月）を一部加筆修正。

第5章：「アイゼンハワー政権によるボリビア革命政権への援助決定：ミルト
　　　　ン・アイゼンハワーの役割と南米視察旅行（1953年6月〜7月）を中心に」
　　　　『アカデミア』（社会科学編）第9号（2015年6月）を一部加筆修正。

第6章：「アイゼンハワー政権によるボリビア革命政権への長期的援助の決
　　　　定：米政府内および両国政府間の最後の攻防（1953年9月〜1955年12月）」
　　　　『アカデミア』（社会科学編）第10号（2016年1月）を一部加筆修正。

第7章：「アイゼンハワー政権による経済安定化政策とボリビア革命政権：軍
　　　　再建と軍事援助への道、1956〜60年」『アカデミア』（社会科学編）第11号
　　　　（2016年6月）を一部加筆修正。

第8章：「ケネディ政権とボリビアMNR革命政権：進歩のための同盟の『モ
　　　　デル』としてのボリビア、1961-63年（上）」『アカデミア』（社会科学編）第
　　　　12号（2017年1月）と「ケネディ政権とボリビアMNR革命政権：進歩の
　　　　ための同盟の『モデル』としてのボリビア、1961-63年（中）」『アカデミ

ア』（社会科学編）第 13 号（2017 年 6 月）を合わせて一部加筆修正。

第 9 章：「ケネディ政権とボリビア MNR 革命政権：進歩のための同盟の『モデル』としてのボリビア、1961-63 年（下）」『アカデミア』（社会科学編）第 14 号（2018 年 1 月）を一部加筆修正。

第 10 章：「ジョンソン政権と 1964 年のボリビア革命政権の崩壊：バリエントス軍事政権の成立とチェ・ゲバラによるラテンアメリカ革命挫折への道（上）」『アカデミア』（社会科学編）第 15 号（2018 年 6 月）と「ジョンソン政権と 1964 年のボリビア革命政権の崩壊：バリエントス軍事政権の成立とチェ・ゲバラによるラテンアメリカ革命挫折への道（下）」『アカデミア』（社会科学編）第 16 号（2019 年 1 月）を合わせて一部加筆修正。

結論：書き下ろし

索 引

　以下、事項・人名等を網羅的ではなく重要なものを中心に取り上げ、かつそれらの事項・人名等の掲載ページすべてではなく、特に重要なページを重点的に表示した。また米国、ボリビア、ボリビア革命、MNR（ボリビア国民改革運動：初出は 33 ページ）、ラテンアメリカ等の頻出字句は索引の対象とせず、また参照した研究者名も含めなかった。

ア 行

アイゼンハワー（政権）(Dwight D.
　Eisenhower)　3, 139, 141-281, 353, 413-16
アイゼンハワー（Helen Eisenhower)　205-06
アイゼンハワー（Milton S. Eisenhower)　34,
　147-48, 171-73, 175-209, 211, 223, 227, 363,
　　　　　　　　　　　　　410, 414-16
アジア・アフリカ・ラテンアメリカ人民連帯
　機構（OSPAAL)　405
アジェンデ（Salvador Allende)　340, 387
アダムズ（John Adams)　356
アチソン（Dean Acheson)　132
アトウッド（Rollin S. Atwood)　128, 137, 166,
　　　　　170-71, 176-78, 197-99, 205, 240
アビラ＝カマチョ（Manuel Avila Camacho)
　　　　　　　　　　　　　　　　63
アメリカニズム　21-22
アメリカ労働総同盟（AFL)　164-65
アラマヨ（Aramayo)　41
アルグエルダス（Antonio Arguerdas
　Mendieta)　382, 396
アルセ（José Antonio Arce)　54, 88
アルセ＝ムリージョ（José Antonio Arze
　Murillo)　345
アルゼンチン　117, 122, 197, 223-24, 257, 295, 400
アルティプラーノ（西部高地地帯）38-39, 163,
　　　　　　　　　　　　　　　199, 391
アルベンス（Jacobo Arbenz Guzmán)　103,
　111, 117, 162, 201-02, 229-30, 232, 399, 412
アレバロ（Juan José Arévalo Bermej)　118
アンドラーデ（Victor Andrade Uzquiano)
　55, 71, 75, 79, 86-91, 125-26, 133, 137, 153-55,
　181-83, 189-90, 192, 200, 205-06, 208, 211-12,
　　　　　　　　　　　　　　　218, 226
イーダー（George J. Eder)　261-65
イデオロギー　9-10, 409, 420-23, 451
イトゥラルデ（Fernando Itturalde)　76
イラン　141, 206, 220
イラン・イスラム革命　9

イルパタ（Irupata）村　344, 346
インディオ全国会議（1945 年)　91-92
ヴァルガス（Getúlio Vargas)　51
ウィリアムズ・ハーベイ（Williams Harvey)
　錫精錬所　177
ウィルソン（政権・主義）(Woodrow
　Wilson)　23-25, 114, 181, 188
ウェルズ（Sumner Welles)　66, 112
ヴェントラー（Ernst Wendler)　59-61
ウォレン（Avra Warren)　79
ウッドワード（Robert Woodward)　72, 80, 85,
　　　　　　　　　　　　　　177, 189
ウビコ（Jorge Úbico)　86-87
ウリオラゴイティア（Mamerto Urriolagotia)
　　　　　　　　　　　　　　　98
エジャトン（Glen Edgerton)　179, 185
エスコバル（Federico Escóbar Zapata)　372-73
エストラーダ（Julio Estrada de la Hoz)　162
エッガー（Roland Eggar)　325
エルソーグ（Enrique Herzog)　96-98
エレーラ（Felipe Herrera)　319
「援助も貿易も（trade and aid)」　118, 276
「援助ではなく貿易（trade not aid)」　31, 118,
　　　　　143, 146, 232, 234, 240, 275
「エントリスモ（entrismo：浸透)」　101
オストリア＝グティエレス（Alberto Ostria
　Gutiérrez)　228
オタソ（Rafael Otazo)　77
オドネル（Kenneth O'Donnell)　362
オドリア（Manuel Odría)　223
オバビー（Andrew Overby)　176-78, 191
オバンド（Alfredo Ovando Candia)　378, 381,
　　　　　　　　　　390-97, 400-01
オブライエン（Lawrence O'Brien)　362
「オペレーション・パンアメリカ」　276
オミーラ（Andrew O'Meara)　322
オリエンテ（東部低地帯）39-40, 160, 198-200

カ 行

海外債権者保護協会（Foreign Bondholders'

Protective Council) 233
介入（アメリカ的） 5-6, 13-15, 399, 412-19, 424
開発借款基金（DLF） 275
解放人民軍（EPL：コンゴ） 405
カウディーリョ（caudillo）（主義） 42, 206,
343, 401
革命・革命的状況 i-ii, 5-9, 13, 15, 19, 23, 25,
29, 33, 37, 46, 49, 97, 172, 414
革命的ナショナリズム ii, 7-8, 63-64, 74, 84,
89, 109, 133, 136, 188, 424
革命労働党（POR） 54, 100-02, 129, 135, 191,
235, 376-79
カシーケ（caciques） 343
カスティーヨ＝アルマス（Carlos Castillo
Armas） 231
カストロ（Fidel Castro） 150, 332-39, 388, 399,
405, 412
カーター（Jimmy Carter） 30
カタビ虐殺事件 64-66
活動調整委員会（OCB） 272
カラズ（Arthur Karaz） 259-61
カリジャビ（Thornsten Kalijarvi） 214-16
カリブ軍司令部（Caribbean Command） 322
カルデナス（Lázaro Cárdenas） 51, 63
関税と貿易に関する一般協定（GATT） 114
官僚主義的権威主義体制 369
キャボット（John M. Cabot） 144, 148, 168,
170-72, 176-79, 183-86, 188, 191-97, 200-01,
205, 211-13, 227, 229, 233-35, 239, 410
ギャラーサ（Ernest Galarza） 66, 164-65
キューバ革命 3, 8, 13, 231, 370, 388, 404-05, 410
共産主義 5, 15, 19, 109-11, 118-19, 124, 131-39,
142-43, 148-50, 161-64, 172-73, 179, 187-88,
191-96, 202-04, 217, 221-23, 231-32, 235, 371,
409-14, 417-19
共同政府（cogobierno） 128-30
キローガ（Óscar Quiroga Terán） 382, 396
緊急飢餓対策法（PL216） 194, 197, 201-02,
213-17, 223-24
近代化（論・プロジェクト） 17, 115, 367
キーンリーサイド報告（1951年） 200
グアチャージャ（Luis Fernando Guachalla） 59
グアテマラ革命（政権） 3, 13, 19, 41, 86-87,
117-19, 142, 192, 201-02, 211, 228-32, 399,
410-11
クアドロス＝キローガ（José Quadros
Quiroga） 55
クアドロス＝サンチェス（Augusto Quadros
Sánchez） 211

グティエレス（Raul Gutierrez Granie） 191
グッドウィン（Richard Goodwin） 362
クビシェッキ（Juscelino Kubitschek） 276
グラール（Joan Goulart） 368, 386, 399, 402, 412
クリントン（Bill Clinton） 30
グリーンベレー（米陸軍特殊部隊） 287
クレイブンス（Kenton Cravens） 178, 186
グレース社（W・R） 135
クレスポ（Arturo Enrique Crespo） 374
軍事社会主義政権 46-50, 54, 67-68, 424
軍・農民協約（Pacto Militar Campesino）
384, 401
経済安定化政策 34, 251-71, 413, 424
経済的ナショナリズム 19, 31, 41, 44, 50-53,
109-10, 114-17, 124, 129-33, 137-39, 163, 169,
172-73, 217, 231, 233, 234-36, 240, 409-10
ケネディ（政権）（John F. Kennedy） 11, 353,
403, 413-18
ケネディ（Robert F. Kennedy） 344, 385
ゲバラ、エルネスト・チェ（Ernest Che
Guevara） 35, 354, 324, 335-37
ゲバラ、ワルテル（外相）（Walter Guevara
Arze） 55, 77, 96, 121, 124-26, 191-94, 206,
212, 218-21, 227, 233-38
権威主義的発展（authoritarian
development） 289, 350-51
鉱山国有化 43, 122-23, 131-38, 158-59, 172-73,
219, 235
国際協力庁（ICA） 177
国際商品協定 113, 276
国際調停 137, 150-56
国際通貨基金（IMF） 114, 176-78, 194, 251,
256, 259, 265, 319, 371
国家警察（カラビネーロス） 119-22
国家主導主義（statism） 48, 69, 113, 227
国防動員局（ODM） 183
国家安全保障会議（NSC） 226
国民左派革命党（PRIN） 377
国連技術援助局（UNTAA） 258
国連ラテンアメリカ経済委員会（ECLA） 259
コチャバンバ＝サンタクルス・ハイウェイ 43,
198, 233
ゴードン（Lincoln Gordon） 293, 368
コーポラティズム 48, 56, 70
コルベット（Jack Corbett） 176
コンスタンサ事件 333

サ　行

サザード（Frank Southerd） 176-78

索　引　459

左派革命党（PIR）　54-55, 94-98, 101, 191
ザヘディ（Fazlollah Zahedi）　206
サラマンカ（Daniel Salamanca）　45
ザルツギッター社（Salzgitter）　318
サルベージ・リー・アンド・チェース
　（Salvage, Lee & Chase）　126, 189
サーンストン（Walter Thurnston）　90
産業別組合会議（CIO）　164-65, 189
3大陸人民連帯会議　405
サンチェス＝デロサダ（Enrique Sánchez de
　Lozada）　76
サンヒネス（Juan Sanjines）　268
サン＝ロマン（Claudio San Román）　380
シエラ・マエストラ　336-37
シグロベインテ鉱山（Siglo XX）372-73, 377, 389
シビック・アクション（civic action）　323,
　367, 371, 376, 394, 396
シミントン（Stuart Symington）　105
社会共和主義統一党（PURS）　96-100
社会的進歩信託基金（Social Progress Trust
　Fund）　277
社会党（Partido Socialista）　49
ジャクソン（Gardner Jackson）　164-65,
　181-82, 189
ジャクソン（Donald Jackson）　201
自由主義（リベラリズム）　i, 20-32, 111-17,
　145-46, 188, 409, 418-22, 424
　「新しい自由主義（new liberalism）」　27
　経済的自由主義　30-31, 53, 114-17, 178-79,
　232, 413-16
　「旧自由主義（old liberalism）」　27
　新自由主義（neoliberalism）27-28, 31, 415, 423
　リベラル　28, 356, 363, 367, 413-20
　レッセフェール　27, 31, 42, 47
シュレジンガー（Arthur M. Schlesinger, Jr.）
　362-63
商品信用公社（CCC）　197, 213, 223, 225
ジョンソン（政権）（Lyndon B. Johnson）　4,
　105, 353-407, 411-12, 446
シレス（Hernán Silez Zuazo）　55, 96, 122-25,
　130, 160, 191-92, 386, 423
シレス＝サリーナス（Adolfo Siles Salinas）　400
真正革命党（PRA）　382
「迅速・適切・効果的（prompt, adequate, and
　effective compensation）」補償　53
「進歩のための同盟（Alliance for Progress）」
　353-55, 363-68, 413-18, 424
スアソ＝クエカ（Julio Zuazo Cueca）　91
スアレス（Hugo Suárez）　391, 396

スカルノ（Sukarno）　303
錫貴族（Barones del Estaño）　41, 104-06, 153
錫購入協定　104-07, 132-38, 150-53, 165,
　185-90, 200, 211, 224-27
「錫戦争」　104-07
スタッセン（Harold Stassen）　185, 187, 204,
　213-14, 223
スターンフィールド（Larry Sternfield）381, 398
スタンダード石油国有化（ボリビア・メキシ
　コ）　37, 50-54, 58, 62-64, 154, 235, 410, 424
スティーブンソン（Adlai Stevenson）　321
ステティニアス（Edward Stettinius）　77
ステファンスキー（Benjamin Stephansky）
　375, 384
ストレスナー（Alfredo Stroessner）　365
スパークス（Edward M. Sparks）　127, 134,
　137, 150-53, 166, 171, 191, 213, 215, 217-21,
　233, 240
スミス（Walter Bedell Simth）　170-72, 187-88
政治統制部（Control Politico）　373
世界銀行（IBRD）　114
セクセーニオ（Sexenio；6年間）　67, 96-100,
　102, 121
セスペデス（Augusto Céspedes）　49, 55, 71,
　73-74, 77
セレメ（Antonio Seleme）　119-20
1949年蜂起　98-99
1951年大統領選挙　100
全国生産庁（NPA）　151
善隣外交　51-54, 58-59, 86, 112, 180-81
相互安全保障庁（MSA）　185, 187, 205
相互安全保障法（MSA）　144-45, 201, 213,
　216, 222, 225
「即時・適切・効果的」補償　134
「祖国の良心（Razón de Patria：RADEPA）」
　68-70
ソフトローン　275
ソープ（Willard Thorp）　311-13
ソレンセン（Theodore Sorencen）　299
ゾンダグ（Cornelius Zondag）　298, 302

タ　行

対外活動庁（FOA）　177, 204-05, 213-17, 223,
　233
対外武器販売（FMS）　274
第三世界　3-9, 14-18, 275, 283, 288
タイディングス（Millard Tydings）　126, 228
『タイム』誌記事暴動事件　278, 416
ダガン（Lawrence Duggan）　77

タフト（Robert Taft） 145
タマーヨ（José Tamayo） 71, 77-78
ダレス（John Foster Dulles） 145, 151-52,
　180, 183-86, 193-95, 205-08, 214-17, 226, 234
ダンガン（Ralph Dungan） 347, 362
チトー（Josip Broz Tito） 303
チャコ戦争 32, 37, 45-46, 55, 64, 68-69
チャベス（Nuflo Chávez） 128
中央情報局（CIA） 3, 141-43, 206, 229-31, 242,
　245, 323, 343, 362, 368, 381, 383, 392-93, 395,
　398-99, 417
チェコスロバキア 303, 403
ディロン（Douglas Dillon） 363
テキサスシティ錫精錬所（TCTS） 178, 184-85
デューイ（Thomas Dewey） 214
デンツァー（William Dentzer） 391-94
ドゥルー（Gerald Drew） 193, 240
特殊部隊（ボリビア） 407
「特別グループ（CI）」（ケネディ政権） 344
ドッジ（Joseph Dodge） 186, 216
トッピング（John Topping） 239
ドミニカ共和国 13, 354, 366
トライアンギュラー計画 34, 413-16, 377, 394,
　401-03, 302, 304, 317-40
トランプ（Donald J. Trump） i, 206, 422
トルヒーヨ（Rafael Trujillo） 333
トルーマン（政権）（Harry S. Truman） 19,
　109-39, 141, 180, 220, 414
トルーマン・ドクトリン 110
トレス（Umberto Torres Ortiz） 120-22
トロ（José David Toro） 46, 52

ナ　行

ナショナリズム 9, 20-23, 142-43, 418-19
ナチ蜂起事件 59-62
南方軍司令部（Southern Command） 322
ニクソン（Richard M. Nixon） 356
西ドイツ 304, 317-20
西半球孤立主義 110-12
ニャンカウアスー渓谷 406
ニューディール 28, 113, 144, 366-67
ネリー（Wilge Nery） 344
農地改革（国有化） 43, 92-93, 157-64, 192-93,
　219, 231, 424
ノーランド（William Knowland） 144-45
ノルティング（Frederick Notling） 213, 216

ハ　行

パウエル（Oscar Powell） 191, 194, 200

ハウス（Edward M. House） 181
覇権（安定論） 420-23
バージェ（渓谷地帯） 38-40, 163
ハジェク（Jirí Hájek） 304
バジビアン（Hugo Ballivián） 104, 119-20, 127
パス（Víctor Paz Estenssoro） 33, 55, 57, 71,
　73-74, 91, 93-94, 96, 99-101, 122-25, 132,
　134-36, 191-93, 220-22, 226, 353, 374-98, 410,
　416, 423
パティーニョ（Patiño） 41, 182, 189, 212, 235, 236
ハドソン（William Hudson） 127, 137, 164,
　176-77, 180, 189-90, 196, 212, 217, 228, 239
パトロン・クライアント関係 17, 412
パナマ 360, 395
バラウ（Manuel Barrau） 191, 266
バーリ（Adolph Berle） 293
バリエントス（René Barrientos Ortuño） 35,
　375-85, 400-04, 407, 416, 423
ハル（Cordell Hull） 67, 73-74, 79-80, 112, 154
バルディビエソ（Enrique Bldivieso） 78-80
バローズ（Charles Burrows） 228
バーンズ（Donals Barnes） 299
バンディ（McGorge Bundy） 362
バンドン会議 275
ハンフリー（George Humphrey） 144-45,
　147-48, 175, 183-87, 234
ハンフリー（Hubert Humphrey） 362
反米（主義） 19, 128-30, 136, 150, 157, 193, 230,
　276, 278
反乱鎮圧戦略（counter-insurgency strategy）
　287, 417
反ユダヤ主義 56-57, 64, 81-82
ビジャロエル（Gualberto Villaroel）政権 33,
　67-96, 163, 188, 379, 409, 424
ピッグス湾事件 287
非同盟（政策・運動） 303-05
ピメンテル（Irineo Pimentel） 372-73
フィッシュバーン（John Fishburn） 164, 189
封じ込め（戦略） 110
フォコ（foco）理論 332, 406-07
フォックス（Edward Fox） 380, 383, 397
フォルトゥン（Federico Fortún） 378, 380
フクマニ（Jucumani） 344
普通選挙 43, 255
復興金融公社（RFC） 105, 133-34, 150-53,
　157, 176-79, 186, 200, 227
ブッシュ（Germán Busch） 46, 49, 163, 379
ブッシュ憲法（1938年） 93
ブッシュ労働法（1939年労働法） 47, 65

索引 461

ブトゥロン（Germán Butrón） 128
フーバー（Herbert Clark Hoover）（大統領） 51
フーバー（Herbert Charles Hoover, Jr.） 257
ブラカヨ綱領 100, 102
ブラジル 132, 197, 232, 354-55, 368-70, 386-87, 395, 399, 400, 402, 404, 423
フラック（Joseph Flack） 95
プラド＝サルモン（Gary Prado Salmón） 407
ブランブル（Harlan P. Bramble） 166, 170-71, 176, 217
フルシチョフ（Nikita Khrushchev） 275, 280, 290-92
フルブライト（J. William Fulbright） 165
ブレッドソー（Sam Bledsoe） 189-90
プレビッシュ（Raúl Prebisch） 259
フレミング（Arthur Flemming） 183, 185-86
フローレス（Edmundo Flores） 193
フロンディシ（Arturo Frondizi） 295, 299
文化 10, 420-23, 451
米国援助事務所（USOM：ラパス） 191, 194
米国情報局（USIS） 372
米国対外援助庁（USAID） 361, 372, 386
米国輸出入銀行 147-48, 176, 179, 185, 194, 197-99, 212, 218, 224
米州会議
　ハバナ（1928年） 51
　モンテビデオ（1933年） 51
　ブエノスアイレス（1936年） 51
　リオデジャネイロ外相会議（1942年） 58
　カラカス（1954年） 202, 231
　ボゴタ（1960年） 277
　プンタデルエステ特別閣僚会議（1961年） 293
米州開発銀行（IDB） 276, 286, 304, 317, 371
米州機構（OAS） 117, 136, 143, 370, 388
米州相互援助条約（リオ条約） 117
米州大陸孤立主義 111
米州地域労働機構（ORIT） 165
米州陸軍軍事学校（SOA） 274, 323
米人人質事件 326, 345, 353, 360, 370, 372-74, 376-77
米陸軍特種戦学校（U.S. Army Special Warfare School） 324
平和部隊 326
ベジョ（Oscar Bello） 383
ベタンクール（Rômulo Betancourt） 295, 333
ベトナム革命 3, 8, 357-60, 367
ベドレガル（Guillermo Bedregal） 301, 318-19
ペニャランダ（Enrique Peñaranda） 43, 49,

54-66
ベネズエラ 276, 295, 332-33
ベネット（Tapley Bennett） 182-83, 203
ベラウンデ（Fernando Belaúnde Terry） 333
ペルー 223, 257, 276, 332-33, 335-36
ベルモンテ（Elías Belmonte） 59-61, 68
ペレス＝ヒメネス（Marcos Pérez Jiménez） 168
ペロン（Juan Domingo Perón） 67, 117, 128, 224
ヘンダーソン（Douglas Henderson） 375, 378, 381, 387-88, 392-94, 398
ポイントフォア援助計画 116, 147-48, 185, 239
ボウルズ（Chester Bowles） 325
ボガート（Theodore Bogart） 322
ボゴタ憲章 277
ポストリビジョニズム（ポスト修正主義） 11-12, 16-19, 409, 418-22
ホッホチルド（Mauricio Hochschild） 41, 88
ボーハン（Merwin Bohan）（報告1942年） 43, 62, 198, 200, 225
ホプキンス（Harry Hopkins） 181
ホランド（Henry F. Holland） 240
ボリビア共産党（Partido Comunista de Bolivia：PCB） 98, 100-01, 235, 377, 379, 388, 390-91
ボリビア鉱山公社（COMIBOL） 135, 372-73, 401
　購買部（pulperia） 262
ボリビア鉱山労働組合連合（FSTMB） 89, 96, 100, 135, 372-74, 376-77, 389, 401
ボリビア社会主義ファランヘ党（FSB） 56, 377, 382-83, 390-91
ボリビア石油開発公社（YPFB） 52, 302, 325-26
ボリビア労働組合連盟（CSTB） 89, 94-95
ボリビア労働本部（COB） 129-31, 135-36, 377, 401
ボール（George Ball） 318
ボール（Pierre Boal） 71-75
「ポンゲアヘ（pongueage）」 92

マ 行

マクガバン（George McGovern） 299
マクドナルド（Harry McDonald） 150
マグルーダー（Calvert Magruder） 66
マクローリン（Edward McLaughlin） 80-81, 85
マコーン（John McCone） 362
マーシャル・プラン 110, 117, 146
マーティン（Edwin Martin） 366
マルティネス＝カバニャス（Gustavo Martinez Cabañas） 259-60
マレーディー（Thomas Maleady） 130

マロフ (Tristan Marof) 61
マン (Thomas Mann) 137-38, 170-71,
360-65, 395, 412
マン・ドクトリン 34, 353, 359-61, 363-70, 395,
399
ミーニー (George Meany) 165
ミラー (Edward Miller) 112, 128, 132, 137,
166, 363
民主主義 5, 29-30, 348, 422
自由民主主義 28-29, 115
人民民主主義 115
社会民主主義 28
民族主義 9, 19, 111, 116, 424
メキシコ革命 3, 12, 47, 50, 63, 109, 193, 253, 331
モサデク政権 111, 206, 220
モスコソ (Teodoro Moscoso) 293, 343, 367
モートン (Thruston Morton) 216
モラーレス (Evo Morales) 423-24
モンテネグロ (Carlos Montenegro) 49, 55,
71, 73-74, 77
モンロイ=ブロック (Germán Monroy
Block) 91

ヤ・ラ・ワ行

ユーゴスラビア 303
ユダヤ人移民 56-57
ユナイテッド・フルーツ社 (UFCO) 202,
230-31
「よきパートナー (Good Partner)」 180-81
ライメ (Laime) 344
『ラ・カジェ (La Calle)』 49, 55-57, 82-83
ラスク (Dean Rusk) 348, 384
ラテンアメリカ・タスクフォース (ケネディ

政権) 293
ラテンアメリカ労働連盟 (CTAL) 129, 165
ラテンアメリカ連帯機構 (OLAS) 405
ラバトム (Roy Rubottom) 363
リアリズム (現実主義) 10-14, 418-21
陸軍士官学校 (ボリビア) 273
リチャードソン (Richard Richardson) 348
リビジョニズム (修正主義) 10-15, 418-21
リベラル・プロジェクト ii, 23-26, 33, 109,
114-15, 144, 146, 188, 353, 409, 414-18
冷戦 (研究) 12, 16-17, 109-18, 188, 193, 209,
222, 227
レチン (Juan Lechín) 85, 89, 102-03, 122,
130-32, 134-35, 192, 219-20, 373-80, 402
『レベリオン』 129-31
ロイド・アエロ・ボリビアーノ航空 (LAB) 59
ローウェル (Edward Rowell) 166
「労働者による管理 (control obrero)」 377, 402
「労働者による管理責任者 (Control
Obrero)」 341
ローズヴェルト (政権) (Franklin D.
Roosevelt) 32, 51-54, 58-60, 112, 181
ローズヴェルト (Theodore Roosevelt) 50
ロスカ (Rosca) 41, 126, 136, 163, 183, 212, 236
ロストウ (W. W. Rostow) 295
ロックフェラー (Nelson Rockefeller) 187, 195
ロドリゲス (Luis Rodrígues Bidegaín) 382,
392, 394
ロペス=マテオス (Adolfo Lopez Máteos) 365
ロラ (Guillermo Lora) 54, 96, 102, 376, 379
ワイリー (Alexander Wiley) 165
ワウ (Samuel Waugh) 176, 186, 213, 233

著者紹介

上村　直樹（かみむら　なおき）

群馬県に生まれる。1980 年に東京外国語大学英米語学科を卒業後、一橋大学大学院法学研究科博士課程をへて、カリフォルニア大学ロサンゼルス校（UCLA）歴史学部大学院で博士号取得（Ph. D.）。広島市立大学国際学部教授をへて、2012 年より南山大学外国語学部英米学科教授、2014 年からは南山大学大学院国際地域文化研究科研究科長、現在に至る。

　主な著書・論文

「米国の冷戦外交とラテンアメリカの革命――ボリビア革命とガテマラ革命の比較」『アメリカ研究』（1992 年）。

"Post-Cold War U.S. Foreign Policy Decision Making and Security Policy toward Japan: A Preliminary Survey"『広島国際研究』（1997 年）。

「ジェファソン政権の中立政策に対するフェデラリストの対応、1805-1806 年」『アメリカ研究』（1999 年）。

『21 世紀の核軍縮――広島からの発信』（共著、法律文化社、2002 年）。

「対米同盟と非核・核軍縮政策のジレンマ―オーストラリア、ニュージーランド、日本の事例から」『国際政治』（2011 年）。

『戦後アメリカ外交史〈第 3 版〉』（共著、有斐閣、2017 年）。

アメリカ外交と革命
　――米国の自由主義とボリビアの革命的ナショナリズムの挑戦、1943 年～1964 年

2019 年 3 月 25 日　　初 版　第 1 刷発行　　　　　　　　　　〔検印省略〕

著　者ⓒ上村 直樹／発行者　髙橋 明義　　　　　　　印刷／製本　創栄図書印刷

東京都文京区本郷 1-8-1　振替　00160-8-141750　　　　　　　　発　行　所
　　　　〒 113-0033　TEL（03）3813-4511
　　　　　　　　　　FAX（03）3813-4514　　　　　　　株式会社　有信堂高文社
　　　　　　http://www.yushindo.co.jp
　　　　ISBN978-4-8420-5577-0　　　　　　　　　　　　　Printed in Japan

国際関係学──地球社会を理解するために　滝田賢治／大芝亮／都留康子 編　三二〇〇円

国際政治と規範──国際社会の発展と兵器使用をめぐる規範の変容　足立研幾 著　三〇〇〇円

移行期正義と和解──規範の多系的伝播・受容過程　クロス京子 著　四八〇〇円

民族自決の果てに──マイノリティをめぐる国際安全保障　吉川元 著　三〇〇〇円

北アイルランド政治論──政治的暴力とナショナリズム　南野泰義 著　七四〇〇円

移民／難民のシティズンシップ　錦田愛子 編　四八〇〇円

女が先に移り住むとき──在米インド人看護師のトランスナショナルな生活世界　S・M・ジョージ著　伊藤るり監訳　三〇〇〇円

アメリカとグアム──植民地主義、レイシズム、先住民　長島怜央 著　六〇〇〇円

アメリカ連邦議会の憲法解釈──権限行使の限界と司法審査　土屋孝次 著　六〇〇〇円

外国人の退去強制と合衆国憲法──国家主権の法理論　新井信之 著　七〇〇〇円

世界の憲法集〔第五版〕　小森田秋夫／畑博行 編　三五〇〇円

★表示価格は本体価格（税別）

有信堂刊